GRENZENLOS ERFOLGREICH – DAS NR. 1 30-TAGE PROGRAMM

Für vollkommene Zufriedenheit, absolutes Glück und ultimativen Erfolg

Erstauflage 2017

Autor, Herausgeber, Texte, Titelbild: Dr. Julian Hosp/ Julian Hosp Coaching LTD

Gestaltung (inkl. Umschlaggestaltung), Illustration: Nada Orlic

Verlag & Druck: Julian Hosp Coaching LTD, Hong Kong

ISBN Paperback: 978-988-14850-5-2

ISBN Hardcover: 978-988-14850-7-6

ISBN eBook: 978-988-14850-6-9

Urheberrecht / Copyright / Rechtliches

Gewidmet meiner Verlobten, Partnerin
und Wegbegleiterin Bettina.

Das erwartet dich

TEIL 1 – VERSTEHEN

TEIL 2 - VISUALISIEREN

TEIL 3 - UMSETZEN

Danksagung

Es hat länger gedauert dieses Buch zu schreiben, als ich ursprünglich geplant hatte – als ich loslegte wurde das Wissen, welches ich unbedingt mit dir, lieber Leser teilen möchte, mehr und mehr. Erst die Hilfe vieler Menschen hat es mir ermöglicht, dieses Buch fertigzustellen, ohne dabei den Verstand zu verlieren.

Danke an meine Partnerin Bettina, die die komplette Organisation mit allen anderen Buch-Beteiligten koordiniert und geleitet hat, sodass ich mich voll und ganz auf die Ausarbeitung des Buches konzentrieren konnte. Sie bemerkte auch, wenn ich müde wurde und munterte mich stets wieder auf.

Sebastian Holtzhauer hat bereits während ich das Buch schrieb nach und nach Kapitel durchgesehen und bis aufs Kleinste korrigiert und Rechtschreibung angepasst. Dies hielt mich auch dann am Schreiben, wenn ich lieber an jedem anderen Ort auf der Welt gewesen wäre, als vor meinem Laptop.

Auch Patricia Zinnecker, die meinen Stil und Schreibweise ausgezeichnet kennt hat mir sehr speziell bei Ausdrucksweisen sehr geholfen - und vor allem unser tägliches Geschäft reibungslos am Laufen gehalten. Danke Patty!

Meine gesamte Mastermind-Familie ist für dieses Buch eine immense Inspiration gewesen, und vieles in diesem Buch habe ich durch die Zusammenarbeit in ihnen gelernt. Ihr seid Rockstars!

Meine Eltern, Anneliese & Laurin, meine Familie, sowie Freunde waren wie immer wunderbare Unterstützer, stets bereit für konstruktives Feedback und neue Blickwinkel, welche das Buch bereichert haben.

Ein weiteres dickes Dankeschön an alle Bonusgeber, die es erst ermöglichen dem Buch die richtige “Abrundung” zu geben. Ich werde hier nicht jeden beim Namen nennen, schau dir diese direkt in der “Bonussection” an, aber ich beschwöre jeden Leser, dem ein Mitwirkender über den Weg laufen sollte, diesem ein Getränk seiner Wahl zu spendieren – ich jedenfalls werde genau das tun.

TAG 0: Die Vorbereitung

Herzlich willkommen bei Tag 0 – dem Vorbereitungstag. Mein Name ist Dr. Julian Hosp und ich möchte dich ganz herzlich zum **Grenzenlos Erfolgreich© 30-Tage-Programm** begrüßen. Dem Nr. 1 Programm **für vollkommene Zufriedenheit, absolutes Glück und ultimativen Erfolg**.

Zuerst einmal möchte ich dir gratulieren, dass du diesen Schritt gewagt hast und bei uns mit dabei bist. Ich weiß, dass so eine Entscheidung herausfordernd sein kann.

Bevor wir mit dem Programm starten, möchte ich dir heute vorab ein paar Informationen zu meiner Person mit auf deinen Weg geben: was dich im Programm erwartet, warum ich es überhaupt kreiert habe und wie du es am besten für dich nutzen solltest. Eine gute Vorbereitung ist essentiell, um dein Leben in den nächsten 30 Tagen wahrlich zu transformieren.

Ich weiß nicht, ob du mein erstes Buch „Ausgesorgt mit 30 – 25 Geschichten für mein Jüngeres Ich" gelesen hast. In dem Buch erzähle ich einiges über meine Familie, meine Kindheit sowie meine ersten Erfolge. Ich möchte dir hier einen kleinen Auszug daraus mitgeben, damit du meine Anfänge – und damit meine Reise – besser verstehen kannst.

Ich stamme ursprünglich aus dem kleinen Dorf Mils in der Nähe von Innsbruck in Tirol/Österreich. Meine Familie ist eine typische Mittelklassefamilie – nicht reich, aber auch nicht arm, genau im Durchschnitt eben. Für meine Eltern war es stets wichtig, dass ich gute schulische Leistungen erbrachte. In der Schule war ich niemand besonderes – ich war weder beliebt noch gehasst. Eine Geschichte, die ich nicht allzu oft erzähle, ist jene, in welcher ich mich einmal zum Schülersprecher aufstellen ließ. Es war eigentlich von vornherein nicht sehr verwunderlich, dass ich diese Wahl verlor. Der Gewinner hieß Peter – übrigens derselbe Peter, mit dem ich ein paar Jahre später mein erstes Business in der Schule startete. Meine Eltern motivierten mich stets dazu, Sport zu treiben. Dort lernte ich einige meiner ersten wichtigen Lektionen für meine mentale Einstellung. Von allen Sportarten interessierte mich Basketball ganz besonders, welches ich zielstrebig verfolgte. Mein Leben blieb weiterhin so „durchschnittlich", bis ich 16 Jahre alt war.

Es änderte sich alles schlagartig, als ich eine meiner ersten, wirklich drastischen Entscheidungen traf: Ich wanderte in die USA aus, um dort Basketball zu spielen und meine Fähigkeiten zu verbessern. Dies war der Zeitpunkt, an dem ich erkannte, wie wichtig Entscheidungen im Leben sind bzw. wohin einen diese bringen können. In den USA angekommen, erlebte ich Unglaubliches und sammelte zahlreiche Erfahrungen, die meinen Horizont immens erweiterten und somit mein Leben nachhaltig positiv beeinflussten. Kurz darauf begeisterte mich nach einiger Zeit, mit nunmehr 17 Jahren, zudem ein damals recht neuer Sport: das Kitesurfen. Anstatt Profi-Basketballer zu werden, was aufgrund meiner nur 1,78m ohnehin nicht zum endgültigen Erfolg geführt hätte, wurde ich kurz darauf Profi-Kitesurfer und erhielt so die Chance, durch Sponsoren bezahlt die Welt zu bereisen. Als jemand aus den Top 10 der Weltrangliste konnte ich meine Zeit an Orten verbringen, an denen andere lediglich ein paar Tage im Jahr Urlaub machen durften.

Mir war klar, dass dieses tolle Leben nicht ewig so weitergehen würde. Also begann ich zusätzlich Medizin zu studieren, um dann anschließend, mit gerade mal 24 Jahren, als Arzt zu arbeiten. Nach meinem Medizinabschluss erkannte ich jedoch, dass der Arztberuf nicht die richtige Entscheidung für mich war. Meinen Job an den Nagel zu hängen, war eine der drastischsten Entscheidungen, die ich in meinem Leben je getroffen habe. Was genau bei meinen damaligen Denkprozessen ablief, werde ich dir noch an einem der kommenden Tage erzählen. Ich zog daraufhin mit 26 Jahren nach Hongkong, um mir dort ein neues Leben als Unternehmer aufzubauen.

Heute liegt meine Basis immer noch dort und gemeinsam mit meiner Verlobten Bettina verbringe ich meine Zeit entweder in der Großstadt oder in anderen Teilen der Welt, in die wir aus geschäftlichen und natürlich auch privaten Gründen reisen.

Aus meinem Erlebten aus dem Profisport, der Medizin und durch das Unternehmertum konnte ich über die Jahre extrem viel Erfahrung und Wissen sammeln. Durch Kombination von Wissen aus Neurowissenschaft, Sport und Unternehmertum bin ich überzeugt, dass die innere Einstellung DER Kernfaktor ist, der zwischen Erfolg und Misserfolg entscheidet. Leider wird dies bis heute weder in Schulen noch im Alltag gelehrt. Es bleibt uns daher meist nur das Herumexperimentieren, wie man seine innere Einstellung und damit sein Leben nachhaltig ändern kann. Als Resultat dieses „Probierens“ enden all die Anstrengungen, die mühsam aufgebrachte Motivation und die harte Arbeit nur allzu oft in Demotivation. Vielleicht kennst du das auch?

Das Ziel dieses Programms ist es, dir in den nächsten 30 Tagen die Grundlage für vollkommene Zufriedenheit, absolutes Glück und ultimativen Erfolg zu schaffen. Auch wenn wir alle unterschiedliche Hindernisse haben, die uns von Zufriedenheit, Glück und Erfolg abhalten, gibt es meistens doch ähnliche Ziele und Wünsche, die in uns schlummern – welche das für dich sind, werden wir in den folgenden 30 Tagen ganz genau definieren und erarbeiten, um sie schlussendlich auch zu erfüllen.

Vielleicht möchtest du deine mentale Stärke finden, um von Vergangenem loszulassen und auf Kommendes besser vorbereitet zu sein. Vielleicht möchtest du etwas in deinen Beziehungen, das dir schon lange am Herzen liegt, endlich schlichten, deine große Liebe finden, oder dein Verhältnis zu deiner Familie verbessern. Ist es dein Ziel, bei deiner Arbeit so richtig erfolgreich zu sein, endlich jenen Job, von dem du schon so lange träumst, in Angriff zu nehmen, oder eine Ausbildung zu beginnen, von welcher du schon lange sprichst? Ist es vielleicht finanzielle Unabhängigkeit, nach der du strebst? Oder möchtest du den Mut finden, alleine eine Reise zu machen? Vielleicht ist es ein Gesundheitsziel, das du dir gesteckt hast, oder eine schlechte Gewohnheit, die du gerne loswerden möchtest.

Ich möchte dich hiermit dazu einladen, in diesen 30 Tagen deine ganz individuelle, für dich perfekte innere Einstellung zu entwickeln – deine Weichen neu zu stellen und durchzustarten. Ich habe in den letzten Jahren mit Menschen aus unterschiedlichsten Schichten, Bildungs-, Wissens- und Einkommensständen gearbeitet. Doch drei Dinge eint sie alle, egal ob Frau oder Mann, ob alt oder jung, bekannt oder unbekannt, Student, Angestellter oder Unternehmer, ganz egal aus welcher Einkommens- oder Bildungsklasse stammend:

Sie alle wollten sich in ihrem Leben erfolgreich fühlen und dabei einfach nur glücklich und zufrieden sein.

Ist das bei dir nicht auch so? Etwas, das eigentlich in der Theorie so einfach erscheint und doch in der Praxis oft kompliziert und nahezu unerreichbar wirkt. Wenn es jeder will, warum erreichen es dann nur so wenige? Woran liegt das?

Um dem auf den Grund zu gehen, wollte ich zuerst verstehen, was es denn genau ausmacht, ob wir Glück und Zufriedenheit empfinden? Was bestimmt die Situation, ob wir glücklich oder unglücklich sind? Ich kenne Menschen (du vielleicht auch?), die vor dem totalen Ruin stehen. Sie befinden sich vor einem tiefen Abgrund, vor dem es scheinbar keinen Ausweg gibt, egal ob aus gesundheitlichen, privaten oder finanziellen Gründen. Dennoch sind sie aus tiefstem Herzen glücklich und zufrieden. Andererseits traf ich auch Menschen, welche dem Anschein nach alles hatten und sich dennoch vor lauter Unzufriedenheit das Leben nehmen wollten – oder es leider sogar taten. Es konnte also offensichtlich nicht ausschließlich an den äußeren Umständen liegen.

Ich wollte verstehen, woran es wirklich liegt, und so lernte ich von so vielen unterschiedlichen Menschen wie nur möglich, um für mich selbst jene Fragen des Lebens, die sich aus all meinen Gesprächen mit der Zeit als die essentiellsten für uns Menschen herauskristallisiert haben, zu beantworten:

- Warum bin ich hier?
- Was macht mich glücklich?
- Was ist meine Aufgabe in dieser Welt?

Ich lernte die Antworten für diese und viele weitere wichtige Fragen und eignete mir zudem an, anderen Menschen zu zeigen, wie sie sich selbst diese Fragen beantworten können. Meine Arbeit mit all den Resultaten verhalf mir durch meine Fähigkeit, innerhalb weniger Momente eine nachhaltige positive Veränderung in einem Menschen auszulösen, schlussendlich zu meinem Spitznamen:

„Der Durchbruchkreierer“

Irgendwann war es mir dann zeitlich nicht mehr möglich, all die angefragten 1:1-Gespräche mit Menschen wahrzunehmen, und so suchte ich nach skalierbaren Methoden, um dadurch mehr Menschen helfen zu können. Zum einen starteten wir Events, wie zum Beispiel das Grenzenlos Erfolgreich Wochenend-Erlebnis©, zum anderen kreierte ich Produkte, die ich vorab von verschiedenen Menschen mehrfach auf Herz und Nieren habe testen lassen, wozu auch dieses Buch zählt. All meine Erfahrung und mein Wissen und die daraus entwickelten Werkzeuge sind hier für dich mit zusammengefasst und ermöglichen dir praktisch die gleiche Erfahrung wie ein 1:1-Training mit mir. Natürlich nur, solange du das Programm korrekt nutzt – also nicht schummeln, okay?

Genug von mir - was erwartet dich denn jetzt in diesem Programm?

Du wirst am Anfang, in **„TEIL 1 – VERSTEHEN“**, viel Tiefgründiges, was dir eventuell bis dahin gar nicht bewusst war, über dich selbst herausfinden und dich somit besser kennenlernen.

Jetzt denkst du vielleicht:

„Was redest du denn da – ich kenne mich selbst doch schon, Julian!?!“

Im Prinzip glaube ich dir das – doch allzu oft haben wir in unserem schnelllebigen Alltag verlernt, wirklich auf uns selbst zu hören und ehrlich zu uns selbst zu sein. Dadurch besteht die Gefahr, dass du, falls wir diesen wichtigen Teil nicht genauestens durcharbeiten, in die „Turnusarztfalle“ hineintappst: Junge Ärzte, die frisch von der Universität kommen, tun sich am Anfang ihrer Arbeit schwer, Patienten als einen „Menschen“ zu sehen. Sie analysieren Krankheiten anhand von Symptomen und versuchen dann ausschließlich, diese zu behandeln. Anstatt bei Kopfweh die Ursache der Schmerzen zu behandeln, wird dann fälschlicherweise nur das Symptom (das Kopfweh an sich) therapiert. Das Kopfweh geht dann zwar kurzzeitig weg oder wird, besser gesagt, unterdrückt, kommt dann aber wieder, da die Ursache noch immer vorhanden ist.

Ähnlich wie in der Medizin geht es auch uns Menschen im täglichen Alltag so, wenn wir uns in etwas verbessern bzw. uns weiterentwickeln wollen. Vielleicht hast du das ja bei dir selbst in der Vergangenheit auch schon mal bemerkt? Ist das Grenzenlos Erfolgreich© Programm das erste Persönlichkeitsentwicklungsprogramm, welches du dir gekauft hast? Ja? Dann brauchst du dir keine Sorgen zu machen, denn hier behandeln wir stets Symptom UND Ursache und du durchläufst diesen Prozess automatisch.

Wenn dies jedoch nicht dein erstes Programm ist, dann kann es leicht sein, dass du in der Vergangenheit schon einmal frustriert aufgegeben hast, weil du erst kurzfristige Erfolge gesehen und dich darüber gefreut hast, doch dann von den ausbleibenden langfristigen Resultaten böse enttäuscht warst. Das könnte natürlich einerseits daran liegen, dass du das Programm nicht korrekt umgesetzt hast, andererseits habe ich zahlreiche Male feststellen müssen, dass viele Trainer, Coaches oder Mentoren, auch wenn sie einen guten Ruf genießen, leider nicht an einer Ursache arbeiten, sondern oft nur das Symptom behandeln – genauso wie die jungen Ärzte, die vorerst nur das Symptom und nicht den ganzen Menschen im Fokus haben. Zwar gelangt ein Kunde dann rasch zu einem Erfolgserlebnis, dieses hält anschließend jedoch nicht lange an und der daraus resultierende Frust sitzt danach umso tiefer. Ich hoffe, dass du das selbst noch nie so erlebt hast. Falls doch, dann garantiere ich dir, dass wir in diesem Programm diesen Fehler nicht machen, da wir besonderes Augenmerk darauf legen, beides abzudecken: Symptom UND Ursache.

Anschließend geht es weiter mit **„TEIL 2 – VISUALISIEREN“**. In der Medizin wird diese Vorgehensweise auch als „Ursachenforschung“ bezeichnet, bei der wir genaue Strategien und Werkzeuge an die Hand bekommen, welche im täglichen Gebrauch extrem hilfreich und leicht anwendbar sind. Egal, ob dein Thema Zeitmanagement, Problemlösung, Selbstbewusstsein oder vielleicht Zielsetzung ist. Einige dieser Fähigkeiten mögen dir bereits bekannt sein, viele wahrscheinlich noch nicht. Wenn du doch schon von etwas gehört haben solltest, pass ganz besonders auf, denn oft hindert dich ein „voller Eimer“ daran, „neues Wasser“ einfüllen zu können. Was meine ich damit? Wenn du denkst, ein Thema schon zu kennen, passt du nicht mehr ganz so auf, denn dein „Eimer“ ist „schon voll“. Du musst also wirklich von alten Glaubensstrukturen loslassen lernen, denn viele der Dinge wurden dir einfach komplett falsch erklärt.

Zum Schluss arbeiten und beschäftigen wir uns in **„TEIL 3 - UMSETZEN“** mit allen zehn Bereichen der I-Unlimited™-Erfolgspyramide. Egal, ob Beziehung, Gesundheit, Finanzen, Business oder Lernen – jeder dieser Bereiche wird mit klaren und einfachen Strategien und Tipps untermauert, welche du sofort umsetzen kannst. Du darfst also deine Erwartungen ruhig nach oben schrauben und dich auf dieses Nr. 1 Top-Produkt freuen.

Nachdem du nun aller Wahrscheinlichkeit nach hohe Erwartungen an mich und dieses Produkt hast, erlaube ich mir, auch ganz klare Erwartungen an dich zu stellen. „Was? Wieso hast du jetzt Erwartungen an mich, Julian?!“, wirst du wahrscheinlich verdutzt fragen. Lass mich dir dazu ein paar wichtige Punkte erklären: In all meinen individuellen Trainings kommen stets bestimmte, unveränderliche Regeln zum Tragen, um den Erfolg meiner Klienten zu sichern.

Erste Regel: Falls ich dir nicht zum gewünschten Resultat verhelfe, brauchst du mir nichts zu bezahlen. Mein Preis steht – jedoch nur, wenn du auch das bekommst, wofür du mich bezahlst. So ist es ein Gewinn für beide. Klingt fair, oder?

Es gibt jedoch die **zweite Regel**, welche die erste Regel vervollständigt: Wir definieren ganz klar, was du tun musst bzw. wie du dein Ziel auch garantiert erreichst. Wenn du etwas, das du klar versprichst zu tun, anschließend jedoch versäumst zu tun, so ist das individuelle Training beendet und du erhältst kein Geld zurück. Der Deal lautet:

Ich gebe Vollgas – und du ebenfalls. Das ist zu 100% fair!

Solange diese beiden Regeln eingehalten werden, verzeichne ich stets eine hundertprozentige Erfolgsquote. Wie sollte es auch anders sein? Denn ich weiß, was es benötigt, um zum Ziel zu gelangen, und du hast eigentlich schon alles, was du brauchst, bereits in dir, du kannst es aller Wahrscheinlichkeit nach nur noch nicht richtig anwenden. Egal, ob es darum geht, Gewicht zu verlieren, mit dem Rauchen aufzuhören, etwas aus der Vergangenheit zu verarbeiten, eine Beziehung wieder auf Vordermann zu bringen, ein Business zu starten oder eine Menge Geld zu verdienen – das Ziel definierst du selbst. Zudem habe ich gelernt, wie wir diesen Weg in kleine, simple Schritte aufteilen können, so dass diese für jeden machbar sind. Wenn du diese Schritte befolgst, ist dir der Erfolg garantiert. Ergibt Sinn, oder?

Meine 100%ige Erfolgsquote wurde noch nie gebrochen, und ich werde sie auch in diesem Programm halten.

Deshalb gleich vorab meine Frage an dich: „Bist du bereit, 30 Tage lang täglich circa 45 Minuten lang ein Kapitel aus meinem Buch zu lesen und danach gewissenhaft fünf bis zehn Minuten ein paar To-Dos durchzuarbeiten, welche dein Leben für immer nachhaltig verändern werden?“

<u>Gut, du bist also bereit dafür…</u>

- dir mit gerade mal 60 Minuten am Tag deine tiefsten Träume und Wünsche zu erfüllen?
- etwas bisher nicht für möglich Gehaltenes plötzlich zur Leichtigkeit zu machen?
- Menschen, welche auf dich herabgeschaut haben, endlich zu beweisen, was wirklich in dir steckt?

Bist du bereit? Wirklich? Gut, denn falls nicht, dann solltest du dieses Buch sofort zurückgeben und die I-Unlimited™ Zufriedenheitsgarantie nutzen. Dieses Buch ist nur für Menschen gedacht, die ihr Leben grenzenlos erfolgreich machen wollen. Die Regeln sind dieselben wie in meinen individuellen Trainings: Genau so, wie ich selbst 100% geben werde, verlange ich das Gleiche von dir. Klingt fair? Ausgezeichnet!

Ich weiß, dass es Tage geben wird, an denen dir gerade nicht danach ist, das Audio anzuhören oder die Schritte im Arbeitsbuch durchzuarbeiten. Doch gerade wenn du keine Lust hast, genau dann musst du dich dazu durchringen. Genau dann wirst du nämlich die besten Resultate erzielen! Muhammad Ali wurde einmal gefragt, wie viele Liegestütze er im Training mache. Er antwortete: „Ich zähle nicht die Liegestütze, sondern ich zähle erst, wenn ich nicht mehr kann. Erst wenn ich nicht mehr kann, kommt die Zeit, wo es wichtig ist!" Genau gleich verhält es sich in diesen 30 Tagen. Ich werde dich an dein Versprechen erinnern, damit du das Programm auch genau so umsetzt, wie es bei der Gestaltung angedacht wurde.

Ich bin mir sicher, dass du dir schon vor dem Programm ziemlich genau überlegt hast, was du von dir erwartest. Stimmt's? Ganz egal, was deine Ziele auch sind, du wirst in den folgenden 30 Tagen erkennen, wie viel wirklich in dir steckt. Versteife bzw. fokussiere dich also nicht zu sehr auf dein Ziel, mit welchem du hereingekommen bist. Ich kann dir garantieren, du wirst es nicht nur erreichen, sondern sogar übertreffen.

Ganz egal, ob es eines der weiter oben genannten Ziele oder etwas komplett anderes ist; wir werden in den nächsten 30 Tagen genau daran arbeiten. Dabei ist es belanglos, ob du dir private oder berufliche Ziele gesetzt hast, denn das Programm ist durch die zahlreichen „Erfolgstests" mit den unterschiedlichsten Personen und den unzähligen Gesprächen mit verschiedensten Menschen auf nahezu alle Formen von „Was ist aber, wenn...?" ausgelegt.

Hast du dir übrigens schon das kostenlose Arbeitsbuch heruntergeladen? Falls nicht, dann lade es dir hier herunter:

www.GrenzenlosErfolgreichArbeitsbuch.de. Alternativ schicke bitte sofort eine Nachricht mit dem Text „Grenzenlos Erfolgreich Arbeitsbuch“ per E-Mail an team@i-unlimited.de bzw. eine WhatsApp an +4368110803001. Dieses ist wirklich essentiell, denn es beinhaltet alle Arbeitsaufgaben und Mitschriften für dich.

Du hast dein Arbeitsbuch in der Hand? Bestens – dann kann es losgehen. Wie arbeitest du jetzt das Arbeitsbuch am besten durch? Wichtig ist, dass du dich beim Lesen der Kapitel in einer möglichst ungestörten, konzentrierten Umgebung befindest. Es ist etwas anderes, wenn du beispielsweise ein Hörbuch oder einen Podcast anhörst. Dies kannst du ganz oft nebenbei laufen lassen. Im Arbeitsbuch findest du zahlreiche Felder mit Platz für Notizen. Nutze diese und trage dir die Dinge ein, welche DIR wichtig erscheinen und dir als „Merkpunkte“ dienen. Ich habe mit Absicht so viel Platz für deine Notizen freigelassen, denn für jeden sind unterschiedliche Informationen, Anhaltspunkte oder Lektionen ausschlaggebend. Du hast Geld plus Zeit für all das – dein Ziel – investiert: hole also das Maximum für dich heraus! Es ist dein Leben, es ist deine Zukunft!

Wann solltest du am besten anfangen? Gibt es den perfekten Tag, die perfekte Zeit?

Der Wochentag ist oft gar nicht so wichtig, denn jeder Tag birgt Vor- und auch Nachteile. Ganz egal, ob wir uns am Anfang oder am Ende der Woche befinden. Viel wichtiger ist es, dass du JETZT anfängst. Vielleicht legst du schon heute mit Tag 1 los.

Etwas, das wir noch öfter besprechen werden, ist die Wichtigkeit einer sogenannten „Peer-Group“. Was ist diese sogenannte „Peer-Group“ und was bedeutet das? Ganz einfach, dies ist eine Gruppe, die dich in deinem Vorhaben unterstützt, bei Fragen hilft, bei Tiefs zur Seite steht und bei Erfolgen mit dir jubelt. Wir wissen alle, wie wichtig das ist, und die meisten von uns erleben dies in unserem Alltag nicht. Deshalb haben wir extra eine Facebook Gruppe dafür kreiert. Trete dieser unbedingt bei:

https://www.facebook.com/groups/grenzenloserfolgreichaudio/

Bevor wir nun die Vorbereitungen an Tag 0 beenden und in Tag 1 hinein starten, möchte ich dir zum Schluss noch eine Geschichte erzählen, welche mich selbst immer wieder von Neuem inspiriert, wenn ich daran denke. Es ist die Geschichte von Matthias Steiner, dem deutsch-österreichischen Kraftsportler, welcher „über Nacht" durch seine Goldmedaille in Peking 2008 berühmt wurde. Vielleicht kennst du die Geschichte ja, falls ja, dann lade ich dich ein, diese nochmals zu reflektieren, und falls du diese noch nicht kennst, umso besser:

Matthias wuchs in Österreich auf, wo er 2004 und 2005 einige kleine Erfolge wie zum Beispiel den Titel des österreichischen Staatsmeisters feiern durfte. Da seine Freundin aus Deutschland stammte, wollte er zu ihr ziehen und deutscher Staatsbürger werden. Laut internationaler Wettkampfregeln durfte er daher nicht mehr an weiteren Wettkämpfen in Österreich teilnehmen. Matthias trainierte hart und verbesserte seine Technik, seine körperliche Verfassung und seine Einstellung – er wurde immer besser und besser. Für die Welt war Matthias bis dato ein komplett Unbekannter. Er hatte jedoch große Ziele und wollte als Kraftsportler berühmt werden. Er bereitete sich immer besser vor, trainierte hart, und als er fast am Höhepunkt seiner Karriere angelangt war, passierte etwas Schreckliches. Die Frau, für die er nach Deutschland gezogen war, und welche er über alles liebte, starb plötzlich bei einem tragischen Autounfall. Für Matthias brach eine Welt zusammen. Seine große Liebe war für immer weg – was hatte sein Leben noch für einen Sinn?

Er dachte darüber nach, den Sport vollständig aufzugeben und versank fast in einer aufkeimenden Depression. An diesem Tiefpunkt seines Lebens gab er sich jedoch ein Versprechen: Er würde bei Olympia eine Goldmedaille mit nach Hause nehmen. Nicht nur für sich, sondern für seine verunglückte Frau. Dem Spruch „In den Tiefen des Ozeans erkennst du die Weite des Meeres“ folgend, zog sich Matthias erst richtig nach oben. Die meisten Menschen glauben, dass sie drastische Entscheidungen nur in Phasen der Inspiration treffen können, doch die Wahrheit ist, dass oft die besten Entscheidungen in Phasen der absoluten Frustration getroffen werden. So war es auch bei Matthias. Er entschied sich, die Energie, voller Trauer über seinen schmerzhaften Verlust, positiv zu nutzen, trainierte noch härter und noch mehr, stets mit seinem klaren Ziel vor Augen. Er kämpfte, gab niemals auf und wurde von Tag zu Tag besser und besser.

Als der entscheidende Tag 2008 bei der Olympiade in Peking kam, kannten ihn erst wenige. Er war bis dato zu unscheinbar. Doch vor Millionen von Zuschauern auf der ganzen Welt schaffte Matthias Steiner das Unmögliche: er holte Gold. Für Deutschland, für sich, für seine verstorbene Frau. Vor hunderten Kameras brach er, nachdem er den Sieg errungen hatte, auf der Bühne zusammen. Er hatte all das für seine Frau getan. In diesem Moment übermannten ihn all seine Emotionen. Wie oft hatte er daran gedacht aufzugeben – um schlussendlich durchzuhalten – und letzten Endes für sich und seine Frau zu siegen. Die ganze Welt feierte in diesem Moment mit ihm.

Matthias Steiner wurde „über Nacht“ weltberühmt. Die Szenen seines Erfolges werden noch heute in tausenden von YouTube-Videos als Motivation verwendet und Fernsehsender zeigen diese ebenfalls immer und immer wieder. Es ist, als wäre Matthias Steiner am Tage zuvor noch nicht auf dieser Erde gewesen und dann „über Nacht“ weltberühmt geworden. Doch diese eine Nacht erforderte tausende Nächte zuvor, all jene, die gefüllt mit Schmerz, voll mit Anstrengung, voller Schwere und nahezu unaushaltbar waren. Dutzende Tiefschläge, nur wenige Höhen. Doch nach all dieser Zeit des Ärgers, des Frusts und der Trauer kam diese eine Nacht, in der sich all die harte Arbeit bezahlt gemacht hat.

Viel zu oft sehen wir nur diese eine Nacht, in der ein Akteur scheinbar plötzlich berühmt wird. Daraus resultierend verleitet es uns anzunehmen, dass es immer so ist mit Erfolg: dass Erfolg von heute auf morgen passiert. Wenn wir dann selbst in den Schuhen drinnen stecken, und selbst etwas erreichen wollen, tun wir uns oft schwer, diese Anstrengung auch selber aufzubringen. Wir sind es nicht gewohnt, dass wir so lange auf etwas hinarbeiten müssen und die Belohnung oft erst so spät bekommen. Wie sollen wir auch einem Beispiel folgen, von dem uns lediglich das Ziel des Weges gezeigt wird?

Zusammenfassend gibt es drei Ebenen an Verständnis zu „Erfolg über Nacht“:

1. Du denkst fälschlicherweise, dass es das gibt.
2. Du weißt, das gibt es nicht, tust dich jedoch schwer, wider besseres Wissen zu handeln.
3. Du weißt, das gibt es nicht, und erkennst, was du tun musst.

Egal auf welcher Ebene du jetzt bist, innerhalb der nächsten 30 Tage bist du garantiert auf der dritten Ebene!

Genau gleich wie es mit „Erfolg über Nacht“ ist, ist es auch mit „Nicht-Erfolg“. „Nicht-Erfolg“ passiert ebenfalls nicht über Nacht, sondern nach langem Nichts- bzw. dem „falschen“ Tun. Ich weiß nicht, in welche Situation du dich gerade am besten hineinversetzen kannst. Siehst du dich auf der Seite des Nicht-Erfolges oder des Erfolges? Unabhängig davon, wo du dich selbst gerade siehst, der Grund, warum ich dir diese Geschichte erzählt habe ist, dass du verstehst, wie wichtig es ist, dass du NICHT deshalb da bist, wo du gerade bist, weil du gestern oder heute etwas getan hast oder nicht. Sondern vielmehr, weil dies offensichtlich ein bereits längerfristiger, vielleicht sogar unbewusster Prozess war. Doch die Zukunft muss NICHT der Vergangenheit gleichen. Mit nur einer Entscheidung kannst du alles in deinem Leben verändern. Diese Entscheidung werden wir gemeinsam in den kommenden 30 Tagen treffen.

Oft stellt sich der Erfolg nicht sofort ein, sowie sich auch der Nicht-Erfolg nicht sofort einstellt. Sonst wären wir alle woanders, wenn wir nach nur einem Fitnesstraining den perfekten Körper hätten, jede Beziehung sofort funktionieren würde und jedes Business zu 100% erfolgreich wäre. Doch leider, oder vielleicht auch glücklicherweise, ist dem nicht so – wie langweilig wäre nur die Welt! Deshalb ist es umso wichtiger, konstant an seinen Zielen zu arbeiten und daran zu glauben, auch wenn es wie bei Matthias oft nicht sofort so aussieht, als würde man dort ankommen, wo man ursprünglich ankommen wollte, weil Situationen, die sich unserer Kontrolle entziehen, manchmal unseren Weg unglaublich erschweren.

Ich wollte dir diese Geschichte vor allem deshalb erzählen, damit du die richtigen Erwartungen an die nächsten 30 Tage und an dich selber hast. Für manche Menschen stellen sich die Veränderung und der Erfolg am allerersten Tag ein. Sie haben sofort einen Durchbruch. Für manch andere jedoch dauert der Erfolg bis zum 30sten Tag. Und wiederum andere schauen erst in zehn Jahren zurück und erkennen, dass sie in zehn Jahren dort angekommen sind, weil sie zwar heute dieses 30-Tage-Programm gestartet haben, sich das Ergebnis jedoch erst in zehn Jahren gezeigt hat. Welcher der Gruppen du angehörst, ist am Anfang unmöglich zu sagen. Ich möchte jedoch deine Erwartungshaltung korrekt einstellen. Das Programm ist unglaublich effektiv, doch da wir Menschen sehr individuell sind, so sind auch unsere Reaktionen bzw. die Reaktionsdauer unterschiedlich.

Es ist also wichtig, dass du Vertrauen in das Programm, in mich und vor allem in dich selber hast. Vertraue darauf, dass das Programm genau richtig ausgelegt ist und dir die größten Resultate bringen wird. Es werden Resultate sein, von denen du nicht einmal geträumt hast, sie irgendwann zu erhalten. Solange du dein Versprechen hältst, welches du mir zuvor gegeben hast, werde auch ich mein Versprechen einhalten und eine 100%ige Erfolgsquote haben. Verlass dich drauf!

So, jetzt aber genug für Tag 0. Wir starten hinein in Tag 1. Ich wünsche dir ganz viel Spaß mit diesem Programm.

Sei GRENZENLOS ERFOLGREICH©!

Dein

Dr. Julian Hosp

TAG 1: Was sind Zufriedenheit, Glück und Erfolg

Herzlich willkommen bei Tag 1!

Das Programm lautet Grenzenlos Erfolgreich©, und deshalb möchte ich zuallererst darüber sprechen, was Erfolg denn überhaupt bedeutet.

Hast du dir schon einmal überlegt, was für DICH Erfolg ist? Um dir die von mir herausgefundene Definition besser zu veranschaulichen, möchte ich dir dazu eine Geschichte von mir erzählen.

Ich habe dir bereits am Vorbereitungstag ein wenig über mich erzählt.

Heute, an Tag 1, möchte ich näher auf eine bereits angedeutete Geschichte eingehen. Diese handelt von meinem frühen Ziel, bereits mit 30 Jahren ausgesorgt zu haben. Es war eine Vision, die ich bereits in der Volksschule bzw. in der Unterstufe am Gymnasium vor meinem inneren Auge sehen konnte.

Ich sprach nicht sehr oft darüber, denn wann immer ich diese erwähnte, lachten die anderen über mich. Vielleicht kannst du dich in diese Situation hineinversetzen und fühlst dich genötigt, gewisse Ziele, Träume oder Wünsche zu verschweigen, weil du Angst hast, was andere dann über dich denken? Ich habe erst später gelernt, dass Ziele nur dann wirklich gut sind, wenn andere darüber lachen, weil das bedeutet, dass sie sich diese ganz einfach nicht vorstellen können.

Mein Ziel war also, dass ich, bevor ich 30 Jahre alt sein würde, nicht mehr für Geld arbeiten müsste. Das bedeutete nicht, dass ich unglaublich reich sein müsste, sondern lediglich, dass ich genug Geld haben würde, um mir das tägliche Leben ohne größere Probleme leisten zu können. Als Kitesurf-Profi hatte ich bereits ein angenehmes Einkommen. Durch gute Verträge, vorzeigbare Wettkampfresultate und viele Werbeauftritte hatte ich gute Gagen verdient und konnte mir so einiges zur Seite legen. Mit 22 Jahren hatte ich mir so knapp 80.000 € zusammengespart. Ich hatte mir in jungen Jahren bereits ausgerechnet, dass ich knapp eine Viertelmillion Euro brauchen würde, um ausgesorgt zu haben. Meine Idee war, dass ich bei zirka 10% jährlicher Rendite – mit einem Kapital von 250.000 € – knapp 25.000 € pro Jahr verdienen würde, ohne dafür arbeiten zu müssen. Das war zwar eine Milchmädchenrechnung, doch in meinem Kopf ergab sie Sinn. Nachdem ich mir in vier Jahren knapp 80.000 € angespart hatte, war ich davon überzeugt, in den nächsten sieben bis acht Jahren locker die restlichen 170.000 € zu bekommen und somit mein Ziel zu erreichen.

Ich fühlte mich auf meinem Weg zum Ziel immer sicherer und traute mich so, zum ersten Mal wirklich mit Menschen darüber zu sprechen. Einige behaupteten immer noch breit grinsend, dass mein Ziel doch purer Wahnsinn sei. Ich hielt jedoch beständig daran fest und war mir sicher, es auch zu erreichen. Vielleicht kennst du die ausführliche Version dieser Erzählung bereits aus „Ausgesorgt mit 30 – 25 Geschichten für mein Jüngeres Ich" – hier möchte ich trotzdem auf die Kurzform eingehen, denn die Geschichte ist eine der prägendsten in meinem Leben und ich glaube, du kannst dich sicherlich gut in den einen oder anderen Punkt hineinversetzen.

Ich war damals zum Kitesurfen in Brasilien und vertraute meine Ziele und den damaligen Kontostand ein paar Leuten an, von welchen ich überzeugt war, sie wären meine Freunde. Darunter war auch, was mir damals natürlich nicht bekannt war, ein hoch Krimineller namens Ralf. Wie es der Teufel will, schlug er mir einen Immobiliendeal direkt am Meer vor. Ich war sofort hellauf begeistert, denn als Surfer würde dies bedeuten, dass ich eine Villa in perfekter Lage am Wasser hätte, um jeden Tag Kitesurfen zu können. Langer Rede kurzer Sinn: Es kam, wie es kommen musste. Der Deal platzte und ich verlor knapp 40.000 € über Nacht. Von meinen 80.000 € war also nur mehr die Hälfte übrig. Ich stand halb unter Schock, doch zumindest war nicht all mein Erspartes weg. Dadurch behielt ich ein wenig Hoffnung – viele Leute erleiden auf dem Weg nach oben Rückschläge – so heißt es doch, oder?

Ich sprach mit anderen Menschen bzw. sogenannten Freunden darüber, was ich denn jetzt tun sollte. Einer davon hatte die glorreiche Idee, in den Optionshandel einzusteigen. Ich hatte keine Ahnung von Optionshandel, doch ich vertraute ihm, um so mein verlorenes Geld wiederzubekommen. Wie du dir bereits vorstellen kannst, ging alles ordentlich in die Hose. Über Nacht verlor ich nicht nur mein restliches Geld, sondern zusätzlich noch 10.000 € extra. Dies war Geld, das ich gar nicht hatte.

Innerhalb von ein paar Wochen hatte ich so nicht nur alles, was ich besaß, verloren, sondern war sogar in ein saftiges Minus geschlittert. Noch nie hatte ich ein Nettovermögen mit einem Minus davor gehabt und war somit von meinem Ziel weiter entfernt denn je zuvor.

Als mir das klar wurde, war ich gerade zum Kitesurfen auf einer Insel namens Bonaire. Es war der einzige Tag in meinem Leben, an dem ich darüber nachdachte, mir das Leben zu nehmen. Es war der absolute Tiefpunkt in meinem Leben. Ich wollte und wusste einfach nicht mehr weiter. All meine Träume und Ziele waren wie weggeblasen. Nur ein paar Wochen zuvor schien noch alles möglich – und jetzt war nichts mehr davon vorhanden. Anstatt Kitesurfen zu gehen, lag ich nur Tag und Nacht heulend in meinem Apartment.

Ich klagte mein Leid jedem, der mit mir redete. Kennst du das, wenn du so richtig demotiviert bist und in einem tiefen Loch sitzt? Jedes Mal, wenn mir jemand Mitleid zeigte und nett zu mir war, fühlte ich mich ein bisschen besser. Dieses Mitleid tat gut – es tat sogar so gut, dass ich mich fast dazu entschieden hätte, mich nur mehr in Mitleid zu suhlen. Warum überhaupt große Ziele haben, wenn man als Antwort nur „Herunterdrücken" und Negativität bekommt? Es wäre soviel einfacher, klein zu bleiben, dadurch Mitleid zu erwirken und sich von anderen bemuttern zu lassen.

Wann immer jemand auf mich zukam, um zu versuchen, mir motivierend einen Stoß zu geben, dass ich mich wieder aufrappeln und Gas geben sollte, antwortete ich schnippisch: „Lass mich in Frieden mit dem Bullshit, das funktioniert sowieso alles nicht, ich habe es selbst ausprobiert!" Ich blieb gegenüber jeglichem Lernen ignorant. Mögliche Weiterentwicklung und konstruktive Kritik stießen nur auf taube Ohren.

Eines Tages besuchte mich ein guter Freund. Er fragte mich: „Julian, soll ich dir eine Geschichte erzählen?" Ich antwortete: „Ja, solange es nicht eine deiner dummen Motivations-Stories ist!" Mein Freund schmunzelte und fuhr unbeirrt fort:

„Es waren einmal zwei Universen, eines links und eines rechts. Auf dem linken Universum befand sich ein Deckel, auf dem rechten jedoch nicht. Die Kreierer der Universen standen um die beiden Universen herum und begutachteten, was denn darin zu erkennen war. Einer der neu hinzugekommenen Macher rätselte, was es denn mit dem Deckel auf sich hätte. Sowohl im linken als auch im rechten Universum lebten auf den ersten Blick dieselben Menschen und auch die Umgebung schien sehr ähnlich. Als er sich einfach keinen Reim darauf machen konnte, hob er seine Hand und fragte: „Ich verstehe einfach nicht, warum wir im linken Universum diesen Deckel brauchen und im rechten nicht." Einer der Ältesten antwortete: „Das ist ganz einfach, im rechten Universum gibt es Mitleid. In dem linken stattdessen Mitgefühl." Der Neuling blickte den anderen Kreierer verwundert an und so fuhr dieser fort: „Bei den Menschen im rechten Universum haben wir keinerlei Sorge, dass diese aus Versehen dort ‚herausschwimmen'. Dort gibt es stets genügend Menschen, die oftmals gut gemeintes Mitleid haben. Dies fühlt sich für jemanden, der gerade in einer schwierigen Situation steckt, erst einmal gut an – und so bleiben die meisten Menschen an jener Stelle, wo das Mitleid am größten ist: ganz unten. Je schlechter man sich fühlt, desto mehr Mitleid erhält man. Daher brauchen wir keine Sorge haben, dass je jemand aus dem Universum herauskommt."

„Ja, aber ist denn Mitleid nicht etwas Essentielles?", hakte der Unwissende nach. „Zu einem gewissen, kleinen Grad vielleicht. Jedoch hat Mitleid fatale Folgen. Der Unterschied ist, dass wir bei Mitleid im wahrsten Sinne des Wortes zu Mitleidenden werden und uns emotional verbinden. Da wir selbst leiden, können wir nicht helfen. Auch erscheint uns unser Gegenüber bei Mitleid nicht mehr auf Augenhöhe. Wir stellen uns, bewusst oder unbewusst, auf eine höhere Ebene. So fühlen sich Menschen bei Mitleid zwar verstanden und kurzfristig gut – allerdings sind wir durch diesen Kreislauf passiv. Mitgefühl andererseits, wie wir es im linken Universum sehen, erlaubt den Menschen, die Lage eines anderen zwar nachzuvollziehen, sich aber nicht emotional mit hineinziehen zu lassen. Durch diese Grenze kann sich der andere überlegen, wie er bei einem Problem konstruktiv helfen kann. Dies führt zu Aktivität und Wachstum. Deshalb auch der Deckel. Die Menschen im linken Universum wachsen weit über sich hinaus und so könnte es passieren, dass sie aus Versehen einmal herausschlüpfen."

Diese Geschichte war genau jener Seitenhieb, den ich gebraucht hatte. Ich hatte bereits vorher Niederlagen gehabt – jedoch war das Mitleid noch nie so stark gewesen wie dieses Mal. Jetzt, da ich dieses wohlig warme Gefühl von

Verständnis spürte, wollte ich dieses nicht mehr missen. Doch genau wie bei Matthias Steiner aus der Geschichte von Tag 0 war dies der Punkt, an dem ich sagte: „Genug ist genug! Ich will wachsen. Also muss ich weg, raus aus meinem Mitleidsloch, welches ich mir selbst gegraben habe."

Ich stellte mich vor den Badezimmerspiegel und brüllte mein Spiegelbild an: „Julian, du schaffst das! Julian, sei wieder motiviert! Julian, du kannst dein Ziel erreichen! Julian, du bist der Beste! Los geht's! Du schaffst das!"

Vielleicht kennst du das Buch „Das Geheimnis"? Es war eines der wenigen Persönlichkeitsentwicklungsbücher, welches ich bis dato gelesen hatte. Einiges daraus ist richtig gut, doch vieles davon muss mit einer Prise Salz genommen werden. So auch die Vorstellung, dass man Sachen durch reine Vorstellung bzw. bloßen Glauben erreichen könnte. Dem Buch folgend erwartete ich nun, dass etwas passieren würde, da ich ja gerade meinen Spiegel angebrüllt hatte und so wieder zurück auf dem Weg zum Erfolg war. Doch was passierte? Natürlich rein gar nichts.

Kennst du die Geschichte von den zehn Vögeln auf dem Dach? Ich erzähle sie dir: Zehn bunte Paradiesvögel sitzen auf einem Dach. Keiner dieser zehn Vögel kann richtig fliegen. Doch einer dieser Vögel, jener mit einem schillernden, blauroten Gefieder, ist über alle Maßen motiviert. Er lernt alles, was es über das Fliegen zu wissen gibt, sieht sich die Techniken an und möchte, nachdem er alles gelernt hat, wegfliegen. Preisfrage: Wie viele Vögel sind jetzt noch auf dem Dach? Immer noch zehn. Denn nur, weil wir etwas möchten, ganz egal wie sehr, bedeutet das noch lange nicht, dass wir es auch tun und umsetzen. Wissen bedeutet – genau wie bei dem Vogel – keine Macht. Vor Jahrzehnten war das sicherlich anders – hier hätte unser Paradiesvogel zwar auch nicht einfach wegfliegen können, aber sein Wissen beispielsweise an einen Adler verkaufen können, welcher ihn dann mitgenommen hätte. In unserer heutigen Zeit, in welcher Wissen praktisch kostenlos über das Internet überall auf der Welt zugänglich ist, bedeutet dies lediglich potentielle Macht.

Richtige Macht kommt ausschließlich durch Tun.

Glücklicherweise erkannte ich dies im gleichen Moment und machte mich auf die Suche nach einem Artikel über Erfolg. Ich wollte verstehen, wie ich wieder zurück auf die Erfolgsschiene kommen könnte. Ich fand einen fantastischen, jedoch langen Artikel, welchen ich hier in fünf Punkten zusammenfasse:

1. Zuallererst müssen wir die Entscheidung treffen, Erfolg zu haben. Das hatte ich damals schon getan.
2. Als nächstes müssen wir unser „Muss" finden. Lediglich erfolgreich sein zu „wollen", ist nicht genug. Erst wenn du erfolgreich sein MUSST, wirst du es auch werden. Ich MUSSTE es werden. Ich konnte mich nicht blamieren und mein groß angekündigtes Ziel nun nicht mehr erreichen. Es gab nur einen Ausweg: Erfolg.
3. Der nächste Schritt ist, erfolgreiche Menschen zu suchen, die den Weg bereits vor dir gegangen sind, welchen du nun beschreiten möchtest. Das tat ich dann auch, wie du gleich lesen wirst.
4. Wenn du es nur bis hierher schaffst, dann bist du genau wie der blau-rote Vogel, der wegfliegen möchte, es dann aber nicht tut. Schritt vier ist also: TUN!
5. Der letzte Schritt ist, wie in allem, zu verstehen, dass nichts sofort funktioniert. Wir werden immer Höhen und Tiefen erleben. Schritt fünf ist also, immer und immer wieder zu probieren, zu reflektieren und nie aufzuhören, sondern stets weiterzumachen, bis du an deinem Ziel angekommen bist.

Dieser letzte Schritt ist essentiell. Lass es mich dir an zwei Beispielen verdeutlichen: Stell dir vor, du suchst nach Wasser.

Wenn du jetzt zum Beispiel in einem tropischen Regenwald danach suchst, ist es sehr wahrscheinlich, dass du recht einfach fündig wirst. Stelle dir jedoch vor, du läufst durch die Wüste und suchst dort nach Wasser. Wirst du welches finden? Vielleicht, aber deine Chancen sind ziemlich gering, dass du gerade dort auf eine wasserreiche Oase stößt und so dein Ziel erreichst. Es ist also schon wichtig, welche Strategie du verwendest. Der große Fehler besteht darin, durch die Wüste zu laufen, kein Wasser zu finden und aufzugeben mit dem Glauben, es gäbe auf der ganzen Welt kein Wasser. Der richtige Weg ist also, immer und immer wieder zu reflektieren, zu verbessern und an deiner Strategie zu feilen, bis du an deinem Ziel angekommen bist.

Ein zweites Beispiel: Wenn ein gesundes Kind aufwächst und sich am Anfang, was ganz natürlich ist, beim Gehenlernen relativ schwer tut und am Boden herumkrabbelt, würdest du als Elternteil hergehen und das hier sagen: „Du bist halt einfach ein schlechtes Kind. Gehen liegt dir wohl nicht im Blut, lass es lieber sein, krabbelst du halt dein ganzes Leben lang weiter!" Korrigiere mich, aber ich bin mir sehr sicher, dass du es so lange versuchen wirst, ganz egal wie lange, bis dein Kind gehen kann. Motivation, Vorzeigen, Üben, Loben, egal was deinem Kind hilft, sein Ziel irgendwann zu erreichen – es gibt keinen Plan B. Genau denselben Ansatz musst du auch bei dir selbst anwenden, wenn du zum Beispiel Wasser in der Wüste suchst. Das bedeutet im Klartext, dass du nicht aufgibst, bis du entweder Wasser oder eine Strategie gefunden hast, die dich dann zum Wasser führt.

Als kleines Nebenbeispiel möchte ich kurz das Singen erwähnen. Singen ist etwas, das uns Kindern relativ früh von Eltern, Freunden oder Lehrern unabsichtlich ausgetrieben wird. Wir hören viel zu oft: „Deine Stimme ist nicht so gut, du solltest das nicht weitermachen, das hört sich ja schrecklich an!" Was dadurch passiert, ist, dass die meisten Menschen zwar gehen lernen, jedoch nur die wenigsten auch gut singen können. Viele Studien zeigen, dass durch ein bisschen Üben, welches wir uns meistens jedoch nicht trauen, unser Gesang sofort besser werden würde. Es steckt in uns, jedoch: wir trauen uns einfach nicht, da wir nicht genug geübt haben.

Was ich dir mit diesen Geschichten veranschaulichen möchte, ist das Folgende: Für viele Menschen, vielleicht auch für dich, ist dein Ziel zwar klar, du willst es wirklich umsetzen und probierst es dann auch. Doch relativ schnell stößt du an eine Wand, ein Hindernis, und anstelle eine neue Strategie, einen neuen Weg oder einfach eine neue Richtung einzuschlagen, gibst du auf. Wenn du ehrlich reflektierst: Erkennst du dich darin irgendwie selbst?

Wenn du jetzt gerade all das erfährst und du nicht zu 100% weißt, was für dich Erfolg genau bedeutet bzw. was dich wirklich glücklich und zufrieden machen könnte, dann bist du nicht alleine. Viele Menschen tun sich schwer, solche Dinge zu konkretisieren. Vielleicht kann dir ein Beispiel aus der Flugindustrie einen kleinen Denkanstoß geben: Stell dir vor, ein Flieger würde von Frankfurt nach New York fliegen. Wenn du als Passagier in der Maschine sitzt – was willst du, was der Pilot unbedingt über die Flugstrecke weiß? Für mich sind das vor allem zwei Dinge:

Erstens, dass der Pilot weiß, dass er nach New York fliegen soll und nicht irgendwohin, nach Miami oder nach Südamerika, sondern genau nach New York. Zweitens, dass der Pilot weiß, wie er aus dem Frankfurter Flughafen herauskommt. Besonders die ersten Schritte sind extrem wichtig. Es ist nicht wirklich essentiell, dass der Pilot exakt weiß, was genau in der Mitte des Fluges passiert. Wo zum Beispiel der Wind herkommt, welche Luftlöcher wann und wo auftreten, ob er vielleicht zehn Meter rauf oder runter, nach links oder nach rechts muss. Viel wichtiger ist für mich, dass er die ersten Schritte kennt, das Endziel weiß und dazwischen kompetent genug ist, um auf Herausforderungen zu reagieren.

Was bedeutet diese Geschichte für dich und deine Vorstellung von Erfolg, Glück und Zufriedenheit? Wenn du große Ziele hast, doch die genaue Strategie dorthin noch nicht wirklich kennst, dann mach dir keine Sorgen, sondern fokussiere dich vor allem auf die zwei zuvor genannten Dinge:

1. Wo willst du ganz am Ende hin?
2. Was sind deine kleinen Schritte für die nächsten Stunden oder Tage?

Genau das werde ich dir immer und immer wieder auf deinem Weg zum grenzenlosen Erfolg vermitteln, denn ich weiß, wie leicht es sonst passieren kann, dass man entweder gar nicht startet oder mitten auf dem Weg einfach umdreht. Deshalb sind auch die To-Dos am Ende einer jeden Lektion so wichtig.

Ich hatte die fünf Schritte zum Erfolg irgendwann verinnerlicht und war nun vollständig bereit, meine Situation zu ändern. Genug des Mitleids! Jetzt war es Zeit, das „Wollen" zum „Müssen" zu transformieren. Anstatt wie ein Amateur über Business und Finanzen informiert zu sein, lernte ich jetzt, wie Profis die Theorie in Praxis umsetzten. Ich hatte außerdem „Geld verdienen" mit „Geld investieren" verwechselt und hatte deshalb so viel verloren. Mehr dazu an einem der letzten Tage, wenn wir über Finanzen sprechen. Ich kaufte mir also Bücher, besuchte Seminare und versuchte, so viel wie nur möglich von den Besten der Besten zu lernen. Ich setzte mir das Ziel, jede Woche ein neues Buch zu lesen. Dieses Ziel habe ich bis heute ziemlich gut durchgehalten und habe bislang knapp 350 Bücher, entweder als Audio oder im Leseformat, in den letzten sieben Jahren zu meinem Wissensschatz hinzugefügt. So wurde ich immer besser, lernte aus meinen Fehlern und fokussierte mich darauf, was wirklich funktionierte und was nicht.

Viele Menschen sprechen ausschließlich von ihren Erfolgen, denn diese sind geldreich. Sie lassen ihre

Niederlagen gerne aus, denn diese könnten ein schlechtes Licht auf sie werfen. Ich bin auf diese Niederlage von damals ganz besonders stolz, denn sie war extrem lehrreich. Das war sie jedoch nur, weil ich sie es sein ließ. Ich hätte sie auch ohne Probleme weiterhin meinen sicheren Untergang sein lassen können, so wie es fast passiert wäre. Ich hatte kapiert, dass ich, wenn ich mehr haben wollte, mich weiterentwickeln musste. Also tat ich das auch.

Außerdem verstand ich, dass viele erfolgreiche Menschen ziemlich ähnliche Fähigkeiten richtig gut entwickelt hatten. Also trug ich diese Fähigkeiten zusammen, machte mir Notizen und verglich. Irgendwann kreierte ich daraus die sogenannte Pyramide der Top-Fähigkeiten. Wie du bald erkennen wirst, war die Pyramide damals noch nicht vollständig, jedoch gab sie mir eine gute Richtung vor.

Darauf waren folgende Fähigkeiten gelistet:

1. Gesundheit
2. Zeitmanagement
3. Lernen
4. Beziehungen
5. Business
6. Geld

Ich konnte mir außerdem vorstellen, dass, wenn ich in den nächsten Jahren all diese Fähigkeiten erlernte, ich mein Ziel doch noch erreichen und somit erfolgreich sein könnte. So arbeitete ich unentwegt, verbesserte mich beim Kitesurfen und studierte gleichzeitig weiter Medizin.

Drei Jahre später promovierte ich als 25-jähriger mit Auszeichnung und begann meine Arbeit als Arzt im Krankenhaus. Meine Niederlage von drei Jahren zuvor war wie weggeblasen. Ich war wieder zurück auf der Überholspur und sah mich drauf und dran, die Pyramide der Top-Fähigkeiten komplett zu verinnerlichen, um daraus resultierend als Arzt meinen grenzenlosen Erfolg zu erreichen.

Doch wie bei den fünf Schritten, welche ich zuvor erklärt habe, war ich gerade erst bei Schritt vier. Es fehlte das Reflektieren, das Verbessern, die Hartnäckigkeit, bis ich wirklich an meinem Ziel angekommen sein würde. Der Weg zum Erfolg ist eben keine gerade Linie. Wie es manchmal so kommt, erkannte ich im Krankenhaus recht schnell, dass der Beruf des Arztes, so nobel er auch sein mag, mich nicht an mein Ziel bringen würde. Zu viele Faktoren machten mir im Krankenhaus keinen Spaß, und ich verlor abermals die Hoffnung, in den nächsten Jahren mein Ziel, mit 30 ausgesorgt zu haben, zu erreichen.

Kurz warf es mich wieder zurück in eine kleine Depression. Ich hatte erwartet, dem Ziel so nahe zu sein. Jetzt sah es wieder so aus, als läge es doch in weiter Ferne. Meine Gedanken wanderten zu Schritt fünf: Überlegen, Reflektieren, Verbessern. Ich haderte mit mir selbst, schließlich hatte ich doch sechs Jahre Medizin studiert und viel Arbeit hineingesteckt. Die Erwartungshaltung vieler Menschen in meiner Umgebung und die Vorstellung, sie zu enttäuschen, schnürte mir fast die Kehle zu. Dennoch war ich todunglücklich in dem Wissen, dass diese Situation in keinem Punkt mit meinen Zielen übereinstimmte.

Durch das viele Lesen und Fortbilden hatte ich mittlerweile viel über Business und Geld gelernt und wusste nun ja zudem, dass all das Wissen nur potentielles Können bedeutete, sollte es nie zur Anwendung kommen. Es könnte mir zwar helfen „wegzufliegen", jedoch nur, wenn ich es tatsächlich in ein Tun umsetzte und nicht nur, wie der Vogel, es gerne getan hätte.

Auf einem dreizehnstündigen Flug nach Lima, Peru, dachte ich über meine Möglichkeiten nach und kam zu dem Entschluss, dass ich etwas anders machen musste. Mein

Traum vom Erfolg war mir einfach zu wichtig. Also tat ich das, was niemand von mir erwartet hätte: Ich kündigte meinen Job als Arzt. Dies war Schritt fünf. Die Entscheidung fiel mir unglaublich schwer, doch ich wusste: sie war die einzig richtige für mich. Den genauen Denkprozess dazu lernst du ebenfalls noch an einem späteren Tag kennen.

Als ich buchstäblich in Lima landete, erklärte ich meinen Freunden, mit welchen ich eigentlich zum Machu Picchu hätte wandern sollen, dass ich an Ort und Stelle umdrehen würde, um an einem eigenen Business und nicht mehr als Arzt weiterzuarbeiten. Sie hielten mich für komplett verrückt und, um ehrlich zu sein: ich war mir natürlich selbst nicht sicher. Doch ich hatte gelernt, wie wichtig es war, Entscheidungen zu treffen und diese dann auszuführen und nicht nur das Wissen vom Möglichen zu horten.

Zurück zu Hause war die Stimmung bei meinen Eltern und Freunden etwas unangenehm. Okay, das ist massiv untertrieben: Es war desaströs. Nur die wenigsten konnten meine Entscheidung nachvollziehen. Meine Oma hat nach langen Jahren des Nicht-Wissens dann doch vor Kurzem herausgefunden, dass ich nicht mehr als Arzt, sondern als Unternehmer tätig bin. Seitdem bin ich leider nicht mehr ihr „Lieblingsenkel" – das behauptet sie zumindest. Scherz beiseite: Egal wie schwer eine Entscheidung ist, die du treffen musst – wenn du fühlst, dass sie richtig ist, musst du sie durchziehen.

Vielleicht kannst du das ein wenig als Inspiration für dein eigenes Leben verwenden. Ich bin mir sicher, dass auch du schon öfter etwas tun wolltest, wofür das Potenzial bereits in dir schlummert, dass es sich jedoch nicht als Resultat zeigen kann, da du es noch nie gewagt hast, es auch zu tun. Denke daran:

Der einzige Unterschied zwischen Potential und Resultat ist das Tun.

Nur drei Jahre später, mit 28, hatte ich mein Ziel tatsächlich erreicht: Ich hatte viele der Fähigkeiten meiner Pyramide erlernt und mein finanzielles Ziel erreicht. Ich werde dir weitere Details dazu in den nächsten Tagen näher beschreiben – heute wollte ich dir hier einen Überblick über diese Geschichte vermitteln. Eine Frage wirft sich mir an dieser Stelle jedoch oft auf: „Warum schreiten nur so wenige Menschen wirklich zur Tat, obwohl sie den großen Traum vom Erfolg haben und eigentlich wissen, was sie tun müssten, um dies auch zu erreichen?" Die Antwort auf diese Frage werden wir in den kommenden Tagen herausfinden. Wenn man 100 Leute befragt, ob sie gerne erfolgreich sein wollen, so würde die Mehrheit sicherlich mit einem „Na klar!" antworten.

Einige Zeit ergab es für mich keinen Sinn, warum wir so oft „na klar" sagen, danach jedoch nichts dafür tun. Heute weiß ich die Antwort aus eigener Erfahrung:

Jeder will erfolgreich sein,
doch wenige wollen es auch wirklich werden.

Was meine ich damit? Ganz einfach: Die meisten von uns sind nicht bereit, die Arbeit und Prozedur zu durchlaufen, die es benötigt, bis wir endlich erfolgreich sind. Genau wie in der Geschichte von Matthias Steiner, welche ich dir gestern erzählt habe, so gelingt uns der „Erfolg über Nacht" nur durch Probieren, Hartnäckigkeit und bedingungsloses Durchhalten.

Kennst du die Geschichte von der Entstehung der Glühbirne? Ich weiß nicht, ob sie zu 100% wahr ist, doch die Lektion daraus ist nahezu unschlagbar. Die Geschichte handelt von Thomas Alva Edison, der es erst nach knapp 10.000 Versuchen schaffte, die erste Glühbirne zum Brennen zu bringen. 9999 Mal hat es nicht geklappt, doch 9999 Male ist er „wieder aufgestanden", mit der festen Überzeugung, dass er – irgendwann – Erfolg haben würde. Er hat seine

Strategie und Herangehensweise immer wieder angepasst, bis er es beim 10.000sten Mal geschafft hat. Wie gesagt, weiß ich nicht, ob die Geschichte tatsächlich genau so passiert ist. Es ist aber auch ganz unerheblich, denn die Parabel ist das, was hier zählt: Auf dem Weg zum Erfolg niemals aufzugeben, sondern ständig neue Wege auszuprobieren. Ich kenne ein sehr schönes Zitat von Elon Musk, dem Co-Founder von Tesla, SolarCity und Space-X: „Es ist gar nicht so wichtig, wie viele Misserfolge du hast, solange ein einziger Erfolg dabei ist." Jene Aussage ist deshalb so schlagend und fantastisch, da sie für dich bedeutet, dass du 99 Mal falsch liegen kannst, doch wenn du beim 100sten Mal richtig liegst, erinnert sich keiner mehr an die vorherigen 99 Male, sondern sieht nur deinen Durchbruch.

Als ich damals mein Ziel erreicht hatte, stellte ich mir immer vor, dadurch unglaublich glücklich und zufrieden zu sein. Das Komische aber war, dass in jenem Moment, in welchem ich mein Ziel erreicht hatte, sich eine plötzliche, absolute Leere in mir auftat, die sich anfühlte wie eine dunkle Welle, welche gerade über mich hereinbrach. Meine Verwirrung wuchs Minute um Minute, denn ich war überzeugt, dass es wie bei einem Wettkampf war, bei dem ich, sobald ich ein gutes Resultat lieferte, mich unglaublich glücklich fühlte. Es erging mir fast wie sechs Jahre zuvor, als ich damals alles verloren hatte – doch wie konnte das passieren?

Für meine Außenwelt zeigte sich ein ganz anderes Bild: Bereits als Kitesurf-Profi in den Top 10 der Welt sahen mich die Fans, Zuschauer und meine Umgebung als erfolgreich an. Als ich zusätzlich mit 25 als Arzt zu arbeiten anfing, stieg dieses Ansehen sogar noch mehr. Mit gerade mal 28 Jahren von meinem damaligen Business abtretend, mit meinem Ziel „ausgesorgt zu haben" in der Tasche, empfanden sogar noch mehr Menschen, dass ich doch unglaublich erfolgreich war. Nur bei mir selbst wollte sich das Gefühl des Erfolges so gar nicht einstellen. In diesem Moment erkannte ich, dass all jene Dinge, welche ich für Erfolg gehalten hatte, egal ob Geld,

Business, Beziehungen, Zeit usw. eigentlich gar keinen Erfolg darstellten. Ich hatte zwar noch keine Idee, was wirklicher Erfolg war, spürte jedoch, dass es keines der oben genannten Dinge sein konnte. Ich unterhielt mich mit einigen Menschen, welche ich stets für erfolgreich gehalten hatte. Zu meinem Erstaunen erkannte ich, dass es vielen von ihnen ähnlich erging, sie es sich jedoch einfach nicht eingestehen wollten.

Eine Freundin gab mir den Tipp, über all das zu schreiben. Es würde mir helfen, meine Gedanken zu Papier zu bringen. So entstand mein erstes Buch und gleichzeitig ein Amazon-Bestseller: „Ausgesorgt mit 30 – 25 Geschichten für mein Jüngeres Ich". Dieses Buch half mir, quasi als Selbsttherapie, durch diese schwierige Zeit des „Verlorenseins", denn durch das Schreiben des Buches erkannte ich zum ersten Mal, was Erfolg wirklich war.

Bevor ich dir meine Definition von Erfolg gebe, möchte ich dir ein bisschen mehr über Erfolg an sich erzählen. Damals war mir das alles noch nicht so ganz klar, doch es ist spannend, wie unterschiedliche Leute über Erfolg denken. In meiner Grenzenlos Erfolgreich© Podcast Show lade ich jeden Mittwoch meiner Ansicht nach sehr erfolgreiche Menschen im deutschsprachigen Raum zu einem Gespräch ein. Diese Gespräche nehme ich auf und stelle sie kostenlos als Download zur Verfügung. Du kannst dir diese unter www.i-unlimited.de/podcast selber anhören, natürlich komplett kostenlos. Eine meiner Lieblingsfragen in den Gesprächen, welche ich praktisch jedem Gast stelle, ist dann die folgende: „Was ist für dich Erfolg?" Hier erlebe ich die lustigsten, schrägsten oder schockierendsten Antworten. Ich kann dir sehr empfehlen, mal selbst reinzuhören! Wenn ich diese Gespräche zusammenfasse, so definieren viele Menschen Erfolg als das Ansammeln von Geld, tollen Erlebnissen, Business-Errungenschaften oder ähnlichem.

In Wahrheit ist Erfolg jedoch nichts davon. Lass mich das genauer erläutern, um Missverständnisse zu vermeiden: All das, was wir quantitativ als Erfolg bezeichnen, ist eigentlich nur eine qualitative Beschreibung von dem, was Erfolg für uns wirklich bedeutet. Der Weg, wie ich dann gelernt habe, herauszufinden, was Erfolg für meine Gäste wirklich ist, ist ihnen ein und dieselbe Frage immer und immer wieder zu stellen. Ich nenne sie die „Warum-Frageserie".

Wenn ich also zum Beispiel frage: „Was bedeutet Erfolg für dich?" und als Antwort bekomme: „Wenn ich eine Million Euro besitze," dann hätten sich viele von uns mit der Antwort zufrieden gegeben, oder? Eine Million Euro klingt nach einem logischen Wert für Erfolg, oder nicht?

Ich frage jedoch weiter: „Warum willst du eine Million Euro haben?"

Dann kommt vielleicht als Antwort: „Weil ich mir dann tolle Autos kaufen kann."

Darauf meine Frage: „Warum willst du tolle Autos haben?" – Du erkennst schon, wie das ungefähr funktioniert, oder?

Als Antwort kommt dann: „Weil ich damit angeben kann."

Ich grabe weiter: „Warum willst du angeben?"…

Diesen Prozess führe ich weiter und weiter, bis die gegenüber sitzende Person irgendwann keine Antwort mehr auf die nächste „Warum-Frage" hat.

Starte einen Selbstversuch: Fange mit etwas an, das du für Erfolg hältst. Nimm vielleicht nicht gleich wieder Geld, denn das habe ich gerade in meinem Beispiel verwendet. Nimm zum Beispiel „berühmt sein". Dann stell dir die Frage, warum du berühmt sein möchtest. Als nächstes frage dich, warum du das dann sein willst. Und dann warum, warum, warum usw. Wenn du dann irgendwann nicht mehr weiterkommst: Bei welcher Antwort bist du stehen geblieben?

Als kleiner Tipp: Wir tendieren dazu, gleich zu Anfang mit einem „Ich weiß es nicht“ zu antworten. Lass dich nicht von dir selbst hereinlegen und gib eine Antwort, ganz nach dem Motto: „Ich weiß es nicht, aber wenn ich eine Antwort geben müsste, würde ich sagen… “ – sei streng mit dir selbst und grabe mehrere Ebenen tief.

Wenn es dir so wie vielen meiner Gäste in der Grenzenlos Erfolgreich© Podcast Show geht, dann bleibst du irgendwann bei zwei Wörtern hängen: Du willst all jene Dinge, welche du für Erfolg hältst, weil sie dich entweder

glücklich oder zufrieden – oder beides machen!

Stimmt's? In 99% der Fälle, wenn ich dieses Experiment bei Menschen durchführe, läuft es immer auf dasselbe hinaus.

<u>Wie interpretiere ich dieses Ergebnis?</u>

Erfolg ist für mich, wenn jemand vollkommen zufrieden und absolut glücklich ist. So lautete zumindest meine allererste Definition, nachdem ich mein erstes Buch fertig geschrieben hatte. Doch dann erkannte ich ein bis dato fehlendes Puzzlestück: Nur zufrieden und glücklich zu sein, ist nicht genug. Einer der wichtigsten Faktoren für uns Menschen, um wirklich erfolgreich zu sein, ist zusätzlich das Gefühl, immer noch ein wenig Hunger auf „mehr“ zu haben. Das ist essentiell, denn nichts im Leben steht jemals still. Wir alle, egal ob Planeten oder kleinste Atome, sind ständig in Bewegung. Entweder nach vorne oder nach hinten, jedoch nie im Ruhezustand. In jenem Moment, in welchem wir uns gesättigt fühlen, sind wir nicht mehr in der Vorwärtsbewegung, in der wir gerade waren, sondern zum ersten Mal im Rückschritt. Genau jener Rückschritt ist es auch, der uns unbewusst, in kleinen, zuerst unbemerkten Schritten unglücklich macht.

Aus diesem Grund ist meine vollständige Definition für Erfolg:

Vollkommene Zufriedenheit, absolutes Glücksgefühl und trotzdem ein wenig Hunger auf mehr.

Wichtig hierbei ist der Fokus auf „vollkommen und absolut". Viele Leute behaupten, dass sie zufrieden sind, wo sie sind. Vielleicht sagst du das ja sogar selbst über dich? Vielleicht behauptest du, zufrieden zu sein, wo du dich gerade befindest, mit dem, was du gerade hast, und mit den Menschen, die um dich herum sind. Wenn du allerdings ganz ehrlich zu dir selber bist, fällt dir mit ziemlicher Sicherheit auf, dass du schon gerne ein bisschen mehr Geld hättest, weniger arbeiten würdest, mehr Urlaub hättest, ein bisschen mehr Gesundheit haben möchtest, gern die Sicherheit hättest, dass dir in Zukunft nichts passiert usw. Ich spreche also, wenn ich von Erfolg rede, wirklich von vollkommener Zufriedenheit und absolutem Glücksgefühl. Wie würdest du deine Gefühle beschreiben, wenn all deine Wünsche und Ziele in Erfüllung gehen würden? Exakt dieses Gefühl ist es, welches für mich die Basis des Erfolgs darstellt. Mit dem kleinen bisschen Hunger, mehr zu wollen.

Zusammengefasst sind also all die Dinge, die wir aufzählen, nur dazu da, diese Gefühle widerzuspiegeln. Das Problem ist jedoch meist das folgende: Sobald wir diese Dinge endlich haben, meist nach langer mühevoller Anstrengung, wissen wir gar nicht, welches Gefühl wir ursprünglich durch diese Dinge eigentlich erreichen wollten. Wir besitzen diese und haben vergessen, was der eigentliche Erfolg wäre: das Gefühl von vollkommener Zufriedenheit und absolutem Glücksgefühl.

Was du hier relativ schnell erkennst, ist ein sehr wichtiger Punkt: Nämlich, dass es keine absoluten Werte für Erfolg gibt. Erfolgreich kann jemand sein, der Multimilliardär,

Geschäftsmann oder Großunternehmer ist. Es kann aber genauso ein Aussteiger, zurückgezogen im Wald, mit wenig Geld und ohne jegliche Beziehung zur Außenwelt sein. Für beide Beispiele existiert ultimativer Erfolg, solange sie immer noch ein bisschen hungrig sind, mehr zu bekommen. Der Drang danach, besser zu werden, ist in uns Menschen verankert und hat uns dorthin gebracht, wo wir heute sind. Würde uns dieser fehlen, so fehlte uns ein großes Stück zu Glück und Zufriedenheit.

Wenn ich diese Definition erzähle, stoße ich oft auf Missverständnis. Vielleicht geht es dir gerade gleich und du kannst gar nicht nachvollziehen, wovon ich spreche. Für die meisten von uns besteht Erfolg zu 100% aus Strategie: Sobald wir wissen, was wir für Erfolg zu tun haben bzw. wie wir es tun müssen, glauben wir, erfolgreich zu werden. Dann arbeiten wir uns an all die Dinge heran, welche uns Erfolg vermitteln sollen. Doch genau dieser Irrtum hat auch mich damals dazu verleitet, etwas für mich als Erfolg anzusehen, ohne jedoch anschließend das Erfolgsgefühl bekommen zu haben. Die Wahrheit ist allerdings eine andere: 100% Erfolg besteht zu 80% aus mentaler, innerer Einstellung. Dies ist Glücksgefühl und Zufriedenheit. Lediglich die restlichen 20% sind Strategie, also das WIE zum Erfolg.

Hast du dich schon einmal gefragt, wie es eigentlich möglich ist, dass wir Schreckensnachrichten von Stars, angeblich „erfolgreichen Menschen", erhalten, die sich etwas antun? Wie kann es passieren, dass solche Menschen drogenabhängig werden, Alkoholexzesse durchleben oder sich vielleicht sogar umbringen? Denk vielleicht einmal an einen Rockstar, eine Schauspielerin bzw. einen anderen Superstar, bei dem/r du dir vielleicht schon das eine oder andere Mal gewünscht hast, so zu sein oder das zu haben, was diese Person besitzt. Nehmen wir Michael Jackson als Beispiel: Eine Weltikone, welche sich dann durch eine Überdosis im Drogenrausch das Leben nimmt. Wir erträumen uns, so zu sein wie der vermeintliche Superstar, doch offensichtlich kämpfte in diesem Menschen ständig das Gefühl von erhofftem versus gefühltem Erfolg.

Ich weiß, es war extrem viel neuer Inhalt für diesen ersten Tag und du hast wahrscheinlich viel zu verarbeiten. Der Grund, warum wir uns so intensiv mit den Themen beschäftigen, ist jener, welchen ich bereits gestern am Tag 0 angesprochen habe: Ich möchte nicht die Symptome, sondern die Ursachen behandeln. Deshalb gehe ich mit dir ins Detail und bespreche mit dir, was Hoch- und was Tiefgefühle in uns auslösen. Nur so können wir grenzenlosen Erfolg erreichen. Schlussendlich bringt es nichts, wenn du dir heute in den To-Dos Dinge überlegst, bei welchen du glaubst, dass sie dich grenzenlos erfolgreich machen, du diese dann erreichst, jedoch das erhoffte Gefühl überhaupt nicht spürst. Denn das wäre der absolute Misserfolg.

Wir werden morgen an Tag 2 darüber sprechen, woher eigentlich dieses Mismatch von Erwartungen und Resultaten kommt bzw. warum wir tun, was wir tun. Am Ende eines jeden Tages gebe ich dir ein paar To-Dos auf, welche du bis zum nächsten Tag unbedingt erledigen solltest. Ich weiß, dieser erste Tag war ein bisschen länger und intensiver als erwartet, doch diese Basis ist extrem wichtig für das hohe Haus, das wir gemeinsam in den verbleibenden 29 Tagen bauen werden und dafür brauchen wir ein exzellentes Fundament.

Hast du dir bereits das Arbeitsbuch zum Programm geholt? Hol es dir komplett kostenlos, indem du auf http://www.GrenzenlosErfolgreichArbeitsbuch.de gehst und es dir von dort zuschicken lässt. Alternativ kannst du eine E-Mail an team@i-unlimited.de schicken oder eine WhatsApp an die Nummer +43 681 10803001.

Dort findest du die folgenden sieben Fragen mit genug Platz zum Ausarbeiten:

1. Was bedeutet absolutes Glück und vollkommene Zufriedenheit in deinem Leben? Was benötigt es dafür? Welche Kriterien musst du erfüllen? Definiere diese für dich und erläutere, ob diese eher materielle oder ideelle Dinge sind. Denke genauestens darüber nach und fülle diese aus.
2. Warum hast du dir dieses Buch für grenzenlosen Erfolg gekauft? Was erwartest du dir daraus?
3. Welche Resultate möchtest du dadurch erreichen? Wem möchtest du etwas beweisen?
4. Welche großen Ziele hast du? Welche Wünsche möchtest du dir erfüllen?
5. Welche Schwierigkeiten möchtest du dadurch überwinden bzw. welche Ängste loswerden?
6. Wer möchtest du in diesen 30 Tagen werden? Zu welcher Persönlichkeit willst du aufsteigen? Wie sollen andere Menschen über dich denken?

Dies sind alles Fragen, die essentiell sind, wenn es darum geht zu reflektieren, um besser zu werden.

Und ganz zum Schluss:

7. Wer ist ein Mensch, der für dich deiner Meinung nach die Definition von Erfolg zu 100% erfüllt? Und zwar nicht nur dem äußeren Anschein nach, sondern vollkommen.

Ohne das Wissen, wohin du möchtest und warum du dort hin willst, wirst du nie einen Weg finden. Deshalb sind diese Fragen so essentiell. Stelle also sicher, dass du sie ehrlich und detailliert beantwortest. Falls du das Arbeitsbuch nicht verwenden möchtest, dann nutze dafür die Notizfunktion auf deinem Handy, Computer oder ein gutes altes Tagebuch. Egal wie, schreib dir unbedingt Notizen auf.

Wow! Was für ein langer Tag, nicht wahr? Ich bin aber überzeugt, es hat sich gelohnt. Falls du noch mehr bzw.

dich mit anderen Menschen zu dem Thema austauschen willst, stelle sicher, dass du bei uns in der Facebook-Gruppe dabei bist: https://www.facebook.com/groups/grenzenloserfolgreichaudio/

Bis morgen zu Tag 2!

Sei GRENZENLOS ERFOLGREICH©!

Dein

Dr. Julian Hosp

TAG 2: Warum du tust, was du tust

Willkommen zurück bei Tag 2!

Wie ist es dir gestern ergangen? Hast du die Fragen durchgearbeitet? Falls nein, hole das jetzt nach. Es ist enorm wichtig, zuerst eine gute Basis zu schaffen, bevor du hier weiterarbeitest. Nur so holst du für dich das Maximum an Resultaten heraus. Ich weiß, gestern war ein langer Tag, doch gerade diese kleinen Extras sind essentiell. Also, falls du die gestrigen Fragen noch nicht erledigt hast, gehe zurück zu Tag 1 und beantworte sie dort gewissenhaft.

Alles bereits erledigt? Super – dann starten wir jetzt in den zweiten Tag. Gestern hast du ja viel über das Thema Erfolg erfahren. Darüber, warum wir so leicht dazu verleitet sind, uns in dem, was wir eigentlich wollen, zu täuschen und warum wir oft nicht das tun, was wir eigentlich wirklich wollen. Was wir jedoch noch nicht besprochen haben, ist, woher denn dieses Ungleichgewicht zwischen dem, was wir glauben, dass wir es wollen, und dem, was wir wirklich wollen, überhaupt kommt. Um das besser zu verstehen, lass mich dir folgende Frage stellen:

„Hast du dich schon einmal gefragt, warum du tust, was du tust?"

Bevor ich dir die Antwort darauf gebe, welche dich wahrscheinlich überraschen wird, möchte ich dir zuallererst zwei Geschichten erzählen. Du merkst schon, ich liebe Geschichten. Starten wir:

Die erste Geschichte handelt von John Diaz, einem sehr erfolgreichen Geschäftsmann, der sein ganzes Leben lang fest davon überzeugt war, dass, wenn er eine gute Universität besuchte, brav lernte, viel Geld verdienen und tolle Autos besitzen würde, er sich dann, und nur dann, erfolgreich fühlen würde – also folgte er genau diesem Weg mit exakt diesen Zielen. Auf einer Businessreise in Asien im Jahr 2000 saß er gerade im Flieger von Taipeh nach Singapur und dachte darüber nach, was denn eigentlich in seinem Leben schiefgelaufen war. Er besaß doch alles, was er sich zuvor gewünscht hatte. Warum war er dann so unglücklich? So viele Menschen blickten zu ihm hoch und dennoch nagte das negative Gefühl an ihm, dass er überhaupt nicht das erreicht hatte, wovon er eigentlich immer geträumt hatte. Die Wetterverhältnisse in Taipeh waren schlecht und der Flieger von Singapur Airlines mit der Nummer 006, einer der renommiertesten Airlines der Welt, rollte gerade auf die Startbahn hinaus. John versuchte, es sich in seinem 8.000 € teuren 1. Klasse-Sitzplatz gemütlich zu machen. Das war völlig unbedeutend für John, er konnte diesen Luxus noch nicht einmal mehr richtig schätzen. Er nippte an seinem kleinen Gläschen Champagner und blickte gedankenverloren auf das regnerische Flugfeld, konnte jedoch fast nichts erkennen, da das schlechte Wetter die Sicht komplett verdeckte. Als der Flieger zum Abheben beschleunigte, fühlte sich zunächst alles völlig normal an. John hatte bei jedem Flug, insbesondere bei Start und Landung, ein leicht mulmiges Gefühl im Magen. Die Kontrolle an jemand anderen abzugeben, in diesem Fall an den Piloten, mochte er einfach nicht. Plötzlich gab es einen heftigen Riss nach links, das nächste was John realisierte, war, dass die Kabine aufriss. Für einen Moment spürte er den warmen Regen von draußen. Träumte er? Ihm kam vor, als rieche der Regen wie Benzin. Er musste träumen, das war doch nicht möglich.

Was war passiert? Der Pilot war aufgrund der schlechten Sicht auf die falsche Bahn abgebogen und hatte etwas auf der Startbahn übersehen. Die Boeing 747 wurde dadurch nach links gerissen und überschlug sich. Da die Maschine jedoch nicht auf diese extremen Scherkräfte ausgelegt ist, brach diese den Regeln der Physik folgend genau an den Flügeln, in welchen das Kerosin gelagert wird, in zwei Teile. John träumte nicht, der Albtraum war Realität – was er spürte, war die gesamte Treibstoffladung, welche sich nun über die Passagiere ergoss. Nur ein paar Funken genügten, um nicht nur die gesamte Kabine, sondern auch die 179 Passagiere darin lichterloh in Brand zu setzen. John Diaz, der nun praktisch vom vordersten Teil des Fliegers nur auf das, was vor ihm passierte, starren konnte, musste mit Entsetzen mit ansehen, wie die Menschen an Bord bei lebendigem Leibe zu Tode verbrannten. 79 Menschen starben. Diejenigen welche überlebten, hatten teilweise Verbrennungen von bis zu 100%.

Diese wahre Geschichte ist ein Horrorszenario für jeden von uns, der mit oder ohne Flugangst in einen Flieger einsteigt. Warum erzähle ich dir diese Geschichte? Nicht um dich abzuschrecken, sondern um dich zu inspirieren. Nämlich mit all dem, was nach diesem schrecklichen Ereignis passiert ist. Die meisten der Überlebenden stellten ihr Leben anschließend komplett auf den Kopf. John erkannte nun beispielsweise zum ersten Mal, was ihm in seinem Leben wirklich wichtig war. Er besaß viele der monetären Werte bereits und verstand nun zudem, dass es tatsächlich die kleinen Dinge wie Momente mit seiner Familie, tolle Erlebnisse mit Freunden und vieles mehr waren, die wirklich für ihn zählten. John erkannte plötzlich einen tieferen Sinn in seinem Leben, indem er realisierte, was er benötigte, um vollkommene Zufriedenheit, absolutes Glück und trotzdem noch ein kleines bisschen Hunger in sich zu verspüren.

John machte eine für sich extrem positive Weiterentwicklung in seinem Leben, trat in Fernsehshows auf, sprach mit Oprah Winfrey und wurde dadurch eine Inspiration für eine ganze Nation. Das Beeindruckende an diesem Unfall war, dass es auch zahlreichen anderen Passagieren gleich erging. Viele der Überlebenden krempelten ihr Leben ebenfalls komplett um, überdachten ihre Einstellungen und änderten ihre Ansichten bei vielen Dingen.

Als ich diese Geschichte zum allerersten Mal hörte, stellte sich mir folgende Frage: „Braucht es wirklich ein so traumatisches Erlebnis, bis wir es endlich schaffen, unsere wahren Träume und Ziele zu erkennen?“

Bevor ich dir das beantworte, möchte ich dir nun die zweite Geschichte vom Elefanten im Zirkus erzählen:

Weißt du, wie Elefanten im Zirkus so trainiert werden, dass sie brav an einem kleinen Strick an einem schmalen Holzpflock stehen bleiben und nachfolgend so artig Kunststücke machen, welche die Gäste dann in der Manege ansehen können? Eigentlich bräuchte der starke Elefant doch nur mit seinem Bein kurz am Strick zu reißen. Schon wäre der Pflock herausgerissen und der Elefant wäre sofort frei. Warum tut das der Elefant dann nicht? Warum nutzt er nicht sein volles Potenzial, um hinaus in die Freiheit zu gelangen? Der Grund dafür ist folgender: Als der Elefant noch ein kleines Elefantenbaby war, hatte er große Träume und Ziele. Jedoch wurden ihm damals, als er noch ganz klein war, schwere Eisenketten mit scharfen Kanten um das Bein gelegt, welche sich jedes Mal tief in sein Fleisch schnitten, sobald sich das kleine Elefantenbaby losreißen wollte. Umso mehr es zerrte, desto größer die Schmerzen. Wenn es auch nur versuchte, sein volles Potenzial zu entfalten und von seiner Kette wegzukommen, um frei zu sein – „erfolgreich zu sein“ –, würden das junge Tier anstelle dessen nur große Schmerzen erwarten. So hat das Elefantenbaby schnell erkannt, dass einfach nur dazustehen und eben nicht sein volles Potenzial zu entfalten bzw. nach Erfolg zu streben augenscheinlich mit weit weniger Schmerz verbunden ist. Als erwachsener Elefant genügt es dann, anstelle der Kette und der Eisenstange lediglich einen einfachen Strick und einen Holzpflock zu verwenden, um das Tier am Weglaufen zu hindern. Das Ganze ist so prägend, dass es Vorfälle gibt, bei welchen ein Zirkuszelt niederbrennt, der Elefant jedoch, obwohl es ein Leichtes für ihn wäre wegzulaufen, unter höllischen Qualen im Zirkuszelt verbrennt, weil er davon überzeugt ist, dass er gar nicht weglaufen könnte.

Bei dieser Geschichte schnürt sich mir immer wieder aufs Neue die Kehle zu. Ich kann gar nicht glauben, wie der Elefant das nicht rechtzeitig erkennen kann. Doch wenn wir ganz ehrlich mit uns selbst sind, sind wir Menschen doch genau gleich. Wir streben so sehr nach Erfolg und wollen unsere Träume so sehr verfolgen, doch wir haben so viele Gründe, warum wir es dann doch nicht machen bzw. nicht den ersten, zweiten oder dritten Schritt tun.

Damit dir nicht das Gleiche passiert und um dir bei diesen Schritten zu helfen, werden wir in den nächsten Tagen einen genauen Plan entwickeln, dem du Schritt für Schritt folgen kannst. Dadurch verhinderst du, dass sich „deine Eisenkette“ wie beim Elefanten in deinem Kopf festsetzt und wir das Ganze so gemeinsam erfolgreich ausführen können. Wir werden noch einen kompletten Tag über das Überkommen von Ängsten sprechen, denn genau diese sind es, welche uns dazu bringen, erst nach- und dann aufzugeben. Dies kannst du dir wie einen Muskel vorstellen: Wenn du diesen nie verwendest, dann wird er schwach und klein. Du hast sicher schon einmal Menschen gesehen, die schon länger bettlägerig sind – wie sehen die Muskeln bei ihnen aus? Hager und dünn, stimmt's? Genau so ist das mit deinem Durchsetzungsvermögen gegen deine Angst: Mit Training und Übung wird deine mentale Einstellung immer stärker und tut sich immer leichter, die Angst zu besiegen, um so auf deinem Weg zum Erfolg dein volles Potenzial zu entfalten.

Stell dir das wie ein Blatt Papier vor: In deiner Kindheit ist dein Blatt Papier vollständig entfaltet. Mit der Zeit halten dich Lehrer, Freunde, Eltern und andere Menschen, die das gar nicht böse meinen, sondern dich „schützen“ möchten, davon ab, Dinge zu probieren – oft, indem sie dich bei etwas auslachen oder indem sie damit anfangen aufzuzählen, welche Gefahren dein Vorhaben beinhaltet oder warum etwas nicht funktionieren kann. Dies erzeugt eine unbewusste Angst in dir. Jedes Mal, wenn sie dich „warnen", falten sie dein Blatt Papier, sodass es immer kleiner und kleiner wird, bis es, wie bei dem Elefanten, der im Zirkuszelt verbrennt, nur mehr als ganz kleines Stück Papier zurück bleibt. Ich habe keine Ahnung, wie groß dein Stück Papier jetzt gerade ist und es ist auch unerheblich. Denn genau wie beim Elefanten gibt es selbstverständlich die Möglichkeit, dieses Papier wieder vollkommen zu entfalten, sodass dein volles Potenzial für grenzenlosen Erfolg zum Vorschein kommt.

Dazu brauchst du lediglich die Leine zwischen dem Pflock und deinem Fuß zu zerreißen. Du brauchst nicht „im Feuer zu verbrennen". Es braucht auch keinen drohenden Flugzeugabsturz, einen Verwandten oder einen nahen Freund, der an einer Krankheit stirbt. Wir können mit ein paar Kniffen eine komplette Veränderung in uns selbst kreieren, um so das Gefühl von Erfolg anschließend auch wirklich zu verspüren! Um dies zu tun, musst du einfach nur verstehen, warum du wirklich tust, was du tust. Ich nenne dies den Prozess der Transformation, den Moment der Veränderung bzw.:

Deinen Durchbruch

Wie das genau funktioniert und was du dafür tun musst, werden wir ganz genau durchgehen. Ich kann dir jetzt schon versprechen, dass extrem aufregende Tage auf dich zukommen. Mir ist die Grundlage hier extrem wichtig, denn wenn du diese kennst, kannst du durch Veränderungen, Anpassungen und Verbesserungen nachhaltig solche Durchbrüche in dir selbst bewirken.

Warum läuft der Elefant im brennenden Zirkuszelt nicht weg, sondern verbrennt? Warum schafft es John Diaz vor seinem Flugzeugunfall nicht zu erkennen, was er wirklich möchte? Warum bringen sich einige berühmte Menschen, die nach allen objektiven Aspekten erfolgreich zu sein scheinen, um? Um dir das zu erklären, machen wir einen kurzen Exkurs in die Medizin, denn die Antworten darauf sind praktisch in unserer DNA versteckt.

In der Medizin haben mich einige Fächer ganz besonders interessiert, vor allem Psychologie (die Lehre davon, was wir warum denken), Physiologie (wie unser Körper funktioniert) und Pathophysiologie (die Lehre, warum unsere Psyche oder unser Körper nicht mehr funktioniert). Keine Sorge, das wird jetzt nicht kompliziert, sondern ist ganz einfach. Du wirst sogar positiv überrascht sein, wenn du die Antwort hörst. Ich habe das damals im Medizinstudium nicht verstanden, erst Jahre später ist es mir wie Schuppen von den Augen gefallen – halte dich fest:

ALLE intelligenten Lebewesen tun ALL das, was sie tun, nur aus einem einzigen Grund (und normalerweise bin ich sehr vorsichtig, Wörter wie ALLE oder NIEMAND zu verwenden, doch in diesem Fall stimmt es zu 100%). Ich wiederhole: Wir alle tun, was wir tun, nur aus einem einzigen Grund:

DAMIT ES UNS SCHEINBAR BESSER GEHT!

Wichtig ist hier das „scheinbar“, denn das hat eine wichtige Bedeutung bei dem Ganzen. Glaub mir, als ich das zum ersten Mal für mich selbst erkannt hatte, dass wir prinzipiell nie irgendetwas tun, um uns selbst zu schädigen, sondern alles ausschließlich tun, damit es uns scheinbar besser geht, hat sich mein ganzes psychologisches Modell der menschlichen Verhaltensweise verändert. Uns selbst zu schädigen, wie es dann oftmals passiert, ist also nur ein „Nebenprodukt“. Ich sagte immer wieder grübelnd und murmelnd zu mir selbst: „Julian, das kann doch gar nicht stimmen...“

Wenn du gerade ähnlich reagierst wie ich damals, als ich mir das zum ersten Mal dachte, wird deine erste Reaktion wahrscheinlich so aussehen: „So ein Blödsinn. Ich hasse meinen Job – und da bin ich sehr ehrlich zu mir selbst, am liebsten würde ich kündigen. Wo genau soll es mir hier also gut gehen? Der Elefant stirbt sogar im brennenden Zirkuszelt – wie kann es dem denn dort besser gehen? Das macht doch 0.0% Sinn!"

Okay, gib mir einen kleinen Moment, dies genauer zu erklären. Der Knackpunkt ist das Wort „scheinbar". Wir tun all das, was wir tun, weil es uns dabei SCHEINBAR besser geht. Mehr dazu etwas später. Ich verspreche, mein Argument wird noch viel klarer und nachvollziehbarer. Du wirst erkennen, dass jedes noch so destruktive Verhalten eigentlich in guter Absicht geschieht. Das wird eine der wichtigsten Erkenntnisse aus diesem ganzen 30-Tage-Programm für dich sein.

Lass mich dir aber zuerst eine andere Frage stellen:

Was musst du eigentlich genau tun, damit es dir besser geht?

Hmmm – ohne, dass ich jetzt auf diese Frage eingehe, möchte ich dir eine Zusammenfassung unzähliger Studienergebnisse geben. Keine Sorge, ich überschütte dich nicht mit Zahlen – solange du von eins bis fünf zählen kannst, wird das kristallklar für dich sein:

Unzählige Studien kamen bei der Frage, was du denn tun musst, damit es dir besser geht, alle zum gleichen Ergebnis – es gibt nämlich nur 2 Dinge:

Erstens, du möchtest Dinge, die eine Belohnung für dich darstellen, und zweitens, du vermeidest Dinge, die eine Strafe für dich bedeuten.

„Duuuhh, Julian", wirst du jetzt sagen, „wirklich? Du glaubst, das war mir nicht schon zuvor klar, dass mir mehr Belohnung mehr Spaß, jedoch mehr Strafe weniger Spaß macht?“

Ich weiß, das klingt logisch, nur beinahe schon fast zu logisch. So logisch, dass dir das wahrscheinlich unterbewusst klar war – die drastischen Auswirkungen, die daraus entstehen, mit ziemlicher Sicherheit allerdings nicht. Lass mich dir das in 5 Punkten erklären, bevor wir zu der Aussage noch tiefer ins Detail gehen:

1. Wir alle tun, was wir tun, weil es uns dabei scheinbar besser geht. Egal, ob der Elefant, John Diaz oder du.
2. Es geht uns scheinbar besser, wenn wir mehr Belohnung und weniger Strafe bekommen, wenn auch die Dinge auf den ersten Blick täuschen, egal, ob beim regungslosen Elefanten im brennenden Zelt, beim fast sterbenden John Diaz oder bei dir.
3. Jetzt jedoch ein weiterer wichtiger Punkt in diesem Ablauf: Eine potentielle Strafe wirkt viel stärker als eine potentielle Belohnung. Das heißt, wir werden eher dann aktiv, wenn uns eine Strafe droht, als wenn uns eine Belohnung versprochen wird. Bevor wir zu Punkt 4 und 5 gehen, ein Beispiel dazu:

Angenommen, wir würden ein Spiel spielen. Die Regeln sind sehr einfach. Jeder von uns setzt 10.000 €. Wir werfen eine Münze, bei Kopf bekomme ich deine 10.000 €, bei Zahl du meine. Das bedeutet, in 50% der Fälle würdest du meine 10.000 € bekommen, in den anderen 50% der Fälle ich deine. Du und ich haben also die gleiche Chance, 10.000 € entweder zu gewinnen oder zu verlieren. Würdest du dieses Spiel mit mir zehnmal in Folge spielen? Wenn du zu dem Großteil der Bevölkerung, nämlich knapp 95%, gehörst, so würdest du niemals auf diesen Deal eingehen. Das Risiko zu verlieren wäre dir im Vergleich zu dem potentiellen Gewinn viel zu hoch. Die Chancen stehen jedoch für beide gleich. Wenn wir nur einmal spielen würden, so könnte man verstehen, dass du das Geld verlieren könntest. Doch umso öfter wir spielen, umso mehr nähert sich die Ausgangswahrscheinlichkeit an die statistische Wahrscheinlichkeit an. Das heißt, nach zehn Spielen müsstest du fünfmal und ich fünfmal gewonnen haben. Es dürfte also weder für dich noch für mich ein Risiko bestehen und eigentlich sollte jeder spielen wollen. Warum ist dem also nicht so?

Um das zu verstehen, müssen wir kurz in unsere Evolutionsgeschichte blicken: Wären wir nämlich immer schon risikobereit gewesen, so hätten wir eine geringere Überlebenschance gehabt. Stell dir einfach einmal vor, wie wir vor zehntausenden von Jahren auf einem Ast sitzen und eine schöne, wunderbar reife Banane, relativ weit vor uns auf einem anderen Ast baumelnd, erblicken. Die Wahrscheinlichkeit, diese durch einen Sprung zu erreichen, ist theoretisch vorhanden, doch gleichzeitig besteht das Risiko, diese zu verfehlen, abzustürzen und uns dabei ernsthaft zu verletzen oder sogar zu sterben. Also wägen wir den potentiellen Gewinn mit der potentiellen Bestrafung ab. Sind diese gleich wahrscheinlich, so bleiben wir lieber vorsichtig und gehen kein unnötiges Risiko ein. Mutter Natur hat uns so überlebensfähiger gemacht.

4. Okay, wir verstehen nun, dass wir uns viel lieber vor Strafe schützen, als auf eine potentielle Belohnung zu hoffen. Die Frage, welche sich Wissenschaftler daraufhin stellten, war folgende: „Um wie viel muss eine Belohnung höher sein, bis wir eine potentielle Strafe in Kauf nehmen würden?“ Wie das in der Natur der Wissenschaft liegt, wurde diese Frage genauestens getestet und ausgewertet. Ein paar dieser Tests möchte ich dir gerne näher erläutern:

Bei einer Versuchsanordnung boten die Wissenschaftler je eine Banane an Affen an. Danach wurde gemessen, wie sehr sich diese Affen freuten. Erfahrene Tierbetreuer konnten dies mühelos an den Reaktionen im Gesicht und an der Körpersprache feststellen. Dies wurde bewertet und festgehalten. In einem zweiten Schritt wurde den Affen zuerst eine und dann sofort eine zweite Banane gegeben. Wie zu erwarten war, haben sich die Affen zwar mehr gefreut, jedoch nicht doppelt so viel wie bei nur einer Banane. Nun gab man den Affen drei Bananen. Die Affen freuten sich bei drei Bananen mehr als bei zwei Bananen – auch logisch, oder? Bisher klingt alles logisch, doch der nächste Schritt war nun der Knackpunkt: Man gab den Affen nun vier Bananen, nahm ihnen danach jedoch eine wieder weg. Was passierte? Obwohl die Affen immer noch drei Bananen hatten, also theoretisch genau gleich viele wie in der Runde davor, reagierten sie aufgewühlt, frustriert und verärgert. Wie war das möglich? Offensichtlich, weil Belohnung und Bestrafung von den Affen komplett anders bewertet wurden. Eine Banane zu bekommen war eben nicht das Gleiche, wie eine Banane zu verlieren. Durch weiteres Testen haben die Forscher dann herausgefunden, dass der Erhalt von fünf Bananen dem Verlust einer Banane gleichgestellt war. Das bedeutet im Klartext, dass Affen eine Strafe fünfmal so hoch wie eine Belohnung bewerten.

Wenn das bei Affen so ist, verhält sich das dann bei uns Menschen genauso? Um das herauszufinden, führten die Forscher das Wettbeispiel mit den 10.000 € von zuvor einfach weiter: Sie stellten sich die Frage, welchen potentiellen Gewinn jemand bekommen müsste, bis er beim Münzwurfspiel mitmachen würde. Bei 10.000 € und 10.000 € eben noch nicht. Doch wie war es bei 20.000 € potentiellem Gewinn und 10.000 € potentiellem Verlust? Abermals wollten nur die wenigsten mitspielen. 30.000 € gewinnen und 10.000 € verlieren? Zwar wollten dies nun mehr Menschen wagen, doch immer noch sehr wenige. Erst bei 50.000 € potentiellem Gewinn und 10.000 € Risikoeinsatz wurde die Mehrheit der Probanden überredet, sich auf ein Spiel einzulassen. Wie bei den Affen ist es also auch in uns Menschen ein Risiko-Nutzen-Verhältnis von fünf zu eins, welches in unseren Genen einprogrammiert ist.

Dies hat drastischere Auswirkungen, als du dir vielleicht vorstellen kannst. Unsere gesamte Motivationspsychologie basiert ja auf potentieller Bestrafung und potentieller Belohnung. Wir machen nichts, solange es uns nicht scheinbar gut tut. Zusätzlich wirkt offensichtlich die Vermeidung von Strafe fünfmal so stark wie das Erhalten von Belohnungen. Wenn wir also zum Beispiel abnehmen wollen, so sind die zehn Kilo, die wir weniger auf die Waage bringen, die potentielle Belohnung. Die Strafe ist jedoch, dass wir keine Schokolade, keine Süßigkeiten, keine Kekse usw. mehr essen dürfen. Diese Strafe belastet uns fünfmal stärker als uns die potentielle Belohnung motiviert, danach besser auszusehen, fitter zu sein und energetischer zu agieren. Noch dazu trifft die Strafe jetzt sofort ein, denn wir dürfen ja jetzt nicht all das essen, was wir gerne wollen. Die potentielle Belohnung kommt jedoch erst viel später, und das nicht einmal mit 100%iger Sicherheit. Denn nur, weil wir weniger essen, heißt das ja noch lange nicht, dass wir danach wirklich länger leben, gesünder sind oder zum Beispiel einen besseren Partner für uns finden. In Fakten heruntergebrochen empfinden wir Abnehmen als eine starke, unmittelbare Strafe und sehen lediglich eine kleine potentielle Belohnung in der Zukunft. Genau deshalb tun wir uns auch so schwer, dieses Ziel umzusetzen.

Dasselbe gilt beim Aufhören mit dem Rauchen, wenn wir ein Business starten, ein besseres Zeitmanagement haben, Geld sparen, eine neue Sprache erlernen wollen usw. Die meisten Lehrbücher und Coaches verstehen diese Motivationspsychologie leider nicht vollständig und gehen deshalb an die Problematik aus einem komplett falschen Blickwinkel heran. Vielleicht hast du ja auch schon einmal selbst gehört, dass du, wenn du ein Ziel erreichen willst, lediglich genug Motivation dafür aufbringen musst. Du brauchst nur ein ausreichend starkes Warum. In Wahrheit jedoch ist die Motivation durch Belohnung oft reichlich vorhanden, jedoch verhält es sich mit der Angst vor Strafe genau gleich. Diese beiden blockieren sich gegenseitig und aufgrund unserer genetischen Programmierung gewinnt zumeist die Strafe und ein Umsetzen unserer Ziele wird nahezu unerreichbar.

Was ist der Trick? Ohne heute zu sehr ins Detail zu gehen, liegt der Schlüssel generell darin, die positive Motivation aufrecht zu erhalten, so wie es in den meisten Medien erklärt wird. Doch viel wichtiger ist es, eine Strafe zu kreieren, die eintritt, wenn man sein Vorhaben nicht durchzieht. Denk einmal darüber nach: Würdest du noch ein Stück Schokolade essen, wenn jemand mit einer Pistole hinter dir steht und dich genau in dem Moment erschießt, wo du den nächsten Bissen nehmen würdest? Natürlich nicht! Keiner von uns würde hier noch ein Stück essen und jeder könnte wahrscheinlich 20 kg in 20 Wochen abnehmen. Jetzt ist die potentielle Strafe (nämlich zu sterben) plötzlich viel größer als die potentielle Strafe, nie wieder Schokolade essen zu dürfen. Mit dieser Strategie spielen wir die Motivationspsychologie in unserem Interesse aus: Nicht indem wir uns nur auf die positive Motivation konzentrieren, sondern indem wir uns eine stärkere Strafe dafür überlegen, sollten wir unser Vorhaben nicht umsetzen, also die Strafe, die wir spüren, während wir es umsetzen. Macht das Sinn? Ich hoffe schon, denn dieses Wissen an Tag 2 kann dich bereits jetzt Grenzenlos Erfolgreich© machen, sofern du es korrekt für dich anwendest. Solange wir Bestrafung und Belohnung in unserem Interesse gestalten, können wir so ziemlich alles, was wir uns vorstellen, auch wirklich erreichen.

Falls du denkst, dass das geheimes Wissen ist, so liegst du vielleicht bei uns Normalbürgern richtig. Selbst die meisten Life-Coaches und Mentaltrainer verstehen diese Fakten nicht und geben dies so leider falsch an ihre Kunden weiter. Wenn du in der Vergangenheit schon einmal demotiviert das Verfolgen deines Ziels aufgegeben hast, so liegt das lediglich daran, dass du falsch motiviert wurdest. Die nächsten 30 Tage werden das verändern, das verspreche ich dir.

Im Marketing und der Werbung hat man dieses Wissen schon lange erworben und wendet es auch ständig an. Morgen werde ich dir noch ein paar weitere Beispiele dazu erzählen, doch heute eines der interessantesten aus der Finanzindustrie: Jede Lotterie der Welt oder auch die Städte Las Vegas und Macau verdanken ihren Reichtum genau dieser Ungleichheit von Bestrafung und Belohnung. Wie das? Warum lieben es so viele Menschen, Lotto zu spielen bzw. ihr Glück im Casino zu versuchen? Ganz einfach: Die potentielle Bestrafung, der Einsatz, ist relativ gering. Doch der mögliche Gewinn, die Belohnung, kann unglaublich groß sein. Beim Lotto zum Beispiel kauft man sich ein 2 € teures Los mit der Möglichkeit, 1 Million € zu gewinnen. Das klingt doch verlockend, oder? Man kann maximal 2 € verlieren, was die potentielle Bestrafung ist, jedoch 1 Million € gewinnen. Ein Verhältnis 1:500.000. Leider viel zu verlockend für unser nicht allzu rationales Gehirn. Dieses übersieht bei all den Nullen der Million, dass die Wahrscheinlichkeit, diese Million auch wirklich zu gewinnen weit unter 1:500.000 liegt und dadurch nicht für dich, sondern für die Casinos und Lotterien ein ausgezeichneter Deal ist. Nicht ohne Grund kam so der Spruch auf: „Lotterien und Casinos sind die Steuern der Dummen!" Damals war das natürlich anders gemeint, heute würde ich es etwas umformulieren:

„Lotterien und Casinos sind die Steuern der Unwissenden!"

So, nun hast du das Wissen, sei jedoch gewarnt: Wissen per se ist wertlos. Nur angewandtes Wissen ist Macht. Wie du dieses Wissen noch effizienter anwenden kannst, werden wir in den nächsten Tagen weiter besprechen. Morgen und übermorgen beschäftigen wir uns zum Beispiel noch viel detaillierter mit Ängsten und Bedürfnissen und damit, wie sich diese auf uns auswirken.

5. Nun zum letzten Punkt: warum wir tun, was wir tun. Bestrafung und Belohnung hin oder her... Wieso

können wir uns trotzdem so schwer vorstellen, dass wir alles, was wir tun, nur deshalb machen, damit es uns scheinbar besser geht? Wieso ist das „scheinbar" so ominös in Bezug auf Strafe und Belohnung?

Warum tun wir noch einmal, was wir tun? Weil es uns dabei scheinbar besser geht. Mutter Natur meint es extrem gut mit uns, denn ohne diese genetische Programmierung wären wir alle heute nicht hier. Wie bereits bei dem Angst-Belohnungs-Beispiel mit der Banane, erginge es uns im damaligen generellen Alltag nicht anders. Wenn sich unser Gehirn in der Evolution nicht auf Angst, Furcht oder Unsicherheit konzentriert hätte, wie denkst du, wären wir vor 100.000 Jahren durch den Urwald gepirscht. Vorsichtig, ängstlich, vorausschauend, unsicher oder eher so: fröhlich, voll Liebe… „Iiiii wie schön, ich bin so dankbar, dass es eine gelbe und rote Blume gibt… Oh, und diese rote Beere – lass mich die mal gleich probieren, die sieht ja lecker aus. Och schau, ein süßes Kätzchen, lass mich das mal streicheln. Mei, ist die Welt nicht wundervoll?!" Haha, was wäre passiert, wenn wir glücks- und liebestrunken durch den Urwald getorkelt wären?! Genau: wir wären heute nicht hier.

Evolutionsgeschichtlich kann man so sehr gut erkennen, was genau abgelaufen ist: Vor knapp 300 Millionen Jahren startete die Säugetier-Revolution. Darauf folgend, vor zirka 3,6 Millionen Jahren, war unser Gehirn soweit, um den Körper aufrecht gehen zu lassen (Australopithecus Afarensis hatte nachweislich Fußabdrücke in einer Schicht feuchter Vulkanasche hinterlassen). Wenn uns Mutter Natur in den ersten 297 Millionen Jahren nicht so vorsichtig, misstrauisch und ängstlich gemacht hätte, wären wir nie und nimmer bis an diesen Punkt gekommen.

Wir entwickelten uns in diesen 3 Millionen Jahren weiter, bis wir schlussendlich zum Homo sapiens wurden, die Rasse, welche wir heute sind. 10.000 v. Chr., also vor knapp 12.000 Jahren, verzeichneten wir die erste klar dokumentierte, moderne Siedlung mit Kultur, Sprache und Schrift in Südanatolien in der Türkei. Das war also der Beginn des modernen Menschen so wie wir ihn heute kennen. Doch seit wann denken wir über die Fragen von Sinn und Zweck wirklich nach? Natürlich gab es schon im antiken Griechenland vor knapp 2.000 Jahren die ersten dokumentierten Philosophen, jedoch wurden die meisten der Fragen, Ideen und Konzepte erst im letzten Jahrhundert beantwortet. Umso besser es den Menschen geht, desto mehr denken wir verständlicher Weise aktiv darüber nach, wie wir wirklich glücklich und zufrieden werden können.

Um das noch einmal in Relation zu setzen:

Vor knapp 300 Millionen Jahren hat Mutter Natur mit der Evolution dessen begonnen, was heute unser Gehirn ist. Erst seit 1% dieser Zeit können wir aufrecht gehen. Erst 1% von dieser Zeit sind wir „dokumentierte moderne Wesen“. Von wiederum dieser Zeit denken wir gerade erst einmal 1% dieser Zeit über uns selbst so wirklich nach. Das bedeutet nichts anderes, als dass es 99.999999% der Zeit äußerst wichtig für unser Gehirn war, Gefahren und bösen Tieren auszuweichen und erst seit 0.000001% dieser Zeit der Fokus auf schöne und tolle Belohnungen gewandert ist.

Anders ausgedrückt, stell dir vor, du gehst einen ganzen Tag, also 86.400 Sekunden, durch deinen Alltag und triffst nur schlecht gelaunte Menschen (wahrscheinlich musst du dir das gar nicht vorstellen, sondern erlebst es tagtäglich). Jeder Mensch, dem du begegnest, ist schlecht gelaunt und griesgrämig. Dann triffst du zufällig ganz am Ende einen einzigen Menschen, der gut gelaunt ist. Denkst du jetzt, dass alle plötzlich gut gelaunt sind, oder siehst du das eher als Anomalie und erwartest, dass morgen sicher wieder alle schlecht drauf sind? Genau so geht es unserem Gehirn, nur aufgrund des viel längeren Zeitraums mit dem Faktor 1 Million.

Unser Gehirn sagt da einfach nur: „Blablabla, deine Gemütsschwankung wird sich schon wieder bessern und du kommst wieder zu Sinnen. Ich achte weiterhin darauf, dass du Angst hast, vorsichtig bist, den Haken bei etwas findest und Gefahren erkennst. Sonst überlebst du nämlich nicht – und wenn du nicht überlebst, überlebt die Rasse nicht. Also, hör auf damit, dich gut zu fühlen, es lustig zu haben und herumzutanzen… Du lebst im Urwald und hast dich auch so zu benehmen!"

Um die ganze Lektion in einem Satz zusammenzufassen:

Dein Gehirn ist NICHT dafür da, um dich glücklich und zufrieden zu machen, sondern dafür, dass du überlebst!

Dein Gehirn hat 299.999 Jahre eine High-Speed-Internet-Leitung zu den negativen Emotionen gebaut, so dass du überlebst. Das passiert also von ganz alleine und es ist für dein Gehirn dadurch extrem einfach umzusetzen. Deshalb fällt es uns auch extrem leicht, negative Dinge in Gesellschaft zu diskutieren und wir konsumieren ebenso gebannt schlimme Nachrichten in Fernsehen oder Radio. Denk einmal über deine eigene Situation mit Freunden und Familie nach. Was diskutiert ihr da die meiste Zeit? Wenn es dir so geht wie vielen von uns, dann darüber, wie schlecht alles ist, wie blöd alle Kollegen sind usw. Wir haben einfach von Natur aus eine Breitbandleitung hin zum Negativen.

Die positiven Emotionen hingegen benötigen aktive Arbeit – dort sind wir noch am Stand des Einwahlmodems – aaarrrrr, uuuurrrrr, iiirrrrrr. Dieser umständliche Weg frustriert uns und so brechen wir das Einwählen mit den Worten „das ist mir zu hart und zu viel Arbeit" wieder ab. Schwups, bist du wieder retour auf deiner schnellen Breitbandleitung der negativen Emotionen, die es uns erlaubt hat, Millionen von Jahren zu überleben, uns aber heute eben NICHT glücklich und zufrieden macht.

Und genau da liegt die Ungleichheit, welche in uns selbst einprogrammiert ist, und der Grund dafür, dass wir uns also aktiv anstrengen müssen, diese Ungleichheit zu ändern, damit wir glücklich und zufrieden sein können. Deshalb glauben wir, dass uns gewisse Dinge glücklich machen, obwohl sie es dann nicht tun, ausgenommen wir sind uns dessen aktiv bewusst. Das ist das Kernproblem, wenn wir von Erfolg, Glücklichsein und Zufriedenheit sprechen. Wir reflektieren zu wenig oder das Falsche, um wirklich zu erkennen, was wir bereits alles haben, wie gut es uns geht und wie toll wir bereits sind. Unser Gehirn befiehlt uns unbewusst immer unzufrieden mit all dem und verärgert über all das zu sein, denn sonst hat es Angst, dass wir sterben.

Du glaubst mir immer noch nicht? Denke zum Beispiel an etwas, das du einmal vor ein paar Jahren unbedingt haben wolltest. Was war es? Vielleicht siehst du es in einem Kindheitstraum? Wie sah dieser aus?

Bei mir war das zum Beispiel eine kleine Flugdrohne. Ich wollte sie unbedingt. Als ich sie dann hatte, war ich der glücklichste Mensch der Welt. Für ganze drei Tage. Und danach? Da war sie schon wieder langweilig und ich wollte mehr. Ich war unzufrieden und unglücklich. „Hääh, wie ist das möglich?“ Ganz einfach, es ist unser Gehirn, das sofort sagt: „Stopp, halt, du darfst nicht glücklich sein! Sofort unglücklich werden, damit du überlebst!“ Es klingt vielleicht komisch, doch evolutionstechnisch ergibt es, wie du nun sicherlich nachvollziehen kannst, absolut Sinn. Du kennst sicher auch bei dir eine ähnliche Situation.

Heißt das, wir sind alle verloren und wir können es nie schaffen, wirklich glücklich und zufrieden zu sein? Nein, ganz im Gegenteil. Nur wenn ich dir das Grundproblem nicht erklärt hätte, wäre es genau wie in der Medizin, wo, wie bereits angesprochen, oft nur ein Symptom wie zum Beispiel Kopfschmerzen behandelt wird. Woher diese kommen wird meist nicht hinterfragt und so kommt das Kopfweh nur allzu oft zurück. Jetzt lernen wir erst einmal die wirklichen Ursachen zu verstehen, damit wir dann in den nächsten Tagen die „Symptome“ richtig und vor allem nachhaltig behandeln können.

Am Ende gebe ich dir immer ein paar To-Dos, welche du unbedingt jetzt sofort im Arbeitsbuch (www.GrenzenlosErfolgreichArbeitsbuch.de) erledigen solltest.

1. Schreib dir bewusst drei Dinge auf, bei denen du weißt, dass diese gut für dich sind!
2. Schreib dir bewusst drei Dinge auf, bei denen du weißt, dass diese nicht gut für dich sind, du sie aber trotzdem tust!
3. Analysiere nun jeweils so viele Belohnungen und Strafen wie möglich, welche dich dazu bringen, diese Dinge zu tun!

Vergiss nicht, ALLES was du tust – auch die schlechten Dinge –, tust du, weil es dir scheinbar gut tut. Umso tiefer du gräbst und umso besser du verstehst, was die Gründe dahinter wirklich sind, desto einfacher wirst du die negativen Dinge in den nächsten Tagen los bzw. kannst die positiven Dinge verstärken.

Wir hören uns morgen wieder. Erledige die drei To-Dos und sei GRENZENLOS ERFOLGREICH©!

Dein

Dr. Julian Hosp

TAG 3: Wie die Angst dein Leben bestimmt

Willkommen bei Tag 3!

Spannende Hintergründe gestern, oder? Hast du noch ein bisschen über die Fragen nachgedacht? Ich hoffe, du hast die To-Dos bereits erledigt. Solltest du diese noch nicht durchgearbeitet haben, dann gehe jetzt zurück und erledige sie zuerst. Diese Fragen sind essentiell für den weiteren Aufbau heute.

Heute möchte ich an jener Stelle ansetzen, an welcher wir gestern aufgehört haben. Im Konkreten geht es um den Drang, eine Strafe vermeiden zu wollen. Heute gehen wir noch etwas tiefer in diese Thematik hinein. Morgen beschäftigen wir uns dann mit der gegensätzlichen Seite, nämlich unseren Bedürfnissen und Belohnungen.

Wenn wir uns noch einmal an das Beispiel vom Wetteinsatz erinnern, wissen wir daraus bereits, dass unsere Ängste fünfmal so stark wie unsere Bedürfnisse sind. Dieses Verhalten bringt unser Unterbewusstsein dazu, bei jeder Tätigkeit genauestens zu vergleichen, ob diese mehr Angst oder mehr Befriedigung bewirken wird. Wenn dabei eine Ungleichheit entsteht, spüren wir dies innerlich entweder als „Aufschieberitis“ oder wir fangen zwar an, ziehen es jedoch nicht wirklich bis zum Ende durch. Das gleiche Verhalten konnten wir bei dem gestrigen Beispiel der Diät erkennen, kannst du dich daran noch erinnern? Menschen ziehen ihre Diät und all die anderen Vorhaben wie z.B. mit dem Rauchen aufzuhören deshalb nicht durch, weil ihnen irgendetwas unbewusst Angst einjagt, sobald sie es versuchen.

Die Angst kann hier verschiedenste Formen annehmen. Oft sind es Ängste, die nicht auf rationaler Ebene erkennbar sind. Man arbeitet zum Beispiel gerade an einem Projekt, welches schnellstmöglich fertiggestellt sein soll, als gerade ein guter Freund anruft. Nicht abzuheben ist für uns keine Option, man weiß ja nie, was der Gegenüber gerade braucht. Schon ist man wieder aus seiner eigentlich geplanten Tätigkeit heraus. Ein anderes Beispiel: Deine Mutter bittet dich, ihr bei etwas zu helfen. Du möchtest natürlich ein guter Sohn bzw. eine gute Tochter sein, also sagst du ihr zu und gibst dein eigentlich wichtiges Projekt auf. Viele dieser Dinge kann man rational erklären, doch wenn dies dazu führt, dass man seine eigenen wichtigen Dinge nie umgesetzt bekommt, ist das schlichtweg schädlich.

Ich hatte einmal ein 1:1-Training mit einer Dame, welche unbedingt abnehmen wollte. Sie war zuvor schon bei unheimlich vielen Diät-Coaches und auf unzähligen Seminaren gewesen und hatte so ziemlich jedes Buch über Abnehmen gelesen. Bereits zu Beginn unseres Trainings erklärte sie mir: „Julian, ich habe alles bereits ausprobiert, doch nichts funktioniert!“ Ich lächelte und antwortete: „Ja, alles, nur noch nicht das, was wirklich funktioniert!“ Nach 20 Minuten des Gespräches mit ihr erkannte ich, dass ihr wirkliches Problem beim Essen darin lag, dass sie Angst davor hatte, sich nicht den sozialen Normen anderer Menschen hinzugeben wie zum Beispiel beim Mittag- oder Abendessen anstelle eines „normalen Essens“, wie die anderen auch, etwas Kalorienarmes oder Gesünderes zu essen. Sie hatte unterbewusst Angst, aufgrund ihres Essverhaltens nicht mehr zur Gruppe dazuzugehören. Also bestellte sie immer eine volle Portion, Desserts und zuckerhaltige Getränke. Ihre Angst, sozial abgestoßen zu werden, hielt sie von ihrem eigentlichen Vorhaben, dem Abnehmen, ab.

Als sie ihr wahres Problem bzw. ihre eigentliche Angst richtig verstand, lernte sie damit umzugehen. Anstatt lediglich die Essensgewohnheiten zu ändern, gestalteten wir vielmehr Szenarien, wie sie es schaffen könnte, mit Freunden und Familie essen zu gehen, ohne sich dabei selbst zu boykottieren. Hätte sie ihre Angst nie erkannt, so hätte sie es nie geschafft, ohne wirklichen Schmerz abzunehmen. Dies ist auf viele andere Bereiche genauso anwendbar, wie du gleich sehen wirst.

Wie wir schon an Tag 1 besprochen haben, bringt es nichts, mit einer falschen Strategie zu arbeiten. Du kannst ruhig in die Wüste hinein laufen, um nach Wasser zu suchen. Vielleicht wirst du Wasser finden, die Wahrscheinlichkeit ist jedoch sehr gering. Natürlich kann deine Diät funktionieren, wenn du allerdings das wahre darunter liegende Problem nicht verstehst, ist die Wahrscheinlichkeit sehr gering, langfristig damit Erfolg zu haben. Es bringt dann auch nichts, ein positiver Denker zu sein und sich jeden Morgen im Spiegel anzuschreien: „Ich bin glücklich, ich bin glücklich, ich bin glücklich!" Du bist nicht glücklich und dein Unterbewusstsein weiß das. Heute, an Tag 3, ist einer jener Tage, an denen du extrem viel aus dir herausholen kannst, solange du ehrlich zu dir selber bist und offen für Neues bzw. teilweise auch Ungewohntes bleibst. Gerade heute werde ich dich extrem aus deiner Komfortzone heraus schubsen. Ich bin zwar dein Freund in diesem Programm, doch als dein Mentor und „Durchbruchkreierer" ist es meine Aufgabe, dich über deine gedachten Grenzen hinaus zu bringen. Aus der eigenen Komfortzone raus will eigentlich keiner von uns – denn das bereitet uns Angst. Angst vor allem Möglichen. Ergibt das Sinn?

Ängste können uns nicht nur von etwas abhalten, sie können zudem bewirken, dass wir etwas gerade aufgrund einer bestimmten Angst tun. Als du in der Schule warst oder zur Universität gegangen bist, bis wann hast du deine Aufgaben erledigt und abgegeben? So wie die meisten von uns wahrscheinlich haarscharf vor Abgabeschluss. Dieses Verhalten haben Forscher an amerikanischen Universitäten getestet. Studenten wurde dieselbe Aufgabe gegeben und anschließend wurden sie in drei per Zufall zusammengewürfelte Gruppen eingeteilt. Die erste Gruppe hatte für die Aufgabe das ganze Semester Zeit. Die zweite Gruppe nur die Hälfte des Semesters. Die dritte Gruppe hatte lediglich einen Monat Zeit. Was, denkst du, ist passiert? Obwohl alle die gleiche Aufgabe hatten, machten sich innerhalb der Gruppen keine drastischen Unterschiede bemerkbar. Die meisten Studenten erledigten ihre Arbeit gerade rechtzeitig vor Abgabeschluss. Schaute man sich die Noten der drei Gruppen an, so war etwas Unerwartetes erkennbar: hatte man erwartet, dass die Gruppe mit der meisten Zeit die besten Noten bekommen würde, so hatte man sich getäuscht. Alle drei Gruppen erhielten unabhängig davon, wie viel Zeit ihnen gegeben wurde, ähnliche Noten.

Wie ist das rational erklärbar? Eigentlich müssten die Studenten mit mehr Zeit bessere Noten einräumen, oder nicht? Die einzige logische Erklärung dafür ist, dass die Studenten die Arbeit offensichtlich binnen eines Monats ohne Probleme fertigstellen konnten. Die Studenten, welche mehr Zeit zur Verfügung hatten, gaben ihre Arbeiten trotzdem erst bei Abgabeschluss ab. Sie investierten nicht wirklich viel mehr Zeit, sondern ließen andere Dinge dazwischen kommen. Hier sehen wir ein gutes Beispiel dafür, wie Angst als positive Motivation wirken kann, nämlich indem man sich kurzfristigere Abgabetermine setzt. Wenn du also deine zeitliche Produktivität erhöhen möchtest: setze dir kürzere Zeitlimits. Dein Gehirn findet schon eine Lösung, wie es die Arbeit in der vorgegebenen Zeit erledigen kann, denn die Angst, diese zu überschreiten, treibt dich stärker an als alles andere.

Was wir also aus dem vorherigen Beispiel lernen können, ist, dass Menschen mit allen Mitteln versuchen, Ängste bzw. Strafen zu vermeiden und Belohnungen zu erhalten. Wir wissen außerdem, dass Angst vor Bestrafung fünfmal so stark wirkt wie eine potentielle Belohnung. Was aber, wenn zwei

Ängste oder Strafen aufeinandertreffen würden? Was passiert dann? Lass uns hierfür ein paar Beispiele durchgehen.

Falls du dieses Programm nutzt und eine Frau bist, wirst du dich mit diesem Beispiel mit ziemlicher Wahrscheinlichkeit direkt identifizieren können. Als Mann: versuche einfach, dich in eine Frau hineinzuversetzen.

Warum glaubst du, geben so viele Frauen jeden Morgen Make-up auf ihr Gesicht? Denkst du, es liegt daran, weil es so ein angenehmes Gefühl ist, fast eine Stunde im Bad vor dem Spiegel zu stehen, um sich das Make-up aufzutragen? Oder weil es so angenehm ist, das Ganze am Abend wieder zu entfernen? Denkst du, dass Frauen nichts Besseres zu tun haben?

Ich bin mir sicher, dass jeder von uns relativ schnell erkennt, dass dies nicht die Gründe sind. Was ist also der Grund? Der wahre Grund ist, dass Frauen diese zeitaufwendige Prozedur durchführen, weil sie so einerseits eine „Belohnung" erhalten und andererseits eine „Strafe" vermeiden wollen.

Was meine ich in diesem Fall mit Belohnung und Strafe? Frauen tun dies, um so vermeintlich besser auszusehen, mehr Komplimente zu bekommen und um sich besser zu fühlen. Nicht wahr, liebe Frauen? Andererseits will keine Frau je von einem Mann hören: „Wie schrecklich siehst du denn heute aus? So erkenne ich dich doch nicht wieder!" Die positive Motivation mit der gleichzeitig drohenden Strafe ist stärker als die Mühe, sich jeden Morgen zu schminken bzw. am Abend wieder abzuschminken.

Das Zähneputzen ist weit weniger Arbeit. Es dauert vielleicht zwei bis drei Minuten. Warum ist es hier im Gegensatz zum Schminken beispielsweise weitaus schwieriger für Menschen, die korrekte Verhaltensweise zu verinnerlichen, sodass sich diese zwei- oder dreimal am Tag die Zähne putzen? Ganz einfach: hier fehlt die positive wie auch die negative Feedbackschleife. Wenn man seine Zähne gegebenenfalls nur am Morgen reinigt, erhält man deshalb nicht sofort negative Kommentare von Mitmenschen. Außer natürlich, man hat schlechten Atem. Auch sind die gesundheitlichen Folgen nicht sofort erkennbar. So bleiben lediglich die paar Minuten Mühen übrig, welche viele Menschen davon abhalten, sich regelmäßig die Zähne zu putzen. Die sofortige positive Belohnung bzw. negative Bestrafung fehlt hier im Vergleich zum Schminken, welches jedoch viel mehr Arbeit bedeutet.

Angst ist eben der beste Motivator!

Was sind denn eigentlich unsere größten Ängste? Wissenschaftler haben genau diese Frage über Jahre hinweg untersucht. Das Resultat ist erstaunlich. Man hat herausgefunden, dass Menschen zwar unterschiedliche Ausprägungen an Ängsten haben, diese allerdings immer auf eine zentrale Angst zurücklaufen:

Diese zentrale Angst eines jeden Menschen ist es, nicht gut genug zu sein.

Überlege, was deine größten Ängste sind. Hast du Angst, in der Öffentlichkeit zu sprechen, etwas Neues auszuprobieren oder deine heiße Liebe um ein Date zu bitten? All diese Ängste haben Hintergedanken: du hast Angst, dass du zurückgewiesen wirst, andere über dich lachen oder was andere Menschen über dich reden und von dir denken könnten. Die eigentliche Grundangst ist jedoch, dass du nicht zu 100% weißt, ob du gut genug bist, dein Vorhaben auch durchzuziehen oder nicht. Sei ehrlich, wenn du zu 100% sicher wärst, würdest du dein Vorhaben einfach umsetzen und nichts könnte dich daran hindern, oder? Diese zentrale Angst lähmt uns.

Warum ist das so? Warum gibt es diese eine zentrale Angst, zu der so viele andere Ängste hinlaufen? Um den Hintergrund zu verstehen, müssen wir wiederum nur der Evolution des Menschen folgen: der Grund, warum der Mensch vielen anderen Tieren überlegen ist, liegt nicht darin, dass er so stark oder schnell ist, sondern, dass er es geschafft hat, die Macht einer sozialen Gemeinschaft zu nutzen. An exakt diesem Punkt setzt unsere zentrale Angst an. Wenn du nicht gut genug bist, dann denkst du, dass niemand anderes mit dir Kontakt haben möchte und du alleine dastehen würdest. Wenn du alleine bist, stirbst du. Dies würde schlussendlich dazu führen, dass dies, falls es sich ausbreitet, den Fortbestand der Rasse gefährdet. Vielleicht sagst du dir nun, dass ich doch spinne, denn du hast noch nie in deinem Leben über den Fortbestand deiner Spezies, die des Menschen, nachgedacht. Du magst Recht haben, zur Zeit ist dieses Denken unerheblich, da wir durch unsere Masse bereits große Macht und somit eine niedrige Wahrscheinlichkeit zum Aussterben besitzen. Würde ich dich allerdings mit ein oder zwei anderen Menschen auf einer einsamen Insel aussetzen, so würde nach kurzer Zeit das Leben der- oder desjenigen geopfert werden, welche/r am wenigsten zum Fortbestand der Rasse beitragen könnte. Zahlreiche Forschungen mit Tieren und sogar auch soziale Experimente mit Menschen haben dies wiederholt bestätigt.

Natürlich gibt es noch einige andere Ängste wie zum Beispiel Flugangst, Angst vor Spinnen, Höhenangst etc., um nur ein paar zu nennen. Wie du morgen erkennen wirst, durchlaufen diese Ängste einen etwas anderen Zyklus: Diese Ängste werden nämlich durch ein Grundbedürfnis, welches nicht befriedigt wird, ausgelöst.

Lass uns noch einmal über unsere zuvor besprochene, zentrale Angst, das „Nicht gut genug sein", nachdenken. Es stellt sich folglich die Frage, was du dagegen tun kannst. Wir werden noch einen ganzen Tag damit verbringen, darüber zu sprechen, wie du deinen Ängsten die kalte Schulter zeigen kannst, doch so viel vorab: Der beste Weg, mit Ängsten umzugehen, beinhaltet die folgenden drei Schritte:

1. Akzeptiere deine Ängste, versuche diese nicht zu bekämpfen. Sonst wirst du leicht frustriert, was die Angst nur verstärkt.
2. Sobald du deine Angst erkennst, kreiere in deinem Kopf den Drang, es gerade aufgrund dieser Angst durchziehen zu müssen.
   Beispiel: Wenn du irgendwo eine hübsche Person des anderen Geschlechtes siehst, sie eigentlich ansprechen möchtest, du jedoch davor zurückschreckst, dann weißt du genau, dass du es jetzt tun musst.
3. Umso öfter du das trainierst, desto einfacher wird es für dich werden – bis die Angst irgendwann komplett weg ist. Das funktioniert ganz so wie beim gestern angesprochenen Muskel: Umso mehr und besser du dein Gehirn trainierst, eine Angst zu überwinden, desto einfacher wird es.

Erinnere dich an ein Beispiel aus deiner Vergangenheit, bei welchem du zunächst Angst vor etwas hattest, diese Angst dann aber überwunden hast, sodass es heute ganz einfach für dich ist. Meine Mutter zum Beispiel hatte früher extreme Höhenangst. Für sie war Bergsteigen absolut unmöglich. Entschlossen, sich nicht aufhalten zu lassen, hat sie sich Schritt für Schritt an immer höhere Berge herangetastet, bis sie ihre Höhenangst irgendwann komplett abgelegt hatte. Heute geht sie teilweise ungesichert an Stellen, wo viele andere Menschen sogar mit Sicherung Herzflattern bekommen. Dies ist ein anderes Beispiel, welches du in zahlreiche andere Situationen „übersetzen" kannst. Ich weiß natürlich, dass die eigene Situation, in welcher man sich gerade befindet, immer die schlimmste ist. Doch auch dein Weg aus dieser Angst besteht immer aus den gleichen drei oben genannten Schritten.

Die grundlegende Angst, nicht gut genug zu sein, ist immer um uns herum. Um uns nicht von ihr knebeln zu lassen, müssen wir umso besser verstehen, welche potentiellen Belohnungen auf uns warten, wenn wir unser Vorhaben trotz aller Ängste umsetzen. Du möchtest eine Frau oder einen Mann ansprechen, traust dich aber nicht. Dann musst du es erst recht tun. Du willst mit dem Rauchen aufhören, jedoch gelüstet es dich gerade in diesem Moment nach einer Zigarette? Gib deinem Trieb nun erst recht nicht nach. Als ersten Schritt möchte ich dir helfen, dich mental auf dieses Konzept einstellen.

Der 3-Schritte-Plan funktioniert innerhalb eines Moments ausgezeichnet, in welchem du spontan auf eine aufkommende Angst reagieren kannst. Wenn es jedoch darum geht, gewisse Dinge strategisch auszumerzen, dann folge hierbei diesem 7-Schritte-Plan.

Dies wird auch Teil deiner To-Dos am Ende des heutigen Tages sein:

1. Definiere ganz genau, was du möchtest = Ziel.
2. Verstehe, was dich davon abhält = Angst vor Strafe.
3. Was machst du stattdessen, weil du Angst vor der Strafe hast?
4. Erkenne, was dir dadurch vorenthalten bleibt = kreiere eine noch größere Angst, wenn du es nicht tust/deine Angst nicht überwindest.
5. Erinnere dich an etwas, wo du dein Ziel/deine Tätigkeit durchgezogen hast. Was war deine Belohnung? Was wäre die Belohnung von deinem nun definierten Vorhaben von Schritt 1?
6. Fokussiere dich nun auf die Strafe, falls du es nicht tust. Was passiert? Beschreibe dies so detailliert wie nur möglich. Übertreibe! Was würdest du erhalten, falls du es tust? Übertreibe!
7. Erledige den ersten Schritt nun sofort.

Dieser 7-Schritte-Plan ist extrem machtvoll. Lass mich dir ein Beispiel geben, wie viele Firmen diesen Plan auf uns Menschen anwenden.

<u>Das Marketing funktioniert so nach einem ganz einfachen Schema:</u>

1. Schritt 1: Du hast ein Getränk, das eigentlich nicht gesund ist. Du willst es aber verkaufen.
2. Schritt 2: Menschen wollen es nicht kaufen, weil sie wissen, dass die Inhaltsstoffe ungesund sind = Angst vor Strafe.
3. Sie kaufen stattdessen ein anderes Produkt.
4. Um dies zu umgehen, kreierst du eine neue Strafe, wenn deine Kunden Schritt 3 tun, nämlich: Menschen, die stattdessen ein anderes Produkt wählen, sind nicht hip, sportlich, fit etc. …
5. Wenn sie das Getränk jedoch trinken, sind sie die Überflieger, können alles erreichen, jeder Mensch möchte so sein wie sie usw. …
6. Das Getränk nicht zu trinken, bedeutet Außenseiter zu sein. Das Getränk zu trinken, ist zwar ungesund, jedoch möchten Menschen keine Außenseiter sein und zudem gerne zum Überflieger werden.
7. Das Ergebnis: Wir trinken das ungesunde Getränk!

Wie du dir nun wahrscheinlich denken kannst, würde dieser 7-Schritte-Plan, der hier im Marketing zur Anwendung kommt, auf Firmen wie Coca-Cola oder Red Bull perfekt zutreffen, oder?

Jetzt sagst du vielleicht: „Na gut Julian, aber so schlecht ist Coca-Cola oder Red Bull auch nicht, solange man es nicht übertreibt."

Das mag sein, lass mich dir nun ein Beispiel von einem Produkt geben, welches wirklich nullkommanull Vorteile hat, jedoch durch genau diese sieben Schritte zu einem Weltstar wurde.

Gut, halte dich fest:

1. Wir haben ein Produkt, welches Menschen nachgewiesenermaßen früher oder später umbringt. Es ist jedoch extrem günstig zu produzieren und bringt eine hohe Gewinnmarge.
2. Der Staat zwingt uns (wir sind in diesem Fall die Firma), dass wir den Menschen sagen, dass dieses Produkt extrem gesundheitsschädigend ist = Angst vor Strafe.
3. Menschen würden also stets etwas anderes kaufen.
4. Wir kreieren also eine noch größere Angst: Wenn die Kunden Punkt 3 machen, verlieren sie jegliches Sex-Appeal. Männer bekommen keine Frauen mehr und Frauen keine Männer.
5. Wenn der Kunde allerdings Sex ohne Ende haben möchte und als wahnsinnig sexy angesehen werden will, so wie die Superstars im Fernsehen, dann muss er (der Kunde) das Produkt kaufen und nutzen.
6. Hmmm, einerseits extrem gesundheitsschädigend, was mich vielleicht in Zukunft umbringt. Andererseits: JETZT Außenseiter ohne Sex sein…
7. Da greife ich doch lieber zur Marlboro Zigarette!

Unglaublich, aber wahr. Ohne diese sieben Schritte hätte es keiner dieser Weltkonzerne geschafft – und du kannst diese Formel ganz einfach für dich umsetzen. Wir müssen uns im Klaren darüber sein, was wir mit Schmerz und Belohnung assoziieren. Was in der Realität passiert, ist, dass oftmals mehrere Ängste verschmelzen und potentielle Belohnungen aufeinandertreffen und so keine einfache Berechnung mehr möglich ist. Stattdessen finden wir eine komplizierte Waage mit vielen Armen vor.

Stelle dir diese Waage so vor, dass auf der linken Seite NICHT TUN zu finden ist und auf der rechten Seite TUN. Strafen und Belohnungen hängen sich nun mit unterschiedlich langen Armen jeweils rechts oder links dran, je nachdem, wozu dies eher führen würde. Das können teilweise dutzende verschiedener Dinge links und rechts sein. Noch dazu verändern sich diese Arme, da wir ja dazulernen und neue Erfahrungen machen. So passiert es, dass wir uns oft selbst in gewissen Dingen boykottieren.

Lass mich dir wieder ein paar Beispiele geben, um dir das zu verdeutlichen:

Bist du schon einmal eine Beziehung eingegangen, in welcher du unglaublich verliebt warst? Alles ist super gut gelaufen, ihr zwei wart glücklich und du konntest dir vorstellen, für immer zusammen zu sein? Doch plötzlich hat in dir etwas umgeschlagen. Du kannst es nicht genauer erklären, doch plötzlich lief für dich alles zu gut und du begannst misstrauisch zu werden. Anstatt die Beziehung zu genießen, hast du angefangen, diese zu boykottieren. Ist dir so etwas schon einmal passiert? Was ist da schiefgelaufen? Ich weiß es natürlich nicht genau, ich könnte mir jedoch vorstellen, dass du, wie Millionen anderer Menschen auch, schon einmal eine schlechte Erfahrung mit einer Beziehung in der Vergangenheit gemacht hast. Dies ist also ein relativ schmerzhafter Arm auf der fiktiven Waage. Am Anfang, wenn die Beziehung noch nicht so gut gefestigt ist, ist dieser Arm noch nicht so lang. Doch umso wichtiger und besser deine Beziehung wird, desto länger wird dieser Arm, denn du hast immer mehr und mehr Angst, die Beziehung zu verlieren und den selben Schmerz von damals noch einmal zu durchleben. Die potentielle Strafe vergrößert sich. Genau das Gegenteil von dem, was du eigentlich willst, passiert: der lange schmerzhafte Arm bringt dich dazu, die Beziehung zu boykottieren. Ist das nicht paradox? Dein Inneres will dich eigentlich nur davor schützen, dass du noch größere Schmerzen erleiden musst, sollte die Beziehung zu einem späteren Zeitpunkt auseinanderbrechen – und gerade wegen diesem unbewussten Boykott wird, falls du dich nicht rechtzeitig dabei erwischst, genau das irgendwann passieren.

Ein anderes Beispiel: Angenommen, dein Ziel ist es, so richtig viel Geld zu verdienen. Du tust dies derzeit jedoch (noch) nicht. Dies hat nur einen einzigen Grund: Du hast Angst davor, viel Geld zu haben. Das klingt jetzt absolut verrückt, doch genau das ist der Kernpunkt. Wovor könntest du hier zum Beispiel Angst haben? Zum Beispiel, dass du Freunde verlieren wirst, weil du zuviel Geld hast. Vielleicht würdest du so Neider und Ablehnung hervorrufen. Oder du weißt nicht, was du alles mit dem Geld machen sollst. Dies bringt dich wiederum in eine Stresssituation, was dich davon abhält, viel Geld zu verdienen.

Die einzige Lösung sowohl in der Beziehung, bei dem Geld als auch bei all den anderen Themen, bei welchen du dich innerlich so blockierst, ist, dass du über deine Erfahrungen und Assoziationen sprichst bzw. nachdenkst. So kannst du reflektieren, wie sich deine Ängste und Bedürfnisse in deinem Leben wirklich auswirken und diese rational gegeneinander abwägen. Genau das werden wir heute und morgen in den To-Dos auch machen.

Wie schon in den sieben Schritten besprochen, ist es ganz essentiell, Ängste mit dem Nicht-Tun zu assoziieren. Besonders hervorzuheben ist hier, dass du dir die negativen Folgen ganz besonders übertrieben ausmalst. Es sind also nicht die negativen Folgen, falls du etwas weiter machst, sondern die negativen Folgen, falls du es versäumst, das Neue umzusetzen. Wenn du also zum Beispiel abnehmen möchtest, so könntest du dir im Negativen ausmalen, wie dir dein/e Ex über den Weg läuft und dich auslacht, weil du so aussiehst, wie du es tust. Male dir das wirklich im Detail, in Farbe und Geruch aus. Bringe die Farben ganz kräftig hervor. Achte auf Details wie zum Beispiel: Was würde dein/e Ex genau sagen? Welche Worte würde er/sie wählen? Wie würde er/sie im

Vergleich zu dir aussehen? Wie deprimiert würdest du dich danach fühlen? Kreiere einen unglaublich großen Schmerz in dir selbst. Erzeuge heftigste Angst, dass du genau das nie erleben möchtest. Umso kräftiger, detaillierter und genauer du das schaffst und umso öfter du das machst, desto schneller wird der Punkt kommen, an dem du zu dir selber sagst: „Genug ist genug, jetzt will ich es nicht mehr durchziehen, sondern ich muss!“

In einem 1:1-Gespräch vor einiger Zeit wollte eine Frau unbedingt mit dem Rauchen aufhören. Wie du vielleicht weißt, ist schwanger zu sein für Frauen eine der größten Motivationen, mit dem Rauchen oder Trinken aufzuhören. Diese Frau war zwar bereits über das Alter hinaus, in dem man biologisch schwanger werden kann, sie hatte jedoch schon drei Kinder. Die Therapieform „schwanger werden“ war also keine Lösung. Scherz beiseite. Was ich mit ihr tat war, sie in das Gefühl des Schwangerseins zurückzuführen. Sie sollte sich genau vorstellen, wie es sich damals anfühlte, als ihre Liebsten noch in ihrem Bauch waren. Danach verband ich unglaubliche Schmerzen damit, dass sie rauchte und so ihr noch Ungeborenes aufs Schwerste schädigte. All das spielte sich ausschließlich in ihrem Kopf ab, denn sie war ja gar nicht schwanger. Für unser Gehirn ist es jedoch sehr schwer zu unterscheiden, was real und was nicht real ist. Wenn ein Gefühl intensiv genug ist, wird es real. So war es auch bei ihr und binnen kürzester Zeit konnte sie mit dem Rauchen aufhören und ist seither Nichtraucherin geblieben. Nicht umsonst gibt es den Spruch: „Mit dem Rauchen aufzuhören ist ganz einfach – ich habe es schon 50 mal gemacht!“

Diese Visualisierung, welche ich damals mit ihr gemacht habe, ist eine Art des sogenannten „Timeline Prozesses“. Wir werden so etwas ähnliches an einem späteren Tag als sogenannte „Sesselreise©“ durcharbeiten. Es ist derselbe Prozess, den ich einmal genutzt habe, um mich wieder zu trauen, an der Börse zu investieren. Ich habe ja damals mit 22 so viel Geld verloren, dass ich mich danach immer und immer wieder, sobald es relativ gut an der Börse lief, selbst boykottiert habe und blöde und irrationale Entscheidungen getroffen habe. Lange Zeit habe ich das nicht verstanden, bis mir dann endlich jene Erkenntnis kam, dass mein Unterbewusstsein mir nicht erlauben wollte, wieder solch schlimme Schmerzen zu spüren. Also brachte es mich dazu, den Aktienhandel durch dumme Entscheidungen abzubrechen, um mich so vor eventuell folgenden und noch größeren Verlusten „zu schützen".

Zusammenfassend ist dieses Konzept von Schmerzen, Ängsten, Grundbedürfnissen und Belohnungen, wie du siehst, sowohl im privaten als auch geschäftlichen Bereich extrem wichtig. Ängste sind all jene Dinge, wovor wir gerne davonlaufen. Grundbedürfnisse hingegen sind all jene Dinge, zu denen wir uns automatisch hinbewegen. Der Mix aus Ängsten und Grundbedürfnissen entscheidet unterbewusst über unsere Taten. Wir werden uns dazu morgen im Detail unterhalten, wenn ich mit dir die sieben Grundbedürfnisse eines jeden Menschen bespreche sowie die unterschiedlichen Formen, wie du diese befriedigen kannst.

Wir haben heute einige wichtige Dinge besprochen, ich empfehle dir sogar, dir diesen Tag noch einmal durchzulesen. Denn du weißt, Übung macht den… Meister! Bevor ich dir die To-Dos für den heutigen Tag aufzeige, lass mich dir eine kleine Geschichte dazu mit auf den Weg geben:

Es war einmal ein Karateschüler, der bei seinem Karatemeister Trainingsstunden nahm. Der Meister zeigte dem Schüler die Übung vor und dieser machte sie nach. Dies ging am ersten Tag eine ganze Stunde lang. Am nächsten Tag kam der Schüler wieder und freute sich schon auf die nächste Lektion. Zu seiner Verwunderung forderte ihn der Meister auf, dieselbe Übung vom Tag davor zu wiederholen. Erst dachte sich der Schüler nicht viel dabei, doch als an Tag drei, vier, fünf und an all den anderen Tagen dieselbe Übung folgte, machte er sich Sorgen, sein Meister sei senil. An Tag zehn konnte es sich der Schüler nicht mehr verkneifen und fragte den Meister: „Meister, dir ist schon klar, dass du mir jeden Tag dieselbe Übung gibst? Ich bin hier, um Karate zu lernen und nicht, um nur diese eine Übung immer und immer wieder zu machen!“ Der Meister lächelte nur und erwiderte: „Sobald du die erste Übung wirklich verstanden hast und kannst, wirst du auch die zweite Übung bekommen!“

Viele Dinge, die wir hören, prägen sich zwar in unser Gedächtnis ein, können allerdings noch nicht emotional verarbeitet werden. Wenn wir diese Dinge immer und immer wieder hören, schaffen wir es irgendwann, diese auch emotional für uns zu nutzen. Wenn wir die Dinge öfter und öfter emotional nutzen, schaffen wir es auch, diese korrekt auszuführen und in die Tat umzusetzen. Dies ist die Essenz aus dem Satz, dass Übung den Meister macht.

Hier die sieben To-Dos, welche du im Arbeitsbuch (www.GrenzenlosErfolgreichArbeitsbuch.de) sofort durcharbeiten solltest:

1. Notiere drei Dinge, welche du schon immer tun wolltest, bisher noch nicht gemacht hast, aber machen solltest! (Beispiel: Einen Anruf tätigen, eine Trennung machen, eine neue Beziehung starten, eine Diät umsetzen, dich im Fitnessstudio anmelden, einen Arztbesuch erledigen …)
2. Warum hast du diese drei Dinge immer wieder aufgeschoben? Womit ist der Schmerz assoziiert? Falls du denkst, es ist kein Schmerz assoziiert: BULLSHIT! Sonst hättest du es schon lange gemacht! Schreibe so viele Gründe wie möglich nieder.
3. Was hast du stattdessen getan? Beispiel: Du solltest jemanden anrufen, doch was hast du dann gemacht? Schreibe so viele Dinge nieder wie möglich!
4. Was wäre das absolut extremste Resultat, wenn du diese drei Dinge gar nicht machen würdest? Übertreibe massiv, zum Beispiel: Wenn ich nicht

zum Arzt gehe, sterbe ich bald usw. Schreibe wirklich viele Beispiele MIT extrem schlechten Emotionen und Gefühlen auf. Denke daran: Assoziiere eine potentiell schlimme Strafe mit dem NICHT-Tun.

5. Hattest du es schon einmal, dass du etwas Ähnliches machen hast sollen und du es dann auch wirklich gemacht hast? Beispiel: Du bist doch zum Arzt gegangen oder hast den Anruf doch getätigt etc. … Schreibe so viele positive Beispiele auf wie möglich! Was waren die positiven Resultate damals? Was wären die positiven Resultate bei den drei Dingen, welche du zu oft aufgeschoben hast? Beschreibe im Detail und übertreibe ruhig, welche positiven Dinge du erhalten würdest.
6. Fokussiere dich nun genau auf die Strafe, falls du es nicht tätest. Was passiert? Übertreibe! Was würdest du erhalten, falls du es tätest? Übertreibe!
7. Was kannst du JETZT sofort machen? Welchen kleinen ersten Schritt bei diesen drei Dingen machst du JETZT? Und zwar jetzt in der nächsten Minute! Dann tu es!

Erledige diese Dinge und wir sehen uns morgen bei Tag 4!

Sei GRENZENLOS ERFOLGREICH©!

Dein

Dr. Julian Hosp

TAG 4: Wie du deine sieben Grundbedürfnisse befriedigst

Herzlich willkommen zurück bei Tag 4!

Hast du die du To-Dos von gestern erledigt? Es ist immens wichtig, dass du reflektierst, welche Dinge du erreichen willst und was dich davon abhält. Ab morgen werde ich dich nicht mehr daran erinnern, deine To-Dos zu machen. Ich gehe einfach davon aus, dass du ab jetzt nur dann zum nächsten Tag weitergehst, nachdem du die To-Dos auch wirklich umgesetzt hast. Denke an dein Versprechen vom allerersten Vorbereitungstag: Ich gebe alles von meiner Seite, solange du auch wirklich alles von deiner gibst. Deal? Gut, dann starten wir in Tag 4.

Gestern ging es um all die Ängste, vor denen wir weglaufen, die wir also vermeiden möchten. Heute geht es um die andere Seite, nämlich um all unsere Bedürfnisse, von welchen wir uns angezogen fühlen und welche wir um jeden Preis befriedigen möchten. Die erste Frage, welche wir uns hierfür stellen müssen, ist die folgende: Was macht ein Erlebnis überhaupt zu einem Erlebnis, welches wir wieder erleben möchten?

Im Prinzip kann man diese Erlebnisse in fünf Kategorien einteilen:

<u>Die erste Art ist ein Erlebnis, welches:</u>

1. sich in diesem Moment GUT anfühlt,
2. für dich langfristig GUT ist,
3. und GUT für andere ist bzw. der Gesellschaft einen Mehrwert bietet.

Wenn wir solche Erlebnisse haben, dann hat dies natürlich für alle einen Vorteil und dieses Gefühl verankert sich in uns. Aus diesem Grund speichern wir uns ab, wie es zu diesen Erlebnissen gekommen ist und streben dann danach, diese immer und immer wieder zu bekommen. Zumindest versuchen wir es. Dies könnte zum Beispiel ein toller Moment mit deinen Liebsten sein, ein Riesenerfolg in deinem Business oder das Erreichen eines für dich wichtigen Ziels. Innerlich reflektieren wir ganz automatisch, wie es dazu gekommen ist und so bilden sich Grundbedürfnisse in uns aus. Wir wollen dieses Gefühl logischerweise immer und immer wieder erreichen.

<u>Die zweite Art ist ein Erlebnis, welches:</u>

1. sich im Moment GUT anfühlt,
2. für dich langfristig GUT ist,
3. jedoch SCHLECHT für andere ist bzw. der Gesellschaft KEINEN Mehrwert bietet.

Du siehst schon, hier hat sich etwas verändert: diese Art von Erlebnis fühlt sich zwar gut an, bringt dir auch langfristig etwas, schädigt jedoch Mitmenschen um dich herum. Diese Art von Erlebnis ist dem ersten sehr ähnlich. Der einzige Unterschied besteht darin, dass wir anderen hier keinen Mehrwert bieten. Dies sieht auf den ersten Blick nicht so dramatisch aus. Jedoch werden wir in der Grundbedürfnispyramide erkennen, dass es ein essentieller Schritt ist, von der Erlebnisart zwei auf eins zu kommen, um wirklich vollkommen zufrieden und absolut glücklich zu werden. Wenn du beispielsweise immer mehr Geld verdienst, du aber innerlich weißt, dass du andere dabei schädigst, so wirst du nie vollkommen glücklich und zufrieden sein. Wenn du deine Grundbedürfnisse auf diesem Erlebnis aufbaust, wirst du nie ultimativen Erfolg verspüren, obwohl du glaubst, ihn dadurch zu bekommen. Dies ist einer der Gründe für den Mismatch, welchen viele Menschen daraus resultierend empfinden – sie erreichen zwar ihre Ziele, das Gefühl des Erfolgs stellt sich allerdings nicht ein.

Die dritte Art ist ein Erlebnis, welches:

1. sich im Moment SCHLECHT anfühlt,
2. jedoch für dich langfristig GUT ist,
3. und GUT für andere ist bzw. der Gesellschaft einen Mehrwert bietet.

Bei dieser Art von Erlebnis hat sich wieder etwas Entscheidendes verändert: es ist auf lange Sicht für dich gut und birgt einen Mehrwert für andere, fühlt sich jedoch schlecht im Moment an. Du opferst also dein kurzfristiges Wohlbefinden für langfristigen Erfolg bzw. für den Mehrwert anderer. Ein Beispiel hierfür wäre, wenn du auf ein langfristiges Projekt hin arbeitest und kurzfristig dafür Opfer bringen musst. Das Ganze ist prinzipiell auch völlig in Ordnung, solange du das große Ziel nicht aus den Augen verlierst und du immer wieder einen kleinen Schritt nach vorne tätigen und ihn auch feiern kannst. Wenn du nämlich nicht spürst, dass es das langfristige Ziel auch wert ist, wirst du recht schnell frustriert und boykottierst dich selbst. Viele Unternehmer erleben dies jeden Tag. Nur wenige schaffen es, diese dritte Art von Erlebnis in ein Erlebnis ersten Grades umzuwandeln. Dies ist aber absolut notwendig, wenn man ultimativen Erfolg spüren möchte. Wenn Menschen auf diesem Level am Erlebnis hängen bleiben, manifestieren sich ihre Grundbedürfnisse oftmals in sehr destruktiver Art und Weise, welche wir noch im Detail besprechen werden.

Die vierte Art ist ein Erlebnis, welches:

1. sich im Moment GUT anfühlt,
2. jedoch für dich langfristig SCHLECHT ist,
3. und tendenziell SCHLECHT für Mitmenschen bzw. die Gesellschaft ist.

Bei dieser Art von Erlebnis hat sich wieder etwas verändert: Du fühlst dich zwar in diesem Moment gut, schädigst allerdings meist andere. Langfristig gesehen geht es zudem auch noch dir selbst schlecht. Dies ist eines der destruktivsten Erlebnisse mit dem weiteren Problem, dass wir es viel zu spät erkennen. Ein typisches Beispiel hierfür ist Drogenkonsum. Bis wir bemerken, in was wir eigentlich hineingeschlittert sind, ist es meist zu spät. Grundbedürfnisse basierend auf diesem Erlebnis führen nur extrem selten zu Erfolg, Zufriedenheit und Glück. Nur mit massiver Intervention kann man Menschen von diesem Pfad abbringen und sie auf einen richtigen, konstruktiven zurückführen. Dies sind jedoch oftmals die eindrucksvollsten Durchbrüche, wie ich dir anhand von Beispielen, welche ich selber an Klienten erlebt habe, noch aufzeigen werde.

Die fünfte Art ist ein Erlebnis, welches:

1. sich im Moment SCHLECHT anfühlt,
2. für dich langfristig SCHLECHT ist,
3. und SCHLECHT für Mitmenschen bzw. die Gesellschaft ist.

Bei diesem Erlebnis fühlt sich alles schlecht an: der Moment an sich, das Langfristige und der Wert für die Gesellschaft. Diese Art von Erlebnis entwickelt sich zumeist zu Angst. Genau wie gestern besprochen, ist es oft schwierig zu erkennen, woher Ängste wirklich kommen. Hier hast du eine Möglichkeit, das zu erkennen: zum Beispiel aus genau solchen Erlebnissen in jungen Jahren.

Nachdem wir jetzt besprochen haben, welche Arten von Erlebnissen es gibt und dass diese auf unterschiedliche Art und Weise zu unseren Grundbedürfnissen führen, möchte ich jetzt über diese Grundbedürfnisse sprechen und sie mit eigenen Beispielen untermauern. Maslow war 1943 einer der ersten, der sich mit diesem Thema auseinander gesetzt hat und viele Konzepte, die du hier findest, sind an seine Ideen angelehnt.

Zuallererst möchte ich darüber sprechen, was Grundbedürfnisse eigentlich genau sind. Diese stellen nichts anderes als Dinge dar, die wir in ihrer absoluten Grundessenz alle auf der ganzen Welt wollen. Sie prägen sich jedoch in jedem Menschen unterschiedlich aus und sind Einflüssen aus Erziehung, Kultur, Wissensstand und vielen anderen Faktoren ausgesetzt.

Die Grundbedürfnisse sind in einer Pyramide angeordnet, welche auf fünf unterschiedliche Ebenen aufgeteilt ist. In den Ebenen wiederum befinden sich die Grundbedürfnisse, die sich in ihrer Kombination ebenfalls unterscheiden. Hierbei ist es nicht möglich, eine Ebene zu überspringen, es muss zuerst jede Ebene erfüllt werden, bevor man die nächste in Angriff nehmen kann. Es kommt allerdings vor, so auf einer Ebene mehrere Grundbedürfnisse vorhanden sind, dass man lediglich ein oder zwei Grundbedürfnisse dieser Ebene befriedigt und anschließend sofort auf die nächste Ebene wechselt, ohne alle Grundbedürfnisse der vorherigen Ebene vollständig zu erfüllen. Wie du gleich erkennen wirst, sind am unteren Teil der Pyramide eher die Basis- und weiter oben eher die „gehobenen" Grundbedürfnisse zu finden.

(Anm.: Eine Abbildung dieser Pyramide findest du im Arbeitsbuch.)

Die erste Ebene, welche zugleich die Basis der Grundbedürfnisse darstellt, ist jene zur Erhaltung der eigenen Art. Dies haben wir bereits schon einmal angesprochen – es mag unglaublich klingen, dass dies das Grundlegendste ist. Es ist jedoch nur deshalb so unvorstellbar, weil es für uns zur Zeit praktisch irrelevant ist. Würde man eine Umfrage starten, was für uns das absolut Wichtigste im Leben darstellt, so würden wahrscheinlich viele von uns WiFi oder einen ausreichend geladenen Handy-Akku als Antwort geben. Das

Grundbedürfnis, unsere eigene Art zu erhalten, wurde schon vor Jahrhunderten gesättigt. Aus diesem Grund ist es derzeit nicht in unseren Gedanken vorhanden. Was nicht ist, kann jedoch, je nach Situation, noch bzw. wieder werden.

Die zweite Ebene der Grundbedürfnisse ist die sogenannte physiologische Ebene. Hier befinden sich Faktoren, welche für das Überleben eines jeden Einzelnen absolut essentiell sind. Fehlt einer dieser Faktoren, stirbt das Individuum.

<u>Wir sprechen hier von:</u>

1. Schlaf,
2. Essen und
3. Trinken.

In den meisten Ländern der ersten Welt ist diese Ebene der Grundbedürfnisse abgesichert. Allerdings gibt es immer noch einige Länder und Milliarden von Menschen, wo dies nicht der Fall ist. Auf dieser Ebene müssen, wie bereits erwähnt, nicht alle drei, also Schlaf, Essen und Trinken, zu jeder Zeit gleichzeitig bzw. absolut gesichert sein, um auf die nächste Ebene zu gelangen. Dies ist wichtig zu verstehen, denn auch in Ländern, wo diese Grundversorgung noch nicht besteht, können andere Grundbedürfnisse gelebt werden. Sobald ein Mensch jedoch Nahrung, Trinken oder Schlaf benötigt, tritt dieses Grundbedürfnis in den Vordergrund und er oder sie stellt andere Dinge in den Hintergrund, um dies zu befriedigen. Dies wird auch noch wichtig, um in einem weiteren Schritt zu verstehen, welche unterschiedlichen Möglichkeiten es gibt, unsere Grundbedürfnisse zu erfüllen. Natürlich könnte so auch bei uns in der ersten Welt diese Ebene in den Vordergrund treten, sollten Szenarien wie Krieg oder Unruhen vorherrschend werden.

Mit der dritten Ebene starten all jene sieben Grundbedürfnisse, von welchen ich in diesem Kapitel hauptsächlich sprechen möchte. In der ersten oder zweiten

Welt, in welcher sicherlich die meisten der Leser hier leben, sind Essen, Trinken und Schlafen dadurch gesichert, dass wir zur Arbeit gehen und unser Geld verdienen. Zuvor habe ich bereits erwähnt, dass es gehobene Grundbedürfnisse gibt. Diese bezeichnen den Prozess, wenn man es schafft, höhere Grundbedürfnisse dazu zu verwenden, um Grundbedürfnisse der niederen Ebenen zu versorgen.

Hier ein Beispiel zur Verdeutlichung: Wir verwenden unser verdientes Geld dafür, um die zweite Ebene zu sichern und somit in die dritte Ebene aufzusteigen. Genau so sichert das Überleben des Einzelnen, was durch die Grundbedürfnisse der Ebene zwei gespiegelt wird, das Bedürfnis aus Ebene eins, also das Überleben der eigenen Art. Auf diesen Ebenen ist dieser Zusammenhang noch leicht zu verstehen. Weitaus spannender und komplexer wird dies jedoch, wenn wir von der vierten und fünften Ebene sprechen.

Der Großteil der Menschen befindet sich auf der dritten Ebene. Der eine oder die andere schafft es vielleicht unbewusst, ein bisschen an der vierten Ebene zu knabbern. Meist schaffen es tatsächlich nur wenige, bis ganz nach oben an die Spitze der Pyramide zu gelangen.

Auf der dritten Ebene liegen vier der sieben Grundbedürfnisse, von welchen ich gleich erzählen werde. Da sich diese vier Grundbedürfnisse bei jedem Menschen anders anfühlen, gebe ich unterschiedliche Beschreibungen für ein und dasselbe Grundbedürfnis:

1. Kontrolle, Sicherheit, Voraussehbarkeit, Gewohntes, Planung usw.
2. Neues, Spaß, Abenteuer, Unsicherheit, Abwechslung, Aufregendes usw.
3. Besonders sein, Herausstechen, sich unterscheiden, Anerkennung usw.
4. Dabei sein, Liebe, Zuneigung, dazu gehören, gleich sein usw.

Kontrolle, Sicherheit, Voraussehbarkeit, Gewohntes usw.

Dieses Grundbedürfnis ist das wichtigste für die meisten Menschen auf dieser Ebene. Wir alle wollen einen gewissen Grad an Selbstbestimmung, Sicherheit, Kontrolle und Voraussehbarkeit in unserem Leben. Dies ist ein Grund dafür, warum so viele von uns gerne angestellt sind, da wir so einen klaren Plan über unsere Finanzen und dadurch über unsere finanziellen Möglichkeiten haben. Dieses Grundbedürfnis ist zudem der Auslöser, warum wir in einer anderen, fremden Stadt oftmals lieber zu McDonald's gehen als zu einem neuen, uns unbekannten Restaurant. McDonald's mag vielleicht nicht so gut schmecken, wir wissen jedoch zu 100%, was wir bekommen werden – es ist absolut voraussehbar.

Dies ist auch die Ursache, warum wir uns mit Veränderungen bzw. der Zukunft so schwertun. Die Vergangenheit mit all dem Gewohnten fühlt sich meistens besser an. „Früher war alles besser, auch die Zukunft." :-) Wenn wir in einem anderen Land sind, freuen wir uns, wenn wir auf Menschen treffen, die aus demselben Land stammen wie wir. Doch bei uns zu Hause gehen uns eben diese Leute allzu leicht auf die Nerven. Dies hat dann mit dem nächsten Grundbedürfnis zu tun.

Neues, Spaß, Abenteuer, Unsicherheit, Abwechslung usw.

Neben all der Kontrolle, Gleichheit und Voraussehbarkeit wollen wir immer noch ein wenig Abwechslung, Abenteuer und Neues erleben, sonst wird uns langweilig. Deshalb wollen wir auch nicht jeden Tag das Gleiche essen, dasselbe anziehen und über Jahre zum gleichen Urlaubsziel reisen. Überraschungen stellen einen interessanten Mix für uns dar: Wir mögen sie nämlich nur, wenn sie etwas sind, was wir eigentlich wollen (Sicherheit etc.). Wenn dies nicht zutrifft, bezeichnen wir die „Überraschung" als Problem. Dieses Grundbedürfnis steht oft im Zwiespalt mit dem vorherigen und beide kämpfen einerseits leicht gegeneinander an, arbeiten andererseits zugleich Hand in Hand. Wenn wir unsere Komfortzone verlassen möchten, um besser zu werden und etwas Neues zu lernen, so schreit unser Sicherheitsbedürfnis in Panik laut auf, unser Grundbedürfnis nach Abenteuer und Neues freut sich jedoch. Erst wenn unsere Komfortzone wächst, indem wir den Schritt nach draußen wagen und diesen schmalen Grat beschreiten, kann das Grundbedürfnis nach Sicherheit nach und nach dem Grundbedürfnis nach Unsicherheit folgen und wir fühlen uns in unserer neuen, erweiterten Komfortzone wieder pudelwohl.

Besonders sein, herausstechen, sich unterscheiden, Anerkennung usw.

Das nächste Grundbedürfnis hat viel mit den sozialen Verbindungen zu anderen Mitmenschen zu tun. Wir alle freuen uns, wenn wir etwas Besonderes sind, um aus der Masse herauszustechen. Genau deshalb funktionieren Medaillen, Anstecker, Auszeichnungen oder Urkunden so wunderbar. Anerkennung zu bekommen und das Streben danach, der Beste zu sein, sind in der Natur des Menschen verankert. Nicht ohne Grund lieben wir es, gelobt zu werden oder ein Kompliment zu erhalten.

Dieses Grundbedürfnis steht jedoch im Widerspruch zum nächsten und letzten Grundbedürfnis auf dieser Ebene.

Dabei sein, Liebe, Zuneigung, dazu gehören, gleich sein usw.

Dieses Grundbedürfnis ist ein soziales und motiviert uns, uns der Gruppe anzupassen und nicht herauszustechen. Es ist verantwortlich für unseren Bedarf an Zuneigung, Liebe und Zärtlichkeit. Wie schon bei den Grundbedürfnissen von Kontrolle und Abenteuer, so steht auch dieses Grundbedürfnis mit dem des „Besonders seins“ in Konkurrenz. Auch Sex gehört in diese Kategorie, wenn Sex nicht mehr nur zur Erhaltung der eigenen Art führen muss. Dies ist ein weiteres

Beispiel, wie Grundbedürfnisse auf oberen Ebenen untere automatisch mitversorgen.

Die vier Grundbedürfnisse resultieren aus den fünf verschiedenen Arten von Erlebnissen, welche wir zu Anfang des Kapitels besprochen haben und gelten für uns alle gleichermaßen. Umso mehr Grundbedürfnisse in einem Erlebnis angesprochen werden, desto eher sprechen wir von einem Erlebnis der ersten Art. Also eines, welches wir immer und immer wieder haben wollen. Wenn du dich nun fragst, wie wir Menschen denn alle so unterschiedlich sein können, wenn wir alle lediglich auf diese vier Grundbedürfnisse zurückgreifen, dann musst du verstehen, dass es erstens unterschiedliche Wege gibt, wie wir diese Grundbedürfnisse befriedigen und zweitens natürlich jeder Mensch einen unterschiedlichen Mix aus diesen vier in sich trägt. Die Verteilung, also wer von einem Grundbedürfnis mehr oder weniger hat, ist nämlich von Mensch zu Mensch unterschiedlich. Hier muss man zunächst verstehen, dass Menschen aus den Grundbedürfnissen „Sicherheit“ bzw. „Unsicherheit“ meist eines bevorzugen. Bei den meisten ist dies Sicherheit. Genauso ist es bei „Aufmerksamkeit“ und „Zuneigung“, wo die meisten eher Aufmerksamkeit als Zuneigung wollen. Bei „Sicherheit plus Aufmerksamkeit“ handelt es sich also die häufigste Kombination auf dieser Ebene, was gleichzeitig auch eine riesen Hemmschwelle darstellt, wie du gleich lernen wirst.

Bevor wir zu Ebene vier und fünf bzw. den Grundbedürfnissen fünf bis sieben gehen, möchte ich dir zunächst ein paar Beispiele und Geschichten zu den ersten vier geben. Anschließend werde ich dir die fünf unterschiedlichen Wege aufzeigen, wie wir Menschen diese Grundbedürfnisse wieder erlangen, falls sie uns weggenommen werden. Dies ist absolut relevant, um zu verstehen, wie unterschiedlich wir reagieren können und was das für unseren Charakter bedeutet. Ich möchte dir hier vier Beispiele zeigen, wie sich diese Grundbedürfnisse auf uns Menschen auswirken.

Das erste Beispiel handelt von einem meiner Kunden. Er kam zu mir, weil er behauptete, unter schweren Depressionen zu leiden. Natürlich könnte dies absolut der Fall sein, doch in unserem Gespräch hörte sich das ganz und gar nicht danach an. Er war redselig, lachte über seine eigenen Witze und antwortete auf Fragen mit relativ langen Antworten. Nach kurzem Hinterfragen verstand ich, was seine Grundbedürfnisse waren. Ich erkannte, dass seine Depression gar keine wirkliche Depression war. Es war lediglich seine Art und Weise, von anderen Menschen Zuneigung, Aufmerksamkeit, Liebe und Gesellschaft zu bekommen. Gleichzeitig hatte er Spaß in dem ganzen Prozess und ihm war bewusst, dass er so seine Umwelt relativ gut unter Kontrolle halten konnte. Für ihn war es also ein absoluter Höhepunkt an Gefühlen. Viele dieser Prozesse passieren in uns unbewusst und unbemerkt.

Ich erklärte ihm die fünf Herangehensweisen an diese Grundbedürfnisse, welche du ebenfalls gleich noch kennenlernen wirst. Ich zeigte ihm, dass er die zweitniedrigste anwendete. Weiters erklärte ich ihm, dass dies kein Erlebnis der ersten, sondern vielmehr der vierten Art war. Er schädigte dadurch nicht nur sich selbst langfristig, sondern würde zudem irgendwann seine Mitmenschen komplett abstoßen. Der einzige Grund, warum er tat, was er tat, war, weil es ihm so scheinbar besser ging. Sein Gehirn hatte gelernt, sich die Grundbedürfnisse so zu erfüllen. Als er jedoch erkannte, was er sich selbst und seiner Umgebung damit antat, dauerte es keinen Moment und seine Depressionserscheinung war wie verflogen. Allzu oft habe ich als Arzt in der Klinik mitbekommen, wie bei solchen Patienten Antidepressiva oder andere Medikamente verschrieben wurden. Für mich eine absolute Fehlbehandlung und ein sehr trauriges Beispiel für eine reine Behandlung von Symptomen ohne Therapie der eigentlichen Ursache.

Ein zweites Beispiel ist eines, das wir sicherlich alle kennen: Hast du bereits einmal einen Choleriker erlebt bzw. einen Menschen, der wie aus dem Nichts zu brüllen beginnt, ganz ohne rational ersichtlichen Grund? Natürlich gibt es unterschiedliche Gründe, warum der Choleriker ein Choleriker ist, jedoch stellt sich normalerweise ein gewisser Ablauf als die Hauptursache heraus. Die meisten Choleriker zählen Kontrolle, Sicherheit, Dominanz, Herausstechen, Aufmerksamkeit und Ansehen zu ihren Grundbedürfnissen (eben genau die zuvor besprochene „Problemkombination"). Denke einmal an eine Person, auf welche dies in deinem Bekanntenkreis zutrifft. Was passiert nun, wenn du dieser Person keine Aufmerksamkeit schenkst bzw. sie verunsicherst?

Wie im Beispiel von meinem depressiven Klienten zuvor, holt sich auch der Choleriker auf einem der fünf Wege seine Grundbedürfnisse wieder. Dabei kann man drei energetische Qualitäten unterscheiden, welche als Reflex aus den fünf unterschiedlichen Herangehensweisen resultieren:

1. **Angriff:** Energie geht gegen den Verursacher, welcher die Bedürfnisse entwendet hat. Dies kann konstruktiv sein, wenn es lösungsorientiert ist, oder destruktiv, wenn es das nicht ist.
2. **Erstarren:** Man wird komplett energielos und macht gar nichts.
3. **Flucht:** Man kreiert Energie, doch für etwas anderes. Dies kann wiederum konstruktiv oder destruktiv sein.

Über Reflexe werden wir gerade beim Bedeutungskreislauf noch ausführlich sprechen. Hier an dieser Stelle ist dies einfach nur eine Übersicht der drei Reflexmöglichkeiten: Der Depressive reagiert zum Beispiel mit Erstarren. Jemand mit Borderline-Syndrom nutzt destruktive Flucht. Der Choleriker hingegen geht in eine destruktive Attacke über. So erhofft er sich, den Widersacher einzuschüchtern, um so seine Grundbedürfnisse wiederzuerlangen, weil er dadurch glaubt, Sicherheit zu bekommen, Herr der Lage zu bleiben und natürlich Aufmerksamkeit auf sich zu ziehen. Er nutzt dabei ebenfalls den zweitniedrigsten Weg, seine Grundbedürfnisse wiederzubekommen, nur eben auf andere Art und Weise.

Es heißt natürlich NICHT, dass, nur weil jemand Sicherheit und Anerkennung will, er automatisch ein Choleriker ist. Wäre dies zum Beispiel ein Mensch mit denselben Grundbedürfnissen, jedoch einer anderen Herangehensweise, so könnte es zum Beispiel durch ein konstruktives Regelwerk für die Person möglich sein, Kontrolle und Anerkennung auch weiterhin zu behalten.

Wie kann man denn aber nun als Beteiligter bei dem Choleriker korrekt, also zielführend, reagieren? Theoretisch gibt es drei Möglichkeiten:

A. Man versichert dem Verunsicherten so schnell es geht, dass er oder sie sich keine Sorgen wegen Kontroll- oder Ansehensverlust machen muss. Dies kann man natürlich nicht einfach so heraus sagen, sondern muss dies auf einfühlsame, smarte Art und Weise verpacken. Allerdings hilft dies nur sehr kurzfristig, da es den Choleriker nur noch viel mehr bestärkt, auch das nächste Mal so zu reagieren, wie er gerade reagiert hat.

B. Die einzig wahre Lösung ist es, einen Choleriker mit den eigenen Waffen zu schlagen. Im Klartext bedeutet das, eine noch größere Attacke zu starten und ihn so auf dem falschen Fuß zu erwischen. Dies würde im realen Leben ungefähr so ablaufen: ein ganz kurzes Zurückbrüllen bzw. eine Tätigkeit, welche diesen überrascht und somit aus der Fassung bringt. Dadurch zeigt man dem Gegenüber, dass man nicht eingeschüchtert ist. Man darf sich allerdings nicht auf das niedrige Niveau herablassen, sondern muss klar zeigen, dass der Ausbruch kontrolliert und beabsichtigt war. Dies geht am besten, wenn man es ohne emotionales Engagement tut, sich also nicht zum „Mit-Leider" macht, sondern das trocken und rational rüberbringt.

C. Alternativ hat es sich schon oft in einer solchen Situation als extrem effektiv herausgestellt, mit einem Satz wie beispielsweise diesem zu antworten: „So blöd wie du gerade reagierst, habe ich überhaupt kein Interesse, in deiner Gesellschaft zu sein!" Anschließend verlässt man ganz in Ruhe – auf keinen Fall ängstlich – den Raum oder Ort und zeigt dem Choleriker damit, dass dieser mit einem solchen Fehlverhalten keines seiner Grundbedürfnisse wiedererlangen kann. Weder hatte er die Kontrolle über die Situation behalten, noch Aufmerksamkeit bekommen, da du ja den Raum verlassen hast. Wenn man B oder C zwei- bis dreimal so wiederholt, ändert der Gegenüber automatisch sein Verhalten, da er ja seine Grundbedürfnisse wiederbekommen möchte.

Wie denkst du, agiert ein Mensch, der als Grundbedürfnis absolute Unsicherheit, Abenteuer und Spaß hat? Dieser könnte zum Beispiel ein Extremsportler sein. Viele meiner Freunde im Kitesurf-Bereich hatten genau dieses Grundbedürfnis als Hauptantrieb. Sie lebten dies durch ihre Reisetätigkeit, verrückte Aktionen und irrwitzige Stunts aus.

Zuletzt noch das vierte Beispiel: Hast du dir schon einmal überlegt, warum wir überhaupt Beziehungen mit anderen Menschen eingehen? Die Antwort lässt sich wieder mit den Grundbedürfnissen erklären. Wir können unsere Grundbedürfnisse im Prinzip zwar alleine befriedigen, doch geht dies gemeinsam oft leichter. Oder leider teilweise auch schwieriger: Die Herausforderungen einer Beziehung sind nämlich, dass Partner erstens völlig unterschiedliche Grundbedürfnisse haben und ihnen zweitens zu unterschiedlichen Zeitpunkten der Beziehung unterschiedliche Grundbedürfnisse wichtig sind. Gerade am

Anfang einer Beziehung zählen zum Beispiel vor allem die Grundbedürfnisse Abenteuer und Spaß bzw. Anerkennung und Aufmerksamkeit. Die Beziehung ist ja noch frisch und jung, alles ist aufregend. Mit der Zeit wird man sich vertrauter, die Sicherheit steigt an und man fängt an, sich von anfänglicher Verliebtheit zur Liebe weiterzuentwickeln. Wenn einer der Partner einen hohen Bedarf an Abwechslung, Spaß und Abenteuer hat, wird er oder sie vor allem den Anfang der Beziehung vermissen. Was wird so ein Partner relativ häufig tun, um sein Grundbedürfnis wieder zu erfüllen? Ganz genau, ein relativ häufiger Weg, dieses Bedürfnis zu befriedigen, ist, indem dieser Partner den oder die andere betrügt. Wie kann man das verhindern? Ganz einfach: Indem man Abwechslung, Abenteuer und Unerwartetes, beispielsweise durch Überraschungen, in die Beziehung mit einbaut. Genaueres besprechen wir noch am Tag über Beziehungen, doch diese kleine Vorabinfo wollte ich dir heute bereits geben. Eventuell rettet sie ja deine Beziehung.

Jetzt haben wir über die ersten vier Grundbedürfnisse im Detail gesprochen und Beispiele dazu kennengelernt. Meistens haben wir zwei der vier Grundbedürfnisse, welche bei uns im Vordergrund stehen. Ich bin mir sicher, du hast auch schon ganz genau darüber nachgedacht, welche Grundbedürfnisse du denn selber hast bzw. welche bei dir am ausgeprägtesten sind.

<u>Reflektiere nun:</u>

1. Welche Grundbedürfnisse dominieren in dir?
2. Ist es nur eins von den vier?
3. Sind es wie bei den meisten von uns zwei von vier? Oder sogar noch mehr?
4. Welche sind es?
5. Was kann das für dich bedeuten?

Wir haben bereits die drei unterschiedlichen Reflexe kennengelernt, wenn uns die Grundbedürfnisse weggenommen werden. Diese drei Reflexe lernen wir aus fünf unterschiedlichen Verhaltensmustern, welche auftreten, wenn wir unsere Grundbedürfnisse zu verlieren drohen.

Diese fünf Wege wandern wir von unten nach oben durch. Wir erklimmen sozusagen Ebene für Ebene von der „schlechtesten" zur „besten" Variante. Es kann jedoch ganz leicht vorkommen, dass sich jemand zwar auf der unteren Ebene der Grundbedürfnispyramide befindet, sich diese Grundbedürfnisse allerdings auf eine Art und Weise erfüllt, welche sich ganz oben befindet. Du wirst gleich erkennen, was ich damit meine. Ich werde dies zum leichteren Verständnis noch mit anschaulichen Beispielen untermalen. Zur Einfachheit habe ich die Wege bzw. Herangehensweisen von A bis E markiert, um so Verwechslungen vorzubeugen. Es gibt auf jeder Ebene zwei unterschiedliche Möglichkeiten, diese Ebene auszuspielen. Falls du das System von Spiral Dynamics kennst, wird dir einiges davon bekannt vorkommen.

<u>A. Absolute Enthaltsamkeit oder Exzess:</u>

Personen, welchen diesen Weg wählen, enthalten sich einem Grundbedürfnis entweder komplett (energielos) oder leben in einem absoluten Exzess (destruktive Flucht). Jeder von uns kennt mit Sicherheit Menschen, die in einem solchen Chaos leben. Auf der anderen Seite gibt es dann natürlich all jene, bei denen alles nach Strich und Faden genau geplant sein muss. Dies wäre eine unterschiedliche Herangehensweise an das Grundbedürfnis Kontrolle bzw. Sicherheit.

Nehmen wir als Beispiel einen Rockstar, welcher sich das Grundbedürfnis Anerkennung im absoluten Exzess auf der Bühne von seinen Fans holt. Er oder sie glaubt, dass dies exakt das ist, was ihn oder sie glücklich machen wird. Da dieses Verhalten jedoch meist aus einem Erlebnis der Art vier oder fünf erlernt wurde, ist es nur äußerst selten konstruktiv. Um wahre Erfüllung zu erfahren, müsste er sich weiter nach oben auf der Bedürfnispyramide bewegen. Wie das genau funktioniert, erfährst du gleich.

B. Unterdrückung/Gewalt oder Gehorsam/Unterwürfigkeit

Menschen, welche diesen Weg gehen, nutzen entweder destruktiven Angriff oder destruktive Flucht, um andere zu unterdrücken oder sich selbst zu unterwerfen. Es ist jener Weg, den sowohl mein depressiver Klient als auch der Choleriker aus den Beispielen zuvor nutzten, nur eben mit einer unterschiedlichen Herangehensweise. Dieser Weg ist zumindest nicht ganz so destruktiv wie die absolute Enthaltsamkeit oder der Exzess, jedoch noch weit davon entfernt, wirklich konstruktiv zu sein.

Hast du dir schon einmal überlegt, was einen Menschen dazu motiviert, mit einer Waffe in der Hand in ein Flugzeug zu steigen, um dieses zu entführen? Vergiss nicht, wir alle tun, was wir tun, damit es uns scheinbar besser geht. Wir gehen also stets unseren Grundbedürfnissen nach. Wie befriedigt dieser Terrorist nun seine Grundbedürfnisse? Ganz einfach: das Grundbedürfnis Sicherheit bekommt er durch die Waffe. Die ganze Aktion ist natürlich ein Abenteuer. Weiters erhält er die absolute Aufmerksamkeit und auf augenscheinlich perverse Weise fühlt er sich in diesem Moment ganz vielen Menschen sehr nahe. Während die meisten Menschen sich die Grundbedürfnisse nie auf diesem Wege holen würden, so sieht er genau das für sich als den einzig richtigen Weg. Unglaublich ist das Folgende: wir alle würden mit demselben Hintergrund, derselben Herangehensweise und denselben Erfahrungen in unserem Leben genau gleich handeln.

Der Terrorist hat durch das Level-vier-Erlebnis die Herangehensweise von Unterdrückung gewählt, um seine Grundbedürfnisse zu befriedigen. Dieser Mensch macht das, weil er glaubt, dass dies der richtige Weg für ihn ist, so traurig wie das klingen mag. Der einzige Weg, so etwas zu verhindern, wäre eine sofortige, möglichst frühe Intervention, um diesem Menschen andere Wege und Möglichkeiten aufzuzeigen, seine Grundbedürfnisse zu erlangen, ohne dabei andere Menschen zu schädigen. Viel Einfluss hat hierbei natürlich Religion, Erziehung, Ausbildung und Wissensstand.

C. Aufstellung bzw. Befolgung von Regeln

Menschen, welche diesen Weg wählen, nutzen Regeln, um ihre Grundbedürfnisse zu erlangen. Sie nutzen eine konstruktive Flucht, um die Verantwortung für ihre Grundbedürfnisse von sich weg und auf etwas Rational-Logisches zu schieben. Normalerweise schädigen sie dabei niemand anderen, auch wenn sie sich selbst dabei einige Möglichkeiten verwehren. Typische Aussagen hier sind: „Wir machen das so, weil wir es immer schon so gemacht haben." Dies wäre ein gutes Beispiel für jemanden mit hohem Sicherheitsbedürfnis, welcher dieses nicht aufgeben möchte und es sich durch Regeln wieder zurückholt.

Auch Staaten oder Regierungen nutzen diesen Weg, um Souveränität in einem Land zu behalten. Dies ist natürlich ein bisschen weit hergeholt, doch es verläuft immer nach demselben Schema.

D. Konstruktive Führung oder konstruktives Folgen

Menschen, welche es auf diese Ebene geschafft haben, haben dies meist durch Erlebnisse der Art eins oder zwei gelernt. Sie reagieren auf eine Herausforderung mit einem konstruktiven Angriff und gehen in positives Tun über. Du bekommst gleich ein paar Beispiele zu dieser Herangehensweise, wenn wir über die drei letzten Grundbedürfnisse sprechen. Typischerweise werden die Herangehensweisen D und E ausschließlich von Menschen verwendet, welche sich vor allem auf diese letzten drei Grundbedürfnisse, welche du gleich hören wirst, fokussieren.

E: Erkennen der besten Lösung für alle in ihrer Gesamtheit

Dies ist die absolut höchste Kunst eines Menschen, um sich die eigenen Grundbedürfnisse zu erfüllen. Menschen auf diesem Level haben meistens das siebte und letzte Grundbedürfnis erreicht und finden die konstruktiv beste Lösung in jedem Moment, um sich ihre Grundbedürfnisse zu holen. Dies geschieht immer durch eine Lösung, welche für die Gesamtheit am besten ist. Ein Beispiel dazu gebe ich dir gleich im Anschluss.

Du weißt nun über die fünf Arten eines Erlebnisses, die ersten vier Grundbedürfnisse und die drei Reflexe aus den fünf Herangehensweisen, um Grundbedürfnisse zu bekommen, Bescheid. Jetzt geht es darum, die letzten drei Grundbedürfnisse zu besprechen und vor allem ihre besondere Bedeutung zu erkennen. Bereits beim Rockstar habe ich angedeutet: Wenn wir uns nur auf der dritten Ebene der Grundbedürfnispyramide, also den vier ersten Grundbedürfnissen, befinden, schaffen wir es nie wirklich, nachhaltig glücklich zu werden.

Um das im Detail zu beschreiben, gibt es hier drei Ebenen des Glücks:

1. Wer die **ersten vier Grundbedürfnisse** zum Großteil erfüllt hat, verspürt Glück und Zufriedenheit auf Level eins.
2. Wer es schafft, von dort aus auf die vierte Ebene der Grundbedürfnispyramide zu gelangen, wo sich die Grundbedürfnisse **Weiterentwicklung und Lernen** bzw. **Zurückgeben und Gutes tun** befinden, verspürt Glück und Zufriedenheit auf Level zwei.
3. Das siebte Grundbedürfnis und die absolute Spitze der Grundbedürfnispyramide sowie das höchste Level an Glück und Zufriedenheit ist es, **Teil eines größeren Ganzen** zu sein, welches all die anderen

Faktoren automatisch inkludiert. Dies wäre ein Glücksgefühl auf Level drei.

Der Rockstar vom Beispiel zuvor müsste es also schaffen, eine tiefere Bedeutung in seinem Tun zu finden. Dies könnte er eventuell dadurch erreichen, indem er sich ständig weiter entwickelt bzw. sich mit ganzem Herzen an tollen Projekten beteiligt, wo er das zurückgeben kann, was er von anderen Menschen bekommt. Dies kann entweder Geld, Zeit, Anerkennung, Liebe oder Zuneigung sein. So würde er auf die vierte oder sogar fünfte Ebene der Bedürfnispyramide gelangen und so vollkommene Zufriedenheit, absolutes Glück und ultimativen Erfolg verspüren.

Doch nicht nur er sollte das so machen, wir alle müssen dies so tun, wenn auch wir diese Gefühle verspüren wollen. So funktioniert das im Detail:

Die vierte Bedürfnispyramiden-Ebene:

Wie bereits angedeutet, ist unser fünftes Grundbedürfnis, dass wir uns ständig weiterentwickeln. Es ist für mich auch eine der wichtigsten Definitionen für Erfolg, wie du bereits an Tag 1 gehört hast. Zu viele Menschen erkaufen sich die vier Grundbedürfnisse auf Ebene drei mit Geld. Sie erreichen danach jedoch nicht Level vier und verspüren so eine innere Leere. Dafür gibt es nur zwei Lösungen:

A. Man entwickelt sich ständig weiter, lernt neue Dinge, nimmt neue Herausforderungen an und hört nie auf sich zu verbessern (Grundbedürfnis fünf).
B. Die alternative Möglichkeit ist gleichzeitig das sechste Grundbedürfnis: Zurückzugeben, Gutes zu tun, zu geben, ohne etwas zu erwarten. Dies kann wie beim Rockstar angesprochen Geld, Zeit, Liebe, Zuneigung, Anerkennung und vieles mehr für andere sein, ohne in der Erwartung zu leben, irgendetwas im Gegenzug zurückzubekommen. Viele berühmte Menschen,

welche wir aus Fernsehen und Kino kennen, beteiligen sich an Spenden- und Hilfsprojekten. Dies hat natürlich viele marketingtechnische Gründe, doch verstehen sie auch, dass die Freude, welche sie so schenken, tausendfach zu ihnen zurückkommt und sie so glücklicher und zufriedener macht.

Einer der Gründe, warum so viele erfolgreiche Unternehmer das Golfspielen beginnen, ist genau dieses fünfte Grundbedürfnis: Wer schon einmal Golf gespielt hat, weiß, wie schwierig und frustrierend es sein kann, diesen kleinen Ball mit einem langen Schläger in ein nahezu ebenso kleines Loch zu befördern. Doch genau diese neue Herausforderung bringt eben Menschen, welche eventuell alles auf Level drei bereits erreicht haben, auf dieses vierte Level.

Wichtig, du musst natürlich nicht alle vier Grundbedürfnisse auf Level drei perfektioniert haben, bis du ins vierte Level aufsteigen kannst. Gehe das deshalb so früh wie möglich an, interessiere dich für neue Dinge, bilde dich fort und nimm neue Herausforderungen an. Ebenfalls solltest du so früh wie möglich damit beginnen, einen Teil deines Einkommens zu spenden bzw. ein oder zweimal pro Jahr deine Zeit dafür zu investieren, sie mit Menschen zu verbringen, welche sonst niemand anderen haben. Wenn deine Aussage ist, dass du ja selbst kein Geld oder keine Zeit hast, dann ist es genau das, was dich davon abhält, auf diese weitere Ebene zu gelangen. Wenn du nämlich keine 50 € im kleinen Rahmen spenden willst, dann wirst du sicher auch keine Million Euro im großen Rahmen spenden.

Die fünfte Bedürfnispyraminden-Ebene:

Die höchste Kunst der Grundbedürfnisse, also Grundbedürfnis Nummer sieben bzw. Bedürfnispyramide-Ebene fünf, ist es, Teil von etwas Größerem zu sein. Was das genau ist bzw. wie es genau funktioniert, ist ebenso schwierig zu erklären wie die Frage zu beantworten ist, was Liebe ist bzw. wie diese funktioniert. Es ist einfach sehr schwer in Worte zu fassen. Man weiß nur, was es ist, wenn man es selbst gespürt hat. Es jemand anderem zu erklären ist praktisch unmöglich. Auf dieser Ebene hast du deinen tieferen Sinn für das Leben gefunden. Die Frage „Warum bin ich hier?“ ist hier beantwortet.

Wenn zwei Menschen in einer tollen, erfüllenden Beziehung sind, können sie es auf diese Ebene schaffen. Ebenfalls ist der Grund, warum Religionen so erfolgreich sind, weil sie Menschen auf allen Ebenen der Grundbedürfnisse ansprechen: sie bieten Sicherheit, Zugehörigkeit, Anerkennung, ein klein wenig Abenteuer, Weiterentwicklung, Spenden und Teil von etwas Größerem zu sein. Natürlich gibt es noch dutzende weiterer Möglichkeiten bzw. Beispiele.

Jeder von uns kann es auf diese Ebene schaffen, doch keiner von uns wird es schaffen, wenn wir uns nicht genau darauf fokussieren und es auch wollen. Glück, Zufriedenheit und Erfolg passieren nicht von allein. Jeder von uns kann mit den richtigen Techniken und Werkzeugen neue Grundbedürfnisse erlernen bzw. alte und schlechte Herangehensweisen ablegen. Das wird eines der wichtigsten Themengebiete der nächsten Tage werden.

Vielleicht erinnerst du dich noch an die Pyramide der Top-Fähigkeiten von Tag 1. Wenn du diese Pyramide mit der Pyramide der Grundbedürfnisse vergleichst, so muss man Folgendes sagen: Wenn du die letztere erreichst, so wirst du subjektiv glücklich sein. Wenn du die erstere erreichst, so wirst du objektiv Erfolg erzielen. Man kann auch sagen, das eine ist die Kunst, glücklich und zufrieden zu sein, und das andere die Kunst, objektiv erfolgreich zu sein. Merke dir deshalb:

Objektiver Erfolg ohne dem subjektiven Gefühl von Zufriedenheit und Glück ist der absolute Misserfolg.

Deshalb ist es essentiell, auf beiden Pyramiden ganz oben anzulangen!

Heute war ein intensiver Tag. Lies ihn dir ruhig ein zweites Mal durch, damit du alles richtig verinnerlichst. In diesen ersten 4 Tagen haben wir nun die komplette Basis über unser Verhalten als Mensch gelernt. Dir sollte nun komplett klar geworden sein, wie wir Menschen vollkommen zufrieden, absolut glücklich und ultimativ erfolgreich auf dem höchsten Level sein können. Wir haben gelernt, wie wir Ängste und Bedürfnisse gegeneinander abwägen und was das für unsere Entscheidungen und unsere Taten bedeutet. Oft sind diese dann nicht so, wie wir uns das vorgestellt haben. Morgen lernen wir eine Technik, genannt Emotionsveränderungstechnik© (EVT), wie wir unsere Assoziationen zu Gefühlen verbessern können, um so bessere Entscheidungen zu treffen und dadurch ein besseres Leben führen zu können.

<u>Für heute sind dies deine To-Dos – morgen werde ich dich NICHT danach fragen, ich gehe davon aus, dass du Grenzenlos Erfolgreich© sein möchtest und du diese deshalb automatisch ohne Erinnerung sofort erledigen wirst:</u>

1. Was sind deine zwei Haupt-Grundbedürfnisse auf der dritten Ebene? Falls du dir nicht sicher bist, spreche mit einem/r guten Freund/in darüber.
2. Wie zeigen sich diese beiden positiv bzw. negativ in deinem täglichen Leben?
3. Wie ist dein Reaktionsmuster, wenn dir diese Bedürfnisse genommen werden?
4. Wie kannst du die Grundbedürfnisse auf der vierten Ebene erlangen bzw. verstärken, um so nicht nur diese Ebene, sondern auch die fünfte und letzte Ebene zu erreichen und dadurch vollkommene Zufriedenheit, absolutes Glück und ultimativen Erfolg zu erfahren?
5. Was sind die Grundbedürfnisse von zwei oder drei wichtigen Menschen um dich herum?

6. Wie zeigt sich das in positiver/negativer Art und Weise im Austausch mit dir?
7. Wie könntest du dies verbessern?

Ich weiß, es war ein langer Tag, doch reflektiere wirklich ausführlich, damit du dich auf das höchstmögliche Level mit absoluter Erfüllung bringst.

Sei GRENZENLOS ERFOLGREICH© – bis morgen!

Dein

Dr. Julian Hosp

TAG 5: Die Emotionsveränderungstechnik© (EVT)

Willkommen bei Tag 5. Die letzten Tage waren richtig intensiv, oder? Hast du danach noch ein bisschen über all das nachgedacht? Eventuell mit anderen Menschen darüber gesprochen? Sind dir neue Dinge klar geworden? Ich gehe davon aus, dass du deine To-Dos gemacht hast. Sonst kann ich dir gerne einen Vortrag darüber halten, warum du gerade tust, was du tust, du jedoch etwas anderes tun solltest. ;-) Wenn wir über Themen wie „Aufschieberitis“ und Problemlösung sprechen, werden wir dazu noch konkreter ins Detail gehen.

Heute legen wir einen neuen Gang ein, denn zum ersten Mal kommen nicht viele neue Dinge hinzu, vielmehr bauen wir auf dem Gelernten auf und verbinden es zu einem größeren Bild. Hauptsächlich geht es dabei um eine Technik, welche ich selbst entwickelt habe, nämlich die sogenannte Emotionsveränderungstechnik© (EVT).

Du fragst dich jetzt sicher, was diese Emotionsveränderungstechnik© ist. Ganz einfach: wir alle wollen das bestmögliche Leben, nicht wahr? Okay, aber was müssen wir jetzt genau tun, um dieses tolle Leben zu bekommen? Analysiert man, was genau zu unserem Leben wird, so kommt man schlussendlich zur Antwort, dass es unser eigener Charakter ist. Unser Charakter wiederum wird durch unsere Routinen bestimmt, diese wiederum durch die Taten, welche wir regelmäßig machen, und diese resultieren aus den Antworten, zu denen wir uns entscheiden. Zu unseren Antworten kommen wir über die Fragen, welche wir uns stellen, und genau diese Fragen werden in jedem Moment durch unseren Gemütszustand beeinflusst.

Was ist denn dieser Gemütszustand? Im Prinzip ist er nichts anderes als der Mix an Emotionen, der gerade in uns selbst herrscht. Man könnte also sagen, dass schlussendlich die Qualität unserer Emotionen die Qualität unserer Fragen beeinflusst und diese wiederum über eine Kaskade unser Leben beeinflusst. Kurzum:

Die Qualität unseres Lebens besteht aus der Qualität unserer Emotionen.

Sind wir schlecht gelaunt, sauer, frustriert, eifersüchtig oder voller Hass, so stellen wir uns schlechtere Fragen, treffen schlechtere Entscheidungen und tun oftmals unüberlegte Dinge. Wenn dies nur ab und an kurz der Fall ist, dann ist das nicht so schlimm. Befinden wir uns jedoch für längere Zeit in einem solchen Gemütszustand, entwickelt sich daraus eine Gewohnheit, daraus unser Charakter und schlussendlich auch unser Leben.

Genau das Gegenteil ist der Fall, wenn wir uns regelmäßig in einem schönen Gemütszustand befinden: Wir fühlen uns voller Liebe, Spaß, Motivation, Interesse, Positivität usw. Wir stellen uns bessere Fragen, treffen bessere Entscheidungen, tun bessere, konstruktive Dinge, unser Charakter entwickelt sich besser und schlussendlich haben wir jenes perfekte Leben, nach dem wir uns alle so sehnen.

Egal, welches Themengebiet ich anspreche, sei es Geld, Beziehungen, Selbstständigkeit, Risiko, Erfolg, deine Vergangenheit, deine Zukunft oder eine ganz bestimmte Person, so empfindest du unweigerlich ganz bestimmte Emotionen, welche du damit verbindest. Viele Psychologen haben intensiv recherchiert, wie viele Emotionen es denn eigentlich gibt. Unterschiedlichen Gesichtsausdrücken zufolge gibt es fast 7.000 verschiedene Emotionen. Du kannst einmal versuchen, in der Liste im Arbeitsbuch all jene positiven (wie Liebe, Zufriedenheit, Spaß, Motivation...) und negativen Emotionen (Hass, Trauer, Frust, Angst...) einzutragen, welche dir einfallen.

Die meisten der 7.000 Emotionen sind einander sehr ähnlich, mit nur kleinen Nuancen an Unterscheidungen. Daher haben Psychologen versucht, diese in einige wenige zusammenzufassen. Abhängig davon, welcher Recherche man nun glaubt, gibt es zwischen vier und zwölf Basisemotionen, welche jeder Mensch in sich trägt. All die anderen Emotionen leiten sich von diesen zwölf ab.

Hier ist die Liste mit den am häufigsten erwähnten:

1. Freude
2. Trauer
3. Ärger
4. Angst
5. Liebe
6. Überraschung
7. Ekel
8. Verachtung
9. Schuld
10. Neugierde
11. Scham
12. Begehren

Schau dir die Liste einmal genau an. Vergleiche sie mit deiner eigenen Liste. Was fällt dir dabei auf? Zähle einmal, wie viele positive und wie viele negative Emotionen sowohl bei den Grundemotionen der Forscher bzw. auf deiner eigenen Liste vertreten sind. Hast du genauso viele positive wie negative? Wenn es dir so wie den meisten von uns geht, so tust du dich natürlich leichter, mehr negative als positive Emotionen zu finden. Unter den Basisemotionen gibt es zum Beispiel nur drei positive (Freude, Liebe und Neugierde) und sieben negative. Zwei davon sind relativ neutral (Begehren und Überraschung).

Genau hier liegt das Problem, welches wir in den letzten vier Tagen bereits öfters angesprochen haben: Das oberste Ziel unseres Gehirns ist es nicht, uns glücklich zu machen, also positive Emotionen und Gemütszustände zu kreieren, sondern vielmehr, uns zum Überleben zu verhelfen. Überleben klappt allerdings nur dann, wenn man vorsichtig, ängstlich, voller Furcht und ohne Vertrauen ist, also voller negativer Emotionen bzw. Gemütszustände.

Daraus resultiert einerseits die Ungleichheit zwischen Belohnung und Strafe, andererseits auch unsere High-Speed-Leitung zu negativen Emotionen bzw. unser langsames Dial-Up-Modem zu den positiven. Vieles dazu haben wir bereits in den Tagen zuvor detailliert besprochen, wie zum Beispiel berühmte Menschen, welche extrem unglücklich sind, das eigene Boykottieren von Beziehungen oder Finanzen oder das verrückte Zusammenspiel von „Wir gehen gerne zur Arbeit, um Geld zu verdienen“ und gleichzeitig „Wir gehen nicht gerne zur Arbeit, um Geld zu verdienen“. All dies lässt sich auf unseren menschlichen Überlebenstrieb zurückzuführen, aufgrund dessen wir ohne viel Anstrengung in negative Emotionen abdriften. Die positiven hingegen entstehen meist erst durch aktive Arbeit.

Darin liegt das Geheimnis: genau wie auch beim Internet kannst du ein langsames Modem zu einer schnellen Internetleitung upgraden. Arbeitest du beharrlich und unaufhörlich an deinen positiven Emotionen und lässt Negatives so selten wie nur möglich in dein Leben, wechseln High-Speed und Dial-Up-Modem die Rollen. Dann wird es dir immer leichter fallen, positive Emotionen und Gemütszustände zu erleben und die negativen werden großteils aus deinem Leben verschwinden.

Im Prinzip ist das wie mit dem Stimmen einer neuen Gitarre. Zwar bin ich kein wirkliches Musiktalent, doch mit sieben Jahren hatte sich meine Mutter eingebildet, dass ich Gitarre spielen lernen sollte. Meine neue Gitarre war ständig verstimmt und so musste ich diese praktisch im Stundentakt neu einstellen. Kennst du das auch? Was passierte jedoch nach einiger Zeit? Irgendwann musste ich die Gitarre immer weniger und weniger oft neu einstellen. Die Saiten, Metallteile und Holzstücke hatten sich auf das aktive Spielen eingestellt. Nun musste ich sie nur dann stimmen, wenn ich entweder sehr lange nicht gespielt hatte oder irgendwelche Luftdruck- oder Temperaturveränderungen auftraten.

Genauso ist es mit unseren Gemütszuständen, welche aus Emotionen bestehen. Wenn du normalerweise eher negative Emotionen empfindest und infolgedessen negative Gemütszustände hast, musst du am Anfang viele davon neu einstellen. Du wirst die Techniken der EVT© immer und immer wieder anwenden müssen, bis du dich, gleich einem Musikinstrument, irgendwann angepasst hast. Dann brauchst du die Techniken nur noch selten anzuwenden. Zum Beispiel dann, wenn Extremsituationen herrschen oder du krasse, einschneidende Veränderungen in deinem Leben hast.

Wenn wir also unser Leben wirklich beeinflussen wollen und nicht nur das Symptom an der Oberfläche behandeln wollen, so müssen wir an der absoluten Ursache ansetzen. Diese Ursache sind eben unsere Emotionen. Wir haben das jetzt schon ein paarmal angesprochen, doch lass uns dies nochmals kurz zu Gemüte führen: Wenn du schon einmal versucht hast, etwas in deinem Leben zu verändern, sei es mit dem Rauchen aufzuhören, mehr Sport zu treiben, deine Finanzen unter Kontrolle zu bringen oder in eine neue Beziehung zu gehen, so bringt es nichts, wenn du irgendwo in der Mitte des ganzen Ablaufs einzugreifen versuchst. Viele Coaching-Programme oder Trainer empfehlen zum Beispiel, dass man seine Gewohnheiten verändert, um so sein Leben zu verbessern. Wie du jedoch erkennen kannst, ist dies viel zu oberflächlich angesetzt. Oftmals sind die Menschen überfordert, ihre Gewohnheiten zu ändern und wissen dann ebenso nicht, wie sie diese Änderungen nachhaltig und langfristig umsetzen sollen. Bei Veränderungen von Gewohnheiten behandelst du also nicht die Ursache, sondern lediglich ein Symptom. Dieses Symptom klingt für kurze Zeit ab, kommt jedoch immer wieder, weil bei dir, genauso als wenn du ein Bakterium nie entfernen würdest, die Krankheit immer wieder auftritt.

Vielleicht ist es dir ja auch schon einmal so ergangen, als du irgendetwas an dir verbessern oder verändern wolltest. Vielleicht hast du dies für kurze Zeit geschafft, es hatte jedoch keinen anhaltenden Effekt. Anhand dieser Kaskade, welche du im Arbeitsbuch grafisch aufbereitet findest, erkennst du, was das wirkliche Problem ist: Wenn du nicht lernst, deine Emotionen zu kontrollieren bzw. zu verändern, so wirst du es nie schaffen, dein Leben nachhaltig zu verbessern und zu beeinflussen.

Woher stammt die Emotionsveränderungstechnik©?

Die Emotionsveränderungstechnik© wurde von mir persönlich entwickelt und enthält einerseits viele Erfahrungen von mir selbst sowie ein paar Puzzlestücke aus anderen Lehrgebieten. Einige Dinge habe ich beispielsweise aus meinem Medizinstudium in der Psychologie gelernt. Egal ob Gestalttherapie, Systemtherapie, Logotherapie oder Psychoanalyse – all dies sind Therapieformen, die in der traditionellen Psychiatrie angewendet werden und die ich somit als Arzt ebenfalls gelernt habe. Während meiner Zeit als Profisportler habe ich mich aktiv mit Hypnosetherapie und Autosuggestion befasst, da mir das gerade bei Wettkämpfen enorm half. Später als Unternehmer kamen noch NLP (Neuro-Linguistisches Programmieren) bzw. die abgewandelte Form NAC (auf Deutsch: Neuro-Assoziative Konditionierung) hinzu. Durch eigenes Studieren und Analysieren konnte ich außerdem viele zusätzliche Faktoren in die Emotionsveränderungstechnik© mit einfließen lassen.

Was macht die Emotionsveränderungstechnik© so effektiv? Hierfür gibt es unter anderem folgende Gründe:

1. Weil sie als eine der wenigen Techniken am tatsächlichen Ursprung des Problems ansetzt, nämlich den Emotionen.
2. Weil sie sich die besten Bestandteile aus anderen Techniken herauspickt, diese anpasst bzw. kombiniert und verbessert anwendet.
3. Der dritte Punkt wird dann wichtig, sobald man die sieben Schritte versteht, wie Veränderungen in uns Menschen wirklich ablaufen.

Was sind diese sieben Schritte?

1. Erkennen durch Fragestellung (richtige Emotionen)
2. Entscheidung fällen (Maximum an Emotionen)
3. „Müssen" aufgrund von Angst und Belohnung
4. alten Ablauf brechen (alte Taten)
5. neuen Ablauf kreieren (neue Taten)
6. neues Ritual
7. Nachhaltigkeit (Charakter und Leben)

Hier noch einmal im Detail:

1. Zuerst musst du die Notwendigkeit zur Verbesserung erkennen. Nicht umsonst gibt es den Spruch: „Selbsterkenntnis ist der erste Schritt zur Besserung." Ich habe einmal auf Facebook ein relativ gutes Zitat gelesen, welches mir im Gedächtnis geblieben ist: „Wenn du tot bist, merkst du es nicht, es ist nur für deine Mitmenschen schlimm. Genauso ist es, wenn du dumm bist." In den meisten Fällen wirst du eine Erkenntnis über dich selbst ausschließlich in einem konstruktiven Gemütszustand haben. Dieser Schritt kann durch gute Geschichten von außen inspiriert oder durch Reflektion von innen selbst-initiiert werden.

2. Nur weil du ein Problem erkannt hast, heißt es noch lange nicht, dass du auch für dich die Notwendigkeit siehst, diese Veränderung jetzt sofort umzusetzen. Das Grundbedürfnis an Kontrolle und Gewohnheit ist sehr stark und die Angst vor Neuem bzw. Veränderungen überwiegt in der Regel. Schritt eins, also die Erkenntnis, kann teilweise Jahrzehnte lang dauern. Schritt zwei allerdings, der Moment, in dem du sagst: „Genug ist genug, ab jetzt nie mehr wieder so!", passiert innerhalb eines einzigen Moments. Wenn Menschen behaupten, dass sie für eine Änderung Jahre gebraucht haben, so stimmt das nicht, lediglich die Vorbereitung zur Veränderung hat so viel Zeit in Anspruch genommen. Die Entscheidung zur Veränderung fand in einem Moment von extremer Inspiration oder Frustration statt. Es sind also extrem positive oder negative Emotionen, welche uns dazu bringen, die drastischen Veränderungen in uns nicht nur zu erkennen, sondern sie dann auch sofort umzusetzen. Wir werden hier noch weitere Beispiele dazu hören. Neben Extremsituationen, welche das Leben für uns ungewollt schreibt, kann man Menschen künstlich in solche Szenarien hineinversetzen. Ein sehr effektives Werkzeug ist die sogenannte Grenzenlos Erfolgreich Sesselreise©, welche du später noch detailliert kennenlernen wirst. Bei unserem Grenzenlos Erfolgreich© Wochenend-Erlebnis durchlaufen unsere Teilnehmer eine sogenannte Grenzenlos Erfolgreich© Eskalation. Diese hat einen solch enormen Effekt, dass die Teilnehmer die Veränderung nicht nur erkennen, sondern sofort umsetzen wollen. Falls du das auch einmal am eigenen Leib spüren willst, so gehe auf unserer Webseite (www.i-unlimited.de) und erkundige dich, wann das nächste Grenzenlos Erfolgreich© Wochenendseminar stattfindet. Worauf wartest du? Traue dich, die Grenzenlos Erfolgreich Eskalation©

auszuprobieren. Die dritte Möglichkeit ist die EVT©, welche du jederzeit, an jedem Ort für dich selbst und andere Menschen anwenden kannst.

3. Durch Änderung des Emotionsgemisches werden Dinge, welche man vorher mit Angst assoziiert hat, plötzlich irrelevant. Dinge jedoch, welche vorher relevant waren, assoziiert man nun mit absoluter Angst. So tritt auf einmal die potentielle Belohnung, welche man vorher zwar immer schon erkannt, jedoch aufgrund der kontraproduktiven, alten Angst nie für wichtig genug gehalten hatte, in den Vordergrund. Genau das passiert in den Beispielen der rauchenden Mutter, des depressiven Klienten oder bei jemandem, der abnehmen möchte. Auch dazu wirst du heute noch zahlreiche weitere Beispiele bekommen. Schritt drei kann jedoch erst ausgeführt werden, wenn man entweder selbst etwas enorm Aufwühlendes wie zum Beispiel eine Grenzerfahrung erlebt hat bzw. einen der künstlich aufgesetzten, jedoch mindestens gleich wirksamen Schritte (Grenzenlos Erfolgreich© Timelineprozess, Grenzenlos Erfolgreich© Eskalation, EVT©) durchlaufen hat.

4. Nun gilt es, alte Abläufe zu durchbrechen, da diese ja weiterhin zu den alten Resultaten führen. Vorher konnte man nicht anders, als die Schokolade aus der Schublade zu nehmen, sich die Zigarette beim Kaffee anzumachen, einen Streit mit dem Liebsten eskalieren zu lassen, unnötige Zeit auf Social Media zu verbringen usw. Doch mit dem neuen „Emotionsbewusstsein“ und den damit assoziierten Ängsten und Belohnungen fällt uns das Durchmischen der alten Abläufe enorm leicht. Es ist das Gleiche, als wenn man nach langer Zeit plötzlich sein Passwort ändert, welches man zuvor praktisch jeden Tag eingegeben hat, um zum Beispiel sein Handy oder seinen Computer zu entsperren. Sobald

du es einmal geändert hast, bringt es dich jedes Mal wieder durcheinander, wenn du immer noch das alte, nun falsche Passwort eintippst und dich damit einzuloggen versuchst. Ein Prozess, an den du vorher nie aktiv gedacht hast, da du dein Passwort blind kanntest, wird dir plötzlich jedes Mal neu bewusst. Wir werden diesen vierten Schrittwährend TEIL 2 – VISUALISIEREN des Grenzenlos Erfolgreich© Programms genau im Detail ausarbeiten. Ebenso die darauffolgenden Schritte fünf bis sieben.

5. Jetzt bist du bereit für den fünften Schritt: den alten Ablauf mit einem neuen zu ersetzen. Auch dies wäre dir bis vorhin nie möglich gewesen: Du hättest nie zum Glas Wasser anstatt zur Schokolade oder Zigarette gegriffen. Ebenso wärst du nie ruhig geworden, wenn dich dein/e Liebste/r fast auf die Palme bringt. Da das „Passwort" jetzt neu generiert ist, hast die Möglichkeit, einen Prozess neu zu definieren und zu erlernen.

6. Wenn du etwas einmal tust, könntest du es das nächste Mal auch wieder ganz anders tun. Doch umso öfter du etwas gleichbleibend wiederholst, desto schwieriger wird es irgendwann, dass du dich von deinem gewohnten Pfad abwendest. Genauso entsteht ein Ritual. Der Unterschied zwischen Ritual und Routine ist übrigens, dass eine Routine einfach so durch etwas Unbewusstes entstanden ist. Dies kann gut oder schlecht sein. Ein Ritual hingegen wurde bewusst von dir durch aktives Wiederholen von konstruktiven Taten kreiert.

7. Durch die neuen Emotionen und Gemütszustände lassen sich diese Rituale nachhaltig integrieren. Umso mehr du von diesen neuen, positiven Ritualen anhäufst, desto besser wird dein Charakter und im Laufe der Zeit dein Leben.

So einfach kann nachhaltige Veränderung in sieben Schritten ablaufen, solange an den richtigen Schrauben gedreht wird.

Wie funktioniert die EVT© genau?

Dafür gibt es langfristig und kurzfristig wirkende Methoden, welche ich hier kurz aufzähle und im Anschluss im Detail beschreibe.

Die drei langfristigen Methoden der EVT© sind:

1. die Bedeutung eines Ereignisses
2. deine Standards und Erwartungen
3. dein Körper langfristig = Gesundheit

Die drei kurzfristigen Methoden der EVT© sind:

4. dein Körper kurzfristig = Körperhaltung
5. deine Wörter
6. dein Fokus

Eine Frage, welche dir nun in den Sinn kommen mag, ist, ob man Emotionen tatsächlich durch solche Techniken verändern kann. Die Antwort lautet „ja", wie du noch bei zahlreichen weiteren Beispielen sehen wirst. Hier bereits ein kurzes, wenn auch dramatisches Ereignis, welches das gut untermauert:

Stelle dir die absolut glückliche Beziehung vor. Der Mann liebt die Frau von ganzem Herzen, die Frau den Mann mit all dem, was sie hat. Die Beziehung besteht aus viel Leidenschaft, Abenteuer, Sicherheit und all den schönen Gefühlen, die dazugehören. Stelle dir nun vor, die Frau sitzt zu Hause und wartet auf ihren Mann, bis dieser nach Hause kommt. Sie hat sich gerade sexy Unterwäsche angezogen, etwas Gutes für die beiden gekocht und wartet nur darauf, bis ihr Liebster zur Tür reinkommt. Wenn du die Frau in diesem Moment fragen würdest, was sie alles für ihren Mann tun würde, was denkst du, würde sie antworten? Sie würde wahrscheinlich sagen, dass sie so ziemlich alles für ihren Mann tun würde. Auf einer Skala von eins bis zehn würde sie ihren Mann die vollen zehn lieben. Welche Emotionen würde die Frau bei den Gedanken an ihren Mann beschreiben? Wahrscheinlich Liebe, Zärtlichkeit, Zuneigung, Vertrauen, Spaß und noch viele mehr. Nun stelle dir vor, der Mann kommt herein und anstatt auf die Liebkosungen der Frau einzugehen, setzt er sich kreidebleich hin und sagt: „Wir müssen reden!"

Er beichtet ihr, dass er heute bei der Arbeit einen Fehler gemacht und sie mit seiner Sekretärin betrogen hat. Was, denkst du, passiert genau in diesem Moment mit den Emotionen der Frau? Welche Emotionen wird sie jetzt, gerade einmal eine Sekunde später, beschreiben? Hass, Frust, Unverständnis, Trauer? Was würde sie jetzt noch alles für ihren eventuell baldigen Exmann tun? Wahrscheinlich gar nichts mehr. Wie ist das möglich, dass eine der stärksten Emotionen, nämlich Liebe, binnen einer Sekunde in eine der stärksten negativen Emotionen, nämlich Hass, wechselt? Der einzige Grund, warum ich dir dieses Beispiel gebe, ist, damit du erkennst, dass wirklich jeder binnen nur eines Moments von absolut positiven Emotionen zu den schlimmsten wechseln kann und das gerade mal innerhalb eines Fingerschnipsens.

Wenn du denkst, das geht nur von positiv zu negativ, dann stelle dir folgendes Szenario vor: Dieselbe Ausgangslage wie zuvor, jedoch weiß die Frau bereits aus vergangen Geschehnissen, dass die Gefühle des Mannes nicht wirklich dieselben sind wie die, welche sie für ihn hegt. Als der Mann jedoch zur Tür reinkommt und seiner Frau beichten möchte, dass er sie betrogen hat und auch nicht mehr wirklich Gefühle für sie verspürt, geht die Frau her und zeigt ihrem Mann einen positiven Schwangerschaftstest. Was denkst du, passiert nun mit den Gefühlen des Mannes? Diese könnten natürlich in jede Richtung ausschlagen, denn nur ein kleines, weiteres Puzzlestück mehr verändert die gesamte Situation.

Er könnte komplett ausrasten, hilflos schreien, frustriert sein. Das ungeborene Kind könnte jedoch auch der fehlende Stein für eine perfekte Beziehung sein – es kommt auf die Reaktion an. Damit möchte ich nicht ausdrücken, dass ein Kind eine Beziehung retten kann – es geht vielmehr darum, wie machtvoll ein einziger Moment sich auf unsere Emotionen auswirken kann. Was wie Szenen aus einer Seifenoper klingt, sind reale Beispiele, die tagtäglich um uns herum passieren und uns binnen Minuten und Sekunden von einem Gemütszustand in den anderen schleudern.

Wenn ich dir also sage, dass man solche Veränderungstechniken konstruktiv aufsetzen kann, so ist das nichts anderes, als was das Leben tagtäglich sowieso mit uns tut. Warum also nicht unsere Emotionen in einer Art und Weise anwenden, dass wir uns danach besser fühlen, dadurch bessere Fragen stellen, und … du kennst den Ablauf zu deinem perfekten Leben von zuvor bereits. Lass uns also die Methoden der EVT© in einer kurzen Übersicht mit ein paar Beispielen besprechen. In den kommenden Tagen werden wir jede dieser Methoden bis ins letzte Detail analysieren, ausarbeiten und zur Anwendung bringen.

Beginnen wir mit den langfristigen Methoden. Da sind jene drei Methoden, die zwar teilweise kurzfristige Effekte haben, jedoch nur dann richtig zur Wirkung kommen, wenn sie Zeit bekommen, um sich zu entfalten.

Die erste Methode der EVT© ist „Ereignissen eine Bedeutung geben". Das Grundkonzept ist das folgende: Egal was passiert, Ereignisse sind per se bedeutungslos. Dies mag drastisch, furchtbar oder sogar absolut unethisch klingen und ohne eine detaillierte Beschreibung magst du auch recht haben. Wir werden, wenn wir bei den Methoden an den einzelnen Tagen ins Detail gehen, noch viele weitere Beispiele besprechen. Heute gebe ich dir zu jeder Methode jeweils eines. In einem Seminar habe ich genau über diese Methode gesprochen. Als Beispiel gab ich an, dass eine Vergewaltigung eines sehr jungen Mädchens per se keine Bedeutung hat. Auch wenn ich die Vergewaltigung als absolut negativ verurteile und ich persönlich diese mit dem Tode bestrafen würde, so hat sie per se für das Mädchen keine Bedeutung. Was meine ich damit? Das Mädchen kann die Entscheidung selbst treffen, ob es in Zukunft durch dieses Ereignis leiden oder wachsen wird. Sie könnte zum Beispiel anfangen, all die negativen Dinge, die ihr je in ihrem Leben passieren werden, auf diese Vergewaltigung zurückführen. Sie hat damit einen Sündenbock und zieht sich selbst für alle zukünftigen negativen Dinge aus der Verantwortung. Genauso könnte sie jedoch auch das Gegenteil tun und es sich zum Ziel setzen, dass es anderen Mädchen nicht so ergeht, wie es ihr ergangen ist. Welchen Weg das Mädchen wählt, ist ihr zu jedem Moment absolut selbst überlassen. Sie entscheidet, ob konstruktive oder destruktive Emotionen walten. Da unsere Emotionen einen großen Einfluss auf unsere Entscheidungen haben und wir in Momenten der Entscheidung unsere Zukunft bestimmen, kreiert auch das Mädchen durch die Qualität ihrer Emotionen die Destination, wo sie einmal in ihrem Leben ankommen wird. Als ich genau diese Geschichte in jenem Seminar erzählte, brüllte mich ein Mädchen, welches bisher eher ruhig gewesen war, plötzlich an: „Bisher war das Seminar sehr gut, doch was du hier erzählst, ist absoluter Blödsinn! Du hast absolut keine Ahnung, wie es sich anfühlt, was du gerade erzählst!" Sie sprang auf und wollte zur Tür hinausrennen. Kurz bevor sie das tat, antwortete ich mit ruhiger Stimme: „Du hast absolut recht, ich habe überhaupt keine Ahnung, wie es sich anfühlen muss, wenn ein anderer Mensch jemandem etwas so Grausames antut. Was dieser Mensch getan hat, kann weder ich noch du verändern. Was du jedoch verändern kannst, ist, ob er es dir nur einmal angetan hat oder ob du es zulässt, dass er es in deinem Kopf immer und immer wieder bis an dein Lebensende tut."

Sie hielt kurz inne und ich konnte förmlich sehen, wie sich die Zahnräder in ihrem Kopf drehten, um zu verarbeiten, was ich mit meiner Aussage meinte. Langsam erkannte sie, dass, wenn sie jetzt zur Tür hinausgehen würde, ihr Peiniger immer noch die Kontrolle über sie hatte, obwohl das Ereignis bereits Jahre her war. Langsam ging sie zurück an ihren Platz, setzte sich hin und fragte mich mit zitternder Stimme: „Was soll ich jetzt also tun?“

„Du musst dem Ereignis eine positive Bedeutung geben. Hör mir zu, ich weiß, wie grausam das gerade klingen mag, doch es ist der einzige Weg. Welches gute Resultat kannst du dem Ganzen entnehmen?“

„Absolut nichts, was soll denn schon Positives bei so etwas herauskommen? Das Ereignis hat mich ruiniert. Ich vertraue keinem Mann mehr, bin arbeitslos und lasse mich selber gehen. Es ist absolut nichts positiv an diesem Ereignis“, und sie fing an zu schluchzen.

Doch ich ließ nicht locker: „Wenn du mir eine Antwort geben müsstest, was würdest du antworten?“ Dies ist übrigens eine Frage, die ich immer stelle, wenn mir jemand als Antwort gibt, dass er/sie die Antwort nicht kennt. Denn die Wahrheit ist, dass wir immer die Antwort kennen, uns jedoch nicht trauen, in diesem Moment daran zu denken. Warum tun wir das nicht? Weil uns unser Gehirn davor schützen will, gewisse Sachen zu denken, um unser Überleben zu sichern. Emotions-Ungleichheit lässt grüßen!

Genauso war es auch bei dieser Dame, denn plötzlich leuchtete ihr Gesicht auf und sie antworte etwas, was ich ehrlicherweise überhaupt nicht erwartet hatte: „Das einzige, was mir in den Sinn kommen würde, wäre, dass ich immer noch am Leben bin, dass ich es geschafft habe, hierher zu kommen. Ich habe viele andere Frauen in Behandlungszentren getroffen, die sich danach das Leben genommen haben. Ich habe es bis hierher geschafft.“

Man konnte erkennen, dass sie wirklich stolz darauf war. Fakt ist, sie konnte binnen eines Moments aus einem absolut schrecklichen und schlimmen Erlebnis etwas Positives herausziehen. Die Tränen verstummten und ihre Körperhaltung richtete sich auf. Ich antwortete:

„Denkst du nicht, es wäre für viele andere Menschen enorm inspirierend, deine Geschichte zu kennen und zu hören, wie du es schon soweit geschafft hast?" Die Frau blickte mich nur stumm an. Also fuhr ich fort: „Du könntest tausenden anderen Menschen das Leben retten, indem du ihnen deine Stärke zeigst und könntest dabei nicht nur anderen, sondern viel wichtiger, dir selber helfen!"

Genau das tat sie nach dem Seminar auch. Sie half anderen Frauen, welche ein ähnlich schlimmes Erlebnis durchmachen mussten. Das gab ihr Lebensfreude und das einst schlechte Erlebnis drehte sich in eine positive Emotion, die Welt verbessern zu wollen. Ich hoffe, dass du diese Erfahrung niemals durchleben musst, und wenn doch, so denk daran: es gibt in allem, auch wenn du es vielleicht nicht gleich erkennst, ein kleines Körnchen Positivität. Sobald du dieses findest, ändert sich alles.

Die zweite Methode, unsere Emotionen langfristig zu verändern, ist es, unsere Standards und Erwartungen anzupassen. Kennst du Geschichten von schlimmen Jugendlichen, bei denen nichts anderes mehr hilft, als sie in irgendein Ausbildungslager zu schicken, um ihnen Gehorsam beizubringen? Wenn auch veraltet, so stellt sich natürlich die Frage, warum solche Methoden überhaupt funktionieren? Sicherlich gibt es einige andere, wahrscheinlich bessere Strategien für diese Jugendlichen, doch warum verbessern sich diese Jugendlichen, wenn sie danach nach Hause kommen, zumeist nachhaltig? Die Antwort ist exakt der Titel dieser Methode: Sie haben ihre Standards und Erwartungen an das Leben, an sich selbst und an die Umwelt angepasst. In dem Camp mussten sie harte Arbeit verrichten, Dinge tun und einen gewissen Respekt an den Tag legen, den sie so zuvor noch nie gekannt hatten. Genau das hinterließ einen bleibenden Eindruck und veränderte diese jungen Erwachsenen für immer. Wir schicken natürlich keine Menschen in solche Lager, sondern wenden andere, moderne Methoden an. Wie das genau funktioniert, erzähle ich dir jedoch an einem der späteren Tage.

Vielleicht hast du gemerkt, dass es nicht fünf, sondern sechs Methoden sind. Genau genommen sind es aber nur fünf. Wie ist das möglich? Das kommt daher, weil die dritte langfristigere und die erste kurzfristigere Methode beide den eigenen Körper betreffen. Einmal langfristig über unsere Gesundheit und einmal kurzfristig über unsere Körperhaltung. Da wir unsere Gesundheit nicht einfach von heute auf morgen verändern können, sondern dies meist ein längerer Prozess ist, zählt hier der Körper zu den langfristigen Methoden. Wir können die Körperhaltung jedoch binnen Sekunden verändern, genauso wie es die Frau getan hat, nachdem sie etwas Positives in all dem Negativen gefunden hat: Sie hat sich aufgerichtet und den Kopf gehoben. Nach dem Seminar wurde ihr ebenfalls klar, dass sie nur durch eine gesunde Ernährung, Körpertraining und mentale Stärke ihre neuen großen Ziele erreichen wird. Unser Energiepegel wird sich nämlich darauf auswirken, ob wir Probleme eher als Herausforderungen oder als unüberwindbare Hindernisse betrachten. So macht sich auch unsere Körperhaltung in jedem dieser Momente sofort bemerkbar. Schau dir einfach einmal Menschen um dich herum an: stehen diese aufrecht da, ist die Brust draußen, der Kopf gehoben und zeigen ihre Augen ein selbstsicheres Verhalten? So erkennst du sofort, dass sich diese Menschen wahrscheinlich wohl und zuversichtlich fühlen. Wir werden jedoch noch genau besprechen, wie das andersherum auch funktioniert: durch das Verändern der Körperhaltung können wir unsere Emotionen und Gefühle beeinflussen. Das ist ein sehr interessanter und wichtiger Punkt, wenn es um unseren Körper geht.

Der zweite kurzfristige Weg, um unsere Emotionen sofort binnen eines Moments zu verändern, ist unsere

Wortwahl. Die Dame im Seminar hat dies eindrucksvoll demonstriert: Während sie am Anfang eher schlechte und negative Worte in ihrer Sprache gebrauchte, wechselte sie unbewusst zu mehr optimistischen Worten, nachdem sie das Körnchen Positivität erkannt hatte. Das Interessante daran ist Folgendes: Hätte sie ihre missliche Lage vorher mit anderen Worten beschrieben, hätte sie sich bereits dadurch komplett anders gefühlt. Sie spricht zum Beispiel von einem „schrecklichen" Erlebnis. Denkst du, das Erlebnis würde die gleichen Emotionen auslösen, wenn sie von einem „nicht so tollen" Erlebnis gesprochen hätte? Natürlich wäre das Erlebnis immer noch nicht so schön, für unser Unterbewusstsein aber schon deutlich besser als ein „schreckliches" Erlebnis. Hierzu werden wir noch viele weitere Beispiele kennenlernen, etwa wie ich einem Stotterer, der gerne am Computer programmierte, geholfen habe, das Stottern dadurch zu beenden, dass er Wörter aus seinem Programmiergebrauch öfters verwendet.

Die letzte Methode ist unser Fokus. Möglicherweise kennst du den Spruch: „Wo dein Fokus hingeht, wird auch deine Energie hinfließen." In den folgenden Tagen werden wir uns noch intensiv über das sogenannte Retikuläre Aktivierende System (RAS) unterhalten, welches wie ein Spamfilter darüber entscheidet, was es zu unserem Bewusstsein durchlässt und was nicht. In Kurzform bedeutet das, dass wir sehen und erkennen, was wir wollen, nicht wirklich das, was in der Realität da ist. In der Quantenphysik bzw. auch in der Philosophie sagt man, dass es so viele Realitäten wie Beobachter gibt. Denke zum Beispiel einmal daran, als du das letzte Mal Auto gefahren bist und dabei auf den Verkehr geachtet hast. Was hast du gesehen? Wahrscheinlich andere Autos, langsame, nervige Autofahrer oder Radfahrer, welche sich nicht an die Verkehrsregeln halten, richtig? Wenn ich zum Beispiel jemand anderem dieselbe Frage stellen würde, so würde er mir vielleicht die Antwort geben: „Ich habe so viele neue Teslas gesehen, die scheinen jetzt schon überall rumzufahren!" Woher kommt der Unterschied in der Antwort und damit wahrscheinlich auch in den assoziierten Emotionen? Ganz einfach, der Fokus ist anders. Du hast dich vielleicht bisher noch nie für Teslas interessiert, während der andere eventuell schon länger darüber nachdenkt, sich einen Tesla zu kaufen. Sicherlich kennst du dieses Phänomen, dass, sobald du dich für etwas interessierst, dir diese Dinge, Menschen oder Situationen ständig und immer wieder begegnen, fast so, als ob sie dich verfolgen würden. Egal, ob du ständig Schwangere siehst, weil du vielleicht selbst schwanger bist, oder Menschen triffst, die auch Crossfit trainieren, weil du ebenfalls einem Crossfitverein beitreten willst. All dies hat mit unserem Fokus zu tun. Wenn wir also unseren Fokus alleine dadurch beeinflussen können, dass wir mit dem Gedanken spielen, uns ein neues Auto zu kaufen, so können wir ihn proaktiv durch zahlreiche andere Dinge ebenfalls beeinflussen. Auf diese Weise können wir auch unseren Emotionen einen komplett anderen Charakter geben.

Heute wollte ich dir einfach einmal einen kleinen Einblick in alle fünf Methoden der EVT© geben und dies an dem Beispiel der Dame aus dem Seminar verdeutlichen. In den kommenden Tagen gehen wir die Methoden der EVT© der Reihe nach im Detail durch. Tolles erwartet dich, freu dich schon. Zum Schluss – erledige die To-Dos im Arbeitsbuch (www.GrenzenlosErfolgreichArbeitsbuch.de):

1. Was sind DEINE emotionalen Assoziationen zu diesen Begriffen – sei ausführlich:
   - Geld?
   - Beziehungen?
   - Risiko?
   - Macht?
   - Erfolg?
   - Selbstständigkeit?
   - Deine Vergangenheit?
   - Deine Zukunft?
2. Sind diese Emotionen konstruktiv oder destruktiv?

3. Welche davon willst du unbedingt verändern bzw. verbessern? Kreise sie ein!
4. Gehe durch die sieben Schritte für Veränderung und fokussiere dich hier vor allem auf Schritt drei: Warum ist diese Veränderung ein MUSS für dich?
5. Was verlierst du alles, wenn du weiterhin eine negative Assoziation zu diesem Punkt hast? Was bleibt dir alles verwehrt? Übertreibe!
6. Was könntest du mit einer positiven Assoziation alles erreichen? Übertreibe!
7. Wiederhole den Prozess mit so vielen anderen Punkten aus der Liste wie du willst.

Morgen beginnen wir mit der Methode „Bedeutung einer Situation“. Dadurch vervollständigen wir auch gleich die sieben Schritte für nachhaltige Veränderung, indem wir bei Punkt vier und fünf fortfahren (alten Ablauf durchbrechen und durch neuen Ablauf ersetzen). Wir bewegen uns also vollständig durch TEIL 1 – VERSTEHEN, bis wir dann zu TEIL 2 – VISUALISIEREN kommen.

Sei GRENZENLOS ERFOLGREICH©!

Dein

Dr. Julian Hosp

TAG 6: Was bedeutet ein Ereignis

Willkommen bei Tag 6!

Heute sprechen wir über die erste Methode der Emotionsveränderungstechnik©, durch welche wir Ereignissen eine neue Bedeutung geben können, um so komplett neue Emotionen durch das Ereignis hervorzurufen. Wir wechseln somit von einer Erfahrung zu einer komplett anderen. Bereits an Tag 4 haben wir von unterschiedlichen Erfahrungen gesprochen und wie diese unsere Grundbedürfnisse beeinflussen. Den genauen Mechanismus, welcher dafür verantwortlich ist, haben wir jedoch noch nicht kennengelernt – das holen wir heute nach.

Dieser sogenannte Grenzenlos Erfolgreich© Kreislauf ist einer der zentralsten und wichtigsten Abläufe in unserem Gehirn bzw. unseres Seins. Wenn wir diesen heute Schritt für Schritt durchgehen, so wirst du erkennen, dass die vergangenen ersten fünf Tage die unterschiedlichen Positionen auf diesem Kreislauf darstellen, welcher sich heute komplett zusammensetzt. Eine grafische Aufbereitung des Grenzenlos Erfolgreich© Kreislaufes findest du in deinem Arbeitsbuch (www.GrenzenlosErfolgreichArbeitsbuch.de).

Gestern haben wir bereits die sieben Schritte zur Veränderung besprochen. Heute geht es im Speziellen um Punkt vier und fünf daraus, bei denen wir lernen zu erkennen, wann ein destruktiver Ablauf stattfindet und wie wir ihn durch einen neuen Ablauf ersetzen. Eines der wichtigsten Konzepte, um dies erfolgreich tun zu können, ist das klare Verständnis, dass ein Ereignis per se keine Bedeutung hat und IMMER gut oder schlecht sein kann. Gestern haben wir bereits über die Vergewaltigung der jungen Dame gesprochen, doch um dir das ganz klar zu verdeutlichen, möchte ich dir noch zwei weitere Beispiele geben:

Stelle dir vor, du gewinnst eine Million Euro im Lotto. Nach unserer Definition wäre das ein Ereignis, welches so weder gut noch schlecht ist. „Spinnst du, Julian!?", wirst du jetzt sagen, „Eine Million Euro muss doch super sein!" Na ja, auf den ersten Blick hast du sicher recht, denn wer würde eine Million Euro schon ablehnen? Siehst du dir allerdings die Statistiken an, wirst du erkennen, dass ein Großteil der Lottogewinner nach knapp einem Jahr alles ausgegeben hat und es ihm dann schlechter geht als zuvor. Natürlich muss es nicht so kommen, doch wie du siehst, ist auch ein Ereignis, bei welchem zuerst circa 99% der Menschen sofort „JAAAAAAA" brüllen würden, bei zweiter Betrachtung gar nicht so positiv, wie es initial ausgesehen haben mag.

Jetzt noch eine andere Geschichte, bei welcher wir das Ereignis im ersten Moment als zerstörend und negativ beurteilen würden, man jedoch trotzdem das Körnchen Positivität darin finden kann: Bei meiner Schwiegermutter wurde im Jahr 2016 überraschend Krebs diagnostiziert. Stell dir vor, du erhältst aus dem Nichts die Diagnose, dass du mit hoher Wahrscheinlichkeit sterben wirst. Welche Bedeutung würdest du diesem Ereignis geben? Wahrscheinlich eine absolut katastrophale, nicht wahr? Wie würdest du reagieren? Auch sie war zuerst im Schock, fasste sich jedoch rasch wieder. In der Zeit vor und auch nach ihrer Operation fand sie so etwas absolut Positives: Sie spürte all die Liebe ihrer Familie, Bekannten und Verwandten, welche sie sonst nie so intensiv gefühlt hätte. Das klingt extrem eigenartig, doch selten zuvor habe ich bei ihr erlebt, dass sie jede Sekunde des Lebens in solch vollen Zügen genießt. Natürlich wäre es ihr so wie jedem Menschen lieber gewesen, keinen Krebs zu haben, doch dies konnte sie nun nicht mehr beeinflussen. Was sie jedoch beeinflussen konnte, war, wie sie mit dieser Situation umging, um so das Beste für sich daraus zu machen.

Hätte ich lieber die Krebsdiagnose oder den Lottogewinn? Natürlich den Lottogewinn, keine Frage – die Kunst jedoch ist es, aus jeder Situation das Beste zu machen, und das liegt in unserer eigenen Verantwortung. Denke immer daran, es gibt keine guten oder schlechten Ereignisse, lediglich gute oder schlechte Bedeutungen, welche wir diesen Ereignissen beimessen.

Wie versehen wir ein Ereignis mit einer Bedeutung? Der zuvor beschriebene Kreislauf beginnt, wie auch in den beiden oben genannten Beispielen, mit einem per se bedeutungslosen Ereignis. Dieses Ereignis wird anschließend in einem Kreislauf von einer „Station" im Unterbewusstsein zur nächsten gereicht und gelangt so, abhängig von vielen Faktoren und Beeinflussungen, zu einer Bedeutung. Das Ziel ist nun, diese Bedeutung zu verändern. Warum und wie genau, das haben wir zwar ein paar Mal kurz angesprochen, doch die genaue Anleitung folgt heute. Dabei bringt es dich enorm weiter, wenn du zwar im Grenzenlos Erfolgreich© Kreislauf an so vielen der kommenden Punkte wie möglich ansetzt, unsere Emotionen nehmen jedoch mit Abstand die allerwichtigste Rolle ein.

Warum? Weil Emotionen die erste Position in diesem Kreislauf innehaben. Sicherlich kennst du das Spiel „stille Post": Man setzt Menschen der Reihe nach hintereinander auf Stühle und flüstert der hintersten (und somit ersten) Person einen Satz ins Ohr. Ihre Aufgabe ist nun, sich nach vorne zu lehnen und der Person vor ihr den Satz ebenfalls leise ins Ohr zu flüstern. Dies geht so lange, bis die vorderste (und somit letzte) Person den Satz vom/von der Hintermann/-frau bekommt und diesen laut ausspricht.

Wie du dir vorstellen kannst, sagt diese Person ganz vorne nur in den seltensten Fällen den richtigen Satz, denn irgendjemand oder gar mehrere Personen in der Kette haben den Satz nicht korrekt weitergegeben. Hier ist der Knackpunkt: Umso früher die Information falsch weitergegeben wurde, desto drastischer wird der Fehler und desto unwichtiger sind die restlichen Personen in der Kette. Egal, ob die vorletzte Person alles richtig gemacht hat, wenn sie bereits die falschen Informationen erhalten hat, wird er/sie diese unweigerlich auch falsch weitergeben. Die wichtigste Position ist also die erste (im Spiel die hinterste Person). Natürlich sind die anderen Positionen auch wichtig, doch normalerweise ist es so: je später im Spiel (also bei den Personen weiter vorne) der Fehler passiert, desto näher ist die Auflösung an der Ursprungsnachricht.

Im Grenzenlos Erfolgreich© Kreislauf ist dies genau dasselbe, nur dass hier die Emotionen an erster Stelle stehen. Geben diese die Information falsch weiter, werden sofort falsche Glaubenssätze, Standards und Umfelder kreiert, welche dann wiederum zu komplett falschen Rückschlüssen und schließlich Taten führen. Die nachfolgenden „Stellen" mögen alles korrekt weitergeben, dennoch kommt das falsche Ergebnis heraus, denn sie wurden bereits mit Fehlinformationen von der ersten Position gefüttert.

Emotionen nachhaltig zu verändern und positiv zu beeinflussen, ist zwar am schwierigsten, jedoch auch am wirksamsten. Je weiter hinten man ansetzt, desto kleiner bzw. kurzfristiger ist der Effekt. Zielsetzungsworkshops (das WAS), zusätzliche Motivation am TUN (das WIE) bzw. Inspiration von Glaubenssätzen (das WARUM) haben alle ihre Daseinsberechtigungen, sind aber wirkungslos, wenn die eigentliche Ursache, die Emotionen, die „Krankheit" hervorrufen. Natürlich verwenden auch wir kurzfristige „Symptomlinderungen", doch stets in Kombination mit der eigentlichen Ursachenbehebung.

Wird die EVT© korrekt angewandt, so ist sie praktisch die einzige Form der „Behandlung", um Emotionen korrekt, ethisch und konstruktiv auf eine positive Art und Weise zu verändern, sodass sich dein ganzer Kreislauf automatisch anpasst bzw. du die Möglichkeit hast, deinen Kreislauf „neu" zu initiieren. Dieser Prozess, durch eine Emotionsveränderung einen sogenannten Durchbruch zu erzielen, ist die höchste Kunst in der Arbeit mit Menschen. Denn schlussendlich ist unser Gehirn nicht nur die komplexeste Struktur im Universum, sondern auch die am schwersten zugängliche. Vom Moment deines Durchbruchs gibst du einem Ereignis oder einer Situation eine komplett neue Bedeutung und damit ist dein Leben danach nie mehr wie zuvor. Diese Methode zu perfektionieren, hat mir schlussendlich den Namen „Der Nr. 1 Durchbruchkreier“ verschafft.

Gehen wir den Kreislauf nun also gemeinsam Schritt für Schritt im Detail durch und besprechen die einzelnen Punkte anhand von leicht verständlichen Beispielen. Tritt ein Ereignis auf, so stellt sich unser Unterbewusstsein EINE zentrale Frage. „Warum tun wir, was wir tun?“ Die nächste Frage folgt automatisch: „Ist dies gut (mehr Belohnung) oder schlecht (mehr Bestrafung) für mich?“ Wie kann ich die Waage aus diesen beiden zu meinen Gunsten beeinflussen, damit das Ergebnis „scheinbar gut für mich ist“? Dies haben wir bereits am ersten Tag besprochen und es ist die zentrale Motivation hinter unserem Wesen.

Wenn jedoch unser Gehirn keinen wirklichen, anderen Referenzpunkt findet, was vor allem in den ersten Lebensmonaten bzw. -jahren der Fall ist, muss diesem Ereignis erst eine Bedeutung gegeben werden. Sonst weißt du ja nicht, ob du das Ereignis, sollte es wieder einmal stattfinden, positiv oder negativ beurteilen sollst. Wenn du dich fragst, warum wir das überhaupt machen, so ist die Antwort abermals in unserer Evolution bzw. in der Medizin verankert: „Unser Gehirn will so wenig Energie wie möglich verbrauchen.“ Das funktioniert am besten, indem Ereignisse in „Erlebnisschubladen“, welche wir am Tag 4 bereits besprochen haben, eingeordnet werden. Daraus stammen auch die Vorurteile, welche wir über alles und jeden haben: „Frauen sind…, Männer sind…, Deutsche sind…, Österreicher sind…, Asiaten sind…, Schweizer sind…,

Amerikaner sind… usw." Ich bin mir sicher, dir fällt sofort ein Adjektiv ein, welches du anstelle jeder der drei Punkte setzen könntest. Woher kommt das? Diese entstehen aus demselben Grund wie unsere Bedeutungen: Unser Gehirn möchte effizient arbeiten, und wenn wir etwas in Kategorien, Schubladen oder eben in Form von Vorurteilen ablegen können, so hilft das ungemein, das nächste Mal vereinfacht auf diese zugreifen zu können. Das Problem dabei ist jedoch das folgende: Wir stecken etwas oder jemanden in eine Kategorie in der Erwartung, dass danach alle Dinge oder Menschen auch wirklich zu 100% so sind.

Natürlich kann man Deutschen nachsagen, dass sie „steifer" sind als Latinos bzw. dass Amerikaner immer lauter sind als die zurückhaltenden Asiaten. Fakt ist jedoch, dass das teilweise überhaupt nicht zutrifft, denn Deutsche können beim Fußball emotionaler als jedes andere Volk der Welt sein und wer schon einmal mitten in einer Gruppe diskutierender Chinesen war, weiß erst, was „richtig laut" bedeutet. Nichtsdestotrotz arbeitet unser Gehirn aus Effizienz nach wie vor mit Vorurteilen. Genau gleich ist es mit den Erlebniskategorien, in welche wir ein Ereignis hineinpacken. Durch diese Kategorie assoziieren wir zum ersten Mal klare Emotionen mit einem Ereignis, welche so bis auf Weiteres von uns nicht verändert werden.

Eine berechtigte Frage ist natürlich, woher wir denn wissen, dass dieser Prozess, den ich gerade beschrieben habe, genau so abläuft. Vielleicht ist uns die Bedeutung von Ereignissen einfach angeboren? In diesem Fall würden wir von Nativismus sprechen, also dem Vorhandensein von vorgegebenen Abläufen bereits bei/vor der Geburt. Wäre dies der Fall, so bräuchte es diese erste Methode der EVT© nicht, denn dies würde bedeuten, dass sie wirkungslos wäre, da praktisch alle Dinge in uns bereits fixfertig festgelegt wären.

Das Gegenteil von Nativismus ist Tabula rasa, das weiße Blatt Papier. Diese Theorie besagt, dass nur das

Wenigste, und zwar unter 5% an Fähigkeiten und Talenten, angeboren ist. Die restlichen 95% unseres Wissens, Glaubens und Seins entstehen durch Einflüsse und Interaktion mit unserer Umwelt.

Wer hat nun recht? Anhänger von Tabula rasa oder Nativismus? Lange Zeit war das nicht ganz klar, doch dann gab es glücklicherweise Wissenschaftler, welche es sich zur Aufgabe gemacht haben, das genau zu erforschen. Eine der ersten Forschungen in diesem Bereich war die sogenannte Zwillingsstudie. Hier hat man die Entwicklung eineiiger Zwillinge mitverfolgt, welche kurz nach der Geburt getrennt worden waren (nicht für die Forschung, sondern weil die Eltern diese nicht wollten oder getrennt lebten), um zu sehen, wie sich diese entwickeln würden. Laut Nativismus müssten die beiden die gleichen Interessen, Talente, das gleiche Können und Wissen haben, denn ihr genetischer Code sowie alles weitere waren bis zur Geburt genau gleich. Die Zwillinge waren jedoch komplett unterschiedlich. Teilweise sahen sie nicht einmal mehr gleich aus – aufgrund der unterschiedlichen Umgebung, anderen Ereignisse und der offensichtlich damit verbundenen Ideen, des Wissens und der Denkweisen. Ein Punkt für Tabula rasa, null Punkte für Nativismus.

Diese Forschung beantwortete jedoch nur die Frage, ob wir bei Geburt alles vor-einprogrammiert haben oder nicht. Es konnte dadurch noch nicht bewiesen werden, woher die unterschiedlichen Denkmuster stammen. Zwar hatte man die klare Vermutung, dass diese durch Außeneinflüsse entstehen, doch bewiesen war dies noch nicht. Die Zwillingsstudie legte jedoch den Grundstein für die nächste Forschung, welche dies schlussendlich beweisen konnte: In Südamerika und Afrika wird seit Jahrhunderten bei Ritualen das sogenannte Götter-Molekül eingenommen. Der biochemisch als 5-MeO-DMT bezeichnete Stoff löst einen Drogenrausch mit Flashbacks, Halluzinationen und Out-of-Body-Erfahrungen aus. Als dieser Stoff in kontrollierten Umgebungen bei

Probanden angewandt wurde, konnten sich diese plötzlich an Dinge erinnern, welche offensichtlich ihrem Bewusstsein verborgen, in ihrem Unterbewusstsein jedoch noch immer verankert waren.

Viel wichtiger als nur diese Erinnerungen war jedoch der Fakt, dass die Probanden binnen eines Moments diese Erfahrungen mit Glaubensgrundsätzen, Überzeugungen, Ideen, Bedürfnissen und Ängsten bei sich selbst in Verbindung bringen konnten. Dies war der essentielle Durchbruch, um der Theorie der Tabula rasa endgültig zum „Sieg“ zu verhelfen. Nicht umsonst gibt es den Spruch „Wir Menschen sind nichts anderes, als all die Erfahrungen, welche wir in uns tragen!“

Wann immer ich diesen wissenschaftlichen Teil in meinen Seminaren einstreue, schießen sofort ein paar Hände in die Höhe. Einige der Teilnehmer wollen es nicht wahrhaben, dass über 95% von dem, was wir können, wissen und tun, erlernt wurde. Es kommen Aussagen wie: „Intelligenz ist doch zum Großteil angeboren, ebenso Fehlbildungen oder andere Krankheiten!“ Das stimmt absolut, doch bevor ich dir die Antwort darauf gebe, die Frage: „Warum denkst du, sagen diese Menschen das?“ Ganz einfach, denn wenn sie Tabula rasa akzeptieren würden, müsste ihnen klar werden, dass wir zu 100% selbst über unser Schicksal bestimmen können. Es ist uns nicht mehr möglich, die Verantwortung auf etwas anderes zu schieben, denn wir alle haben die Möglichkeit, unser Leben so zu gestalten, wie wir es möchten. Wenn auch dir bei dieser Aussage etwas unwohl wird und einige Alarmglocken zu schrillen beginnen, dann ist das sehr gut: Der Punkt vor einem Durchbruch ist immer durch maximale Frustration bestimmt.

Was ist also meine Antwort zu der Frage, dass es doch Dinge gibt, welche wir bei Geburt nicht beeinflussen können? „Dass wir eben nicht alle vom gleichen Startpunkt aus starten. Der eine ein bisschen weiter vorne, der andere ein bisschen weiter hinten. Doch nur, weil jemand weiter vorne startet, heißt das nicht, dass er weiter vorne bleibt oder vice versa.“ Ein interessantes Kapital dazu hat Malcolm Gladwell in seinem Buch „Die Überflieger“ geschrieben, in welchem er beschreibt, wie unterschiedlich sich Kinder entwickeln, die entweder am 31. Dezember oder 1. Januar geboren sind. Warum? Weil das amerikanische Schulsystem, Sportarten und Kindergruppen die Jahrgänge abgrenzen und so der- oder diejenige, der/die am 1. Januar geboren wurde, einen riesigen Vorteil hat. Ebenso wurde untersucht, was mit Kindern passiert, welche unglaublich smart waren, jedoch massiv vernachlässigt wurden. Zum Teil lagen sie weit hinter den anderen Kindern zurück, welche mit einer Behinderung geboren wurden, um welche man sich jedoch extrem gekümmert hatte. Das „Rennen“, das ja eigentlich gar keines ist, dauert sehr lange an und unsere Erlebnisse definieren uns unweigerlich. Übernimm also die Verantwortung und gib so die Destination deines Lebens nicht an eine höhere Macht ab.

Zurück zum Grenzenlos Erfolgreich© Kreislauf. Das erste Mal Sex hat also zum Beispiel einen unglaublichen Einfluss darauf, wie der Junge oder das Mädchen über den eigenen Körper oder die eigene Attraktivität denkt. Zahlreiche Durchbrüche, welche ich mit Menschen gemeinsam kreiere, kommen genau aus diesem Erlebnis, welches bei einigen nicht positiv verankert ist. Beziehungen lernen wir unbewusst von unseren Eltern. Die meisten können sich noch 40 Jahre später an die erste große Liebe erinnern – vergangene Partnerschaften beeinflussen die jetzige enorm. Starker Liebeskummer lässt in Menschen den Wunsch aufkommen, nie wieder eine Beziehung einzugehen. Schließlich will man nie wieder denselben Schmerz spüren müssen, den nur die eine Person kurieren könnte, welche ihn verursacht hat.

Der Umgang mit Geld, Verluste bei Investments oder die Ideen des Umfeldes lassen uns darüber entscheiden, ob wir mit Geld etwas Böses oder Gutes assoziieren. Starte ich ein Business, schaffe es jedoch nicht nach oben, so verdammen wir die Selbstständigkeit für immer und die Unsicherheit der Zukunft lässt uns in dem Glauben, dass früher alles besser gewesen sei… eben auch die Zukunft.

Auf diese und viele weitere Erlebnisse werden wir in den nächsten Tagen noch eingehen. Sie alle bilden unsere Identität – unseren Zusammenschluss aus Glaubenssätzen, unserem Umfeld und unseren Standards bzw. Erwartungen. Sie sind unser WARUM. Wenn Coaches und Trainer hier ansetzen, dann sprechen wir von Inspiration. Wie du noch sehen wirst, ist diese zumindest besser als Motivation, jedoch ebenfalls bereits zu weit „vorne" im Kreislauf.

Glaubenssätze unterteilen sich je nach Stärke des Glaubens in Idee, Überzeugung und Fakt. Umso stärker und einschneidender das Erlebnis war (z.B. eine Vergewaltigung, eine Trennung, ein Totalverlust, ein Todesfall etc.), desto schneller bildet sich im eigenen Glauben eine Idee zu einem persönlichen Fakt weiter. Dieser wird dadurch wiederum unumstößlich: Meine Mutter wurde von meinem Vater geschlagen, also sind Männer böse.

Doch nicht nur Glaubenssätze über das, was wir erlebt haben, bilden unsere Identität – auch unser Umfeld trägt dazu bei. Schlussendlich sind wir, wie in der Systemtherapie beschrieben, ein Teil eines Puzzlestückes. Wir passen uns unweigerlich an unsere Freunde und Familie an. Fernsehen, Zeitungen und Social Media beeinflussen uns massiv. Fiktive oder reale Charaktere, welche wir zu Helden machen, werden zu Idolen, welchen wir folgen wollen, und wir wollen genau das Gegenteil von ihren Feinden werden und verabscheuen deren Charakterzüge zutiefst.

Erwartungen an uns selbst bzw. die eigenen Standards stellen die dritte Säule unserer Identität dar. Wir alle haben diesen einen unbewussten Primärfokus im Leben. Egal, ob wir jemanden nicht enttäuschen möchten, uns nicht blamieren wollen oder das Gefühl haben, gut genug sein zu müssen. Diese Gedanken bilden sich aus Erlebnissen und prägen uns gemeinsam mit dadurch aufgestellten Werten und Regeln.

Wie man all die Punkte der Identität durch Inspiration beeinflussen kann, werden wir in TEIL 2 - VISUALISIEREN noch besprechen. Vorerst reicht es jedoch, dass du weißt, dass diese existieren und enormen Einfluss auf uns ausüben. Aufgrund unserer Identität treffen wir Entscheidungen, welche absolut kongruent mit unserer Identität sein müssen. Wir können nicht anders, als nach unseren Glaubenssätzen, Überzeugungen, Regeln, Motiven und Werten zu handeln.

Lass mich dir eine wahrlich unglaubliche Geschichte dazu erzählen, sodass du erkennst, wie machtvoll unsere Identität wirklich ist:

Im Koreakrieg gelang den Chinesen, was keiner anderen Wehrmacht auf diese Art und Weise zuvor bzw. je wieder danach gelang: Sie hatten mehr Überläufer aus den amerikanischen Spezialeinheiten als in je einem anderen Krieg. Die Amerikaner analysierten ihre Misere. Wie kam es, dass die eigenen, top ausgebildeten Einheiten zum Feind überliefen? Auch als der Krieg zu Ende war, wollten diese „neuen Chinesen" nicht mehr zurück ins alte Heimatland. Wie war das möglich?

Als man die paar wenigen, welche dann doch zurückkehrten, befragte und wissen wollte, wie denn die Chinesen diese in der Gefangenschaft überzeugt hatten, so wussten sie nicht so recht, was sie antworten sollten:

„Wurdest du gefoltert?" – „Nein".

„Haben sie dich bestochen?" – „Nein, auch nicht!"

„Ja, wie haben sie dich denn dann zu sich rübergeholt?"

Die Männer der Spezialeinheiten saßen nur achselzuckend auf ihren Stühlen, sie wussten es wirklich nicht. Das Ganze war ihnen sogar mehr als peinlich – stell dir mal vor, du bist einer der am besten ausgebildeten Soldaten deiner Armee. Du würdest alles für dein Land tun, egal ob kämpfen, töten oder sogar sterben. Doch dann machst du gar nichts von all dem, sondern „betrügst" dein Land, indem du es hintergehst und zur feindlichen Armee wechselst. Wie war so etwas ohne offensichtliche Gewalt oder Bestechung möglich? Ganz einfach: Indem die Chinesen durch eigene Spezialtaktiken die Identität der Soldaten unbemerkt Schritt für Schritt änderten, bis sie gar nicht mehr anders konnten, als ihr eigenes Land zu „betrügen".

China misshandelte die Soldaten tatsächlich nicht, das war auch gar nicht nötig. Wenn die eigenen zusammen mit den amerikanischen Soldaten im Gefängnis saßen, so sagten diese lediglich: „Wir wollen euch nicht weh tun, wir sind in diesem Krieg genauso unfreiwillig wie ihr. Solange ihr kooperiert und uns nichts tut, tun wir euch auch nichts!" Für die Amerikaner, welche in Gefangenschaft das Schlimmste erwartet hatten, war dies Balsam für die Seele. Was als nächstes passierte, hatten diese weder erwartet noch gaben sie dem irgendeine Wichtigkeit. Nach wenigen Tagen, als ein Teil der Amerikaner sein Mittagessen in der Zelle bekam, setzten sich ein paar Chinesen zu ihnen und fragten: „Wir hören im Fernsehen und im Radio immer wieder, wie toll es in Amerika ist. Wir hören von all den tollen Frauen, dem vielen Geld und den schönen Häusern. Wir können uns das nicht so ganz vorstellen, ist Amerika wirklich so perfekt, wie wir das in unseren eigenen Medien hören?" Erst bejahten die Amerikaner das, denn sie wollten natürlich nicht zugeben, dass kein Land dieser Welt perfekt ist. Doch nachdem ihnen die Chinesen mehr und mehr schmeichelten, mussten die Amerikaner irgendwann zugeben, dass es auch das eine oder andere Problem in Amerika gibt.

Daraufhin wollte einer der Chinesen wissen: „Was genau findest du denn nicht so perfekt?“ Als der Amerikaner antwortete, dass er zum Beispiel seinen eigenen Präsidenten einmal eine Rede hören hatte halten, welche er nicht so toll gefunden hatte, so fragte ihn der Chinese: „Würdest du mir das aufschreiben? Meine Frau zu Hause wird das nie glauben. Sie ist nämlich ein absoluter Amerika-Fan!“ Der Amerikaner zögerte kurz, irgendwie kam ihm die Situation komisch vor. Doch er war sich seines Gefühls sicher, dass ihm die Rede seines Präsidenten eben nicht gefallen hatte. Und was war schon schlecht daran, der Frau dieses Soldaten, welcher ihn bisher absolut fair behandelt hatte, die Wahrheit zu sagen? Also kritzelte er in Englisch seine Antwort auf ein Blatt Papier und übergab sie dem chinesischen Soldaten. Dieser blickte kurz darauf, wollte sie schon einstecken, als er sie noch einmal herauszog und den Amerikaner fragte: „Würdest du das auch unterschreiben? Sonst glaubt meine Frau, ich hätte das selber geschrieben. Du weißt ja, wie Frauen so sind!“ Mit einem Lächeln reichte er dem Amerikaner den Stift und das Papier zurück. Erst zögerte der Amerikaner, doch auch er wusste von seiner Frau, wie misstrauisch sie oft war. Bei diesem Gedanken vermisste er sie nur umso mehr und so unterschrieb er das Blatt Papier.

Exakt dieser Vorfall fand in vielen verschiedenen Zellen im gesamten Gefängnis unbemerkt voneinander statt. Keiner der amerikanischen Soldaten ahnte irgendetwas Schlimmes. Bei der Frage, ob das eigene Land perfekt sei, wollte das natürlich zuerst jeder bejahen. Innerlich wusste man jedoch, dass kein Land perfekt ist. Jeder der amerikanischen Soldaten fand selbstverständlich sein eigenes kleines Problem mit dem Heimatland. Dies war vorerst auch überhaupt kein Problem, doch als bei einer Versammlung plötzlich die chinesischen Soldaten alle diese Zettel herausholten und sie laut vor den anderen Kameraden vorlasen, wurde jeder einzelne damit konfrontiert, ob dieser Zettel auch wirklich von ihm stammte bzw. die Unterschrift darauf stimmte. Jeder der amerikanischen Soldaten wusste natürlich, dass dies sein

Zettel war, und so konnte er das auch nicht abstreiten. Also gab jeder zu, dies geschrieben zu haben – und das, ohne bestochen oder gefoltert worden zu sein. Sie wurden gefragt, ob sie das aus eigener Überzeugung geschrieben hätten. Natürlich hatten sie das, was war schon so schlimm daran, eine einzelne Sache an seinem eigenen Land nicht gut zu finden? Doch plötzlich hörte man all die anderen negativen Dinge und war überrascht, wie viele der eigenen Kameraden, von denen man eigentlich geglaubt hatte, dass sie zu einer Million Prozent hinter dem eigenen Land stünden, aber auch dieselben oder ähnliche Probleme mit dem Heimatland hatten. So bröckelte nach und nach die Meinung. Dies eskalierte schrittweise soweit, dass plötzlich alles – der Glaube, die Überzeugung, Regeln, Helden und Feinde, also die gesamte Identität – gewechselt wurde, und sie sich so den Chinesen anschlossen.

Diese Geschichte, wenn auch im Negativen, ist ein Vorzeigebeispiel, wie machtvoll die eigene Identität ist. Egal wer man ist, man wird ein jegliches seiner Verhaltensmuster an seine eigene Identität anpassen. Seine Identität bewusst zu verändern, ist teilweise sehr schwierig bis unmöglich. Außer man verwendet klare Strategien und Techniken, welche die Chinesen offensichtlich ausgezeichnet beherrschten. Dieses Beispiel von den amerikanischen Gefangenen ist exzellent auch auf uns anwendbar: Auch bei uns entwickeln sich aus unserer Identität Reaktions- bzw. Verhaltensmuster. Diese werden bei den Techniken von Spiral Dynamics in acht Ebenen eingeteilt und wir haben sie als fünf vereinfachte Formen an Tag 4 besprochen. Viele Trainer und Coaches setzen bei ihrer Arbeit erst hier an und versuchen durch Motivation dein TUN an dieser Stelle zu verändern und zu konditionieren. Das Problem jedoch ist, dass wir automatisch in unsere alten Muster zurückfallen, wenn der Kreislauf von hinten über Emotionen, Erlebnisse und Identität die falschen Impulse bekommt (denk an die falsche Nachricht bei der stillen Post). Viele Menschen sind genau deshalb frustriert und geben dann auf, an sich selber zu arbeiten. Dabei haben sie lediglich nicht verstanden, dass sie eine falsche Strategie wie zum Beispiel beim Wassersuchen in der Wüste angewendet haben. Auch ich setze an diesem Punkt der Motivation zum Beispiel mit dem Nr. 1 Täglichen Audio Blog an, welchen du dir kostenlos hier holen kannst: http://www.i-unlimited.de/tab. Doch dies nur in Kombination eines Durchbruchs, sonst ist Motivation nichts anderes als das tägliche Waschen: Man braucht es immer und immer wieder, weil es bis zum nächsten Tag weg ist. Mehr dazu an einem der folgenden Tage, wenn wir auch wirklich über Strategie und Motivation sprechen.

Aus dem, WIE wir etwas tun, bekommen wir ein Resultat: das WAS. Dieses vergleichen wir mit Zielen, Visionen und Missionen, welche wir uns bewusst oder unbewusst aufgebaut haben. Mehr dazu werden wir ebenfalls im Detail in den kommenden Tagen besprechen.

Dies vergleichen wir unterbewusst mit unseren Grundbedürfnissen bzw. unseren Ängsten, worauf wir unser Tun bzw. den Kreislauf immer wieder anpassen, sodass es unser primäres Warum befriedigt: Damit es uns scheinbar gut geht. Wie konfus das teilweise in uns selbst abläuft, haben wir ja im Detail bereits besprochen.

Nachdem nun ein Ereignis diesen gesamten Kreislauf durchlaufen ist, kommt es auf die Waage der Bedeutung. Ängste mit langen Armen, Bedürfnisse mit kurzen Armen. Der Kreislauf füttert beide unterschiedlich, je nach Emotionen, Erlebnissen, Identität, Reaktionsmuster und Resultaten. So entsteht dann schlussendlich das, worum es in diesem ganzen Kapitel geht:

DIE BEDEUTUNG EINES EREIGNISSES

Nachdem dein Körper jedoch effizient sein will, baut er eine Abkürzung, sobald er glaubt, dass die Bedeutung zum Ereignis passt. Bevor wir die Abkürzung besprechen, möchte ich mit dir die Frage aufgreifen, wann wir uns überhaupt sicher sein können, dass die Bedeutung passt. Das ist ganz einfach und das haben wir bereits angesprochen: Sobald ein Ereignis entweder einmal eine ganz intensive oder mehrere Male eine ähnliche Emotionsmischung in uns auslöst, geben wir es in die „Erlebnisschublade“, und damit ist es passiert. Der Körper will dann, dass du nie mehr in diese Schublade hineinschaust, denn das ist viel zu anstrengend. Also hält er sie geschlossen und gibt dir stattdessen eine gut gemeinte Alternative:

Anstatt den gesamten Kreislauf immer und immer wieder durchlaufen zu müssen, bildet der Körper eine Reaktion, über welche du nicht einmal nachdenken musst, weil diese so schnell geht. Jeder von uns kennt das, wenn man die Kniescheibe bei einem hängenden Unterschenkel mit einem Hammer anschlägt: Der Oberschenkelmuskel zuckt zusammen und streckt das Bein kurz aus. Es ist ein:

REFLEX

Dieser Reflex gibt uns als Energiesparmodus nicht mehr die Möglichkeit, ein Ereignis neu zu beurteilen, sondern der Körper geht automatisch in die bereits an Tag 4 besprochenen Reaktionen Angriff, Erstarren, Flucht über. Diese können konstruktiv bzw. positiv oder negativ bzw. destruktiv sein. Solche Reflexe können sich als rein mentale Hirngespinste abspielen (in den Beispielen von oben bezüglich Geld, Beziehungen etc.). Sprechen wir hingegen von aktivem TUN, so handelt es sich um Gewohnheiten.

Angenommen, du kommst in die Küche und siehst, dass dein Liebster oder deine Kinder den Tisch nicht abgeräumt und das ganze dreckige Geschirr stehen gelassen haben. In diesem Moment reagieren 99% rein aus Reflex. Wie dieser aussieht, hängt ganz davon ab, welche Bedeutung du dem Ganzen gibst. Ist es, weil sie faul sind, das absichtlich machen oder es nie aufräumen, dann wirst du eher in eine destruktive Reaktion gehen, herumbrüllen oder sauer auf die anderen sein. Wenn du dir dabei jedoch denkst, dass dies nur hin und wieder passiert und wirklich nur, wenn etwas anderes Wichtiges vorgefallen ist, wirst du eher in Sorge oder absolute Indifferenz fallen. Dies trifft auf jedes beliebige Szenario zu.

Der Knackpunkt ist jedoch der folgende: Nachdem dein Körper sich durch diese Reflexreaktion Energie spart, unterstützt er durch die eigene Identität dieses Reaktionsmuster. Was macht daraufhin dein Gehirn, wenn du zum Beispiel deinen Mann oder deine Kinder anbrüllst, weil sie nicht brav aufgeräumt haben? Es gibt dir sofort plausible Erklärungen, dass du richtig gehandelt hast, weil dieses Ereignis ja genau diese Bedeutung hatte und du gar nicht anders hättest handeln können. Unser eigenes Gehirn trickst uns in einer gut gemeinten Energiesparaktion aus, damit wir unsere Reflexe wie beim Knie nicht hinterfragen.

Zusätzlich hilft es unserem Gehirn in einem zweiten Punkt: Der Schuldzuweisung. „ „Die Wirtschaftslage ist einfach so schlecht, ich kann kein Unternehmen starten!" Oder: „Ich bin nie auf die Universität gegangen, ich kann gar nicht dieselben Chancen haben wie jemand, der dort war!" Oder: „Meine Familie hatte kein Geld – wundert's dich, dass ich es nie dorthin geschafft habe, wo die anderen reichen Schnösel sind?" Oder: „Man kann Kinder einfach nicht beeinflussen. Irgendwann müssen sie selber entscheiden, ob Drogen gut oder schlecht für sie sind. Es liegt nicht in meiner Macht, das zu ändern." Wenn ich dich frage, wie du solche Aussagen bezeichnen würdest, so würdest du vermutlich sagen, das sind entweder gute Gründe oder einfach nur… Ausreden. Ausreden? Klar, Ausreden sind nämlich nichts anderes als Gründe, welche dir dein Gehirn in einem Moment gibt, um dich vor der Erkenntnis zu schützen, was eigentlich möglich wäre, wenn du die Schublade wieder neu öffnen würdest.

Ausreden funktionieren, weil sie so plausibel klingen und sich scheinbar gut anfühlen.

Das Problem bei Ausreden jedoch ist, dass sie plausibel klingen und sich gut anfühlen.

Es ist nämlich genau so, dass sie dich nicht nach vorne bringen, sondern dort stehen lassen, wo du bereits bist. Und genau das ist das, was wir ändern wollen.

Egal, was deine Glaubensgrundsätze oder Erwartungen sind, wann immer du mit dem Zeigefinger auf eine andere Situation oder Person zeigst, um dieser die Schuld oder Begründung für etwas zu geben, so solltest du immer das Folgende bedenken: „Drei Finger zeigen dabei immer zurück zu dir!" Die höchste Form ist also jene, zu erkennen, dass weder die anderen noch du die Schuld an etwas trägst. Vielmehr sind die drei Finger die Erinnerung:

DU TRÄGST DIE VERANTWORTUNG ZU ERKENNEN, DASS NICHT IM LEBEN DIR ALLES PASSIERT, SONDERN ALLES IM LEBEN FÜR DICH PASSIERT!

Dies ist eines der wichtigsten Grundkonzepte in dieser ersten Methode der EVT©. Du kannst die Ereignisse NICHT verändern, doch du kannst deren Bedeutung verändern und dadurch passiert alles FÜR dich.

Wie kannst du nun die Bedeutung deiner schlimmsten Erfahrung verändern? Wie kannst du dem eine neue Bedeutung geben, was dir Albträume verursacht, dich hemmt, dir Angst einjagt bzw. dich in dem limitiert, was du gerne machen würdest, um frei zu sein?

Ganz einfach, du musst es schaffen, dass dein Gehirn die Schublade wieder öffnet, um das Erlebnis neu einzuordnen. Wie schaffst du das? Hast du dich schon einmal gefragt, wie riesengroße Staudämme plötzlich einbrechen? Nicht indem von heute auf morgen ein enormes Loch auftaucht, sondern indem ein kleiner Riss in der Wand entsteht. Dadurch drängt sich das Wasser durch den Spalt, bis das Loch immer und immer weiter ausgehöhlt wird, bis es schlussendlich die Wand zerreißt. Genau das Gleiche funktioniert mit der Schublade, wenn wir ein kleines Loch hineinmachen. Dieses kleine Loch versucht unser Gehirn dann zu reparieren, doch wenn wir das kleine Loch richtig gemacht haben, beschädigt unser Gehirn die Schublade eher, als dass es sie repariert.

Dieser Prozess kann aufgrund der Dicke, Stabilität und Festigkeit Tage oder Wochen dauern, wie zum Beispiel bei den Gefangenen in China. Es kann Minuten oder Stunden dauern, wie bei dem Fall der vergewaltigten Dame im Seminar von gestern. Oder es dauert nur eine Sekunde, weil der Mann der Frau gesteht, dass er sie betrogen hat. Der Knackpunkt ist immer der folgende: Sobald das erste kleine Loch in der Schublade ist, macht das Gehirn unweigerlich den Rest der Arbeit.

Wie bringt man nun das erste kleine Loch in die Schublade? Wir werden in den nächsten Tagen noch die anderen Möglichkeiten der EVT© besprechen, welche hier alle synergistisch mitwirken.

<u>Die machtvollste Methode ist jedoch die folgende, welche auch gleich dein To-Do für heute ist:</u>

1. Denke an ein Ereignis, dem du ganz klar eine negative Bedeutung zuschreibst. Es ist ein Ereignis, dem du ganz klar den Grund gibst, weshalb du bisher noch nicht weiter im Leben oder in etwas bestimmtem gekommen bist. Was ist es?
2. Welche Emotionen kommen bei diesem Ereignis hoch? Schreibe diese nieder!
3. Welche Ängste und Grundbedürfnisse werden dadurch in dir befriedigt, sodass es dir scheinbar durch diesen Reflex besser geht?
4. Frage dich nun: „Habe ich wirklich alle Informationen zu dem Ereignis?“ Antworte ehrlich! Tipp: Man hat NIE alle Informationen.

5. „Warum könnten Beteiligte so reagiert haben, wie sie es haben? Was sind ihre Bedürfnisse und Ängste? Konnten sie eventuell gar nicht anders, weil ihr eigener Kreislauf das so bestimmt hat? Hätte ich mit der gleichen Vergangenheit, gleichen Identität und denselben Erlebnissen genauso reagiert wie sie?" Tipp: So krass es auch klingen mag und so schlimm manche Szenarien mit Vergewaltigung, Kidnapping oder Mord klingen mögen und so sehr ich sie verurteile, so sehr hätten wir in derselben Haut des anderen komplett gleich reagiert. Wenn du das verstehst, wird dir die nächste Frage leichter fallen.
6. „Nachdem ich nicht alle Informationen haben kann, könnte das Ereignis etwas anderes bedeuten, als ich mir denke? Wenn ja, was könnte das Ereignis sonst bedeuten?"
7. „Nachdem alles FÜR DICH passiert, was könntest du daraus lernen?"
8. „Ist bereits etwas Positives in deinem Leben daraus entstanden, ohne dass es dir bewusst ist? Wenn ja, was? Wie könntest du dieses Positive verstärken bzw. etwas neues Positives kreieren?"
9. „Wie könnte dieses Positive dein Grundbedürfnis nach ‚Lernen, Besser Werden und Fortschritt' bzw. dein Grundbedürfnis nach ‚Helfen, Zurückgeben und Unterstützen' noch mehr stärken?" Denke klar über diese Frage nach, denn wir alle brauchen einen Grund für das, was wir tun. Je weiter oben in der Bedürfnispyramide dieser Grund angesiedelt ist, desto machtvoller ist er für unser eigenes Tun.
10. „Wie fühlt sich jetzt die Bedeutung des Ereignisses an?"

Drei Beispiele zum Schluss, um dir das zu verdeutlichen und dir dabei zu helfen, einen Durchbruch für dich selbst bei deinem eigenen Ereignis zu kreieren.

Ich werde nicht jede der Fragen im Detail durchgehen, denn das ist gar nicht nötig. Das erste Beispiel ist aus einem

1:1-Training von mir, wo eine Dame sich bei mir beklagte, dass sie von ihrem Bruder und ihrer Mutter gehänselt wurde. Als ich sie fragte, was genau vorgefallen war, gab sie zu, dass sie vor ein paar Jahren aus ihrem Job gemobbt wurde. Ihre Mutter und ihr Bruder warfen ihr zusätzlich noch vor, dass das ihre eigene Schuld gewesen sei. Sie litt daraufhin seit Jahren unter Depressionen und keiner der Ärzte schien ihr helfen zu können. Nach einem einzigen Training mit mir konnten wir ihre Probleme auflösen. Habe ich magische Zauberkräfte?

Nein, ganz im Gegenteil. Alles, was ich getan habe, war, mit ihr den Fragenkatalog durchzugehen, welchen auch du hier vor dir hast. Sie erkannte, dass sie durch die Situation, in der sie gerade war, extrem litt. Dadurch bekam sie viel Aufmerksamkeit von Ärzten und anderem Personal, was natürlich ihren Grundbedürfnissen sehr in die Hände spielte. Auf die Frage, ob sie denn wirklich alle Informationen zur Situation von damals hätte, gab sie natürlich zu, diese nicht zu haben. Ich fragte sie also, warum Beteiligte in der Firma bzw. ihr Bruder und ihre Mutter so reagiert haben könnten, vor allem in Anbetracht dessen, was denn ihre Ängste und Grundbedürfnisse wären. Erst musste sie nachdenken, doch dann verstand sie, dass Arbeitskollegen einfach nur selbst Angst hatten, aus der Firma gemobbt zu werden. Deshalb nutzten sie sie als einfachstes Opfer. Ihr Bruder, der sein ganzes Leben lang schlechter als seine Schwester war, konnte nun endlich auftrumpfen und seinem Grundbedürfnis nach Aufmerksamkeit nachkommen. Und der einzige Grund, warum ihre Mutter sie so unterdrücken wollte, war, weil sie sie durch vermindertes Selbstwertgefühl schützen wollte, eine Beziehung mit einem Mann einzugehen, in welcher sie selbst Jahrzehnte lang miserabel gelebt hatte. Eine unglaubliche Verkettung unglücklicher Umstände, welche dazu führten, dass sie dem Ereignis eine komplett falsche Bedeutung gegeben hatte. In dem Moment, als sie die Emotionen von leidend, negativ und zerstörend in positive wie verständnisvoll und akzeptierend ändern konnte, war sie bereit für ganz wichtige Fragen:

1. Warum ist dies alles für mich passiert?
2. Was kann ich daraus lernen?
3. Wie kann ich die Situation für etwas Positives für mich selbst nutzen?

Sie fand sehr schnell eine gute Antwort auf all diese Fragen, startete ihre eigene Firma, fand enorm viel Energie und das Wichtigste: Sie schloss Frieden mit ihren ehemaligen Arbeitskollegen, ihrem Bruder und ihrer Mutter.

Dies ist natürlich ein wundervolles Beispiel, wie Ereignisse, sobald man deren Bedeutung verändert, eine komplett neue Form an Energie annehmen können. Das Gleiche gilt natürlich auch in die entgegengesetzte Richtung, was ich in der EVT© nie tun würde. Trotzdem gebe ich dir dieses Beispiel, damit du die Macht der Bedeutung von Ereignissen siehst. Im Zweiten Weltkrieg sahen die Japaner keine andere Chance, als Kamikazeflieger auszubilden, um die amerikanische Wehrmacht im pazifischen Ozean aufzuhalten.

Was waren diese Kamikazeflieger? Dies waren im Prinzip Selbstmordkommandos, welche mit einem Flugzeug in einen amerikanischen Flugzeugträger flogen, um so den gegnerischen Fortschritt zu verhindern. Wie schafft man es, jungen japanischen Piloten einzureden, dass sie sich aktiv für das eigene Land opfern sollten? Ganz einfach, indem man ein Ereignis, das die meisten als sehr angstvoll und final ansehen, nämlich den Tod, mit etwas sehr Positivem assoziiert. Japanische Medien propagierten, dass die Familien dieser Piloten für immer geehrt werden würden und diese Piloten nach ihrem Tod das schönste Leben im Paradies führen würden. Daraufhin meldeten sich unzählige gutgläubige Kamikazeflieger und sie gaben all dem eine komplett andere Bedeutung als noch zuvor. Natürlich war dies, wie auch bei den Chinesen im Gefängnis, ein genau durchstrukturierter Prozess. Die Macht dahinter ist dennoch unglaublich.

Das letzte Beispiel ist von einer Person, mit der ich in meiner Grenzenlos Erfolgreich© Podcast Show ein einstündiges

Gespräch führen durfte: es geht um Natascha Kampusch. Falls du ihre Geschichte nicht kennst, googele sie einmal im Internet. Als kleines Mädchen wurde sie entführt und knapp acht Jahre von ihrem Peiniger in einem kleinen Kellerverlies festgehalten, vergewaltigt, gedemütigt und misshandelt. Als sie frei kam, hätte man glauben können, dass sie verbittert, vorwurfsvoll und mental zerstört wäre. Als sie jedoch genau das Gegenteil zeigte, warf ihr die Presse vor, dass sie in all den Jahren der Gefangenschaft eigentlich gar nicht habe leiden müssen. Dies war natürlich absoluter Schwachsinn, denn alles, was die junge Natascha bereits in all den Jahren gelernt hatte, war, einem Ereignis sofort eine neue Bedeutung zu geben. In einem Interview spricht sie sogar genau darüber. Ich zitiere: „Das Geheimnis, warum ich das all die Jahre durchstehen konnte, war, dass ich ihm in der Sekunde schon alles verziehen habe. Ich wusste, er hatte nicht anders handeln können, denn seine Tat resultierte aus einer Art Krankheit. Hätte ich ihm nicht verziehen, wäre ich nicht nur mental, sondern auch physisch zu Grunde gegangen." Natascha beschreibt hier auf eindrucksvolle Art und Weise, wie sie sich durch die neue Bedeutung all die Jahre wortwörtlich am Leben hat halten können.

Unglaublich beeindruckend, machtvoll und wirksam zugleich. Erledige also jetzt die Fragen der To-Dos aus der Frageserie von zuvor für dich selber. Morgen geht's weiter mit der nächsten der EVT©-Methoden, welche natürlich alle miteinander interagieren und sich gegenseitig unterstützen. Es ist also wichtig, dass du hier aktiv mitarbeitest und nicht nachlässt, sodass du für dich nicht nur einen, sondern gleich multiple Durchbrüche kreierst.

Wir sehen uns morgen!

Sei GRENZENLOS ERFOLGREICH©!

Dein

Dr. Julian Hosp

TAG 7: Die Macht deiner Wörter

Willkommen bei Tag 7!

Wie war diese erste Woche für dich? Hast du alle To-Dos an den jeweiligen Tagen erledigt? Wenn du dem Inhalt bislang fleißig gefolgt bist und alle Aufgaben umgesetzt hast, dann solltest du schon einen merkbaren Fortschritt in deinem Denken und Leben fühlen. Stimmt's?

Heute geht es weiter mit der nächsten Methode der EVT©: Wie wir Wörter effektiv als Werkzeuge einsetzen können. Es ist die erste kurzfristige Methode und sie kreiert gemeinsam mit unserem Fokus und unserer Körperhaltung die Möglichkeit, Gemütszustände zu beeinflussen. Gemütszustände sind übrigens nichts anderes als kurzfristige Erlebnisse, welche einen Einfluss darauf haben, wie wir Emotionen in einem Moment wahrnehmen.

Nachdem sowohl Sprache, Körperhaltung und Fokus binnen von Sekunden verändert werden können, so können wir unseren Gemütszustand und somit unsere Emotionen in einem Erlebnis ebenfalls sofort ändern. Dies ist ein wichtiges Konzept in der EVT©, denn dies erlaubt uns, das bereits gestern besprochene „Loch" in unserer Schublade hervorzurufen. Alle Methoden der EVT© wirken synergistisch – wenn du daher nicht nur mit einer oder zwei Methoden, sondern gleich mit allen fünf an ein Problem herangehst, so hast du nicht nur den schnellsten, sondern auch den nachhaltigsten Effekt.

Sobald du erkennst, dass dein Körper in einen Reflex, anstatt in einen neuen Bedeutungskreislauf hineingeht, kannst du diesen Reflex ganz einfach unterbrechen. So hast du die Möglichkeit, dem Ereignis eine neue Bedeutung zu geben. Um dies zu tun, funktioniert die Anwendung folgender drei Wörter bzw. Wortgruppen am besten. Es können nur ein oder zwei angewandt werden, am erfolgversprechendsten ist es allerdings, wenn du alle drei gemeinsam verwendest – <u>egal in welcher Reihenfolge:</u>

1. sexuelle Wörter oder Anspielungen
2. Spaß, Witze oder andere lustige Dinge
3. Verwirrung, konfuse Aussagen oder nicht Zusammenhängendes

In einem meiner Seminare saß ein Seminarteilnehmer, welcher sich nicht in einem konstruktiven Gemütszustand befand. Irgendetwas schien ihn zu plagen und ich wusste, wenn ich ihn nicht in einen konstruktiven Gemütszustand bringen würde, so würde der gesamte Inhalt an seinem Unterbewusstsein einfach abprallen. Er könnte die wertvollen Informationen also nicht umsetzen und das Seminar wäre umsonst. Das wollte ich verhindern. Deshalb ging ich zu ihm und fragte ihn, warum er ein so bedrücktes Gesicht machte. Er antwortete mir, dass es daran lag, dass er den ganzen Inhalt nicht so recht glauben konnte. Daher tat er sich schwer, diesen umzusetzen, geschweige denn auszuprobieren. Dies ist übrigens kein seltenes Problem – ganz im Gegenteil: Bei vielen von uns sind die verankerten Glaubenssätze so stark ausgeprägt, dass wir neue Informationen gar nicht erst an uns heranlassen, weil unser Körper ja so den Bedeutungskreislauf wieder öffnen müsste, was wiederum enorme Energie verbraucht.

Anstatt auf seine Aussage einzugehen, fragte ich ihn ganz frech, ob er denn lieber zehn nackte Stripperinnen zur Tür hereintanzen sehen würde. Allein die sexuelle Anspielung in Kombination mit der seinerseits nicht erwarteten Antwort von mir brachte sein dekonstruktives Konzept für einen Moment durcheinander. Das war meine Chance, denn ich hatte seine Reflexabfolge für einen kurzen Moment durchbrochen und hatte nun die Möglichkeit, einen neuen

Bedeutungkreislauf zu indizieren, solange ich dies mit den richtigen Wörtern tun würde. Ich musste nur noch etwas Witziges hinzufügen. Also beugte ich mich zu ihm herunter und fragte ihn: „Kennst du den radelnden Vampir?“ Er blickte mich absolut ahnungslos und verwirrt an. Nun war ich genau an jenem Punkt, welchen ich anvisiert hatte, und so fuhr ich fort: „Ein Vampir radelt nachts auf einem Tandem nach Hause. Wird er von der Polizei angehalten: ‚Haben Sie etwas getrunken?‘ Der Vampir zuckt mit den Achseln: ‚Nur zwei Radler‘“.

Ich gebe zu, der Witz ist nicht der beste, doch er tat seine Wirkung. Nicht nur brach der Rest der Seminargruppe in Gelächter aus, sondern auch der Betroffene selbst, der gerade einen Mix aus sexuellen, verwirrten und lustigen Gedanken im Kopf erlebte. Dies änderte seinen Gemütszustand, was den Effekt hatte, dass er offen dafür war, was als nächstes kam.

Dies funktioniert nicht nur bei einem selbst bzw. bei Seminarteilnehmern. Wenn du Kinder hast, ist deren Taktik, wenn ihr gerade in der Öffentlichkeit seid und sie etwas wollen, sicher mehr als bekannt. Zuerst bitten sie dich ganz harmlos und lieb, solltest du jedoch nicht zustimmen, artet dies allzu leicht in lautes Brüllen und Geschrei aus. Je nachdem, welche Bedeutung die Kinder diesem Geschrei geben, wissen sie, dass es entweder eine Waffe gegen dich oder eine Waffe gegen sich selbst ist. Was meine ich damit? Ganz einfach, wenn du sie bei ihrem ersten „Geschrei-Versuch“ mit komplett verwirrenden und nicht zusammenhängenden Worten oder Phrasen aus dem Konzept reißt, bauen die Kinder diesen Reflexkreislauf auf das Ereignis „Etwas nicht zu bekommen“ erst gar nicht auf. Desweiteren könntest du diesen mit den drei Wortgruppen auch zu einem späteren Zeitpunkt sehr effektiv durchbrechen. Manchmal ist es dafür notwendig, dass du mit lauter Stimme antwortest. Egal was du tust, es muss die Kinder überraschen oder lustig sein. Ich bin allerdings nicht der Meinung, dass sexuelle Witze in einem solchen Fall angebracht wären. :-)

Probiere die drei Möglichkeiten einfach das nächste Mal bei dir selbst oder einem Bekannten aus, wenn du fühlst, dass es helfen könnte. Hier möchte ich noch anmerken, dass es in den meisten Fällen mehr als nur einmal notwendig sein wird, diese Methode anzuwenden. Die Verankerungen unserer Reflexkreisläufe sitzen meist tief, sodass man, wie wir in den vorherigen Tagen bereits durchgesprochen haben, tendenziell zuerst versuchen wird, zum „Einfacheren" zurückzukehren als den Kreislauf neu zu durchlaufen. Also, nicht aufgeben und immer weiter probieren!

Woher kommt es, dass uns unsere Wörter so beeinflussen können? Nun, unser Gehirn kreiert Wörter aus unseren Gedanken. Das Ganze funktioniert natürlich auch retrograd, also so, dass unsere Wörter unsere Gedanken kreieren. Hierfür gibt es fünf machtvolle Werkzeuge, welche ich ständig nutze.

Auch dich möchte ich dazu einladen, sie zu nutzen:

1. Geschichten
2. Wort-Assoziationen
3. Metaphern
4. Bekräftigungssprüche
5. Fragen

Gehen wir die fünf Möglichkeiten Schritt für Schritt durch, beginnend mit den Geschichten. Diese können extrem wirkungsvoll sein, sowohl positiv als auch negativ. Fangen wir mit den negativen Auswirkungen an: Menschen nutzen Geschichten in negativer Art und Weise, wenn sie Ausreden oder Glaubenssätze nicht nur sich selbst, sondern auch anderen wirkungsvoll „verkaufen" möchten. Wir haben gelernt, dass das Erzählen von Geschichten eine der effizientesten Möglichkeiten ist, Ideen, Konzepte oder auch Probleme zu kommunizieren. Anstatt zuzugeben, dass wir etwas nicht tun wollen, verpacken und erklären wir mit einer Geschichte, warum es uns einfach nicht möglich ist, etwas zu tun. Es ist nichts anderes als eine gut und glaubhaft verschleierte Ausrede.

Die beiden Wörter „können“ und „wollen“ habe ich übrigens in einer eigenen Geschichte in meinem Buch „Ausgesorgt mit 30 – 25 Geschichten für mein Jüngeres Ich“ ausführlichst besprochen. Auch du solltest darüber nachdenken, ob du etwas wirklich nicht tun kannst oder einfach nicht tun willst. Wenn wir etwas nicht tun „können“ und damit eigentlich „wollen“ meinen, bedeutet dies zu 99% nichts anderes, als dass wir den „Preis für die Konsequenz daraus“ nicht tragen möchten. Wenn du die richtigen Wörter für etwas verwendest, also wirklich ehrlich zu dir selbst bist, wird dein Gehirn auch die richtigen Strukturen ausbilden und dir so helfen, produktive und effiziente Lösungsvorschläge zu finden.

Apropos 25 Geschichten: Der Grund, warum ich mein Buch so benannt habe, ist, weil wir Menschen generell bei Geschichten eher zuhören als bei Lektionen, Vorträgen oder klaren Aufträgen. Geschichten versetzen unser Gehirn in eine Art konstruktive Trance, in welcher wir uns noch besser konzentrieren und wichtige Tipps und Tricks übernehmen können. Wenn du das nächste Mal in einer Präsentation oder einem Vortrag eine neue Idee kommunizieren möchtest, verpacke diese in eine effektiv strukturierte Geschichte, und die Zuhörer werden dir an den Lippen hängen. Ebenso: sei äußerst vorsichtig, wenn du dich dabei erwischst, dass du eine Geschichte über dich oder jemanden anderen als reine Ausrede dafür benutzt, dass du in einem Reflexkreislauf anstelle eines Bedeutungskreislaufs bleiben kannst. Im Reflexkreislauf zu bleiben, kostet dich zwar deutlich weniger Energie, du wirst jedoch in deiner Komfortzone bleiben und dich so nie wirklich verbessern.

Das zweite Werkzeug sind sogenannte Wort-Assoziationen. Darunter verstehen wir all jene Wörter, mit deren Hilfe wir ein Ereignis beschreiben. Hier geht es nicht so sehr darum, welche Emotion wir per se mit dem Ereignis verbinden, sondern vielmehr, ob wir ein für uns schlechtes Ereignis zum Beispiel als „schrecklich" oder als „nicht so gut" bezeichnen. Welcher der beiden Begriffe beinhaltet eine positivere Konnotation? Ganz klar: „nicht so gut". Unterbewusst löst dies eine ganz andere Emotion aus, als wenn wir etwas als „schrecklich" bezeichnen. Was löst in dir eine positivere Bedeutung aus: „wundervoll" oder „ausgezeichnet"? Bei dem einen Menschen das eine, bei dem anderen Menschen das andere Wort. Der Knackpunkt ist, dass du für dich lernen solltest, Geschehnisse, welche du nicht so toll findest, mit schwächeren negativen Bezeichnungen zu betiteln. Wenn du allerdings etwas positiv bezeichnen möchtest, solltest du möglichst starke positive Wörter anwenden.

Um dies zu verbessern, gibt es drei exzellente Möglichkeiten:

Erstens, umso aktiver du dies übst, wirst du, ähnlich wie beim Trainieren eines Muskels, diese Fähigkeit einüben und es wird dir immer einfacher vorkommen.

Zweitens hat dein Umfeld einen enormen Einfluss auf deine Wortwahl. Je nachdem, wie die Menschen um dich herum sprechen, welche Wörter du von ihnen hörst, welche Filme du im Fernsehen siehst, welche Musik du im Radio hörst, wirst du ähnliche Wörter in deinen Sprachgebrauch integrieren. Pass deshalb ganz besonders auf, ob du dir Musik mit negativen Wörtern anhören oder gewaltsame bzw. schreckliche Filme anschauen möchtest.

Die dritte Möglichkeit ist, deinen Wortschatz als Ganzes zu verbessern. Wir haben es zwar zuvor als Vorurteil abgeschrieben, doch tendenziell ist es schon richtig, dass Deutsche, Österreicher oder Schweizer oftmals steifer im Vergleich zu beispielsweise Latinos beschrieben werden. Forscher wollten wissen, welche Ursache dahinter liegt.

Es wurden zahlreiche Gründe wie zum Beispiel Klima, Kultur, Geschichte und vieles mehr andiskutiert – gewisse Korrelationen konnten bestätigt werden. Einer der wichtigsten Punkte, der hervorstach, waren die jeweiligen Worte der Landessprache, mit welchen Ereignisse beschrieben wurden. So konnten sogar Unterschiede zwischen Deutschland, Österreich und der Schweiz festgestellt werden – in allen drei Ländern wird zwar Deutsch gesprochen, allerdings mit einem Akzent und Dialekt. Noch dazu werden verschieden „starke" Ausdrücke verwendet. Dies kannst du dir zunutze machen: Wenn du deinen Wortschatz positiv erweitert hast, wirst du deine Sprache anders gebrauchen. Ebenfalls empfiehlt es sich, wenn du eine Fremdsprache erlernst. Sobald du realisierst, wie andere Sprachen ein Ereignis beschreiben, so löst das in dir selbst andere Emotionen und somit einen anderen Bedeutungskreislauf aus.

Ist dir aufgefallen, dass sich beispielsweise Steuerberater, Ärzte, Anwälte oder Banker untereinander ganz anders unterhalten als mit Außenstehenden? (Gibt kein „andererseits"?!) Das hat den Grund, dass man sich von außen abgrenzen und so auch die eigene Branche schützen möchte. Deshalb werden im Immobilien-, Banken- oder Medizinbereich Wörter verwendet, welche man ohne Hintergrundwissen nicht versteht. Diese Vokabeln geben dem Sprecher zudem eine ganz bestimmte Identität, welche man auf diese Weise kristallklar nach außen kommunizieren kann. Würde man im Steuerberaterbereich plötzlich eine lockere Sprache anwenden, wage ich es zu bezweifeln, dass Steuerberater nach wie vor als so geradlinig beschrieben werden würden.

Du siehst also, Wort-Assoziationen haben einen unglaublichen Einfluss auf unsere Emotionen. Wir können diese trainieren, indem wir andere Wörter von außen zu uns hereinlassen bzw. genauso, indem wir selbst aktiv andere Wörter verwenden. Dieses Können des menschlichen Gehirns, Worte unglaublich schnell mit neuen Dingen assoziieren zu können, nutze ich in vielen Fällen meiner 1:1-Trainings regelmäßig. Einmal bat mich eine Mutter darum, mit ihrem jugendlichen Sohn zu arbeiten. Sie sagte, ihr Sohn sei intelligent, wirke jedoch bei Interaktion mit anderen sehr reserviert bzw. täte sich schwer, emotionale Zeichen der Außenwelt zu erkennen und darauf zu reagieren. Als sie mir das erzählte, dachte ich als Differenzialdiagnose zunächst an das Asperger-Syndrom, bei welchem Menschen extrem introvertiert, jedoch hochintelligent sind. Seine Mutter teilte mir jedoch mit, dass er von Ärzten mit einer Aufmerksamkeitsstörung diagnostiziert wurde. Ich entschloss mich, mir erst einmal selbst ein Bild von dem Jungen zu machen, bevor ich etwas darauf antworten würde.

Zuhause bei der Familie saß ihr Sohn vor seinem Computer in seinem Zimmer. Als ich fragte, ob ich denn hereinkommen dürfe, blickte er mich nur kurz an, senkte gleich darauf seinen Blick und richtete ihn zurück auf seinen Computer. Also trat ich ein und setzte mich neben ihm auf einen Sessel. Gemeinsam starrten wir auf den Bildschirm und ich fragte ihn, was er denn so mache. Er zuckte nur mit den Achseln, ohne mich anzublicken oder mir eine Antwort zu geben. Als ich zwei Schulbücher neben ihm auf dem Tisch entdeckte, wollte ich wissen, ob er denn gerne zur Schule gehe, was mir abermals ein Achselzucken zur Antwort einbrachte. Stattdessen begann er, auf seinem Computer zu tippen. Also fragte ich ihn: „Schreibst du deine Hausaufgaben?“ Stille. „Was machst du denn genau?“, hakte ich nach.

Zum ersten Mal drang ein Laut aus ihm heraus: „Code.“ In diesem Moment wurde mir klar, dass er weder eine Aufmerksamkeitsstörung noch das Asperger-Syndrom hatte, sondern vor allem ein Problem mit seinem Selbstwertgefühl. Die Art, wie er mir antwortete, seine Körperhaltung und seine Reaktionen – all das zeigte mir ein sehr eindeutiges Bild. Bei ihm wirkte sich sein mangelndes Selbstwertgefühl so extrem aus, dass er sich von der Außenwelt abschirmte und lieber seine Zeit vor dem Computer verbrachte, als mit anderen zu kommunizieren. Wir haben zwar noch einen gesamten Tag über Selbstwertgefühl im Laufe dieses 30-Tage-Programms vor uns, doch ich wollte dir dieses Beispiel gleich jetzt mit auf deinen Weg geben, weil es die Macht der Worte so schön aufzeigt.

Wie konnte ich nun sein Selbstwertgefühl auf eine Art und Weise stärken, sodass er das für sich selber langfristig nutzen konnte? Ganz einfach, indem ich Dinge, in denen er sich bereits wohlfühlte, mit anderen Dingen assoziierte, wo dies noch nicht der Fall war. Also fragte ich ihn: „In welcher Programmiersprache schreibst du denn?" Ich wusste, dass er mit „Code" programmieren meinte und hatte daher meine Worte bewusst gewählt, denn ich wollte Sprache und Schreiben in einem Satz mit Programmieren vereinen. Offensichtlich hatte er beim Programmieren viel Selbstwertgefühl, doch weder beim Sprechen noch Schreiben fühlte er sich wohl.

Er antwortete mir kurz: „Javascript". „Programmierst du eine Seite?", fragte ich. Wiederum verwendete ich das Wort „Seite" mit Absicht, ich hätte auch das englische Wort „Website" verwenden können. Doch ich wollte, dass er das Wort Seite (zum Beispiel eine „Seite" aus Büchern) mit etwas Positiven verband. In diesem Moment öffnete sich der Junge plötzlich komplett und erzählte mir in einem Monolog, warum er Javascript und keine andere Programmiersprache verwendete, woran er genau arbeitete und was seine Vision bei dem Ganzen war. Seine Mutter, welche das Ganze nur von draußen aus der Küche mitangehört hatte, hatte ihren Sohn seit Jahren nicht mehr so viel sprechen gehört. Sie war drauf und dran, geradewegs ins Zimmer zu stürmen. Allerdings wollte ich nicht, dass sie mich bei dem Gespräch mit ihrem Sohn unterbrach, da dies ein kritischer Moment war. Also hob ich meine Hand in ihre Richtung, ohne dass es der Sohn bemerken konnte, sie jedoch verstand, dass sie nicht in die Situation eingreifen sollte.

Ich sprach fast eine Stunde mit ihrem Sohn und schloss immer und immer wieder Wörter wie „Programmierschule,

Computerbücher, Maschinen-Lernen, Computer-Bewusstsein, Internet-Kommunikation" usw. mit ein. Da mich das Thema selbst interessiert und ich unter anderem in Tech-Startups involviert bin, hatte ich es hier besonders einfach, einerseits ein interessantes Gespräch zu führen und andererseits seine Wort-Assoziationen neu zu bearbeiten. Nachdem er mir so ziemlich alles über sich und seine Geschichte mit Computern erzählt hatte, hielt er plötzlich inne, blickte auf seine Schulbücher und stellte fest: „Wir haben wirklich lange gesprochen, es hat Spaß gemacht. Ich muss mich jetzt um ein paar Schularbeiten kümmern. Diese Fächer hier interessieren mich zwar nicht wirklich, doch es könnte auch schlimmer sein." Immer noch ein wenig schüchtern, doch mit definitiv mehr Selbstwertgefühl, blickte er mich nun lächelnd an. „Na klar!", antwortete ich und fügte hinzu: „Mit all den Büchern, welche du liest und kennst, solltest du einmal eine Programmierschule für andere Jugendliche eröffnen!"

Wir plauderten noch ein bisschen, bevor ich mich dann wirklich zum Gehen aufmachte und er Schulaufgaben erledigen musste. Seinen Reflexablauf zu unterbrechen und den Bedeutungskreislauf neu zu öffnen, war mit den richtigen Wörtern extrem einfach. Zum Schluss musste ich ihm nur noch eine höher gestellte Aufgabe geben, indem ich ihm die Weiterentwicklung und das Zurückgeben an andere als Ziel vorgegeben habe. Natürlich wird der Junge immer wieder Rückschläge erleben, doch das passiert uns allen. Der Knackpunkt war, ihm einmal zu helfen, die Bedeutung von Dingen, welche er nicht mochte, noch einmal zu überdenken. Seine Mutter rief mich ein paar Monate später an, um mir ganz erfreut mitzuteilen, wie toll sich ihr Junge nun entwickelte und wie dankbar sie war.

Wenn du nun glaubst, dass ich immer nur anderen helfe und ich selbst bereits perfekt „aufgesetzt" bin, wärst du von der Wahrheit so weit entfernt wie nur möglich. Wenn wir vom dritten Werkzeug der Worte sprechen, nämlich den

Metaphern, so habe ich ein gutes Beispiel, wie ich in meiner Beziehung zu meiner Verlobten Bettina selber einige Tricks anwenden musste, um meine Bedeutung von gewissen Dingen zu ändern. Im Konkreten ging es um das Thema Hochzeit. Wenn du ans Heiraten denkst, welche Bilder bzw. Metaphern fallen dir dazu ein? Siehst du darin Freiheit oder Fesselung? Beide Bilder kommunizieren ganz klar weitaus mehr als nur das eine Wort. Um ehrlich zu sein, hatte ich noch bis vor Kurzem immer das Wort „Fesselung" in meinen Gedanken, sobald es um das Thema Heirat ging. Woher dieses Bild genau kam, kann ich nicht sicher beantworten, doch wahrscheinlich waren es irgendwelche Blödeleien mit anderen Jungs, Filme oder das typisch-heroische Bild eines freien Mannes. Wenn also das Thema „Hochzeit" mit meiner damaligen Freundin und heutigen Verlobten aufkam, so schrillten in mir reflexartig die Alarmglocken. Erst sah ich darin überhaupt kein Problem, doch dann dämmerte es mir plötzlich, dass auch ich einen dekonstruktiven Bedeutungskreislauf kreiert hatte und in diesem Fall gerade in einem Reflex gefangen war.

Was musste ich also tun, um einer Hochzeit eine neue, positive Bedeutung zu geben? Zuerst versuchte ich Methode eins, welche wir gestern besprochen haben, bei der es darum geht, einem vergangenen Erlebnis eine neue Bedeutung zu geben. Da ich allerdings nicht wusste, woher ich diese Bedeutung hatte, half mir diese Methode nicht weiter. Also nutzte ich die nächste Methode: die Macht der Wörter. Ich ging also her und suchte mir zahlreiche Beispiele von Beziehungen, in welchen das Paar heiratete und ihre Beziehung anschließend umso stärker wurde. Ich gab diesen Bildern Namen wie „Befreiung", „Empowering" und „Bestärkung". Binnen kürzester Zeit hatte ich mein Unterbewusstsein dadurch animiert, den Bedeutungskreislauf einer Hochzeit neu zu überdenken und so mit einer neuen Metapher zu untermalen. Wenige Tage später, am 28. Mai 2016, machte ich Bettina daraufhin einen Heiratsantrag.

Die vierte Möglichkeit, Worte sowohl aktiv als auch passiv auf extrem machtvolle Art zu nutzen, sind sogenannte Bekräftigungssprüche.

Bekräftigungssprüche kennen viele Menschen als Affirmationen und sie werden in Büchern wie „Das Geheimnis“ oder ähnlichen besprochen. Affirmationen sind kurze Sätze, welche man immer und immer wiederholt, am besten vor dem Spiegel. Man stellt sich also hin und sagt zum Beispiel: „Ich bin wunderschön. Ich bin selbstsicher. Ich habe viel Geld.“

Die Idee dahinter ist genau die gleiche wie jene, sich einen passiven Wortschatz aufzubauen: Indem man sich solche Dinge immer wieder sagt, erhofft man sich, dass das Unterbewusstsein irgendwann aufmacht und diese Dinge in sich hinein lässt, um neue Glaubenssätze zu kreieren. Die Herausforderung ist jedoch, dass das Unterbewusstsein nicht dumm ist und sich nicht sofort öffnet. Warum sollte es etwas einfach so hineinlassen? Also tut es das auch nicht – zumindest nicht ganz so einfach.

<u>Was ist der Trick? Der Trick ist, Bekräftigungssprüche zu verwenden, welche sich auf folgende drei Arten von reinen Affirmationen unterscheiden:</u>

1. Bekräftigungssprüche kombinieren immer etwas, das unweigerlich stimmt, mit etwas, das man gerne hätte. Zum Beispiel sagt man: „Es ist ein wunderschöner Tag.“ Wenn man das Ganze jetzt tagsüber sagt, so ist es unweigerlich Tag. Das Unterbewusstsein kann dies nicht abstreiten und wird diese Aussage akzeptieren. Das „wunderschön“ rutscht dann einfach so mit dazu. Dies ist ein Trick, den ich aus der Hypnosetherapie gelernt habe.
2. Der zweite Unterschied ist, dass man in Bekräftigungssprüchen emotional starke Bilder und

Sätze verwenden muss. Eine Aussage wie „Ich bin gut“ ist so gut wie wirkungslos. Wenn ich jedoch sage, dass ich jeden Tag viel Geld verdiene und lukrative Geschäftsmethoden erlebe, so sieht das Ganze schon anders aus.

3. Der dritte Punkt ist, dass man Bekräftigungssprüche bevorzugt laut herausbrüllt. Durch das Brüllen werden ganz andere emotionale Zentren in uns geweckt, welche so das Unterbewusstsein viel leichter überfordern und es so dazu bringen, sich zu öffnen.

Du kannst dir natürlich deinen eigenen Bekräftigungsspruch ausarbeiten, ich habe dir hier unseren Grenzenlos Erfolgreich© Bekräftigungsspruch aufgeführt, welchen ich selbst regelmäßig am Morgen herausschreie:

“Es ist ein wundervoller Morgen,
es ist ein großartiger Tag.
Mein Körper ist voller Energie,
ich kann alles schaffen, was ich will.
Mein Verstand ist wach und stark,
mein Herz ist voller Liebe und Leidenschaft.
Ich lade tolle Menschen und Beziehungen in mein Leben ein,
viel Geld und lukrative Geschäftsmöglichkeiten fliegen mir jeden Tag zu.
Ich nutze meine Zeit auf produktive Art und Weise,
ich wachse jeden Tag und nehme Herausforderungen an.
Ich bin GRENZENLOS ERFOLGREICH©,
jetzt geht’s los!“

Wenn du dir einen eigenen Spruch schreibst, so achte auf die drei zuvor beschriebenen Punkte:

1. Unumstößliche Dinge mit Wünschen kombinieren und in der Gegenwart festhalten,
2. tolle Bilder verwenden, welche mit vielen Emotionen gezeichnet sind,

3. tu es, wann immer es geht, und schreie deinen Bekräftigungsspruch laut heraus.

Die fünfte und letzte Methode, nämlich Fragen zu stellen, besprechen wir morgen, denn dazu passt dies mindestens genauso gut. Heute war einmal ein etwas kürzerer Tag, oder? Das ist auch gut so, die kleine Pause hast du dir verdient.

<u>Dies sind deine heutigen To-Dos:</u>

1. Gibt es eine Geschichte, welche du verwendest bzw. dir erzählst, warum du da bist, wo du bist, es jedoch nicht verändern kannst? Gehe noch einmal zurück zu den gestrigen To-Dos!
2. Welche ein bis zwei Wörter, die du verwendest, sind schlecht/negativ behaftet?
3. Welche Wörter kannst du stattdessen verwenden/ersetzen?
4. Welche ein bis zwei gute bzw. positiv behaftete Worte verwendest du bereits?
5. Welche Worte wären sogar noch kraftvoller?
6. Achte auf Menschen um dich herum: welche schlechten Wörter verwenden sie? Reflektiere, wie du ihnen in solchen Situationen aus dem Weg gehen kannst. Wir lernen dafür noch zusätzliche Tipps.
7. Suche dir zwei bis drei Bücher oder Podcasts in einem Bereich, wo du dich weiterbilden möchtest. Durch den extra Wortschatz wird dir das weitaus leichter fallen und du wirst automatisch eine positivere Assoziation erhalten.
8. Falls du willst, beginne eine neue Sprache zu lernen. Nutze zum Beispiel die kostenlose App DUOLINGO dafür. Dies gibt dir zusätzliche konstruktive Ansichten über andere Kulturen und Einstellungen.
9. Hast du negative Metaphern? Positive? Schreibe sie um!

10. Nutze den Grenzenlos Erfolgreich© Bekräftigungsspruch oder schreibe dir einen eigenen.

Erledige deine To-Dos und sei GRENZENLOS ERFOLGREICH©!

Bis morgen,

Dein

Dr. Julian Hosp

TAG 8: Dein Fokus bestimmt deinen Energiefluss

Willkommen bei Tag 8!

Heute sprechen wir über die dritte Methode der EVT© und die zweite Möglichkeit, deinen Gemütszustand binnen eines Momentes zu beeinflussen.

Du kennst vielleicht den Spruch: „Wo dein Fokus hingeht, fließt auch deine Energie hin!“ Du kannst das mit dem Sonnenlicht vergleichen, das zu uns auf die Erde trifft. Wenn es einfach nur so daherkommt, ist es zwar warm und kann möglicherweise einen Sonnenbrand verursachen, doch sobald man es zum Beispiel mit einer Lupe bündelt und fokussiert, erlaubt einem dies sogar, Feuer damit zu machen. Es ist immer noch das gleiche Licht, die Energie war da – nun ist diese allerdings fokussiert.

Hast du schon einmal bemerkt, dass, sobald du deine gesamte Aufmerksamkeit einem einzigen Projekt schenkst, vieles plötzlich schneller vorangeht? Doch auch das Gegenteil ist der Fall: Wenn wir unseren Fokus streuen, weil wir zum Beispiel „multitasken“, so ist das meist mehr hinder- als förderlich. Auf zwei oder gar mehreren Hochzeiten gleichzeitig tanzt es sich eben nicht so gut.

Man kann Fokus aber auch ganz gezielt nutzen: Hattest du schon einmal Kopfschmerzen? Du leidest, und bist dadurch in einem schlechten Gemütszustand mit negativen Emotionen. Klar, du hast ja auch Kopfweh, ist doch verständlich, oder? Was sollst du dagegen tun? Eine Schmerztablette nehmen? Vielleicht… Doch hast du schon einmal bemerkt, was passiert, wenn du plötzlich durch etwas enorm abgelenkt wirst, was dir noch dazu ziemlich Spaß macht? Zum Beispiel weil dich ein/e Freund/in anruft und du ein paar spannende Dinge mit ihm/ihr besprichst oder deine Lieblingsserie gerade auf Netflix läuft und dich in ihren Bann zieht. Was passiert in so einem Fall oft mit deinen Kopfschmerzen? Sie sind weg. Sind sie wirklich weg? Nicht wirklich, denn sobald du wieder daran denkst, spürst du sie. Doch während der Zeit, als du deinen Fokus gezielt auf etwas anderes gerichtet hattest, konntest du sie nicht mehr spüren.

Dieses Konzept, seinen Fokus ganz klar zu steuern, zählt zu einer der wichtigsten Fähigkeiten, um in absolut jedem Moment in einen Top-Gemütszustand gelangen zu können, tolle Emotionen zu fühlen, hervorragende Entscheidungen zu treffen und somit dein Leben jede Sekunde genießen zu können. Vergiss nie, du kannst in vielen Fällen nicht beeinflussen, was dir passiert, doch du kannst jederzeit beeinflussen, wie du darauf reagierst. Deinen Fokus klar unter Kontrolle zu haben, ist deshalb essentiell.

Lass mich dir das anhand von drei Beispielen verdeutlichen. Die erste Geschichte handelt von Toni Innauer, einer Skisprunglegende, welcher zu Gast bei mir in der Grenzenlos Erfolgreich© Podcast Show war. Als ich im Gespräch fragte, was er denn im Jahr 1980, in dem er Gold in Amerika bei der Olympiade gewonnen hatte, besser gemacht hatte als in 1976, wo er „nur" Silber sichern konnte, so überraschte mich seine Antwort. Ich hatte erwartet, dass es an einer verbesserten Technik, mehr Training oder einem besseren Material gelegen hätte. Er jedoch antwortete, dass er sogar weniger trainiert und sich die vier Jahre später weniger fit als noch 1976 gefühlt hätte. Warum hatte er dennoch gewonnen?

Er beschrieb, wie er 1980 weitaus besser in der Lage war, seinen Fokus zu halten, und sich nicht zu sehr von Fans, Mediendruck oder der Umgebung beeinflussen zu lassen. 1976 in Innsbruck hatte er, wie er es nannte, „seine

Nerven nicht unter Kontrolle!“ Die Macht, seinen Fokus zu bewahren, verhalf ihm vier Jahre später zu Gold.

Dies trifft nicht nur auf Sportler zu, sondern so ziemlich auf jeden Menschen im tagtäglichen Leben. Lass mich dir hierfür ein weiteres Beispiel geben: Ich war gerade auf einem Weg zu einem Interview. Dieses war sehr wichtig für mich, da es über einen Auftrag in hoher fünfstelliger Eurosumme entscheiden würde. Auf dem Weg dorthin erhielt ich einen Anruf von meiner Assistentin: Unsere komplette Verkaufsseite inklusive dem Online-Store war gerade gecrasht und das technische Team nicht erreichbar. Noch dazu war es Wochenende und dadurch waren die Verkäufe meistens noch höher als unter der Woche, wo die meisten Menschen arbeiten müssen. Für einen Moment wollte ich ebenfalls „die Nerven wegwerfen“, doch dann erinnerte ich mich an die Worte von einem meiner Mentoren: „Julian, die Menschen fokussieren sich viel zu oft auf Dinge, welche sie in dem Moment gar nicht beeinflussen können. Das hält sie davon ab, all jene Dinge zu tun, welche sie beeinflussen sollten!“ Was er damit ausdrücken wollte, ist Folgendes.

<u>Es gibt im Prinzip drei unterschiedliche Dinge:</u>

1. Solche, die beeinflussbar sind und es auch wert sind, beeinflusst zu werden.
2. Solche, die zwar beeinflussbar sind, es jedoch nicht wert sind, beeinflusst zu werden.
3. Und solche, welche nicht beeinflussbar sind.

Auf welche der drei, denkst du, fokussieren sich die meisten Menschen? Genau, auf Nummer drei – all jene Dinge, die sowieso nicht beeinflussbar sind. Als nächstes kommen all die Dinge, die zwar beeinflussbar sind, es jedoch meistens nicht wert sind, beeinflusst zu werden. Es bleibt dann keine Energie mehr dafür, all jene Dinge zu beeinflussen, welche man beeinflussen könnte und sollte.

In dem Moment dieser katastrophalen Neuigkeiten erinnerte ich mich an diese drei Punkte, und mir war klar, dass das Einzige, was ich in diesem Moment beeinflussen konnte, das bevorstehende Interview war. Also richtete ich meinen gesamten Fokus auf die Vorbereitung, die Fragen und die wichtigsten Punkte. Ich konnte nicht nur den Auftrag erfolgreich holen, auch das technische Problem ließ sich im Nachhinein ohne größere Schwierigkeiten lösen. Hätte ich in jenem Moment meinen Fokus auf die technischen Probleme gerichtet, so wären diese nicht schneller gelöst worden, mit ziemlicher Wahrscheinlichkeit hätte ich jedoch das Interview verpatzt.

Als drittes Beispiel möchte ich dir noch etwas über Beziehungen erzählen. Eines der größten Probleme, welches wir heute in Beziehungen, egal ob Freund- oder Partnerschaften, haben, ist Aufmerksamkeit. Aufmerksamkeit ist nichts anderes als eine Form von Fokus. Mit Handys, Computer, Fernseher etc. ist unsere Aufmerksamkeit mehr denn je zerstreut. Es ist nur allzu leicht, der gegenübersitzenden Person das Gefühl zu vermitteln, dass er oder sie nicht jenen Wert haben, welchen wir eigentlich für sie verspüren. Denke das nächste Mal daran, wenn du mit deinen Kindern, deinen Liebsten oder Freunden zusammensitzt. Kreiere eine Regel wie beispielsweise die, keine Handys am Tisch zu haben, den Fernseher beim Essen auszuschalten oder ähnliches. So musst du die volle Aufmerksamkeit auf die andere Person richten.

Jetzt magst du vielleicht denken, dass es für dich, aus welchem Grund auch immer, nicht möglich ist, deinen Fokus zu verändern bzw. deine Gedanken zu kontrollieren. „Wenn etwas Schlechtes passiert, dann nimmt mich das vollständig ein!“ Kennst du diese Aussage? Du kannst mir glauben, wenn ich dir sage, jeder – absolut jeder – Mensch kann seine Gedanken kontrollieren bzw. seinen Fokus auf etwas ganz Bestimmtes richten. Für viele von uns ist es einfach eine

Fähigkeit, welche wir nie richtig gelernt haben oder viel zu wenig trainieren. Generell beherrschen tun wir sie jedoch alle. Gab es in deiner Jugend ein Lied, zu dem du mitgetanzt oder mitgesungen hast? Eine Band oder einen Sänger? Welches Lied war es? Welche Emotionen kommen hier sofort in dir hoch? Worauf fokussiert du dich nun gerade?

Genauso könnte ich dir sagen, dass du unter keinen Umständen und auf keinen Fall jetzt an einen pinken Elefanten bzw. an ein buntes Einhorn denken sollst. Welches Bild kommt dir unweigerlich in den Sinn, woran denkst du sofort? Siehst du, jeder von uns kann seinen Fokus mit absoluter Präzision auf etwas richten.

Okay, wie kannst du nun deinen Fokus nicht nur kontrollieren, sondern auch gezielt auf etwas richten? Das ist leichter als du denkst, solange du das richtige Werkzeug verwendest. Es gibt nichts, was deinen Fokus mehr verändert, als Fragen zu stellen. Wir haben dies schon einmal im Emotionskreislauf kurz angesprochen. Es ist eines der wichtigsten Prinzipien, welches besagt, dass die Qualität unseres Lebens durch die Qualität unserer Fragen bestimmt wird. Deshalb ist es auch so wichtig, unsere Gemütszustände zu kontrollieren, weil wir nur so konstruktive Fragen stellen können.

<u>Was können Fragen alles bewirken?</u>

1. Erstens bestimmen Fragen, wie bereits besprochen, worauf wir uns fokussieren.
2. Zweitens bestimmen Fragen, was unser Gehirn aus dem Gedächtnis löscht. Kennst du das, wenn du beispielsweise in die Küche gehst, um etwas zu holen, du jedoch dort, als du angekommen bist, vergessen hast, was du eigentlich holen wolltest? Woran liegt das? Dein Fokus war bereits irgendwo anders, und so hat dein Gehirn jenes wieder vergessen, was es als unwichtig empfand. Merk dir das ganz genau,

das wird extrem wichtig, wenn wir über das Thema Depressionen sprechen.

3. Der dritte Punkt ist, dass Fragen einen extrem wichtigen Einfluss auf unseren Einfallsreichtum haben. Zu viele Menschen sind in einer Situation, wo sie glauben, keinen Ausweg mehr zu haben. Um weiterzukommen, glauben sie, mehr Geld, andere Freunde, mehr Glück, mehr Zeit oder eine andere Vergangenheit zu brauchen. Was diese Menschen tatsächlich brauchen, ist mehr Einfallsreichtum. Dieser wird nur dadurch kreiert, dass wir uns gute, konstruktive Fragen stellen. Welche das sind, wirst du gleich noch hören.

Neben Fragen bestimmt zudem das reguläre aktivierende System (RAS), worauf wir uns fokussieren. Darauf gehen wir jedoch an einem späteren Tag ein, wenn wir über unsere Visionen, Ziele und Missionen sprechen. Fragen haben mit Abstand den größten Einfluss auf unseren Fokus.

Wann immer ich mit Menschen arbeite, welche sich entweder in einem negativen Gemütszustand, schlechter Energie oder sogar in Depression befinden, ist einer meiner wichtigsten Ansatzpunkte in der EVT©, die Methode der Fokusänderung zu verwenden. Ich habe dir bereits mehrere Beispiele zu Depressionen erzählt. Der Grund dafür ist, dass Depressionen nicht etwas Einfaches, sondern in der Tat etwas sehr Komplexes sind. Anders jedoch, als in der klassischen Medizin bzw. den Medien erklärt, ist nur in den seltensten Fällen ein biologisches Problem die Ursache. Vielmehr sind psychologische Zusammenhänge von Bedürfnissen, Ängsten oder falschen Erwartungen die Schuldigen. Wenn ich also jemanden mit Depressionen vor mir habe, muss ich als allererstes erkennen, was der wahrscheinlichste Auslöser dafür ist. Ist es der seltene Fall einer biologischen Ursache, so verweise ich den Klienten zu einer psychiatrischen Behandlung. Glücklicherweise ist dies aber eine sehr seltene Situation, da die Lösung dort oftmals darin besteht,

Medikamente zu verschreiben, also eine zum größten Teil reine Symptombehandlung, ohne je die Ursache zu beseitigen.

Aus psychologischer Sicht können Depressionen durch die falsche Befriedigung von Grundbedürfnissen hervorgerufen werden. Hier muss man Grundbedürfnisse verändern, anpassen oder aufklären. In den häufigsten Fällen jedoch liegt Depressionen der falsche Fokus zugrunde. Hier versteifen sich die Patienten auf ein paar wenige Knackpunkte in ihrem Leben, bei welchen sie sich außerstande fühlen, diese auf positive Art und Weise zu beeinflussen. Es ist also die extremste Form davon, über keinen Einfallsreichtum zu verfügen.

Jeder von uns könnte sofort in eine solche Depression fallen, sobald ich ihm oder ihr schlechte Fragen stelle – diese Patienten tun dies unbewusst ganz von selbst. Sobald ich diese Menschen jedoch dazu bewegen kann, sich andere Fragen zu stellen, wandert ihr Fokus – die Depression verschwindet. Dies kann binnen von Sekunden passieren. Damit diese jedoch symptomfrei bleiben, müssen sie es nicht nur wollen, sondern auch lernen, es für sich selber anzuwenden. Wie das genau funktioniert, besprechen wir jetzt.

Beginnen wir zuallererst mit den schlechten Fragen. Wenn du dir diese oft und lange genug stellst, wirst du bemerken, dass du relativ schnell zuerst in einen negativen Gemütszustand, dann auf ein niedriges Energielevel und zum Schluss in eine Depression fällst.

<u>Solche Fragen lauten zum Beispiel:</u>

1. Warum passieren solche Sachen immer mir?
2. Warum habe ich nie Glück?
3. Warum bin ich so XXX?

Generell sind Fragen mit „warum" in Kombination mit negativen Wörtern ausnahmslos kontraproduktiv (zum

Beispiel Frage drei mit negativem XXX). Weiters sind Fragen, welche eine negative Konnotation in sich selber tragen, ebenfalls schädigend (nie Glück haben…). Solche Fragen sind tunlichst zu vermeiden. Voraussetzung dafür jedoch ist natürlich, dass man erkennt, wann immer man in eine solche Falle tappt. Personen, welche sich auf einem negativen Energieniveau bzw. in Depressionen befinden, schaffen dies ohne aktives Reflektieren meistens nicht. Was es bräuchte, wären andere Fragen, welche wir gleich besprechen.

Zudem fokussieren sich solche Menschen meist auf Dinge, welche sie nicht beeinflussen können. Dann ertappten sie sich dabei, möchten sich verbessern, und arbeiten dann an Dingen, welche sie zwar beeinflussen können, welche jedoch praktisch null Auswirkung auf ihre Lage haben. So wird der Kreislauf von Hilflosigkeit und Aussichtslosigkeit immer schlimmer, da sie sich einreden, es sowieso nicht verbessern zu können, weil ja nichts passiert, bis dies schlussendlich in einer Depression endet.

Das muss allerdings absolut nicht sein. Egal ob du dich in einer Depression, auf einem schlechten Energielevel oder auf einem absoluten Höhenflug befindest, Fragen wie die folgenden zehn solltest du dir regelmäßig, am besten jeden Tag, stellen:

1. Was kann ich aus XXX lernen?
2. Was ist lustig an XXX?
3. Was ist positiv an XXX?
4. Für was/wen bin ich so richtig dankbar in meinem Leben?
5. Worauf bin ich stolz?
6. Was genau an XXX aus Frage vier oder fünf macht mich stolz oder dankbar?
7. Warum möchte ich XXX (positiv) erreichen?
8. Wie kann ich XXX zu meinem Vorteil nutzen?
9. Wie kann ich XXX erreichen?

10. Die absolut beste Frage: „Wie kann ich XXX jetzt erreichen und noch dazu Spaß dabei haben?“

Besonders die letzte Frage ist eine meiner Lieblingsfragen. Wie zuvor erwähnt, wenn dir deine innere Stimme flüstert, dass du auf eine oder mehrere Fragen keine Antwort weißt, so frage dich sofort: „Wenn ich eine Antwort geben MÜSSTE, wie würde sie lauten?“ Du kannst dir absolut sicher sein, jeder von uns findet immer eine Antwort auf solche Fragen, dein Unterbewusstsein testet dich hier lediglich, ob du deine Frage tatsächlich ernst meinst, bevor es die Energie aufwendet, um dir die Antwort zu geben. Als heutiges To-Do wirst du diese Fragen beantworten müssen, deshalb möchte ich dir jetzt ein paar Tipps dazu mitgeben: Wenn du glaubst, dass du ganz am Boden liegst, so bist du zumindest noch immer am Leben. Dafür solltest du dankbar sein. Welche Menschen um dich herum machen dich stolz? Welche Kleinigkeit hast du getan, auf die du stolz oder für die du dankbar sein kannst? Wenn du dich schwer tust, irgendetwas zu finden, nimm Kleinigkeiten wie zum Beispiel, dass du atmest, ohne dich darauf konzentrieren zu müssen, die Farbe Gelb (oder eine deiner Lieblingsfarben), deinen Bauchnabel – irgendetwas, das dir ermöglicht, einen Funken Dankbarkeit zu verspüren. WARUM-Fragen mit positiver Konnotation sind meist exzellente Fragen, denn sie leiten dein Gehirn in eine Richtung, aus der noch mehr Positivität herkommt.

Du kannst stets aus absolut schrecklichster Negativität ein Körnchen Positivität ziehen, du musst einfach nur genau genug hinsehen. Der Trick ist, dieses kleinste Teilchen für dich zu nehmen. Eine gute Frage, um dies herauszufinden, ist: „Was könnte dies noch für mich bedeuten?“

Prinzipiell solltest du dir immer als erstes WAS-Fragen stellen, anschließend positive WARUM-Fragen und erst zum Schluss die WIE-Fragen. WIE-Fragen fallen uns am leichtesten, weshalb wir schnell in diese Falle tappen und so über andere Dinge gar nicht mehr nachdenken, bevor wir nicht alle Details zu einer Antwort im WIE-Sektor gefunden haben. Dies führt dann oft dazu, dass Menschen bei den positiven Fragen verzweifeln und wieder auf die negativen Fragen zurückfallen. Dies ist ebenso ein typisches Phänomen, welches man bei Depressiven erlebt – sie sind fixiert darauf zu verstehen, WIE man etwas macht, finden allerdings keine Antwort darauf. Das sollte jedoch der letzte Bereich sein, mit welchem du dich beschäftigst. Frage dich zuerst, WAS du denn genau möchtest, und WARUM du das willst. Eine gute Anschlussfrage ist, ob du so etwas Ähnliches schon einmal gemacht hast. Worauf hast du dich damals fokussiert? Stelle dir so viele WAS-Fragen wie möglich, frage dich danach WARUM und gehe erst zum Schluss auf das WIE über. WAS und WARUM funktionieren am Besten in Kombination mit positiven Wörtern. Anzumerken ist hier, dass es komplett unerheblich ist, wie du dich in diesem Moment gerade fühlst. Erinnere dich an das vorherige Kapitel, in welchem du etwas über die Macht der Wörter erfahren hast. Sobald du positive Wörter anwendest, wird sich auch dein Gemütszustand ins Positive verlagern. Nutze diesen Trick, um auch deinen Fokus auf positive Dinge zu verschieben.

Eine der anschaulichsten Geschichten zu den WAS-, WARUM- und WIE-Fragen ist die Geschichte vom Schiffsbauwettbewerb zweier Dörfer:

Es waren einmal zwei beschauliche Dörfer, jedes mit nur einer Handvoll Einwohnern, beide lagen fernab von jeglichem Trubel inmitten wunderschöner Natur. Keines der beiden Dörfer hatte bis dato irgendeine Erfahrung, wie man Schiffe baut – hierfür gab es auch keinerlei Veranlassung, sie lagen ja nicht einmal am Meer. Nichtsdestotrotz wollten beide Dörfer eines schönen Tages in einem Schiffsbauwettbewerb gegeneinander antreten.

Der erste Dorfhäuptling trommelte die stärksten, intelligentesten und schnellsten Frauen und Männer zusammen und zeigte ihnen genaue Pläne, wie Schiffsbau funktionierte, welche Hölzer es zu finden galt und wie das Schiff aussehen sollte. Er gab seinen Mitbürgern klare, unmissverständliche Schritt-für-Schritt-Anweisungen in dem Glauben, je mehr die Menschen darüber wüssten, wie denn Schiffsbau funktionierte, umso schneller und besser könnten sie das Schiff bauen. Sein Plan schien aufzugehen, die Bewohner gingen sofort ans Werk. Relativ rasch erkannte er jedoch die ersten Probleme: Sobald ein einziges kleines Detail nicht als kristallklar erschien, stoppten sie ihre Arbeit und warteten auf eine Lösung ihres Häuptlings. Keiner von ihnen kam auf die Idee, ihre eigene Kreativität zu nutzen, sondern sie warteten auf genaue Anleitungen. Das verzögerte den Schiffsbau enorm und so wurde das Schiff des ersten Dorfes erst nach Wochen fertig.

Im zweiten Dorf trommelte der Dorfhäuptling ebenfalls seine besten, motiviertesten und smartesten Bewohner zusammen. Doch anstatt Ihnen genaue Anleitungen zu geben, wie man denn ein Schiff baut, zeigte er ihnen ein wunderschönes Bild von einem majestätisch gebauten Meisterstück. Er gab den Männern keine Anweisungen, sondern beschrieb nur, wie toll es sich anfühlen würde, auf einem solchen Boot über das Wasser zu gleiten. Er ließ die Männer und Frauen mitfühlen, wie toll es war, wenn einem der Wind durch das Haar weht, die Sonne durch das Segel glitzert und man sich frei wie ein Fisch im Wasser fühlt. Er erweckte die tiefste Lust, den innersten Wunsch, ein genauso schönes Boot wie auf dem Bild zu erschaffen. Der Häuptling gab seinen Bewohnern keinerlei Anweisungen, sondern ging anschließend einfach zu Bett und ließ alle von dem finalen Meisterwerk träumen. Eine Woche später war das Schiff gebaut. Wie war das möglich? Der Häuptling wusste, dass, wenn er seinen Dorfbewohnern genau erklärte, WAS sie WARUM haben wollten, so würden sie unweigerlich einen Weg finden (WIE), dieses auch zu bekommen. Dadurch verfiel niemand der Tyrannei des WIE's, was ihnen erlaubte, immer wieder selbstständig Lösungen für aufkommende

Probleme zu finden. Das ermöglichte dem zweiten Dorf, den Wettbewerb mit Abstand für sich zu entscheiden.

Nutze dieses Wissen für dich und achte ganz genau darauf, dass du dich vor allem auf das WAS und WARUM fokussierst. Das WIE kommt recht leicht, du kannst das oftmals von anderen Menschen abschauen, welche so etwas vor dir auch schon gemacht haben. Wenn du weißt, WAS und WARUM du etwas möchtest, liest du Bücher, folgst dem Weg anderer Menschen und richtest deinen Fokus auf etwas Positives voller Einfallsreichtum.

Nun – auf WAS kann man sich fokussieren, wenn man erkennt, dass man gerade in einem Tief steckt? Hier sind fünf Möglichkeiten:

1. Vergangenheit oder Zukunft:

Welchen zeitlichen Fokus du hast, hat einen großen Einfluss auf deine Gefühle. Denkst du melancholisch an die Vergangenheit, wirst du dich schwertun, dich zu verbessern oder voranzukommen. Oft wirst du dich so auf einem eher niedrigeren Energieniveau wiederfinden. Anders wiederum sind jene Menschen, welche gerne ausschließlich an die Zukunft denken. Diese sind jedoch oft illusorisch, ohne Bezug zum wirklichen Tun. Die Lösung dazu besteht darin, sich selber diese folgende Frage zu stellen: „Was kann ich jetzt sofort tun und Spaß dabei haben?" Durch diese Frage lenkst du deinen Fokus in die Gegenwart, du wirst kreativ und beginnst lösungsorientiert zu denken.

2. Da oder Nicht-Da:

Jeder von uns kennt das Beispiel vom Glas, welches entweder halbvoll oder halbleer ist. Was ist die richtige Antwort? Wie schon ganz am Anfang erwähnt, muss man immer ein bisschen hungrig sein, um vollen Erfolg zu spüren – also stets ein wenig all jene Dinge sehen, welche noch nicht da sind. Nur so kann man sich Ziele stecken, welche man erreichen möchte. Andererseits muss man auch zufrieden und glücklich mit all jenen Dingen sein, welche man bereits hat. Etwas, das ich in vielen 1:1-Trainings erlebe, sind ausgebrannte High-Performer, welche sich ein Ziel nach dem anderen stecken, eines davon nicht erreichen und dadurch unzufrieden sind. Auch bekannt als sogenannte Demotivation, also die vom Ziel abweichende Bewegung. Die simple Lösung ist, in eine Dankbarkeitsübung zu gehen und an all jene Dinge zu denken, welche man bereits geschafft hat. Das Gegenteil gibt es natürlich auch, wenn Menschen sich zu sehr auf all dem ausruhen, was sie bereits haben, und nicht mehr hungrig nach mehr sind. In beiden Fällen stellt man sich folgende Frage: „Für was, das ich bereits habe, bin ich dankbar?" bzw. „Was sind Dinge, Ziele, Erlebnisse usw., welche ich schon immer einmal haben wollte?" Mit diesen beiden Fragen richtet man den Fokus genau auf das, was man braucht, um sein Energielevel zu erhöhen.

3. Problem/Lösung:

Das größte Hindernis, welches wir bereits zuvor besprochen haben, ist das fokussieren auf Probleme, statt auf Lösungen. Es ist jenem Phänomen sehr ähnlich, bei dem wir uns auf die nicht beeinflussbaren Dinge fokussieren, anstatt mit den beeinflussbaren Faktoren zu arbeiten. Hier hilft ebenso die Frage „Wie kann ich XXX jetzt erreichen und noch dazu Spaß dabei haben?"

Mein Onkel Martin Legner ist vor knapp 30 Jahren beim Paragleiten schwer verunglückt und seither querschnittsgelähmt. Damals hätte er sich auf die schlechten Dinge fokussieren können, doch stattdessen hat er sich genau die oben genannte Frage gestellt und fand einen Weg. Die Antwort, welche er trotz all der Herausforderungen und Schwierigkeiten für sich herausgefunden hatte, war, Rollstuhltennisspieler zu werden. Heute, 30 Jahre später, hat er erfolgreich bei sieben Olympiaden teilgenommen, zählt zu den besten Rollstuhltennisspielern der Welt und genießt sein Leben in vollen Zügen. All das, weil er gelernt hat, den Fokus von Problemen, Schmerz und negativen Dingen auf die tollen Erlebnisse seines Lebens zu lenken. Wenn er das schaffen kann, so kannst du das zu 100% ebenfalls.

4. Belohnung oder Bestrafung:

Eine ganz besondere Herausforderung stellt die natürliche Tendenz des Menschen dar, sich evolutionsbasiert eher auf Ängste und Bestrafungen als auf Belohnungen und Bedürfnisse zu fokussieren. Dies haben wir in den ersten fünf Tagen ausführlich besprochen und es wird noch einen separaten Tag alleine dafür geben, wie du Ängsten für immer Lebewohl sagen kannst. Jetzt gilt es vor allem zu verstehen, dass du immer die Wahl hast, ob du dich auf die Angst oder auf die Belohnung konzentrierst.

Einige meiner 1:1-Trainings sind mit Leuten aus dem Network-Marketing-Bereich. Eine typische Angst gerade bei Neulingen – aber auch Profis – ist die sogenannte Kontaktangst bzw. Angst vor Ablehnung. Wir fokussieren uns so sehr darauf, was passiert, wenn der Gegenüber kein Interesse am Geschäftsmodell oder am Produkt hat, dass wir in komplette Inaktivität verfallen. Was ist die Lösung? Man wechselt den Fokus auf andere Dinge, indem man sich folgende drei Fragen stellt:

Erstens: „Was passiert wirklich, wenn das schlechteste Szenario eintreten sollte?“ Meistens wirst du erkennen, dass dies eigentlich überhaupt nicht so schlimm ist.

Danach fragt man sich: „Was passiert, wenn ich es nicht tue?“ (zum Beispiel: jemanden kontaktieren, anrufen etc.). Wenn man bei dieser Frage ins Negative übertreibt, was man hier auf jeden Fall machen sollte, entwickelt man eine extreme Motivation.

Drittens muss man sich auf den potentiellen Gewinn freuen und sich fragen: „Was kann ich erreichen, wenn ich meine Angst überwinde und es trotzdem tue?“ So schwenkt man die Waage zwischen Angst und Belohnung auf die Seite des Positiven, kann sich auf diese Weise überwinden und gerät somit ins TUN.

In der Praxis habe ich dies mit einem Klienten aus eben jenem Sektor so erlebt: Bei einem 1:1-Training am Telefon erklärte er mit, dass er einen Kunden in Hinblick auf eine Bestellung nicht kontaktieren wollte. Er hatte Angst, dass der Klient die Bestellung und unbewusst damit auch ihn ablehnen würde. Ich fragte ihn: „Was passiert denn in der Realität, wenn dich die andere Person ablehnt? Musst du dann sterben?“ Natürlich würde praktisch nichts passieren, das Leiden würde lediglich in seinem Kopf ablaufen. Also fragte ich ihn, was er denn bekommen würde, wenn er es ungeachtet seiner Angst trotzdem durchziehen würde. Er antwortete, dass er 50% Provision vom Umsatz bekäme und er diesen für einen Urlaub ausgeben würde. Ein tolles Ziel, welches ihn eigentlich motivieren sollte. Doch dies reichte noch nicht aus, denn er wollte den Kunden immer noch nicht anrufen. Also packte ich die letzte Waffe aus: Kreiere Angst, was passiert, wenn man es nicht tut. Ich sprach mit eindringlicher Stimme auf ihn ein: „Wenn du diese Person jetzt nicht anrufst, wirst du dein Durchsetzungsvermögen so verlieren, dass du dann gar nichts umsetzt. Deine Freundin wird dich verlassen und du wirst einsam und alleine sein, du wirst…“ Ich konnte nicht weiterreden, denn er hatte wutentbrannt aufgelegt. Ich wusste jedoch, dass er der Typ Mensch war, der genau das hören musste, um seine Angst endlich dadurch zu überwinden, dass er den Fokus änderte. Er hatte mir viel Geld dafür bezahlt, dass ich ihm Resultate lieferte, und mir zugesagt, dass ich alles, wirklich alles machen könne, um ihm zum Erfolg zu verhelfen. 30 Minuten später rief er mich zurück und sagte: „So, jetzt habe ich den Kunden angerufen. Er hat Produkte im Wert von 3.000 € gekauft – das habe ich dir zu verdanken. Ohne deine blöde

Aussage hätte ich das nicht gemacht. Nächste Woche haben wir das nächste 1:1-Gespräch, okay? Danke für all das, was du mir ermöglichst!"

Ich sagte nichts, sondern lächelte nur am anderen Ende der Leitung. Ich hatte gewusst, dass seine Freundin sein Schwachpunkt war und dass genau das ihn motivieren würde. In Wahrheit hat er es sich selbst ermöglicht – durch ein Lenken seines Fokus. Das, was ich hier im 1:1-Training gemacht habe, können wir alle für uns selber tun, solange wir den Fokus genau auf das richten, was uns motiviert: Weg von dem, wovor wir Angst haben, und hin zur Belohnung bzw. hin zur Bestrafung vor dem Nicht-Tun.

5. Dein Primärfokus

Die Frage, welche du dir hier stellen musst, ist: „Was will ich im Leben auf jeden Fall haben? Wann würde ich lieber sterben, weil ich das nicht erreiche/schaffe/habe? Woran denke ich ständig meist unbewusst, weil es mir so wichtig ist?" Wir werden noch etwas mehr Zeit mit dem Primärfokus verbringen, ich wollte diesen der Vollständigkeit halber dennoch hier erwähnen.

Jetzt hast du einiges über die dritte EVT©-Methode, das Lenken deines Fokus, gelernt. Stelle dir als heutiges To-Do, wie bereits erwähnt, folgende Fragen und arbeite diese aus.

Wenn du glaubst, keine Antwort zu wissen, dann antworte trotzdem.

1. Was ist etwas, worüber du dir oft schlechte Fragen gestellt hast?
2. Was waren diese schlechten Fragen?
3. Was müsstest du tun, sodass du bei dem Problem aus Frage eins positive Resultate erhältst?
4. Worauf bist du so richtig stolz in deinem Leben?
5. Warum macht dich das stolz?

6. Wie fühlst du dich dabei genau?
7. Für was/wen bist du so richtig dankbar in deinem Leben?
8. Warum macht dich der/die/das so dankbar?
9. Wie fühlst du dich dabei genau?
10. Wenn du an all die positiven Antworten aus den Fragen vier bis neun denkst, wie könntest du das Problem aus Frage eins bzw. drei sofort lösen und gleichzeitig Spaß dabei haben?

Arbeite die Punkte sorgfältig durch. Morgen sprechen wir über unsere kurzfristigen Möglichkeiten, wie wir unsere Emotionen durch unseren Körper beeinflussen können. Dabei geht es unter anderem auch um multiple Persönlichkeiten, Körperhaltungen und Anker. Es wird spannend!

Sei GRENZENLOS ERFOLGREICH©!

Dein

Dr. Julian Hosp

TAG 9: Durch richtige Körperhaltung mehr erreichen

Willkommen bei Tag 9!

Heute geht es um die vierte EVT©-Methode: die kurzfristige Methode deines Körpers, Emotionen sofort und nachhaltig zu beeinflussen. Morgen behandeln wir dann die langfristigen Körper-Methoden, und dabei vor allem Gesundheit und Energie.

Bevor wir ins Detail gehen, möchte ich dir ein paar simple Fragen über Körperhaltung und Gefühle stellen:

- Wenn ein Mensch depressiv ist, sitzt er dann anders als jemand, der top motiviert ist?
- Wie ist die Schulterstellung von jemandem, der ein niedriges Energielevel hat?
- Wie ist die Kopfhaltung?
- Wie seine Sprachfrequenz?
- Seine Sprachlautstärke?
- Wird er viel oder wenig Bewegung in seinen Armen haben?
- Wird er beim Sprechen gestikulieren?

Ich bin mir sicher, dass es für dich ganz einfach ist, dir so einen Menschen vorzustellen, wie dieser sich bewegt und verhält, wenn er sich gerade in einem Tief befindet.

Die drei Modalitäten Fokus, Wörter, Körper, welche wir vorgestern und gestern besprochen haben bzw. heute besprechen werden, sind miteinander verbunden, da diese unsere Gemütszustände bilden. Wie du auch bereits gelernt hast, funktionieren diese drei nicht nur in eine Richtung. Wenn wir uns schlecht fühlen, zeigt sich das über diese drei Kanäle auch rückläufig: Sobald du schlechte Wörter verwendest, einen schlechten Fokus oder eine schlechte Körperhaltung einnimmst, so fühlst du dich automatisch schlecht.

Probiere das gleich an dir selbst aus, indem du dich in eine gekrümmte Haltung setzt, deine Schultern herunterhängen lässt, deinen Kopf senkst, keine Bewegungen machst, mit leiser, schwacher Stimme sprichst und dich nur auf traurige Dinge fokussiert. Selbst wenn du nur Sekunden zuvor in einem positiven Zustand warst, so wirst du dich in Kürze absolut miserabel fühlen. Das Wichtige hierbei ist jedoch das Folgende: Wenn du das jetzt tust, wirst du dich auch noch in Wochen an diesen Moment zurückerinnern können. Warum ist das relevant? Weil unser Gehirn tagtäglich Assoziationen darüber macht, wie wir uns fühlen, an welchem Ort wir uns gerade befinden, wer um uns herum ist und was wir gerade tun. Wenn du unbewusst an einem ganz bestimmten Ort regelmäßig in einem schlechten Gemütszustand bist, so kann es passieren, dass das Gehirn nicht nur mit dem Ort, sondern auch mit den anwesenden Personen eine negative Assoziation verknüpft.

Dies kann beispielsweise folgendes, schockierendes Resultat haben: Du kommst gerade erschöpft von der Arbeit nach Hause, dein Job hat dir keinen Spaß gemacht, der Abendverkehr war der Horror und dein Magen knurrt vor Hunger. Diesen Gemütszustand zu beschreiben, fällt uns leicht: schlechter Fokus, schlechte Körperhaltung und schlechte Worte – also katastrophaler Gemütszustand. Wen triffst du zu Hause als erstes, wenn du zur Tür hereinkommst? Dies kann äußerst relevant sein, denn wenn es zum Beispiel deine Frau oder Kinder sind, so verbindet dein Gehirn möglicherweise diese negativen Assoziationen komplett unbewusst mit deinen liebsten Menschen. Wenn sich dies über eine längere Dauer abspielt, fällt es dir plötzlich schwer, zu positiven Assoziationen ihnen gegenüber zu gelangen. Irgendwann driftet dann dein Unterbewusstes bei jeglichem

Kontakt mit ihnen ständig in Negatives ab, ohne dass du dir eigentlich erklären kannst, warum oder wie genau das passiert.

Im NLP (Neuro-Linguistisches Programmieren) bezeichnet man so etwas als einen Anker. Lass uns dies anhand des Pawlowschen Hundes verständlicher machen. Vielleicht kennst du die Geschichte von Pawlow und dem Hund, bei dem er vor dem Füttern immer mit einer Glocke geläutet hat. Der Hund verstand also unbewusst, dass es jedes Mal, wenn die Glocke läutete, anschließend Futter geben würde. Wie jeder Hund, der sich auf Fressen freut, fing auch er an zu speicheln. Nach und nach programmierte sich das Unterbewusstsein des Hundes dahingehend, dass er, sobald er das Läuten hörte, zu speicheln begann – ganz unerheblich, ob es tatsächlich Essen gab oder nicht.

Das Irre ist, dass wir Menschen genauso wie der Hund unterbewusst auf unsere Umgebung reagieren, ohne klar zu verstehen, welche Reflexe wir daraus kreieren. Wir werden heute noch einige Male über solche Anker und Reflexe sprechen. Für dich ist vorerst einmal wichtig, genau Acht zu geben, sobald du dich dabei ertappst, dass du regelmäßig in ein und derselben Umgebung in einem schlechten Gemützustand bist, damit du nicht irgendwann negativ auf dein Umfeld reagierst, ohne genau zu verstehen warum.

Genau wie beim Fokus werden wir lernen, deine Emotionen durch eine richtige Körperhaltung zu kontrollieren. Dies fällt natürlich vor allem dann leicht, wenn wir gut gelaunt oder positiv gestimmt sind. Der Knackpunkt ist jedoch, auch dann in der Lage zu sein, dies zu bewerkstelligen, wenn es uns nicht gut geht und wir uns eigentlich nicht gut fühlen wollen. Jeder Mensch hat gute und schlechte Momente – das kann bereits beim Aufstehen sein. Der Unterschied zwischen tatsächlichen Top-Performern (nicht zu verwechseln mit den ruhelosen, stets Zielen hinterherrennenden, gestressten Menschen) und Low-Performern ist jedoch, dass die Top-Performer gelernt haben, sich nach einem Tief schneller zu erholen. Dies ist ein wichtiger Punkt, weshalb ich ihn hier noch einmal anführen möchte: Viele Menschen, vielleicht auch du, glauben, dass Top-Performer immer gut drauf sind. Genau das Gegenteil ist der Fall. Der Unterschied ist, dass Top-Performer gelernt haben, wie sie sich durch Fokus, Wörter und Körper binnen Sekunden wieder zur Höchstleistung bringen.

Bei unserem Grenzenlos Erfolgreich Wochenend-Erlebnis© durchlaufen unsere Teilnehmer unter anderem eine sogenannte Grenzenlos Erfolgreich© Eskalation. Diese stellt für viele eine enorme Herausforderung dar, da die fünf Übungen sie nicht nur mit ihren mentalen, sondern auch mit ihren physischen Grenzen konfrontieren. Hier kommen alle drei Faktoren ganz besonders zum Tragen. Falls du das selbst testen möchtest, kontaktiere unser Team für die nächsten verfügbaren freien Plätze: team@i-unlimited.de.

Eine der einfachsten Methoden zu lernen, wie du dich gerade fühlst, ist es, deinen Gemütszustand regelmäßig auf einer Skala von eins bis zehn zu bewerten. Eins ist extrem negativ, zehn unglaublich positiv.

Fangen wir mit deinem Gesicht an. Dies wird ebenfalls Teil deiner heutigen To-Dos sein. Du kannst die Gesichts-Aerobics entweder jetzt sofort mitmachen oder am Ende einfach noch einmal zu dieser Übung zurückkehren. Wenn zur Hand, kannst du gerne zusätzlich einen Spiegel benutzen, um dein Gesicht zu betrachten. (Tipp: Die Handykamera auf dich zu stellen, funktioniert genauso.)

Also los:

1. Ganz egal, wo du dich gerade befindest, stelle dir nun vor, dass du dich gerade auf einem Gefühlszustand von zwei bis drei befindest.
2. Wie fühlt sich dein Gesicht an?

3. Ziehe deine Mundwinkel so, dass du auf Stufe zwei oder drei kommst. Zur Erinnerung: eins ist absoluter Tiefpunkt, zehn ist absolute Höchstform.
4. Denke an etwas, das dich traurig macht. So kommst du einfacher auf eine zwei oder drei.
5. Wie sind deine Augen geformt?
6. Ist dein Mund offen oder geschlossen?
7. Bewegst du deine Pupillen oder starrst du nur geradeaus, um an etwas Trauriges zu denken?

Präge dir diesen Gesichtsausdruck auf Level zwei bis drei ein!

Nun schwenken wir zum absoluten Gegenteil. Denke an etwas, das in dir eine neun oder zehn auslöst. Das Einzige, was du verändern darfst, sind deine Gedanken und dein Gesicht:

1. Wie schaust du jetzt drein?
2. Lächelst du?
3. Wohin ziehen sich deine Mundwinkel?
4. Wie sind deine Augen geformt?
5. Bewegst du deinen Kopf ein bisschen mehr?

Präge dir auch diesen Zustand auf einem Level von neun bis zehn genau ein. Nun wechsle so schnell es geht auf Level zwei bis drei herunter, mache das so schnell du kannst. Halte diesen Gesichtsausdruck, fühle die drückende, negative Emotion.

Nun wechsle so schnell es geht wieder zurück auf neun bis zehn. Spüre die genauen Emotionen, fokussiere dich darauf, was du gerade in deinem Gesichtsausdruck verändert hast.

Nun wechsle zurück auf zwei bis drei.

Zurück auf neun bis zehn.

Zwei bis drei.

Neun bis zehn.

Bleibe nun auf neun bis zehn, denn ich möchte natürlich, dass es dir so richtig gut geht.

Wie hat sich das angefühlt? Konntest du den Unterschied deutlich spüren? Vielleicht zum ersten Mal in deinem Leben? Wie ging es dir am Anfang dieser Übung? Und wie geht es dir jetzt danach? Wann immer ich diese Übung in Seminaren mit den Teilnehmern durchgehe, geht es danach allen deutlich besser. Und das lediglich, indem wir die Gedanken und unseren Gesichtsausdruck verändert haben. Wenn alleine die Veränderungen in unserem Gesicht schon solche Auswirkungen haben, wie geht es uns erst, wenn wir unseren gesamten Körper einsetzen?

Okay, nächstes To-Do: jetzt machen wir die gleiche Übung, nutzen hierbei jedoch unseren gesamten Körper. Also, wir beginnen auf Level zwei bis drei.

1. Denke an etwas, das dich ziemlich traurig macht. Zum Beispiel, als dich ein Mensch verlassen hat, etwas Schlimmes passiert ist, du schlechte Nachrichten erhalten hast oder du dich einfach krank gefühlt hast. Denke ganz fest daran. Nun versetze dich körperlich in diese Lage.
2. Richte den Kopf mit Gesichtsausdruck genau danach aus.
3. Wie war deine Stirn gerichtet?
4. Als nächstes bewege deine Schultern in die Lage, die sie haben, wenn du dich so richtig schlecht fühlst. Wohin wandern sie?
5. Nun achte auf deine Atmung, wie passt sie sich an, wenn es dir so richtig miserabel geht?
6. Wie ist deine Rückenhaltung? Begib dich in jene Form, sodass du dich so richtig dreckig fühlst.

7. Wohin sind deine Arme gerichtet? Baumeln sie an deiner Seite, sind sie vorne überkreuzt oder hast du sie sogar hinter deinem Rücken?
8. Musst du dich vor lauter Energielosigkeit eventuell sogar hinsetzen? Wenn ja, dann tue das, doch behalte die Körperposition von Energiestufe zwei bis drei bei.
9. Wie ist die Orientierung deiner Füße? Stehst du aufrecht oder leicht gebeugt?
10. Fokussiere dich auf deine gesamte Körperhaltung. Präge sie dir bis ins kleinste Detail ein, während du an all die schmerzhaften und negativen Dinge denkst, die dir ein Gefühl von Stufe zwei bis drei geben.

So, genug gelitten, jetzt schwenken wir rüber auf ein Gefühl von neun bis zehn:

1. Denke an etwas extrem Tolles, eine Situation, bei der dir etwas unglaublich Schönes widerfahren ist, weil du zum Beispiel die Liebe deines Lebens kennengelernt hast, du so richtig Glück im Leben gehabt hast, ohne dies zu erwarten, du ein unerwartetes Geschenk bekommen hast, du etwas Fantastisches erreicht hast oder von anderen Menschen ein großes Danke bekommen hast. Was immer es ist, denke nun an etwas, das in dir absolut positive, wunderschöne und liebevolle Emotionen hervorruft. Richte nun deinen Körper genau danach ein.
2. Passe deine Kopfhaltung an.
3. Hebe die Schultern.
4. Richte dich auf.
5. Achte auf deine neue Atmung.
6. Wie ist dein Stand?
7. Stehst du aufrecht oder sitzt du noch?
8. Wie sind deine Füße?
9. Achte auf jedes Detail an deinem Körper.
10. Denke ganz fest an das positive Gefühl und konzentriere dich auf deine Körperhaltung.

11. Wie hat sich deine Atmung verändert? – Wahrscheinlich ist sie nun tief und kräftig.
12. Wohin ist dein Blick gerichtet? Nach oben oder immer noch nach unten, so wie in dem Moment, als du dich schlecht gefühlt hast?
13. Hast du mehr Bewegung in deinen Körper hereingebracht? Fokussiere dich mit allen Details darauf und präge dir diese Position ganz genau ein.

Genieße diese Position für ein paar Momente. Du kennst die Übung bereits, wechsle jetzt so schnell es geht auf das Level zwei bis drei herunter. Erinnere dich an die negativen Emotionen und die schlechte Körperhaltung. Fühle die drückende Negativität und die schwere Last auf deinen Schultern, die dich zu Boden quetschen. Spüre das Leiden, das diese Emotionen und diese Körperhaltung in dir auslösen.

Nun wechsle sofort zurück auf Level neun bis zehn. Stell dich aufrecht hin und verweile ein paar Sekunden in dieser Position.

Zurück zu zwei bis drei!

Nun neun bis zehn!

Zwei bis drei, neun bis zehn!

Bleibe nun in neun bis zehn und genieße die positiven Erinnerungen noch ein letztes Mal!

Schüttle deinen Körper nun aus und gib dir ein „Self-High-Five“, weil du diese Übung so fantastisch gemeistert hast. Das Ausschütteln ist wichtig, da du dadurch die Negativität aus deinem Körpergedächtnis bzw. deinem Unterbewusstsein heraus bekommst. Ja, genau dieses Körpergedächtnis ist es, das diese Trigger und Anker in dir verfestigt. Heute wird dein Körper noch öfter zwischen Ankern und Ausschütteln hin und her wechseln. Hintergrund dieser Übungen ist es, dir einerseits ein Gefühl für deine Gemütszustände zu geben, dir andererseits schon einmal ein paar Basics beizubringen, wie du durch deine eigene Körperhaltung deine Emotionen proaktiv beeinflussen kannst. Denke immer daran: Du kannst meistens nicht beeinflussen, was dir passiert, doch du kannst mittels der Methoden der EVT© beeinflussen, wie du darauf reagierst.

Welche fünf Möglichkeiten gibt es nun, unsere Emotionen durch unsere Körperhaltung binnen Sekunden zu beeinflussen?

1. **Die Erste hast du bereits gelernt: Körperbewegung**. Im Englischen sagt man: „Motion creates Emotion." Das bedeutet konkret, dass du durch Bewegung deine eigenen Gefühle sofort beeinflussen kannst. Genau das haben wir in den beiden vorherigen Übungen ausprobiert. Man könnte das Ganze jedoch noch auf das nächste Level bringen, indem du zum Beispiel Sport machst, ins Freie gehst, ein paar Übungen machst oder dich mal so richtig ausgiebig dehnst. Der Knackpunkt ist hier, deinen Körper mit so viel Bewegung wie möglich auf eine andere Stufe zu bringen. Umso gezielter und öfter du das machst, umso effektiver wirst du lernen, zu erkennen, wann ein Gemütszustand auf zwei bis drei ist und wie du diesen immer schneller zurück auf neun bis zehn bekommst.

2. **Die zweite Methode ist es, Temperatur** proaktiv auf deinen Körper wirken zu lassen. Theoretisch wirken Hitze und Kälte gleichermaßen, meistens ist es jedoch einfacher und sicherer, Kälte an Stelle von Hitze anzuwenden. Wie funktioniert das? Du könntest zum Beispiel, sobald du merkst, dass dein Gemütszustand absinkt, eine kalte Dusche nehmen oder, falls verfügbar, in ein Eisbad springen. Am Arbeitsplatz reicht es teilweise sogar schon, wenn

du deine Hände oder dein Gesicht mit eiskaltem Wasser abwäschst. Du könntest natürlich auch Hitze verwenden, wobei du genau Acht geben musst, dass du dich nicht verbrennst. Eine fantastische Wirkung hat ein Besuch in der Sauna oder im Dampfbad. Pass hier darauf auf, dass du gut auf deine Körperreaktionen achtest, sonst fühlst du dich danach noch müder statt aktiv. Kaltes oder warmes Esses bzw. Getränke haben hier ebenfalls einen sehr positiven Einfluss. Du musst jedoch sehr genau auf deinen Körper hören, der dir sagt, welche Temperaturen dir gut tun. Hier ist jeder Körper unterschiedlich. Außerdem macht es natürlich keinen Sinn, wertlose Kalorien in dich hineinzustopfen, nur damit du Temperatur auf deinen Körper einwirken lassen kannst. Verwende diese EVT©-Methode also nicht als Ausrede zum Naschen.

3. **Die dritte Methode ist eine der machtvollsten Methoden überhaupt: Atmung.** Atmen ist etwas, das wir jede Minute zwölf- bis fünfzehn Mal, 800 Mal pro Stunde, 18.000 Mal pro Tag und knapp 6 Millionen Mal pro Jahr zumeist komplett unbewusst tun. Wie du morgen erfahren wirst, hat Atmen neben der Sauerstoffzufuhr und Kohlendioxidabfuhr auch noch einige andere wichtige Aufgaben. Besonders wenn es um Schadstoff- und Lymphabtransport geht, steht unsere Atmung im Zentrum des Geschehens. Außerdem hat unsere Atmung einen sofortigen Einfluss, sowohl auf Sympathikus als auch auf Parasympathikus. Wer oder was das ist? Dies sind Nervensysteme in unserem Körper, welche ihn entweder eher aktivieren oder deaktivieren. Wenn du also langsame, tiefe Atemzüge nimmst, reicherst du dein Blut nicht nur mit mehr Sauerstoff an, sondern entgiftest zudem deinen Körper und aktiverst auch noch zusätzlich den Parasympathikus und nimmst deinem Körper dadurch „Stress“.

Besonders gut erkennen kann man das, wenn Leute gestresst sind und eine Zigarette rauchen. Natürlich haben viele der toxischen Inhaltsstoffe einen Einfluss auf uns, doch auch das langsame, ruhige Ziehen an der Kippe beruhigt uns ungemein. Braucht man dafür eine Zigarette? Nein, und genau deshalb sind auch in vielen körperzentrierten Techniken wie zum Beispiel Yoga Atemübungen ein zentraler Bestandteil. Wenn du das nächste Mal gestresst bist, probiere einfach einmal kurz innezuhalten und sieben bis zehn tiefe, langsame Atemzüge zu machen. Am besten ist es, wenn du die Luft nach dem Ein- und Ausatmen jeweils kurz anhältst, denn dadurch gibst du dem Blut zusätzlich Zeit, Gase auszutauschen.

Lass uns das gleich einmal versuchen:

Wir machen einen zwei-vier-eins Rhythmus, das heißt: für jede Sekunde Ausatmen atmest du zwei Sekunden ein und hältst die Luft danach vier Sekunden lang an. Du kannst natürlich vier-acht-zwei oder auch acht-sechzehn-vier machen.

Bevor wir starten, reflektiere jetzt kurz, wie du deinen Gemütszustand von eins bis zehn einschätzen würdest.

Also, los geht's: Vier Sekunden lang einatmen, Luft anhalten, am besten acht Sekunden, und ausatmen. Kurz die Lunge ohne Luft lassen, wieder vier Sekunden lang einatmen, eins, zwei, drei, vier. Sehr gut, Luft anhalten… zwei… fünf… acht. Und wieder ausatmen, eins, zwei. Lunge ohne Luft lassen – und wieder einatmen. Wiederhole diesen Zyklus ruhig sieben bis zehn Mal, und frage dich nun auf einer Skala von eins bis zehn, wie dein Gemütszustand ist. Fühlst du dich jetzt besser als noch am Anfang?

Wahrscheinlich schon, denn: nicht nur hat dein Blut jetzt mehr Sauerstoff und weniger Giftstoffe, vielmehr ist dein Körper nun zusätzlich entspannter. Nutze diese Methode ruhig zwei bis drei Mal pro Tag, wenn du einen „Gefühlsboost" brauchst.

4. **Die vierte Methode ist mit der dritten oft sehr eng verknüpft. Es geht um Meditation.** Genau wie die Atmung eine beruhigende Wirkung auf unseren Körper ausübt, so kann dies auch durch eine Beruhigung unserer Gedanken funktionieren. Wenn du noch keine Erfahrung mit Meditieren hast, empfehle ich dir auf jeden Fall, mit einer geführten Meditation zu beginnen. Hierfür gibt es kostenlose Apps wie zum Beispiel Headspace oder 7-Mind und auch kostenlose YouTube-Videos, bei denen du alles einfach nur nach Anleitung genau befolgen musst und so auf simpelste Art und Weise lernst zu meditieren. Etwas Wichtiges, was ich hier hinzufügen möchte, ist, dass Meditieren anders als bewusste Atmung beim ersten Mal nicht einen sofortigen Effekt zeigt, sondern sich meistens über sieben bis zehn Tage aufbauen muss, bis man die Verbesserung spürt. Ich sage das deshalb dazu, weil ich gerade in meinen Seminaren oft als Antwort höre, dass jemand bereits zu meditieren versucht hat, jedoch nach ein oder zwei Mal nichts bemerkt hat. Apps, Videos oder Meditationsgruppen helfen hier, um gerade am Anfang die Zeit zu überbrücken, bis Meditieren ähnlich wie die bewusste Atmung einen spürbaren Effekt hat.

5. **Die fünfte und letzte Methode sind die bereits zuvor erwähnten Anker.** Wir werden hier gleich noch eine Live-Übung dazu machen, sodass du im Prinzip alle To-Dos des heutigen Tages bereits während dieses Kapitels mitgemacht hast. Du kannst diese sehr gerne dem Arbeitsbuch folgend

wiederholen. Lass die To-Dos jedoch auf keinen Fall aus, nur weil du sie dieses Mal nicht gebündelt nacheinander machen musst.

Wenn wir über Anker sprechen, ist es wichtig, das Konzept von multiplen Persönlichkeiten zu verstehen. Sobald wir an multiple Persönlichkeiten denken, so kommen den meisten von uns zunächst psychiatrische Erkrankungen in den Sinn. Dabei trägt absolut jeder von uns mehrere Persönlichkeiten in sich… ohne dabei irre zu sein. Wie ist das zu verstehen? Ganz einfach, ich bin mir sicher, dass du dich in deinem Job anders verhältst als in Gegenwart deiner Freunde und dort wiederum anders als bei deinem/r Partner/in. Hast du zum Beispiel bei anderen schon einmal erlebt, dass sich plötzlich die Stimmlage komplett verändert, sobald die Mutter, Frau oder der Mann anruft? Genau hier drängen diese unterschiedlichen Persönlichkeiten in uns durch. Sie sind nichts anderes als bereits zuvor abgespeicherte Emotionen, welche sich nachfolgend durch Fokus, Wörter und Körper zeigen.

Ein Tipp, den ich dir geben kann, ist der, dass du deine Persönlichkeiten für Liebe, Selbstsicherheit, Motivation, Wachheit, Müdigkeit usw. genau analysierst. Genau wie bei einem Hund, der dir gehört, gibst du dieser Persönlichkeit einen Namen und lernst sie zu rufen, wenn du sie bei dir haben willst. Wie würdest du deine absolut verliebte Persönlichkeit benennen? Wann und wo würdest du diese gerne rufen wollen? Wie und wann deine Selbstsicherheit? Wann bist du gerne schläfrig, wann gerne wach? Dies ist einer der besten Tricks, um deine Gemütszustände in voller Produktivität auszunutzen.

Wie würde das zum Beispiel mit der Persönlichkeit deiner Selbstsicherheit funktionieren? Das ist ein Thema, welches ich oft in meinen Seminaren behandle, wenn es darum geht, wer Angst davor hat, vor anderen Menschen zu sprechen. Es heben natürlich immer ein paar Leute die Hand. Auf meine nachfolgende Frage, ob es interessant sein könnte, die Persönlichkeit „Selbstsicherheit“ zu kreieren und sie danach zu benennen, um sie jederzeit abrufen zu können, erhielt ich bislang immer ein klares „Ja“. Was würdest du antworten? Die meisten glauben an dieser Stelle allerdings noch nicht so richtig, dass das auch funktionieren kann. Also suche ich mir aus den Personen, die sich gemeldet haben, eine heraus, die ganz besonders schüchtern aussieht. Dadurch erkennen alle anderen, dass, wenn es bei ihr funktioniert, es auch bei ihnen selbst klappen wird. Du kannst diese Übungen jetzt sofort mitmachen, wenn auch du deine „Selbstsicherheit-Persönlichkeit“ kreieren, benennen und jederzeit zu dir rufen willst.

Stell dich aufrecht hin und schließe die Augen. Stell dir nun vor, dass du ganz kurz davor stehst, auf eine Bühne gehen zu müssen, vor der circa 500 Leute im Publikum auf dich warten. Du fühlst dich extrem unsicher, denn du hast das Thema nicht zu 100% geübt und du weißt nicht, wie die Leute da draußen reagieren werden. Fühle deine Angst! Fühle deine Unsicherheit! Spüre, wie dein Körper zusammenkauert. Wohin richtet sich dein Fokus? Welche Dinge redest du dir gerade selber ein? Welche Gedanken kreisen in deinem Kopf? Wo befindet sich dein Kopf? Dein Blick? Wie ist dein Rücken? Wo sind deine Schultern? Sind deine Knie gebeugt und zitternd? Analysiere deine Emotionen, die du jetzt gerade empfindest, bis ins letzte Detail. Spüre, wie miserabel du dich gerade fühlst, weil du komplett unsicher bist und riesige Angst davor hast, jetzt vor anderen Leuten zu sprechen. Auf einer Skala von eins bis zehn, wo stehst du? Auf einer eins? Drei?

Während du so dastehst und leidest, schwenke deinen Fokus um und denke an ein Beispiel, wo du schon einmal ohne Probleme vor einer oder zwei oder sogar mehr Personen erfolgreich gesprochen hast. Waren es vielleicht deine Kinder, Freunde, Schüler, Geschäftspartner oder einfach nur Freunde? Erinnere dich daran, wie toll und gut es dir dabei gegangen ist und wie wunderschön das Feedback der Menschen auf deine Rede, deinen Vortrag oder das Gespräch war. Erinnere dich wirklich und versetze dich in die Lage zurück, als wärst du gerade noch einmal in dieser Situation. Empfinde sie. Erlebe die Worte der anderen Menschen, spüre die Temperatur des Raumes, erinnere dich an die Kleidung, welche du trugst. Merke, wie sich dein Fokus binnen eines Momentes gerade auf etwas Positives richtet. Erinnere dich, mit was für einer selbstsicheren Stimme du die Worte damals vor den anderen gesagt hast. Vielleicht warst du zuerst gar nicht so selbstsicher, doch relativ schnell hast du dann gemerkt, dass du das Thema richtig rockst, stimmt's? Geh nun in dieselbe Körperhaltung, welche du auch damals gehabt hast.

- Wie hast du deinen Kopf gehalten?
- Wohin war dein Blick gerichtet?
- Wie war die Lautstärke deiner Stimme?
- War dein Brustkorb nach außen gestreckt?
- Wie stark war dein Stand?
- Wie war deine Atmung?

Spüre und merke, wie positiv, selbstsicher und voller Energie du nicht nur damals warst, sondern jetzt gerade in diesem Moment bist. Reflektiere nun noch einmal und analysiere auf einer Skala von eins bis zehn, wie schnell du nun gewechselt hast und auf welchem Punktestand du dich nun befindest. Bist du auf einer sieben? Neun? Oder sogar zehn?

Falls du noch nicht mindestens auf einer neun oder zehn bist, intensiviere das Gefühl von Positivität, Selbstsicherheit und Liebe noch einmal. Erinnere dich an den Applaus der Menschen, die tollen Zusprüche und die Komplimente, welche du nicht nur während deines Vortrages oder Gesprächs, sondern auch danach immer und immer wieder gehört hast. Fühl das Lob und fühl dich immer und immer selbstsicherer. Bist du nun auf einer neun oder zehn?

Falls du dich praktisch auf dem Maximum deiner Gefühle befindest, dann drück mit deinem rechten Daumen und Zeigefinger die Hautfalte der linken Hand, welche zwischen linkem Daumen und linkem Zeigefinger liegt. Denk noch einmal ganz fest an das positive Gefühl und drücke fest zu. Halt die Position, während du alles noch einmal verinnerlichst.

Du hast nun gerade einen Anker für die Persönlichkeit „Selbstsicherheit" gesetzt. Wie dieser funktioniert, erkläre ich dir gleich. Gib nun deiner Persönlichkeit „Selbstsicherheit" einen Namen. Du kannst ihr entweder den Namen einer Person geben, welche du als extrem selbstsicher wahrnimmst, und so noch einen zusätzlichen positiven Triggerpunkt setzen, oder du erfindest einfach einen Namen, den du dir gibst. Zum Beispiel funktionieren „Arnold", „Löwe", „Puma", aber auch jeder andere Name. Welchen hast du dir für „Selbstsicherheit" gegeben?

Gut, nun müssen wir sie „rufen". Angenommen, sie heißt „Arnold", dann kannst du sie jetzt natürlich nicht wie einen Hund „Arnold, Arnold, komm her, Arnold!", rufen, stattdessen verwenden wir den Anker. Dieser macht im Prinzip dasselbe, nur eben auf Basis von Fokus, Wörtern und Körper.

Also, los geht's: Schüttle deinen Körper nun einmal komplett aus, und zwar so, dass wirklich alle neurale Erinnerung aufgelöst wird. Versetze dich zuerst in denselben Ein-bis-drei-Punkte-Zustand von zuvor und fühl dich noch einmal total schlecht. Ich weiß, das ist kein tolles Gefühl, jedoch ist es wichtig, dass du das jetzt mitmachst. Erinnere dich noch einmal an die ganzen schlechten Punkte. Wechsle nun deinen Fokus zur positiven Erinnerung und „rufe" deinen „Arnold". Drück dafür noch einmal auf den Ankerpunkt zwischen linkem Daumen und Zeigefinger. Fühl, wie deine Emotionen nach oben schießen, du selbstsicherer und besser gestimmt wirst. Schieße auf neun bis zehn Punkte auf der Skala und genieße das Gefühl:

- Was könntest du in diesem Moment alles schaffen?
- Welche Vorträge könntest du gerade alle halten?
- Wie selbstsicher bist du gerade?
- Wie stark?

Feiere nun, wie gut du dich gerade fühlst und wie du gelernt hast, „Selbstsicherheit“ zu rufen. Du kannst dies mit jedem anderen Gefühl auch machen, solange du folgende Punkte beachtest:

1. Fühle immer zuerst das schlechte Gefühl, damit der Kontrast klarer ist.
2. Wenn du den Anker zum ersten Mal setzt, musst du dich wirklich auf einem Hochgefühl befinden (mindestens neun, besser zehn).
3. Bist du noch nicht ganz oben, dann intensiviere das Gefühl. Werde noch verliebter, noch motivierter, noch wacher, noch müder etc. Eben genau das, wonach du deine Persönlichkeit gerade benennen willst.
4. Du kannst nicht denselben Anker für zwei unterschiedliche Gefühle verwenden, sondern musst diese ganz streng trennen. Du kannst zum Beispiel Ohrläppchen, Finger, Hände, Schultern, Hüfte, Knie usw. verwenden und natürlich jeweils auf beiden Seiten.
5. Schüttle deinen Körper nach dem Ankersetzen immer aus, um neurale Verbindungen zu lösen.
6. Löse den Anker danach immer einmal zum Testen aus (indem du wieder auf dieselbe Stelle wie beim Setzen drückst) und achte darauf, dass du dich auch wirklich genauso fühlst, wie du dir das beim Setzen des Ankers zuvor vorgestellt hast. Wenn das nicht so ist, solltest du den ganzen Prozess noch einmal wiederholen und darauf achten, dass du den Anker auch wirklich in einem Hoch setzt.
7. Nutze den Anker, wenn du ihn brauchst, doch achte darauf, dass du ihn auch immer und immer wieder „trainieren“ solltest, wenn das Gefühl gerade

natürlich auftritt. Also wenn du dich gerade einmal extrem selbstsicher fühlst, drücke den Anker ganz fest, um das Gefühl zu festigen. So ist es noch einmal einfacher, „Arnold“ dann zu rufen, wenn du dich gerade nicht selbstsicher fühlst, du es jedoch brauchst.

Anker sind unglaublich machtvoll, solange du sie richtig einsetzt. Wie bereits erwähnt, kannst du diese für so ziemlich jedes Gefühl nutzen. Der Ablauf ist immer der gleiche wie zuvor beschrieben, solange du in den genauen Gefühlszustand hineinkommst. In den To-Dos kannst du weitere Anker Schritt für Schritt selber durchgehen. Der einzige Anker, von dem ich unbedingt möchte, dass du ihn dir setzt, ist der für „Volle Energie“.

„Volle Energie“ ist der Name für jene Persönlichkeit, in der absolut alles machbar ist. Keine Herausforderung ist zu groß, kein Hindernis unüberwindbar. Durchlaufe den selben Prozess wie zuvor, nur diesmal setzt du dir den Anker mit einer extrem krassen Bewegung. Dies kann zum Beispiel ein lautes Klatschen sein, ein „Yes“-Schrei mit geballten Fäusten oder, so wie ich es mache, einmal kräftig – ähnlich wie es ein Gorilla auch tut – auf die Brust klopfen. Ich habe diesen Anker „Volle Energie“ unbewusst im Basketball gelernt, wo ich mir jedes Mal, wenn ich einen tollen Punkt gemacht habe, mit beiden Fäusten auf die Brust getrommelt habe. So kam dieser Anker zustande, welchen ich heute immer noch vor wichtigen Auftritten, Situationen und Verkaufsgesprächen nutze.

Du brauchst ebenso einen Anker, der in dir „Volle Energie“ auslöst. Dieser ist anders als “Selbstsicherheit”, denn bei „Volle Energie“ geht es einfach darum, Vollgas zu geben, sodass du sofort ins Tun kommst. Wir werden diesen Anker noch einige Male in den nächsten Tagen brauchen, wenn wir weitere Übungen durchlaufen. Wenn du also gleich die Arbeitsschritte durchgehst, setze dir diesen nach dem vorherigen Konzept und lerne ihn zu „rufen“.

Mache nun diese zehn To-Dos:

1. Gesichts-Aerobic (hast du eventuell bereits zuvor schon getan).
2. Körpergefühls-Wechsel zwischen schlecht und gut (hast du eventuell ebenfalls bereits zuvor schon getan).
3. Setze den Anker für „Volle Energie“ – schüttle dich zuerst kräftig aus.
4. Wie fühlst du dich, wenn du energielos bist? Wie stehst du da? Wohin schaust du? Wie ist deine Körperhaltung? Wie sind deine Wörter, an die du denkst? Gehe auf Level eins bis drei.
5. Nun wechsle deinen Fokus und gehe auf ein so motiviertes Level wie nur möglich. Wann warst du das letzte Mal so unglaublich motiviert? Gehe in den Moment voller Energie. Tanze, springe, renne, schreie – egal was du machst, sei voller Energie!
6. Setze nun deinen „Volle Energie“-Anker. Klopfe dir auf die Brust, schmeiß die Faust in die Luft oder klatsche fest in deine Hände. Egal was es ist, spüre die Energie und setze den Anker. Wie ist dein Gefühl? Du solltest auf Level neun bis zehn sein!
7. Schüttle dich erst kurz aus und rufe dann den „Volle Energie“-Anker. VOLLE ENERGIE! Gehe auf Level neun bis zehn, mache deinen Anker und gib alles. Spüre die Macht, welche dieser Anker in sich trägt.
8. Du hast nun bereits zwei „Persönlichkeiten“, welche du jederzeit verstärken und auch rufen solltest, sobald du sie brauchst. Lerne die Feinheiten kennen und verstehe, wie du am einfachsten hin und her wechseln kannst.
9. Wiederhole den Prozess für weitere Persönlichkeiten, welche du gerne hättest. Dabei ist es absolut okay, wenn du 20 verschiedene hast. :-)
10. Nutze, falls du willst, auch Temperatur, Atmung und Meditation. Für meine Persönlichkeit „Wachsein“ nutze ich zum Beispiel den Anker „Duschen gehen“ und drehe am Ende 10 bis 15 Sekunden lang komplett

das kalte Wasser auf. Nicht nur mein Körper wacht so auf, sondern mein gesamtes Nervensystem.

Sei kreativ und nutze die Macht deines Körpers! Morgen sprechen wir dann darüber, wie du diesen nicht nur sofort im Moment einsetzen kannst, sondern welche langfristigen Strategien es innerhalb der EVT© dafür gibt.

„Volle Energie“ und sei GRENZENLOS ERFOLGREICH©!

Dein

Dr. Julian Hosp

TAG 10: Mit Energie und Gesundheit mehr erreichen

Willkommen bei Tag 10!

Na, wie geht's dir heute nach all der Energie von gestern? Ich hoffe, du hast noch einiges davon behalten, denn der heutige Tag wird intensiv und etwas länger.

Wie versprochen erzähle ich dir heute von den langfristigen Methoden deines Körpers in der EVT©. Einige Menschen mögen dies als Gesundheit bezeichnen, gerade als Mediziner sehe ich das jedoch sehr skeptisch, denn was ist schon Gesundheit? Die bloße Abwesenheit von Krankheit? Die volle Funktion des menschlichen Körpers? Komplettes Wohlbefinden? Je nachdem, wen man fragt, wird man unterschiedliche Definitionen dafür bekommen. Pausiere an dieser Stelle kurz und denke selber darüber nach, wie du Gesundheit für dich definierst.

Früher war für mich Gesundheit, wenn ich mich total wohl fühlte, unter 10% Körperfett hatte, gut aussah und perfekte Laborwerte vorweisen konnte. Doch eines Tages realisierte ich, dass der eigentliche Zweck meines Körpers derjenige war, meinem Geist und meinem Gehirn die Verbindung zur Außenwelt zu bieten. Das bedeutet, Ideen umzusetzen, Liebe zu empfangen, Spaß zu haben und vieles mehr. Dadurch änderte ich meine persönliche Definition für Gesundheit, welche nun wie folgt lautet:

GESUNDHEIT = ENERGIE

Der Grund für diese simple Definition ist einfach: ich kenne viele Menschen, die klinisch komplett gesund sind.

Einige davon bringen dennoch nichts im Leben zustande, sie haben zwar Ziele, Wünsche, scheinen so ziemlich alles richtig zu machen. Doch wenn man sie fragt, was sie denn machen wollen, so antworten sie: „Vieles, doch mir fehlt einfach die Energie! Ich bin einfach zu müde nach der Arbeit!" Kennst du das auch? Ich habe dir das Beispiel von meinem Onkel im Rollstuhl schon vor ein paar Tagen erzählt. Aus medizinischer Sicht ist er definitiv nicht gesund. Dennoch strotzt er nur so vor Energie und kann daher all die Dinge umsetzen, welche er sich immer schon erträumt hat. Genau das sollte also auch dein Ziel sein: Maximale Energie, um all deine Träume, Ziele und Wünsche umsetzen zu können.

Wie das genau funktioniert und was du dafür tun musst, werden wir heute im Detail besprechen. Hier noch als wichtige Warnung: das Thema Gesundheit, Ernährung und Sport ist extrem mit Vorurteilen belastet. Medien, Erziehung und Kultur haben ihren Job getan. Wie schon im Bedeutungskreislauf besprochen, hat dein Gehirn irgendwann begonnen, Dinge gar nicht mehr so richtig zu hinterfragen, da sie als „okay" abgestempelt wurden. Diesen Reflexkreislauf müssen wir heute aufbrechen, sodass du einige deiner Glaubenssätze noch einmal genauer ansehen kannst. Dies wird nicht nur jede Menge Energie, sondern auch Überwindung und Kraft kosten.

Ich weiß, wovon ich spreche, denn auch für mich ist es stets extrem schwierig, mich für neue Ideen oder Konzepte zu öffnen. Lass uns also heute den folgenden Deal eingehen: Glaube weder deinen alten Glaubenssätzen noch irgendwelchen Informationen, welche ich dir heute gebe. Der Deal ist, dass du die neuen Dinge einfach zehn Tage lang ausprobierst. Zehn Tage, das ist keine lange Zeit, und somit kann auch nichts schiefgehen, sollte etwas nicht funktionieren. Es ist jedoch lange genug, damit du erkennst, ob die neuen Dinge eventuell doch besser für dich sind oder ob du lieber beim Alten bleibst. Wie klingt das für dich? Lässt du dich auf den Zehn-Tage-Deal mit mir ein? Super, du hast nichts zu verlieren, sondern kannst nur gewinnen. Lass uns reinstarten!

<u>Wenn wir von Energie oder Gesundheit sprechen, so handelt es sich meistens um diese drei unterschiedlichen Kategorien:</u>

1. körperlich
2. spirituell
3. mental

Heute sprechen wir hauptsächlich über die körperliche Gesundheit/Energie. Spirituelle Gesundheit wird vor allem am letzten Tag ein Thema sein, wenn es darum geht, das höhere Ich und die eigene Selbstbestimmung für den absolut grenzenlosen Erfolg zu finden. Auch mentale Gesundheit ist enorm wichtig und du arbeitest praktisch jeden Tag genau daran, während du dieses Grenzenlos Erfolgreich© Programm durchmachst.

Einer der wichtigsten Punkte für mentale Gesundheit ist es, sich immer ein wenig fortzubilden, damit die grauen Gehirnzellen nicht zu schnell altern. Du kennst sicher den Spruch: „Wer rastet, der… rostet!“ Wie kannst du es also verhindern, dass du nicht rostest? Ganz einfach, indem du „jung bleibst“. Und wie geht das? Indem du offen für Neues bleibst, dich fortbildest und dich nie auf eigene Konzepte festfährst. Ich nutze für mich NEZ und EZ. Das bedeutet „Nicht Extra Zeit” und „Extra Zeit”. Ersteres ist zum Beispiel, wenn ich mich mit Audiobüchern oder Podcasts während anderer Tätigkeiten wie Sport, Hausarbeiten oder Autofahren fortbilden kann. „Extra Zeit” sind Dinge wie Bücher lesen, Seminare besuchen oder informative Dokumentationen bzw. Videos schauen. Wenn du das mit Dingen wie regelmäßigem Meditieren, was wir gestern bereits besprochen haben, kombinierst, so wird deine mentale Einstellung immer stärker und somit deine mentale Gesundheit immer besser.

Gehen wir also zum Hauptthema von heute über, nämlich der körperlichen Gesundheit/Energie. Für den Anfang würde ich dir gerne ein paar Grundlagen aus medizinischer Sicht dazu geben. Dies wird dir helfen, selbst rational entscheiden zu können, ob Glaubenssätze richtig oder falsch sind. Du wirst merken, dass ich auch hier bei dir alle Methoden der EVT© anwenden werde, nicht um dich zu manipulieren, sondern damit du für dich eine ehrliche, eigene Entscheidung treffen kannst.

Lass uns also am Anfang darüber sprechen, wie die Energie denn eigentlich in deinen Körper gelangt. Was denkst du, wie das passiert? Wenn du jetzt antwortest, dass es durch Nahrungsaufnahme passiert, so frage ich dich, wie du dich nach einer großen Mahlzeit wie zum Beispiel zu Weihnachten fühlst. Wahrscheinlich nicht so voller Energie, stimmt's? Der Knackpunkt ist also, dass du das Richtige zuführen musst, um auch wirklich mehr Energie zu haben. Vermehrte Nahrungsaufnahme führt nämlich nicht automatisch zu erhöhter Energie. Weiter gibt es einige interessante Studien, die belegen, dass sich die Lebenserwartung erhöht, wenn weniger Nahrung aufgenommen wird. Dies steht natürlich in drastischem Kontrast dazu, dass man relativ schnell sterben würde, wenn man gar nichts isst. Es ist also wichtig, Qualität und Quantität von all dem, was wir uns zuführen, zu beachten. Hinzu kommt die andere Seite der Gleichung, wo es um die Ausscheidung von Produkten aus unserem Körper geht. Doch dazu gleich mehr.

Wenn wir also Energie zu uns nehmen, so geschieht das in einer oder mehr von insgesamt drei möglichen Energieformen: Kohlenhydrate, Eiweiße oder Fette. Theoretisch zählt hier noch Alkohol hinzu, doch den lassen wir an dieser Stelle weg. Evolutionsgeschichtlich gesehen spielten Kohlenhydrate immer eine untergeordnete Rolle, da es davon in der Natur einfach nicht so viel gibt. Erst durch koordinierte Landwirtschaft lernten wir, Kohlenhydrate nicht nur über Beeren aufzunehmen, sondern auch über Getreide, Reis, Kartoffeln, Zucker und all deren Folgeprodukte. Eiweiße oder Fette, welche wir früher vor allem über Tierfleisch zu uns genommen haben, sind hier viel häufiger. Das hat einige extrem wichtige physiologische und biochemische Konsequenzen.

Eiweiße werden durch bis zu 21 verschiedene Aminosäuren aufgebaut. Die meisten davon bezeichnen wir als essentiell. Das bedeutet, der Körper kann diese nicht selbst produzieren, benötigt sie aber für den Aufbau von Zell- und Gewebebauteilen. Wir würden also sterben, wenn wir ihm diese nicht mehr zuführten. Eiweiße werden nicht nur in Muskeln benötigt, sondern praktisch von jeder Zelle für lebensnotwendige Vorgänge gebraucht. Da der menschliche Organismus einen hohen Energieaufwand betreiben muss, um Eiweiße in Energie zu spalten, nutzt er diese nur selten dafür und behält sie lieber als Zellbauteile.

Fette bestehen aus Mischungen von Fettsäuren, welche sowohl kurz-, mittel-, als auch langkettig sein können. Während die kurz-und mittelkettigen Fettsäuren für die Energieverwertung verwendet werden, sind die langkettigen Fettsäuren wie zum Beispiel Omega 3, 6 und 9 am Aufbau und in Signalwegen von Zellen beteiligt. Letztere werden deshalb wiederum als essentiell bezeichnet, da durch einen Mangel Schäden im Körper auftreten können.

Kohlenhydrate stellen die einzige der drei Energieformen dar, welche für den Körper nicht essentiell ist. Dies ist auch evolutionsgeschichtlich gut nachvollziehbar, da es diese bis zum Beginn des Ackerbaus vor ca. 10.000 Jahren noch gar nicht wirklich gab. Der Grundbaustein der Kohlenhydrate ist die sogenannte Glukose, welche von uns oft als Zucker bezeichnet wird. In abgewandelter Form kommt der Zucker als Fruktose in Früchten oder in Kombination mit Galaktose als Laktose in der Milch vor. Wann immer der Körper Kohlenhydrate als Nahrung bekommt, versucht er diese als allererstes für die Energieverbrennung zu verwerten. Dies passiert deshalb, da Kohlenhydrate nur bedingt in Leber und Muskeln gespeichert werden können und sich Fette, wie wir alle zu gut selber wissen, weitaus besser als Speichermaterial eignen. Wann immer möglich, verbrennt der Körper für die Energieerzeugung also immer zuerst Kohlenhydrate, anschließend Fette und erst zum Schluss Eiweiße. Je nach Stoffwechsellage bzw. Nahrungszufuhr kann es hier drastische Unterschiede geben, doch dies ist für das Grundverständnis zu diesem Zeitpunkt unerheblich.

Warum ich dir das erzähle, wirst du gleich noch genauer verstehen. Zuerst möchte ich dir noch ein paar andere essentielle Dinge vorstellen, also solche Dinge, die du brauchst, weil du sonst sterben würdest. Du kennst sicher **Vitamine und Mineralstoffe**. Davon gibt es jeweils knapp 20 und die meisten davon sind essentiell. Diese liefern keine Energie, sondern werden hauptsächlich für Stoffwechselabläufe gebraucht: Energieproduktion, Wachstum, Kommunikation usw.

Weißt du eigentlich, welcher Stoff in unserem Körper am häufigsten vorkommt? Genau, H_2O, also **Wasser**. Circa 60% unseres Körpers, das heißt unser Gewebe und unsere Zellen, besteht aus diesem essentiellen Molekül. Bereits geringste Schwankungen im Wasserhaushalt können sehr schnell tödlich enden.

Jetzt haben wir doch schon praktisch alles besprochen, oder? Essen, Trinken, Vitamine und Mineralstoffe. Welcher fünfte essentielle Stoff fehlt noch? Wir haben es gestern bereits angesprochen: Sauerstoff. Durch die Atmung gelangt dieser in unsere Lungen, von dort ins Blut zu unseren roten Blutkörperchen, von da in praktisch jede Zelle, um dort in der sogenannten inneren Atmung das Grundelement aller Energie in unserem Körper zu erzeugen: ATP (**A**denosin**tri**phosphat). Das geschieht in den Mitochondrien, faden- oder kugelförmigen Gebilden in unseren Zellen, die wie kleine Kraftwerke funktionieren.

Das ATP in den Mitochondrien kann man sich wie Wasser vor einer Staumauer vorstellen. Auf einer Seite wird eine hohe ATP-Konzentration angereichert, welche durch eine Art Turbine durchgeschleust wird, um so die Zellen anzutreiben. Die schnellste Art und Weise, um ATP zu erzeugen, läuft direkt über Glukose, also Kohlenhydrate, ab. Sobald keine Kohlenhydrate mehr vorhanden sind, greift der Körper auf Fettsäuren zurück, welche über Ketonkörperchen ebenso zu Energie verarbeitet werden. Dabei entstehen natürlich immer Abfallprodukte, welche von unserem Körper auch wieder ausgeschieden werden müssen.

Ich hoffe, ich habe dich bisher noch nicht mit dieser biochemischen Lektion verloren, doch diese Basisinformation ist wirklich wichtig, damit du danach die Einflüsse deiner eigenen Energie-Regeln auf dich selber auch wirklich verstehst.

Wie kommen nun Abfallprodukte und andere Gifte aus deinem Körper heraus? Hierfür gibt es fünf Möglichkeiten:

1. Haut
2. Lunge
3. Darm/Leber
4. Niere
5. Lymphe

Die **Haut** ist unser größtes Organ und gerade wenn du Pickel, Unreinheiten oder sonstige Hautprobleme hast, so sind das oft die Endresultate des Körpers, die dir sagen, dass er energetische Probleme hat und gerade am Überlaufen ist.

Über die **Lunge** atmen wir CO2, welches zusammen mit ATP entsteht, aus. Die Lunge kann unseren Körper jedoch auch, sobald andere Abläufe überlastet werden, teilweise von anderen Stoffen entgiften.

Die **Leber** ist unser Entgiftungsorgan schlechthin und scheidet gemeinsam mit dem **Darm** alles, was nicht gebraucht wird, über den Stuhlgang aus. Vor allem Ballaststoffe, Wasserüberschuss und Fette. Einmal pro Jahr mache ich einen Leber-Gallenblasen-Cleanse mit Ölen, Zitronensaft und anderen Dingen. Weiters kann ich ein paar Mal pro Jahr einen Darmeinlauf empfehlen. Die erste Behandlung, welche ich in Hong Kong gemacht habe, war zwar zugegebenermaßen eigenartig, es empfiehlt sich jedoch auch, unser Ausscheidungsorgan einmal zu reinigen.

Die **Niere** kümmert sich um die Wasser-, Mineralstoff-, Vitamin- und Eiweißausscheidung. Wasser ist zwar absolut wichtig, doch zu viel Trinken ist auch nicht gut. Die Regel, dass Urin immer weiß sein soll, weil man sonst zu wenig getrunken hat, stimmt nicht, doch generell sollte der Urin natürlich auch nicht dunkelgelb sein.

Kommen wir zum fünften Ausscheidungsorgan, welches nicht die Ausscheidung nach außen, sondern vielmehr aus Zellen und Geweben, übernimmt. Wir sprechen von der **Lymphe**, einem System, das ziemlich parallel zu den Blutgefäßen liegt, jedoch keine Pumpe wie das Herz hat und ausschließlich weg von den Zellen und hin zum sogenannten Venenwinkel in der Nähe des Herzens zieht. Natürlich transportieren Venen das Blut zurück zum Herzen, doch bei den Zellen tritt viel Flüssigkeit ins Gewebe aus, welches wieder „abgesaugt" werden muss. Genau das macht unser Lymphsystem. Meist bekommt es in der allgemeinen Bevölkerung leider recht wenig Aufmerksamkeit, weshalb ich es hier ein bisschen detaillierter behandeln möchte.

Lunge, Leber, Niere, Darm und Haut verstehen die meisten von uns, da wir damit im Alltag häufiger zu tun haben. Wenn hier etwas schiefläuft, können wir uns meist etwas darunter vorstellen. Was jedoch passiert, wenn das Lymphsystem nicht funktioniert, sieht man, wenn dieses zum Beispiel bei einer Operation teilweise entfernt wird. Sofort staut sich die Lymphe in dem Gebiet. Eine absolut schwierige therapeutische Situation.

Nachdem es im Lymphsystem nämlich keine Pumpe gibt, bewegt sich die Lymphe lediglich passiv, und zwar durch:

1. Muskelbewegungen in Beinen, Armen und im Bauchraum
2. Sogwirkung durch tiefe Atmung (Atmung ist unglaublich wichtig!)
3. Klappen vor allem in den Lymphgefäßen der Beine

Nutze deshalb die folgenden Tipps für dein Lymphsystem:

1. Mache deine tiefen Atemübungen zwei- bis dreimal pro Tag. Vor allem in der Früh.
2. Wenn du dich gerade schlapp fühlst, kann es sehr leicht an der Lymphe liegen. Aufstehen, Muskeln aktivieren und herumgehen bzw. Liegestütz, Kniebeugen oder Sit-ups zu machen, hilft enorm. Denke daran: „Motion creates Emotion!“
3. Trampolinspringen ist etwas, was ich jeden Morgen bei uns im Bad mache und was die Lymphe gerade in der Früh so richtig in Bewegung bringt.

Bevor ich zu meinen Top 10 bei den Energietipps komme, möchte ich zuerst noch die wirkliche Dramatik im Wissensstand unserer Bevölkerung ansprechen: Medien erklären uns sehr oft, dass Fette schlecht und Kohlenhydrate okay seien. Dies führte in den letzten Jahren zum Low-Fat-Hype, welcher jedoch genau das Gegenteil bewirkt: Menschen werden dicker, fetter und kränker. Woran liegt das?

In den sechziger und siebziger Jahren wurden einige Studien in Bezug auf Fette und Kohlenhydrate falsch interpretiert. Damals kamen Forscher zur irrigen Schlussfolgerung, dass Fette in unserer Nahrung für Fettleibigkeit sorgen würden. Daraufhin brach ein wahrer Low-Fat-Hype aus. Nachdem unsere Lebensmittel ohne Fett nicht wirklich gut schmecken, musste man dies mit etwas substituieren. Zucker, ein extrem günstig herzustellender

Stoff, kam da gerade recht. Wie schon zuvor erwähnt, ist Zucker für unseren Körper etwas relativ Neues und in unseren Nahrungsmitteln erst seit knapp 10.000 Jahren wirklich auffindbar. Unsere Körper sind evolutionsgeschichtlich also überhaupt nicht darauf ausgelegt, Zucker als Hauptenergiequelle zu verwenden. Genau das passierte jedoch vor knapp 40 Jahren in dem Glauben, wir würden unseren Körpern damit etwas Gutes tun. Wenn man sich die traditionelle Essenspyramide ansieht, so werden heutzutage leider hauptsächlich Lebensmittel, die aus Kohlenhydraten wie Getreide, Nudeln, Reis und Kartoffeln bestehen, als Basis empfohlen. Mit Zucker wurden damals einfach keinerlei Krankheiten assoziiert.

Das Hauptproblem von Kohlenhydraten als Energiequelle besteht darin, dass diese Energie wie eine Droge relativ schnell zu wirken beginnt, jedoch nicht lange anhält. Zusätzlich ist das Hormon Insulin am Zuckerstoffwechsel beteiligt, welches extrem anabol, also wachstumsfördernd, wirkt. Das, in Kombination mit vielen anderen biochemischen Problemen durch diesen neuen Stoffwechselkreislauf, resultiert in vielen Gesundheitsproblemen der ersten Welt wie Diabetes Mellitus, Herz-Kreislauf-Erkrankungen, neuralen Problemen und Tumoren. Erst in den letzten Jahren stellte sich heraus, dass Zucker einer der klaren Auslöser dieser Probleme war und ist.

Um darzulegen, wie unglaublich süchtig machend und schädlich Zucker ist, haben Forscher Tests an Mäusen durchgeführt. Einer Gruppe von Mäusen wurde zusätzlich zum Essen Kokain gegeben. Die andere Gruppe erhielt hingegen reinen Zucker als Essenszusatz. Wir sprechen hier von einem Vergleich von zwei Substanzen, bei denen die eine tagtäglich aktiv unseren Lebensmitteln beigemischt wird und die andere in nahezu allen Ländern illegal ist. Einerseits achteten die Forscher darauf, wie sich das Krankheitsverhalten der beiden Mäusegruppen im Vergleich entwickeln würde und andererseits darauf, wie abhängig die Mäuse von den jeweiligen Substanzen werden würden. Komplett konträr zu den Erwartungen entwickelten nicht all jene Mäuse, welche die illegale Substanz Kokain bekamen, die gesundheitlichen Probleme, sondern jene, welche die Mengen an Zucker zu sich nahmen. Als nächstes wollten die Forscher Entzugserscheinungen vergleichen: schockierender Weise zeigten die Mäuse, welche abhängig von Zucker waren, größere Entzugserscheinungen als jene Mäuse, die abhängig von Kokain waren.

Diese Ergebnisse klingen auf den ersten Blick unvorstellbar, doch wer schon einmal versucht hat, keine oder nur wenige Kohlenhydrate zu essen, wird sich gerade am Anfang extrem schwer tun. Achte einfach einmal auf das Etikett mit den Inhaltsstoffen auf der Rückseite von Lebensmitteln. Danach zähle die Kohlenhydrate jeden Tag zusammen und achte darauf, ob du es unter 40 bis 50 g pro Tag schaffst. Dies würde man als ketogene Ernährung bezeichnen, da der Körper hier Fette abbauen muss und so Ketonkörperchen entstehen (= ketogen). Pass auch auf alternative Namen bei der Kennzeichnung von Kohlenhydraten auf – die Marketingfirmen werden nämlich immer schlauer.

Studien über ketogene Ernährung sind wirklich schlagend, dennoch werden sie selten in gängigen Medien verbreitet. Wenn man sich hier jedoch einliest, erkennt man relativ schnell, dass eine kohlenhydratarme Ernährung große Vorteile für die eigene Energie, die Krankheitsvorbeugung und den Krankheitsverlauf hätte. Seitdem mir dies vor allem während des Medizinstudiums klar wurde, versuche ich, in meinem Leben Kohlenhydrate so gut es geht über einen Zeitraum von sechs Tagen in der Woche komplett zu eliminieren. Gerade am Anfang war das extrem schwer, doch das Resultat lohnt sich. Seitdem ich meinen Körper darauf trainiert habe, Fette als Energiequelle zu nutzen, habe ich mehr Energie denn je zuvor, bin weniger krank und deutlich leistungsfähiger. Wie schon am Anfang abgemacht, vertraue nicht mir, sondern probiere es einfach während der 10-Tage-Challenge aus!

Das allererste To-Do solltest du gleich jetzt machen: Überlege dir, was genau du in den letzten 24 Stunden gegessen und getrunken hast. Schreibe dir wirklich alle Mahlzeiten auf, auch jeden noch so klitzekleinen Snack.

Ich gebe dir jetzt meine zehn Energieregeln, nach welchen ich lebe, um maximale Energie und Gesundheit zu bekommen. Vergleiche danach jenes, was du in den letzten 24 Stunden gemacht hast, mit dem, was ich für mich regelmäßig mache. Passe jene Dinge an, welche auch für dich Sinn machen bzw. welche du ausprobieren möchtest. Reflektiere danach, wie es deiner Energie und deinem Wohlbefinden geht. Solltest du unter irgendwelchen schwerwiegenden Erkrankungen leiden, so besprich jegliche Anpassungen deiner Ernährung mit deinem behandelnden Arzt.

Julians Top-10-Energie-Regeln:

1. Lymphe aktivieren!
2. Viel Wasser trinken!
3. Ketogene Ernährung! (kohlenhydratarm: kein Brot, keine Nudeln oder Früchte, keine Milch, kein Reis, keine Kartoffel etc.)
4. Viele gesunde Fette zu sich nehmen!
5. Mittlere Menge an Eiweißen zu sich nehmen!
6. Keine Drogen konsumieren! (legal oder illegal)
7. Drei- bis viermal pro Woche aerobe Tätigkeit und zwei- bis dreimal pro Woche anaerobe Tätigkeit!
8. Vermeide Marketingtricks und nutze schlaue Nahrungsergänzung!
9. Schummle einmal pro Woche, an einem Wochenende pro Monat, in einer Woche pro Jahr!
10. Faste 36 Stunden pro Woche, 60 Stunden pro Monat, vier bis fünf Tage pro Jahr!

Hier sind die Detailerklärungen dazu:

Das Thema **Lymphe** aktivieren habe ich bereits zuvor angesprochen. Ich mache das immer in der Früh beim Aufstehen, indem ich ein bisschen Trampolin springe, Sit-ups, Kniebeugen und Liegestütze mache und zusätzlich tief ein- und ausatme. Das Ganze wiederhole ich noch ein oder zwei weitere Male tagsüber, um so jederzeit auf einem top Energielevel zu bleiben.

Ich trinke prinzipiell nichts anderes als **Wasser** oder **Tees** und maximal ein bis zwei **Kaffees** pro Tag. Eine der größten Gefahren ist es, unnötige Kalorien durch zuckerhaltige Getränke aufzunehmen. Manchmal hilft es, ein wenig Salz zu deinen Getränken hinzuzufügen. Habe keine Sorge vor der schlechten Presse, die ist hier absolut übertrieben. Achte weiters bei deinen Nahrungsmitteln darauf, dass diese einen hohen Wasseranteil haben.

Wie schon zuvor erwähnt, halte ich meinen **Kohlenhydratanteil** in meiner Näherung auf einem absoluten Minimum. Das bedeutet, dass ich kein Getreide, keinen Reis, keine Kartoffeln, keine Nudeln, keine Milch und auch keine Früchte esse. Ja, keine Früchte, denn diese enthalten Fructose, welche effiziente Fettverbrennung sofort hemmt. Ich esse jedoch extrem viele Ballaststoffe, also vor allem Gemüse, Salate und Produkte aus der Konjakwurzel. Gerade letztere sind ein exzellenter Ersatz für andere kohlenhydrathaltige Lebensmittel. Teste deine Ketonkörperchen im Urin am besten täglich mit sogenannten Ketostix. Diese sind zwar nicht zu 100% exakt, doch geben sie einen guten Anhaltspunkt, wo du mit deiner Kohlenhydrataufnahme stehst und wie viele Ketonkörperchen produziert werden.

Nachdem die meisten Menschen ihre Energie aus Kohlenhydraten bekommen, ich das jedoch absolut nicht empfehle, muss die Energie aus anderen Quellen stammen.

Gesunde **Fette und Öle** eignen sich hier ganz besonders. Ich selber esse weder vegan noch vegetarisch, bin hier jedoch weder pro noch contra. Wichtig ist einfach, dass du dich wohl und energetisch top fühlst. Wenn die eine oder andere Variante für dich passt, dann ist das gut! Gerade bei tierischen Produkten ist enorm wichtig, woher sie stammen und wie die Tiere gehalten wurden. Wenn man nämlich negative Presse über sie liest, so ist das meistens deshalb, weil sie aus schlechter Haltung mit vielen Medikamenten stammen. Grundsätzlich bekomme ich meine Kalorien hier aus Olivenöl, Fischen, magerem Rind, Huhn und Eiern. Auch Samen und Nüsse machen in dieser Kategorie absolut Sinn.

Der nächste Punkt sind **Eiweiße**, welche ich sowohl aus tierischen als auch pflanzlichen Produkten bekomme. Von **Milchprodukten** kann ich absolut abraten, da wir Menschen allzu oft nicht nur intolerant gegenüber dem Milchzucker sind, sondern sich viele zusätzliche Stoffe darin befinden, welche nicht wirklich gut für unseren eigenen Stoffwechsel sind. Vergiss die ganze Panikmache über Kalzium, welches in der Milch so reichlich vorhanden sein soll, jedoch faktisch von unserem Darm in dieser gebundenen Form gar nicht wirklich aufgenommen werden kann.

Weiters ein absolutes „Nein“ zu **Drogen** wie Zigaretten und jeglichen anderen toxischen Formen von legalen oder illegalen Stoffen. Wenn du allerdings in absolut mäßigen Dosen das eine oder andere Glas Rotwein zu dir nimmst, ist das absolut okay. Denke daran: „Die Dosis macht das Gift.“

Drei- bis viermal pro Woche mache ich aerobes **Training**, also vor allem Laufen, Radfahren oder andere nicht zu intensive Sportarten, welche keine Spitzenintensität erfordern. Zwei- bis dreimal pro Woche gehe ich ins Fitnessstudio. Wenn du eine schockierende Studie hören willst, so ist es folgende: wenn Menschen versuchen abzunehmen und dabei mehr Sport machen, ist die Wahrscheinlichkeit, dass sie wieder zunehmen, höher als bei all jenen, welche weniger Sport machen. Wenn du darüber genauso ungläubig staunst wie ich es damals getan habe, so lass mich dir erklären, warum das so ist. Wenn Menschen, welche normal nicht so viel Sport machen, die aktiven Stunden erhöhen, so benötigen sie natürlich auch eine erhöhte Energiezufuhr. Oft geschieht das in einem ungleich höheren Ausmaß, sodass diese Personen danach eher zu- als abnehmen. Zudem gleichen viele Menschen nachgewiesenermaßen die Zeit beim Sport mit nachfolgendem Rasten aus, sodass der Sport durch die mangelnde Bewegung danach wieder zunichte gemacht wird. Wenn du also Gewicht verlieren möchtest, so achte auf jeden Fall viel mehr auf deine Ernährung als auf Sport. Bewegung ist wichtig, übertreibe es jedoch auf keinen Fall. Ebenso ist Muskelkater und das damit verbundene Laktat absolut kontraproduktiv für ein effizientes Energieergebnis.

Über meine **Nahrungsergänzungsmittel**, welche ich regelmäßig zu mir nehme, und all die Medien-Tricks, welche ich vermeide, spreche ich gleich im Anschluss.

Dieses Programm versuche ich sechs Tage pro Woche einzuhalten. Einmal pro Woche habe ich einen sogenannten **Schummeltag**, an dem es keine Regeln gibt. Das ist erstens dafür wichtig, dass das ganze Spaß macht, Abwechslung bringt und dass ich auch soziale Veranstaltungen ohne Probleme besuchen kann. Das kann ich dir deshalb absolut empfehlen. Weiters mache ich immer ein Schummelwochenende pro Monat und eine Schummelwoche pro Jahr, welche meistens auf die Woche zwischen Weihnachten und Neujahr fällt. Von diesem Konzept der Schummeltage wirst du noch öfter hören, wenn wir über Dinge wie Rituale sprechen.

Für jeden Schummeltag, jedes -wochenende und jede –woche gibt es einen **Fastentag**, ein -wochenende und eine -woche. Wissenschaftliche Studien belegen eindeutig die Wirksamkeit von solchen Unterbrechungen der Nahrungsaufnahme. Entartete Zellen zum Beispiel, welche sich noch in einem jungen Stadium befinden, können so auf wirksamste Art und Weise am Wachstum gehindert werden. Auch wird so unser Stoffwechsel immer wieder neu gestartet und werden so Rezeptoren sensibilisiert. Gerade der Überfluss von etwas verursacht oft Insuffizienzen unserer Organe und durch solche Fastenzeiten wird dem vorgebeugt.

Dies ist natürlich nur ein Überblick über all die Tipps und Regeln, welche ich nicht nur selber befolge, sondern auch dir ans Herz legen möchte. Wenn du noch mehr Details und Infos haben willst, so schaue doch bei einem unserer Events vorbei, wo wir Dinge wie diese bis ins letzte Detail besprechen. Frage bei unserem Team für einen der nächsten Termine an: team@i-unlimited.de oder per WhatsApp: +43 681 10803001.

Jetzt möchte ich dir noch die fünf schlimmsten Medien-Tricks und -Abzocken aufzeigen, auf welche viele Menschen hereinfallen:

1. **Low-Fat-Abzocke:** Das haben wir bereits besprochen. Achte darauf, dass du viele gesunde Öle und Fette und wenig Kohlenhydrate zu dir nimmst.
2. **Cleanse-Abzocke:** Die meisten Cleanses sind absoluter Blödsinn und bringen meistens nichts, außer Geld für die Firmen, welche sie anbieten. Ich selber mache circa einmal pro Jahr lediglich eine Leber-Gallen-Reinigung und circa einmal pro Quartal eine Darmreinigung. Wenn du denkst, irgendwelche zuckerhaltigen Juices helfen dir, gesünder zu werden, dann reflektiere ehrlich und rational.
3. **Nahrungsergänzungsmittel-Abzocke:**
Die meisten Nahrungsergänzungsmittel, vor allem Multivitamine, Antioxidantien und sonstige kryptische Stoffe sind absolut wirkungslos – ihre Wirksamkeit beruht auf keiner funktionierenden wissenschaftlichen Studie. Ich zähle dir gleich die zehn Nahrungsergänzungsmittel auf, die ich

zu mir nehme, die auch wissenschaftlich getestet sind und nachweislich einen Effekt haben. Genau wie bei den Cleanses funktioniert die gesamte Nahrungsergänzungsmittelindustrie als reine Cashmaschine, da die Pillen günstig zu produzieren sind, sich jedoch meist sehr teuer verkaufen lassen.

4. **Abnehmpillen-Abzocke:** Wunderpillen zum Abnehmen gibt es nicht. Dafür ist unser Stoffwechsel viel zu komplex und die Wirkstoffe gelangen über die orale Aufnahme nicht dorthin, wo sie eigentlich hingelangen sollten. Wenn also ein Stoff im Labor theoretisch funktionieren würde, so ist das am lebenden Menschen nicht 1:1 umsetzbar. Die meisten sogenannten Fatburner-Vertriebe verkaufen billige Stoffe zu teurem Preis, und den einzigen Effekt, den wir Menschen spüren, ist der von hochdosiertem Koffein. Wer Fett verlieren möchte, braucht nicht unbedingt Kalorien zu zählen, sich auch nicht mit viel Sport abmühen, sondern muss lediglich darauf achten, was er oder sie zu sich nimmt. Die Regeln dafür habe ich dir oben bereits beschrieben.
5. **Diäten- bzw. Ernährungs-Abzocke:** praktisch jeden Tag kommen neue Diäten oder Ernährungsformen auf den Markt, welche das Unmögliche möglich machen sollen. Studien belegen jedoch eindeutig, dass diese nicht funktionieren, sondern uns ganz im Gegenteil über den Jo-Jo-Effekt eher zunehmen lassen – nicht sofort, jedoch über Jahre hinweg. Auch die ganzen neuen Ernährungsformen sind meistens eher Hype als wirklich fundiert wissenschaftlich belegt. Mein Tipp ist daher, in die Vergangenheit des Menschen zu schauen, um zu beachten, was wir über tausende von Jahren gegessen haben und wohin uns das gebracht hat.

Hier sind fünf der schlimmsten Ausreden, welche ich in meiner Laufbahn mit meiner Arbeit mit Menschen in Bezug auf Ernährung, Sport und Energie regelmäßig erlebe:

„Ich trinke keine Diät-Cola, weil ich so ja **Aspartam** zu mir nehme, welches ungesund ist! Lieber bleibe ich bei der normalen Cola.“ Eines der typischen Probleme bei Ausreden ist es, etwas anderes für den eigentlich relevanten Punkt auszutauschen, um sich selber zu erklären, warum das Fehlverhalten eigentlich doch ganz okay ist. Wir verwenden Ausreden für uns, weil sie funktionieren – sie bringen uns jedoch nicht voran. Varianten davon werden in hunderten anderer Beispiele angewendet. Was passiert dabei? Die Studienlage für Aspartam zum Beispiel ist nicht 100% klar. Einige Studien belegen, dass es ungesund ist, andere wiederum sagen, es sei harmlos. Ich persönlich nehme keine Lebensmittel zu mir, welche Aspartam enthalten, wenn ich jedoch die Wahl zwischen Zucker, der nachgewiesenermaßen schädlich ist, und Aspartam treffen müsste, so fällt meine Wahl definitiv auf die zuckerfreie Diät-Cola.

Etwas ähnliches trifft für Fleisch oder **GMO** (genetically modified organisms, zu Deutsch: Gentechnisch veränderte Organismen) zu. Die Studienlage hier ist ebenfalls nicht schlüssig, auch wenn ich keine GMO-Produkte zu mir nehmen würde. Fällt jedoch die Wahl zwischen Zucker, GMO oder Fleisch, so muss man der klaren Studienlage einfach einmal ins Auge sehen. Man darf also nicht zwiespältige Studienlagen dafür missbrauchen, sein eigenes Fehlverhalten zu begründen.

Besonders auffällig ist das, wenn extreme **Ernährungsformen** wie veganes Essen gewählt werden. Ich erlebe es oft, dass ich in 1:1-Gesprächen mit Veganern höre, wie gut sie sich seit ihrer Umstellung auf veganes Essen fühlen. Wenn ich dann jedoch nachhake, wie denn ihr Energie- und Produktivitätslevel sei, so kommt teilweise zum Vorschein, dass diese positive Energie eher aus einem reineren Gewissen stammt, keine tierischen Produkte mehr zu essen. Der Energiemangel wird dann meistens durch Kohlenhydrate kompensiert, welche absolut gesundheitsschädlich und energieraubend sind. Hier muss man für sich selber ganz klar rationalisieren und reflektieren, was produktiv bzw. kontraproduktiv für einen selbst ist.

Einen Schritt weiter geht es dann sogar, wenn man sein Essensverhalten aufgrund seines **Glaubens** und/oder seiner Religion so angepasst hat, dass man zwar selber massiv darunter leidet, aufgrund des höheren Glaubens jedoch etwas anderes befolgt. Hier gibt es keine pauschalen Empfehlungen, doch muss man auch hier genau reflektieren, was man dabei verliert bzw. gewinnt. In manchen meiner 1:1-Gespräche geht die Entscheidung dann in die eine, in manch anderen Situationen in die andere Richtung aus. Solche Entscheidungen treffe ich natürlich nie für meine Klienten, sondern versuche durch aktives Fragenstellen herauszufinden, was diese denn wirklich wollen: glücklich, zufrieden und erfolgreich werden.

Die fünfte Ausrede, welche von vielen Menschen gerade in Sachen Ernährung und Sport verwendet wird, ist, sich auf die eine einzige Studie zu berufen, welche genau ihren Standpunkt unterstützt. Wir haben schon einige Male über den „**Survivorship Bias**" gesprochen, und gerade bei Ernährung tritt dieser häufiger als in vielen anderen Bereichen auf. Ernährung betrifft schlussendlich einfach jeden von uns, so haben wir auch alle eine Meinung, eine Überzeugung und einen Glauben dazu gebildet. Zu viele Menschen jedoch haben davon absolut keine Ahnung, geben jedoch nur allzu gerne einen Ratschlag weiter, anstatt ihn für sich selber zu behalten. Kurzum, niemand anderes hat mehr recht als du selber, solange du rational und ehrlich darüber reflektierst, zu beurteilen, was dir gut oder schlecht tut.

Wie versprochen, hier noch kommentarlos meine zehn Nahrungsergänzungsmittel, welche ich für maximale Energie und Gesundheit nehme:

1. 30 g Eiweißpulver nach dem Sport

2. Yerba Mate Tee bzw. andere Tees (max. ein bis zwei Kaffees pro Tag)
3. Omega-3-Algenöl (vegan): 2 bis 3 g pro Tag
4. MCT-Öl: 2 bis 3 EL pro Tag
5. Kein Multi-Vit oder Anti-Oxi… viel Gemüse! Jedoch Vit D3: ca. 3.000 I.E. pro Tag
6. Magnesium: 400 mg pro Tag
7. Zink: 50 mg pro Tag, jeweils am Abend
8. EGCG (Wirkstoff im Grünen Tee): 200 mg ein- bis zweimal pro Tag für extra Energie Boost
9. Greens/Superfood Pulver: ein bis zwei Portionen pro Tag
10. Glucomannan Kapseln = Konjakwurzel: 3 bis 4 g pro Tag

Und als Bonus: Melatonin gegen Jetlag.

Was hindert uns nun daran, mit Ernährung und Energie unsere Emotionen zu verändern und erfolgreich zu werden? Es ist nicht ein Mangel an Informationen, denn ich bin mir sicher, viele dieser Dinge kennst du bereits. Wie schon öfters erwähnt, bedeutet Information alleine keine Macht mehr. Umgesetzte Information ist Macht, und genau hier ist der Knackpunkt, warum so viele Menschen scheitern, diese Dinge auch umzusetzen. Oftmals ist es nämlich so, dass wir 99% korrekt ausführen, doch das 1% wirkt dann genau wie ein Loch in einem Staudamm. Ein Staudamm bricht nie von heute auf morgen einfach zusammen, sondern wird durch dieses eine kleine Loch so lange ausgehöhlt, bis ihn das Wasser schließlich wegreißt.

Wenn es darum geht, Disziplin bei Ernährung, Sport oder mentaler Einstellung zu behalten, so ist es ähnlich. Denke einmal darüber nach. Ich bin mir sicher, auch bei dir sind es meistens nur ein oder zwei Dinge, welche dich vom Erfolgskurs abbringen und dich zurück zu deinen alten Gewohnheiten ziehen. Reflektiere deshalb genau, wo du in der Vergangenheit bisher leicht zum Schummeln verleitet wurdest. War es, weil Leute um dich herum dich negativ beeinflussten? Genau um dieses Thema dreht es sich morgen. Oder es sind Gewohnheiten, welche automatisch zu destruktiven Taten führen. Zum Beispiel, weil du beim Kaffee immer eine Zigarette haben musst. Darüber werden wir auch in den nächsten Tagen sprechen. Oder ist es, dass jedes Mal, wenn du Stress hast, du dich schlecht ernährst?

Ein wichtiger Punkt ist natürlich, dass Essen eines unserer Grundbedürfnisse ist. In der heutigen Gesellschaft jedoch ist die Nahrungsaufnahme viel mehr als nur ein rein biologisches Bedürfnis. Wir verbinden damit Belohnung, soziale Interaktion, Vorhersehbarkeit und Überraschungen. Wenn du dich jedes Mal, wenn du zuvor etwas toll gemacht hast, mit Essen belohnst, so hat dein Gehirn gelernt, mit Essen eine Belohnung zu verknüpfen. Jemand anderen, der Abwechslung im Leben braucht und sonst relativ stark ist, wird abwechslungsreiches Essen dafür benötigen, um sein Grundbedürfnis nach Neuem zu befriedigen. Das Beispiel von der Dame, welche es nie geschafft hat, abzunehmen, weil sie so Angst hatte, dass sie auf diese Weise ihre Freunde verlieren würde, habe ich dir in ähnlicher Form mit dem Business schon einmal erzählt. Es ist hier also besonders wichtig, dass du ehrlich reflektierst, sodass du zum Grund deines Problems vordringen kannst, sobald du von deinem Vorhaben abkommst.

Viele dieser Probleme werden wir mit Strategien in den nächsten Tagen ganz genau lösen. Doch bei einer Herausforderung möchte ich dir heute noch einen genauen Schritt-für-Schritt-Plan geben. Es ist die Herausforderung, dass wir alle meist ein oder zwei Nahrungsmittel haben, welche unsere absoluten Schwachstellen sind. Sie sind praktisch unser Kryptonit. Für den einen ist es Schokolade, für den anderen sind es Kekse, Chips, Salziges, Pizza oder etwas Ausgefallenes wie Käse. Ich kenne auch Menschen, die zum Beispiel nie aufhören wollen, Fleisch zu essen, nur weil ihnen der Geschmack so wichtig ist. Vielleicht kennst du das ja bei einem Lebensmittel auch selber.

Mit einem kleinen Trick kann man diese Herausforderung lösen. Du hast in deiner Vergangenheit gewisse emotionale Assoziationen mit Lebensmitteln aufgebaut, welche über den eigentlichen Überlebenssinn hinausgehen. Vielleicht sind es die Kekse aus der Weihnachtszeit, der gesellige Abend mit Pizza, die Werbung für Gummibären, die Belohnung durch Schokolade oder das Zusammensitzen bei einem Käsefondue. All die emotionalen Assoziationen passieren wie so vieles andere unbewusst, doch haben sie natürlich einen riesigen Einfluss auf unsere Bedürfnisse danach. Wie kannst du damit umgehen? Genauso wie mit allen anderen Bedeutungen: Zuerst brichst du sie auf, analysiert sie neu und setzt sie danach anders zusammen. Lass uns das gemeinsam am Beispiel von Schokolade durchgehen. Du könntest natürlich auch jedes andere Beispiel dafür hernehmen. Folge mir also einfach Schritt für Schritt.

Stell dir als erstes das Lebensmittel vor, welches du so liebst. Ich werde Schokolade dafür nehmen. Lege es mental vor dich hin. Visualisiere jetzt, was du an diesem Lebensmittel ganz besonders magst. Ist es der Geruch? Irgendeine spezielle Farbe? Textur? Temperatur? Meistens ist es eine ganz bestimmte Eigenschaft des Lebensmittels, welche die Schwachstelle in dir auslöst. Es ist also ganz wichtig, dies ganz genau zu erkennen. Wenn ich selber an Schokolade denke, so ist es vor allem kalte, knackige, leicht dunkle Schokolade. Stelle dir nun dieses Lebensmittel so richtig perfekt vor. Fühle, wie dir das Wasser im Mund zusammenläuft, weil du es schon schmecken kannst. Was ist so besonders, sobald du den ersten Bissen oder Schluck nimmst? Erinnere dich an das Gefühl an den Lippen, den Zähnen und der Zunge. Was ist die Erinnerung, die du am allermeisten mit dem Lebensmittel assoziierst? Stelle es dir wirklich genau vor! Erinnere dich an unsere Skala von eins bis zehn und bringe das Erlebnis zumindest auf Stufe neun oder sogar Stufe zehn. Es ist das Beste, was du je gegessen bzw. getrunken hast.

Schmeckst du es? Spürst du es? Als du so deinen ersten Bissen bzw. Schluck nimmst, überrascht dich jedoch etwas. Plötzlich spürst du etwas Unerwartetes. Erschrocken ziehst du das Lebensmittel noch einmal aus deinem Mund heraus. Du begutachtest es und erkennst plötzlich, dass das Lebensmittel nicht nur extrem verdorben ist, sondern sogar Maden und kleine Käfer daran sind, welche du gerade essen wolltest. Dein Mundwinkel zieht sich vor lauter Ekel zusammen und du würdest dich am liebsten übergeben. Stelle dir nun das ekligste Ungeziefer, den verdorbensten Geschmack bzw. Gestank vor, den dein Lebensmittel aufweist. Erkenne, wie eklig das ist, was du gerade aufnehmen willst. Die Schokolade ist alt oder bröselig. Die Chips, welche du essen wolltest, sind praktisch durchgekaut und schleimig. Die Pizza hatte Maden im Käse, welcher unsagbar stinkt. Bringe das gesamte Erlebnis nun auf eins oder maximal zwei herunter. Spüre die Übelkeit und erinnere dich an das letzte Mal, wo du gerade verdorbenes Essen gegessen hast und dir danach so übel war, dass du dich übergeben musstest. Genau das gleiche Gefühl spürst du jetzt gerade, wo du dein eigentliches Lieblingsessen zu dir nehmen wolltest. Wie eklig ist es? Wie sehr musst du dich übergeben? Maximiere das schlechte Gefühl. Setze jetzt einen Anker am rechten Ohrläppchen, indem du mit dem rechten und linken Zeigefinger ganz kräftig draufgreifst, zudrückst und noch einmal ganz heftig an das schlechte Gefühl denkst, welches dieses Lebensmittel in dir auslöst. Intensivierte das Gefühl und achte darauf, dass du kräftig am rechten Ohrläppchen drückst und gleichzeitig an das schlechte Erlebnis denkst.

Während du noch immer einen ekligen Nachgeschmack im Mund hast, löst du den Gedanken und auch den Griff vom Ohrläppchen. Du bist noch einmal heil davongekommen, doch das nächste Mal, wenn du dieses Lebensmittel aufgreifen würdest, kommt sofort diese negative Erinnerung mit extremem Brechreiz hervor. Falls die Erinnerung noch nicht stark genug ist, dann setze den Anker durch mehrmaliges

Wiederholen noch einmal bzw. setze ihn auch, wenn dir sowieso gerade übel ist. Wenn du dann große Lust verspürst, das Lebensmittel zu essen, dann löse den Anker aus, indem du an diese Geschichte denkst und rechts am Ohrläppchen zudrückst. Das funktioniert natürlich nicht nur für Essen oder Trinken, sondern du kannst den gleichen Prozess für Alkohol, Zigaretten oder Drogen verwenden. Wichtig ist natürlich, dass du ein so intensiv negatives Erlebnis wie möglich für dich kreierst, um dem enormen Verlangen nach der Droge bzw. Sucht zu widerstehen. Wiederhole diesen Prozess ruhig ein paar Mal für so viele Lebensmittel und Getränke wie du möchtest, bis du auf dem Level bist, wo du dich komplett unter Kontrolle hast und selbst bestimmst, was du essen willst oder nicht.

Denke daran, es ist einfach, Dinge richtig zu machen, wenn es gut für dich läuft. Der Knackpunkt jedoch liegt darin, etwas richtig zu machen, wenn große Versuchungen auf dich warten und dich vom Weg ablenken wollen. Genau hierfür brauchst du diese Techniken und Werkzeuge, um an deinen Zielen und Träumen festhalten zu können.

Erledige nun die zehn To-Dos:

1. Zehn-Tage-zehn-Energietipps-Deal? Du bist dabei, oder?
2. Bereits gemacht: Was hast du in den letzten 24 Stunden gegessen?
3. Plane EZ/NEZ/Meditieren in diesen zehn Tagen!
4. Welche zwei Glauben und drei Dinge, die du bereits über Ernährung hast, sind gut? – Super, halte diese weiter so!
5. Welche zwei Glauben und drei Dinge, die du bereits über Ernährung weißt, sind schlecht? – Kein Problem, ändere sie!
6. Warum ist Energie und Gesundheit für dich so wichtig? Wer wärst du mit „Voller Energie“? Sei hier ausführlich!

7. Wann hast du vor allem Probleme dabei, konsequent zu bleiben? Wann schummelst du ganz besonders? Wenn du mit anderen unterwegs bist? Stress hast? Analysiere dieses Verhalten!
8. Nutze den Ablauf von zuvor, um etwas, das du besonders gerne isst, das jedoch nicht gut für dich ist, weniger oft zu essen!
9. Reflektiere nach den zehn Tagen und justiere nach. Sei rational und verstehe immer, was dir am wichtigsten für deine Glücklichkeit, deine Zufriedenheit und deinen Erfolg ist!
10. Welche Verbesserung könntest du jetzt sofort umsetzen?

Solange du diese Punkte Schritt für Schritt verfolgst bzw. deine eigenen erfolgreich kreierten umsetzt, wird deine Gesundheit und Energie nie mehr der limitierende Faktor dafür sein, deine Emotionen zu verändern und zu verbessern bzw. deine Ziele und Träume im Leben umzusetzen.

Ich weiß, heute war ein ganz besonders langer Tag. Er wird sich jedoch langfristig lohnen, du wirst sehen. Morgen kommt dann der letzte Tag aus TEIL 1 – VERSTEHEN und die letzte Methode der EVT©.

Sei GRENZENLOS ERFOLGREICH©!

Dein

Dr. Julian Hosp

TAG 11: Die fünf Menschen um dich herum

Herzlich willkommen zurück bei Tag 11!

Wie ging es dir gestern nach dem langen Gesundheitstag? Konntest du deine Glaubensstrukturen öffnen und einige der neuen Ideen hereinlassen? Ich hoffe es, und ich hoffe auch, dass du die 10-Tages-Challenge annimmst, um deine Energie durch neue Gesundheitsregeln aufs Maximum zu boosten.

Heute geht es um die letzte EVT©-Methode, nämlich die Beeinflussung unserer Standards und Erwartungen.

Was sind denn eigentlich Standards und Erwartungen? Das sind all jene Dinge, welche wir für uns selber erreichen müssen, da wir sonst nicht selber unseren eigenen Erwartungen bzw. unserer Identität gerecht werden würden. Diesen Punkt haben wir bereits im Bedeutungskreislauf kurz angerissen und heute werden wir ihn ausführlich besprechen.

Wir bekommen nie das, was wir wollen, sondern das, was wir bekommen müssen. Was wir bekommen müssen, wird großteils durch unsere Erwartungen bzw. Standards bestimmt. Ein einfaches und messbares Beispiel ist unser Einkommen. Wenn du über längere Zeit zum Beispiel 2.500 € pro Monat verdienst, so passt du deinen Lebensstandard an dieses Einkommen an. Du fährst ein dementsprechendes Auto, hast eine dementsprechende Wohnung oder ein dementsprechendes Haus, isst das dementsprechende Essen, trägst die dementsprechende Kleidung und fliegst dementsprechend in den Urlaub. Am Anfang ist es vielleicht noch kein richtiger Standard, doch über die Zeit wird es das. Stell dir vor, dass du einen Thermostat in dir selber hättest, den du über die Zeit auf eine gewisse Temperatur einstellst. Je länger dieser Thermostat jedoch auf dieser Temperatur bleibt, umso mehr rostet er auf dieser Position ein. Du kannst ihn dann immer und immer schwerer bewegen, bis er irgendwann komplett an dieser Stelle stecken bleibt. Wenn du also die Möglichkeit hättest, mehr als 2.500 € zu verdienen, so würdest du es wahrscheinlich gar nicht tun wollen, denn dein innerer Thermostat, bestehend aus deinen Standards und Erwartungen, erzählt dir, dass du das gar nicht brauchst.

Andersherum, sollte dein Einkommen unter 2.500 € sinken, findest du extrem schnell einen Weg, dass du es wieder nach oben bekommst, um deinem Thermostat bzw. deinen Erwartungen und Standards gerecht zu werden. Dies trifft nicht nur auf das Thema Geld, sondern auch auf deinen Körper, dein Zeitmanagement, deine Ideologien, Vorstellungen, Beziehungen, die Zukunft und so ziemlich jedes andere Thema zu. Ähnlich wie Bedürfnisse und Ängste boykottieren uns auch unsere eigenen Standards, Dinge zu tun bzw. nicht zu tun, obwohl wir oft eigentlich genau das Gegenteil haben möchten. Wir bekommen eben nicht, was wir wollen, sondern was wir unbedingt haben müssen.

Woher kommt denn dieser genaue Temperaturpunkt im Thermostat bzw. unsere genaue eigene Definition unserer Standards und Erwartungen? Wenn du das verstehst, verstehst du auch, wie du die eigene Temperatur nach oben oder unten verändern könntest. Genau da kommt die Kapitelüberschrift ins Spiel:

„Wir passen unsere Standards an die Erwartungen der wichtigsten Menschen um uns herum an."

Dies ist ein enorm wichtiges Konzept, denn so verstehst du, wie du deine Standards verbessern bzw. verschlechtern kannst. Nachdem du die Erwartungen deiner Mitmenschen nur schwer beeinflussen kannst, besteht der einzige beeinflussbare Faktor darin, die Menschen, an deren Erwartungen du dich anpassen willst, ganz genau auszusuchen. Dies fängt in der heutigen Gesellschaft bereits bei Social Media an. Welchen Menschen folgst du dort bzw. von wem siehst du dir Videos, Posts und Bilder an? Das Leben und die Einstellungen, welche deine Idole teilen, werden auch auf dich überschwappen. Leider wird uns dort oft ein komplett falsches Bild vermittelt, wie das Leben bzw. Erfolg tatsächlich aussieht. So passiert es uns, dass wir komplett falsche Erwartungen haben und so falsche Standards für uns selber kreieren. Leute wollen eben vor allem hören, wie einfach es ist, zufrieden, glücklich und erfolgreich zu werden, und eben nicht, welch harte Arbeit hinter all diesen Dingen steckt. Doch genau das wäre es, was Menschen erkennen müssten!

Ein anderes Beispiel wäre die Frage, wie es denn passieren kann, dass junge wie alte Menschen plötzlich Dinge konsumieren, für welche es kein Marketing oder einfache Bezugskanäle gibt? Ich rede hier von illegalen Drogen wie Kokain, Heroin, LSD usw. Ganz einfach, es ist der soziale Druck, unter welchem diese Menschen stehen, wenn sie es das erste Mal konsumieren. Dies, kombiniert mit Neugierde, wird von vielen Drogenabhängigen als Grund genannt, warum sie überhaupt in die prekäre Lage hineingeschlittert sind. Danach folgt ein sofortiges Glücksgefühl, also die Bestätigung der neuen Temperatur im Thermostat, und erst viel später folgen die negativen Nachwirkungen. Ich habe in meinem Leben schon oft mit drogenabhängigen Menschen zu tun gehabt, welche versucht haben, von ihrer Sucht loszukommen. Egal welches Programm, welche Alternativtherapie oder Strategie sie verwendet haben, keiner von ihnen ist nachhaltig von Alkohol, Zigaretten oder illegalen Drogen je weggekommen, wenn er oder sie den Kreis der Freunde nicht angepasst hat.

Wenn du mit dem Rauchen aufhören willst und weiterhin mit Rauchern unterwegs bist, wirst du auch weiterhin rauchen. Wenn du der einzige Raucher in einer Gruppe von Nichtrauchern bist, wirst du der nächste Nichtraucher. Wenn du mit vier Millionären unterwegs bist, wirst du bald der fünfte. Dieses Konzept lässt sich auf jedes Themengebiet ausweiten. Achte also extrem darauf, wer die Menschen sind, mit denen du nicht nur die meiste Zeit verbringst, sondern von denen du auch sehr viel hältst. Du wirst dich unweigerlich an deren Erwartungen und damit an deren Standards anpassen.

Da wir gestern gerade das Thema Gesundheit, Fitness bzw. Energie besprochen haben, lass uns dieses Thema heute aufgreifen und vergleichen, wie denn die fünf Menschen um dich herum in diesem Themengebiet sind. Wer sind deine fünf Menschen? Eltern, Kinder, Verwandte, Partner, Arbeitskollegen, Freunde usw.? Als erstes To-Do sollst du dir die fünf Menschen um dich herum in einem ganz bestimmten Themengebiet aufschreiben. Wir verwenden das zuvor benannte Thema Gesundheit.

Analysiere zuerst, wer diese fünf Menschen sind. Als nächstes frage dich, was denn die Standards der jeweiligen Personen sind. Welche Standards gibt es denn überhaupt? Im Prinzip kannst du diese in fünf Level einteilen:

Das erste Level sind schlechte Standards. Menschen mit schlechten Standards bekommen in der heutigen Welt praktisch gar nichts.

Das zweite Level sind durchschnittliche Standards. Diese liegen meist nur leicht über den schlechten Standards und deshalb bekommen Menschen mit durchschnittlichen Standards meist auch nur schlechte Ergebnisse.

Das dritte Level sind gute Standards. Diese liegen schon deutlich über den durchschnittlichen Standards und brauchen auch deutlich mehr Aufwand. Menschen mit guten Standards bekommen jedoch meist nur durchschnittliche Ergebnisse.

Das vierte Level sind ausgezeichnete Standards. Menschen mit ausgezeichneten Standards legen unglaublich viel Aufwand an den Tag. Sie wollen ja eigentlich so viel erreichen und tun deshalb so viel dafür. Es bedeutet soviel mehr Arbeit, als nur gute Standards zu haben, diese Menschen erhalten jedoch nur gute Ergebnisse. Dies ist einer der großen Frustrationspunkte von Menschen, wenn sie sich eigentlich große Ziele setzen, dann jedoch nicht immer alles erreichen.

Was danach passiert, ist das Folgende:

Wir glauben, dass unsere Standards nicht gut genug waren, obwohl wir bereits ausgezeichnete Standards hatten. Also entwickeln wir perfekte Standards. Standards, wo wir keinen einzigen Fehler mehr machen. Dies sind jedoch die schlechtesten Standards, denn sie verhindern ein losstarten. Wenn du wartest, bis alle Ampeln auf Grün sind, wirst du nie losfahren. Genau so geht es Leuten, welche die perfekte Strategie, die perfekte Möglichkeit, die perfekte Beziehung, die perfekte Businessmöglichkeit, die perfekte Diät usw. suchen. Verfalle also nicht der Gefahr, dass du, anstatt die besten, die perfekten Standards für dich nimmst, denn so kommst du nirgendwohin.

Was ist also die Lösung?

Die besten Standards für die jeweilige Situation.

Der Unterschied zu all den anderen Leveln ist, dass Menschen mit den besten Standards für die jeweilige Situation alles bekommen. Dies kann bedeuten, dass man gerade startet und man hier eher auf Geschwindigkeit arbeitet, es kann natürlich auch sein, dass man auf Genauigkeit und Präzision achten muss. Woher weißt du, was die besten Standards in einer Situation sind? Lerne von anderen, die genau das bereits vor dir gemacht haben! Die besten Standards sind nicht geradeaus, sondern vielmehr eine Anpassung an die Situation. Was erhalten Menschen mit den besten Standards? ALLES!

Egal, ob im Sport oder der Wissenschaft, es zählt meist immer nur eine Person. Wer war der erste Mann auf dem Mond? Neil Armstrong. Und der zweite? Nur die wenigsten wissen das. Wir alle ehren Goldmedaillengewinner bei Olympiaden, den Sieger von Fußballweltmeisterschaften oder die ersten im Schirennen. Die zweiten, welche meistens nur ein Tor oder ein paar Hundertstel an Sekunden hinten sind und praktisch fast gleich hart trainiert haben, erhalten nur einen Bruchteil von dem, was derjenige mit den besten Standards bekommen hat. Wenn du das nächste Mal etwas machst, und sei es nur das Auto zu putzen, so denke daran, dass der kleine Fleck am Auto die besten Standards darstellt, solange du ihn wegpolierst.

„Denn genau so wie du eine Sache machst, wirst du alles machen!"

Wenn Leute dieselben Standards haben wie du, wirst du dich nicht verbessern. Haben diese Leute sogar die schlechteren Standards, wird es nicht lange dauern, bis du schlechter wirst. Die einzige produktive Lösung ist es, wenn du ein Team für die jeweilige Situation zusammenstellst, das die besten Standards auf sich vereint. Als ich damals während des Medizinstudiums auf der Uni sportlich fit fürs Kitesurfen bleiben wollte, rief ich eine kleine Fitnessgruppe ins Leben. Die Idee war es, sich gegenseitig zu motivieren, sodass wir während des ganzen Stresses mit Studieren und Lernen trotzdem noch die Motivation für den Sport aufrechterhalten würden. Bereits nach drei Tagen erkannte ich jedoch genau das zuvor besprochene Problem: wir alle hatten dieselben Standards und ich als Profisportler sogar noch eher die besten. Das Resultat würde sein, dass wir unsere Motivation aufrecht erhalten könnten, solange der Sport leicht bleiben würde. Sollte es jedoch regnen, sollten Prüfungen aufeinandertreffen oder einmal unsere Motivation schwächeln, so würden wir unseren Standards gerecht werden und mit dem Sportprogramm sofort aufhören.

Also sagte ich den anderen:„So können wir das nicht machen, denn so hören wir auf jeden Fall auf. Anstatt, dass wir gemeinsam in eine Gruppe zusammengehen, sollte sich jeder von uns jemanden suchen, der in einem Studium ist, wo er nicht so viel studieren muss. Wir könnten diese Leute zum Studieren motivieren und diese uns für den Sport.“ Die Konsequenz daraus war, dass ich mit jemandem zusammen trainierte, der im Sportstudium war. Er machte so unglaublich viel Sport und riss mich damit jeden Tag mit. Er wollte jedoch nicht wirklich lernen, was jedoch meine hohen Standards waren. So ließen sich unsere Standards auf dem jeweiligen Level hervorragend kombinieren und wir hatten beide etwas voneinander. Ich von ihm durch seine Standards im Sport, er von mir durch meine Standards im Lernen.

Wie beurteilst du nun die fünf Menschen um dich herum nach diesen fünf Standards auf dem gewählten Themengebiet? Überrascht es dich, dass du in dem Bereich bist, wo du bist? Das sollte es jetzt nicht mehr, sondern es sollte die perfekte Erklärung dafür sein.

Egal, ob es um Geld, Unternehmertum, Beziehungen, Gesundheit oder andere Dinge geht: wenn du dich in etwas verbessern willst, musst du, damit es nachhaltig wird, auch die Menschen um dich herum verbessern. Wie könnte das funktionieren, ohne dass du Leute verärgerst bzw. Freunde verlierst? Dafür gibt es natürlich mehrere Möglichkeiten, doch die einfachste ist die folgende: Wer ist die- oder derjenige von den fünf Menschen um dich herum die oder der die schlechtesten Standards hat und bei der oder dem es dir auch gleichzeitig einfach fallen würde, für ein paar Wochen ein bisschen weniger Zeit mit ihr oder ihm zu verbringen? Wichtig ist, dass das nicht für immer sein muss, sondern nur für ein paar Wochen. Du suchst dir dann eine Person, welche in der gefragten Qualität schon deutlich besser ist als du, und versuchst Kontakt mit der Person aufzubauen, um mehr Zeit mit ihm oder ihr zu verbringen. Nach den paar Wochen kannst du natürlich gerne wieder ein bisschen Zeit mit der anderen Person verbringen. Ich kann jedoch Folgendes sagen: wenn du dies richtig umsetzt, wirst du dich in den paar Wochen so rapide verbessern, dass es dir danach oft schwer fallen wird, mit diesen Menschen dieselbe Zeit wie zuvor zusammen zu sein. Dies muss jedoch gar nicht schlecht sein, denn oft hebt sich so die alte Beziehung auf eine ganz neue und viel bessere Ebene.

Wie bzw. wo findest du diese Menschen? Es ist wichtig zu verstehen, dass wir uns in einem Beziehungszeitalter und nicht mehr in einem Informationszeitalter befinden. So wird die Fähigkeit zu networken wichtiger denn je zuvor. Schau vielleicht, ob du einen Menschen in deinem nahen Umfeld findest, der die Fähigkeiten, welche du suchst, bereits hat. Falls nicht, musst du deinen Bekanntschaftskreis vergrößern. Etwas, was hier auf jeden Fall hilft: ein sogenanntes Beziehungstagebuch zu führen. Hierin notiere ich mir jeden Tag, ob ich neue Menschen kennengelernt habe bzw. wem ich wann und wo geholfen habe. Siehe es wie eine Beziehungsbank. Je mehr Leute du da drinnen hast und umso mehr du ihnen hilfst, desto wertvoller ist es. Weiters solltest du diese Menschen mit ein bis fünf Sternen beurteilen. Dies entspricht ganz einfach den Standards in gewissen Fähigkeiten oder einfach als Gesamtpaket, ganz wie du es brauchst. Versuche dich dann so auf vier und fünf Sterne nach oben zu networken, bist du selber ein „Fünfstern“ wirst.

Gerade am Anfang solltest du dabei das folgende Gefühl haben: vollkommenes Unwohlsein. Wenn du nämlich mit Leuten außerhalb deiner eigenen Liga „spielst“, **dehnst du deine Komfortzone enorm aus**. Dies liegt daran, dass dich die Menschen mit ihren hohen Standards automatisch an sich selber heranziehen, was sich dann enorm unwohl für dich anfühlt. Wenn du also beim Erhöhen deiner eigenen Standards dieses Unwohlsein nicht spürst, machst du etwas falsch. Sieh es wie den Signalgeber: Unwohlsein bedeutet, dass du es gerade richtig machst. Deine Komfortzone wird automatisch mitwachsen und dann geht dieses Gefühl irgendwann weg. Du wirst überrascht sein, wie schnell das passieren wird und dann ist es Zeit, Menschen mit noch höheren Standards zu finden, um wieder dasselbe unwohle Gefühl zu kreieren. Denke immer daran: wenn du der Beste im Raum bist, musst du den Raum wechseln.

Eine zweite Herausforderung, die hier oft aufkommt, ist ein Gefühl von Unzufriedenheit, was dann eigentlich per Definition zu Nicht-Erfolg führt. Dies kommt daher, dass du ja jetzt höhere Erwartungen an dich bzw. deine Umgebung hast, die wahrscheinlich gerade am Anfang nicht erfüllt werden. Als ich zum Beispiel mit Bettina auf die Fidschis flog, wo wir uns dann verlobten, hatte ich enorme Erwartungen an die Insel bzw. das Hotel. Leider kam dann vieles anders als geplant: Unser Flug wurde gecancelt, das Hotel war gerade im Umbau und die Insel gefiel uns auch nicht so wie gedacht. Jetzt hätten wir absolut frustriert und enttäuscht sein können – beides Emotionen, die jedoch absolut nicht konstruktiv sind und zu Nicht-Erfolg führen. Ich wollte mich ja mit Bettina dort verloben, und wenn wir uns jetzt nur auf die negativen Dinge konzentriert hätten, also darauf, was alles nicht unseren Standards entsprach, so wäre diese Verlobungsreise nicht geglückt. Also haben wir uns auf all jene Dinge gefreut, welche wir trotzdem toll finden konnten: Die ekligen Frösche überall am regennassen Weg wurden zu den hübschen kleinen Fröschen, das schlechte Wetter zu den tollen sommerlichen Regengüssen und das schlechte Internet gab uns viel mehr Zeit für uns selber. Gerade am Anfang musst du neue Standards bzw. Erwartungen in Dankbarkeit umwandeln und darauf vertrauen, dass sie in Zukunft zu deinen erwünschten Ergebnissen werden. So bist du trotzdem glücklich, auch wenn manchmal Dinge passieren, welche unterhalb deines „Muss“ sind. Bleibe deinen neuen höheren Standards treu, arbeite dich Schritt für Schritt nach oben und bedanke dich von ganzem Herzen für all die tollen

Dinge, welche du bereits in deinem Leben hast. Du kannst eben meistens nicht kontrollieren, was dir alles passiert, doch kannst du zu jeder Sekunde entscheiden, ob du positiv oder negativ damit umgehst. Dies entscheidet schlussendlich über deine Emotionen und damit über die Qualität deines Lebens.

Dann gibt es noch eine dritte Hürde: nachdem du ja versuchst, immer bessere Leute um dich herum zu haben, werden das andere Menschen auch versuchen. Du wärst ja jemand mit schlechteren Standards, und so wollen die anderen dich nicht um sich herum haben. Verstehst du das Dilemma?

Es gibt hier fünf Methoden, dies zu umgehen:

Für die erste Methode kann das Beispiel von zuvor mit dem Medizin-und Sportstudium herhalten. Ich gebe das eine, bekomme dafür das andere. Das könntest du natürlich genauso machen. Denke einfach einmal nach, was du anbieten kannst.

Die zweite Methode besteht darin, dass du eine Gruppe suchst, welche nur ganz leicht besser ist als du. Zum Beispiel, wenn du im Sportverein Fußball mitspielen willst und die restlichen Spieler deutlich besser sind, so werden sie dich nicht so gerne mitspielen lassen. Wenn sie jedoch nur ein bisschen besser spielen als du, so wird es okay für sie sein, wenn du ein- oder zweimal mittrainierst. Wenn du dann hart an dir arbeitest, Vollgas gibst und schnell wächst, wirst du rasch auf ihrem Niveau sein und sie werden sich dann sogar freuen, wenn du öfter und immer wieder kommst.

Die dritte Methode ist es, dass du dir einen Coach suchst. Dies ist eine Person, welche entweder bereits extrem gut in dem ist, wo du es auch werden willst, bzw. durch Erfahrung weiß, wie du dorthin gelangst. Ich habe viele weitere Trainer und Coaches in meinem Leben gehabt. Einige besser, einige schlechter. Deshalb möchte ich dir hier ein paar eigene Tipps zu diesem Thema geben, sodass du nicht in dieselben Fettnäpfchen trittst wie ich. Wenn du dir einen Coach oder

Trainer suchst, dann achte auf jeden Fall darauf, dass er nicht dort ist, wo er ist, weil er einmal Glück hatte und dir dann das Ganze als großes Wissen verkauft. Es ist das Gleiche, als wenn man 1024 Affen in einen Raum stellt und jeden eine Münze werfen lässt. Diese Affen spielen dann gegeneinander und jeder, der Kopf wirft, kommt eine Runde weiter. Wenn man das Spiel von 1024 herunterspielt, bleiben irgendwann nurmehr 2 Affen übrig. Nun gewinnt einer der beiden Affen. Hat dieser Affe gewonnen, weil er so gut Münzen werfen kann? Nein, natürlich nicht, er hatte einfach Glück. Doch was bei uns in der Welt passiert, ist, dass man genau diesen Affen dann fragt, wie er denn dorthin gekommen ist, wo er jetzt ist. Dieser Affe versucht dann mit irgendwelchen fadenscheinigen Erklärungen zu beschreiben, was er genau gemacht hat und was auch du machen musst, wenn du dort hin willst. Das Problem ist jedoch, dass er absolut keine Ahnung hat, da er einfach nur Glück gehabt hat. Irgendeiner aus den 1024 musste gewinnen. Wenn du also herausfinden willst, ob es jemand wirklich drauf hat oder nicht, so achte einfach auf folgende Punkte:

- Spricht er aus Erfahrung oder reiner Theorie?
- Hat er bereits mehrere Erfolge gehabt oder bisher nur einmal?
- Wie sehen seine Resultate mit anderen Klienten aus, mit welchen er oder sie arbeitet?
- Gibt es echte Testimonials? Kannst du mit diesen Menschen sprechen?

Leider gibt es viel zu viele Scharlatane in der Coaching- und Trainingsbranche, doch wenn du genau hinguckst, ein bisschen recherchierst und dich nicht an der Nase herumführen lässt, weichst du diesen ohne Probleme aus. So findest du jemanden, der dir wirklich helfen kann, all jene Dinge zu erreichen, welche du willst.

Falls du einen unserer Coaches oder Trainer an die Seite gestellt bekommen möchtest, dann freuen wir uns, von dir zu hören, indem du uns auf team@i-unlimited.de oder WhatsApp: +43 681 10803001 kontaktierst und um deinen eigenen 1:1-Trainer bzw. -Coach anfragst. Ich kann dir garantieren, dass wir nur die Besten der Besten für dich haben.

Die vierte Methode sind Mentoren. Diese sind Menschen, welche meist aufgrund ihres Alters bzw. ihrer Erfahrung nicht mehr aktiv in einem Feld dabei sein wollen, jedoch anderen gerne helfen, dort erfolgreich zu werden. Sie bringen jede Menge Wissen mit und erfüllen sich die Grundbedürfnisse des Weiterhelfens und Besserwerdens, indem sie anderen Leuten wie dir dabei helfen, ebenfalls nach oben zu kommen. Alter ist dabei relativ, meistens hat es eher damit zu tun, wie lange sie bereits in dem Feld selber aktiv gewesen sind. Glaube also nicht, dass ein Mentor unbedingt mit grauem Haar und langem Bart vor dir stehen muss. Mein allererster Mentor, welchen ich mit 22 Jahren durch Zufall kennengelernt hatte, hieß Paul – ich beschrieb ihn in meinem letzten Buch im Detail. Wenn du ebenso einen Mentor finden willst, so achte auf dieselben Punkte wie zuvor bei den Coaches und Trainern. Hier ist es zudem besonders wichtig, dass du sowohl die Grundbedürfnisse deines Mentors bzw. deine eigenen genau verstehst und gegeneinander abwägst. Niemand macht einfach etwas nur so. Wenn du also keinen harten Arbeitseinsatz, klare Ziele und ein entsprechendes Umsetzungsvermögen an den Tag legst, wird ein guter Mentor dies schnell erkennen und bald zum Ex-Mentor werden. Wo kannst du solche Mentoren finden? Egal, in welchem Bereich du einen suchst, es wird immer Konferenzen, Treffen, Meet-ups oder Events dazu geben. Auch in Onlinegruppen gibt es genug Leute, welche als Mentor fungieren können. Es gibt jedoch immer jene, welche einfach nur laut schreien, bei denen dann jedoch nichts dahinter steht. Leider ist es gerade in der Welt von Social Media oft dazu gekommen, dass diesen Schreihälsen mehr Glaubwürdigkeit entgegengebracht wird als den Leisen, welche jedoch Recht hätten. Meist sind es die stillen Wasser, die tief sind.

Die fünfte Methode ist es, eine Mastermind-Gruppe zu gründen. Dies ist ein Zusammenschluss von motivierten Leuten mit klaren Zielen, welche sich gegenseitig sowohl unterstützen als auch motivieren. Suche einmal in deiner Umgebung bzw. online, ob du dort vielleicht eine solche Gruppe findest. Eventuell schließt du dich mit ein paar Freunden oder Bekannten zu einer solchen Gruppe zusammen. Wir bei I-Unlimited™ haben 2015 auch eine Grenzenlos Erfolgreich© Mastermind-Gruppe gegründet. Dort helfen sich Mitglieder, ihr Business nach vorne zu bringen, Beziehungen zu stärken, besseres Time Management zu bekommen, Geld besser zu verwalten oder einfach nur produktiver zu werden. Wenn du auch Interesse hast zu erfahren, wie so eine Mastermind-Gruppe funktioniert bzw. du bei unserer Gruppe anfragen möchtest, dann gehe auf www.JulianHospMastermind.com. Wir haben zwar meistens eine Warteliste, doch vielleicht hast du Glück und sie ist nicht zu lang. Die Kombination von Coach und Mastermind-Gruppe kann wahrlich dein Durchbruch auf einem Gebiet bedeuten, in welchem du vielleicht bisher immer gestrauchelt bist.

Es ist unglaublich wichtig, dass du Menschen mit Top-Standards in Bezug auf deine Ziele um dich herum findest. Nur so wirst du langfristigen Erfolg genießen können und alle Methoden der EVT© auch nachhaltig zur Umsetzung bringen.

Erledige dafür die folgenden zehn To-Dos:

1. Wo hattest du bereits einmal versucht, deine Standards zu erhöhen, wurdest dann jedoch enttäuscht, weil du etwas nicht bekommen hast und du dann deine Standards fälschlicherweise wieder gesenkt hast?
2. Für was hättest du stattdessen dankbar sein sollen?
3. Was willst du genau verändern/verbessern bzw. wo willst du einen Durchbruch erhalten/behalten?
4. Welcher deiner Standards hat dich diesbezüglich bisher von deinem Vorhaben abgehalten?

5. Wer sind die fünf Menschen um dich herum, mit denen du die meiste Zeit verbringst?
6. Wo würdest du deine fünf Menschen in Bezug auf deine gewünschte Veränderung einordnen? Welche Standards haben diese jeweils von eins bis fünf?
7. Welche Person könntest du in deinem Umfeld/ Bekanntenkreis finden, welche besser als du in dieser Fähigkeit ist bzw. bereits höhere Standards darin hat?
8. Wie kannst du mit ihm/ihr eine Beziehung dazu aufzubauen?
9. Starte dafür ein Beziehungstagebuch!
10. Hole dir einen Coach:
    team@i-unlimited.de
    WhatsApp: +43 681 10803001
    bzw. tritt einer Mastermind-Gruppe bei:
    www.JulianHospMastermind.com.

Welchen dieser Punkte erledigst du jetzt sofort für deinen Erfolg? Dann mach es! Danach feiere heute auf jeden Fall den Abschluss von TEIL 1 – VERSTEHEN. Du bist nun wirklich ein Profi, wenn es darum geht zu verstehen, warum du tust, was du tust, und wie du dies in einfachen Schritten mit den Methoden der Emotionsveränderungstechnik© jederzeit nachhaltig verändern kannst.

Morgen geht's dann los mit TEIL 2 – VISUALISIEREN.

Sei GRENZENLOS ERFOLGREICH©!

Dein

Dr. Julian Hosp

TAG 12: Deine Träume durch Vision, Mission und Fokus realisieren

Herzlich willkommen zu Tag 12!

TEIL 1 – VERSTEHEN ist nun zu Ende und jetzt geht's los mit TEIL 2 – VISUALISIEREN. Teil 1 ist die Basis zu all dem, was wir jetzt in Teil 2 besprechen und dann in Teil 3 umsetzen werden. Vor allem heute wird das Puzzle, welches wir in den ersten elf Tagen zu bauen angefangen haben, noch einmal klarer und detaillierter.

Erinnere dich noch einmal daran, dass du die Destination deines Lebens einerseits jederzeit kreieren und andererseits verändern kannst. Deine Destination bestimmst du in den Momenten deiner Entscheidungen und hier ist natürlich ganz besonders wichtig, in welchem Gemütszustand du dich dabei genau befindest. Über den Grenzenlos Erfolgreich Bedeutungskreislauf© erkennst du, wie du von Ausreden und reinen Reflexen wegkommst, einem Ereignis eine neue Bedeutung geben und damit eine neue, (hoffentlich) bessere Entscheidung treffen kannst. Du kannst dir die Grafik dazu im Arbeitsbuch noch einmal ansehen. Bisher haben wir vor allem den Anfang (Emotionen und fünf Methoden der EVT©) und das Ende (sieben Grundbedürfnisse und Ängste) des Kreislaufes besprochen. Das hat auch einen ganz klaren Grund, den ich dir in der Fliegergeschichte mit Abflug und Ziel schon einmal erklärt habe: Zuerst musst du wissen, wohin du willst (Ängste und Grundbedürfnisse) und dann musst du deine ersten Schritte kennen (EVT©, weil erste Position im Kreislauf). In TEIL 2, also ab heute, besprechen wir die Schritte dazwischen, sodass du dein Leben noch besser in den Griff bekommst und noch einfacher GRENZENLOS ERFOLGREICH© bist.

Im Gesamten hat der Grenzenlos Erfolgreich Bedeutungskreislauf© die folgenden zehn Ansatzpunkte, an welchen du nicht nur herumschrauben und -drehen KANNST, sondern auch SOLLST:

1. deine sieben Grundbedürfnisse und deine Ängste (vor allem Hauptangst) = Endziel des Kreislaufes
2. deine Emotionen → EVT© → fünf Methoden = Anfang des Kreislaufes
3. deine Vision für das Leben, die Beziehung, das Business … (steht genau vor dem Ziel)
4. deine Mission für das Leben, die Beziehung, das Business … (wie du zur Vision gelangen willst)
5. dein Primärfokus (der wichtigste Punkt aus Vision und Mission)
6. deine Werte und Regeln für deine Vision
7. deine genauen Ziele aufgrund von Werten und Regeln
8. deine Strategien, um diese Ziele zu erreichen
9. deine Identität und hier vor allem deine Glaubenssätze
10. deine Essenz (Herz vs. Hirn)

Gehen wir die Punkte der Übersicht halber noch einmal kurz durch und erinnern uns, was wir bereits bis ins Detail besprochen haben und welche Punkte in den nächsten Tagen auf uns zukommen.

Punkt 1, unsere sieben Grundbedürfnisse:

1. Kontrolle
2. Abwechslung
3. Liebe
4. Herausstechen
5. Lernen
6. Zurückgeben
7. Sinn

und **unsere Ängste, vor allem unsere Hauptangst**, nicht gut genug zu sein, weil wir dann nicht geliebt werden, haben wir in den ersten Tagen besprochen, als es darum ging, warum wir tun, was wir tun.

Die wichtigsten Lektionen daraus waren, die genaue Richtung unseres Tuns zu verbessern:

1. Bringe deine Grundbedürfnisse so schnell es geht auf Lernen/Wachstum und Zurückgeben. Durch Lernen/Wachstum wirst du zwar zuerst Unsicherheit/Abwechslung spüren, doch dadurch, dass du besser wirst, bekommst du auch automatisch Kontrolle/Sicherheit. Wenn du zuerst Kontrolle/Sicherheit willst, kommst du nicht wirklich weiter.
2. Wenn du zuerst herausstechen willst, wirst du dich ebenfalls schwer tun, weiterzukommen. Die beste Möglichkeit ist es, zurückzugeben ohne etwas dafür zu erwarten, dadurch Liebe/Zuneigung zu bekommen und dadurch herauszustechen.
3. Wachstum und Zurückgeben wird deinem Leben den wahren Sinn und damit Glück, Zufriedenheit und Erfolg geben.
4. Verstehe, dass jeder von uns Ängste hat, dass sich diese ähneln und einfach andere Ausprägungen derselben Angst sind: nicht gut genug zu sein und dadurch nicht geliebt zu werden.
5. Ängste gehen nicht weg, sondern man muss lernen, mit ihnen umzugehen. Am Tag 18 sprechen wir einen ganzen Tag nur darüber.

Punkt 2, unsere Emotionen und wie wir diese mit Hilfe der EVT© nachhaltig beeinflussen können, folgten in den Tagen nach dem „Warum tun wir, was wir tun". Die fünf Methoden sind:

1. Bedeutung
2. Fokus
3. Sprache
4. Körper (langfristig und kurzfristig)

5. Standards

Die Veränderung der Bedeutung eines Ereignisses ist die machtvollste Methode der fünf, sie braucht jedoch die anderen in Kombination. Wo der Fokus hingeht, geht auch deine Energie hin. Unter Sprache hast du deinen Bekräftigungsspruch bekommen und unter Körper deinen „Volle Energie"-Anker. Die Standards werden großteils durch deine Umgebung bestimmt und deshalb solltest du immer genau darauf achten, mit wem du unterwegs bist – das betrifft auch deine Liebsten. Bis dorthin sind wir gestern gekommen.

Punkt 3, 4 und 5 (Vision, Mission, Primärfokus) werden wir heute an Tag 12 besprechen und sie spiegeln das wider, was du erwartest, dass deine Bedürfnisse und Ängste widerspiegeln.

Ob du das schlussendlich auch erreichst, hat dann einen großen Einfluss darauf, ob du dich wirklich zufrieden, glücklich und erfolgreich fühlst. Mehr dazu bereits heute, jedoch noch mehr morgen an Tag 13, wenn wir über Werte und Regeln für dein Leben sprechen (Punkt 6).

Punkt 7 ist ein Thema, das so oft besprochen wird, jedoch aufgrund von komplett falscher Lehrmeinung mit dem SMART-System für die meisten Menschen nicht funktioniert. **Ziele** sind jedoch unglaublich wichtig, sodass du deiner Vision fürs Leben Schritt für Schritt näher kommst und so wirst du komplett revolutionäre Strategien an Tag 14 darüber hören.

An Tag 15, 16 und 17 sprechen wir dann über **deine Strategien (Punkt 8)**, WIE du an die Ziele herangehst. Wir haben das zwar schon kurz bei den Grundbedürfnissen besprochen, doch dieses Mal schauen wir im Detail auf deine Rituale, deine Gewohnheiten, dein Zeitmanagement und Pläne.

Punkt 9, deine Identität – und hier besonders deine Glaubenssätze – haben wir auch schon ein bisschen angerissen. Auch morgen an Tag 13 sprechen wir, wenn wir Regeln und Werte behandeln, über dein WARUM, doch so richtig gehen wir da an Tag 18, 19 und 20 hinein, denn limitierende Glaubenssätze gehören aufgebrochen, sodass du wirklich „frei“ sein kannst.

Tag 21 handelt einerseits von **Entscheidungen, andererseits von Punkt 10, deiner Essenz**, welche auch oft mit unserem höchsten Grundbedürfnis, dem Sinn, verglichen werden kann. Hier geht es darum, Entscheidungen aufgrund deines Herzens und nicht immer nach rationalen Punkten zu treffen bzw. Situationen nach Bauchgefühl zu beurteilen.

Tag 22 rundet mit der Grenzenlos Erfolgreich Sesselreise© dann TEIL 2 ab, sodass du auch wirklich ins TUN kommst und bereit für TEIL 3 – UMSETZEN bist.

Bisher hast du noch nie eine so genaue Übersicht bekommen. Ich wollte nicht, dass du dich in den Details verlierst, sondern gerade am Anfang des Programms ins TUN kommst. In Teil 2 wirst du den GRENZENLOS ERFOLGREICH BEDEUTUNGSKREISLAUF© auf deinen persönlichen GRENZENLOS ERFOLGREICH PFAD© im Arbeitsbuch eintragen. Dies sind deine Werkzeuge aus den zehn Punkten, welche du für dich jederzeit anwenden kannst bzw. auf die du dich fokussieren sollst:

1. deine zwei wichtigsten Grundbedürfnisse:
2. dein „Volle Energie“-Anker:
3. dein Bekräftigungsspruch:
4. dein Visionboard
5. deine Mission
6. dein Primärfokus
7. die fünf positiven Werte deines Leitbildes inkl. Regeln
8. die drei Ängste/negativen Gefühle deines Leitbildes inkl. Regeln

9. deine drei wichtigsten positiven Glaubenssätze
10. deine fünf Ziele für dieses Jahr

Diese zehn Punkte füllst du auf deinem Pfad im Arbeitsbuch der Reihe nach aus. Die ersten drei solltest du jetzt sofort eintragen, denn diese haben wir bereits bis ins letzte Detail besprochen. Die restlichen Punkte kommen Schritt für Schritt in den nächsten zehn Tagen. Nimm dir für deinen Pfad ein leeres Blatt Papier (am besten A3) und zeichne dir diesen wie auch immer er dir am besten gefällt. Nachdem du die ersten drei Punkte auf deinem Pfad eingetragen hast, starten wir nun in deine Vision für dein Leben, um dir so deine Grundbedürfnisse auf positive Art und Weise zu befriedigen und deinen Ängsten Lebewohl zu sagen.

Was ist denn eigentlich eine Vision? Eine Vision ist deine große Idee davon, wie etwas (dein Leben, deine Beziehung, dein Job, deine Gesundheit etc.) auszusehen hat, damit es deine Grundbedürfnisse erfüllt, dir damit „scheinbar gut tut" und dich zufrieden und glücklich macht. Du denkst dir jetzt vielleicht, dass du keine Vision hast, weil du dir noch nie Gedanken über deine Vision für solche Dinge gemacht hast. Jeder von uns hat eine Vision, bewusst oder unbewusst. Das Problem bei einer unbewussten Vision ist jedoch, wie bei den meisten Dingen, welche wir bereits besprochen haben, dass unser Unterbewusstsein sich nicht darum kümmert, dass wir glücklich und zufrieden sind, sondern lediglich darum, dass wir überleben.

Auf einer amerikanischen Elite-Universität wurde in den 70er Jahren eine Studie durchgeführt, bei der Studenten befragt wurden, ob sie eine klare Vision für ihr Leben hätten. Hier ist anzumerken, dass es sich wirklich um Top-Studenten der Elite-Universitäten handelte, von welchen man eigentlich erwarten würde, dass sie später alle einmal enorm erfolgreich werden würden.

Knapp 20% von ihnen hatten sich bewusst eine große und tolle Vision überlegt. 80%, der Großteil, jedoch nicht. So sah die genaue Aufteilung ihrer Antworten aus:

- 80% hatten keine klare Vision.
- 15% hatten sich eine schöne, erfüllende Vision fürs Leben zumindest im Kopf überlegt.
- 4% hatten sich diese in in Form eines beschreibenden Textes notiert.
- 1% hatten diese sogar ganz klar mit Bildern untermalt dargestellt.

Zwei Jahrzehnte später wurde wieder geschaut, wie es denn den Studenten ergangen war. In der Studie wurde das Einkommen gemessen, da dies am objektivsten zu bewerten war. (Persönliche Anmerkung: Ich bin mir sicher, die Ergebnisse ließen sich auf jeden anderen Bereich wie Beziehung, Familie, etc. auch ausweiten, doch am Einkommen lässt sich sehr einfach ein Vergleich darstellen.)

- 80% waren Teil der Mittelschicht. Ihr Einkommen nach Steuern betrug knapp 30.000 € pro Jahr.
- 15% waren Teil der oberen Mittelschicht. Ihr Einkommen betrug knapp 80.000 € pro Jahr.
- 4% waren ziemlich wohlhabend und verdienten eine Viertel Million Euro pro Jahr.
- 1% verdienten über eine Million Euro pro Jahr.

Abgesehen davon, dass es Elite-Absolventen waren, könnte man jetzt sagen: „Na und, was ist jetzt da so speziell daran, das liegt ganz normal im Durchschnitt in der Bevölkerung?!"

Das Unglaubliche daran war das Folgende: Wenn man die Gruppen im Hinblick auf die Angaben zu einer klaren und bewussten Vision mit den Einkommensgruppen verglich, so waren diese praktisch identisch miteinander. Diejenigen, die sich 20 Jahre zuvor keine bewusste Vision fürs

Leben überlegt hatten, waren einfach ihrer unterbewussten Vision gefolgt. Dies hieß nichts anderes als: Überleben um jeden Preis. Übermäßiger Drang nach Überleben kreiert ein übertriebenes Maß an Vorsicht und das wiederum verhindert das Ausprobieren von Neuem und somit Fortschritt.

Diejenigen, die ihre Vision nicht nur klar definiert und aufgeschrieben, sondern auch mit Bildern grafisch untermalt hatten, gehörten nun zu den Top 1%. Sie wussten für sich ganz genau, was sie zufrieden, glücklich und erfolgreich machen würde und hatten zielstrebig dorthin gearbeitet. Geld war dabei lediglich ein Teil des herausragenden Resultats. Schlussendlich wollen nur die wenigsten von uns ausschließlich Geld für das, was sie tun. Wir wollen immer noch etwas mehr: Sinn. Du siehst das anders? Warum verkauft dann nicht jeder Mann oder jede Frau seinen/ihren Körper für Geld? Warum dealt nicht jeder mit Drogen? Warum wird nicht jeder zu einem Auftragskiller? Ganz einfach: Weil Geld nur scheinbar eine Motivation darstellt. Unsere wahren Bedürfnisse sind ganz andere, wie du bereits verstanden hast. Die Menschen, welche sich das ganz klar überlegt haben, fallen auf den vermeintlichen Trick nicht herein und kennen all die Dinge ganz genau, welche sie im Leben wollen. Dass sich viel davon dann auch in Geld messen lässt, ist dann eben der angenehme Nebeneffekt.

Trotz genauerer Untersuchungen ließ sich kein anderer Unterschied finden, außer demjenigen, dass die eine Gruppe eine Vision hatte und die andere eben nicht. Herkunft, Religion, Studienrichtung, Geschlecht und vieles mehr wurden genauestens betrachtet, doch keine klaren Rückschlüsse konnten getroffen werden. Wie war das wissenschaftlich erklärbar?

Erst hatten Forscher keine Antwort auf diese Frage, doch je mehr Psychologen sich dem widmeten, desto eindeutiger fand man die Begründung: Unser Retikuläres Aktivierendes System (RAS). Wir haben dieses System schon ein paarmal erwähnt, doch noch nie genauer erklärt, worum es sich dabei handelt. Das System funktioniert wie ein Spamfilter im Gehirn und entscheidet darüber, welche Sinne und Reize in unser Gehirn dürfen und welche nicht. Gäbe es das RAS nicht, hätten wir eine absolute Reizüberflutung und könnten uns praktisch nicht konzentrieren. Aufmerksamkeitsstörungen bei Kindern werden oft mit Medikamenten behandelt, obwohl diese meist nur ein besser trainiertes RAS bräuchten. Wie das funktioniert, erkläre ich dir gleich.

Wie ein Spamfilter braucht dein RAS ebenfalls Erfahrungswerte, um zu verstehen, was zu deinem Gehirn soll und was nicht. Das, worauf du dich im täglichen Leben bewusst oder unbewusst konzentrierst, wird in deinem RAS gespeichert und für die Zukunft verstärkt. Es wäre das Gleiche, wenn du gewisse E-Mails im Spamfilter durchlässt bzw. blockierst. Dein Spamfilter lernt, lässt einige immer durch, manche andere Dinge jedoch gar nicht mehr. Wenn du dich derzeit also vor allem auf Dinge aus dem Radio, dem Fernsehen, von YouTube, von Facebook, aus Talkshows usw. fokussierst, welche sowieso um dich herum sind, wird nichts anderes als Drama und Negativität zu deinem Gehirn gelassen. Dein RAS programmiert sich schlussendlich immer mehr darauf und denkt, du musst all diese schlimmen Dinge mitbekommen, damit du überlebst.

Die Lösung ist, genau wie bei deinem Spamfilter heranzugehen und deinem RAS neue, für dich wirklich wichtige Dinge zu geben, auf welche es sich konzentriert und die es schlussendlich zu deinem Gehirn durchlässt. Hier sind drei Wege, wie das funktioniert:

1. **Fragen stellen bzw. seinen Fokus anpassen**. Diesen Punkt haben wir bereits besprochen. Wenn du zum Beispiel weißt, was du möchtest, hilft das deinem RAS ungemein. Du kennst das Beispiel von den Autos. Sobald du dir ein neues Auto kaufen möchtest, siehst du im Straßenverkehr nur noch diese Automarke

oder diesen Autotyp. Ein Vorzeigebeispiel, wie effektiv und schnell sich dein RAS als Filter anpasst.

2. Das nächste Level ist es, sich ganz klar eine **Vision aufzuschreiben**. Diese kann auf den ersten Anschein ruhig einem tollen Traum oder Wunsch ähneln. Bei einem Wunsch steht jedoch vielmehr die Hoffnung als die Erwartung auf etwas im Vordergrund. Bei einem Traum weiß man unterbewusst, dass dies lediglich ein Traum ist und eher nicht Realität werden kann. Eine Vision ist ein klares Bild, wie etwas auszusehen hat. Schreibe dir also wirklich nieder, was du dir im Leben wünschst bzw. erträumst. Mache dir vorerst keine Gedanken darüber, wie du das erreichen sollst. So sah zum Beispiel bei mir diese Niederschrift aus, nachdem ich gerade erkannt hatte, was Erfolg für mich wirklich bedeuten würde:

   Meine Frau Bettina und ich leben in einem wunderschönen Haus direkt am Strand, welches circa 30 Millionen Euro Wert ist. Vor dem Haus ankert unsere Yacht und in der Garage ist ein Jetski, damit ich mit meinen Freunden beim Kitesurfen immer eine Rettungsmöglichkeit habe. Ich besitze einen 500.000 € teuren Sportwagen, wir haben eine Putzfrau, einen Gärtner und Helferinnen für unsere wundervollen drei Kinder: zwei Zwillinge und ein drittes jüngeres. Alle drei sind gesund und machen uns als Eltern stolz. Weiters haben wir noch mehrere andere Häuser auf der Welt. Eines in Österreich und eines in einer großen Stadt. Bettina und ich haben einen hochenergetischen Lebensstil. Wir kaufen nur gesundes Essen, sind körperlich fit, haben tollen ausgelassenen Sex und kreieren wunderbare Erlebnisse gemeinsam. Wir besitzen eine Gulfstream 650 ER, mit welcher wir unglaubliche Reisen zu den tollsten Plätzen der Erde unternehmen. Manchmal ist es einfach ein Campingtrip und dann wiederum der

Besuch in 5-Sterne-Resorts. Unsere Unternehmen erschaffen unglaublich viel Wert und sind, angepasst an die Inflation, eine Billion Euro Wert. Jedes Jahr spenden wir Milliarden, um Unternehmertum zu fördern, Kindern und Tieren zu helfen und Krankheiten zu bekämpfen. Wir bilden uns immer weiter fort, lernen neue Dinge und leben ein absolut erfülltes Leben.

3. Das dritte Level ist es dann, **diese Wörter in klare Bilder zu verwandeln,** sodass das RAS auch ganz klar weiß, wonach es Ausschau halten soll. Suche dir dafür Bilder aus dem Internet.

   Auf deinem GRENZENLOS ERFOLGREICH PFAD© kreierst du jetzt unter Punkt 4 eine solche Vision für dich, PLUS du solltest zusätzlich ein Visionboard für dich kreieren. Dies ist entweder ein physisches Brett, wo du dir Bilder von den Dingen in deiner Vision darauf machst, oder eine digitale Notiz. Wichtig dabei ist, dass du dieses so oft wie möglich siehst. Hänge das Visionboard zum Beispiel im Schlafzimmer auf bzw. habe diese Notiz auf dem Handy oder Laptop als Hintergrund. So sagst du deinem RAS ganz klar, was du von ihm erwartest.

Überlege dir wirklich, wie dein perfektes Leben aussehen soll:

- Welche Dinge hast du in deinem Leben?
- Welche Menschen sind in deinem Leben?
- Welche Erfahrungen und Erlebnisse hast du machen dürfen?
- Wie beeinflusst du andere Menschen positiv?
- Was machst du, um Spaß zu haben?
- Was weißt bzw. kannst du alles?
- Wem hilfst du, ohne etwas dafür zu erwarten?

- Welche Träume erfüllst du dir?
- Usw.

Je größer, toller, besser, schöner, klarer und unglaublicher deine Vision ist, umso besser stellst du dein RAS darauf ein, dir Wege im Leben aufzuzeigen, wie du diese Dinge auch wirklich bekommen kannst.

Als ich dies zum ersten Mal gehört habe, dachte ich mir, das sei absolut verrückt. Auch wenn ich wusste, dass die wissenschaftliche Erklärung Sinn machte, so hatte ich doch meine Zweifel. Doch binnen kürzester Zeit kamen Dinge und Menschen in mein Leben, von welchen ich davor nur träumen hätte können. Egal, ob Sportautos, tolle Erste-Klasse-Flüge, Privatjets, unglaubliche Menschen, Nordlichter Reisen u. v. a. m. Wenn du jedoch denkst, dass durch eine klare Vision solche Dinge überhaupt in dein Leben kommen, so ist die Antwort komplett anders: Die Dinge sind immer schon da – durch eine klare Vision erkennst du jedoch erst, wie du sie auch bekommen kannst – und genau deshalb solltest du diesen vierten Schritt auf deinem Pfad JETZT umsetzen!

Es ist okay, wenn du zuerst mit mehr Hoffnung als Erwartung, also Wünschen, startest. Auch ist okay, wenn dein Gehirn zuerst sagt, dass sich das eher nach Träumen als nach Realität anhört. Das ist nur deine innere Stimme, welche es noch nicht gewohnt ist, dass sich deine Komfortzone gleich dehnen wird. Diese Vision werden wir übermorgen in Ziele herunterbrechen. Ziele sind im Gegensatz zur Vision zeitlich klar umrissen und dadurch meistens kleiner. Ich sehe Ziele immer als die einzelnen Stufen des gesamten Anstiegs und diese werden dir Schritt für Schritt helfen, schlussendlich ganz oben anzulangen.

Wenn wir also jetzt ein Endziel für uns wissen, dann brauchen wir als nächstes unseren ersten Schritt dorthin. Hier kommen wir zu Punkt 5 auf dem Grenzenlos Erfolgreich Pfad©:

Deine Mission

Deine Mission ist, was du jetzt sofort tun müsstest, um irgendwann deine Vision zur Realität werden zu lassen. Durch deine Mission gibst du deinem TUN einen Sinn. Im Englischen nennt man dies „purpose". Es kann also nicht nur etwas Kurzfristiges sein. Andererseits muss es schon etwas sein, das du jetzt sofort anfangen kannst, sonst ist es reines Zukunftsgeschwafel.

Meine Mission zum Beispiel lautet:

„Meine Mission im Leben ist es, andere dazu zu inspirieren, Durchbrüche im Leben für sich zu kreieren, voller Liebe und Energie zu sein und so die Welt auf machtvolle und nachhaltige Art und Weise zu beeinflussen!"

Du siehst schon, eine Mission ist meist nicht etwas, das unbedingt absolut konkret und exakt sein muss. Es ist vielmehr die Idee, dass man das so umsetzen kann, um dann zu seiner Vision zu gelangen. Wenn du jetzt gleich deine eigene für dich kreierst, dann starte mit: *„Meine Mission im Leben ist es, …"*

Füge dann zwei oder drei Punkte an, welche du dir als Mission für dein Leben vorstellst. Wichtig ist, dass sich deine Mission gut anfühlt und du beim Gedanken daran ein Strahlen im Gesicht bekommst.

Hier sind ein paar Beispiele für Missionen von berühmten Persönlichkeiten, welche dich inspirieren sollten, deine eigene zu finden. Wichtig ist immer dieser Satz davor: *„Meine Mission im Leben ist es, …"*.

Oprah Winfrey: *„… eine Lehrerin zu sein und dafür bekannt zu werden, dass ich meinen Studenten immer das Gefühl gebe, mehr sein zu können, als sie selber von sich geglaubt hätten."*

Richard Branson: „*... Spass auf meiner Reise durchs Leben zu haben und aus meinen Fehlern zu lernen.*"

Bettina, welche (noch ;-)) nicht ganz so berühmt ist wie die beiden von zuvor: „*... andere Menschen zum Lächeln zu bringen und ihnen das Gefühl zu geben, dass sie geliebt werden.*"

Was bewirkt so eine eigene Mission?

Sie gibt dir einen Leitfaden, wie dich dein Leben zur Vision bringen soll. Du wirst natürlich komplett anders leben, je nachdem, ob es deine Mission ist, wie Oprah anderen Leuten etwas beizubringen oder wie Branson Spass im Leben zu haben. Macht Sinn, oder? Gut, wie lautet nun deine eigene Mission? Schreibe sie unter Punkt 5 auf deinen Grenzenlos Erfolgreich Pfad©.

Hier sieben Tipps dafür:

1. Deine Mission sollte maximal zwei bis drei Zeilen lang sein (so wie die Beispiele von oben).
2. Deine Mission sollte in der Gegenwart stehen.
3. Deine Mission sollte gut widerspiegeln, wie du deinen Sinn fürs Leben siehst.
4. Deine Mission sollte positiv und motivierend sein und dich absolut glücklich machen, wenn du daran denkst.
5. Deine Mission sollte „Prozess-Wörter" wie „Ich mache..." und KEINE Zustände („Ich bin...") enthalten. Formuliere am besten, wie du einen positiven Einfluss auf dich und andere haben kannst.
6. Deine Mission sollte jeden Tag machbar sein.
7. Deine Mission sollte keine generellen Ausdrücke enthalten, mit welchen du dich nicht klar assoziieren kannst z.B.: „*Meine Mission ist es, die Welt zu retten.*"

Um dir dabei zu helfen, denke über die folgenden zehn Fragen nach:

1. Was/Wer bringt dich zum Lachen?
2. Welche Dinge tust du für dein Leben gerne bzw. bei welchen Aktivitäten verlierst du schnell die Zeit aus den Augen?
3. Worauf bist du extrem stolz in deinem Leben?
4. Welche Fähigkeiten kannst du ohnehin schon sehr gut und wendest sie gerne an?
5. Wer/Was inspiriert dich?
6. Wofür bitten dich Leute bereits heute automatisch um Hilfe?
7. Wenn du etwas lehren müsstest, ohne Geld dafür zu bekommen, was wäre das?
8. Was würdest du an deinem Sterbebett bereuen, falls du es im Leben nicht machst?
9. Woran glaubst du extrem stark, doch die meisten anderen Menschen würden dir darin nicht zustimmen?
10. Wenn du jeden Morgen dieselbe kurze Nachricht an alle Menschen mit einem Smartphone schicken könntest, wie würde sie lauten?

Falls du dich dabei gerade schwer tust, keine Sorge. Deine Mission kann sich im Leben ändern bzw. im Laufe der Zeit noch genauer definieren. Wenn du jedoch nie damit anfängst, wirst du dich schwer tun, sie irgendwann später mal zu finden. Denke daran, dass perfekte Standards die schlechtesten sind. Deine Mission muss also nicht perfekt sein. Solange du eine hast, ist sie das automatisch.

Gut, nun hast du deine Vision und Mission fürs Leben. Ganz egal, wie perfekt oder imperfekt diese derzeit scheinen mag, Hauptsache, du hast eine und gibst somit eine Richtung für dein Glück und deine Zufriedenheit vor. Im Laufe der nächsten Jahre kannst du diese gerne an neue Ideen oder einen tieferen Sinn anpassen. Als nächstes suchen wir uns aus deiner Vision den sogenannten:

Primärfokus

Was ist ein Primärfokus?

Als ich mir damals genau Gedanken zu meiner Vision und Mission machte, hatte ich jedoch eine Herausforderung mit allem: Wie entschied mein Gehirn, auf was es sich aus all dem als allererstes fokussieren würde? Es waren doch unglaublich viele unterschiedliche Punkte in meiner Vision. In diesem Moment wurde mir etwas extrem Wichtiges klar:

Unser Gehirn fasst unsere gesamte Vision zu einem einzigen Fokus zusammen:

Dein sogenannter Primärfokus.

Es ist eine Frage, welche du dir ständig, meist unterbewusst stellst, weil du hoffst, dass du so deine gesamte oder zumindest einen großen Teil deiner Vision erreichst. Wir alle haben diesen Primärfokus, nur ist er uns meistens nicht bewusst. Du verknüpfst durch ihn deine Vision mit deinen Bedürfnissen und er hat somit einen enormen Einfluss darauf, wie du an diese herangehst. Um diese These zu testen, führte ich denselben Fragenprozess an mir selber durch, welchen ich dir auch gleich hier zeigen werde. Du kennst ja meine Vision und Mission bereits, so gibt dir das einen guten Einblick, den du dann für dich selber nutzen kannst und du siehst, was das bei mir bewirkt hat.

Wie findest du deinen Primärfokus?

Dies ist gerade am Anfang oft gar nicht so einfach, doch je öfter du die folgenden Übungen machst, umso klarer und besser kannst du diesen definieren. Ich habe ein paar Jahre gebraucht, bis ich meinen finalen Fokus zum ersten Mal erkannt habe. Schlussendlich erkannte ich, dass mein Fokus das folgende war: *„Wie kann ich mich in einem positiven Licht präsentieren.“* In meinem Leben habe ich dann unterbewusst nichts anderes versucht, als diesen Fokus zu erreichen, weil ich dachte, dass dies zu meiner Vision führen wird.

Um zu deinem Primärfokus zu kommen, stelle dir einmal die folgenden Fragen. Sei nicht frustriert, falls das wie bei mir auch nicht sofort klappt oder du bei einem Punkt stecken bleibst. Mache einfach Schritt für Schritt weiter.

Weißt du bewusst oder unbewusst eine Frage bzw. hast du einen Fokus, welchen du dir regelmäßig und immer wieder stellst bzw. dich darauf konzentrierst?

<u>Beispiele von Kunden aus meinen 1:1-Gesprächen sind:</u>

a. Kann ich mich nicht blamieren?
b. Wie falle ich nicht auf?
c. Wie denken andere positiv über mich?
d. Wie kann ich immer besser sein?
e. Wie kann ich genug/gut genug sein?
f. Wie kann ich etwas hinterlassen?
g. Wie kann ich das zu meinem Vorteil nutzen?
h. Wie kann ich gewinnen?
i. Wie kann ich der Beste sein?
j. Wie kann ich nicht alleine sein?
k. Wie kann ich herausstechen?
l. Wie kann ich ohne Sorgen sein?
m. Wie kann ich etwas erreichen?
n. Wie kann ich berühmt/bekannt sein?
o. Usw.

Vielleicht fokussierst du dich genau auf etwas von oben oder etwas anderes. Was ist am ehesten dein Fokus? Schreibe ihn nun auf, egal, ob du weißt, dass er das ist oder nicht. Wenn du gar keinen Plan hast, überlege dir, welches von den Beispielen am ehesten zutrifft!

<u>Mit der folgenden Fragenserie</u> erkennst du nun, ob es wirklich dein Primärfokus ist oder vielleicht noch etwas Tiefgründiges dahinter steckt. Solltest du einmal „NEIN“ sagen, musst du reflektieren und schauen, ob es nicht vielleicht ein anderer Fokus ist, und noch einmal von vorne beginnen:

1. Fokussierst du dich auf diesen Punkt ständig bzw. jeden Tag?
2. Falls ja, glaubst du, dass du, wenn du erreichst, worauf du dich fokussiert, auch deine Vision fürs Leben erreichen kannst?
3. Falls ja, glaubst du, dass du so Erfüllung, Zufriedenheit, Glück und Erfolg bekommst?
4. Falls ja, assoziierst du starke positive Gefühle bei dem Gedanken, das zu erreichen?
5. Falls ja, was würde passieren, wenn du es nicht erreichen könntest? Also angenommen, es würde nie einen Weg geben, dies zu bekommen. Was bedeutet das für dich?

Was antwortest du auf diese letzte Frage? Gibst du hier Antworten wie die folgenden?

- „Dann würde ich lieber sterben!"
- „Dann würde die Welt untergehen!"
- „Das wäre extrem schlimm!"

Dann bist du auf dem richtigen Weg, deinen Primärfokus zu finden. Falls du die Antwort gibst: „Ich schaffe es IMMER, dies zu bekommen!" Dann frage dich bitte: „Was aber, wenn du es nicht erreichst? Stelle es dir vor, was wäre dann? Wenn du es NIE schaffen könntest. Wenn es unmöglich ist. Es gibt keinen Plan B! Was wäre dann?" Reflektiere dann die Antworten von oben.

Ist es dein finaler Primärfokus? Gratuliere. Falls nicht, probiere einfach ein paar andere, bis du den richtigen findest. Unser Gehirn macht, wie du bereits weißt, nichts, ohne sich dabei scheinbar besser zu fühlen. Dein Primärfokus befriedigt deshalb meist eines der vier Basis-Grundbedürfnisse ganz besonders. Welches ist es?

1. Sicherheit/Kontrolle/Vorhersehbarkeit…
2. Unsicherheit, Spaß, Abwechslung, Abenteuer…

3. Besonders sein, Aufmerksamkeit bekommen, Anerkennung, Herausstechen…
4. Dazu gehören, Liebe, Zuneigung…

Bei mir war es das Grundbedürfnis nach „*Besonders sein, Aufmerksamkeit bekommen, Anerkennung, Herausstechen*".

Welche Vorteile für deine Vision hat dieser Fokus über dieses Grundbedürfnis? Überlege dir so viele wie möglich!

Beispiele:

1. Kontrolle darüber, deine Vision auch wirklich zu erreichen. Keine Fehler zu machen. Nicht verletzt zu werden. Gut genug zu sein…
2. Abwechslung im Leben, um keine Langweile oder Einöde zu verspüren bzw. frei zu sein.
3. Herausstechen, um so besser als andere zu sein und so Ziele zu erreichen…
4. Zuneigung, um nicht alleine zu sein, geliebt zu werden…

Natürlich gibt es viele mehr!

Bei mir war es zum Beispiel Punkt 3.

Doch dieses Grundbedürfnis bringt auch Nachteile mit sich. Denke einmal über so viele wie möglich nach!

Beispiele:

1. Kontrolle verhindert, dass du Neues ausprobierst.
2. Abwechslung verhindert, dass du dich auf Struktur bzw. Stabilität zum Beispiel in einer Beziehung einlässt.
3. Herausstechen verhindert, dass man gewillt ist, Fehler zu machen bzw. sich zu blamieren, was jedoch wichtig wäre, um weiter zu kommen.

4. Dazugehören wollen verhindert oft, dass man gegen den Strom geht, was jedoch für Erfolg sehr oft wichtig ist.

Natürlich gibt es noch viele mehr!

Was ist nun die Lösung bzw. Verbesserung? Praktisch alle Primärfokusse in der heutigen Zeit zeigen auf die ersten vier Grundbedürfnisse. Früher waren sie eher auf Überleben zentriert, doch dies ist heutzutage nicht mehr wirklich relevant. Wie könntest du das nun verbessern? <u>Indem du einen Fokus für die höheren Level kreierst:</u>

1. Wenn du Kontrolle oder Spaß als Grundbedürfnis hast, so wähle Lernen, Weiterkommen, Besser werden, Progress, Weiterentwicklung.
2. Wenn du Besonders sein oder Dazugehören hast, so wähle Zurückgeben ohne etwas dafür zu erwarten.

Warum? Weil du mit den beiden Grundbedürfnissen darüber meist mehrere Bedürfnisse darunter gleichzeitig befriedigen kannst.

Ich habe zum Beispiel daraufhin „Zurückgeben“ gewählt.

Jetzt geht es darum, dass du einen neuen Primärfokus kreierst, welcher wie dein alter deine Vision unterstützt, doch vielmehr ein noch höheres Grundbedürfnis befriedigt.

Wenn du das nicht machst, arbeitest du weiter auf deinen alten Fokus hin, erreichst ihn dann irgendwann, erkennst dann jedoch, dass du eigentlich nicht glücklich bist, weil irgendetwas fehlt. Genau das ist es, was bei Promis passiert, wenn sie absolut unglücklich sind. Stefan Raab zum Beispiel hat 20 Jahre lang seine Show gemacht, weil er dachte, dass dies seine Vision fürs Leben ist. Wahrscheinlich hatte er als Primärfokus: „Wie kann ich andere zum Lachen bringen?“ oder „Wie kann ich besser sein als andere?“ Woher das kommt, überlegen wir uns noch an späterer Stelle. Er hatte sich vorgestellt, dass er so Geld verdienen würde, Liebe finden würde und all die anderen Dinge, welche er immer haben wollte. Doch leider kamen damit auch Dinge wie verminderte Privatsphäre usw., welche er absolut nicht wollte. In letzter Minute riss er das Steuer herum und so macht er derzeit gar nurmehr wenig im Showbusiness, sondern genießt dafür seine Zeit mit Familie und Urlaub. Nun stelle dir einmal vor, er hätte keine Kinder? Dann könnte er sich viel schwerer die höheren Grundbedürfnisse von Neues-Lernen bzw. Zurückgeben befriedigen und wäre wahrscheinlich nicht so glücklich, sondern komplett miserabel drauf. Vielen Menschen geht es genau gleich, wenn sie zu spät ihren Primärfokus verändern und dann vor absoluter Leere stehen.

Wie kannst du also im Detail einen besseren Primärfokus für dich kreieren?

Indem du auf den bestehenden aufbaust, das neue, höhere Grundbedürfnis verwendest und dann noch diese drei Phrasen einbaust: JETZT, NOCH MEHR, UND DABEI SPASS HABEN.

Zum Beispiel: „Wie kann ich JETZT NOCH MEHR XXX machen/haben/tun/sein (Aktivität, um höheres Grundbedürfnis zu befriedigen) um dabei YYY (höheres Grundbedürfnis spüren) UND DABEI SPASS HABEN?“

Probiere es einmal aus! So hat zum Beispiel mein neuer Primärfokus ausgesehen, nachdem ich meinen alten angepasst habe – ich verwende ihn noch heute:

„Wie kann ich anderen Menschen jetzt noch mehr Wert geben, um sie und auch mich so auf ein noch höheres Level zu bringen, und dabei Spaß haben?“

WICHTIG: Halte ihn so kurz wie nur möglich! Dieser neue Fokus klingt am Anfang oft noch nicht ganz so rund, doch das wird er, wenn du ihn lange genug „übst“.

Was ist also dein neuer Fokus? Schreibe ihn JETZT auf!

Nun müssen wir ihn testen, ob er auch wirklich passt! Frage dich nun, was die so neu gewonnenen Vorteile in Bezug auf deine Bedürfnisse sind, wenn du deinen neuen Fokus anschaust?

Bei mir ist es zum Beispiel so, dass ich mich durch den neuen Primärfokus vor allem auf das Werterschaffen fokussiere und darauf vertraue, dass ich so nicht nur in einem positiven Licht stehe, sondern vielmehr jene Dinge bekomme, die ich mir durch das positive Licht eigentlich erwartet hätte. Zum Beispiel Liebe, Anerkennung, Sicherheit, Spaß usw. Es ist im Prinzip so, dass ich durch den neuen Fokus dieselben Sachen bekomme, nur auf bessere Art und Weise.

Was sind also die Vorteile deines neuen Primärfokus? Überlege wirklich genau, besonders in Bezug auf deine Grundbedürfnisse und deine Vision!

Als nächstes prüfen wir deinen neuen Primärfokus auf Nachteile. Der alte Fokus hatte ja einige, wie sieht es hier mit dem neuen aus? Überlege genau, besonders in Bezug auf deine Grundbedürfnisse und deine Vision!

Du solltest KEINE Nachteile finden können, sonst passt der neue Primärfokus nicht und du musst einen neuen finden.

Eine häufige „Angst", welche ich in 1:1-Gesprächen oft bemerke, ist die, dass man durch den neuen Primärfokus nicht mehr seine Vision umsetzen kann bzw. dass man so den Antrieb für das verliert, was man haben möchte. Diese Angst ist typisch, wenn du deinen wahren alten Primärfokus angreifst. Schließlich hat er dich ja weit gebracht und du solltest dankbar dafür sein. Genau deshalb ist es wichtig, dass du ganz ehrlich zu dir selber bist und die Vor- und Nachteile des neuen Fokus abwägst und bewertest. Erst wenn du dich mit diesem vertraut machst und keine wirklichen Nachteile finden kannst, gehe zur nächsten Frage über. Ansonsten passe deinen neuen Primärfokus an, bis du dich wohl damit fühlst.

Um deinem neuen Primärfokus gleich noch besser zu vertrauen, denke einmal darüber nach, ob du nach diesem nicht schon einmal zufällig in der Vergangenheit gehandelt hast. Bei mir kam zum Beispiel oft vor, dass ich anderen Menschen immer schon Wert gegeben habe, um so selber auf ein höheres Level zu gelangen, und ich hatte dabei Spaß gehabt. Es war teilweise also schon immer in mir drinnen.

Wie ist das bei dir? Überlege dir so viele Male, wo das auch bei dir bereits der Fall war! Wie hast du dich jedes Mal danach gefühlt? Was waren die Ergebnisse, als du genau das gemacht hast? Schreibe diese auf!

Bei mir waren sie jedes Mal unglaublich positiv, auch wenn ich das nie aktiv bemerkt habe. Ich war eben immer zu sehr mit meinem alten Primärfokus beschäftigt. In vielen Fällen stimmt das bei dir auch, oder? Wenn es also bereits in der Vergangenheit schon so gut gelaufen ist, dann wird es in der Zukunft auch so sein. Denke einfach an die tollen Gefühle und Resultate und wie das in der Zukunft sein wird. Je mehr du das machst, umso mehr und schneller wird dein Vertrauen in den neuen Primärfokus wachsen.

Wie fühlst du dich jetzt?

Ich fühlte mich damals ohne meinen „alten, gewohnten Primärfokus" zwar leicht unsicher, doch ich wusste, dass mich mein neuer viel besser zu meiner Vision bringen wird. Genau solch ein ähnliches Gefühl wirst du jetzt auch haben und das ist auch gut so.

Eventuell fühlst du dich gerade frustriert oder bist verwirrt. Dann kann ich dir sagen, dass das sogar noch besser ist. Wenn du verwirrt bist und nicht aufgibst, wirst du danach etwas Neues gelernt haben. Wenn du frustriert bist und nicht aufgibst, wirst du gleich einen Durchbruch haben. Beides wird dir ungemein weiterhelfen. Schau also, dass du in einen besseren Gemütszustand kommst, bevor du weitermachst. Stehe kurz auf, springe ein bisschen herum, gehe kurz ins Freie, höre gute Musik, treibe Sport usw. Du kennst die kurzfristigen Methoden der EVT©, um deinen Gemütszustand jederzeit zu beeinflussen und jetzt ist genau der Zeitpunkt, um diese anzuwenden.

Danach gilt es, deinen neuen Primärfokus so richtig zu integrieren. Schreibe ihn unter Punkt 6 auf deinen Grenzenlos Erfolgreich Pfad©. Weiters solltest du ihn als Spruch auf deinem Handy, deinem Laptop oder deinen Heften haben. Achte darauf, dass du ihn so oft wie möglich siehst, sodass du gleich wie beim Visionboard dein RAS darauf programmierst.

Vielleicht glaubst du mir nicht, dass du deinen Primärfokus ändern kannst. Weißt du, woher er denn überhaupt kommt? Genau, du hast ihn auch einmal gelernt. Meistens durch ein Erlebnis in deiner frühen Kindheit. <u>Teilweise sogar durch DAS erste Erlebnis, an welches du dich bewusst erinnern kannst:</u>

- Denke einmal nach, was denn das erste Erlebnis ist, was du noch aus deiner Kindheit weißt. Wann war es? Was ist dort passiert? Wer war dabei? Was war die Situation? Könnte das in Bezug zu deinem Primärfokus stehen?
- Wessen Liebe hast du als Kind eher gesucht? Vater oder Mutter? Was waren deren Grundbedürfnisse? Könnte sich dies auf dich ausgewirkt haben?
- Wie steht es um andere Menschen damals? Lehrer, Idole, Vorbilder? Wer waren sie bzw. wer sind diese heute?
- Versuchst du vielleicht, genau diesen nachzueifern und hast so genau diesen Primärfokus?

- Vielleicht versuchst du einfach genau dasselbe Grundbedürfnis zu befriedigen, nur auf eine andere Art und Weise. Zum Beispiel könnte deine Mutter, deren Liebe du besonders gesucht hast, durch extremes Aufmerksamkeitsbedürfnis leicht depressiv gewesen sein. Du hast gelernt, wie wichtig Aufmerksamkeit ist, steigst jedoch in der Herangehensweise auf ein höheres Level und bekommst dies nun, indem du berühmt werden willst. Dies ist nur ein Beispiel, doch kann es leicht auf viele Menschen und somit auch auf dich zutreffen.

Denke über die Fragen wirklich ausführlich nach, denn vergiss nicht: In Momenten der Entscheidung bestimmen wir die Destination unseres Lebens. Durch Vision, Mission und Primärfokus haben wir hier einen riesigen Einfluss darauf. Wie geht es dir mit diesen drei Punkten? Hast du die Übungen live mitgemacht? Falls ja, super. Falls nicht, mache nun die To-Dos von heute:

1. Fülle die Punkte 1 bis 3 auf dem Grenzenlos Erfolgreich Pfad© aus.
2. Schreibe deine eigene Vision und gib Stichwörter bzw. Fotos unter Punkt 4 auf deinem Grenzenlos Erfolgreich Pfad©.
3. Kreiere deine Mission mit Hilfe der Tipps und Fragen von oben und schreibe sie unter Punkt 5 auf deinen Grenzenlos Erfolgreich Pfad©.
4. Finde deinen Primärfokus und ersetze ihn durch einen neuen, indem du dem Ablauf von oben folgst. Danach schreibst du diesen unter Punkt 6 auf deinen Grenzenlos Erfolgreich Pfad©.
5. Woher hast du diesen Primärfokus? Versuche dies anhand der Fragen von oben herauszufinden!

Du siehst schon, im Vergleich zu den letzten Tagen ändert sich die Grundstruktur des Inhalts und es geht intensiv ans Mitarbeiten. Die nächsten zehn Tage werden ähnlich ablaufen, bis du deinen Pfad komplett hast.

Morgen geht's weiter mit deinen Werten und Regeln. Vergiss nicht die To-Dos und sei GRENZENLOS ERFOLGREICH©!

Dein

Dr. Julian Hosp

TAG 13: Mit Werten und Regeln zum Leitbild eines Gewinners

Herzlich willkommen bei Tag 13!

Gestern war ein ziemlich intensiver und langer Tag, ich weiß. Ich wollte dir einerseits eine Übersicht geben, andererseits auch richtig viel an neuem Inhalt. Hast du deine Vision, deine Mission und deinen Primärfokus ausgearbeitet? Wie ging es dir dabei? Frustriert? Inspiriert? Hast du die ersten sechs Punkte auf deinem Grenzenlos Erfolgreich Pfad© ausgefüllt? Wichtig ist, dass du diese Dinge einfach machst, egal ob du sie perfekt findest oder nicht. Dein Unterbewusstsein bringt dich dann schon auf den richtigen Weg.

Heute sprechen wir über deine Werte, Regeln und limitierende Glaubenssätze. Diese werden essentiell dafür sein, dir zu erlauben zu verstehen, ob deine Vision dem entspricht, was deine Grundbedürfnisse sagen oder nicht. Lass mich dir das an einem einfachen Beispiel erklären, welches ich bei einem 1:1-Training selbst erlebt habe. Ein Arztkollege, mit welchem ich gemeinsam studiert hatte, wollte wissen, ob er weiterhin als Arzt arbeiten oder genauso wie ich kündigen und ins Unternehmertum wechseln sollte. Ich fragte ihn nach seiner Vision bzw. nach seinen Vorstellungen für sein Leben. Beide spiegelten das wider, was sich wohl die meisten von uns wünschen: ein schönes Haus, ein feines Auto, eine tolle Familie, Gesundheit usw.

Wie konnte ich ihm nun helfen? Er kam zu mir, weil er Unterstützung bei seiner Entscheidung wollte. Dafür bezahlte er mich und er hoffte, dass ich ihm die Antwort geben könnte. Natürlich konnte ich die Antwort selbst nicht haben, wusste jedoch, wie ich diese aus ihm herauslocken konnte. Als „Durchbruchkreierer“ war genau das meine Aufgabe. Die Lösung kam, indem ich ihn fragte, welche der folgenden Wörter eine besonders heftige, positive Reaktion in ihm auslösen würden:

- Liebe
- Sicherheit
- Erfolg
- Spaß
- außergewöhnlich
- Freiheit
- Komfort
- gemeinsam
- Abenteuer
- Familie
- Fitness
- Intelligenz

Probiere es einmal selber aus. Schaue noch einmal über die Liste und entscheide, welche der Wörter bei dir eine extrem heftige, positive Reaktion auslösen.

Ich hatte ursprünglich erwartet, dass er das Wort „Erfolg“ auswählen würde. Stattdessen wählte er das Wort „Familie“. Offensichtlich versteckte sich hinter seiner Definition für Erfolg also, eine tolle, gesunde und glückliche Familie zu haben. Im weiteren Gesprächsverlauf wusste ich auch warum, denn er hatte seine eigene Familie als Kind nicht wirklich als die glücklichste erlebt. Was ich gerade herausgefunden hatte, war einer seiner wichtigsten Werte für seine Vision. Also wie genau er die Dinge darauffolgend reihen würde bzw. welche Wertigkeit all die Dinge auf seinem Visionboard hatten.

Meine nächste Frage war, wie er denn genau wüsste, dass er eine tolle, gesunde und glückliche Familie habe. Er antwortete, indem er für sie sorgen könne, Zeit für seine Kinder hätte, ihnen eine tolle Zukunft ermöglichen könne und der erfolgreiche Vater sei, den er selber nie gehabt hatte. Was er mir gerade mitteilte, waren seine Regeln, um seine Werte zu erreichen. Nun stellte ich ihm die Schlüsselfrage:

„Glaubst du, dass du das deinen Kindern bzw. deiner Frau eher als selbständiger Unternehmer oder als angestellter Arzt bieten kannst?“

Urplötzlich schoss seine Antwort heraus: „Na ja, das kann ich ihnen natürlich als Arzt am allerbesten bieten. Als Dermatologe habe ich geregelte Arbeitszeiten, ich verdiene sehr gutes Geld, Ärzte wird es noch lange brauchen, ich kann mir die Zeit mit meinen Kindern gut einteilen und als Arzt sehen mich meine Kinder als absoluten Helden… - Oh wow, Julian, es wäre eine absolute Katastrophe, wenn ich meinen Job als Arzt an den Nagel hängen würde. Ich würde mich absolut unglücklich fühlen! Danke, dass du mir bei meiner Entscheidung so geholfen hast!“

Ich umarmte ihn glücklich, als er seinen eigenen Durchbruch erkannte, doch wusste ich sogleich, dass ich ihm eigentlich gar nichts gesagt hatte. Alles, was ich getan hatte, war Fragen zu stellen, deren Antworten er im Inneren schon kannte. Er verknüpfte lediglich seine eigenen Gedanken mit denen, welche ihm schlussendlich die richtige Antwort gaben. Die Qualität unserer Antworten resultiert schlussendlich aus der Qualität unserer Fragen.

Die wichtigsten Lektionen aus dieser Geschichte sind die folgenden: Jemand mit gleicher Vision, Mission und gleichem Primärfokus kann auf komplett unterschiedliche Art und Weise glücklich und zufrieden werden. Dies hängt enorm von den Werten der jeweiligen Personen ab. Doch auch mit gleichen Werten können Menschen immer noch unterschiedlich handeln. Es ist nämlich wichtig, welche Regeln oder Glaubenssätze diese Menschen dafür haben, wie sie Werte erlangen können. Sobald ein Mensch diese Punkte für sich selber versteht, wird er oder sie sich nie mehr schwertun, Entscheidungen für das eigene Leben zu treffen bzw. den Sinn im Leben zu finden.

So oft habe ich Gespräche, bei denen Menschen mir sagen, dass sie nicht wissen, was sie im Leben tun wollen. Alles, was diese Menschen dann zu erklären versuchen, ist, dass sie ihre Vision, ihre Mission, ihren Primärfokus, ihre Werte, ihre Regeln und ihre Glaubenssätze nicht kennen.

Das Zusammenspiel der Punkte hast du am Beispiel meines Freundes bzw., falls du die Übung gerade selber mitgemacht hast, bei dir selbst gesehen. Vision, Mission und Primärfokus kennst du bereits, was sind also deine Werte, Regeln und Glaubenssätze? Werte sind nichts anderes als abstrakte Begriffe, mit denen wir unserer Vision – und somit unseren Zielen –, unserer Mission und unserem Primärfokus eine exakte emotionale Beschreibung geben. Diese emotionale Beschreibung ordnen wir unterbewusst in eine ganz bestimmte Reihenfolge, welche bestimmt, wie wir uns etwas genauer vorstellen bzw. wie wir uns in schwierigen Entscheidungen eigentlich verhalten sollten, um uns wohl zu fühlen. Wenn wir gewisse Werte weit oben auf der Liste oder sogar als Nr. 1 ansiedeln, assoziieren wir maximal positive Gefühle damit, sobald wir diese erreichen. Werte sind also nichts anderes als eine Seite der Medaille, wo die Gründe, wofür wir etwas tun, bereits auf der anderen Seite sind. Nachdem Werte jedoch viel bildhafter für unser Gedächtnis sind, kann man mit deren Hilfe oft besser mit Menschen arbeiten als wenn man von Sicherheit, Spaß, Liebe oder Anerkennung spricht.

Neben Werten, welche wir wollen, gibt es auch solche, die wir zu vermeiden versuchen – sogenannte Vermeidungen. Während jene Werte, welche wir wollen, unterbewusst mit Belohnungen und Bedürfnissen assoziiert sind, sind Vermeidungen mit unseren Ängsten und Schmerzen verbunden, welche wir logischerweise vermeiden wollen. Über diese sprechen wir gleich im Anschluss im Detail.

Einige der positiven Werte habe ich dir bereits zuvor erklärt, untenstehend findest du als weiteres Beispiel die Liste meiner Werte – geordnet nach ihrer Wichtigkeit:

1. Sei immer lösungsorientiert!
2. Halte Dinge einfach!
3. Sei voll mit Energie und Gesundheit!
4. Bleibe dir selber treu!
5. Fühle Liebe!
6. Sei intelligent!
7. Sei dankbar!
8. Greife nach Erfolg!
9. Gib zurück, ohne zu nehmen!
10. Sei offen für Neues!
11. Sei mutig!
12. Sei polarisierend!
13. Sei hungrig auf mehr!
14. Treibe Innovationen voran!
15. Überrasche andere mit einem „Wow"!
16. Sei extrem fokussiert!
17. Sei effizient!
18. Sei lustig!
19. Habe Spaß!
20. Sei abenteuerlustig!

Im Prinzip kannst du so ziemlich alles, solange es ein recht abstraktes Wort ist, als Wert für dich verwenden. Das Wort „Häuser" ist also kein Wert. Ich hoffe du verstehst, was ich meine.

Schaue dir nun meine Liste an, vielleicht inspiriert sie dich ja, eigene Werte für dich zu finden. Hier sind noch ein paar mehr, welche nicht von mir, jedoch von einigen meiner Klienten stammen:

- Mitgefühl
- Sicherheit
- Freiheit

- Dazu gehören
- Verrückt sein
- Berühmt sein
- Anerkennung
- usw.

Wichtig ist einerseits, was deine Werte sind, doch mindestens genauso wichtig ist, welchen Rang sie auf deiner Liste haben. Erstelle nun deine eigene Werteliste. Die Top 5 werden wir danach im Grenzenlos Erfolgreich Pfad© eintragen.

Beginne zuallererst, indem du dir eine Liste von 10 bis 15 Werten aufschreibst, egal in welcher Reihenfolge. Nutze gerne die Listen von zuvor als Leitfaden. Ich weiß, dass du über viele dieser Dinge bereits in vorherigen Übungen nachgedacht hast, doch nun müssen wir dies als abstrakte, bildhafte Begriffe niederschreiben.

- Was ist dir in deiner Beziehung wichtig?
- Was ist dir in deinem Job wichtig?
- Was ist dir in deiner Freizeit wichtig?
- Was ist dir in deinem ganzen Leben wichtig?
- Was ist dir bei Freunden wichtig?
- Usw.

Hast du die Liste? Nun sortiere sie Schritt für Schritt. Wie funktioniert das? Ganz einfach, indem du dich für jeden einzelnen Wert ganz genau fragst, ob dieser wichtiger ist als ein anderer oder nicht. Ist dir zum Beispiel Erfolg oder Sicherheit wichtiger? Familie oder Anerkennung? Familie oder Erfolg? Ich weiß, dass das ein recht langwieriger Prozess ist, doch wenn du diesen einmal für dich gemacht hast, tust du dich das nächste Mal viel leichter, wenn es um Entscheidungen bzw. das Handhaben von schwierigen Situationen geht.

Hast du die Werte nun geordnet? Schaue dir die Top-5-Werte an. Jetzt musst du dir eine ganz wichtige Frage stellen: „Wie ist ein Mensch, der diese fünf Top-Werte hat?“

Als Hilfe ein paar andere Beispiele:

Wie denkst du, bin ich mit diesen Top-5-Werten?

1. Sei immer lösungsorientiert!
2. Halte Dinge einfach!
3. Sei voll mit Energie und Gesundheit!
4. Bleibe dir selber treu!
5. Fühle Liebe!

Wahrscheinlich komplett anders, als jemand mit diesen Werten:

1. lustig
2. Familie
3. genügsam
4. Liebe
5. Sicherheit

Und wahrscheinlich wieder anders als jemand mit diesen Werten:

1. Respekt
2. persönliches Wachstum
3. Hilfsbereitschaft
4. Veränderung
5. Gesundheit

Du stimmst mir wahrscheinlich zu, dass du, obwohl du die Menschen mit diesen Werten gar nicht kennst, du dennoch ein ziemlich gutes Bild darüber hast, welche Dinge sie im Leben machen und welche nicht. Wenn ich mit Menschen 1:1 arbeite, so versuche ich, diese Dinge auch immer als eine meiner ersten Aufgaben herauszufinden, um Ihnen bei Entscheidungen zu helfen.

Gehen wir also zurück zu der Frage über deine Werte: „Wie ist ein Mensch mit diesen Werten?" Versuche nicht aus deiner eigenen Erfahrung über dich selber zu sprechen, sondern analysiere wirklich rational so wie bei den Beispielen zuvor.

Überlege dir Dinge wie:

- Wie sieht Erfolg für diese Person aus?
- Wie sieht Glück für diese Person aus?
- Wie sieht Zufriedenheit für diese Person aus?
- Was ist für diese Person wichtig?
- Was ist für diese Person unwichtig?
- Was stresst diese Person?
- Was liebt diese Person?
- Usw.

Nun vergleiche diese Punkte, vor allem in Anbetracht der Reihung der Werte, mit dem, wie deine Vision fürs Leben aussehen sollte. Kommst du mit dieser Liste und in dieser Reihenfolge zum gewünschten Traumleben? Falls ja, gratuliere! Der wahrscheinlichere Fall ist jedoch, wie bei all den anderen Dingen, welche wir bisher besprochen haben, dass, nachdem diese Werte genauso unbewusst in dich hinein gelangt sind, sie dich auch unbewusst nicht zu deiner neuen bewussten Vision führen werden. Denke doch einmal nach, das macht ja Sinn! Du hast gestern eine neue, bewusste Vision für dich selber geschrieben, deine Werte wahrscheinlich jedoch noch nicht angepasst. Wenn du dein Leben jetzt so weiterleben würdest, hättest du ständig interne Konflikte, so als wenn unterschiedliche Ängste bzw. Bedürfnisse aufeinandertreffen. Was ist also die Lösung? Wir müssen ein Leitbild kreieren.

Was ist ein Leitbild?

Ein Leitbild ist jene fiktive Person, deren Werte und Regeln du für dich übernehmen möchtest, sodass du zu der von dir gesteckten Vision gelangst.

„Huh, du meinst, ich soll einfach meine Werte herumschubsen? Das kann doch nicht klappen!" Genau das habe ich mir am Anfang auch gedacht. Doch du kennst meine Antwort bereits. :-) Falls du immer noch daran zweifelst, dass du deine Werte verändern kannst, so denke stets daran, wie diese überhaupt erst entstanden sind. Ganz genau: durch unbewusstes Erlernen und durch Erfahrung.

<u>Hier sind meine Werte, bevor ich mir mein Leitbild von oben geschrieben habe:</u>

1. Anerkennung
2. Liebe
3. Erfolg
4. Herausstechen
5. Effizienz

Denkst du, der „alte Julian" hatte komplett andere Werte und damit eine komplett andere Chance, seine Vision fürs Leben auch zu erreichen, als der „neue Julian"? Ich denke das auf jeden Fall und genau deshalb solltest du jetzt auch an deinen Werten arbeiten.

Wie findest du deine neuen Werte? Ganz einfach, indem du dich inspirieren lässt, dir die Listen von zuvor noch einmal anschaust und dann überlegst, ob dich das so zu deiner Vision bringt oder nicht. <u>Vergiss nicht, du selbst bestimmst, wie dein Leitbild auszusehen hat:</u>

1. Starte zuerst einfach mit einer Liste von Werten. Stelle dir dieselben Fragen wie zuvor, jedoch leicht angepasst:
   i. Welche Werte haben deine Idole?
   ii. Welche Werte solltest du haben?
   iii. Welche Werte schätzt du bei anderen ganz besonders?
   iv. Usw.

2. Bringe sie danach genauso wie oben beschrieben in eine Reihenfolge!
3. Wie sieht diese neue Liste aus? Wie ist ein Mensch mit solchen Werten?
4. Entspricht er deinem Leitbild?
5. Falls ja, gratuliere! Falls nein, kein Problem, arbeite einfach weiter daran!

Trage diese nun unter Punkt 7 auf deinem Grenzenlos Erfolgreich Pfad© ein.

Wie hilft dir dieses Leitbild nun? Indem du die Werte deines Leitbildes kennst, kannst du jedes Mal, wenn du dir bei Entscheidungen unsicher bist, die folgende Frage stellen:

„Was würde mein Leitbild tun?“

Die Destination deines Lebens wird in den Momenten deiner Entscheidungen bestimmt! Je mehr dieser Entscheidungen du in Einklang mit diesem Leitbild triffst, umso einfacher und geradliniger wirst du zu deiner Destination, deiner Vision gelangen.

Wenn du das Leben deiner Träume haben willst, so bekommst du es! Egal ob Geld, Familie, Business, Freunde, Erlebnisse usw. – sie alle stecken hinter deinen Werten.

Wie zuvor bereits besprochen, gibt es neben den Werten, welche wir wollen, jene, welche wir vermeiden wollen, also sogenannte Vermeidungen. Genauso wie bei Ängsten und Strafen geben wir jeder davon eine unterschiedliche Wertigkeit, welche uns im Leben circa fünfmal so stark wie unsere positiven Werte beeinflusst. Dies kennst du bereits von den ersten Kapiteln. Heute geben wir diesen negativen Assoziationen ein klareres Bild.

Wir machen jetzt genau die gleichen Übungen wie zuvor, nur jetzt im negativen Sinn. Ich werde dir also nicht überall dieselbe Hilfestellung geben, da du es ja einfach von oben noch einmal kopieren kannst.

Was sind Werte, welche du am allermeisten vermeiden möchtest? Hier sind meine ursprünglichen Vermeidungen, also nicht die meines aktuellen Leitbildes, geordnet nach ihrer Wertigkeit:

1. Angst vor Ablehnung
2. Angst vor Scheitern
3. Frustration
4. Ärger
5. Angst vorm Alleinsein

Hier sind als weiteres Beispiel ein paar andere Vermeidungen von Personen aus meinen 1:1-Trainings:

1. Angst, im Rampenlicht zu stehen
2. ständig abgelenkt zu sein
3. Eifersucht
4. Konflikte
5. Angst, nur Durchschnitt zu sein
6. Angst, zurückgelassen zu werden
7. Angst, nichts besonderes zu sein
8. Angst, ausgelacht zu werden
9. Depression
10. Angst, peinlich zu wirken
11. Angst, Schmerzen zu haben
12. usw.

Diese Vermeidungen sind also wieder abstrakte Begriffe für unsere Ängste bzw. andere Dinge, welche wir absolut vermeiden wollen. Was ist nun deine Liste? Gehe genauso vor wie oben:

1. Welche Dinge (abstrakte Formulierungen!) willst du absolut vermeiden? Erstelle eine Liste von

circa zehn Wörtern! Denke an Beruf, Familie, Erfolg, Freunde etc.

2. Bringe diese Dinge nun in eine Reihenfolge. Frage dich bei jedem Begriff, ob du diesen mehr oder weniger vermeiden willst als einen anderen.
3. Hast du die Liste? Reflektiere nun, ohne an deine eigene Erinnerung zu denken, wie ein Mensch mit diesen Vermeidungen ist. WICHTIG: Genauso wie zuvor solltest du objektiv analysieren.
4. Erreicht ein Mensch mit diesen Vermeidungen die Vision, welche wir gestern ausgearbeitet haben? Wahrscheinlich nicht, denn deine Vermeidungen sind bisher unterbewusst, deine Vision von gestern bewusst. Per Definition sollte also, nein, MUSS also ein Konflikt vorliegen.
5. Kreiere nun also die Vermeidungen deines Leitbildes. Welche Vermeidungen sollte dein Leitbild haben? WICHTIG: Ja, auch dein Leitbild MUSS Vermeidungen haben, denn jemand ohne Ängste würde vor lauter Sorglosigkeit ziemlich sicher im nächsten Moment durch einen Unfall sterben. Wichtig ist also, dass du deinem Leitbild die richtigen Vermeidungen in der richtigen Reihenfolge vorgibst. Doch noch viel wichtiger wird es sein, im Anschluss die richtigen Regeln dafür aufzustellen.

<u>Hier ist meine Liste der Vermeidungen meines Leitbildes, ohne noch die genauen Regeln zu nennen:</u>

1. Angst vor Ablehnung
2. Angst vorm Scheitern
3. Frustration
4. Ärger
5. Angst vorm Alleinsein

„Huh, das ist doch die gleiche Liste, oder?“ wirst du dich jetzt vielleicht fragen. Ja, du musst deine Vermeidungen deines

Leitbildes oft gar nicht verändern. Hier ist viel wichtiger, die gleich besprochenen Regeln dazu genau anzupassen.

Manchmal ist es jedoch wirklich wichtig, die Vermeidungen seines Leitbildes zu verändern. Lass mich dir das anhand einer Geschichte erzählen: Ich hatte einmal ein 1:1-Training mit einem jungen Mann, welcher mir erzählte, dass er unbedingt eine erfüllte Beziehung mit einer Frau wollte. Er hatte das anscheinend schon oft versucht, brach jedoch meist schon nach wenigen Tagen alles wieder ab. Meine erste Vermutung ging in Richtung „vermasselte vergangene Beziehung", welche auch heute noch einen negativen Nachgeschmack bei ihm hinterlassen und ihn so jedes Mal die Beziehung abbrechen lassen würde, sobald es begann, ernst zu werden. Er verneinte dies und erwiderte, dass seine letzte Beziehung ein ganzes Jahr gehalten habe (was ich für sein junges Alter als lang bezeichnen würde), er und seine damalige Freundin sich dann aber in beiderseitigem Einverständnis getrennt hätten, da sich die Beziehung über dieses Jahr auseinandergelebt habe.

Also sprachen wir ein bisschen miteinander und ich versuchte, sowohl seine positiven als auch negativen Werte herauszufinden. <u>Dies war meine innere Liste seiner positiven Werte:</u>

1. Erfolg
2. Anerkennung
3. Sport
4. Fitness
5. Liebe

So weit, so gut, oder? Vermeidungen herauszufinden, ist jedoch meist gar nicht so einfach, da sie den Menschen oft sehr verborgen sind, im Unterbewussten arbeiten und viele dadurch nicht gerne zugeben, was sie wirklich plagt.

<u>Ein paar Minuten später war ich jedoch davon überzeugt, auch seine Top-3-Vermeidungen zu kennen:</u>

1. Angst vor Ablehnung
2. Angst vor Ineffizienz
3. Angst vor Frust

Keine seiner bisherigen Erzählungen, keiner seiner Werte und keine seiner Vermeidungen ließ einen Rückschluss darauf zu, warum er seine Beziehung erst anfing, sie dann jedoch aus eigener Entscheidung abbrach. Erst schien das Ganze für mich wie ein Rätsel, doch ich wusste, dass es für all unser Tun immer einen klaren Grund gibt. Dieser Grund ist jedoch nur in den wenigsten Fällen bewusst erkennbar. Zur Wiederholung: Die Qualität deiner Antworten liegt in der Qualität deiner Fragen. Ich hatte schon einiges herausgefunden, doch dann wurde mir etwas bewusst: Er hatte mir erzählt, dass sich seine Beziehung auseinandergelebt hatte. Keine Beziehung lebt sich einfach so auseinander. Das passiert nur, wenn irgendetwas fehlt.

Also fragte ich ihn: „Du hast mir doch erzählt, dass sich eure Beziehung nach einem Jahr einfach so auseinandergelebt hat. Woran lag es denn?“

„Na ja, du weißt schon, im Laufe der Zeit verspürt man eben nicht mehr so das Gleiche wie am Anfang der Beziehung.“

Klar verstand ich das bis zu einem gewissen Grad, doch ich wollte den genauen Grund wissen, also hakte ich nach: „Warum denkst du denn, dass ihr nicht mehr das Gleiche füreinander verspürt habt?“

Erst zuckte er mit den Schultern, wollte antworten, doch dann verstummte er. Jetzt merkte ich, wie er richtig in seinem Gedächtnis kramte, um auch für sich selber eine Antwort auf eine Frage zu finden, welche er sich bis jetzt noch nicht gestellt hatte. Plötzlich wurde er kreidebleich, sah zu mir hoch – doch zu meiner Überraschung antwortete er: „Ganz ehrlich, ich weiß es nicht!“

Ich wusste, dass er es wusste, doch würde er mir die Antwort nie sagen, da sie offensichtlich schmerzhaft für ihn war, sonst hätte er keine so enorme körperliche Reaktion gehabt. Ich musste ihn also durch eine Reflexunterbrechung komplett aus dem Konzept bringen. Somit sprang ich auf und schrie fuchsteufelswild: „Bullshit, du lügst mich an! Gib mir sofort mein Geld für das 1:1-Training! Du hast mir versprochen, die Wahrheit zu sagen, und jetzt tust du das nicht. So kann ich mit dir nicht arbeiten und du hast dein Wort gebrochen, alles zu geben!" Hätte ich nicht so eine extreme Reaktion gezeigt, dann hätte ich sein Unterbewusstsein nicht überraschen können, um so zu ihm durchzubrechen.

„Wir hatten keinen Sex", antwortete er daraufhin kaum hörbar. Total verdutzt schaute er mich an. Ich wusste, dass er das nicht bewusst, sondern rein unterbewusst gesagt hatte und ihm das gerade extrem peinlich war. Er war sich nicht sicher, ob er dies nur gedacht oder ob sein Hemmzentrum nicht funktioniert hatte, er also einen Gedanken nicht nur gedacht, sondern ihn auch ausgesprochen hatte, so als wenn man betrunken ist. Ich machte ihm durch meinen Blick und das ruhige Hinsetzen deutlich, dass ich es gehört hatte, doch erwiderte nichts. Ich wollte, dass sein Bewusstsein nun einhakte und er sich selber Rede und Antwort stehen musste.

„Mir war das bis jetzt gar nicht bewusst, doch bei meinem ersten Mal, welches ich mit ihr hatte, machte sie einen blöden Kommentar, wie komisch denn mein Penis aussehe. Dies hatte mich unglaublich verunsichert und führte dazu, dass wir immer weniger und weniger Sex hatten, bis wir nach knapp drei Monaten gar keinen mehr hatten. Weder ich noch meine Freundin haben je etwas gesagt, denn schlussendlich war es für uns einfach so, dass wir eben keinen Sex hatten. Es fiel nie ein Wort darüber. Ich war besonders froh, dass ich mich nie mehr wegen meines Penis ihr gegenüber schämen musste und sie schien auch kein Problem damit zu haben. Also war alles gut und ich habe das bis heute auch komplett vergessen. Wenn ich jetzt jedoch ehrlich reflektiere, so war das der Grund, warum unsere Beziehung schlussendlich Schritt für Schritt zerfallen ist."

„Es hat an körperlicher Nähe, Leidenschaft und komplettem Vertrauen gefehlt, stimmt es?" fragte ich einfühlsam. Er hatte bereits komplett vergessen, dass ich nur eine Minute zuvor zum Schein komplett ausgeflippt war und vollstes Vertrauen war ins Gespräch zurückgekehrt. Ich erklärte ihm die Bedeutung des Ereignisses (EVT©) plus die Werte und Vermeidungen in Bezug auf seine vergangene Beziehung. Schnell verstand er, dass seine damalige Freundin auch ihr erstes Mal hatte und wahrscheinlich selbst auch noch unsicher war. Um die eigene Unsicherheit zu überspielen, machte sie unbewusst einen blöden Kommentar über seinen Penis, wahrscheinlich sogar eher als dummen Scherz, um die Situation aufzulockern. Dies bewirkte in ihm die Vermeidung „Sex" als absolute Nr. 1, ohne dass er das bewusst erkannte. Er gab nämlich danach sogar zu, dass er mit Freunden oft über Sex und Frauen witzelte, doch offensichtlich blockierte ihn diese Vermeidung jedes Mal, wenn er mit einer anderen Frau eine Beziehung starten wollte, was ihm auch gelang, doch ihn dann die Trennung forcieren ließ. <u>Seine Liste der Top-3-Vermeidungen sah eigentlich folgendermaßen aus:</u>

1. Sex
2. Angst vor Ablehnung
3. Angst vor Ineffizienz

Wir sprachen über das Ganze und er verstand, wie er seine Vermeidungen des Leitbildes anpassen musste, sodass er in Zukunft nicht nur lediglich irgendeine Beziehung, sondern vielmehr eine glückliche und erfüllende Beziehung haben könnte. Hier half es nichts, einfach nur die Regeln zu verändern. Er musste das Wort „Sex" von der Liste komplett streichen und darauf vertrauen, dass dies für sein Leitbild und dadurch auch für ihn das Beste wäre. Wie man mit Ängsten genau umgeht, besprechen wir noch an einem anderen Tag, denn in den meisten Fällen reicht es, wenn man einfach nur die Regeln für seine Vermeidung anpasst.

Das Thema „Sex und Peinlichkeiten" ist in vielen von uns verankert. Wenn es hier zu Ungereimtheiten zwischen Werten und Vermeidungen kommt, so kann dies enorme Auswirkungen auf deine Beziehungen haben. Sei hier also ganz besonders vorsichtig, was für Kommentare du bei deinem Partner abgibst bzw. arbeite wirklich an deinen eigenen unterbewussten Problemen in diesem Bereich. Diese Geschichte zeigt noch einmal deutlich auf, wie wichtig es ist, Werte und Vermeidungen zu verstehen, Konflikte darin zu erkennen und diese danach auflösen zu können. Falls du bei dir gerade selbst merkst, dass dich Ängste bzw. Vermeidungen davon abhalten, deine positiven Werte auszuleben, so kann ich dir absolut raten, einmal bei unserem Grenzenlos Erfolgreich Wochenend-Erlebnis© dabei zu sein und die Grenzenlos Erfolgreich© Eskalation mitzumachen. Es setzt nämlich genau an diesem Punkt an und wird Ängste, Vermeidungen und negative Assoziationen für immer zerschmettern. Für die nächsten Termine kontaktiere hierfür bitte unser Team unter team@i-unlimited.de oder per WhatsApp unter +43 681 10803001.

Trage nun deine drei Top-Vermeidungen unter Punkt 8 im Grenzenlos Erfolgreich Pfad© ein und reihe sie der Wichtigkeit nach genau so, wie zuvor besprochen!

Gehen wir nun zu den zuvor genannten Regeln der Werte und Vermeidungen über. Regeln legen fest, wann du deine Werte und somit deine Vision erreichst und wann nicht. <u>Merke dir also folgende wichtige Grundregeln:</u>

1. **Deine Werte** – also was genau du an deiner Vision bzw. an deinen Zielen erreichen möchtest und wie – sollten **einfach zu erreichende Regeln** haben. So stellst du sicher, dass du diese leicht erreichst und somit auch die Gefühle bekommst, welche

du dir erwartest. Weiters sollten diese Regeln immer mit **„oder" verknüpft** sein, damit es noch wahrscheinlicher wird.

2. **Deine Vermeidungen** hingegen sollten unglaublich **schwer zu erreichende Regeln** haben. Denn so treffen diese selten bis gar nicht zu und du hast auch keine Angst, negative Gefühle zu kreieren. **Verknüpfe diese Regeln mit „und"**, damit es noch schwerer wird.

<u>Hier ist ein Beispiel, wie das gemeint ist: „Erfolg".</u>

Wenn du hierbei die Regel hast, dass du nur dann erfolgreich bist, wenn du Milliardär bist, dann gibt es genau eine Möglichkeit, welche nicht wirklich einfach ist, dies zu erreichen. Du wirst dich dann einfach nie erfolgreich fühlen. Wichtig: Erfolgreich sein und sich erfolgreich fühlen sind zwei Paar Schuhe. Das eine ist eine Definition, das andere ein rein persönliches Gefühl. Wenn du also dein Gefühl gegenüber Erfolg verbessern willst, so kannst du NICHT einfach sagen: „Ich fühle mich erfolgreich, ich fühle mich erfolgreich, ich fühle mich erfolgreich!" Dies werden dir zwar einige Coaches und Trainer empfehlen, es funktioniert jedoch nicht, denn danach weißt du in deinem Inneren immer noch, dass du ja eigentlich gar nicht erfolgreich bist. Du musst ganz einfach die Regeln für Erfolg anpassen, indem du Erfolg (zum Beispiel als Unternehmer) auf folgende Arten und Weisen (Regeln) erreichen kannst:

1. Du verdienst 1 Milliarde Euro mit einem Start-up ODER
2. dein Start-up geht bankrott, doch du hast viel dazu gelernt und bist bereit für die nächste Herausforderung ODER
3. du lernst in deinem Start-up neue Leute kennen, welche zu Freunden werden können ODER
4. usw.

Weiters funktioniert es natürlich auch, wenn du die Werte für deine Ziele bzw. deine Vision nach unten schraubst. Wenn du statt 1 Milliarde Euro lediglich 100.000 € durch dein Start-up verdienen möchtest, so ist das natürlich viel einfacher und der Erfolg viel wahrscheinlicher. Vorsicht: bevor du an den absoluten Werten arbeitest, solltest du immer zuerst an der Anzahl der Möglichkeiten arbeiten, denn so wirst du ein wirklich erfülltes Gefühl bekommen, wenn du dein gesetztes Ziel auch erreichst.

Der dritte Tipp ist, dass du die Regeln durch dich selber kontrollieren kannst. Wenn du also zum Beispiel eine Beziehung voller Liebe haben willst, so hilft es, wenn du als Teil deiner Regel stehen hast, dass du jedes Mal, wenn du die andere Person liebst, diesen Punkt erreichst. Du kannst schlussendlich kontrollieren, ob du die andere Person liebst oder nicht. Wenn wir von Erfolg sprechen, so hilft es, wenn du Regeln aufstellst, bei welchen du selber bestimmen kannst, ob du das schaffst oder nicht. Wenn du also sagst, dass du jedes Mal, wenn du einen neuen Menschen kennenlernst, Erfolg spürst, dann ist das nicht nur einfach, sondern auch durch dich selber kontrollierbar.

Machen diese Möglichkeiten für einfache Regeln Sinn? <u>Hier sind meine eigenen Regeln für viele der oben genannten Werte:</u>

Ich arbeite lösungsorientiert, jedes Mal wenn ich…

- *mehr als 2 Lösungen zu etwas finde ODER*
- *überhaupt eine Lösung finde ODER*
- *eine geniale Idee habe ODER*
- *weiß, dass es immer einen Weg gibt ODER*
- *weiß, zu wem ich für eine Lösung gehen muss ODER*
- *nicht sofort nach Option A greife, sondern kurz nachdenke ODER*
- *weiß, dass ich alles schaffen kann, was ich mir in den Kopf setze.*

Du siehst schon, viele Möglichkeiten, die teilweise einfach zu erreichen und oft durch dich selbst kontrollierbar sind. Dies ist der Schlüssel für ein glückliches und erfülltes Leben. Stelle nun für die Werte deines Leitbildes die einfach zu erreichenden Regeln auf. Fokussiere dich dabei auf die drei Punkte von zuvor:

1. viele Möglichkeiten zur Erreichung UND
2. eine niedrige Schwelle UND
3. selbst die Kontrolle zu haben.

Beginne deine Regel mit: „Ich weiß, dass ich WERT spüre/bin/habe, jedes Mal wenn ich:

- 1
- 2
- 3
- 4
- 5
- usw.

Tue das jetzt!

Die Regeln für Vermeidungen sind genau umgekehrt. Achte dabei auf folgende Punkte:

1. Schwer zu erreichendes Limit (genauer Gegensatz zu dem positiven Wert) verbunden mit UND
2. Verwende „Absolute" wie zum Beispiel: immer, jeder, nie, keiner usw.
3. Verwende die Floskel: „Ich habe/bin/fühle XXX nur, wenn ich immer und ständig XXX…" wie zum Beispiel: „Ich habe nur dann Angst vor Ablehnung, wenn ich immer und ständig von Menschen negatives Feedback bekomme UND wenn mich meine Mutter nicht mehr liebt!"
4. Kontrolliere auch hier so gut es geht selber das Gefühl! Wenn du anderen die Kontrolle darüber

gibst, ob eine Vermeidung eintritt oder nicht, so wird es dir schwer fallen, selbst darüber zu entscheiden.
5. Verbinde die Regeln hier mit „UND"!

Sei kreativ und denke an die drei Regeln von oben. Hier sind zum Beispiel meine Regeln:

Ich fühle Ablehnung nur dann, wenn ich…

- *ständig und immer auf Social Media negative Kommentare bekomme UND*
- *niemand mir je zustimmt UND*
- *ich mich nie selber liebe UND*
- *wenn mich meine Eltern nicht mehr lieben.*

Ganz ehrlich, wie wahrscheinlich ist die Kombination von all dem? Praktisch gar nicht, und auch, wenn ich immer wieder Ablehnung spüre, so denke ich einfach an mein Leitbild und erkenne, dass es das in diesem Moment gar nicht zu spüren bräuchte. Das Resultat daraus ist, dass ich es nicht von heute auf morgen gar nicht mehr spüre, denn das ist fast nicht möglich, sondern dass ich es einfach immer seltener und weniger intensiv spüre. Dies ist genau der Sinn von Regeln der Vermeidungen meines Leitbildes. Stelle nun genau solche Regeln für die Vermeidungen deines Leitbildes auf und trage sie auf deinem Pfad bei den Vermeidungen mit ein.

Natürlich kann das Setzen von Regeln gemeinsam mit falschen Werten und Vermeidungen auch komplett schieflaufen. Die beiden Extrembeispiele dazu wären, dass man einerseits absolut niedrige Regeln und Werte für sich selber hat und sie so zwar einfach erreicht, es jedoch nicht wirklich viel Wert hat. Hier ist es so, dass man objektiv nichts erreicht hat, rein subjektiv fühlt man sich jedoch glücklich und zufrieden. Ob man das auch wirklich ist, muss man natürlich ehrlich hinterfragen. Liegt es vielleicht daran, dass du einfach aufgegeben hast, mehr zu bekommen und dich so einfach mit weniger zufrieden gibst? Das Gegenteil wäre, dass deine Regeln so hoch gesteckt und schwer zu erreichen sind, dass man in eine Depression oder sogar einen Selbstmord schlittert, weil man sich außerstande sieht, diese zu erfüllen. Depression werden wir noch ausführlich an einem späteren Tag besprechen und auch wenn es verschiedene Gründe dafür gibt, so liegt es sehr oft daran, dass man sich zu schwierige Werte und Regeln kreiert hat. Wenn das Ganze eine Extremform annimmt, kann es, muss es jedoch nicht in Selbstmord enden. Natürlich kann eine Depression auch übersprungen werden und ein Mensch, der das zuvor gar nicht erkannt hat, wandert im Prinzip vom Stadium „gesund" zum Stadium „Selbstmord".

In beiden Fällen ist die Lösung eine der folgenden (mit Ausnahme von Notbehandlungen bei akuter Selbstmordgefahr natürlich):

1. Man wendet die Methoden der EVT© an, um andere Emotionen zu kreieren und dadurch lösungsorientierter zu werden.
2. Man passt seine Regeln und Werte wie oben besprochen an.
3. Man kreiert sich einen größeren Horizont.

Die ersten beiden Möglichkeiten haben wir bereits besprochen, doch wie funktioniert es, einen größeren Horizont zu kreieren? Stelle dir bei Depression oder bei Selbstmord eine Mauer vor. Diese ist 5 m hoch. Wenn du jetzt genau vor dieser Mauer stehst, was ist alles, was du sehen würdest? Genau, nichts anderes als die Mauer. Bei Selbstmordgefahr stehst du genau an der Mauer dran. Du siehst also nie einen Weg vorbei, was für dich die einzige logische Lösung zur Folge hat, dir das Leben zu nehmen. Denke daran, kein Mensch macht je etwas, um sich wissentlich zu schaden, sondern lediglich, um sich scheinbar etwas Gutes zu tun. Nachdem man keine Möglichkeit sieht, an der Mauer vorbeizukommen, besteht die einzige Möglichkeit darin, sich das Leben zu nehmen. Bei Depression steht man zwar nahe an der Mauer dran, man kann jedoch noch ein bisschen darüber hinaus blicken bzw. sieht daran vorbei. Es ist nur so, dass man sich selber nicht zutraut, diese zu überwinden. Dieses Unvermögen endet in einer absolut destruktiven Gemütslage, auch Depression genannt.

Sobald man es jedoch schafft, die Person weiter nach hinten zu ziehen, ihr also einen größeren Horizont zu verschaffen, wird die Mauer relativ zum Horizont immer kleiner und man kann den Sonnenuntergang wortwörtlich wieder sehen. Wie funktioniert das also bei unserer Mauer im Kopf? Genauso wie bei dem physischen Zurückziehen geht man her und bringt andere Dinge in den Fokus, welche absolut machbar sind und Hoffnung, Zuversicht und Vertrauen geben. Wenn du jetzt glaubst, dass es Menschen gibt, bei denen nichts für all diese Punkte sprechen würde, so lass mich dir Folgendes sagen: jeder von uns ist an diesem Punkt im Leben angekommen, weil wir irgendwann einmal an etwas Positives geglaubt haben, stimmt's? Wenn dir jedoch dieser positive Glaube genommen oder in einen negativen, destruktiven Glauben umgetauscht wird, so verlierst du jede Hoffnung, jedes Vertrauen und Selbstbewusstsein. Mit den richtigen Werkzeugen und Strategien kann man jedoch den vorherigen positiven Glauben wieder hervorholen, der einem dann den Mut und die Energie gibt, über die Mauer zu kommen.

Wir haben Glaubenssätze zwar vor ein paar Tagen bereits kurz besprochen und werden sie auch immer wieder besprechen, doch heute möchte ich dir gerade in Kombination mit Regeln eine kleine Einführung dazu geben. Glaubenssätze entstehen durch Erfahrungen und steigern sich vom Glauben zur Überzeugung bis schlussendlich hin zu einem persönlichen Fakt.

Jemand, der sich umbringen will, lebt in dem persönlichen Fakt, dass es keine andere Lösung gibt. Jemand, der „lediglich" überzeugt ist, wird das noch nicht tun, da immer noch ein bisschen Unsicherheit darüber vorhanden ist. Der Prozess, der zu dem persönlichen Fakt geführt hat, muss umgedreht werden. Dies funktioniert genauso wie beim Grenzenlos Erfolgreich Bedeutungskreislauf©: durch simple Fragen zwinge ich das Gehirn, noch einmal nachzudenken, destruktive Glaubenssätze zu hinterfragen und somit durch neue, konstruktive zu ersetzen. Dies funktioniert natürlich nicht nur bei depressiven Menschen oder Selbstmordgefährdeten, sondern auch bei dir.

Als erstes die Frage, ob du bewusst limitierende Glaubenssätze in dir trägst, welche deinen Erfolg sabotieren. <u>Hier ist eine Liste an Beispielen, welche ich selber bei anderen oft bemerke:</u>

- Ich bin nicht gut/schön/reich/jung/alt usw. genug.
- Ich habe es nicht verdient.
- Ich kann es nicht.
- Ich bin zu alt/jung/unerfahren usw.
- Keiner wird mich mehr mögen.
- Ich habe schon alles probiert.
- Es braucht Geld, Glück oder andere Dinge, um erfolgreich zu sein.
- Ich habe nie Glück.
- Ich hatte nie die Möglichkeit.
- Bei dir/anderen ist das was anderes, kein Wunder, dass du/die das kannst/können.
- Ich habe nicht die Zeit/das Geld dafür.
- So etwas passiert immer nur mir.
- Ich bin ein Opfer meiner Umstände.
- Ich kann es nicht ändern.
- Usw.

Überlege dir deine destruktiven, limitierenden Glaubenssätze, welche du in dir selber erkennst. Wenn du denkst, dass du keine besitzt, dann ist genau das dein limitierender Glaubenssatz. Schreibe dir so viele wie möglich auf!

Merke dir das Folgende: schlechte Werte und Regeln mit limitierenden Glaubenssätzen sind das Rezept für Leiden und ein miserables Leben. Gute Werte mit tollen Regeln und konstruktiven Glaubenssätzen sind das Rezept für Erfolg, Zufriedenheit und Glück.

Keiner der zuvor genannten limitierenden Glaubenssätze ist wahr. Falls du dir unsicher dabei bist, stelle dir einfach die folgende Fragenserie:

1. Bin ich mir wirklich zu 100% sicher, dass es so ist?
2. Warum bin ich mir so sicher, dass der Glaubenssatz wahr ist?
3. Gilt der Glaubenssatz in allen Fällen und wirklich immer so?
4. Habe ich wirklich alle Informationen?
5. Kenne ich nur einziges Beispiel, wo das nicht so ist?
6. Wenn du also nur ein einziges Beispiel kennst, MÜSSEN die Punkte eins bis vier FALSCH SEIN! Wenn diese Punkte falsch sind, kann es sein, dass du die falsche Ausgangslage für deinen Glaubenssatz hast?
7. Gibt es Menschen, die in der gleichen Situation andere Glaubenssätze haben? Haben sie damit mehr Erfolg?
8. Welche Glaubenssätze haben sie?
9. Wo und wie genau schränkt mich denn mein eigener limitierender Glaubenssatz im Vergleich zu den tollen Glaubenssätzen dieser Menschen ein?
10. Welche Vorteile haben diesen neuen, tollen Glaubenssätze?

Hier sind ein paar Beispiele von solchen extrem befreienden, konstruktiven und tollen Glaubenssätzen. Die ersten drei sind zum Beispiel von mir auf meinem Grenzenlos Erfolgreich Pfad©:

1. Ich kann alles schaffen, worauf ich mich fokussiere!

2. Ich habe die Kontrolle und bestimme selbst, wie ich mit Ereignissen umgehe!
3. Für mich sind die besten Dinge des Lebens vorgesehen!

<u>Hier noch weitere:</u>

- Das Universum liebt mich und sorgt für mich.
- Erfolg ist fester Bestandteil meines Lebens.
- Alles wird gut.
- Egal was passiert, ich fühle mich frei und sicher.
- Es besteht großes Verlangen nach meinen Fähigkeiten und Talenten.
- Das Leben begeistert mich und erfüllt mich mit neuer Energie.
- Es ist gut, die/der zu sein, die/der ich bin.
- Es ist gut für mich, Erfolg zu haben.
- Das Leben liebt mich.
- Es ist mein Recht, voll, ganz und frei zu leben.
- Das Leben wird immer für mich sorgen.
- Es ist wunderbar, eine Frau/ein Mann zu sein.
- Es steht mir zu.
- Usw.

Was sind deine Top 3? Schreibe sie JETZT auf deinen Pfad unter Punkt 9.

Worauf wartest du noch – tu es jetzt!

<u>Falls du die To-Dos nicht mitgemacht hast, hier noch einmal die Übersicht:</u>

1. Arbeite deine alten Werte und Vermeidungen aus. Beachte dabei die Tipps und Fragen von zuvor.
2. Arbeite die neuen fünf Werte und drei Vermeidungen deines Leitbildes aus und schreibe sie unter Punkt 7 und 8 auf deinen Grenzenlos Erfolgreich Pfad©. Beachte auch hier die Tipps und Fragen von zuvor.

3. Arbeite die Regeln deines Leitbildes für Werte und Vermeidungen aus und füge sie auf dem Pfad hinzu. Hier sind die Tipps von zuvor besonders wichtig.
4. Arbeite deine Top 3 neuen positiven, konstruktiven Glaubenssätze aus und verwende die Frageserien von zuvor.
5. Erinnere dich von jetzt an jeden Tag daran, einen kurzen Blick auf den Pfad zu werfen, damit du all die Dinge „intus" hast.

Wow, viel Input heute, oder? Doch wie wichtig und hilfreich ist das? Ich weiß, langer Tag, doch du wirst es mir dein ganzes Leben lang danken.

Mach die To-Dos und sei GRENZENLOS ERFOLGREICH©!

Bis Morgen,

Dein

Dr. Julian Hosp

TAG 14: All deine Ziele in nur zehn Schritten erreichen

Herzlich willkommen bei Tag 14!

Heute geht es darum, Ziele zu setzen. Ein Thema, das zwar sehr wichtig, jedoch leider oft komplett falsch erklärt wird. Gerade, weil du es wahrscheinlich schon so oft gehört hast, ist es heute ganz besonders wichtig, dass du fokussiert bist und die wichtigen Unterschiede zu anderen Strategien erkennst und vor allem, wie du es schaffst, dass das Setzen von Zielen auch funktioniert.

Was sind denn eigentlich Ziele? Wahrscheinlich hast du schon einmal von dem sogenannten SMART-System gehört. Dieses besagt, dass Ziele spezifisch, messbar, attraktiv, realistisch und timed (zeitlich fixiert) sind. Diese Beschreibung hat sich irgendwann durchgesetzt und Coaches und Trainer, welche bereits in der Vergangenheit mit dem Setzen von Zielen Probleme hatten, stürzten sich nun auf dieses neue System, das so vielversprechend klang. Das Problem dabei? Es definiert vielleicht, was ein Ziel ist, funktioniert aber absolut gar nicht, wenn es darum geht, wie man dieses dann auch umsetzt.

Vielleicht kennst du das folgende Szenario: du nimmst dir vor, irgendetwas Neues zu erreichen. Du bist top motiviert und hast dir spezifische, messbare, attraktive, realistische und zeitlich abgegrenzte Ziele gesteckt. Am ersten Tag gibst du Vollgas und es scheint wunderbar voranzugehen. Auch der zweite Tag geht dir ganz leicht von der Hand. Doch dann, am dritten Tag, merkst du schon ein wenig, wie es vielleicht nicht mehr ganz so viel Spaß macht wie am Anfang, dein Ziel weiterzuverfolgen. An Tag fünf verlässt dich die Motivation und am Tag sieben hast du es aufgegeben, dein Ziel zu erreichen. Was ist passiert? Laut SMART hätte dies doch alles so wunderbar funktionieren sollen!

Es kommen dann Ausreden von den Coaches oder Trainern, dass dies deshalb nicht funktioniert hat, weil du deine Motivation nicht aufrecht erhalten hast. Also denselben Prozess noch einmal von vorne starten. SMART-Ziel stecken, die ersten Tage motiviert sein, kurze Zeit später wieder aufgeben. Dieses System, welches nachweislich nicht funktioniert, wird trotzdem immer und immer wieder als der Heilige Gral beim Stecken von Zielen bezeichnet. Wenn es funktionieren würde, dann würden Menschen all ihre Ziele erreichen, es gäbe keine Übergewichtigen, niemanden ohne Geld, alle Menschen wären glücklich und jeder hätte seine Traumbeziehung.

Warum funktioniert also das SMART-System nicht? Die Idee dahinter ist ja sehr gut, es ist lediglich nicht vollständig.

Die drei Punkte, welche absolut fehlen und leider nie erwähnt werden, sind die folgenden:

1. Ein Ziel ohne ersten Schritt wird nie begonnen!
2. Ein Ziel ohne ein starkes WARUM wird abgebrochen!
3. Ein Ziel ohne geplante Problemlösung wird nie erreicht!

Um also Ziele – was nichts anderes sind, als die einzelnen Treppen der Stiege nach oben zur Vision – zu erreichen, muss man genau diese Punkte einkalkulieren, um nicht in dieselbe Falle zu tappen, wie die meisten, welche sich immer nur auf das SMART-System verlassen. Hierfür gibt es zehn simple Schritte, welche ich dir gleich erklären werde und welche wir gemeinsam durchgehen werden. Falls du schon einmal in deiner Vergangenheit etwas erreichen wolltest, dies dann jedoch nicht geschafft hast, so freue dich auf die kommende Woche, denn diese Strategie wird dein Leben wahrlich verändern. Ich hoffe jedoch, das haben die letzten beiden Wochen bereits getan!

Warum ist beim Setzen von Zielen dein WARUM so wichtig? Lass es mir dir so erklären:

„Sehen ist nicht Glauben, sondern Glauben ist Sehen!"

Was bedeutet das? Ich habe dieses Zitat aus dem Film „Santa Clause – Eine schöne Bescherung" mit Tim Allen. Der kleine Charlie sagt genau diese Worte zu seinem Onkel, als dieser einen Streit mit ihm darüber beginnt, ob es Santa Claus gibt oder nicht. Keine Sorge, ich will hier nicht mit dir darüber diskutieren, ob es das Christkind gibt oder nicht. Es geht vielmehr darum, dass es genauso wie bei deiner Version enorm wichtig ist, wie du dein Bewusstsein programmierst bzw. wie nicht. Wenn du dir ein Ziel nach dem SMART-System steckst, jedoch nicht genau weißt, WARUM du es erreichen willst, was ja im SMART-System nicht inbegriffen ist, so wird dein Bewusstsein nie den Sinn dahinter verstehen. Beim kleinsten Problem wird es also nicht nach einer Lösung suchen, sondern dich lieber dazu motivieren aufzugeben. Wenn dein Bewusstsein jedoch stark daran glaubt, so wird es auch immer das Vertrauen haben, dass du irgendwie zu deinem Ziel kommst. Wenn du beim SMART-System bleibst, hast du nichts anderes als eine Liste an Dingen, für welche du eigentlich nicht bereit bist zu arbeiten und die du einfach so willst. Es ist also eine Liste fürs Christkind. Denk einmal darüber nach.

Das ist einer der Knackpunkte, wenn es darum geht, wie wahrscheinlich es ist, ob du ein Ziel erreichst oder nicht. Du musst einerseits wissen, was du willst. Doch du musst dir auch zutrauen, dass du es erreichen kannst. Es gibt so viele Schatzgräbergeschichten, wo Menschen mit dem Ziel losziehen, einen irrsinnig großen Schatz zu finden. Warum tun sie das? Na ja, ganz logisch, weil sie das Ziel haben, diesen Schatz zu finden, um reich zu werden. Sie wissen also, was sie wollen und warum sie es wollen. Zusätzlich haben sie jedoch noch etwas ganz Wichtiges: Sie glauben, dass sie den Schatz finden können. Sie haben Vertrauen. Je stärker das WARUM, umso größer der Glaube und umso einfacher die Problemlösung mit dem Weg zum Ziel. Dies hast du bereits bei der Schiffbaugeschichte gehört und das trifft hier natürlich ebenfalls zu.

Ich kann dir dazu eine verrückte Geschichte erzählen, welche wirklich so passiert ist. Eine Dame war in einem Persönlichkeitsentwicklungsseminar, wo sie etwas über das Setzen von Zielen gelernt hat. Als der Trainer fragte, welche Ziele sich denn die Leute für die nächsten Wochen gesetzt hätten, hob sie ihren Arm. Als sie an der Reihe war, verkündete sie stolz, dass sie in den nächsten sechs Wochen 100.000 € verdienen wolle. Alle Leute im Raum klatschen höflich, doch die Zweifel waren vielen ins Gesicht geschrieben. Also fragte der Trainer, wie viel sie denn bisher so verdiente. Die Dame lächelte verlegen und sagte dann, dass sie bisher jährlich knapp 25.000 € verdiente. Ein Raunen ging durch den Raum. Nun lächelte auch der Trainer und fragte sie, ob sie denn bereits einen Plan für ihr Ziel hätte. Die Dame wippte nur nervös hin und her und antwortete, dass sie bisher nur wisse, was sie genau wolle. Der Trainer hakte nach, warum sie denn genau 100.000 € in sechs Wochen haben wolle. Die Dame wurde kreidebleich und antwortete, dass ihre Tochter eine wichtige OP im Krankenhaus haben würde und sie das Geld auftreiben müsse, um diese zu bezahlen. Das hämische Lächeln im Raum ging in Klatschen über. Der Trainer sagte ihr, dass er ihr auf jeden Fall alles Gute dabei wünsche, doch man konnte spüren, dass er es nicht ernst meinte.

Was passierte dann? So unglaublich es klingt, kaufte sich die Dame 100 Lottoscheine. 99 davon gewannen gar nichts, doch ein Lottoschein brachte ihr sage und schreibe 100.000 €. (Anmerkung: Ich kenne die Geschichte aus erster Hand, weil ich die Dame bei einem Seminar drei Jahre später getroffen habe, wo sie diese Geschichte erzählte.) Wie ging es dann damals weiter? Sie verwendete die 100.000 €, um ihrer Tochter die notwendige OP zu finanzieren. Nun hatte sie also wieder kein Geld, doch dachte sie sich, dass sie sich mit weiteren Lottoscheinen vielleicht wieder etwas erspielen könnte. Nach knapp sechs Monaten hatte sie bis auf Spesen nichts erreicht. Also kam sie wieder zum gleichen Seminar wie knapp ein Jahr zuvor und erzählte dem Trainer abermals die Geschichte. Dieser konnte es nicht glauben, doch motivierte sie, sich wieder neue Ziele zu stecken, um diese umzusetzen. Also sagte die Frau, dass sie absolut keine Ahnung hätte, wie sie es erreichen sollte, doch dieses Mal wolle sie eine Million Euro in den nächsten sechs Wochen erreichen. Wieder lachten alle Leute im Raum. Er wollte jedoch wissen, wofür sie denn eine Million Euro brauche. Dieses Mal hatte sie keine gute Antwort, es waren lediglich Dinge wie ein neues Auto, ein größeres Haus, mehr Urlaub, weniger arbeiten usw. Nichts davon kam wirklich von Herzen.

Die Dame fuhr nach Hause, kaufte sich jede Menge Lottoscheine und unglaublicherweise gewann sie den Jackpot mit einer Million Euro. Ich erfinde diese Geschichte nicht, sie ist wirklich so passiert, selbst in Zeitungen war das zu lesen. Wie es die Statistik vieler Lottogewinner jedoch leider vorhersagt, verlor sie die eine Million Euro binnen weniger Wochen. Sie gab das Geld für unnötige Dinge aus und ratzfatz war alles weg. Also war es wieder Zeit für ein Seminar.

Der Trainer und die Zuschauer konnten die Geschichte kaum glauben. Sie erklärte, dass sie nun gekommen sei, um sich wieder ein Ziel zu setzen, da sie offensichtlich zuvor mehr Pech als Glück gehabt habe. Der Trainer fragte sie, was denn jetzt ihr Ziel sei. Alle im Raum erwarteten, dass die Dame ihr Ziel wieder erhöhte und es abermals im Lotto mit ihrem Glück versuchen wollte. Zu aller Überraschung antwortete sie jedoch: „Mein Ziel ist es, dass ich in zwei Jahren 3.000 € pro Monat komplett passiv verdiene, sodass ich mir und meiner Tochter das Leben unserer Träume ermöglichen kann! Ich möchte mit meiner Tochter ein paar Länder bereisen und jene

Zeit mit ihr genießen, welche sie noch auf diesem Planeten hat. Meine Tochter hat eine angeborene Fehlbildung, welche in der Notoperation zumindest korrigiert werden konnte. Doch ihr geht es nicht gut und ich weiß nicht, wie lange sie noch leben wird. Also möchte ich diese letzten Jahre an ihrer Seite verbringen und ihr die schönsten Flecken der Erde zeigen!“ Man spürte eine absolute Stille im Raum, denn die Emotionen fuhren jedem unter die Haut. Dann brach tosender Applaus los und der Trainer umarmte die Frau.

Zwei Jahre später, in demselben Seminar, wo ich auch war und wo ich sie traf, erzählte sie diese gesamte Geschichte. Sie war nun zu einer erfolgreichen Immobilieninvestorin geworden und verdiente weit mehr als die 3.000 € pro Monat, welche sie sich gerade einmal zwei Jahre zuvor als Ziel gesteckt hatte.

Was ist nun die Lektion dieser Geschichte? Erstens, die Frau wusste jedes Mal genau, was sie wollte. Sie wusste jedoch nur beim ersten und beim dritten Mal, warum sie es wollte. Deshalb funktionierte es, auch wenn das Lottospielen natürlich mehr Glück als Verstand war. Doch gerade dieser Punkt macht diese Geschichte zu einer solch netten Anekdote. Der dritte und wichtigste Punkt ist jedoch, dass, wenn du dir ein Ziel steckst, das nicht nachhaltig ist, du es vielleicht erreichen wirst, doch das Universum wird es dich nicht behalten lassen. Der Grund ist, dass unser Unterbewusstsein weiß, dass wir gerade eine Abkürzung genommen haben, welche uns im Leben nicht wirklich geholfen hat. Klar, eine Million Euro mehr auf dem Konto – das kann viele Probleme lösen. Doch nur, wenn man auch gelernt hat, wie man diese Million dafür ausgeben muss.

Natürlich kannst du auch 20 kg über Nacht abnehmen. Du brauchst dir dafür nur ein Bein abhacken. Das ist natürlich nicht nachhaltig und so wird es nie langfristig funktionieren bzw. wird dein Unterbewusstsein solch ein Ziel immer boykottieren. Neben einem starken WARUM, zielorientiertem Handeln und einem ersten Schritt muss deshalb immer ein nachhaltiges Ziel im Vordergrund stehen. Wenn es das nicht tut, wird dich dein Verstand früher oder später blockieren und du wirst dich selber sabotieren. Die Lösung dafür verlangt zweierlei: Erstens, dass du dir bewusst nachhaltige Ziele steckst, und andererseits, dass du durch eine kraftvolle Vision, eine machtvolle Mission, einen klaren Fokus, gute Werte und tolle Regeln deinem Unterbewusstsein klar machst, dass das Ziel, welches du gerade bearbeitest, auch wirklich Sinn macht. Genau so greifen all die Punkte, welche wir in den letzten Tagen gelernt haben, ineinander. Und genau deshalb tun sich Leute so schwer, ihre Ziele zu erreichen, wenn sie nur das SMART-System verwenden, obwohl ihnen beigebracht worden ist, dass dies das ultimative Zielerreichungssystem wäre. Es fehlen jedoch die wichtigsten Punkte darauf.

Bevor wir die zehn Schritte zum Zielesetzen gemeinsam durchgehen, möchte ich mit dir ein paar andere wichtige Punkte besprechen. <u>Als allererstes möchte ich mit dir über die unterschiedlichen Zeiträume sprechen, welche es beim Zielesetzen gibt bzw. was sie bedeuten:</u>

1. Jetzt: Dies ist ein Ziel für die nächsten Sekunden bis Stunden.
2. Kurzfristig: Dies sind Ziele über die nächsten Tage bis maximal ein paar Wochen.
3. Mittelfristig: Dies sind Ziele über die nächsten Monate.
4. Langfristig: Dies sind Ziele über die nächsten drei bis sieben Jahre.
5. Vision: Dies gilt für dein gesamtes Leben, egal wie alt du bist, also für die nächsten 20 bis 70 Jahre.

<u>Hier ein paar wichtige Punkte zu diesen Zeiträumen:</u>

- Je langfristiger ein Ziel, umso größer solltest du es stecken.

- Je kurzfristiger ein Ziel, umso erreichbarer solltest du es machen.
- Menschen unterschätzen nämlich, was sie über lange Zeiträume schaffen können und überschätzen, was sie in kurzen Zeiträumen erreichen wollen.
- Dadurch entsteht Demotivation, also das Abweichen („de-“) von deinem „Motiv“ (Latein für Antrieb).
- Wenn du also immer motiviert sein willst, deine Ziele zu erreichen, so setze dir wie zuvor beschrieben kleine, kurzfristige Ziele und extrem große, langfristige Ziele. Dies ist auch der Grund, warum deine Vision so unglaublich groß sein sollte!
- Die besten Ziele sind jene für den heutigen Tag und jene für das heurige Jahr (oder die nächsten neun bis zwölf Monate, falls gerade Jahresende ist). Dies hat genau mit dem Flug von Frankfurt nach New York zu tun, wo der Pilot das Ende und den Anfang kennen sollte. Achte also immer ganz besonders darauf, genau diese beiden Zeiträume mit Zielen abzudecken.
- Ziele, welche länger als sieben bis zehn Jahre für ihre Umsetzung benötigen, zählen schon fast als eine Vision. Solche langen Zeiträume bringen oft ungeahnte Veränderungen nicht nur in dir selbst, sondern auf der ganzen Welt mit sich, sodass es fast unmöglich ist, vorherzusagen, was möglich ist und was nicht. Denke einfach einmal zehn Jahre zurück. Damals gab es noch keine Smartphones (jetzt ist gerade das Jahr 2017, falls du das hier sehr viel später liest). Die Konsequenz: Traue dich also ruhig, groß zu träumen, dir viel zu wünschen und eine große Vision auf einen solchen Zeitraum für dich zu definieren. Elon Musk, CEO von Tesla, hat eine unglaublich tolle 10-Jahres-Vision für die Firma geschrieben. Google diese einmal und nimm dir da ein Beispiel.
- Ziele, welche du heute bzw. in den nächsten Tagen erreichen willst, gehören auf deinen Kalender. Wenn es nicht auf deinem Kalender steht, wird es nicht

passieren! So siehst du, ob du überhaupt genug Zeit hast, bzw. so zeigst du deinem Unterbewusstsein, dass es auch wirklich wichtig für dich ist.

- Ziele, welche du heuer erreichen willst, gehören auf eine Zielcollage. Diese ist ähnlich wie ein Visionboard und wird auch gleich aufgebaut. Sie ist jedoch nur für Ziele in diesem Jahr. Kreiere dir unbedingt eine solche Collage, denn es stecken die gleichen unterbewussten Phänomene dahinter wie bei einem Visionboard.

In welchen Bereichen solltest du denn überhaupt Ziele stecken? Hier sind die fünf Bereiche, in welchen ich mir regelmäßig Ziele stecke und welche ich dir somit auch empfehlen kann:

1. Dinge, welche man mit Geld kaufen kann: Lifestyle, Autos, Häuser, Spielzeuge usw.
2. Dinge, welche man mit Geld kaufen kann und für die man Zeit benötigt: Erlebnisse/Erfahrungen/ Reisen usw.
3. Wer möchtest du werden? Dies ist meistens nur durch Zeit erhältlich und schließt Punkte ein wie: Fähigkeiten, Gesundheit, Liebe, Beziehungen, Freunde, Familie, Wissen, Spiritualität, Kenntnisse usw.
4. Wofür möchtest du bekannt sein? Bücher, Business, Ruf, berühmt sein, Netzwerk, Freunde, Karriere usw.
5. Was möchtest du geben können und einfach nur ein Danke dafür bekommen? Hier gehört Folgendes dazu: Spenden, Tieren helfen, Gutes tun, Herzlichkeit, tieferer Sinn usw.

Du kannst natürlich gerne den einen oder anderen Punkt hinzufügen oder weglassen, doch habe ich gemerkt, dass ich mit diesen fünf Punkten so ziemlich alles recht effizient abdecken kann.

Was, wenn du nicht weißt, was du willst?

Entweder weil dir ein klares Ziel fehlt oder du generell noch deine Bestimmung fürs Leben suchst? Hier kann ich dir das Werkzeug „das Lebensrad" empfehlen. Wenn du im Arbeitsbuch im heutigen Kapitel nachsiehst, findest du ein Rad mit acht Speichen.

Die Speichen bestehen aus den Bereichen:

1. Körper & Energie
2. Beziehungen & Familie
3. Finanzen & Lifestyle
4. Karriere & Business
5. Wissen & Weiterentwicklung
6. Zeitmanagement
7. Emotionsmanagement
8. Spaß & Freizeit

Bewerte nun die acht Punkte auf einer Skala von eins bis zehn, wobei eins ganz wenig und zehn ganz viel bedeutet. Die Bewertung beruht darauf, wie wohl du dich in diesem Bereich fühlst. Es geht also nicht um absolute Messwerte, sondern vielmehr um ein subjektives Gefühl. Weiters entscheidest auch du selber, welche Details du in den jeweiligen Kategorien zuordnen lässt. Das Lebensrad ist dafür gedacht, dass du einfach ein bisschen über dich und dein Leben nachdenkst, nicht dafür, dass ich dir sage, was du zu tun hast.

Nachdem du also die acht Bereiche im Lebensrad bewertet hast, verbinde die Punkte mit geraden Linien, sodass ein mehr oder weniger schönes Achteck entsteht. Wie sieht dieses nun aus? Ist dieses ziemlich gleichmäßig geformt, oder hat es ein paar Spitzen und ein paar Dellen? Du kannst nun an unterschiedlichen Bereichen ansetzen, um dich selber voranzubringen. Du könntest deine Stärken weiter ausspielen oder anfangen, Schwächen zu kompensieren. Je nachdem, welche Strategie du verfolgst, wirst du dir Ziele in unterschiedlichen Bereichen setzen wollen. Prinzipiell bin ich eher ein Fan davon, seine Stärken noch stärker zu machen und Schwächen outsourcen bzw. durch andere Leute erledigen zu lassen. Es kann jedoch auch sein, dass, wenn Zeitmanagement bei dir extrem schwach ist, du gerade hier ansetzt und dir als Ziel steckst, hier auf neun oder zehn zu kommen.

Falls dir das ein bisschen Inspiration für deine Ziele gibt, so kreise die Bereiche auf dem Lebensrad ein, welche du verfolgen möchtest. Ansonsten nimm dir ruhig noch ein bisschen Zeit und überlege, woran du ganz besonders viel Freude hast, denn eventuell ist genau dies dann dein Bereich.

Stelle dir Fragen wie:

- Was liebe ich ganz besonders?
- Was hasse ich ganz besonders?
- Wo liegt meine Leidenschaft?
- Was würde ich machen, wenn Geld keine Rolle spielen würde?
- Was habe ich in der Vergangenheit bereits schon immer gerne gemacht?
- Was haben jene Leute für Ziele, zu denen ich hoch schaue?
- Wen könnte ich fragen, der mir eine ehrliche Antwort gibt?

Dies sollte dir eine gute Grundlage für die kommende Übung geben! Es ist jetzt ganz besonders wichtig, dass du für die erfolgreiche Erreichung deiner Ziele live im Arbeitsbuch mitarbeitest. Schau also, dass du nicht mehrere Dinge gleichzeitig tust, im Auto sitzt oder etwas anderes machst. Schalte dein Handy in den Flugmodus und verplempere keine Zeit auf Social Media. Wenn du deine Vision fürs Leben kreieren willst, so musst du diese in Form von Zielen genau abstecken. Wenn nicht jetzt, wann dann?

Also, los geht's:

1. **WAS** willst du dieses Jahr erreichen? Schreibe so viele Dinge zu den fünf Punkten von zuvor nieder. Definiere sie genau – je detaillierter, umso besser:

    - Wie viel Geld möchtest du haben und was willst du damit kaufen?
    - Welche Reisen möchtest du machen?
    - Welche Beziehung möchtest du haben?
    - Welche neuen Freunde möchtest du kennenlernen?
    - Wie soll deine Karriere bzw. dein Business aussehen?
    - Welche neuen Dinge möchtest du lernen?
    - Wofür möchtest du bekannt sein?
    - Wie soll dein Ruf sein?
    - Wie viel möchtest du dieses Jahr spenden und wofür?
    - Wie viele Bücher möchtest du lesen?
    - Wie soll deine Gesundheit bzw. Fitness aussehen?
    - Usw.

    Nachdem du ordentlich Ideen gesammelt und so viele Ziele wie möglich aufgeschrieben hast, wähle nun die Top-5-Ziele für dieses Jahr aus. Diese können entweder jeweils aus einem Bereich kommen, du kannst natürlich auch fünf Ziele aus einem einzigen Bereich wählen, ganz egal, wie du das für dich willst. Dies sind die fünf Ziele, mit welchen du die nächsten Punkte durchgehst. Du kannst dies entweder für alle fünf Ziele gleichzeitig machen oder du gehst jeden Punkt separat von eins bis zehn durch und wiederholst dies dann für die anderen.

2. Normal käme jetzt die Frage, bis **WANN** du ein Ziel erreichen möchtest. In dieser Übung ist es klar, dass es bis Ende des Jahres geht. Wenn du diese Übung einmal für dich selber für einen anderen Zeitraum

machst, kannst du natürlich kürzere oder auch längere Zeiträume dafür wählen. Beachte dafür die Punkte von zuvor: Setze dir also kürzere Ziele leichter, längere Ziele dafür höher. Dies ist die Basis für die Aufrechterhaltung deiner Motivation.

3. **WARUM** willst du diese Ziele erreichen? Schreibe hier beim fast wichtigsten Teil aus dieser Übung so viele Punkte wie möglich auf. Bedenke, dass Angst vor Strafe immer fünfmal stärker wirkt als potentielle Belohnung. Du musst dich also immer fragen, was passiert, wenn du es nicht tust.

   - Welche Strafe erwartet dich, falls du es nicht erreichst?
   - Wen enttäuschst du, wenn du es nicht erreichst?
   - Wen machst du stolz, wenn du es erreichst?
   - Wem wolltest du schon immer beweisen, dass du es schaffst?
   - Was bekommst du, wenn du das Ziel erreicht?
   - Wie fühlst du dich, wenn du es erreichst?
   - Usw.

   Gerade der Punkt der Strafe ist einer der am meisten unterschätzten Punkte der Zielsetzungen. Frage dich wirklich, was dir passiert bzw. wie du dich selber bestrafst, wenn du etwas nicht erreichst. Ein Freund von mir zum Beispiel spendet jedes Mal eine für ihn schmerzhafte Summe an den gegnerischen Fußballverein, wenn er seine Ziele nicht erreicht. Glaube mir, er erreicht so seine Ziele immer, denn es gäbe nichts Schlimmeres für ihn, als den gegnerischen Verein zu unterstützen. Welches WARUM macht deine Ziele von ICH WILL zu ICH MUSS? Das ist der Knackpunkt dieser Übung.

4. **WER** wirst du, wenn du deine Ziele erreichst? Dies ist ein wichtiges Konzept, denn du wirst nicht mehr

bekommen, solange du nicht mehr bist. Frage dich also immer, was für ein Mensch du sein musst, um diese Dinge zu erreichen.

- Welche Qualitäten musst du haben?
- Welche Werte musst du deinem Leitbild geben?
- Welche Regeln musst du für dein Leitbild setzen?
- Welche Entscheidungen musst du dadurch treffen?
- Welchen Ruf musst du bekommen?
- Wie müssen andere Menschen dich sehen?
- Wozu musst du „ja" und wozu musst du „nein" sagen?

5. **Wie** könntest du diese Ziele erreichen? Hier geht es nicht um Details, sondern vielmehr um einen groben Plan. Vergiss nicht, ein Pilot muss auch nur das Ende und den Anfang kennen, das Dazwischen entwickelt sich dann im Laufe der Zeit. Hier sind ein paar Beispiele:

- Fitness: Was musst du essen bzw. wie oft musst du trainieren?
- Geld: Wie viel musst du sparen, wie viel investieren?
- Karriere: Welchen neuen Job musst du lernen?
- Business: Wie viele Neukunden musst du akquirieren?
- Beziehung: Wie viele Beziehungs-Treffen willst du einplanen?
- Wissen: Wie möchtest du neue Sprachen lernen?
- Usw.

Hier geht es mehr ums Brainstorming. Je mehr Ideen du hast, desto lösungsorientierter wirst du an bevorstehende Probleme herantreten. An diesem Punkt kann man jedoch auch schon recht rasch erkennen, ob dein Ziel mehr ein Traum oder Wunsch ist oder ob du auch wirklich bereit bist, etwas dafür zu tun. Hier sind ein paar Beispiele für Träume, Wünsche und gute Ziele:

Gesundheit:

- Wunsch: Ich wünschte, ich wäre nicht so dick.
- Traum: Ich würde so gerne 10 kg verlieren.
- Ziel: Ich will 10 kg verlieren, indem ich mich sechs Tage die Woche gesund ernähre und zwei- bis dreimal pro Woche ins Gym gehe.

Finanzen:

- Wunsch: Ich wünschte, ich hätte mehr Geld.
- Traum: Ich würde so gerne 100.000 € haben.
- Ziel: Ich verdiene dieses Jahr 100.000 €, indem ich Verkaufen lerne und 100 Deals abschließe, bei denen ich jeweils 1.000 € verdiene.

Beziehung:

- Wunsch: Ich wünschte, meine Beziehung zu meinem Mann wäre genauso toll wie die von XYZ.
- Traum: Ich würde so gerne die Beziehung von XYZ haben.
- Ziel: Ich werde von XYZ lernen, wie die beiden so eine tolle Beziehung haben und danach setze ich die Tipps gemeinsam mit meinem Mann um, bis wir auch so eine tolle Beziehung haben.

Ich hoffe du erkennst, worauf es genau ankommt. Es geht noch nicht um die genauen Details, sondern vielmehr um die Intention, bereit zu sein, alles zu tun, um das Ziel auch zu erreichen.

6. **HERAUSFORDERUNGEN**: Überlege jetzt, welche unerwarteten Herausforderungen auf deinem Weg zum Ziel auf dich zukommen könnten. Uns bringen

ganz selten jene Dinge vom Weg ab, auf die wir vorbereitet sind. Es sind meistens Dinge, die uns „wie aus dem Nichts“ treffen. Deshalb versuchen wir, uns hier Fragen zu stellen, die uns inspirieren sollen, nicht unbedingt negativ zu denken, sondern schlau vorauszuplanen. Stelle dir also Fragen wie:

- Was bedenke ich gerade nicht?
- Wenn ich mein Ziel erreiche, wen könnte das stören?
- Wie könnte/n diese Person/en vorab reagieren?
- Womit werde ich dann weniger Zeit verbringen?
- Was bedeutet dieses „weniger Zeit“ für meine Mitmenschen, meine Freizeit etc.?
- Was hat mich in der Vergangenheit schon einmal vom Weg abgebracht?
- Wo sind meine Stärken und Schwächen und wie beeinflussen diese meine Ziele?
- Wie würde mich mein schlimmster Feind zu attackieren versuchen?
- Usw.

Versuche, so viele Antworten wie möglich zu finden und mit richtig vielen „potentiellen Problemen“ aufzuwarten. In vielen amerikanischen Firmen gibt es mittlerweile sogenannte „Team Reds“. Diese tun nichts anderes, als innerhalb eines Konzerns Taktiken und Lücken zu entdecken, mit denen man diesen Konzern angreifen könnte. Diese Leute dürfen so wenig Kontakt zu Mitarbeitern haben wie möglich, um ja nicht subjektiv beeinflusst zu werden und so Dinge eventuell zu übersehen. Viele Online-Firmen bieten Hackern Boni bzw. sogenannte Bounties an, falls diese Fehler im System finden und sie dann an die Firma melden. Dieser Schritt 6 ist nichts anderes, nur dass du hier dein eigenes Team Red sein musst. Gehe ihn also sorgfältig durch.

7. **LÖSUNGEN**: Reine Probleme aufzuzeigen ist meist nicht schwer, solange du genug darüber nachdenkst. In diesem Schritt geht es nun darum, dich auf potentielle Probleme vorzubereiten. Nachdem du also die Fragen von oben ausführlich beantwortet hast, überlege dir folgende Dinge und finde Lösungsansätze:

    - Wie wahrscheinlich ist dieses Problem überhaupt?
    - Wie drastisch wäre das Resultat in Bezug auf die Wahrscheinlichkeit?
    - Mache ich mir unnötig Sorgen oder brauche ich dafür wirklich eine Lösung?
    - Wie kann ich auf solche Herausforderungen reagieren?
    - Wie kann ich verhindern, dass dieses Problem überhaupt auftritt?
    - Wen kenne ich, den ich um Hilfe fragen kann?
    - Wer musste ein ähnliches Problem bereits meistern?

    Das Ziel ist eben nicht, sich unnötig über Kleinigkeiten Gedanken zu machen, sondern wirkliche Probleme zu erkennen, sie zu beseitigen oder zu lösen. Hier kann es ganz besonders helfen, wenn du einen Mentor, einen Coach oder eine gute Mastermind-Gruppe hast. Falls du hier Hilfe vom I-Unlimited™-Team haben willst, dann kontaktiere uns unter team@i-unlimited.de oder per WhatsApp: +43 681 10803001.

8. **VISUALISIEREN**: Als nächstes visualisiert du deinen Sieg. Einerseits erstellst du eine Zielcollage mit deinen Zielen und andererseits solltest du einen mentalen Film des Sieges für dich kreieren, sobald du das Ziel erreicht hast. Wenn du dir also ein Auto als Ziel gesetzt hast, dann stelle dir genau vor, wie

du zum ersten Mal darin einsteigst. Wie riecht das Leder? Wie fühlt sich das Lenkrad an? Wie klingt der Motor, wenn du ihn zum ersten Mal anlässt? Wenn du dir ein körperliches Ziel gesetzt hast, dann stelle dir genau vor, wie die Waage aussieht, wenn sie dein Wunschgewicht anzeigt. Visualisiere ganz genau, wie du dich im Spiegel selber siehst usw.

Diese Dinge klingen lächerlich, doch gerade aus dem Spitzensport weiß ich nicht nur aus eigener Erfahrung, sondern vielmehr belegen Studien, dass durch gutes Visualisieren größere Erfolge gefeiert werden. Der Grund ist, dass der Unterschied zwischen dem eigentlichen Tun und einer Visualisierung nicht im ausführenden Gehirnzentrum per se passiert, sondern in einem anderen, dass die Ausführung dann hemmt. Das heißt, würde man mit einem Scan lediglich das eine Gehirnzentrum ansehen, welches die rechte Armbewegung visualisiert, so wüsste man nicht, ob sich der rechte Arm bewegt hat oder nicht. Man muss dafür das gesamte Gehirn scannen, weil ein anderes Zentrum die Bewegung beim reinen Visualisieren gehemmt haben muss. Durch das Visualisieren stärkt man also jene Bereiche, wo das Ziel emotional auftrifft, und trainiert diese wie einen Muskel. Dies gepaart mit den anderen Punkten hilft enorm, gerade in den schwierigen Phasen der Zielerreichung dranzubleiben und nicht aufzugeben.

Nachdem du also für deine Ziele ein kleines mentales Erfolgsvideo kreiert hast, baue das Abspielen dieses Videos regelmäßig in deinen Tagesablauf ein. Wie das genau funktioniert, werden wir morgen noch im Detail besprechen. Denke jedoch heute schon daran, denn doppelt gemoppelt hält… besser.

9. **BEKRÄFTIGUNGSSPRUCH**: Kreiere dir nun als Punkt 9 zwei bis drei Bekräftigungssprüche für

jedes deiner fünf Ziele. Bekräftigungssprüche haben wir bereits besprochen. Dies sind nichts anderes als kurze Sätze, welche du nach deiner Visualisierung von Punkt 8 jeden Tag aussprichst. Verwende kraftvolle Phrasen mit emotional eindrucksvollen Worten. Nutze diese einerseits, um dein RAS zu trainieren, Möglichkeiten zu erkennen, andererseits um limitierende Glaubenssätze auszuradieren. Hier sind ein paar Beispiele:

Finanziell:

- Ich habe zu jeder Zeit viel Geld auf meinem Bankkonto.
- Finanzielle Möglichkeiten ergeben sich jeden Tag.
- Geld bewirkt Gutes.
- Geld gibt mir viele Möglichkeiten.
- Geld macht sexy.
- Usw.

Beziehungen:

- Die Traumfrau/Der Traummann meines Lebens wartet gerade auf mich.
- Ich habe das Recht auf eine wundervolle Beziehung.
- Es gibt die Liebe auf den ersten Blick.
- Liebe ist das Schönste auf der Welt.
- Jeden Tag treffe ich tolle Freunde fürs Leben.
- Mit jedem Tag treffe ich auf tolle Geschäftspartner.
- Usw.

Zeitmanagement:

- Zeit ist das höchste Gut.
- Es ist okay, „JA" zu etwas zu sagen.
- Es ist okay, „NEIN" zu etwas zu sagen.

- Meine Zeit ist das Wichtigste für mich in meinem Leben.
- Usw.

10. **ERSTER SCHRITT SOFORT**: Gratuliere, du bist nun beim letzten Punkt, Punkt zehn, angelangt. Wenn du es jedoch bisher geschafft hast und diesen letzten Schritt nicht erledigst, so ist die Wahrscheinlichkeit, dass du deine Ziele erreichst, um ein Vielfaches geringer, als wenn du diesen simplen letzten Schritt umsetzt. Der letzte Schritt ist der gleiche wie beim Piloten, der nach New York fliegen will: Er muss nicht nur wissen, wie er startet, sondern er MUSS STARTEN. Genau das ist es, was du JETZT sofort tun musst. Nicht in 30 Minuten, nicht morgen, sondern JETZT. Du hast viele Punkte ausgearbeitet, doch welchen von diesen wirst du JETZT sofort erledigen?

- Wen kannst du anrufen?
- Welches Buch als Tippgeber kannst du kaufen?
- Wem kannst du erzählen, dass du es erledigst?
- Welches Versprechen kannst du dir bzw. anderen geben, was du machen musst, falls du die Ziele nicht erreichst?
- Gibst du eine Summe Geld an einen Freund, welche du erst zurückbekommst, wenn du dein Ziel erreicht hast? Sonst spendet er es an deinen gegnerischen Fußballverein! :-)
- Aktivierst du deine Strafe jetzt sofort?
- Buchst du ein Coaching oder suchst dir einen Mentor?
- Trittst du einer Mastermind-Gruppe bei?
- Usw.

Welches ist dein Schritt, den du JETZT sofort umsetzt? Merke dir Folgendes: immer wenn du in einem Flow bist, dann musst du Entscheidungen treffen und sie gleich ausführen. Die besten Dinge des Lebens passieren, wenn du in einem top Gemütszustand bist und ins TUN kommst. Dies ist deine Chance!

Gratuliere, du hast nun in zehn Schritten deine Ziele ausgearbeitet. Trage jetzt deine Top-5-Ziele für dieses Jahr unter Punkt 10 auf deinen Grenzenlos Erfolgreich Pfad© ein! Dein Pfad ist nun komplett, sehr gut! Hänge ihn irgendwo hin bzw. speichere ein Foto davon auf deinem Handy bzw. Laptop, sodass du ihn gleich wie dein Visionboard bzw. deine Zielcollage jeden Tag siehst! Baue den Pfad in dein regelmäßiges Tagesritual ein. Gehe die Punkte durch und erinnere dich an die Dinge im Detail.

Die To-Dos haben wir heute bereits direkt live gemacht. Falls du das noch nicht erledigt hast, lies dir den heutigen Tag noch einmal durch und hole die zehn Schritte zur Zielerreichung nach.

Du brauchst diese für morgen, denn da geht's direkt mit der weiteren Umsetzung dieser Ziele los. Was, du denkst wohl nicht, dass ich dich das einfach nur aufschreiben lasse. Wissen ist wertlos, solange es nicht angewandt wird!

Sei GRENZENLOS ERFOLGREICH©!

Dein

Dr. Julian Hosp

TAG 15: Dein ultimativ-produktiver Tagesablauf

Herzlich willkommen bei Tag 15!

Wir sind bei der Halbzeit der 30 Tage. Unglaublich, wie viel du nun bereits schon gelernt hast, oder? Dein Grenzenlos Erfolgreich Pfad© ist auch schon fertig ausgefüllt. Du kannst richtig stolz auf dich sein. Nicht viele Menschen, welche diesen Kurs starten, ziehen ihn auch wirklich bis hierher durch. Du bist ein richtiger Rockstar!

Die erste Hälfte von TEIL 2 – VISUALISIEREN drehte sich meist um die mentale und psychische Grundlagenlegung für das, was wir heute beginnen: Die Ausarbeitung eines Planes, um danach in TEIL 3 zu starten: dessen UMSETZUNG. Ich hoffe, du hast die Ziele von gestern gut vorbereitet, denn diese benötigen wir jetzt, wenn es darum geht, sie auch zu erreichen.

Lass mich dir zuallererst die folgende Frage stellen: Kennst du Menschen, welche unglaublich viel erledigen? Bei denen es praktisch danach aussieht, als erreichten sie ein Ziel nach dem anderen einfach so mir nichts, dir nichts? Sie haben zwar wie wir alle auch ebenfalls nur 24 Stunden am Tag, schaffen jedoch Dinge, wofür wir Wochen benötigen. Wie machen sie das? Fliegen die in ein anderes Universum mit anderen physikalischen Regeln und nutzen dort eine Zeitdilatation? Nein, natürlich nicht! Der Knackpunkt ist hier ganz einfach einerseits gutes Zeitmanagement und andererseits produktive Rituale, welche diese Menschen bei sich im Leben installiert haben und wodurch sie eine unglaubliche Leistung an den Tag legen.

Lass uns zuerst ein paar Begriffe definieren. Was versteht man denn genau unter Zeitmanagement?

Zeit ist so ziemlich das einzige auf der ganzen Welt, was wir weder verlängern noch verkürzen können. Klar, Zeit kann subjektiv schneller oder langsamer vergehen, doch am Ende haben wir alle dieselben 24 Stunden pro Tag, um unsere Dinge zu erledigen oder nicht. Wenn man also Antworten hört wie „ich bin im Stress" oder „ich habe keine Zeit", dann sind das lediglich Aussagen darüber, dass man ein grottenschlechtes Zeitmanagement besitzt. Eine schöne Geschichte dazu gibt es von Warren Buffett, einem der reichsten Menschen der Welt. Er sagt zu Reportern bzw. Geschäftspartnern immer, dass sie bei ihm keine Termine brauchen. Wenn es ihm wichtig ist, nimmt er sich sofort für sie Zeit. Sonst müssen sie warten, bis er bereits gestorben ist. Die Quintessenz daraus ist ganz einfach: Er weiß, dass Zeit sein höchstes Gut ist, das er mit nichts anderem aufwiegen kann. Du musst genau die gleiche Einstellung für dich selbst entwickeln.

Bevor wir noch genau darauf eingehen, wie man seine Zeit genau einteilt, möchte ich dir drei Tipps über Zeit generell geben:

- Sieh den Verkauf von Zeit für Geld als den absolut schlechtesten Tausch, den du machen kannst. Mache ihn nur, wenn es keine Alternative gibt. Mehr dazu noch an einem der letzten Tage über Geld, wenn wir über OPM sprechen = Other people's money (das Geld anderer Leute).
- Wann immer möglich, kaufe dir also Zeit, indem du andere für dich arbeiten lässt. Dies gibt dir die Möglichkeit, jene Dinge zu tun, welche du wirklich gerne tust. Mehr dazu an dem Tag über Unternehmertum, wenn wir über OPT sprechen = Other people's time (die Zeit anderer Leute).
- Wann immer möglich, verkürze Zeiteinheiten, indem du von Fehlern anderer lernst. Wenn jemand

> zum Beispiel eine tolle Biografie oder einen guten Ratgeber herausgibt, so bietet er dir die Möglichkeit, Fehler aus seinem ganzen Leben in gerade einmal ein paar Stunden zu lernen. Diese Chance musst du so oft wie nur möglich nutzen. Ich bezeichne genau diesen Punkt als OPK = Other people's knowledge (das Wissen anderer Leute).

Offensichtlich haben Menschen, welche enorm viel an einem Tag erledigen können, diese Prinzipien genau verstanden. Sie nutzen jedoch noch etwas anderes, was sie unglaublich effizient macht. Hier sprechen wir von Ritualen.

Wir haben Rituale und Gewohnheiten bereits besprochen, doch eher in Bezug darauf, warum wir gewisse Dinge unterbewusst tun oder nicht. Wir haben dies immer in Bezug auf unsere Emotionen besprochen und wie unser Körper versucht, durch Gewohnheiten Energie zu sparen. Genau dasselbe passiert auch mit unserer Zeit, denn durch Gewohnheiten sparen wir diese deutlich ein. Wenn ein Ablauf automatisiert funktioniert, müssen wir weniger darüber nachdenken und sind in der Umsetzung schneller. Probleme im Zeitmanagement entstehen meist dann, wenn diese Prozesse destruktive Gewohnheiten und keine konstruktiven Rituale sind.

Hier noch einmal kurz der Unterschied zur Erinnerung: Gewohnheiten entstehen unbewusst, indem wir Dinge immer und immer wieder tun, um scheinbar effizienter zu werden. Bei den meisten Gewohnheiten werden wir zwar effizienter, jedoch nicht produktiver. Dies ist ein riesen Unterschied, den ich dir jetzt genauer erklären möchte: Effizienz bedeutet, dass du etwas schneller, einfacher oder besser machen kannst. Es bezieht sich also auf den eigentlichen Prozess. Produktivität fokussiert sich ausschließlich auf das Endresultat, wie viel Produkt also erzeugt wird. Bei Gewohnheiten werden wir zwar meist effizienter, dass wir jedoch gleichzeitig produktiver werden, ist nur in den seltensten Fällen gegeben.

Dies ist der wichtige Unterschied zu Ritualen, wo wir zwar am Anfang kurz weniger effizient werden, jedoch danach deutlich produktiver, sobald wir uns auf einen neuen Ablauf eingestellt haben. So sehen wir am Anfang ein Ritual eher als Last und nicht als Hilfe. Zum Beispiel, wenn du dir in der Früh einen neuen Ablauf angewöhnen möchtest, fühlt sich das umständlich an. Doch binnen ein paar Tagen erhöht sich bei deinem Ritual die Effizienz und eine alte Gewohnheit wurde erfolgreich ersetzt. Wie der Prozess genau aussieht, haben wir bereits in den Kapiteln über die EVT© genau besprochen. Heute geht es darum, wie du das für dein Zeitmanagement nutzen kannst. Merke dir also: je mehr positive Rituale du in dein Leben einbauen kannst, umso produktiver und effizienter wirst du sein und umso mehr Zeit bleibt dir für all jene Dinge, welche dir unglaublichen Spaß machen.

Wenn du also Menschen kennst, welche anscheinend unglaublich viel Leistung hervorbringen können, so haben diese garantiert folgende Punkte gemeistert:

1. Sie verstehen, dass ihre Zeit das höchste Gut der Welt ist.
2. Sie nutzen OPM, OPT und OPK.
3. Sie nutzen so viele konstruktive Rituale wie nur möglich.

Punkt eins ist Wissen, welches du in dich integrieren musst. Denke daran, dass er hier immer drei Schritte gibt:

1. Erst weißt du es nur.
2. Dann verbindest du Emotionen mit diesem Wissen.
3. Dann handelst du danach.

Wenn du also diese Zeilen liest, lediglich mit dem Kopf nickst und sagst: „Ja, meine Zeit ist mein allerhöchstes Gut", dann ist das noch nicht richtig verinnerlicht. Du wirst noch nicht danach handeln und so ist dieses Wissen wertlos. Genau deshalb erzähle ich dir auch immer so viele Geschichten, da diese es deinem Gehirn leichter machen, emotionale Verbindungen zu dem Wissen aufzubauen, damit Schritt drei, das TUN, passiert. Merke dir also immer:

ZEIT = SAU WICHTIG!

Und handle danach! OPM und OPT besprechen wir an den Tagen über Business und Finanzen. OPK ist etwas, dass du mit diesem Programm sowieso bereits tust. Wichtig dabei ist, dass du deine Persönlichkeitsentwicklung nie schleifen lässt. Je mehr du dich weiter verbesserst und an dir arbeitest, umso einfacher wird es dir fallen, Zeit effizient und produktiv zu nutzen.

Wenn wir also von Ritualen sprechen, sprechen wir von Systemen und Prozessen, welche wir für uns selber installieren. Dies wird noch ein ganz wichtiges Konzept an vielen weiteren Tagen sein, wenn es darum geht, nicht nur unsere zeitliche Leistung, sondern zum Beispiel auch die Leistung unseres Unternehmens oder unserer Finanzen zu verbessern.

LEISTUNG = ARBEIT/ZEIT

Die Arbeit hängt von Effizienz und Produktivität ab. Je mehr du demnach in kürzerer Zeit erledigen kannst, umso leistungsfähiger bist du. Hier sind die Rituale absolut essentiell, denn gut durchdachte Systeme und Prozesse sind der Schlüssel zum zeitlichen Erfolg.

Erinnere dich noch einmal zurück, wie man ein Ritual kreiert. Hier sind die sieben Schritte:

1. Erkenne die schlechte Gewohnheit.
2. Erkenne den Auslöser dazu.
3. Erstelle ein positives Ritual.
4. Assoziiere Negativität mit der alten Gewohnheit und Positivität mit dem neuen Ritual.

5. Verknüpfe dieses Ritual nun an den Auslöser, sodass du dieses positive Verhalten Schritt für Schritt nutzt.
6. Belohne dich für kleine Erfolge.
7. Ziehe das Ritual durch, bis es gefestigt ist.

In vielen Studien wurde diese Zeit, bis sich ein neues Ritual gefestigt hat, mit drei Wochen angegeben. Neuere Forschungen belegen jedoch, dass dies teilweise sogar bis zu 70 Tage dauern kann. Es dauert also ganz schön lange, bis du deiner alten Gewohnheit für immer Lebewohl sagen und sie mit einem konstruktiven neuen Ritual ersetzen kannst. Genau deshalb habe ich für diesen Prozess den kostenlosen 90-Tage-Game-Plan kreiert. Dies ist nichts anderes als ein 90-Tage-Programm, bei dem du jeden Morgen für ein paar Minuten an deinen neuen Ritualen arbeitest. Es funktioniert ganz einfach, kostet auch nicht viel Zeit, doch hilft es dir, alte Gewohnheiten loszuwerden und mit neuen Ritualen zu ersetzen. Es ist kostenlos und ergänzt sich perfekt mit diesem 30-Tage-Programm für vollkommene Zufriedenheit, absolutes Glück und ultimativen Erfolg. Hier kannst du dich dafür online eintragen: http://90tagegameplan.julianhosp.com.

Bevor ich dir Tipps für deinen Tagesablauf, deine Rituale und dein Zeitmanagement gebe, möchte ich mit dir über die größten Stolperfallen sprechen, welche in diesem Bereich vorkommen. Sind wir ehrlich, die größte Schwierigkeit beim Umgang mit Zeit ist nicht, dass wir absichtlich unsere Zeit falsch nutzen. Wir machen das unabsichtlich, indem wir abgelenkt werden. Ablenkung ist nichts anderes als eine Verschiebung unseres Fokus von dem, wo es hingehen sollte, zu dem, was unser Gehirn in dem Moment gerade für interessant empfindet. Wie kann es sein, dass sich unser Gehirn so austricksen lässt? Weil es sich schwer tut, zwischen Wichtigem und Dringlichem zu unterscheiden. Dies hat wieder einmal mit unserer Evolution zu tun. Unser Gehirn ist darauf trainiert, Gefahren aus dem JETZT zu erkennen. Deshalb sucht es immer nach dringlich aussehenden Dingen.

Dies sind heute keine Tiger im Urwald mehr, sondern vielmehr rote Erinnerungspunkte und Pop-Ups bei E-Mail-Apps, WhatsApp, SMS oder Social Media.

Wie unterscheidet man nun zwischen dem, was lediglich dringlich ist, und dem, was wirklich wichtig ist? Indem du dich jedesmal wieder fragst, was deine Ziele sind. Genau deshalb haben wir gestern deine Jahresziele auf deinem Grenzenlos Erfolgreich Pfad© ausgearbeitet. Diese wiederum stammen von deiner Vision und diese hast du durch das Hören auf dein Herz herausgefunden. Wenn jetzt andere Dinge dazwischen kommen, welche gerne deine Aufmerksamkeit hätten, so weißt du, dass du dich nicht darauf einlassen darfst, sondern dich auf die für dich wichtigen Dinge konzentrieren musst.

Grundsätzlich entstehen dadurch fünf unterschiedliche Situationen:

1. wichtige und dringliche Dinge
2. wichtige, jedoch nicht dringliche Dinge
3. unwichtige, jedoch dringlich Dinge
4. unwichtige und auch nicht dringliche Dinge
5. Dinge, welche du nicht beurteilen kannst

Lass mich dir ein paar Beispiele dazu geben:

Wenn du gerade dabei bist, ein Unternehmen aufzubauen, und ein Abgabetermin bevorsteht, so ist das wahrscheinlich wichtig und dringlich. Diese Dinge zu erledigen, fällt uns meistens sehr leicht. Die größte Herausforderung ist es jedoch, wichtige, jedoch nicht dringliche Dinge den unwichtigen, jedoch dringlichen Dingen vorzuschieben. Wir lieben es, auf YouTube Videos anzusehen, irgendwelche Nachrichten im Internet zu lesen oder unsere Mutter anzurufen, obwohl wir bereits gestern mit ihr gesprochen haben. Wir machen in diesen Fällen meist jene Dinge viel eher, weil sie jetzt gerade dringlich erscheinen. Dabei gehen dann leider oft die wichtigen Dinge komplett unter.

Unser Körper macht es uns hier ganz besonders schwer, weil uns hier gut gemeinte Hormone einen Strich durch die Rechnung machen. Unser Körper besitzt nämlich vier Hormone, welche ganz besonders gut auf Belohnungen ansprechen:

1. **Oxytocin:** Das Kuschelhormon, welches besonders bei körperlicher Berührung ausgeschüttet wird. Durch sozialen Kontakt, sowohl körperlich als auch durch soziale Medien, kommt dies heute zu tragen. Wenn wir also eine WhatsApp Nachricht öffnen, weil wir wissen, dass jemand an uns denkt, belohnt uns dieses Hormon dabei.
2. **Serotonin:** Das ultimative Glückshormon. Egal, bei welchen tollen Dingen, ob Sex, Lachen, Zucker und bei vielen anderen Sachen wird dieses Hormon ausgeschüttet.
3. **Dopamin:** Ähnlich wie Serotonin wirkt Dopamin vor allem als Belohnungshormon. Als kleine Anekdote am Rande: nachdem das Esszentrum nahe dem Sexualzentrum im Gehirn liegt, brauchst du nur bei jemanden schauen, wie dieser isst. Du weißt dann, wie sein/ihr Sexualverhalten ist. Jedesmal, wenn ich das in einem Seminar erkläre, werden ein paar Leute hoch rot. Dies sorgt immer für gutes Gelächter. Paradoxerweise liegt auch das Gewaltzentrum in der Nähe, was dazu führt, dass viele sexuelle Fantasien auf Dominaspielchen zurückzuführen sind.
4. **Endorphin:** Das Wohlfühlhormon. Endorphine sind unsere natürlichen Schmerzstiller. Sie werden bei vielen Vorgängen ausgeschüttet, damit wir uns besser fühlen. Auch das sogenannte „Runner's High" beim Laufen ist zum Beispiel darauf zurückzuführen.

Zusätzlich dazu gibt es **Cortisol**, das Stresshormon. Dieses wird vor allem dann ausgeschüttet, wenn wir längere Zeit keines der vier Hormone bekommen haben. Wenn wir also bewusst gegen den Drang einer sofortigen Belohnung gegensteuern. Es motiviert uns nur noch umso mehr, dringlichen Dingen nachzukommen.

Natürlich gibt es noch andere Hormone, wie die **Catecholamine**, jedoch ist hier der biochemische Ablauf im Körper ein wenig komplexer. Deshalb beschränken wir uns auf die zuvor genannten vier Hormone. Für ein hinreichendes Verständnis der Ablenkungsmechanismen reichen diese vollkommen aus.

Jedes Mal, wenn wir etwas Wichtiges, jedoch lange Andauerndes vor uns haben, führen diese Hormone dazu, dass wir eher auf das dringlich Aussehende achten. Wenn wir uns zum Beispiel beim Morgenritual erst ganz am Ende unseren E-Mails zuwenden wollen, so schreit der Körper, dass er die Hormone spüren will, und so greifen wir doch gleich nach dem Aufwachen zum Handy. Wir bleiben dann an irgendwelchen Dingen hängen, obwohl wir vielleicht sofort ins Gym gehen wollten. Oder eventuell kennst du das, wenn du gerade an etwas arbeitest und du plötzlich einen roten Punkt am E-Mail Programm oder einer anderen App bemerkst. Du willst dich eigentlich nicht ablenken lassen, doch irgendein Gefühl zwingt dich praktisch, die Nachricht zu öffnen. Schwupps, schon ist die Produktivität futsch, doch du fühlst dich irgendwie besser.

Wie kann man dem entgegenwirken? Eventuell kennst du ja das Marshmallow Experiment, wo man Kindern einen Marshmallow vorgesetzt und ihnen gesagt hat, dass sie es entweder sofort essen können oder, wenn sie nur ein bisschen warten würden, ein zweites bekämen. Für viele Kinder war das enorm schwierig. Wenn du die Studie kennst, dann weißt du, dass dieser sogenannte Belohnungsaufschub ein wichtiger Indikator für den zukünftigen Erfolg der Kinder im Leben war. Belohnungsaufschub bedeutet, die Fähigkeit zu haben, sich auf die Belohnung in der Zukunft zu fokussieren und die Hormone, welche diese auslösen würden, auf den Prozess im JETZT umzusetzen.

Wenn Menschen den Belohnungsaufschub beherrschen, dann schaffen sie es dadurch, in sich selber dieselben Gefühle durch kleinste Fortschritte aufkommen zu lassen, als wenn vergleichsweise das finale Ziel bereits erreicht wäre. Für die Kinder bedeutete das, dass sie mit jeder Minute Warten wussten, dass sie bald das zweite Marshmallow bekommen würden. Für uns bedeutet das, dass wir wichtige Dinge zuerst erledigen und uns dringliche Dinge nicht in den Weg kommen lassen. Wenn man High-Performer ansieht, welche trotz all der vielen Projekte nie das Gefühl von zu wenig Zeit oder Stress haben, so liegt das ganz einfach an einer korrekten Priorisierung ihrer To-Dos. Dies wiederum liegt an der Fähigkeit des Belohnungsaufschubs.

Das Schöne daran ist, dass es zu 100% erlernbar ist. Wenn du deine Emotionen unter Kontrolle behältst, was du ja mit der EVT© kennengelernt hast, so ist die Kunst des Belohnungsaufschubs nur eine Frage der Zeit.

<u>Hier noch einmal zur Zusammenfassung:</u>

1. Belohnungsaufschub ist essentiell, um WICHTIG vor DRINGLICH zu reihen.
2. Belohnungsaufschub bedeutet, die Hormone für Belohnung im JETZT wirken zu lassen, indem man Gefühle aus der Zukunft in die Gegenwart holen kann.
3. Dies ist alles erlernbar und daher ist gutes Zeitmanagement ohne Stress und mit genug Zeit keine Gabe bzw. kein Talent, sondern für jeden erreichbar.

Alles andere sind limitierende Glaubenssätze, welche du so schnell wie möglich ablegen musst, wenn du ein Profi im Zeitmanagement werden willst. Woher wissen die Profis jedoch, was die wichtigen Dinge sind, wenn in Anbetracht der Ziele noch immer so viele Möglichkeiten vor ihnen liegen? Hier sollte man das Konzept des Pareto-Prinzips absolut verstehen:

Vielleicht hast du von dem Pareto- oder 80/20-Prinzip schon mal gehört. Auch wenn es dir vielleicht bekannt vorkommt, ist die gleich beschriebene Anschauung anders als du gewohnt bist. Der Mathematiker Pareto erkannte am Anfang des 19. Jahrhunderts, dass die meisten Dinge im Leben eine 20/80-Aufteilung haben. Was er dabei ebenfalls ausdrückte, war, dass bei 100% Resultaten 80% davon durch 20% Ursachen verantwortet wurden. Anders ausgedrückt: wenn du 100 Dinge tun müsstest, damit du 100% der Resultate kriegst, bräuchtest du nur 20 Dinge tun, um 80% der Resultate zu bekommen. Man kann das Pareto-Prinzip noch weiter herunterbrechen, indem man die 20/80 aus diesen 20/80 ausrechnet. Dies wären dann 4/64 bzw. würde bedeuten, dass du aus nur 4 von den 100 Dingen 64% der Resultate bekommen würdest. Richtig unglaublich wird es, wenn du das noch einmal herunterbrichst, denn dann hieße dies, dass du mit nur einer Tätigkeit 51% der Resultate bekämst. Du kannst selber nachrechnen, indem du 20% von 20% von 20% von 100% nimmst = 0,8 oder circa 1. Und dann 80% von 80% von 80% von 100% nimmst, was circa 51 ist. Andersherum hieße dies, dass, wenn du doppelt so viel haben wolltest, du jedoch 99mal so viel tun müsstest. Wahnsinn, oder?

Bevor wir das auf deine To-Dos umlegen, ein Beispiel, woran das nochmal klarer wird. Es gibt knapp 100.000 Wörter in der deutschen Sprache, was 100% entspricht. Wie viele Wörter müsstest du kennen, damit du dich mit anderen unterhalten könntest? Die Antwort ist erstaunlich: mit gerade einmal 1%, also 1.000 Wörtern, kann man sich richtig gut unterhalten, solange man weiß, welche die wichtigsten 1.000 Wörter sind. Jemand, der jedoch 20.000 Wörter kann, also 20%, wird sich zwar besser unterhalten können, jedoch nicht 20mal so gut. Er wird aber mindestens 20mal so lange gebraucht haben (ev. sogar länger), um diese 20.000 Wörter gelernt zu haben. 20mal mehr Arbeit bringt jedoch nicht 20mal mehr Resultat. Genauso ist es im täglichen Leben. Macht Sinn, oder?

Nun der Knackpunkt: Das Pareto-Prinzip funktioniert nur, solange du die wichtigsten Tätigkeiten auch wirklich kennst und dich nicht auf die falschen stürzt. Wenn du zwischen WICHTIG und DRINGLICH unterscheiden kannst und dies dann auch ohne viel Ablenkung umsetzt, reicht es meist, wenn du lediglich ein paar dieser Dinge jeden Tag machst. Du wirst zwar nicht 100% der Resultate bekommen, jedoch kannst du so mehrere unterschiedliche Dinge jeden Tag unterbringen und so im Gesamten um ein Vielfaches mehr produzieren. Sieh es genau so, als wenn du anstatt in einer Sprache 20.000 Wörter, in 20 Sprachen jeweils 1.000 Wörter lernen würdest. Du kannst zwar keine dieser Sprachen perfekt, dafür bist du in 20 richtig gut und deine Gesamtleistung ist um ein Vielfaches höher.

Dieses Konzept hat jedoch auch eine wichtige Kehrseite: Während es immer einige wenige Dinge gibt, welche dir massive Resultate bringen, wird es auch einige wenige geben, welche dich die meiste Zeit kosten, dir die größten Probleme bereiten und dich am meisten ablenken. Das ist übrigens nicht nur beim Thema Zeit so, sondern in absolut jedem Bereich deines Lebens.

<u>Bevor wir also in die detaillierte Tagesplanung gehen, überlege dir die folgenden Punkte vorab:</u>

1. Welche drei Tätigkeiten haben dir bisher immer massive Resultate ohne viel Arbeitsaufwand gegeben?
2. Welche drei Tätigkeiten lenken dich aus Erfahrung immer von diesen drei wichtigen Tätigkeiten ab?
3. Was sind die NICHT verhandelbaren Dinge in deinem Leben, welche du absolut machen MUSST?

Denke einmal über diese Dinge nach, bevor du zum nächsten Teil übergehst!

<u>Wie kommst du nun von deinem Jahresziel zu dem, was du in deinem Tagesablauf mit Hilfe des Pareto-Prinzips einplanen sollst? Folge hierbei diesen fünf Schritten:</u>

1. Brich dein Jahresziel auf die Quartale runter. Wenn du dein Ziel erreichen willst, wo solltest du dann circa in den jeweiligen Quartalen sein?
2. Nun brich das aktuelle Quartal auf die Monate darin herunter. Beispiel zweites Quartal: April, Mai, Juni. Du musst das nicht im Detail wissen, doch frage dich grob, wo du in diesen Monaten circa stehen solltest?
3. Brich den aktuellen Monat nun auf die Wochen herunter. Wichtiger als die exakten Dinge ist hier vielmehr zu wissen, was es in einer Woche circa braucht.
4. Nun hast du kleine Wochenziele, welche du auf die Tage herunterbrechen kannst:
   - Wenn du Summe X in diesem Jahr verdienen willst, wie viele Telefonate musst du führen?
   - Wenn du Summe X in diesem Jahr abnehmen willst, wie viel ist das pro Monat?
   - Bei einigen Zielen ist das ganz einfach, bei manch anderen musst du dir eher die Frage stellen: „Welche Tätigkeit, wenn ich sie regelmäßig ausführe, bringt mich ans finale Ziel?“
5. Definiere nun das WAS für heute bzw. diese Woche und trage es auf deine To-Do-Liste ein.

In vielen Trainings bzw. Büchern wird die so entstandene To-Do-Liste zum Ausstreichen als ultimatives Werkzeug gehypt. Die Wahrheit ist jedoch, dass To-Do-Listen NICHT das Endstadium, sondern vielmehr ein Zwischenschritt sind. Hier erfährst du, warum:

Solange etwas nicht in deinem Kalender steht, findet es nicht statt!

Denk einmal nach: Wenn du dich mit einem guten Freund oder einer guten Freundin triffst, trägst du es mit einer ical-Erinnerung im Handy ein, stimmt's? So vergisst du es nicht PLUS du machst keine Doppelbuchungen. Deine

To-Do-Liste muss also auf deinen Kalender, sonst bleiben es lediglich Wünsche, welche du nie umsetzt.

So funktioniert dies in fünf Schritten:

1. Kreiere deine To-Do-Liste.
2. Wende das Pareto-Prinzip an und kreise die zwei bis drei wichtigsten und die zwei bis drei unwichtigsten To-Dos ein. Verstehe genau, warum diese wichtig bzw. unwichtig sind und sei ehrlich, ob du sie nicht mit dringlich verwechselst.
3. Frage dich bei den Punkten, ob du einige davon outsourcen kannst. Bsp.: zur Post fahren, irgendetwas holen, Einkaufen gehen usw. (= OPT).
4. Überlege dir die Dauer der einzelnen To-Dos.
5. Trage sie nun in deinen Kalender ein.

Beim Eintragen in den Kalender habe ich folgende Tipps für dich:

1. Gruppiere ähnliche To-Dos zusammen. Zum Beispiel Dinge, die du mit dem Auto erledigen kannst, Telefonate oder Dinge im Internet. So sparst du Zeit und musst mit deinen Gedanken nicht vom einen zum anderen springen.
2. Plane Pausen ein. Verwende am besten die sogenannte Pomodoro-Technik. Du kannst diese kostenlos nutzen, suche einfach im Internet danach. Dabei bleibst du zum Beispiel 25 oder 55 Minuten bei einer Arbeit dran und machst dazwischen eine Pause. So verhinderst du, dass du unterm Tag ausbrennst und bleibst produktiv.
3. Überlege dir, wann du sowieso generell gut mit mentalen Fähigkeiten bist, wann du sowieso gerne telefonierst oder dich sowieso gerne mit jemandem unterhältst. Bist du eher der Morgen- oder Nachtmensch? Nutze das in deiner Planung aus.

4. Achte wirklich darauf, dass du dir keine unrealistischen Ziele beim Planen steckst. Wenn du zwei Stunden für etwas einplanst, dann ist es oft besser, du gibst dir 15 Minuten extra. Denke immer daran: Wir überschätzen uns gerne in kurzen Zeiträumen und werden so leicht demotiviert, weil wir nicht all die Dinge schaffen, welche wir uns eigentlich vorgenommen haben. Wenn du drauf kommst, dass du nicht alles zeitlich unterbringst, dann lass die Dinge entweder komplett aus (20/80 Prinzip von Unwichtigkeit) oder verschiebe etwas auf morgen. Produktive Leute ärgern sich nie, dass sie etwas erst morgen erledigen können, solange sie wissen, dass sie heute all die wichtigen Dinge erledigt haben.
5. Beuge Ablenkungen so gut wie nur möglich vor: Schalte dein Handy auf Flugmodus, lass dich nicht auf Gespräche ein, deaktiviere eventuell sogar das Internet usw. Deine Hormone machen dir sonst einen Strich durch die Rechnung – sei also vorbereitet!

Rituale sind, wie ganz am Anfang schon erwähnt, unglaublich wichtig. Jeder von uns wird unterschiedliche im Leben einbauen, doch es gibt drei Rituale, welche ich dir unbedingt ans Herz legen kann:

1. Morgenritual
2. Energieritual
3. Abendritual

Das **Morgenritual** muss nicht ganz in der Früh stattfinden, sondern vielmehr wenn du aufstehst. Der Grund, warum ich das so dezidiert erwähne, ist, dass du dich unbedingt fragen solltest, ob du eher ein Morgen- oder Nachtmensch bist. Wann hast du mehr Energie? Nutze dies jedoch nicht als Ausrede, dass du dann nicht früh aufstehst und trotzdem am Abend nichts erledigst. Höre jedoch auf keinen Fall auf Leute, die dir sagen, dass du früh aufstehen musst, falls du erfolgreich sein willst. Es gibt genug erfolgreiche Beispiele aus dem Morgen- und Nachtlager. Höre also wirklich auf deinen Körper.

Dennoch solltest du ein Morgenritual nach dem Aufstehen für dich integrieren, denn je weniger Energie du in der Früh brauchst und desto mehr du dennoch erledigen kannst, desto produktiver wird dein gesamter Tag. Wir werden morgen noch detailliert über die mentalen Dinge deines Morgenrituals sprechen, denn hier geht es vor allem ums Reflektieren und Verbessern, <u>doch hier sind schon einmal einige Punkte, welche du unbedingt einschließen solltest:</u>

1. Zum Aufstehen verwende entweder einen Smartalarm (der dich zu einem optimalen Zeitpunkt weckt) oder verwende einen Lichtwecker, der das Zimmer ganz hell macht, damit du so durch deine innere Uhr leichter aufwachst.
2. Mache nach dem Aufstehen dein Bett. Es klingt blöd, doch wenn du etwas sofort erledigt hast, bist du wie in einem Flow. Erste Sache abgehakt, es sieht gut aus und du bist bereit fürs Nächste.
3. Ich wiege mich jeden Morgen ab und messe mit der Waage mein Fettgehalt. Was du nicht misst, wird nicht verbessert.
4. Bringe nach dem Aufstehen so schnell es geht dein Lymphsystem in Schwung. Mache zehn tiefe Atmungen, eventuell mit ein paar Dehnübungen. Springe während des morgendlichen Zähneputzens auf einem Trampolin und mach danach ein paar Sit-ups, Liegestütz und Kniebeugen.
5. Ich trinke direkt nach dem Zähneputzen ein Glas warmes Wasser mit Apfelessig und Honig. Ich habe das einmal von einem Yogi gehört und mache das, weil es den Körper entsäuern soll. Ich habe keine Ahnung, ob es das tut, jedoch fühle ich mich, seitdem ich es mache, deutlich besser und wenn ich meinen Harn auf pH untersuche, so sind die Werte

unglaublich gut. Probiere es selber aus, doch frage mich nicht, wie es genau funktioniert.

6. Wenn du Morgensport machen willst, so übertreibe nicht. Mache ein bisschen Cardio (Laufen oder Schwimmen wäre am allerbesten) und höre einen guten Podcast (zum Beispiel meine Grenzenlos Erfolgreich© Podcast Show: www.i-unlimited.de/podcast oder den Nr. 1 Täglichen Audio Blog: www.i-unlimited.de/tab). Alternativ kannst du natürlich auch Yoga in der Früh machen oder ins Fitnessstudio gehen. Wenn du nicht der Morgensport-Mensch bist, dann erledige das entweder bei deinem Energie- oder Abendritual.
7. Generell ist motivierende und fröhliche Musik zu empfehlen.
8. Vor oder nach dem Morgensport solltest du auf jeden Fall ein bisschen meditieren (nutze die Headspace- oder 7-Mind-App).
9. Beende deine Morgendusche mit ein paar Sekunden komplett kaltem Wasser. Am Anfang ist dies immer ein Schock, doch es aktiviert deinen Kreislauf und du bist hellwach.
10. Ich lese in der Früh immer zwei oder drei gute Artikel, welche ich mir am Vortag abgespeichert habe. Dies können Themen aus Business, Finanzwelt, Gesundheit usw. sein. Falls du dir mehr Zeit in der Früh nehmen willst, kannst du auch ein Buch lesen (dies mache ich immer am Abend).
11. Achte darauf, dass du bis zum Ende deines Morgenrituals NICHT durch E-Mails, WhatsApp oder SMS gestört wirst. Halte dein Handy am besten im Flugzeugmodus.
12. Inkludiere einiges an mentalen Dingen – was genau, besprechen wir morgen beim Reflektier-Tag.

Du brauchst dein Morgenritual nicht jeden Tag perfekt umzusetzen. Es geht vielmehr darum, dass du gerade die Niedrigenergie-Phase in der Früh für dich so optimal es geht nutzt. Ich stehe zum Beispiel gerne um 6:00 Uhr auf und bin dann spätestens gegen 8:00 Uhr mit allem fertig.

Das heißt:

1. Sport
2. etwas geschrieben
3. meditiert
4. reflektiert
5. etwas gelesen
6. geduscht
7. 100% ready für den Tag

Wenn ich mein Morgenritual fünf- bis sechsmal pro Woche zu 80% umsetze, reicht das für mich und ich habe um 8:00 Uhr meist mehr erledigt als die meisten Menschen bis Mittag bzw. habe ich bis Mittag meist mehr erledigt, als die meisten Menschen den gesamten Tag.

Als nächstes brauchst du ein sogenanntes **Energieritual**. Das Geheimnis produktiver Menschen ist nicht, dass sie sich jederzeit gut und motiviert fühlen, sondern dass sie wissen, wie sie sich jederzeit motivieren können, auch wenn sie sich einmal nicht gut fühlen. Dafür brauchst du ein Energieritual, bei dem du gewisse Tätigkeiten einbaust, welche dich wieder auf Energielevel zehn bringen. Hier sind ein paar Ideen, welche du dafür nutzen kannst – sieh es als Buffet und stelle damit dein eigenes Ritual zusammen:

- „Volle Energie"-Anker
- Sport machen
- Atemübungen
- Meditieren
- ins Freie gehen
- gute Musik laut aufdrehen
- im Treppenhaus rauf und runter gehen
- Yoga machen
- kalt duschen

- Zähneputzen
- ein Telefonat führen
- Trampolin springen
- Liegestütze, Kniebeugen, Sit-ups machen
- etwas Lesen
- Podcast oder Audiobuch hören
- 20 Minuten Power-Nap
- usw.

Ich nutze all die Dinge… nicht auf einmal, aber je nachdem, wie ich mich gerade fühle oder wovon ich aus Erfahrung weiß, dass ich es gerade brauche. Dies ist wirklich ein wichtiger Punkt: Lerne dich kennen und verstehe, wie du dich jederzeit von einem Energielevel eins auf zehn raufholen kannst. Kreiere dein eigenes Energieritual!

Der letzte Punkt bei einem effektiven Tagesablauf ist ein gutes **Abendritual**. Vor allem, wenn du Einschlafprobleme hast, solltest du dieses perfektionieren. Nachdem ich am Abend meist extrem low-energy bin und das für mich auch absolut okay ist, ist mein persönliches Abendritual eher kurz und knackig.

Auch habe ich nur ganz selten Probleme beim Einschlafen und so sieht mein Ritual folgendermaßen aus:

1. Laptop und Handy ausschalten und im Wohnzimmer/Büro lassen – meist so gegen 22:00 Uhr.
2. Zähneputzen (ich gehe am Abend nur Duschen, wenn ich abends Sport gemacht habe).
3. Wecker stellen.
4. Ins Schlafzimmer nehme ich nur mein iPad im Flugzeugmodus zum Lesen und einen Block mit Stift für Ideen mit. Erstens vermeide ich so irgendwelche Strahlen plus ich halte mich so bewusst davon ab, noch spät am Handy oder Laptop rumzuspielen.
5. Ich bespreche dann noch oft mit Bettina, welche Dinge heute ganz besonders toll waren und

worauf wir gegenseitig stolz bzw. wofür wir aneinander dankbar sind.
6. Dann stelle ich mir eine Frage, über die mein Unterbewusstsein nachdenken soll. Details dazu gibt es morgen.
7. Zum Schluss lese ich meist 15 bis 20 Minuten und so schlafe ich dann recht schnell ein.

Manchmal, besonders an Schummeltagen (was man darunter versteht, besprechen wir ebenfalls morgen), schaue ich am Abend gerne ein paar Sitcoms (Big Bang Theory oder Two and a Half Men) oder ein paar YouTube-Science-Videos. Wie beim Morgenritual geht es hier nicht darum, alles zu 100% zu schaffen, sondern die Zeit so effizient wie möglich zu nutzen. Wenn ich das vier- oder fünfmal pro Woche so mache, reicht mir das völlig. Wir haben heute viele Dinge über Zeitmanagement und effektive Rituale besprochen und morgen kommt noch einiges dazu. Erledige also unbedingt die To-Dos bzw. beantworte die Fragen, welche im Arbeitsbuch stehen.

<u>So bist du bereit für morgen:</u>

1. Wenn du dich gestresst fühlst, wohin flüchtest du dann gerne? (fiktiver Ort)
2. Kannst du dich an eine Zeit erinnern, wo du so richtig produktiv und leistungsfähig warst? Worauf hast du dich da fokussiert bzw. welchen Ablauf hast du da benutzt?
3. Welche drei Tätigkeiten haben dir bisher immer massive Resultate ohne viel Arbeitsaufwand gegeben?
4. Welche drei Tätigkeiten lenken dich aus Erfahrung immer von diesen drei Tätigkeiten oben ab?
5. Was sind die NICHT verhandelbaren Dinge in deinem Leben, welche du absolut machen MUSST?
6. Folge den fünf Schritten, um deine Jahresziele auf To-Dos für den Tag herunterzubrechen.

7. Folge den fünf Schritten, um deine To-Dos in deinen Kalender einzutragen.
8. Kreiere dein Morgenritual.
9. Kreiere dein Energieritual.
10. Kreiere dein Abendritual.

Vergiss nicht, heute Abend zu feiern, wenn du zumindest die meisten deiner To-Dos geschafft hast. Du musst nicht immer alle schaffen, doch wenn du zumindest die meisten hinbekommst, ist das spitze! Gib dir also immer kleine Belohnungen, welche dich motivieren, deine To-Dos auch umzusetzen und dir ein Gefühl von „super hast du das gemacht" geben.

Ich habe mir zum Beispiel für 50 € eine kleine Spielzeugdrohne gekauft, welche mit einer Akkuladung circa sieben Minuten fliegt. Immer, wenn ich ein To-Do erledigt habe (circa eine Stunde), darf ich als Belohnung diese Drohne in der Pause fliegen. Es macht Spaß und erfüllt mehrere Zwecke gleichzeitig. Finde ebenfalls solche Aktivitäten für dich selbst.

Erledige jetzt die zehn To-Dos von heute und werde dadurch mega produktiv. Morgen reflektieren wir das alles einmal und fügen noch ein paar Dinge hinzu, sodass du dich Schritt für Schritt verbesserst.

Sei GRENZENLOS ERFOLGREICH©!

Bis Morgen, dein

Dr. Julian Hosp

TAG 16: Jeden Tag durch Reflektieren und Planen 1% besser werden

Herzlich willkommen bei Tag 16!

In den letzten Tagen gab es richtig viele Tipps zum Umsetzen. Während alle Strategien exzellent funktionieren, so gibt es vielleicht den einen oder anderen Tipp, den jemand anders für dich hat bzw. den du für jemand anderen hast, der im wahrsten Sinn des Wortes ein Leben verändern kann. Genau aus diesem Grund haben wir unsere Facebook-Gruppe mit einer tollen Peer Group und jetzt zwei Wochen nach Beginn des Programms möchte ich dich noch einmal daran erinnern, dich dort auszutauschen. Du kannst neue Strategien lernen, dich über effektive Werkzeuge mit anderen Menschen austauschen und natürlich Erfahrungen teilen. Nutze diese Gruppe also jeden Tag als extra Boost, teile mit anderen, wenn es dir gut geht, jedoch auch, wenn es dir einmal schlecht geht. So gibst du einerseits Energie an andere und bekommst sie zurück, wenn du sie gerade am allermeisten brauchst. Falls du noch nicht dabei bist, hier ist noch einmal der Link: https://www.facebook.com/groups/grenzenloserfolgreichaudio/

Heute schließen wir dort an, wo wir gestern bei unserer Tagesplanung aufgehört haben. Lass mich dir zudem ein paar Geschichten erzählen. In den letzten Tagen kam dies ein wenig kurz. Das liegt daran, dass ich dich mit zusätzlichen Geschichten nicht verwirren, sondern durch Fragenstellen inspirieren wollte. Jetzt, wo es übers Nachdenken und Reflektieren geht, holen wir dies nach.

Denkst du zum Beispiel, dass 99,99999% gut genug sind? Viele von uns würden sagen, dass dies natürlich top ist. Wenn dem jedoch so wäre, dann würden jeden Tag:

- ein oder zwei Flüge in Deutschland abstürzen,
- ein oder zwei Babys in Deutschland jeden Tag an die falschen Eltern gegeben werden,
- du hättest 10.000 falsche Abbuchungen auf deinem Bankkonto,
- tausende Briefe kämen jeden Tag falsch an,
- jeden Tag würde etwas explodieren, weil nicht genug Sicherheitsvorkehrungen getroffen worden wären,
- usw.

99,99999% sind also nicht gut genug. Der Knackpunkt ist jedoch, wie schon einmal besprochen, dass perfekte Standards die schlechtesten Standards sind. Wie passt das zusammen? Wenn du erst dann startest, wenn du zu 100% gut genug bist, dann wirst du nie starten. Nachdem du dann jedoch gestartet bist, solltest du Schritt für Schritt das Ziel haben, dich auf die 100% bzw. so nahe dran wie nur möglich zu verbessern. Verstehst du den Unterschied zwischen perfekt sein und perfekt werden? Es klingt ähnlich, doch der Unterschied ist genauso groß wie Vater zu werden und Vater zu sein. :-)

Wie kannst du dich also immer weiter verbessern? Eine Methode haben wir mit der EVT© bereits besprochen: du kreierst einen Durchbruch. Danach ist nichts mehr wie zuvor. Es ist also ein wahrer Quantensprung. Die zweite Methode ist die, welche wir heute besprechen werden: du verbesserst dich jeden Tag um ein klitzekleines Prozent. Das heißt, dein Ziel ist es, am Abend ins Bett zu gehen und zu wissen, dass du dich im Vergleich zum Morgen desselben Tages um ein bisschen verbessert hast. Du wirst vielleicht in den ersten Tagen noch nicht so viel Besserung spüren, doch im Laufe der Zeit entsteht ein massiver Zinseszinseffekt. Da du dich ja jeden Tag um ein bisschen verbesserst, werden die Sprünge der Verbesserung immer größer.

<u>Dieses wichtige Konzept beruht jedoch auf einer ganz wichtigen Voraussetzung:</u>

Selbsterkenntnis durch konstruktives Reflektieren

Der Spruch „Wenn du tot bist, ist es nur schlimm für andere, doch genauso ist es, wenn du dumm bist", trägt unglaublich viel Wahrheit in sich. Wenn du es meisterst, konstruktive Selbsterkenntnis walten zu lassen, wirst du ehrlich bestimmen können, wo du gerade stehst und wo du gerade hin willst. Kennst du zum Beispiel Landkarten in Filmen, wo das rote „X" den Schatz markiert? Weißt du, was das Riesenproblem dieser Karten ist? Genau, dass hier überhaupt keine Selbsterkenntnis umgesetzt wird: du hast überhaupt keinen Plan, wo du dich eigentlich jetzt gerade befindest. Wie sollst du so zum Schatz kommen, wenn du nicht weißt, wo du gerade bist?

Genau dieses „Wissen, wo man selber gerade ist" entsteht durch konstruktives Reflektieren. Dies bedeutet das Folgende: „Du siehst Dinge nicht schlechter als sie sind, was leider viele Menschen tun, jedoch auch nicht besser als sie sind. Du siehst sie genauso, wie sie wirklich sind und überlegst, wie du sie dazu bringen kannst, dass sie besser werden als sie es jetzt gerade sind." Kennst du Leute, die ständig jammern, weil doch alles so schlecht ist? Diese Menschen leben in der gleichen Welt wie du, doch bei ihnen ist alles schlecht. Dann gibt es Menschen, die immer hypie-hypie sind, doch bis auf tolle Reden und Wörter nichts auf die Reihe bekommen. Der Knackpunkt ist, dazwischen zu bleiben: im Jetzt zu sein, jedoch Dinge verbessern zu wollen.

Denken wir zurück an die Geschichte vom Flieger von Frankfurt nach New York. Der Flieger ist raus aus Frankfurt und der Pilot weiß, er will nach New York. Bisher hat alles bestens geklappt, das Gurtzeichen ist abgeschaltet und im Flieger geht der Tumult von Essen, Aufstehen und aufs Klo gehen los. Glaubst du, jetzt ist alles getan und der Flieger fliegt einfach so nach New York? Nein, natürlich nicht. Ständig gibt es irgendwelche Luftstromunregelmäßigkeiten,

Winde, anderen Flugverkehr oder Wetterumschwünge. All dies beeinflusst die Flugroute zu jedem Moment.

Was macht der Pilot also im Cockpit? Er vergleicht die Route damit, wo er gerade tatsächlich ist und wo er sein sollte. Wenn er hier Meinungen hätte wie „ah, das wird schon, da brauchen wir uns nicht darum kümmern" oder „oh Mann, immer läuft alles so schlecht, nie bleiben wir auf dem tatsächlichen Kurs", so ist das absolut fehl am Platz. Doch wie viele von uns machen dies genauso im täglichen Leben?

Einen weiteren Fehler, den viele Menschen machen, ist, zwar zu reflektieren, doch nur, weil man ein ganz klein wenig abweicht, sich zu denken, dass schon alles in Ordnung sei. Dies ist die typische „1-Grad-Regel", welche so ziemlich überall vorkommt, die ich dir jedoch beim Fliegen bzw. beim Golf erklären möchte. Stell dir vor, der Flieger aus Frankfurt fliegt gerade einmal ein Grad falsch im Vergleich zur vorgegebenen Route. Eine Minute später – wäre er dann weit oder weniger weit von seiner vorgegebenen Route entfernt? Wahrscheinlich praktisch unmerklich, denn ein Grad ist nun mal sehr wenig und eine Minute ist eine sehr kurze Zeit. Wie sieht es jedoch nach einer Stunde aus? Wahrscheinlich ist der Flieger hier schon deutlich von seiner Route abgewichen. Und am Ende des Fluges? Wenn man aus Frankfurt die Route um lediglich ein Grad zu südlich beginnt, so käme der Flieger in Miami statt in New York an. Das ganze wegen nur einem Grad Unterschied.

Genau das Gleiche macht Golf so herausfordernd. Man drischt mit einem langen Schläger auf einen kleinen Ball, den man über weite Strecken in ein kleines Loch bringen muss. Wenn nun dieser Schläger mit großen Hebelwirkungen um nur ein Grad versetzt auf den Ball trifft, so weiß jeder, der schon einmal Golf probiert hat, dass der Ball nicht nahe am Loch zu liegen kommt, sondern ganz woanders.

Diese 1-Grad-Regel ist deshalb so tückisch, weil man am Anfang den Unterschied nicht bemerkt und so noch keine Gedanken daran verschwendet, ob man etwas richtig oder falsch macht. Der Ball fliegt eben nicht um 180 Grad in eine andere Richtung, sondern es sieht anfangs so aus, als wäre die Richtung korrekt. Wenn man jedoch genau genug messen würde, fände man den Fehler bereits beim Abschlag. Genau deshalb wird beim Golf im Profibereich mit Hochgeschwindigkeitskameras gearbeitet, um solche Fehler bereits am Ursprung zu erkennen um sie dann zu beheben.

Wenn du also nicht jeden Tag reflektierst und dich fragst, ob du da bist, wo du auch hin willst, so passiert es dir, dass du am Anfang denkst, dass du auf dem richtigen Weg bist, du jedoch am Ende überrascht bist, wie du so weit am Ziel vorbei schrammen konntest. Kannst du dich da selber hineinversetzen? Hast du dir einmal ein Ziel gesteckt, auch ein bisschen daran gearbeitet, doch dann kommst du irgendwann drauf, dass du überhaupt nicht an dein Ziel gelangen wirst, sondern ganz woanders hin? Willkommen im Club, du hast genau diese 1-Grad-Regel übersehen, nicht genug gemessen und erst viel zu spät die Auswirkungen erkannt.

Das Tolle ist jedoch, dass du diese 1-Grad-Regel auch zu deinen Gunsten nutzen kannst. Genau hier schließt sich der Kreis zu dem „1% besser werden jeden Tag“. Anstatt jeden Tag ein bisschen negativ vom Kurs abzuweichen, konzentriere dich darauf, jeden Tag ein ganz, ganz, ganz klein bisschen besser zu werden. Am Anfang sieht es nach nichts aus, doch dieses eine Prozent wirkt wie das eine Grad beim Flieger oder beim Golf und so kommst du am Ende deutlich weiter oben an, als du dir am Anfang vorgestellt hattest.

Wie funktioniert das also bei deinen Zielen und deren Umsetzung?

Gestern haben wir bereits darüber gesprochen, wie du deine Vision zu Jahreszielen machst, welche mit deiner Mission, deinem Primärfokus, deinen Werten und deinen Regeln harmonisieren. Diese Jahresziele brichst du dann so gut es geht auf die Quartale, Monate, Wochen und Tage herunter. Bei Zielen wie zum Beispiel Abnehmen funktioniert das natürlich ganz besonders gut. Andere Ziele, wo du erst irgendwann später Resultate erkennen kannst wie zum Beispiel einen neuen Partner fürs Leben zu finden, ist es ein bisschen schwieriger. Hier musst du kreativ sein und lösungsorientiert nachdenken, wie du vom Ziel zu den täglichen To-Dos kommst.

Das Herunterbrechen eines Zieles auf kleinere ausführbare Schritte ist eine der wichtigsten Fähigkeiten, um Resultate effektiv zu erreichen. Wie kannst du das lernen bzw. verbessern?

- Lerne von Menschen, welche ähnliche Ziele bereits umgesetzt haben. Google nach solchen Leuten, kaufe dir Bücher von ihnen, schaue YouTube-Videos bzw. besuche Kurse oder Seminare. Denke immer an OPK (other people's knowledge).
- Hole dir einen Coach, Mentor oder tritt einer Mastermind-Gruppe bei. Durch die Erfahrungen, Tipps und Tricks findest du schneller Lösungsansätze.
- Nutze ein- bis zweimal pro Woche sogenannte Denkzeit zu je 45 bis 60 Minuten. Hier tust du nichts anderes, als Ideen zu sammeln und mit einem Blatt Papier und Stift zu brainstormen, wie du deine Ziele herunterbrechen kannst und welche Tätigkeiten du dafür umsetzen musst.

Wenn du all die Punkte kombinierst, erhältst du einen recht guten Plan für dich. Du bist nun wie der Pilot auf dem Weg nach New York, der aus Frankfurt raus ist und sich gerade über dem Atlantik befindet.

Die Gefahr ist nun, dass du zwar weißt, was du willst und was du tun musst, um es zu erreichen, du es jedoch erst gar nicht anfängst oder noch schlimmer, du denkst, dass du zwar etwas tust, dies jedoch falsch. Ersteres Problem, „die Aufschieberitis“, werden wir morgen besprechen. Hier weißt du nämlich, dass du einfach nur faul bist und wenn du dann ehrlich zu dir selber bist, verstehst du auch, warum du keine 15 kg abgenommen hast, keine neue Menschen kennengelernt hast oder nicht die 100.000 € verdient hast. Hier geht es darum, dass du deinen Hintern hoch bekommen musst – wie das funktioniert und dass das funktioniert, klären wir wie gesagt morgen.

Die Gefahr dabei, wenn du etwas tust, es jedoch nicht funktioniert, weil du leicht vom Plan abgewichen bist, ist, dass du leicht die komplette Motivation verlierst und eventuell sogar limitierende Glaubenssätze bekommst wie:

- XXX funktioniert bei mir nicht.
- Ich habe alles versucht, es klappt nicht.
- Ich habe einfach kein Talent dafür.
- XXX ist nichts für mich.
- Andere tun sich viel leichter, deshalb schaffen sie es.
- Usw.

Kennst du solche Aussagen? Natürlich nicht bei dir, sondern nur bei anderen, oder? ;-)

Diese kommen meist aus eigenen Erfahrungen, wo man die 1-Grad-Abweichung nicht bemerkt hat. Man denkt, alles richtig gemacht zu haben und plötzlich ist man in Miami statt in New York. In dem Moment, wo man das erkennt, ist es viel zu spät und man kreiert die Erklärung, dass man von Frankfurt einfach nicht nach New York fliegen kann. Man hat es ja versucht, hatte einen guten Plan, welchen man ja auch befolgt hatte und dann ist man mir nichts, dir nichts hier gelandet… Solche Ausreden haben wir schon öfters besprochen. Sie sind da, weil sie funktionieren und uns scheinbar gut tun. Doch leider bringen sie uns nicht zu unseren Zielen. Aus diesem Grund ist gutes Reflektieren so essentiell.

Wie ein Pilot das praktisch bei jedem neuen Zielpunkt machen sollte, solltest auch du jeden Tag wie einen neuen Zielpunkt auf deinem Weg, deine Jahresziele zu erreichen, sehen. Wir haben gestern bereits bei deinem Morgenritual angedeutet, dass wir die mentalen Dinge erst heute besprechen werden, und ein großer Teilbereich daraus ist regelmäßiges Reflektieren. Falls du eher die Nachteule bist, kannst du dies natürlich gerne vor dem Einschlafen am Abend machen, ich selber mache dies am liebsten als Teil meiner Morgenroutine. Je nachdem, wann du dich selber in einem besseren natürlichen Gemütszustand fühlst, solltest du dies in deinen Tagesablauf integrieren.

Wie funktioniert das genau?

Du kannst deine Reflektionen entweder in ein traditionelles physisches Tagebuch schreiben oder du verwendest so wie ich die Notizfunktion auf deinem Handy oder deinem Laptop. Ich selber nutze Apple Notes dafür, doch du kannst auch Evernote oder ein anderes Programm dafür nutzen.

Ich stelle mir dann jeden Morgen (bzw. falls es dir lieber ist: am Abend) die unten folgenden Fragen und finde schriftlich eine kurze Antwort dafür. Wichtig: Das dauert circa zehn Minuten jeden Tag. Es ist also kein stundenlanger Prozess, genau wie es auch bei einem Piloten nicht darum geht, stundenlang Instrumente zu vergleichen. Das Ziel sollte nämlich sein, dass du etwas TUST. Ein Kumpel von mir hat mich auf dieses Thema einmal angesprochen und gemeint: „Julian, jetzt reflektiere ich jeden Tag und seither komme ich zu gar nichts mehr!" Ich verstand nicht, was er meinte und so fuhr er fort: „Na ja, jetzt brauche ich zwei Stunden in der Früh und zwei Stunden am Abend, um jeden einzelnen Schritt genau zu überdenken und nichts geht mehr voran." Man kann also alles auch übertreiben. Denke daran, dass diese Fragen dich schneller und effizienter machen sollen, nicht andersherum:

SCHRITT 1 – EMOTIONEN (um einen positiven Gemütszustand durch gute Fragen zu kreieren)

1. Für was/wen bin ich heute ganz besonders dankbar und warum? Wie fühle ich mich dabei?
2. Auf was bin ich heute ganz besonders stolz und warum? Wie fühle ich mich dabei?
3. Worauf freue ich mich HEUTE bzw. worauf bin ich HEUTE schon ganz aufgeregt und warum?
4. Lief etwas ganz besonders gut (teilweise ohne mein Zutun) bzw. hatte ich in irgendetwas Glück?
5. Was lief nicht so gut und wie kann ich das verbessern?

SCHRITT 2 – KÖNNEN (jeden Tag 1% besser werden):

1. LÖSUNG von gestern Abend? Als erstes frage ich mich immer, ob mein Unterbewusstsein eine Lösung zu meiner Frage von gestern im Schlaf bekommen hat. Wenn du das die ersten Male versuchst, wird nicht viel dabei herauskommen, doch ziehe das ein oder zwei Wochen durch und frage dich am Abend immer eine Frage für die Nacht, an welcher dein Unterbewusstsein arbeiten sollte. Du wirst erstaunt sein, wie gut das irgendwann funktioniert.
2. WISSEN: Als Nächstes frage ich mich immer, was ich gestern Neues gelernt habe, was ich Interessantes gelesen habe oder was mir aufgefallen ist.
3. BUSINESS/KARRIERE: Was ist mir in meiner Karriere/meinem Business Tolles passiert? Irgendeine neue Businessidee? Irgendein Fortschritt? Neue Ziele erreicht? Ich fokussiere mich hier ausschließlich auf positive Dinge.
4. KÖRPER: Wie war ich zu meinem Körper? Wie war meine Ernährung? Irgendetwas Besonderes gegessen? Habe ich Sport gemacht? Hatte ich irgendwelche Schmerzen? War ich energetisch?
5. BEZIEHUNGEN: Wem habe ich geholfen? Welche neuen Menschen habe ich kennengelernt? Was

habe ich Tolles für die wichtigen Menschen um mich herum getan?

SCHRITT 3 – ZEITMANAGEMENT:

1. Habe ich meine To-Dos von gestern im Kalender wie geplant umgesetzt? Wenn ja, super! Wenn nein, warum nicht? Was waren Trigger, die dafür sorgten, dass es nicht geklappt hat?
2. Wie viele Stunden war ich gestern produktiv bzw. wie viele Pomodoros konnte ich umsetzen? (Diese Zahl versuche ich immer leicht zu erhöhen)
3. Wie lief es mit dem Pareto-Prinzip? Konnte ich die zwei bis drei absoluten MUSS-To-Dos lokalisieren? Habe ich diese dann auch umgesetzt? Wenn ja, wie? Wenn nein, warum nicht? Was waren jeweils die Auslöser?
4. Was hat mich gestern am meisten versucht abzulenken? Was waren die Trigger? Wie kann ich diese in Zukunft verringern bzw. vermeiden?
5. Wurden meine Resultate meinen geplanten Erwartungen gerecht? Wenn ja, super. Wenn nein, wie kann ich die Reflektionen für ein besseres Zeitmanagement in Zukunft nutzen? Wo ist generell Raum für Verbesserung?

SCHRITT 4 – VISUALISIEREN

1. Schaue auf dein Visionboard und visualisiere deine Träume und Wünsche klar als Vision.
2. Verfolge deinen Grenzenlos Erfolgreich Pfad© und gehe die Punkte kurz durch. Oft ist es hier besser, jeden Tag nur einen Punkt durchzugehen, diesen dafür intensiv.
3. Gehe über deine Zielcollage und spiele den inneren Film ab, wie du deine Ziele dieses Jahr erreichst.

4. Sag dir deine wichtigsten Bekräftigungssprüche laut und emotional vor. Du musst sie im ganzen Körper spüren.
5. Gönne dir ein paar Minuten Ruhe. Nutze diese Zeit zum Beten, Meditieren oder einfach nur, um nachzudenken.

SCHRITT 5 – VORBEREITEN

1. KALENDER: Hier kopiere ich entweder einen Screenshot oder ein Foto von meinem Kalender in die Notiz, um später besser reflektieren zu können, wie der Tag ausgesehen hat. Du kannst auch ganz kurz eine Liste schreiben, was du wann genau gemacht hast bzw. was nicht.
2. FOTO: Ich versuche, wann immer möglich, ein Foto vom Tag in meine Notizen zu kopieren, um den Tag auch noch Wochen später irgendwie in Erinnerung zu behalten.
3. TAGEBUCH bzw. JOURNAL SCHREIBEN: Ich mache hier immer meinen Täglichen Audio Blog, was für mich wie ein Tagebuch ist. Probiere es einfach einmal aus, so als du jeden Tag wie einem Freund kurz deine Probleme und Sorgen erzählst. Wirklich nur ganz kurz, ein paar Sätze. Wie fühlt sich das an, wenn du dich einmal „ausheulen“ darfst?
4. To-Dos in Kalender eintragen: Wie bereits gestern im Detail erklärt.
5. ABENDFRAGE: Wenn du diese fünf mal fünf Dinge so wie ich in der Früh machst, so fällt dieser Punkt auf den Abend. Falls du das alles sowieso am Abend machst, ist es einfach der letzte Punkt: „Auf welche Frage soll dein Unterbewusstsein eine Antwort finden?“ Zum Beispiel: „Wie löse ich XXX?“ oder „Was könnte ich bei YYY besser machen?“ Formuliere die Frage auf jeden Fall positiv.

Vielleicht stellst du dir jetzt gerade die Frage: „Julian, hast du denn Zeit für all das? Das sind doch immerhin 25 Dinge bzw. To-Dos. Die Frage ist valide, doch hier sind meine

Antworten:

1. Erstens, es ist wichtig, dass du dir für dich selbst Zeit nimmst. Wenn du das als Teil deines Morgenrituals machst und circa 30 Minuten für all die Dinge brauchst, dann bist du in 90 Minuten am Morgen inklusive der Punkte von gestern durch. Wie gesagt: „Schau, dass du vor dem Sonnenaufgang wach bist und dann um 8:00 Uhr mehr erledigt hast als die meisten Menschen bis zum Mittag. Bis Mittag hast du dann mit all der Energie und Effizienz mehr erledigt als die meisten den ganzen Tag."
2. Zweitens, es gibt keine Alternative. Wenn du dir die Zeit nicht nimmst, bist du wie der Pilot, der erst in Miami draufkommt, dass er nicht in New York ist.
3. Drittens, du wirst immer schneller und effizienter mit deinem Morgenritual. Das ist ja der Sinn eines Rituals.

Keine Zeit zu haben ist immer eine Ausrede dafür, dass du dringliche Dinge wichtigen Dingen vorschiebst.

Mach diesen Fehler nicht!

Wenn du nun diesen Ablauf durchziehst, solltest du nach einer Woche sieben solcher

Tage in deinen Notizen haben. Nun ist es Zeit, dass du die gesamte Woche reflektierst, indem du dir die einzelnen Tage durchsiehst (deshalb auch die Fotos und Kalenderscreenshots) und dich erinnerst, wie die Woche eigentlich so war. Fokussiere dich auf die fünf mal fünf Wochenfragen und zwar NICHT, indem du versuchst, dich einfach nur so an die Woche zu erinnern, sondern indem du wirklich die einzelnen Tage durchsiehst und diese so analysierst.

Wenn du das als Gesamtes machst, dann vergisst du enorm viele Dinge. Was gab es zum Beispiel vor fünf Tagen zu Essen? Du weißt es wahrscheinlich nicht mehr, oder? Genauso ist es mit dem Reflektieren hier. Meist weißt du am Sonntag, also an dem Tag, wo ich immer die Woche reflektiere, schon nicht mehr, was am Dienstag davor alles passiert ist.

Deshalb gehe wirklich die einzelnen Tage durch und streiche dir die wichtigen Dinge bei diesen fünf mal fünf Wochenfragen heraus:

SCHRITT 1 – EMOTIONEN

1. Für was/wen bin ich diese Woche ganz besonders dankbar und warum? Wie fühle ich mich dabei?
2. Worauf bin ich diese Woche besonders stolz und warum? Wie fühle ich mich dabei?
3. Lief etwas ganz besonders gut (teilweise ohne mein Zutun) bzw. hatte ich in irgendetwas diese Woche Glück?
4. Was habe ich diese Woche alles erreicht? (Dieser Punkt ist enorm wichtig, denn oft übersehen wir bei all dem Besser-werden-Wollen, was wir bereits alles können und erreicht haben).
5. Was lief diese Woche nicht so gut und wie kann ich das verbessern?

SCHRITT 2 – KÖNNEN

1. WISSEN: Welche zwei bis drei Punkte habe ich diese Woche gelernt bzw. was habe ich Interessantes gelesen oder was ist mir aufgefallen?
2. BUSINESS/KARRIERE: Welche zwei bis drei Punkte sind mir diese Woche in meiner Karriere/ meinem Business Tolles passiert? Irgendeine neue Businessidee? Irgendein Fortschritt? Neue Ziele erreicht?

3. KÖRPER: Wie war ich diese Woche zu meinem Körper? Wie war meine Ernährung? Irgendetwas Besonderes gegessen? Habe ich Sport gemacht? Hatte ich irgendwelche Schmerzen? War ich energetisch?
4. BEZIEHUNGEN: Wem habe ich geholfen? Welche neuen Menschen habe ich kennengelernt? Was habe ich Tolles für die wichtigen Menschen um mich herum getan?
5. Was waren die zwei bis drei wichtigsten generellen ERKENNTNISSE diese Woche?

SCHRITT 3 - ZEITMANAGEMENT:

1. Habe ich meine To-Dos vom Anfang der Woche wie geplant umgesetzt? Wenn ja, super! Wenn nein, warum nicht? Was waren Trigger, die dafür sorgten, dass es nicht geklappt hat?
2. Wie viele Stunden war ich insgesamt produktiv bzw. wie viele Pomodoros konnte ich umsetzen? Wie viele Stunden habe ich circa geschlafen? Wichtig: Zu wenig Schlaf ist nur kurzfristig hilfreich. Langfristig kostet es dich meist an Leistung. Sei also vorsichtig, wenn du Schlaf kürzt, um scheinbar mehr erledigen zu können.
3. Wie lief es mit dem Pareto-Prinzip? Konnte ich die zwei bis drei absoluten MUSS-To-Dos lokalisieren? Habe ich diese dann auch umgesetzt? Wenn ja, warum? Wenn nein, warum nicht? Was waren jeweils die Auslöser?
4. Was hat mich diese Woche am meisten versucht abzulenken? Was waren die Trigger? Wie kann ich diese in Zukunft vermeiden bzw. verhindern?
5. Wurden meine Resultate meinen geplanten Erwartungen gerecht? Wenn ja, super. Wenn nein, wie kann ich die Reflektionen für ein besseres Zeitmanagement in Zukunft nutzen? Wo ist generell Platz für Verbesserung?

SCHRITT 4 - RUHE

1. Ein Tag pro Woche, ein Wochenende pro Monat und eine Woche pro Jahr sind bei mir sogenannte Schummelzeiträume.
2. Mache in diesen absichtlich etwas anderes, um dich abzulenken.
3. Kein Internet, kein Handy – einfach abschalten.
4. Sieh es wie Akku-Aufladen.
5. Nutze dies NICHT als Ausrede, falls du sonst nichts tust und hier noch einmal extra chillen willst, sondern verwende diese Pausen als strategische Energie-Booster.

SCHRITT 5 - VORBEREITEN

1. KALENDER: Reflektiere den Kalender, welchen du in deine Notizen kopiert hast. Findest du irgendwelche Regelmäßigkeiten? Unregelmäßigkeiten?
2. FOTO: Welches ist das Foto, das diese Woche am besten beschreibt? (Du brauchst es für die Monatsreflektion)
3. REFLEKTIEREN: Wie kommst du im Vergleich zu deinen Zielen voran? Merkst du negative oder positive Abweichungen (1-Grad-Abweichungen). Je früher du solche erkennst, umso eher kannst du reagieren. Vergleiche diese mit deinem Visionboard, deiner Zielcollage und deinem Grenzenlos Erfolgreich Pfad©.
4. To-Dos für die kommende Woche: Was sind die wichtigsten Projekte für die kommende Woche? Reihe sie nach Wichtigkeit und Pareto-Prinzip.
5. PLANE: Teile die Projekte auf die Woche auf, sodass du weißt, an welchem Tag du was circa machen musst.

Ich nehme mir hierfür jeden Sonntag 30 Minuten extra Zeit. Wenn du diesen Fünf-mal-fünf-Wochenplan umsetzt, wirst du nach vier Wochen einen Monat zusammen haben.

Schaue dir nun die einzelnen Wochen für die Reflektion des Monats an, damit du den letzten Monat nach demselben Schema wie bei den Wochen reflektieren kannst. Dasselbe machst du nach drei Monaten fürs Quartal und nach vier Quartalen hast du schon das ganze Jahr zusammen.

Kennst du den Spruch: „Wenn ich acht Stunden hätte, um einen Baum zu fällen, würde ich sechs Stunden dafür nutzen, die Axt zu schleifen?" Genau das machen wir hierbei. Wenn du das 30 Minuten jeden Tag plus extra 30 Minuten für die Woche machst, sind das lediglich vier Stunden pro Woche bzw. 16 Stunden pro Monat. Wenn du dir diese Zeit nicht nimmst, wirst du den Baum eben mit einer stumpfen Axt fällen müssen. Das wird dann entweder gar nicht klappen oder einfach viel länger dauern. Wenn du Probleme frühzeitig erkennst bzw. siehst, welche Abläufe gut funktionieren, kannst du dich rasch anpassen, Trigger ausfindig machen und so auf neue Herausforderungen schneller reagieren bzw. die erfolgreichen Dinge noch effizienter umsetzen.

Wenn ich in Seminaren oder bei 1:1-Trainings dieses Thema mit Leuten durchgehe, kommen am Ende hin und wieder ein paar Fragen auf. Die fünf häufigsten möchte ich hier mit dir durchgehen:

„Wie kann ich mir die Zeit für Arbeit, Familie und mich selbst am besten einteilen?"

Wichtig hierfür ist, dass du zu allererst diese drei Bereiche nach Wichtigkeit für dich reihst. Hier geht es nicht darum, womit du die meiste Zeit verbringst (wahrscheinlich mit deiner Arbeit), sondern darum festzustellen, um welchen Bereich du dich zuerst kümmern würdest, sollte in zwei Bereichen jeweils ein Notfall auftreten. Ich will dir keine Vorschriften machen, doch kann ich dir absolut empfehlen, dich selbst an erste Stelle zu setzen. Wenn du das nicht machst, ist es so, als wenn du dir im Flugzeug nicht selbst die Sauerstoffmaske als erstes aufsetzt, sondern zuerst deinen

Kindern. Das ist zwar gut gemeint, doch gehst du dann recht rasch selbst zugrunde und kannst danach niemandem mehr helfen. Achte also darauf, dass du auf dich selbst am allermeisten achtest. Wenn du deine Kinder oder Familie so sehr liebst, dass du alles für sie tun würdest, dann wäre mein erster Tipp, gesund und fit zu bleiben, damit sie noch lange etwas von dir haben. Natürlich kann es über kurze Strecken dazu kommen, dass du zum Beispiel deine Karriere oder dein Business an Nr. 1 setzt, doch dies sollte nicht zu lange vorkommen.

Ob du danach Familie oder Karriere an die zweite Stelle setzt, hängt absolut von deinen Werten ab. Wenn du dir nicht sicher bist, gehe zurück auf deinen Grenzenlos Erfolgreich Pfad© und siehe dir die fünf Top-Werte und Regeln deines Leitbildes an. Welche sind das und wie passen sie mit deinen Prioritäten zusammen? Wie würde sich dein Leitbild entscheiden? Und schon weißt du es. Nur, weil Familie auf Platz zwei und Business auf Platz drei sind, heißt das nicht, dass du dich nicht mehr auf dein Unternehmen konzentrieren darfst. Ganz im Gegenteil, es geht hier nicht um die Menge der Zeit, sondern vielmehr um die Qualität. Du kannst dir hier etwas aus dem Playbook von Elon Musk, dem CEO von zwei riesigen Firmen, nämlich Tesla und Space-X, mitnehmen: Auch wenn er knapp 100 Stunden die Woche arbeitet, so hat er immer einen Tag pro Woche, der absolut nicht verhandelbar ist, für seine Kinder Zeit. Jeder in seinem Unternehmen weiß, dass er ihn an diesem Tag, komme was wolle, nicht zu kontaktieren braucht. Genau so sollte dies auch bei dir funktionieren. Mit Hilfe deiner Werte sollte das auch ganz einfach sein – dann musst du es nur noch umsetzen.

<u>Die zweite Frage, welche ich oft bekomme, ist:</u>

„Muss ich denn jeden Tag besser und besser werden? Kann ich nicht mal chillen?“

Natürlich kannst du auch mal chillen, deshalb gibt es ja die Schummeltage. Wenn du dich jedoch nicht bemühst, dich ein ganz kleines bisschen zu verbessern, dann wirst du relativ schnell rückläufig. Es gibt keinen Stillstand im Leben, also solltest du immer leicht nach vorne gehen, ganz egal, wie glücklich und zufrieden du bereits bist. Hier jedoch etwas Wichtiges: Du brauchst natürlich NICHT in jedem Bereich Vollgas nach vorne zu preschen. Solange du dich auf ein oder zwei Dinge fokussierst, welche dir wichtig sind, und solange du dich so als gesamtes Individuum verbesserst, bist du auf dem richtigen Weg.

Die dritte Frage:

„Wie gehst du mit Demotivation um?“

Das Thema „Aufschieberitis“ behandeln wir morgen im Detail. Hier sind fünf Tipps zum Thema „nicht motiviert sein“:

1. Demotivation kannst du erstens einmal vorbeugen, indem du dir nicht zu viel für kurze Zeiträume vornimmst. Dies ist ein Fehler, den wir schon öfter erwähnt haben.
2. Zweitens hilft es, wenn du dich immer wieder daran erinnerst, was du bereits alles erreicht hast. Natürlich wollen wir uns immer gerne verbessern, doch wenn wir nur noch sehen, was alles noch nicht da ist, vergessen wir oft, was wir alles bereits haben. Deshalb sind die Dankesübungen in den Fünf-mal-fünf-Wochenplan eingebaut.
3. Der dritte Punkt ist, zu verstehen, dass die Chilltage einen Grund haben. Nutze sie also und mache an diesen etwas komplett anderes als sonst. So lenkst du dich ab und du freust dich danach wieder, am „Alten“ weiterzuarbeiten. Erinnere dich, dass eines unserer Grundbedürfnisse Abwechslung ist.
4. Viertens kannst du dich mit Hilfe der Werkzeuge, welche du bereits bekommen hast, immer und immer wieder an dein WARUM erinnern. Deshalb nutzen wir auch die Bekräftigungssprüche, das Visionboard,

die Collage und den Grenzenlos Erfolgreich Pfad©. Mit einem starken WARUM kommt das WIE meist von alleine.
5. Demotivation ist genauso wie Motivation eine Gewohnheit. Wenn du es zum Ritual machst, motiviert zu sein, dann wirst du vielleicht hin und wieder kurz rauskommen, doch so schnell wie du demotiviert geworden bist, so schnell bist du wieder motiviert und zurück im Flow. Lass also Demotivation nicht zu einer destruktiven Gewohnheit werden, sondern arbeite mit den Methoden der EVT© (vor allem von Reflexunterbrechungen) daran, deinen körperlichen Gemütszustand jederzeit aktiv zu beeinflussen. Kurzum: Die Kunst ist es zu lernen, wie du Motivation zu einem Ritual machen und Anzeichen von Demotivation sofort durch die EVT© durchbrechen kannst!

Die vierte Frage betrifft einen der häufigsten Gründe, warum Leute bei ihren Zielen demotiviert werden: Die sogenannte „Vergleichitis". *„Was, wenn ich von anderen Menschen lernen will und dann demotiviert werde, weil diese schon so weit sind?"*

Hier schauen Menschen, was andere bereits haben und fangen an, sich mit ihnen zu vergleichen. Dabei vergessen sie, dass wir alle auf unserem eigenen Weg mit eigenen Vor- und Nachteilen gehen. Wenn du dich also dabei ertappst, dass du gerade wieder jemand anderem hinterherschaust und dir sagst: „Oh Mann, der/die ist schon so gut und ich bin es nicht. Wie soll ich je so gut werden? Er/Sie hatte es so einfach und ich muss so hart arbeiten!", dann denke daran, dass dies limitierende Glaubenssätze sind! Hier sind ein paar Tipps dazu:

- So gut wie es ist, von anderen zu lernen, so leicht kann dies zur gefährlichen „Vergleichitis" führen. Auch ich merke dies an mir selbst, wenn ich mir andere Menschen anschaue, nicht aufpasse und mir dann denke: „Verdammt, wie soll ich nur je so gut werden wie die?“ Sobald man das erkennt, sollte man dankbar für das sein, was man bereits hat und sich daran erinnern, dass jeder auf seinem eigenen Weg unterwegs ist. Wenn mir das dann zu oft bei derselben Person passiert, folge ich jemand anderem und blocke diese Person aktiv, um ja nicht der „Vergleichitis“ zu verfallen.

- Sobald du destruktive „Vergleichitis“-Gedanken bekommst, nutze die EVT©-Methode des Fokus und bringe deine Gedanken aktiv auf etwas Positives.
- Lies bzw. lerne vor allem über die Anfänge von den Menschen, mit welchen du dich vergleichst. Dort wirst du erkennen, dass so wirklich jeder durch die harte Zeit durch musste, es nur jetzt nicht mehr danach aussieht.

Also, keine Macht der „Vergleichitis“!

Die fünfte Frage zielt auf das Gegenteil von Demotivation: Rückenwind. *„Was machen, wenn du deinen Zielen voraus bist?“* Rückenwind ist eine Metapher für Dinge, welche uns beim Erreichen von Zielen unerwartet helfen und uns beschleunigen. Jetzt denkst du vielleicht: „Was soll denn so schlecht an Rückenwind sein, da geht doch eh alles schneller und einfacher?“ Ja, doch das Problem ist unser innerer Thermostat, welchen wir schon einmal besprochen haben. Wir vergleichen dann unseren Fortschritt und erkennen, dass Dinge plötzlich besser laufen als geplant. Wir sind also unserem Plan voraus. Wie ein Flieger, der Rückenwind hat und eine Stunde früher in New York sein könnte. Was macht der Pilot in so einem Fall? Wird er langsamer, um dem Zeitplan treu zu bleiben? Hoffentlich nicht, sondern hoffentlich fliegt er genau gleich weiter und baut sich einen Puffer auf, falls mal etwas nicht so rund läuft. Was machen wir jedoch nur all zu oft? Unser innerer Thermostat erinnert uns an den Plan und sagt uns, dass wir chillen dürfen. Wir lehnen uns zurück, da wir denken, dass wir eh so gut und schnell sind. Wir werden also langsamer und passen uns im Negativen an unseren Plan an, denn der Rückenwind kompensiert unser Verlangsamen. Was jedoch, wenn der Rückenwind weg ist und wir uns an die niedrigere Geschwindigkeit angepasst haben? Kennst du das Gefühl aus deiner Schulzeit, wenn du nach den Ferien plötzlich ein bisschen gebraucht hast, bis du wieder voll auf Fahrt warst? Genauso ist es hier auch, nur, dass wir uns oft schon so an die langsamere Geschwindigkeit gewöhnt haben, dass wir es fast nicht mehr auf die Originalgeschwindigkeit zurück schaffen. Dies ist extrem gefährlich, denn du hast gerade Fahrt und Momentum aufgenommen und wenn du das jetzt anfängst zu verlangsamen, wirst du dich schwertun, es wieder loszutreten, genauso wie eine durch Rost eingefahrene Lok. Der einzige Weg, wie du dem Ganzen ausweichst, ist, dass du, sobald du Rückenwind merkst, nur noch schneller wirst. Du darfst nicht auf den schlechteren Originalplan zurückfallen und verlangsamen, sondern du musst den Rückenwind nutzen und deinen neuen Plan nach oben anpassen. Denke also immer an die Gefahren des vermeintlichen Rückenwindes, wenn du nicht achtsam darauf reagierst.

Woher weißt du nun, dass du einen guten Tagesablauf hast? Aufgrund der 1-Grad-Regel merkst du ja am Anfang noch fast nichts an den Resultaten, da diese noch viel zu kleine Unterschiede aufweisen.

Hier sind die drei Schritte, wie du dies trotzdem feststellen kannst:

1. Hast du bei einem technischen Sport wie Golf, Tennis oder Basketball mal die Schlag- oder Wurftechnik verändert? Was ist danach mit deiner Genauigkeit passiert? Genau, sie ging herunter. Wenn du also deinen Tagesablauf veränderst, solltest du zu Beginn eine niedrigere Produktivität fühlen. Das ist frustrierend, doch genau richtig.
2. Du weißt jedoch nur, dass du nun etwas verändert hast. Du weißt allerdings noch nicht, ob es richtig

war oder nicht. Dies merkst du jedoch am steigenden Widerstand von außen. Was meine ich damit? Wenn du dich wirklich auf deine wichtigen To-Dos konzentrierst, Prioritäten setzt und diese ausführst, so solltest du relativ rasch von Menschen um dich herum leichte Kritik spüren, dass du zum Beispiel nicht mehr so schnell auf WhatsApp oder E-Mail antwortest. Oder dass du bei Projekten, welche für dich nicht so wichtig sind, nicht mehr oder weniger dabei bist. Dies passiert, weil du deine Zeit genau auf die Dinge konzentrierst, welche dir die Resultate geben, die deinen Zielen entsprechen. Verwende hier immer die innere Einstellung von „Ich will mir die Zeit für das nicht nehmen, denn ich habe wichtigere Dinge zu tun.“ Sage ja nie, dass du keine Zeit hast. Das ist ein limitierender Glaubenssatz!

3. Innerhalb kürzester Zeit müssen jedoch die Resultate wieder anziehen, denn sonst machst du etwas falsch. Wenn du nämlich einfach nur in den Urlaub gefahren bist, so hast du auch weniger Zeit für andere Dinge, doch hier ist dann auch dein Output definitiv nach unten gegangen. Achte also immer auf den folgenden Ablauf: Erst gehen Resultate kurz runter, dann bemerkt dein Umfeld, dass du einen verbesserten Fokus hast und dann müssen die Resultate besser sein, als je zuvor.

Gerade diesen Widerstand von außen lernen wir in der Grenzenlos Erfolgreich© Eskalation bei unseren Wochenend-Erlebnissen. Hier gibt es eine ganz spezielle Übung, wo dieser steigende Druck auf erstaunliche Art und Weise simuliert wird, damit du so dein Können im richtigen Leben anwenden lernst. Wenn du das einmal selber erleben willst, schau beim nächsten Event vorbei. Kontaktiere unser Team für die Details: team@i-unlimited.de oder per WhatsApp (+43 681 10803001).

Gestern und heute haben wir nun ausführlich darüber gesprochen, wie du deine Ziele in die Tat umsetzen kannst. Als To-Do für heute starte nun einerseits den Fünf-mal-fünf-Tagesplan bzw. dann auch den Fünf-mal-fünf-Wochenplan, -Monatsplan, -Quartalsplan und -Jahresplan. Ziehe jetzt einmal den Tagesplan für die restlichen 14 Tage durch. Dabei siehst du schon, wie gut dieses Reflektieren funktioniert. Mach also JETZT deine erste Reflektion und gehe die fünf mal fünf Punkte von oben für heute bzw. gestern durch.

Morgen sprechen wir über die „Aufschieberitis"-Krankheit, welche uns leider mit vielen Ausreden und Ablenkungen davon abzuhalten versucht, unsere so gut durchdachten Pläne umzusetzen. Wie man diese therapiert, besprechen wir bis ins letzte Detail morgen.

Denn so wirst du GRENZENLOS ERFOLGREICH©!

Dein

Dr. Julian Hosp

TAG 17: Zehn Strategien, wie du "Aufschieberitis" für immer beseitigst

Herzlich willkommen zu Tag 17!

Wir sind nun schon richtig weit gekommen, haben uns genau darüber ausgetauscht, warum wir tun, was wir tun, haben unsere Vision in Ziele heruntergebrochen und diese in den letzten beiden Tagen in Form eines genauen Plans ausgearbeitet. Doch auch der beste Plan hilft nichts, wenn man diesen nicht umsetzt. Wir haben zwar alle Strategien dafür bereits besprochen, doch weiß ich aus eigener Erfahrung in der Arbeit mit Kunden in 1:1-Trainings bzw. bei Seminaren, wie schwer es oft ist, all dieses Wissen auch in der Praxis auszuführen. Deshalb möchte ich heute über zehn Strategien sprechen, wie du deine Pläne auch wirklich umsetzt.

Warum setzen wir eigentlich unsere Pläne nicht um? Wir wissen ja eigentlich, dass sie uns enorm nach vorne bringen, uns tolle Resultate geben und dass wir dadurch unseren Zielen näher kommen würden. Der Grund liegt wie immer in unserem eigenen Motivationsverhalten. Der Schmerz anzufangen ist größer als der Schmerz, es nicht zu tun. Da es unsere positive Motivation, etwas zu tun, nicht schafft, den Schmerz vor dem Tun zu übertrumpfen, leiden wir allzu oft unter der „Krankheit":

AUFSCHIEBERITIS

Du denkst nun vielleicht: „Was ist schon so schlimm daran, hin und wieder einmal ein paar Dinge aufzuschieben und sie nicht sofort umzusetzen?“ Na ja, wie bei allem können solche Dinge schnell zur Gewohnheit werden. Und wenn du einmal „Aufschieberitis“ zur Gewohnheit werden lässt, bist du jemand, der sehr gerne Dinge entweder gar nicht anfängt oder schnell wieder aufgibt. Du kennst sicher den Spruch, dass jemand, der aufgibt, nie gewinnen kann, denn Gewinner geben nie auf. Dieses Konzept, dass du nie versagen kannst, solange du einfach nur tust, ist eines der wichtigsten Erfolgsrezepte des Lebens.

Die einfachste Therapie, um „Aufschieberitis“ entgegenzuwirken, ist es, diese mit den eigenen Waffen zu schlagen: man kreiert Rituale, welche man ganz einfach jeden Tag ausführt. Je automatisierter diese Rituale sind, umso weniger Energie kostet es, diese umzusetzen als sie nicht zu tun und so der „Aufschieberitis“ nachzugeben. Es ist das Konzept von „Säe Gedanken, ernte eine Antwort“ – „Säe Antworten, ernte eine Tat“ – „Säe Taten und ernte ein Ritual“ – „Säe Rituale und Ernte einen Charakter, der ‚Aufschieberitis‘ gar nicht kennt“. Für viele von uns ist dies jedoch nichts mehr als ein gut gemeinter Tipp. Wir versuchen Dinge umzusetzen, doch ohne wirksame Strategien und Werkzeuge besiegen wir die hartnäckige „Krankheit“ nicht.

In der Arbeit mit zahlreichen Kunden und bei Seminaren habe ich also zehn enorm wirksame Strategien entwickelt, mit welchen man die „Aufschieberitis“ das Fürchten lehrt. Wir gehen jede der einzelnen Strategien im Detail durch, doch hier ist erst einmal die Übersicht:

1. Ablenkungen proaktiv abschalten.
2. Die Salamitaktik anwenden.
3. Den größten Frosch zuerst essen.
4. An das eigene WARUM denken.
5. Unperfekt Starten.
6. Dein Umfeld nutzen.
7. Abwechslung einbauen.
8. Umsetzungskraft-Anker nutzen.

9. Durch Swish zum ultimativem Umsetzungsvermögen gelangen.
10. Erfolge feiern.

Sieh diese zehn Strategien wie eine Art Buffet: vielleicht brauchst du nur eine Methode oder du nutzt alle zehn. Es ist komplett dir überlassen. Wir haben zwar alle zehn bereits in den letzten 16 Tagen zumindest angerissen, doch es ist oft einfacher, Methoden mit Beispielen und zusätzlichen Tipps noch einmal in einem Kontext zu hören, um sie danach noch effektiver umzusetzen.

1. ABLENKUNGEN PROAKTIV ABSCHALTEN:

Ich hatte einmal in einem 1:1-Gespräch einen Kunden, welcher unbedingt Spanisch lernen wollte. Er kam zu mir, weil er bereits seit Wochen versuchte voranzukommen, doch praktisch noch immer am Anfang stand. Er hatte klare Ziele, ein starkes WARUM und auch einen guten Plan, wie er Spanisch lernen könnte. Weiters hatte er sich bereits für teures Geld ein Spanischprogramm gekauft, mit welchem es eigentlich ein Klacks sein sollte, diese Sprache binnen ein paar Monaten zumindest in den Basics zu beherrschen. Warum klappte es also nicht bei ihm?

Wie immer, wenn es um „Aufschieberitis" geht, sind es meist irgendwelche Trigger bzw. Ursachen, welche die „Aufschieberitis" tatsächlich auslösen. Von dem Moment an schaffen wir es mental fast nicht mehr zurück zur Produktivität, solange wir nicht irgendwelche Techniken anwenden. Diese Techniken besprechen wir in den kommenden Punkten, doch die erste Methode ist es, diese Auslöser zu identifizieren und ihnen so gut es geht aus dem Weg zu gehen. Dann braucht es die anderen Techniken gar nicht mehr. Bei meinem Kunden war es das Folgende: sein Spanischprogramm war in der Cloud gespeichert. Dies ist typisch für die neuen Programme, hatte jedoch einen riesen Nachteil: er musste jedes Mal online gehen, um Spanisch zu lernen. Sobald er mit seinem Laptop online war, lud sein E-Mail-Programm die E-Mails herein, sein Browser ließ die Facebook-Nachrichten aufpoppen und sein Laptop, welcher gleichzeitig mit dem Handy verbunden war, zeigte alle ungelesenen Nachrichten an. Anstatt also Spanisch zu lernen, beantwortete mein Kunde in guter Absicht die E-Mails seiner Kunden. Weiters beantwortete er alle Kommentare auf Facebook, um ein gutes Social Media-Standing zu haben. Natürlich wollte er, weil er ja gerade dabei war, Nachrichten zu beantworten, auch seinen Freunden und seiner Familie auf WhatsApp schreiben. Eineinhalb Stunden später hatte er für sich das Gefühl, richtig viel getan zu haben, doch leider kam er so beim Spanischlernen keinen Schritt voran.

Seine Antwort mir gegenüber, als ich diese Dinge ansprach, war: „Ich habe einfach so viel zu tun, ich habe keine Zeit." Ist dies nicht eine typische Antwort, welche wir uns alle sehr oft geben, um uns im Glauben zu lassen, dass wir eigentlich alles richtig gemacht haben und es nicht unser Fehler ist, dass wir unseren Zielen nicht nachkommen? Ich erklärte ihm daraufhin, dass er bitte seine Antwort auf das Folgende ändern solle: „Ich will mir die Zeit für Spanisch lernen nicht nehmen." Er konnte mir partout diese Antwort nicht geben, denn er wollte ja Spanisch lernen. Jetzt hatte ich ihn, wo ich ihn haben wollte. Er erkannte selbst, wie ihn seine eigenen limitierenden Glaubenssätze dazu brachten, Ablenkungen als Ausrede zu benutzen, sich um andere Dinge zu kümmern, welche dringlich erschienen, jedoch definitiv nicht wichtig waren. Dies war nämlich meine nächste Frage, ob er denn nicht eine Stunde mit den Nachrichten warten könne. Er bejahte dies, denn kein Kunde erwartet eine Antwort binnen ein paar Minuten. Nun verstand er das Problem und er entwickelte daraufhin die richtige mentale Einstellung, um dies zu lösen. Wie ging das?

- Erkenne Auslöser, welche deine „Aufschieberitis" starten.
- Schalte diese Auslöser ab.

- Falls dies online ist, deaktiviere automatische E-Mails, Pop-Ups, Benachrichtigungen und Erinnerungen.
- Falls dies dein Fernseher ist, verkaufe diesen. Du brauchst ihn sowieso nicht.
- Falls es Seiten wie YouTube, Facebook oder andere Social Media-Kanäle sind, so aktiviere kostenlose Blocker, welche dich davon abhalten, diese zu besuchen.
- Falls es Spiele sind, deinstalliere diese bzw. nutze ein Programm, welches diese nur zu gewissen Zeiten öffnen lässt.
- Falls es das Internet ist, deaktiviere es mit einer Zeitschaltuhr bzw. stecke den Router ab.
- Falls es dein Handy ist, bringe es komplett außer Reichweite.
- Falls es Süßigkeiten sind, schmeiß sie weg.
- Usw.

Das Ganze ist wie bei einem Hund: wenn du dabei bist und aufpasst, dass er das Essen nicht vom Tisch frisst, so wird er es auch nicht machen. Wenn du jedoch weg bist und er die Chance hat, das Essen zu schnappen, so wird er die Gelegenheit nutzen. Immer. Nachdem du nicht immer daneben sitzen und aufpassen willst, entferne also ganz einfach den Auslöser. Genauso funktioniert es mit der „Aufschieberitis“.

2. DIE SALAMITAKTIK ANWENDEN:

Die zweite Strategie ist auch gleichzeitig eine typische Verkaufstaktik, welche gute Verkäufer bei einem Kunden anwenden. In diesem Fall bist du der Verkäufer und musst dir selber eine Tätigkeit verkaufen. Wie macht ein guter Verkäufer so etwas? Er verwendet die sogenannte Salamitaktik. Anstatt die gesamten Kosten auf einmal zu präsentieren, was dich sofort abschrecken würde, bereitet er die Kosten der einzelnen Unterpunkte detailliert auf. So siehst du nicht die vollen 1.500 €, sondern 50 € hier, 70 €

da, 90 € dort usw. Dein Gehirn sagt daraufhin: „Der Preis ist ja gar nicht so hoch, das nehme ich sofort!" Du nimmst also sofort die Identität des kaufenden Kunden an, und wie wir bereits gelernt haben, ist unsere Identität unglaublich machtvoll. Wir wollen unserer Identität nämlich immer treu bleiben. Wenn wir also einmal den Entschluss gefasst haben zu kaufen, so gehen wir von dieser Entscheidung nicht mehr so leicht weg, auch wenn uns am Ende der finale Preis doch ein bisschen schockiert.

Genau dasselbe funktioniert, wenn wir uns auf ein neues Problem einlassen. Anstatt das gesamte große Problem sofort angehen zu wollen, teilt man die große Treppe in kleine Stufen. Diese kleinen Stufen sehen plötzlich total einfach aus, und sobald man beginnt und die Identität des Machers übernimmt, kommt man in ein Momentum, welches man nutzt, um die restlichen Stufen bis ans Ende der Treppe ohne größere „Schmerzen" zu erklimmen.

Wenn du also das nächste Mal die folgenden Herausforderungen hast, kannst du diese ganz einfach herunterbrechen:

- ein ganzes Buch auf die erste Seite,
- ein ganzes Work-out auf die erste Übung,
- 20 Anrufe auf den ersten Anruf,
- eine nicht mehr funktionierende Beziehung auf ein erstes Gespräch,
- eine neue Sprache auf die erste Vokabel,
- ein 90-Tage-Ritual auf den ersten Tag,
- usw.

Einer Kundin, welche sich mit der Salamitaktik trotzdem noch ein wenig schwertat, gab ich dann folgenden Tipp: frage dich einfach, was du machen musst, nur um anzufangen. Danach dürftest du sofort aufhören. Bei dir ging es darum, dass sie nie Zahnseide verwenden wollte, doch sie wusste, dass diese gut für ihre Zähne war. Also hatten wir die

Vereinbarung, dass sie 30 Tage lang nach dem Zähneputzen die Zahnseide lediglich herausnehmen und sich ein Stück abreißen würde, nur um es danach gleich wegschmeißen zu dürfen. Sie hätte sie eigentlich gar nicht verwenden brauchen und hätte trotzdem unsere Abmachung eingehalten. Rate mal, was passiert ist. Klar, nachdem sie bereits die Zahnseide in ihren Händen hatte, dachte sie: „Jetzt kann ich die Zahnseide auch gleich verwenden!" Und wenn der Gedanke daran, für alle Zähne nun so lange zu brauchen, wieder demotivierend war, sagte sie sich: „Okay, nur diesen ersten Schneidezahn." Zwei Minuten später hatte sie alle ihre Zähne mit Zahnseide versorgt und 30 Tage später konnte sie ohne ihr Zahnseide-Ritual gar nicht mehr aus dem Haus, weil sie sich nun bei dem Gedanken daran unwohl fühlte, ob sie nicht etwas zwischen den Zähnen hätte.

Diese Taktik funktioniert bei so ziemlich allem, sei also kreativ und setze sie erfolgreich um.

3. DEN GRÖẞTEN FROSCH ZUERST ESSEN:

Diese Strategie stammt von Brian Tracy, welcher diesen Tipp immer all seinen Kunden gegeben hat. Die Idee dabei ist genau entgegengesetzt zur Strategie von der Salamitaktik. Ja, das mag zwar paradox klingen, doch bei dem einen funktioniert das eine, bei jemand anderem das andere. Probiere es also einfach aus. Den größten Frosch zu essen bedeutet, dass du gleich am Anfang mit deinem größten und schwersten To-Do beginnst, um die „Aufschieberitis" zu besiegen. Dies könnte zum Beispiel dein schwierigster Kunde, das härteste Work-out, die schwierigste Entscheidung oder die lästigste Tätigkeit sein. Wenn du nämlich diese erste Sache gleich erledigst, kommen dir die nachfolgenden „wie Kindergarten" vor und du nimmst das Momentum mit, die anderen Dinge auch gleich zu erledigen. Diese Technik funktioniert also besonders gut, wenn du zum Beispiel gerade in der Früh ein großes Level an Motivation und ein niedriges

Level an „Aufschieberitis" hast. Du weißt jedoch, dass sich dies im Laufe des Tages umdrehen wird.

Bei meinem Grenzenlos Erfolgreich Wochenend-Erlebnis© machen wir regelmäßig Übungen. Dies bedeutet, dass man sich gemeinsam mit jemand anderem hinsetzt und gewisse Übungen zusammen durcharbeitet. Wir waren einmal gerade dabei, die Tagesplanung auszuarbeiten, als ein Teilnehmer verzweifelt die Hand hob und mir die folgende Frage stellte: „Ich bin gerade dabei, meine eigene Webseite aufzusetzen, doch tue ich mich beim Programmieren so schwer und es fällt mir absolut nicht leicht. Wenn ich also am Abend von der Arbeit nach Hause komme, habe ich meist nicht mehr die Energie, dies zu tun." Zuallererst ließ ich ihn die Worte anpassen und er musste den Satz folgendermaßen aussprechen: „Ich will die Webseite nach der Arbeit nicht mehr programmieren." Die Macht der Worte ist schon unglaublich, denn diesen Satz wollte er nicht sagen. Also erkannte er, wie ihn seine limitierenden Glaubenssätze vom eigentlichen Erfolg abhielten. Es ging gar nicht so sehr darum, dass er sich einreden musste, genug Energie zu haben, sondern vielmehr lösungsorientiert zu denken. Nach der Wortänderung kam er plötzlich mit einer Idee komplett von selber auf: Er stünde sowieso immer knapp zwei Stunden vor seiner Arbeit in der Früh auf, da er jeden Tag ins Fitnessstudio gehen wollte. Dafür brauchte er überhaupt keine Energie, denn ins Fitnessstudio zu gehen, gab ihm Energie. Er könnte also anstatt in der Früh, am Abend nach der Arbeit gehen und so seinen größten Frosch, die Webseite, als allererstes vor der eigentlichen Arbeit erledigen. Er wüsste zwar nicht, ob es funktionieren könnte, doch einen Versuch war's wert.

Einen Monat nach dem Seminar erhielt ich eine E-Mail, wo er mir den Link zu seiner Webseite mitteilte und freudig berichtete, wie sehr ihm diese „Größter Frosch zuerst"-Strategie geholfen hatte. Nicht nur seine Webseite, sondern auch sein Training am Abend machten ihm sogar noch mehr

Spaß als zuvor. Er hatte es bisher einfach nur deshalb in der Früh gemacht, weil er, wie wir alle, gerne zuerst „spielen" und dann erst „arbeiten" wollte und dies so ganz einfach gewohnt war. So konnte er sich vor seiner Arbeit immer mit etwas Freudigem belohnen, um positiv gestimmt dort aufzutreffen. Genauso wie er solltest auch du dir überlegen, was dein größter Frosch ist und diesen dann als erstes „essen", um dann mit vollem Momentum und voller Motivation die restlichen To-Dos zu erledigen.

4. AN DAS EIGENE WARUM DENKEN:

Niemand von uns macht etwas ohne Grund, das haben wir nun unzählige Male gehört und besprochen. Diese vierte Strategie hakt genau hier ein. Ich hatte einmal einen Klienten, welcher gerade in einem Network Marketing-Business startete. Er war top motiviert, doch hatte er absolute Kontaktangst. Dies war natürlich ein Desaster in einem Business, wo es ausschließlich darum ging, Leute zu kontaktieren, um ihnen im Direktkontakt ein Produkt zu verkaufen bzw. sie als Geschäftspartner zu gewinnen. Er setzte sich also tolle Ziele, arbeitete seine Pläne genau aus und wusste genau, wie viele Leute er eigentlich an einem Tag anrufen müsste, um sein Ziel von 3.000 € im Monat schnellstens zu erreichen. Doch jedes Mal, wenn er vor seinem Handy saß und er eigentlich potentielle Kunden kontaktieren sollte, nahm die „Aufschieberitis" die Überhand.

Hier gab es keine Auslöser, welche ihn ablenkten und die man beseitigen hätte können. Alleine der Gedanke daran, einfach nur den ersten Kunden anzurufen, ließ ihn wie zu Stein erstarren. Was war also die Lösung? Der Grund dafür, warum er niemanden anrief, war ganz einfach der, dass er mehr Angst vor den potentiellen Konsequenzen hatte, wenn er einen Anruf tätigen würde, als vor den Konsequenzen, keinen zu tätigen. Noch dazu war die potentielle Belohnung von 3.000 € pro Monat zwar ein schöner Gedanke, jedoch nicht genug, um seine Angst zu überwinden. Wir haben unsere innere Waage, wo links und rechts jeweils Belohnungen und Bestrafungen unterschiedlich draufdrücken und dadurch eine Entscheidung herbeiführen, bereits bei Grundbedürfnissen und Ängsten besprochen. Damit seine Waage dahin schwenken würde, dass er danach sofort jemanden anrufen wollte, brauchte ich nun nur etwas finden, das die Waage massivst beeinflussen würde. Am einfachsten ist dies, indem man potentielle Bestrafungen beim Nichts-Tun findet bzw. kreiert. Mein Network Marketing-Kunde ließ sich jedoch keine potentielle Strafe vor dem Nichts-Tun anhängen.

Also gab es nur die andere Lösung, ein noch viel stärkeres positives WARUM als die 3.000 € zu finden. Nach einem kurzen Frage- und Antwortspielchen hatte ich etwas gefunden: seine Ex-Freundin. Diese hatte ihn vor ein paar Monaten verlassen, weil er, wie er es ausdrückte, „einfach kein Macher, sondern ein fauler Hund sei!“ Dies nutzten wir als positive Motivation, indem er sich ein Foto von ihr auf den Schreibtisch legte, sobald er Leute kontaktieren sollte. Nun war es absolut kein Problem mehr, Leute anzurufen, denn der Schmerz von dem, was sie gesagt hatte, saß immer noch tief. Er wollte ihr beweisen, dass sie ihn zu Unrecht verlassen hatte, denn natürlich konnte er es in seinem Leben zu etwas bringen. Seine Geschäfte starteten zwar langsam, doch er überwand seine Unsicherheit Schritt für Schritt und gab der „Aufschieberitis“ keine Chance. Ein paar Monate später hatte er nicht nur ein schönes Einkommen nebenbei, sondern auch seine Ex-Freundin erkannte, dass sie sich in ihm getäuscht hatte und die beiden wurden wieder ein glückliches Paar.

Viele von uns denken, dass Geld, ein toller Körper oder teure Autos das sind, was uns motiviert und uns somit „Aufschieberitis“ überwinden lässt, doch in Wirklichkeit sind es viel tiefer verwurzelte Ängste und Bedürfnisse, deretwegen wir Dinge tun bzw. nicht tun. Morgen werden wir noch viel detaillierter darüber sprechen, wie du Ängste überwinden kannst, doch ich möchte bereits heute, dass du dir genau überlegst, was du tun könntest, um dich so richtig durch dein WARUM zu motivieren. Achte hierbei wirklich auf dein Visionboard und versuche, wann immer möglich, eine potentielle Strafe für das Nicht-Tun zu kreieren. Dies motiviert uns Menschen immer deutlich stärker als eine potentielle Belohnung für das Tun, auch wenn es natürlich nicht hinderlich ist, sich hier ebenfalls genaue Vorstellungen darüber zu machen. Diese vierte Strategie sollte praktisch immer in deinem Buffet zur Behandlung der „Aufschieberitis“ inbegriffen sein, denn sie lässt sich hervorragend mit den anderen Strategien kombinieren und ist unglaublich effektiv.

5. UNPERFEKT STARTEN:

Eine Kundin, welche einen Online-Kurs kreieren wollte, arbeitete wochenlang an einem Kurs, ohne ihn dann wirklich online zu stellen. In einem 1:1-Training fragte ich sie, wann endlich das versprochene Online-Schalten käme. Darauf antwortete sie: „Julian, du verstehst nicht, ich habe extrem hohe Standards an mich selbst, genauso wie du es immer erklärst. Der Kurs ist noch nicht perfekt, deshalb möchte ich noch ein bisschen daran arbeiten, danach stelle ich ihn online. Versprochen.“ Ich erinnerte sie lediglich daran, dass perfekte Standards die schlechtesten Standards überhaupt seien. Sie wies jedoch entschieden ab und erklärte, dass dies lediglich eine schlechte Wahl an Worten gewesen sei und ja, sie wisse über die Macht der Worte Bescheid, doch es fehlten angeblich wirklich noch ein paar Dinge im Kurs. Ich war mir nicht ganz sicher und erklärte ihr, dass es wohl besser sei, dass wir heute kein Training gemeinsam hätten, sondern dieses auf den nächsten Termin verschieben würden, sobald ihr Kurs online gegangen war und wir die nächsten Schritte besprechen könnten. Sie war einverstanden und so vereinbarten wir für drei Wochen später das nächste Telefonat.

Als wir das nächste Skype-Gespräch hatten, fragte ich sie nach ihrem Kurs. Sie erklärte mir, dass sie den Kurs eigentlich schon online stellen wollte, doch dann kamen noch zwei Fehler zum Vorschein, welche sie nicht bedacht hatte und die sie nun zuerst richten wollte. Ich erinnerte sie an ihr Versprechen, doch sie erwiderte, dass der Kurs einfach noch nicht fertig sei. Wir verschoben das Gespräch noch einmal um zwei Wochen, wo sie mir dann wieder zu erklären versuchte, warum sie den Kurs noch nicht online gestellt hatte. Natürlich hätte es sein können, dass die Fehler bzw. Verbesserungen tatsächlich notwendig gewesen wären, doch ich erkannte rasch, dass es sich nur um einen Fall von „Aufschieberitis“ aufgrund von perfekten Standards handelte.

Anstatt sie zu belehren, was sie sich selber antat, fragte ich sie eine komplett andere Frage: „Vor wessen Ablehnung fürchtest du dich denn?“ Verdutzt guckte sie mich über Skype an, denn diese Frage hatte sie nicht erwartet, nachdem wir ja eher über technische Dinge gesprochen hatten. Sie erwiderte: „Vor niemanden, ich verstehe deine Frage nicht.“ „Gut, damit hast du unsere Vereinbarung gebrochen, denn du hast nun den Kursstart zweimal bereits verschoben. Entweder wir sprechen jetzt darüber oder ich berechne dir unser Training und du wirst den Kurs trotzdem nie herausgeben.“ Sie wackelte auf ihrem Stuhl ungeduldig hin und her und antworte dann zögerlich: „Na ja, weißt du, ich mag das nicht, wenn ich blöde Kommentare unter Videos oder auf Facebook bekomme. Wenn ich nun meinen Kurs herausgebe, dann schreiben sicher einige Leute, dass hier oder dort ein Fehler ist. Das mag ich nicht. Es verletzt mich.“ Zum ersten Mal war sie ehrlich mit sich selbst und das nur, weil die Angst, mich als Trainer zu verlieren, größer war als in der Komfortzone des eigenen Anliegens zu bleiben.

Also sprachen wir über ihre Ängste, übertriebene Anforderungen an sich selbst, welche sie nie erfüllen könnte und die dadurch resultierende „Aufschieberitis“. Zum Schluss zitierte ich eine Aussage von Steve Jobs, der einmal sagte: „Wahre Unternehmer liefern!“ Sofort antwortete sie: „Aber ich bin eine wahre Unternehmerin!“ Nun hatte ich sie, wo ich sie brauchte und konnte gleich mehrere der Strategien, welche du auch bereits kennst, bei ihr anwenden. Also erwiderte ich:

„Na ja, jemand, der kein Produkt draußen hat, ist mehr ein Pseudo-Unternehmer, stimmst du mir hierin nicht zu?“ Das wollte sie sich natürlich nicht gefallen lassen und plötzlich war die potentielle Strafe, etwas nicht zu tun, größer als die Angst vor dem Tun. Vor allem, weil sie verstand, dass die Angst vor dem Tun gar nicht gerechtfertigt war. Also fragte sie mich: „Wenn ich das Produkt jetzt sofort online schalte, siehst du mich dann wie eine richtige Unternehmerin?“ Ich sagte nur: „Ich glaube nicht, dass du das kannst, denn dein Produkt ist doch noch gar nicht fertig, oder?“ „Doch, das ist es, ich wollte sowieso eigentlich online schalten. Schau, ich zeig's dir!“ Rasch navigierte sie auf ihre Webseite, drückte den Knopf „Veröffentlichen“ und schickte mir den Link, wo ich mir alles ansehen konnte. Ich gratulierte ihr von ganzem Herzen, denn ich wusste, dass ihr Kurs viele Kunden ansprechen würde. Schlussendlich war es auch so und sie war glücklich, nicht auf die „Aufschieberitis“ aufgrund von vermeintlichen Standards hereingefallen zu sein.

Die Lektion der Geschichte ist eine wichtige: wir alle haben Angst vor Ablehnung, wenn wir etwas machen sollen, wo uns andere Menschen eventuell ein „Nein“ geben könnten. Wir nutzen dann gerne unsere hohen Standards an uns selbst als Ausrede. Hier hilft nur, wenn man sich wirklich zwingt, „unperfekt zu starten, anstatt perfekt zu warten“. Merke dir diesen Spruch, den wir alle sind von dieser Variante der „Aufschieberitis“ nicht gefeit.

Folgende Aussagen sind ein gutes Anzeichen:

1. XXX ist noch nicht fertig.
2. XXX muss erst noch besser werden.
3. XXX kann ich so noch nicht der Öffentlichkeit zeigen.
4. Wenn das jemand sieht, schäme ich mich doch.
5. Usw.

Natürlich können solche Aussagen hin und wieder passend sein, doch wenn dies andauernde Zustände sind, musst du es einfach tun. Was ich für mich selbst als Therapie in einem solchen Fall gelernt habe: wenn ich nicht will, muss ich ganz einfach! Es klingt komisch, doch wenn du genau diese Assoziation für dich als Anker kreierst, dann tust du dich vielleicht leichter, etwas zu machen, obwohl du aufgrund von „noch nicht fertig sein" gar nicht willst. Merke dir also: wenn du nicht willst, dann musst du!

6. DEIN UMFELD NUTZEN:

Hast du dich schon einmal fürs Fitnessstudio eingeschrieben? Falls ja und du hast es auch wirklich durchgezogen, regelmäßig zu gehen, so liegt es vielen Studien zufolge sehr nahe, dass du ziemlich sicher einen Trainingsbuddy hattest. Wenn man nämlich vor der Wahl steht, etwas zu tun oder es aufzuschieben, dann ist es leichter, wenn man nur sich selbst enttäuschen muss. Sobald jedoch eine weitere Person ins Spiel kommt, dreht sich hier die Waage von potentieller Strafe und Belohnung zugunsten des TUNS. Auch bei meinen Täglichen Audio Blogs bin ich nicht jeden Tag motiviert, diese regelmäßig herauszugeben. Ich weiß jedoch, dass es andere Menschen gibt, welche sich bereits auf diese freuen und so wird ein „Ich will nicht" viel leichter zu einem „Ich muss".

Natürlich kann uns unser Umfeld auch davon abbringen und uns eher zur „Aufschieberitis" motivieren. Dies würde dann eher unter Trigger und Auslöser fallen, welche du dann wie unter Punkt 1 besprochen erkennen und vermeiden müsstest. Wenn du jedoch ein positives Umfeld für dich findest, dann wirst du dich viel leichter tun, Dinge umzusetzen und nicht aufzuschieben. Der ganze Tag über das Thema „Du bist der Durchschnitt der fünf Menschen, mit denen du die meiste Zeit verbringst" kommt hier abermals voll zum Tragen.

Hier sind ein paar Tipps dafür, wie du diese Technik positiv für dich nutzen kannst:

- Tritt einer Mastermind-Gruppe bei!
- Sei in positiven Facebook-Gruppen!
- Tritt einer lokalen Gruppe in dem gewünschten Bereich bei!
- Hole dir einen Trainingsbuddy fürs Gym bzw. suche dir einen Accountability-Buddy, mit dem du Projekte besprichst und sie so auch umsetzen musst und nicht nur willst!
- Miete dir ein kleines Büro in einem Co-Working Space, damit du produktiver bist und dein Business wirklich voranbringst!
- Sei in einer Gruppe von netten Pärchen, wenn auch du deine Beziehung voranbringen willst!
- Usw.

Dein Umfeld kann dich hemmen, jedoch auch unterstützen. Du entscheidest.

7. ABWECHSLUNGEN EINBAUEN:

Ich habe einen Freund, der mir einmal erzählt hat, dass er plötzlich unglaublich produktiv geworden ist. Das war wirklich interessant zu hören, denn normalerweise beschwerte er sich immer, wie oft er Dinge aufschob und nichts voranbrachte. Auf meine Frage hin, was er denn geändert habe, wusste er nicht wirklich etwas Positives zu berichten, ganz im Gegenteil: seine Stelle in der Firma wurde verändert und so war er nun deutlich mehr unterwegs denn je zuvor. Dies kreierte einen enormen Stress für seine Beziehung, da er nun nicht mehr jeden Abend zu Hause war. Auch tat er sich mit dem Fitnessstudio schwer, da er eben aufgrund der vermehrten Reisetätigkeit nicht mehr jeden Tag Zugang dazu hatte. Während Beziehung und Fitness ein bisschen darunter litten, so hatte er jedoch deutlich mehr Energie. Sein Amazon-Business, welches er nebenbei betrieb, florierte und er hatte viele neue Ideen. Erst wusste keiner von uns, wie das zusammenhängen konnte.

Doch dann kam mir eine Idee: Wenn man sich wirklich strikt an die ganzen Routinen und Rituale hält, so können zwei Dinge passieren: Entweder man ist der Mark Zuckerberg-Typ, der jeden Tag das Gleiche anzieht, das Gleiche isst und das Gleiche tut. Man wird dabei mega produktiv. Oder man ist der andere Typ, den ein solch striktes Regime komplett langweilt und dem fad wird, weil Abwechslung fehlt. Auch du musst das für dich selber erkennen, denn klar sind Rituale unglaublich wichtig, doch wenn du vor lauter Langeweile unproduktiv wirst, ist es umso wichtiger, dass du Schummeltage effizient nutzt und Ablenkungen produktiv einbaust.

Bei ihm war genau dies passiert: Durch die neuen Abwechslungen im Job hatte er zwar ein bisschen mehr Stress in seiner Beziehung und mit seiner Gesundheit, jedoch brachten diese etwas Neues in den sonst so faden Alltag. Dies wiederum resultierte in der neuen Motivation, Dinge nicht mehr schleifen zu lassen. Also gab ich ihm ein paar Beziehungsstrategie-Tipps für die neue Situation und wir arbeiteten eine Trainingsroutine ohne Fitnessstudio für ihn aus. So hatte er das Beste aus beiden Welten für sich herausgeholt und konnte die neue Abwechslung super für sich umsetzen.

Wie könntest du so eine Abwechslung für dich kreieren?

- Arbeite einmal von einem ganz anderen Ort aus, wenn du das kannst/darfst.
- Mache immer wieder ein komplett anderes Workout.
- Überrasche deine/n Liebste/n mit etwas Unvorhergesehenem.
- Anstatt immer dasselbe zu lesen oder zu lernen, probiere einmal etwas komplett Neues.
- Usw.

Während also Rituale generell die Produktivität fördern, kann es natürlich unglaublich helfen, wenn du hin und wieder

Abwechslung ins Tagesgeschehen bringst. Mit ein wenig Kreativität findest du hier sicher die ein oder andere Lösung, welche dich unglaublich motiviert und „Aufschieberitis" zumindest für diese Zeit komplett beseitigt.

8. UMSETZUNGSKRAFT-ANKER NUTZEN:

Kennst du das ultimative Medikament gegen „Aufschieberitis"? Es ist unsere Umsetzungskraft. Also die Kraft, Dinge umzusetzen und sie nicht aufzuschieben. Die ganzen Strategien bisher setzen genau hier an. Der Grund, warum ich das Wort bisher noch nie verwendet habe? Weil wir heute ein Ritual bzw. einen Anker für deine Durchsetzungskraft installieren und ich hierfür das Wort noch „nicht vorbelastet haben wollte".

Anker haben wir nun schon ein paar Mal besprochen. Sie sind im Prinzip Auslöser, welche uns in einen ganz bestimmten Gemütszustand bringen. Genau das werden wir jetzt machen und zwar für das Gefühl „Maximale Umsetzungskraft".

Wie funktioniert das? Genauso wie bei den anderen Ankern:

1. Schüttle dich als aller erstes einmal komplett aus, sodass keine „Vorbelastungen" auf deinem Körper sitzen.
2. Erinnere dich nun an einen Moment, wo du dich absolut unschlagbar gefühlt hast. Wo du gewusst hast, dass du alles umsetzen konntest. Wo du so stark warst, dass, egal welches Problem kam, du es trotzdem machen konntest. Du hattest eine solche Kraft und Stärke, dass der Umsetzung nichts im Wege stehen konnte. Erinnere dich an diesen Moment. Wie hast du dagestanden? Worauf hast du dich fokussiert? Was hast du zu dir selber gesagt? Fühle diese Dinge noch einmal. Versetze dich in diese Lage

zurück und erlebe den Moment so, als wenn er jetzt passieren würde.

3. Bringe das Gefühl auf eine Intensität von neun oder zehn. Wenn du noch nicht dort bist, erinnere dich an ein zweites oder drittes Erlebnis, wo du maximale Umsetzungskraft hattest. Wie hat sich das angefühlt?
4. Greife dir in diesem absoluten, maximalen Moment mit der linken Hand um das rechte Handgelenk und drücke fest zu. Denke dabei fest an die tollen Erinnerungen und erlebe die Momente noch einmal. Drücke noch einmal fest zu und spüre deinen gesamten Körper, wie du ihn auch damals gespürt hast. Erinnere dich an die Gerüche. Die Temperatur. Die Schwingungen im Raum.
5. Lass dein rechtes Handgelenk nun los, öffne die Augen und feiere deinen „Umsetzungskraft-Anker". Du kannst diesen immer verwenden, wenn du ihn gerade brauchst, sobald dir „Aufschieberitis" droht.

WICHTIG:

- Wie bei jedem Anker wirkt auch dieser umso stärker, je öfter und intensiver du diesen Ankerprozess wiederholst. Wenn du also gerade enorm produktiv warst und etwas unglaublich stark umgesetzt hast, dann verstärke den Anker, indem du den Prozess noch einmal durchläufst.
- Nutze den Anker, wenn du dich schlapp fühlst und dich „Aufschieberitis" zu überkommen droht. Je früher du ihn einsetzt, umso einfacher. Genauso wie eine Prophylaxe solltest du so etwas bereits VOR der eigentlichen Erkrankung anwenden.
- Sobald du den Anker nutzt und deine Umsetzungskraft steigt, gehe in ein positives Momentum über und erinnere dich, den Anker zu wiederholen. Etwas, das in einem positiven Momentum ist, ist ganz schwer aufzuhalten.

Anker richtig angewendet, sind eines der machtvollsten Dinge für unseren Körper. Nutze dieses Werkzeug also auf jeden Fall, doch vergiss nicht: Eine große Kraft bringt große Verantwortung mit sich.

9. DURCH SWISH ZUM ULTIMATIVEM UMSETZUNGSVERMÖGEN GELANGEN:

Diese vorletzte Strategie zeigt dir, wie du maximales Umsetzungsvermögen lernen kannst. Du fragst dich vielleicht, was der Unterschied zwischen Umsetzungsvermögen und Umsetzungskraft ist. Um ehrlich zu sein, ist es eine reine Wortdefinition, jedoch verbinde ich mit Kraft ein bisschen mehr etwas Körperliches, weshalb auch der Anker mit der Umsetzungskraft in Verbindung gebracht wurde. Das Umsetzungsvermögen wird nun eher mit dem Mentalen in Verbindung gebracht, auch wenn ich weiß, dass dies lediglich Wortspielchen sind. Beide wirken jedoch als beste Medizin gegen „Aufschieberitis".

Um dein Umsetzungsvermögen zu stärken, verwenden wir die sogenannte Swish-Technik aus dem NLP. Dabei „vertauschen" wir die Bilder von etwas negativ Assoziiertem mit etwas Positivem. Richard Bandler, der Begründer des NLP, bezeichnete diese Technik als eine der effektivsten überhaupt. Deshalb möchte ich sie dir hier Schritt für Schritt zeigen, um dein Umsetzungsvermögen so zu stärken:

1. Denke zuerst an etwas Unangenehmes, eine Erinnerung, einen mentalen Zustand oder eine Befürchtung. Etwas, das maximale „Aufschieberitis" in dir auslöst. Zum Beispiel der schlimme Anruf, das frühe Aufstehen oder die lange Arbeit usw. Visualisiere dieses Gefühl bis ins letzte Detail; spüre jede Kleinigkeit und fokussiere dich auf das, was du daran fürchtest, was du dabei schmeckst und was du riechst. Je mehr Sinnesorgane du mit einbaust, umso intensiver die Vorstellung und umso besser

das Resultat. Versuche auf ein Level zwei oder drei herunterzukommen. Eventuell sogar eins oder zwei. Du fühlst dich also extrem schlecht.

2. Denke jetzt an etwas Angenehmes, etwas, was du jederzeit machen würdest, weil es so schön ist. Zum Beispiel eine schöne Erinnerung oder eine positive Visualisierung von tollen Hobbys, bei denen du es gar nicht erwarten kannst, sie zu machen. Du würdest für diese sogar bezahlen, weil sie so toll sind. Visualisiere diese positive Vorstellung ebenso intensiv wie die unangenehme in Schritt 1. Spüre all die tollen Gefühle, Sinne und Erinnerungen von damals. Schieße dich dabei auf ein Level acht oder neun, eventuell sogar zehn.
3. Stelle dir nun zwei Bilder vor: ein kleines, dreckiges, unauffälliges und ein großes, wunderschönes, auffälliges. „Gib" die unangenehme Erinnerung oder Vorstellung in das große Bild und die angenehme Vorstellung in das kleine. Behalte das Bild mit der angenehmen Vorstellung am Rande deines geistigen Blickfeldes, während sich das Bild mit dem unangenehmen Inhalt im Zentrum deines Sichtfeldes befindet.
4. Jetzt kommt das Entscheidende: Du „swishst" die beiden Bilder. Das bedeutet, du machst das kleine Bild groß und gut sichtbar und gleichzeitig das große Bild klein und verschwommen. Dies muss schnell geschehen. Führe dir wirklich vor Augen, wie das „Aufschieberitis"-Bild, das zuerst nah dran an dir war, jetzt plötzlich ganz klein und verblasst ist. Das Ereignis darauf kannst du kaum noch erkennen, es ist praktisch wie weg-geswisht. Gleichzeitig wird das tolle Ereignis, wo du all das Umsetzungsvermögen hast, immer größer, kräftiger und klarer. Es brennt sich richtig in dein Gedächtnis. Du siehst jedes Detail ganz genau und kannst die Farben und Einzelheiten ganz genau erkennen. Spüre dabei, wie gleichzeitig ein positives Gefühl in dir hochkommt.

5. Während du die Bilder wechselst, höre dabei einen zischenden Laut. Wenn du es dir nicht akustisch vorstellen kannst, sage selber ein "Swish!"

Wiederhole diesen Vorgang jetzt so oft, bis das Denken an die „Aufschieberitis" automatisch das angenehme Gefühl von Umsetzungsvermögen auslöst. Du kannst diese Methode wie einen Anker immer wieder wiederholen, je nachdem, wann du Umsetzungskraft und Umsetzungsvermögen gerade benötigst.

10. ERFOLGE FEIERN:

Ich hatte einmal ein 1:1-Training mit einer Dame, welche gejammert hatte, dass sie seit längerem „nicht mehr so zielstrebig" sei, dies jedoch früher ganz anders war. Damals konnte sie alles umsetzen, was sie sich in den Kopf gesetzt hatte. Erst dachte ich, sie war einfach „nicht mehr hungrig" genug, doch rasch stellte sich heraus, dass sie aufgrund eines familiären Rückschlages ein enormes „WARUM" hatte. Woher kam also die „Aufschieberitis"?

Durch Zufall erklärte sie mir, dass sie früher „nur so von Ziel zu Ziel zu Ziel gesprungen sei", sie konnte einfach alles erreichen und brauchte nie irgendwelche Pausen. Dies war ein Ansatzpunkt: Eventuell hatte sie ihrem Gehirn nie eine Belohnung für das Erreichen der Ziele gegeben. Es braucht immer ein „Weg von Strafe, hin zu Belohnung". Irgendwann hatte ihr ihr Umsetzungsvermögen den bildhaften Mittelfinger gezeigt und sie ist so in eine „Aufschieberitis" geschlittert. Die Lösung? Ich fragte sie, was sie denn für kleine Zwischenziele hätte und wie sie sich belohnen wollte, wenn sie diese erreichen würde. Erst schämte sie sich fast, sich selber für etwas belohnen zu wollen (typisch für „Ich bin nicht gut genug" oder „Ich habe es nicht verdient"), doch dann einigten wir uns auf eine Lösung: Sie hatte eine kleine Figurensammlung, wo jede Figur ein oder zwei Euro kostete. Wenn sie ein Ziel erreicht hatte, kaufte sie sich von nun an eine neue Figur. Bisher wollte sie das nur bei „großen" Zielen tun, doch dazu war es nie gekommen. Kurz nachdem sie ihre Belohnungen angepasst hatte, berichtete sie mir, wie sie bemerkte, dass ihre Umsetzungskraft wieder vollkommen zurück war. Ich gratulierte ihr, warnte sie jedoch, auch weiterhin ihre Erfolge zu feiern, damit sie nicht wieder in ein Motivationsloch hineinschlitterte.

Genau dasselbe gilt für dich auch. Manchmal musst du kleine Zwischenziele feiern und manchmal die großen Endziele – diese dann dafür noch kräftiger. Glaub mir, dein Körper holt sich seine Belohnung. Entweder durch destruktive Gewohnheiten wie ungesundes Essen oder indem er irgendwann gar nichts mehr tut. Feiere also deine Erfolge, denn du bist es wert, und du bist gut genug, und ja, du hast es dir verdient!

Hier ist dein einziges To-Do für heute – ja, nur eines – cool, oder? Also, mach dich sofort dran:

Überlege dir zwei bis drei Dinge, welche du bisher immer aufgeschoben hast, von denen du jedoch weißt, dass deine Resultate nur so explodieren würden, wenn du diese machen würdest. Wenn es ein kleines To-Do ist, dann ziehe es jetzt sofort komplett durch. Wenn es ein großes To-Do ist, dann überlege dir jetzt den ersten Schritt. Verwende die Techniken, welche wir gerade besprochen haben und setze diese Dinge JETZT sofort um. Gib der „Aufschieberitis“ keine Chance. Du hast alle Werkzeuge. Also los – JETZT!

Vergiss nicht, danach zu feiern, denn wenn du die To-Dos erledigt hast, bist du einen großen Schritt vorangekommen! Du wirst die Energie für morgen benötigen, denn da geht es um Ängste und wie man diesen für immer Lebewohl sagen kann.

Sei GRENZENLOS ERFOLGREICH©!

Dein

Dr. Julian Hosp

TAG 18: Sag der Angst für immer Lebewohl

Herzlich willkommen bei Tag 18!

Wie gestern bereits angekündigt, geht es heute um unsere Ängste und – noch viel wichtiger – darum, wie wir diese für immer loswerden können. Klingt gut, oder?

Stell dir mal vor, du hättest keine Ängste mehr. Na ja, wenn du gar keine Ängste mehr hättest, wäre das extrem gefährlich, denn schließlich haben uns unsere Ängste in der Evolution bis hierher geführt. Das haben wir bereits in den ersten Tagen ausführlich besprochen. Ebenfalls haben wir bei unseren Werten über Vermeidungen gesprochen. Diese sind teilweise auch einfach unsere Ängste, nur oft ein anderer Ausdruck dafür. Wenn wir nun an Ängste denken, welche wir gerne loswerden möchten, so sind es vor allem all jene, welche uns davon abhalten, Dinge auszuprobieren, ein bisschen größer zu denken oder nicht so schüchtern zu sein. All diese Ängste haben einen gemeinsamen Hauptangstweg, nämlich:

Angst, nicht gut genug zu sein → deshalb nicht geliebt zu werden → deshalb alleine zu sein → deshalb uns bzw. die eigene Art nicht erhalten zu können.

Natürlich sind die einzelnen Punkte bei jedem von uns unterschiedlich ausgeprägt, doch so ziemlich alle enden in diesem Hauptweg.

Hier sind ein paar mehr dieser Ausprägungen, welche mehr oder weniger stark in uns allen ganz natürlich auftreten:

- Angst vor Ablehnung → nicht gut genug zu sein

- Angst vor dem, was andere über mich denken → nicht gut genug sein
- Zwänge/Perfektionismus → nicht gut genug zu sein
- Angst, in der Öffentlichkeit zu sprechen → nicht gut genug zu sein
- Angst zu scheitern → nicht gut genug zu sein
- Angst, verlassen zu werden → Angst, alleine zu sein
- Angst, etwas zu verpassen (FOMO = Fear of missing out) → Angst, dadurch alleine zu sein
- usw.

Es gibt eine einzige natürliche Angst, die nicht hierein fällt, jedoch ebenso angeboren ist: Angst vor Höhe bzw. Angst vor dem Herunterfallen. Dies zeigt sich medizinisch bei Kindern durch den sogenannten Palmar- bzw. Moro-Reflex, welche beide evolutionsbedingt dazu geführt haben, dass wir uns instinktiv an etwas festhalten oder etwas umarmen, um eben nicht herunterzufallen.

Alle anderen Ängste sind angelernt bzw. Übertragungen unserer Bedürfnisse:

- Flugangst (Kontrollverlust)
- Angst vor Neuem (Unsicherheit)
- Angst vor dem Tod (Unsicherheit) – Fun Fact: Ist jedoch niedriger gelistet als Angst, in der Öffentlichkeit zu sprechen.
- Angst, nichts Besonderes zu sein (Besonders sein)
- Usw.

Wir werden uns heute all diesen Ängsten widmen, denn gerade weil sie ja ein gemeinsames Ende und damit einen gemeinsamen Grund haben, kann man sie alle durch eine ähnliche Strategie recht einfach therapieren.

Wir werden heute über diese fünf Unterscheidungen sprechen und lernen, wie man sie behandelt:

1. Furcht
2. Ängste ohne erkennbaren Auslöser
3. Sorgen
4. Ängste mit erkennbarem Auslöser
5. Phobien

Starten wir mit der Furcht:

Eine Furcht ist rational erklärbar, während eine Angst das nicht wirklich ist. Hier ein Beispiel: Angenommen, du fürchtest dich vor der Dunkelheit. So hat dies ganz klar einen Grund, der nachvollziehbar sein kann, wenn man daran denkt, wer oder was im Dunkeln alles lauern könnte. Wenn man jetzt über die häufigste Angst überhaupt spricht, nämlich das Sprechen vor anderen Leuten, so ist die Frage „Was soll denn hier im schlimmsten Fall passieren?" doch interessant. Die Furcht vorm Dunkeln und Ungewissen kann natürlich auch lächerlich sein, doch jeder, der schon einmal alleine im Dunkeln nach Hause gehen musste, weiß, wie schauerlich das sein kann. Was soll jedoch wirklich passieren, wenn du vor anderen auf der Bühne stehst? Sie buhen dich wieder herunter, und dann? Eben, du bist nicht körperlich verletzt und musst auch nicht um dein Leben fürchten - anders, als wenn du alleine im Dunkeln nach Hause gehst.

Warum erzähle ich dir das? Wenn ich Menschen frage, warum sie Ideen nicht umgesetzt haben oder ihre Träume nicht ausgelebt haben, so kommt immer dieselbe Antwort: „Angst vor..." und dann kann man die Punkte von ganz am Anfang einsetzen. Angst ist einer der destruktivsten Gemütszustände in unserem Leben und Menschen, welche sich lange in diesem aufhalten, werden nur sehr wenig von dem erreichen, was sie gerne wollen.

Die einzige Angst, vor der du wirklich Angst haben solltest, ist Angst selbst.

Wie jeder andere Gemütszustand auch, so ist Angst eine Entscheidung. Dies ist ein enorm wichtiger Punkt. Ich werde oft gefragt, ob ich denn vor Bühnenauftritten nach all den vielen Seminaren doch keine Angst mehr haben kann? Doch, glaub mir, vor jedem Vortrag, vor jedem Seminar, vor jeder Keynote. Ich habe immer noch Angst, dass ich:

- nicht gut genug da draußen bin,
- mich lächerlich mache,
- Menschen mich blöd finden,
- Menschen mich von der Bühne schicken,
- Menschen mich nicht mögen,
- usw.

Dies war so vom ersten Tag an und wenn wir übermorgen über maximales Selbstvertrauen sprechen, wirst du abermals erkennen, wie sich durch so etwas ein positiver oder negativer Kreislauf bilden kann.

Mutige Menschen sind NICHT mutig, weil sie KEINE Ängste haben, sondern weil sie die Angst ERKENNEN, sich bei ihr BEDANKEN und ENTSCHEIDEN, etwas trotzdem zu tun.

Hier sind die sieben Schritte im Detail:

Wenn du Herr/Frau deiner Ängste oder einer Furcht werden willst, so ist der **ERSTE SCHRITT**, diese Ängste zu erkennen. Oft geben wir es uns selbst gegenüber nicht zu, dass wir Ängste haben, sondern akzeptieren einfach, dass wir gewisse Dinge tun bzw. nicht tun. Wie beim Grenzenlos Erfolgreich Bedeutungskreislauf© muss man durch Fragen diesen Reflexkreislauf öffnen, um dann eine Angst zu hinterfragen.

Wichtig ist, dass du all diese Fragen in einem top Gemütszustand beantwortest. Erinnere dich also, bevor du beginnst, an einen Moment, wo du praktisch furchtlos warst, weil du wusstest, dass die Angst keine Chance hatte. Jeder von uns hat solche Momente. Vielleicht war es ein Moment, wo du jemand anderen beschützen musstest, du dich deinen Ängsten aus Frust gestellt hast oder du genug vom Fürchten gehabt hast. Wie war deine Körperhaltung damals? Worauf hast du dich fokussiert? Welche Wörter hast du verwendet? Erinnere dich zurück und erlebe den Moment noch einmal, während du die folgenden Fragen durchgehst:

- Was hat mich bisher davon abgehalten, meine Ziele umzusetzen?
- Warum habe ich in Momenten, wo ich eigentlich etwas TUN hätte sollen, nicht gehandelt?
- Wie hat sich diese Angst sonst noch in meinem Leben ausgeprägt?

Vielleicht kennst du deine Ängste ja bereits, doch wenn nicht bzw. falls du sie leugnest, so helfen dir diese Fragen, diese zu erkennen.

Nun bist du bereit für den **ZWEITEN SCHRITT:** Bedanke dich bei deinen Ängsten. Sie sind schlussendlich von deinem Unterbewusstsein dafür kreiert worden, dich zu beschützen. Mache ja nicht den Fehler, dass du versuchst, deine Ängste zu bekämpfen. In meinen Seminaren verdeutliche ich das immer, indem ich jemanden seinen Arm ausstrecken lasse. Ich gehe dann hin und versuche den Arm mit Druck zu bewegen. Sofort erzeugt der Proband Gegendruck und will mich davon abhalten, ihn „herumzuschubsen“. Wenn ich jedoch zu ziehen anfange, gibt der Proband sofort nach und macht mit. Druck erzeugt immer Gegendruck, deshalb muss man sein Unterbewusstsein austricksen, indem man sich zuallererst für die Ängste bedankt.

<u>Falls du dich dabei gerade schwertust, stelle dir Fragen wie:</u>

- Welchen Vorteil hat mir diese Angst im Leben bisher gebracht? (Denke daran, wir machen immer, was wir tun, damit es uns scheinbar besser geht)

- Wovor/vor wem hat mich diese Angst bisher beschützt?
- Welche psychischen Schmerzen konnte ich dadurch vermeiden?

Der **DRITTE SCHRITT** besteht darin, die Angst im Detail zu definieren und sie besser kennenzulernen. Meistens haben wir vor dem Unbekannten Angst. Sobald wir etwas genauer kennenlernen, ist es gleich nicht mehr so angsteinflößend. Vor meiner allerersten Kitereise nach Indien habe ich mich zum Beispiel extrem vor diesem Subkontinent gefürchtet und dies, obwohl ich keinen wirklichen Grund dafür gehabt hätte. Ich war mir einfach unsicher, wie die Menschen dort waren, wie die Kitebedingungen sein würden, ob ich alles schaffen könnte usw. Als ich dann dort war, habe ich das Land lieben gelernt. Kennst du das von dir selber auch?

Stelle dir die folgenden Fragen, um deine Ängste besser zu verstehen:

- Wovor habe ich genau Angst?
- Was wäre das Worst-Case-Szenario?
- Was wäre die Konsequenz von diesem Szenario?
- Was wäre daran so schlimm?
- Auf einer Skala von eins bis zehn, wo läge das?
- Wären diese Konsequenzen permanent oder nur temporär?
- Wie wahrscheinlich kann dies eintreten?

Hier geht es darum, dass du wirklich versuchst, dir deinen schlimmsten Albtraum vorzustellen. Gehe deiner Angst ruhig nach und dramatisiere ein wenig.

SCHRITT VIER ist es nun, dir eine Lösung für diesen Albtraum zu überlegen. Ich habe das vor meiner Indienreise leider nicht gemacht, war also extrem nervös und konnte erst, als ich die Realität vor Ort gesehen habe, alles so richtig genießen. Ich hätte mir damals viele schlaflose Nächte sparen können.

Überlege dir also bei deinen Ängsten die folgenden Fragen:

- Wie würdest du auf diesen schlimmsten Albtraum reagieren, während du gelassen und lösungsorientiert in einem guten Gemütszustand darüber nachdenkst?
- Welche Lösungsmöglichkeiten gibt es?
- Was könntest du aus deiner Angst lernen?
- Wie könntest du durch deine Angst besser werden?
- Welchen Vorteil könntest du aus deiner Angst ziehen?
- Wie könntest du die Lage wieder unter Kontrolle bekommen?

Was du dann wahrscheinlich relativ schnell erkennen solltest, ist, dass deine Albträume nicht nur extrem selten auftreten, sondern noch dazu weniger schlimm als zuerst angenommen sind, meist wieder verschwinden und sich dadurch auch relativ gut wieder in Ordnung bringen lassen. Stimmt's?

SCHRITT FÜNF ist die erneute Bewertung deiner Angst:

- Mit den neuen Infos – wie würde ich meine Angst und das Horrorszenario jetzt einstufen?
- Wenn du nach all den Infos ehrlich zu dir selber bist, wie sähe dieser „schlimmste Albtraum“ denn jetzt aus?
- Auf welchen Punkt von eins bis zehn kommt die Angst jetzt?
- Was müsste passieren, dass sie noch weniger wird und ich ihr eine zwei oder drei geben könnte?

Meist kommen wir dann drauf, dass unser schlimmster Albtraum eigentlich gar nicht so schlimm ist und dass die einzige Angst, vor der wir wirklich Angst haben müssten, die

Angst selber ist. Hier sind zum Beispiel ein paar Erkenntnisse, welche du in dieser Übung für dich herausfinden könntest:

- Das Schlimmste, was mir bei einem Vortrag passieren könnte, ist, dass Menschen über mich lachen. Das Ganze ist jedoch nicht permanent und auf einer Skala von eins bis zehn war es zuerst eine neun und ist jetzt nurmehr eine vier.
- Mein absoluter Albtraum, wenn ich ein Mädchen in einer Bar ansprechen möchte, wäre, dass sie und ihre Freundinnen mich auslachen. Dies lässt mich blöd dastehen und meine Kumpels denken dumm über mich. Das passiert ihnen jedoch auch, also ist das eigentlich nicht so schlimm. Zuvor war es eine zehn auf der Skala, doch jetzt nur noch eine drei.
- Wenn ich meinen Job kündige, um ein eigenes Business zu starten, dann wäre mein absoluter Albtraum, dass ich es nicht schaffe und danach kein Geld mehr habe. Wenn ich jedoch ehrlich bin, so finde ich immer wieder einen Job und komme so über die Runden. Zuvor war es eine zehn und jetzt ist es nurmehr eine sieben.

SCHRITT SECHS ist zu erkennen, wovon dich diese Ängste alles abhalten. Wir werden in ein paar Tagen genau zu diesem Punkt noch eine dezidierte Übung machen, beantworte jetzt vorerst diese Fragen:

- Wovon hat dich deine Angst bisher abgehalten?
- Was wolltest du tun, bevor du dann jedoch zurückgewichen bist, weil du dich doch nicht getraut hast?
- Wie sind andere Menschen, bei denen du diese Angst erkennst? Wovor hält sie diese Angst zurück?
- Welche negativen Konsequenzen hätte das dieses Jahr?
- Welche negativen Konsequenzen hätte das in den nächsten drei Jahren?

- Welche negativen Konsequenzen hätte das in den nächsten zehn Jahren?
- Welche negativen Konsequenzen hätte das für dein Leben?
- Was könntest du mit dieser Angst NIE erreichen?

Oft tun wir uns leichter, Dinge bei anderen zu sehen. Gerade bei Konsequenzen stelle ich also in Seminaren oder Trainings oft Fragen, was Menschen in anderen sehen können. So erkennt man es danach oft viel leichter in sich selbst.

Nun kommen wir zu **SCHRITT SIEBEN**: Zu überlegen, was wir alles erreichen könnten, wenn wir diese Angst nicht mehr haben und zu entscheiden, es JETZT zu tun! Stelle dir vor, die Angst existierte nicht. Es gäbe sie einfach nicht mehr. Eventuell stellst du dir auch einen Menschen vor, welcher diese Angst nicht hat, und überlegst dir, wie er oder sie handeln würde:

- Welches Business könntest du starten?
- Was würdest du alles ausprobieren?
- Wen würdest du alles ansprechen?
- Was würdest du sagen?
- Was würdest du produzieren/kreieren?
- Was würdest du dich trauen?
- Was könntest du so dieses Jahr erreichen?
- Was könntest du so in den nächsten drei Jahren alles erreichen?
- Was könntest du so in den nächsten zehn Jahren alles erreichen?
- Was könntest du so in deinem ganzen Leben alles erreichen?
- Wer könntest du werden?
- Was erreichen andere Menschen, welche diese Angst nicht haben?

Also, worauf wartest du noch? Erkenne, dass deine Ängste Bullshit sind, sie zwar nett sind, dass sie da sind, du jedoch nun mehr erreichen willst und sie deshalb nicht mehr brauchst!

MACHE DIESE SACHE ALSO JETZT!

Sei frei und feiere! Gratuliere, so kannst du jede deiner Ängste für immer bezwingen.

Ich wollte dir noch fünf Add-ons für diese sieben Schritte geben, und danach noch drei weitere ganz spezifische Strategien, welche du ebenfalls jederzeit anwenden kannst und auch solltest. Sieh das wie weitere Zusatzfeatures. Der/die eine braucht bzw. will sie, der/die andere wiederum nicht. Probiere sie also einfach aus:

1. Falls du **Angst vor dem Verlieren bzw. vor Rückschlägen** hast, weil du zum Beispiel ein Business starten willst, so halte dir immer Folgendes vor Augen: Erfolgreiche Menschen sind nicht deshalb dort, wo sie sind, weil sie noch nie etwas in den Sand gesetzt haben, sondern weil sie es schneller und früher als andere gemacht haben. Bei Mark Zuckerberg zum Beispiel kennt jeder nur Facebook. Die wenigsten wissen jedoch, dass dies nur eines seiner vielen Projekte war. All die anderen sind den Bach hinunter gegangen und Facebook wurde sein gewinnendes Lotterielos. Diese Menschen schaffen es auch, nach Rückschlägen positiv zu bleiben, weil sie, wie du es auch bei den Werten und Vermeidungen getan hast, Regeln aufstellen, welche sie nur gewinnen lassen können. Die Regel „Entweder das Business geht durch die Decke oder ich lerne etwas und beides ist für mich Gewinnen" kann dich immer nur als Sieger vom Platz gehen lassen. Genau so definieren diese Leute Erfolg und machen dadurch immer weiter, bis irgendwann eben nicht mehr Option B (lernen) sondern Option A übrig bleibt.

2. Bei **Angst vor Ablehnung** musst du ebenfalls genau hilfreiche Regeln dafür aufsetzen. Ich hoffe, du hast das auf deinem Grenzenlos Erfolgreich Pfad© auch gemacht und hast dir ganz klar vor Augen geführt, was Ablehnung für dich wirklich bedeutet. Gehe sonst noch einmal zu Tag 13 zurück und arbeite die Übungen dort noch einmal durch. Der wichtigste Punkt hierbei ist außerdem, dass nur du dich selber ablehnen kannst. Du entscheidest. Wenn du zum Beispiel die Regel hast, dass du dich bei einem einzigen Nein abgelehnt fühlst, wirst du dich dein ganzen Leben lang entweder verstecken oder immer abgelehnt fühlen. Erfolgreiche Menschen haben genau die gleiche Angst vor Ablehnung wie du, doch ihre Regeln, wann SIE ES FÜHLEN, sind deutlich schwerer zu erfüllen als bei jenen, welche es sich immer fühlen lassen. Wenn du dies nicht glaubst, dann frage dich, ob dies nicht ein limitierender Glaubenssatz in dir selber ist.

   Weiters ist es meistens so, dass wir uns nur von ganz bestimmten Leuten abgelehnt fühlen, nicht von jedem. Wir kümmern uns zum Beispiel oft um eine ganz bestimmte Gruppe an Menschen. Frage dich, warum das so ist und wie du das vielleicht umgehen kannst, ohne dich von dieser Gruppe abgelehnt zu fühlen.

   Eine junge Frau zum Beispiel, welche als Versicherungsverkäuferin bei mir ein Training gebucht hatte, konnte ihre Angst einfach nicht ablegen, was denn andere über sie in diesem Job denken würden. Ich hätte mit ihr auf einige der anderen Strategien eingehen und ihr eigenes Ansehen des Versicherungsverkäufers bessern können, doch stattdessen fragte ich sie: „Wessen Meinung interessiert dich denn eigentlich wirklich?" Nach einigem Herumdrucksen gab sie zu, dass es hauptsächlich „die Mädels, mit denen sie so abhing" waren. Also fragte ich sie: „Angenommen, diese wissen nicht, dass du Versicherungen verkaufst. Würde es dich denn kümmern, was deine Kunden von dir denken?" „Nein, ganz und gar nicht!", antwortete sie bestimmt. Anstatt also irgendwelche anderen Strategien anwenden zu müssen, legten wir einen Plan zurecht, wie sie Freunde und Business getrennt halten konnte, was auch hervorragend funktionierte. Mit dem steigenden Erfolg stieg auch ihr eigenes Selbstwertgefühl und nun hatte sie auch gar kein Problem mehr, es ihren Freundinnen zu sagen. Klar, wäre der andere Weg auch möglich gewesen, doch warum Dinge unnötig kompliziert und schmerzhaft machen, wenn es oft auch ganz einfach funktioniert?

3. **Aussagen wie: „Ich bin ein Perfektionist. Dies ist meine Religion. Dies sind meine hohen Standards. Dies ist meine Überzeugung usw."** sind sehr oft ganz gefährliche Aussagen, wenn sie dich davon abhalten, etwas zu tun, was du eigentlich tun willst. Wie schon gestern erwähnt, können solche Aussagen sehr valide sein, doch oft muss man dabei aufpassen und bei sich selbst ehrlich reflektieren. Religionen, Überzeugungen, Standards usw. sind sehr wichtig, doch wenn diese als „Ausrede" oder „Geschichte" dafür einspringen, warum man etwas nicht machen kann, so ist die beste Lösung, dass man das Wort „wollen" verwendet. „Ich will dies aufgrund meiner Standards nicht machen" klingt ganz anders als „Ich kann dies aufgrund meiner Standards nicht machen". Bei „ich will" hast du die Zügel in der Hand. Du entscheidest. Du bist an der Macht. Und genau so ist es auch mit deinen Ängsten. Du kannst nicht entscheiden, ob du sie hast oder nicht, doch du bestimmst, ob sie dich kontrollieren oder du sie.

4. **Gestalttherapie**: Die Gestalttherapie beruht darauf, dass wir uns oft viel leichter tun, in anderen Menschen Dinge zu erkennen, welche wir in uns selbst nie zugeben würden. Egal ob Probleme, Lösungen oder Charaktereigenschaften… Bevor wir vor der eigenen Haustüre aufkehren, motzen wir lieber über den Nachbarn. Genau das machen wir uns in dieser Methode zunutze und anstatt uns zu fragen, was denn unsere eigenen Ängste sind bzw. wovon sie uns abhalten, neutralisieren wir die Situation und fragen uns, wie denn eine andere Person mit solchen Ängsten reagieren würde. Man nimmt sich sozusagen als objektiven Zuschauer heraus und begutachtet das Geschehen. Probiere das einfach selber einmal aus, wenn du versuchst, Ängste zu analysieren, diese auf einer Skala zu bewerten und dabei zu beurteilen, wovon sie dich abhalten. Wenn du das bei einer fiktiven Person machst, fällt dir das um ein Vielfaches leichter.

Ich saß einmal in der U-Bahn in Hongkong, wo ich diese Strategie bei einem Mitreisenden anwendete. Als er mich fragte, was ich denn in Hongkong machte, und ich ihm antwortete, dass ich Unternehmer sei, kam er mit ganz vielen Geschichten und Ausreden auf, warum er das nie machen könnte. Erst war ich mir nicht sicher, ob ich ihm in dieser kurzen Zeit überhaupt helfen konnte, doch dann stellte ich ihm eine ganz simple Frage: „Wenn ich deinen Erzfeind fragen würde, was er über diese Aussage von dir denkt, was würde er mir sagen?“ Natürlich hätte er auch komplett anders reagieren können, doch ich merkte, wie er plötzlich extrem nachdenklich wurde. Mit dieser einfachen Frage hatte ich ein kleines Loch in „seine Schublade gemacht“, was dazu führte, dass er anders über seine vorgefertigten Gedanken nachdenken würde. Natürlich weiß ich nicht, was aus ihm geworden ist, doch dass eine einzige Frage einen komplett Fremden zum Nachdenken bringen kann, sollte dich dazu inspirieren, dies an dir selber auszuprobieren:

- Was würde deine Mutter/dein Vater über dich in dieser Situation sagen?
- Was würde dein Erzfeind über dich in dieser Situation sagen?
- Was würdest du über eine fiktive Person denken, die so agiert?
- Usw.

Probiere es aus. Es ist unglaublich effektiv, wenn es darum geht, Erkenntnisse zu erlangen, um diese dann gegen eigene Ängste auszuspielen.

5. **Impersonifikationen**: Diese können dir unglaublich rasch helfen, Ängste, welche du bereits erkannt hast, zu überwinden und ihnen zu trotzen. Um dies zu machen, überlege dir einfach ein Idol oder ein Vorbild, welches bereits etwas ähnliches gemacht hat, was du gerade vorhast, was du dich jedoch nicht traust. Schau dir an, wie diese Person das macht, und mache es genauso nach. Achte auf die Wörter, die Körperhaltung und die Feinheiten wie zum Beispiel den Kleidungsstil. Wenn du dich wirklich in die andere Person hineinversetzt, wirst du auch dasselbe Umsetzungsvermögen bzw. die Kraft, das zu verwirklichen, verspüren und der Angst keine Chance geben.

In einem Seminar von mir hatte ich eine Dame, welche schlimme Angst davor hatte, vor anderen Leuten zu sprechen. Ich holte sie vor alle Leute und wir gingen zuerst ihre Körperhaltung, ihre Sprache und ihren Fokus durch. Sie erkannte, welchen destruktiven Gemütszustand sie alleine bei dem Gedanken hatte, vor anderen Leuten sprechen zu müssen. Nun fragte ich sie, ob sie jemanden kenne, von dem sie denke, dass er oder sie ein unglaublich guter Sprecher wäre. Sie nickte und so bat ich sie, diese Person bis ins kleinste Teil nachzumachen. Wörter, Körperhaltung, Gesten usw. Sofort konnte sie ihrer Angst trotzen und ein kleines Gedicht aufsagen. Die Zuschauer jubelten begeistert, was einen positiven Erfolgskreislauf in Gang setzte. Sie hatte nun mehr Vertrauen in die Werkzeuge, die ihr helfen, ihre Angst zu überwinden, und somit eine viel höhere Erfolgsaussicht, sich auch in Zukunft zu trauen, Vorträge oder Präsentationen zu halten.

Nach diesen fünf allgemeinen Techniken möchte ich dir nun noch drei ganz spezifische Strategien in ganz bestimmten Situationen geben. Nutze diese entweder für sich alleine oder noch besser in Kombination mit den Hauptstrategien.

Die **ERSTE METHODE** „therapiert" die negativen inneren Stimmen – oder auch Sorgen genannt –, welche dich an gefährliche, jedoch selten eintreffende Dinge erinnern wollen, um dich vorsichtiger zu machen. Vielleicht kennst du diese inneren Stimmen? Sie sind dein Unterbewusstsein, was dich beschützen will. Diese Stimmen können rein auditorisch auftreten, sie können dir schlimme Bilder zeichnen oder sie können dich sogar Dinge fühlen lassen. Bei vielen Menschen treten sie vor allem in der Nacht auf, wenn du alleine und einsam bist, oder wenn du gerade nichts zu tun hast. Es sind all jene Zeitpunkte, wo dein Gehirn zu rattern beginnt und du dir all die Horrorszenarien und Albträume vorstellst, welche du eigentlich immer verhindern willst. Diese Gedanken können sich auch in Ängsten in Bezug auf deine Gesundheit, deine Mitmenschen, deine Zukunft und viele andere Dinge ausprägen. Wir nennen das oft „sich Sorgen machen". Meist sind es Situationen, wo dich diese Sorgen gar nicht davon abhalten wollen, etwas zu tun. Wenn du zum Beispiel in der Nacht im Bett liegst und einfach so vor dich hin döst, so hast du ja nicht vor, jetzt eine Rede zu halten. Warum also all die Negativität? Noch viel wichtiger, wie kannst du diese Stimmen in diesem Moment stoppen?

Wenn wir ehrlich zu uns selbst sind, so wissen wir ganz genau, dass diese Sorgen in den allerwenigsten Fällen auch wirklich zur Realität werden. Doch helfen tut uns das nicht, denn sie sind trotzdem da und machen uns „Sorgen“. Sie treten komplett unspezifisch auf und der Tipp: „Erkenne die Angst und mach es trotzdem!“ hilft in diesem Fall nun mal nichts, denn man will ja gar nichts machen. Man will eigentlich nur, dass diese Sorgen weggehen.

Wie bekommt man sie also weg?

1. Wenn du den Auslöser kennst, wo diese vor allem auftreten, dann verhindere den Auslöser so gut es geht.

2. Falls das nicht möglich ist, weil du ja zum Beispiel schlafen gehen musst, dann bedanke dich zuallererst gleich wie bei einer Angst dafür, dass dich diese Sorgen bzw. inneren Stimmen einfach nur beschützen wollen. Sag wirklich DANKE, denn sie meinen es nur gut mit dir. Sage ihnen jetzt jedoch, dass du sie nicht mehr brauchst und sie jetzt ruhig weggehen können.

3. Du kannst jetzt leider nicht hergehen und wie bei deinen Ängsten einen spezifischen Denkprozess starten, der dir die Sorgen nimmt, denn oft sind diese so unspezifisch und vielfältig, dass du da nicht fertig wirst. Tritt jedoch immer eine ähnliche Sorge auf, so gehe die sieben Schritte wie zuvor bei den Ängsten durch. Zum Beispiel bei Gesundheitssorgen, Mitmenschen etc.

4. Meist kommst du dann drauf, dass die Wahrscheinlichkeit, dass eine Sorge auch tatsächlich zur Wirklichkeit wird, absolut nicht relevant ist.

5. Das hilft jedoch nur in den seltensten Fällen etwas und so brauchst du jetzt eine Reflexunterbrechung. Diese haben wir schon mehrmals besprochen und auch hier ist sie extrem effektiv. Hier zur Erinnerung die drei Punkte der Reflexunterbrechung:

   i. Fokus
   ii. Wörter
   iii. Körper

   Das reimt sich und ist deshalb leicht zu merken. ;-)

6. Den Fokus haben wir bereits durch Fragenstellen angepackt. Das alleine hilft jedoch noch nicht, also muss mehr her. Wörter: Am einfachsten sind Sex, Witze oder andere lustige Dinge. Normalerweise auch grausige oder schockierende Dinge, doch genau das wollen wir ja in diesem Moment nicht. Schaue dir also sexy Dinge (ja, von mir aus auch einen Porno, wenn das hilft) in diesem Moment an, oder YouTube-Videos, welche unglaublich lustig sind. Super sind auch total süße Katzen- und Hunde Videos. Alles, was erstens deinen Fokus wegholt plus dich in eine ganz andere Sprachkategorie mit deinen Worten bringt. Falls du keinen Zugang zu Videos hast, erzähle dir selber einen Witz. Das ist komisch, doch genau deshalb wirkt es.

7. Nun kommt Schritt 7, welcher der machtvollste ist: Körperliche Reflexunterbrechung. Am einfachsten funktioniert das durch Temperaturveränderung zum Beispiel mit einer kalten Dusche, mit Zähneputzen oder durch Mentholwassergurgeln. In die Sauna zu gehen ist auch extrem effektiv und natürlich jede Art von körperlicher Betätigung, egal ob Ausdauersport, Fitnessstudio oder einfach ein paar Sit-ups, Liegestütz oder Kniebeugen. Atemübungen wirken auch und wenn du bereits gut im Meditieren

bist, kannst du das ebenfalls nutzen. Falls du noch Meditations Anfänger bist, würde ich dir das in einem solchen Zustand nicht empfehlen, da du es fast nicht schaffst, deine negativen Gedanken in diesem Moment abzuschalten.

Es ist essentiell zu verstehen, dass genauso wie Ängste zu haben, es auch bei Sorgen absolut normal ist, dass diese da sind. Man muss sich also bedanken, sie verabschieden und danach die Reflexunterbrechung per Fokus, Wörter und Körper einleiten. So kontrollieren einen die Sorgen nicht, sondern man kontrolliert sie.

Die **ZWEITE SPEZIFISCHE METHODE** ist vor allem bei Ängsten effektiv, welche sich auf einen GENAUEN AUSLÖSER beziehen lassen. Wenn du also zum Beispiel in der Schule einmal richtig schlimm ausgelacht worden bist, als du aufgestanden bist und etwas gesagt hast, so ist es wahrscheinlich, dass dich dies bis heute negativ prägt. Ebenso passiert es gerade oft bei Verkäufern, welche in eine „Verkäuferstarre“ fallen, dass diese oft durch ein negatives Ereignis bei einem vorherigen Kunden verursacht wurde. Erstens hilft es hier, die EVT© Methode der Bedeutungsänderung anzuwenden. Wenn sich dieses Ereignis jedoch hartnäckig hält, kann man es „ausradieren“. Dies ist eine NLP-Technik, welche nicht all zu oft verwendet wird, die ich jedoch bei solchen Fällen als extrem effektiv empfinde. Falls du auch ein ganz bestimmtes Ereignis einer Angst von dir zuordnen kannst, so solltest du diese Ausradier-Übung mitmachen:

1. Starte, indem du dich an das schlimme Ereignis aus deiner Vergangenheit erinnerst. Stelle es dir vor, als wenn es auf einem riesigen Bildschirm vor dir ablaufen würde und du dabei zugucken könntest. Sieh aus der Perspektive der dritten Person, wie das Ganze abgelaufen ist. Spüre die negative Szene mit maximaler Intensität.

2. Nachdem du das Ganze wie einen Film gesehen und dabei gelitten hast, spiele den Film jetzt rückwärts ab. Erkenne, wie lustig das alles plötzlich aussieht, wenn sich die Menschen und Dinge rückwärts bewegen. Lächle dabei, denn das Ereignis ist nun wirklich komisch. Du fühlst dich immer besser und dein assoziiertes Gefühl wechselt nun in Spaß über.

3. Spiele das Ganze immer und immer wieder rückwärts ab. Habe dabei immer mehr und mehr Spaß. Erhöhe jetzt die Geschwindigkeit auf das Doppelte oder Dreifache. Höre dabei die Musik aus den Cartoons, wenn sich etwas besonders schnell bewegt. Je schneller du das Ereignis nun rückwärts laufen lässt, umso komischer sieht es aus und umso mehr musst du lachen. Dinge schweben vom Boden hoch, Menschen stolpern praktisch beim Gehen und es ergibt nichts mehr wirklich einen Sinn.

4. Lache herzhaft, denn es ist richtig lustig, nicht wahr? Während du den Film rückwärts laufen lässt, bleibe bei jener Szene plötzlich stehen, wo du der Situation zuvor eine negative Bedeutung gegeben hast. Stelle dir vor, wie die Szene an Farbe verliert und immer blasser wird. Die Szene auf der Leinwand verschwimmt förmlich in ein komplettes Weiß. Gleichzeitig sind ganz lustige Töne wie bei Mickey Mouse zu hören, wenn etwas verschwindet, und du musst laut kichern oder sogar herzhaft lachen, denn das Ganze hört sich einfach unglaublich lustig an.

5. Das Bild und der Ton verschwinden nun komplett und du zoomst in die Vogelperspektive über den Film hinaus. Du siehst dort dein Leben wie einen Film und du erkennst auch die Szene, welche du gerade angesehen hast. Du verstehst nun, warum alles blass geworden und verschwommen ist: Ein großer Radierer hat sich wie von Geisterhand gehoben,

an deinen Film herangemacht und begonnen, die Szene auszuradieren. So wird alles immer blasser und unkenntlicher.

6. Nun kommen zwei große Scheren und schneiden das Filmband genau davor und danach ab. Die Szene ist sowieso nicht mehr zu gebrauchen. Der Ton ist kaputt, das Bild ist verblasst und wenn du an das Rückwärtsabspielen denkst, musst du schon wieder lachen. Ein großes Klebeband heftet die beiden neuen Enden nun zusammen und das herausgeschnittene Stück mit der kaputten Szene wird vom Wind nach hinten weggeblasen und du siehst es nur noch davonfliegen. Du lächelst noch einmal, weil es so lustig war, wie es sich zum Schluss angefühlt hat, bevor du dich dann für immer von der Szene verabschiedest.

7. Spüre die Energie und Kraft, welche nun ohne diese Szene, auch wenn sie unglaublich lustig war, in dir fließen. Genieße diesen Moment und reiße die Arme in die Höhe und feiere deinen grenzenlosen Erfolg!

Nutze diese Ausradiertechnik gerne bei allen Momenten, wo du unangenehme Erinnerungen hast, die du „ausradieren" möchtest. Manchmal musst du zwei- oder dreimal radieren, doch du wirst sehen, dass diese Technik unglaublich machtvoll ist. Jedes Mal, wenn du danach an den Moment zu denken versuchst, wird entweder gar keine Erinnerung hervorkommen oder du wirst dich nur an die lustigen Rückwärtsbewegungen erinnern können.

Die **DRITTE SPEZIFISCHE METHODE** behandelt den fünften Punkt, welchen wir ganz am Anfang angesprochen habe: Phobien – Ängste vor ganz spezifischen Dingen. Sie werden meistens durch ein Erlebnis bzw. eine Erfahrung binnen eines Moments aufgebaut, egal ob Phobien vor Schlangen, Spinnen oder Schmutz. Doch genauso schnell wie sie gekommen sind, kann man sie auch wieder loswerden. Mit dieser folgenden Methode klappt das wie im Nu. Eventuell kann es dir im Vorhinein auch helfen, wenn du die Ausradiertechnik zuerst anwendest. Diese kann in einigen Fällen die Phobie bereits lösen bzw. leichtern. Falls nicht, führe die folgenden Schritte der Phobie-Therapie durch und freue dich schon darauf, in ein paar Minuten frei von deinen schlimmsten Phobien zu sein!

1. Setze dich entspannt hin und schüttle deinen Körper wie bei all diesen Übungen am Anfang kurz aus. Erinnere dich nun an deinen „Volle Energie“-Anker. Ich will NICHT, dass du ihn auslöst, doch erinnere dich kurz, wie er geht und wie gut du dich danach immer fühlst. Sehr schön!

2. Denke nun an deine Phobie und an das letzte Mal, als diese aufgetreten ist:

    i. Wo war es genau?
    ii. Was war es genau?
    iii. Wie war die Temperatur?
    iv. Worauf hast du dich konzentriert?
    v. Wie hat sich dein Körper angefühlt?
    vi. Hast du gezittert?

    Versuche, genau dasselbe Gefühl in dir noch einmal zu kreieren und den Moment noch einmal zu durchleben.

3. Sobald du nun merkst, dass du dich genau daran erinnern und dieselben Dinge noch einmal fühlen kannst, springe sofort auf und schüttle dich ganz kräftig aus!

4. Frage: Was ist die Wurzel aus 16? Korrekt, 4.

5. Kannst du dich noch an das allererste Mal erinnern, wo du eine solche phobische Reaktion gehabt hast? Falls nein, wann bzw. wo war das erste Mal, an das du dich erinnern kannst? Denke nun an dieses erste Mal und spiele die Szenen durch:

    i. Wo war es genau?
    ii. Was war es genau?
    iii. Wie war die Temperatur?
    iv. Worauf hast du dich konzentriert?
    v. Wie hat sich dein Körper angefühlt?
    vi. Hast du gezittert?

6. Sobald du nun merkst, dass du dich genau daran erinnern und dieselben Dinge noch einmal fühlen kannst, springe sofort auf und schüttle dich wieder kräftig aus!

7. Frage: Nenne zwei andere Wörter bzw. Synonyme für „gehen"! Super.

8. Stelle dir nun vor, du sitzt in einem Kino. Auf der Leinwand siehst du genau das Bild von jenem Moment, als es zu deiner allerersten phobischen Reaktion gekommen ist. Das Bild auf der Leinwand ist schwarz-weiß. Stelle es dir ganz klar vor.

9. Das Bild ist pausiert und du kopierst dich jetzt im Kino zu einer zweiten Version. Während ein Du von dir sitzen bleibt, schwebt dein anderes Du in den kleinen Raum ganz nach hinten im Kinosaal, wo der Diaprojektor steht. Du schwebst dort hinein und sitzt nun dort drin in der Regie. Von dort oben blickst du nach unten und siehst dein zweites Du dort noch immer im Kino sitzen. Gleichzeitig steht auch das schwarz-weiße Bild auf der Kinoleinwand.

10. Da du in der Regie sitzt, drückst du nun „Start“ und das schwarz-weiße Bild auf der Leinwand zeigt den Ablauf einer ersten phobischen Reaktion. Anstatt auf das Bild am Bildschirm zu schauen, schaust du jedoch nur auf dein zweites Du und betrachtest, wie es gerade ebenfalls das Bild selber anschaut. Welche Reaktionen kannst du in dir selber erkennen? Achte ganz genau auf jede Reaktion.

11. Springe kurz auf und schüttle dich noch einmal aus!

12. Frage: „Warum sollten zwei Arschbacken nie heiraten? - Weil sie bei jedem Scheiß auseinander gehen!“

13. Gut. Nun lässt du den Schwarz-Weiß-Film noch einmal ablaufen und dieses Mal schaust du wirklich auf das Bild. Durch einen blöden Zufall kommst du an die vielen Knöpfe im Regieraum und verstellst die Geschwindigkeit, den Ton und die Bildschärfe. Du versuchst, es zu korrigieren: Geschwindigkeit und Ton rauf, dann wieder runter. Das Ganze klingt unglaublich komisch, doch du versuchst krampfhaft, das Schwarz-Weiß-Bild anzupassen. Du schaffst es einfach nicht. Du bemerkst nun auch, wie dein anderes Ich im Kino komplett verwirrt ist. Der Film ist zu schnell, zu unscharf, der Ton passt nicht und man kann nichts mehr erkennen. Stelle dir vor, wie du trotzdem versuchst, den Film noch zu erkennen, ihn anzupassen, doch wie du schlussendlich aufgibst, es zu richten.

14. Du schaust den kompletten Film viel zu schnell vorwärts und rückwärts, total undeutlich und mit komischen Tönen an. Du musst herzhaft lachen, denn du wolltest den Film so gerne schauen, doch nun ist alles verstellt und ergibt überhaupt keinen Sinn mehr. Auch dein zweites Du im Kinoraum unten lacht vor lauter Verwirrung.

15. Du fliegst nun langsam zurück aus der Regiekammer runter zu deinem anderen Du. Ihr lacht gemeinsam über das, was du versehentlich angestellt hast und darüber, wie dumm und lustig der Film auf dem Bildschirm nun aussieht. Je mehr ihr darüber sprecht, umso lustiger wird es und ihr könnt euch vor lauter Lachen gar nicht mehr halten. In diesem tollen Gemütszustand, während ihr den Film versucht anzuschauen, integriert ihr euch beide wieder zu einer Person. Du bist unglaublich glücklich, gut drauf und freust dich richtig. Spüre den Spaß, den du gerade bei all den Blödeleien gehabt hast.

16. Wenn sich dein Gemütszustand gerade auf sieben von zehn Punkten oder höher befindet, zünde deinen „Volle Energie"-Anker, weil es gerade so gut läuft. Falls du noch nicht auf sieben bist, lache noch einmal so richtig herzhaft über die absolut komische Situation. Nach dem Anker solltest du dich sogar noch ein Stück besser fühlen.

17. Du sitzt nun vor dem Film, der absolut keinen Sinn mehr macht, sondern einfach nur noch lustig ist. Dein „jüngeres Ich", welches ja in dem Film mitspielt, hat nun keinen Bock mehr darauf, so dumm vor- und zurückzulaufen und steigt aus dem Film heraus, kommt von der Leinwand zu dir herunter und setzt sich neben dich hin.

18. Nun erzählst du ihm/ihr, was passiert ist und ihr lacht gemeinsam über die lustige Aktion. Du versicherst deinem jüngeren Ich, dass alles gut ist, so wie es ist, und dass es ein tolles Leben vor sich haben wird.

19. Während ihr beide so dasitzt und lacht, verschmelzt ihr zu einer einzigen Person, welche in einem absoluten top Gemütszustand ist und sich auf Wolke sieben befindet.

20. Dein Unterbewusstsein hat gerade die Phobie selbst behandelt. Öffne nun die Augen und genieße es, dass du deine Phobie für immer heilen hast können. Reiße die Arme in die Luft und feiere deinen grenzenlosen Erfolg!

Du hast nun all das Wissen und die Werkzeuge, um Furcht, bewusste und unbewusste Ängste, Sorgen und Phobien für immer zu heilen. Nutze diese wann immer und so oft du willst.

Falls du die Übungen nicht live mitgemacht hast, hier sind die To-Dos für heute:

1. Überlege dir deine ein bis zwei schlimmsten Ängste.
2. Gehe die sieben Schritte von oben durch, um diese Ängste für immer zu besiegen.
3. Wende die zusätzlichen fünf Tipps bzw. die drei Sonderstrategien an, falls du sie benötigst, um JETZT von diesen Ängsten frei zu sein.

Morgen besprechen wir, wie du nun, ohne Ängste, jedes deiner Probleme viel leichter bewältigen kannst.

Sei GRENZENLOS ERFOLGREICH©!

Dein

Dr. Julian Hosp

TAG 19: Probleme mit Leichtigkeit meistern

Herzlich willkommen bei Tag 19!

Gestern haben wir über deine Ängste gesprochen und nachdem du diese bewältigt haben solltest, nutzen wir diese Energie und lösen heute ein paar deiner Probleme, welche du schon immer lösen wolltest.

<u>Was sind denn eigentlich Probleme für dich?</u>

A. Schwierigkeiten, über die du jammern darfst?
B. Lästigkeiten, die da sind und stören?
C. Herausforderungen, welche es zu lösen gilt?

Über die Macht der Wörter haben wir schon oft genug gesprochen und so ist es dasselbe bei Problemen. Siehst du sie als Schwierigkeiten, Lästigkeiten oder als tolle Herausforderungen, so wirst du auch danach handeln. Du entscheidest selbst. Denkst du vielleicht, dass nicht alles Herausforderungen sind, sondern es schon Dinge gibt, welche Schuld sind, warum du da bist, wo du bist, weil man sie nicht ändern konnte? Bevor wir über das eigentliche Lösen von Problemen oder besser Herausforderungen sprechen, lass uns über die anderen Dinge wie „Jammern über Probleme“ oder „Geschichten beschuldigen“ sprechen. Du wirst gleich merken, wie nahe dies an Problemen dran ist, doch der kleine, feine Unterschied dann dazu führt, ob du sie lösen kannst bzw. überhaupt lösen willst.

Wenn man Menschen fragt, welche hauptsächlich unzufrieden im Leben sind, warum sie denn so unzufrieden sind, so kommt eine Antwort, welche ungefähr so lautet:

„Mir ist XXX passiert und deshalb bin ich da, wo ich bin." Was diese Menschen im Prinzip erklären wollen, ist einer der beiden Punkte:

A. Ich bin zufrieden, wenn meine Resultate dem entsprechen, was ich mir am Anfang vorgestellt habe.
B. Ich bin unzufrieden, wenn meine Resultate nicht dem entsprechen, was ich mir am Anfang vorgestellt habe.

So weit, so gut, denn beide Situationen sind akzeptabel und passieren uns allen jeden Tag, oder? Wie löst du nun zum Beispiel Option B? Ganz einfach, du arbeitest an deinen Resultaten, oder? Genau deshalb hast du dir ja dieses Programm gekauft und genau deshalb gibt es den heutigen Tag. Doch wenn das nicht möglich ist, weil du dir zum Beispiel immer eine Beziehung mit Kindern vorgestellt hast, du oder deine weibliche Partnerin jetzt jedoch zu alt (b)ist für eigene Kinder, was machst du dann?

1. Es gibt nur eine einzige smarte Lösung: Du musst deine Vorstellungen anpassen und akzeptieren, dass du nun mal zum Beispiel keine leiblichen Kinder haben kannst, sondern entweder Kinder adoptieren musst oder gar keine Kinder haben kannst. Dies ist natürlich die Option, welche du erst dann wählen solltest, wenn du wirklich nicht an den Resultaten arbeiten kannst. ACHTUNG: Bevor du deine Erwartungen heruntersetzt, solltest du dir wirklich sicher sein, dass es keine andere Möglichkeit gibt!

2. Die andere Option ist nämlich der große Fehler: Menschen wollen ihre Erwartungen nicht verändern. Sie sind nun einmal auf dieser Welt und habe XYZ verdient. Aus, basta! Kennst du solche trotzigen Aussagen oder Gedanken? Was dadurch passiert, ist, dass diese Menschen Folgendes sind:

Unzufrieden und nicht dazu imstande, es zu ändern. Dies sind die beiden Zutaten, um zu leiden!

In dem Moment, wo du nicht mehr dich selber kontrollieren lässt, ob du Herr/in über deine Emotionen bist, weil du nichts an deinen Resultaten oder Erwartungen ändern willst, machst du Platz für die destruktive Emotion „Leiden“. Leiden bringt uns genauso wie Angst in einen vollkommen destruktiven Gemütszustand, in welchem wir absolut nicht mehr lösungsorientiert arbeiten können und sogar noch weiter darin versinken.

Sobald wir leiden, beginnen wir mit der nächsten destruktiven Tätigkeit:

JAMMERN

Warum jammern wir? Ganz einfach aus demselben Grund, aus dem wir alles machen: Damit es uns scheinbar besser geht. Dadurch, dass wir jammern, erzeugen wir Drama – und Drama liebt Gesellschaft. Plötzlich sind wir also nicht mehr alleine, sondern wir haben andere Leute um uns herum, welche uns Mitleid schenken und mit denen wir uns so gemeinsam ganz unten am Boden darin suhlen. Dies ist genau der Unterschied von Mitgefühl oder Mitleid, welchen ich am ersten Tag in der Geschichte über die Universen bereits angesprochen habe.

Kennst du die Menschen, welche, wann auch immer du sie fragst, wie es ihnen geht, dir irgendein Gejammer erzählen?

„Das Leben ist so hart. Keiner liebt mich. Es tut immer alles weh. Warum kommst du mich nie besuchen? Usw.“

Warum tun sie das? Zwei Gründe: Erstens, weil sie so Zuneigung (ein Grundbedürfnis) von dir erwarten (und dies meistens auch bekommen), und zweitens, weil sie glauben, dir etwas Gutes dabei zu tun (nächstes

Grundbedürfnis), da Drama ja Gesellschaft liebt. Weiters sind die Reaktionen der betroffenen Menschen absolut vorhersehbar (weiteres Grundbedürfnis), denn sie zeigen sofort Mitleid (Grundbedürfnis) und schon sind wir wieder im Kreislauf von zuvor.

Oder kennst du Menschen, welche Probleme wahrlich anziehen? Ich hatte einmal eine Bekannte in Hongkong, welche, wann immer sie irgendwo war, Probleme nicht nur anzog, sondern wie aus dem Nichts erschuf. Wenn sie gemeinsam mit mir unterwegs war, war garantiert die Tischreservierung im Restaurant nicht korrekt oder beim Einkauf im Supermarkt gab es jedes Mal ein riesiges Tamtam beim Bezahlen. Warum tat sie das? Weil sie bös und gemein war? Natürlich nicht, sondern weil es ihr dabei scheinbar besser ging. So hatte sie immer jede Menge Aufmerksamkeit – und Drama liebt eben Gesellschaft. Noch dazu ist bei Problemen immer etwas los und es geschieht immer etwas anderes. Schon waren all ihre Grundbedürfnisse befriedigt.

In beiden Beispielen wurden ihre Grundbedürfnisse jedoch leider eben nicht auf eine konstruktive Art und Weise befriedigt. Das Problem ist, dass wir aus einem solchen Kreislauf nurmehr schwer herauskommen. Wir müssten nämlich hergehen und die Verantwortung, etwas zu verbessern, selber übernehmen, dadurch nicht mehr leiden, dadurch nicht mehr jammern, dadurch kein Mitleid mehr haben wollen, sondern alleine versuchen, ein Problem zu lösen.

Genau deshalb hast du nur zwei Möglichkeiten, wenn du dich nicht ebenfalls in einem solchen Kreislauf verfangen möchtest:

A. Du zeigst KEIN Mitleid, sondern Mitgefühl, sprichst die Menschen auf die Situation an und versuchst ihnen zum Verstehen zu geben, dass dies für ihr Verhalten destruktiv und nicht förderlich ist.

B. Sollte Option A nicht wirken, meide diese Menschen so gut es geht. Ich weiß, oft sind es unsere nahestehenden Familienmitglieder oder langjährige Freunde, doch wenn diese Personen dir den letzten Nerv rauben und die Energie wahrlich aus dem Raum saugen, solltest du immer an das Folgende denken: „Du kannst niemand anderem helfen, wenn du dir selber nicht zuerst die Sauerstoffmaske aufsetzt."

Falls du dich gerade angesprochen fühlst, so weiß ich ziemlich sicher, was du dir jetzt denkst: „Julian, es ist gut und nett, dass du glaubst, dass ich nur zum Spaß leide, doch ich mache das ja nicht absichtlich. Weißt du, mir ist nämlich XYZ passiert und genau deshalb bin ich jetzt da, wo ich bin: in dieser misslichen Lage."

Ja, ich verstehe absolut, was du zu sagen versuchst, doch akzeptiere ich deine Schuldverschiebung auf eine Geschichte aus deiner Vergangenheit überhaupt nicht. Lass uns deshalb gemeinsam diese Übung durchgehen, welche wir im Detail am Tag über die Bedeutungskreation erarbeitet haben:

1. Gibt es etwas in deinem Leben, was schlimm für dich war und das dich heute negativ beeinflusst bzw. das verursacht hat, dass du heute deshalb da bist, wo du bist und nicht weiter und du darunter schwer leidest?
2. Wem/Was gibst du für dein Leid genau die Schuld?
3. Was genau wirfst du ihm/ihr vor?
4. Wie hat dich das bis heute so negativ beeinflusst? Warum bist du deshalb erst da, wo du bist? Warum leidest du darunter?
5. Welche Emotionen verbindest du deshalb mit diesem Ereignis?
6. Diese Geschichte befriedigt wie alles Grundbedürfnisse in dir. Welche könnten das sein? (Kontrolle, Abwechslung, Liebe, Besonders sein…)

7. Könnte diese Geschichte auch einen anderen Einfluss auf dich haben?

Wir können meist nicht beeinflussen, was uns passiert, doch können wir zu 100% kontrollieren, ob wir das Beste daraus machen. Wir versuchen nun, das Leiden zu stoppen, indem wir aufhören, an diese Geschichte zu glauben, um damit in einen positiven Gemütszustand zu gelangen. Dies wird oft nicht so einfach sein, doch denke immer daran: Wenn du extrem verwirrt bist, lernst du gleich etwas Neues. Wenn du unglaublich frustriert bist, hast du gleich einen Durchbruch.

Frage dich nun die folgenden Dinge:

1. Warum bist du so davon überzeugt, dass diese Geschichte so abgelaufen ist? Könnte sie nicht etwas anderes bedeuten? Hast du wirklich alle Informationen?
2. Erzähle die Geschichte aus einer anderen Perspektive, z.B. der eines/r Beteiligten.
3. Was würde er/sie darüber erzählen? Wie sieht er/sie deine Punkte?
4. Erzähle nun die Geschichte noch einmal aus deiner Sicht, doch dieses mal höre dich wie ein verwöhnter Fratz an, der einfach nur jammert und die Schuld auf andere schiebt. Haue mit der Faust auf den Tisch, heule, schrei und benimm dich furchtbar!
5. Was sagst du nun zu deiner alten Geschichte? Wie siehst du sie jetzt?
6. Gibst du ihr immer noch die Schuld oder ziehst du vielmehr Energie daraus?
7. Was kannst du aus dieser Geschichte lernen und was Positives für dich mitnehmen?

Wie geht es dir nach diesen zweimal sieben Fragen? Konntest du deine Meinung zu deiner Geschichte ändern und somit das Jammern und Leiden abstellen? Bist du bereit,

Probleme nicht einfach so hinzunehmen, sondern eher als Herausforderungen anzusehen, um sie zu meistern? Super!

Falls du zwar schon erkannt hast, dass dich deine eigene Geschichte eher hemmt als unterstützt, du dich jedoch noch schwertust, mit dem Leiden aufzuhören, dann probiere die folgende 7-Schritte-Technik:

1. Schüttle deinen Körper einmal komplett durch. Wie bereits in der Übung zuvor: erinnere dich an den Moment, welchen du als Grund siehst oder welchem du die Schuld für das gibst, wo du jetzt bist bzw. warum du leiden musst. Fühle noch einmal ganz fest in den Moment hinein und erinnere dich genau, wie es passiert ist. Spüre die ganze Schuld und den ganzen Frust, welche durch diesen Moment in dir hochsteigen. Wenn du wirklich bei neun oder zehn Punkten auf der Skala bist, drücke mit dem rechten Zeigefinger hinten im Genick fest auf deinen Halswirbel unter deinem Scheitel. Denke dabei noch einmal fest an diese ärgerliche Geschichte, welche dich so frustriert und zum Leiden bringt.

2. Beantworte mir nun, was 1+1x1-1 ist. 1, sehr gut. Drücke nach der Antwort noch einmal auf dieselbe Stelle von zuvor an der Halswirbelsäule. Wie fühlst du dich dabei? Erinnerst du dich automatisch an die ärgerliche Geschichte? Super. Falls nicht, wiederhole noch einmal Schritt 1.

3. Schüttle deinen Körper noch einmal komplett aus. Erinnere dich jetzt an einen Moment, wo alles unglaublich gut gelaufen ist. Einen Moment, wo du zum Beispiel einfach so Glück gehabt oder einen tollen Menschen kennengelernt oder etwas Tolles erreicht hast. Welcher Moment ist es? Erinnere dich ganz fest daran. Bringe das positive Gefühl auf der Skala auf neun oder zehn. Während du dich

komplett in die Erinnerung versetzt, drücke mit dem linken Zeigefinger fest auf das Brustbein genau auf Höhe deines Herzen. Denke weiter ganz fest an die wunderschöne Erinnerung. Lass nun dein Brustbein los und gehe zum nächsten Schritt.

4. Patient: "Doktor, wie lange habe ich noch zu leben?"
   Doktor: "Zehn."
   Patient: "Wie zehn? Zehn Monate, Wochen, Tage?"
   Doktor: "Neun..."

   :-D Während du noch über den Witz lachst, drücke noch einmal fest mit deinem linken Zeigefinger auf dieselbe Stelle auf deinem Brustbein wie zuvor. Fühlst du dasselbe positive Gefühl wie zuvor? Wenn ja, super. Wenn nein, gehe noch einmal zurück zu Schritt 3 und verankere das positive Gefühl noch einmal stärker. Es ist wirklich essentiell, dass du das positive Gefühl extrem angenehm verspürst. Wiederhole sonst ruhig noch einmal den Punkt von zuvor.

5. Halte den linken Zeigefinger auf dem Brustbein gedrückt und verspüre die unglaublich positiven und wunderschönen Gefühle von damals. Drücke nun mit deinem rechten Zeigefinger wieder auf die Stelle im Genick. Halte beide Finger fest gedrückt und spüre, wie sich die positiven und negativen Gefühle ausgleichen, doch auf keinen Fall negativ werden.

6. Lasse nun den rechten Finger am Genick zuerst los und verspüre noch einmal einen kurzen, positiven Push, während du noch kurz den linken Finger am Brustbein lässt, um ihn dann auch zu lösen.

7. Wenn du nun noch einmal den rechten Finger auf den Halswirbel am Genick drückst, solltest du entweder gar nichts verspüren oder sogar eine

leichte Positivität. Wenn dem nicht so ist, musst du Schritt eins bis sechs noch einmal mit intensiveren Gefühlen wiederholen.

Wenn du jetzt an das Ereignis denkst, welches dir zuvor solche Kopfschmerzen bereitet hat, wie fühlst du dich jetzt dabei? Deutlich besser, stimmt's? Super! Wenn du bereit bist, die Lösung deiner Herausforderungen nun anzugehen, dann mache das jetzt. Falls du noch mit deiner Geschichte haderst, dann gehe noch einmal zurück und beantworte die zweimal sieben Fragen zu deiner Geschichte. Eventuell kommt jetzt etwas komplett Neues zum Vorschein.

Warum ist es denn überhaupt so essentiell, dass wir lernen, Probleme effektiv zu lösen bzw. Herausforderungen anzunehmen? Ganz einfach: Weil wir so jede Menge Wert für andere Mitmenschen schaffen. Dies ist nicht nur wichtig, wenn es darum geht, ein eigenes Unternehmen zu starten, sondern es ist ebenfalls der Schlüssel in einer Partnerschaft, einer Beziehung, unter Freunden und natürlich auch im Finanzwesen.

Das Wort „Problem" kommt aus dem Griechischen „proballein", was soviel wie „etwas nach vorne schmeißen oder -schlagen" bedeutet. Die sinngemäße Übersetzung besagt also, dass ein Problem nichts anderes heißt, als eine Idee, Lösung oder Frage vorzuschlagen. Wenn man sich die Etymologie des Wortes vor Augen führt, bekommt das Wort gleich eine viel positivere Konnotation und wir erhalten damit gleichzeitig eine viel bessere Assoziation.

Falls du glaubst, dass du irgendwann einmal keine Probleme mehr lösen musst, weil du so gut bist, dass es keine Probleme mehr gibt, dann liegst du so falsch wie du nur falsch liegen kannst. Per Definition müssen die Probleme sogar immer schwieriger und herausfordernder werden, je erfolgreicher du wirst.

Habe nie das Bedürfnis, weniger Probleme zu haben, sondern immer das Verlangen, Probleme besser lösen zu können.

Merke dir einfach das Folgende: Falls du mehr willst, musst du mehr sein. Um mehr zu sein, musst du zu mehr werden. Und um zu mehr zu werden, musst du größere Herausforderungen annehmen und diese lösen. Die einfachste Antwort auf das Problem, „wie du mehr Geld verdienen kannst", lautet: indem du größere Probleme als dieses löst. Das Faszinierende an richtig großen, sogenannten 10-X-Problemen ist, dass diese zwar gerade am Anfang sehr schwierig sein mögen, doch da sie sonst niemand behandelt, hast du oft keine Konkurrenz. Dies kann besonders lukrativ sein und Visionär Peter Diamandis propagiert genau diesen Punkt in jedem seiner Vorträge. Wenn eine größere Vision auf eine kleinere trifft, so scheint die kleinere immer „realistischer", doch die größere wird sich früher oder später durchsetzen. Am Anfang scheint dies recht furchteinflößend, doch wie du auch morgen noch einmal am Tag 20 etwas über Selbstwertgefühl hören wirst, kannst du dich mit positivem Momentum Schritt für Schritt erfolgreich nach oben arbeiten. Der Anfang des Problemlösens ist am schwersten, doch wenn du einmal anfängst, wirst du immer besser und besser und jedes weitere Problem wird in Relation dazu immer leichter und leichter.

Bevor wir in die sieben Schritte des effektiven Problemlösens hineingehen, noch kurz der größte Fehler, welchen man dabei machen kann: Problemlösung besteht zu 20% aus Überlegen und zu 80% aus TUN. Es bringt nichts, wenn du ewig vor einem Problem sitzt und darüber nachdenkst, jedoch danach nicht handelst. Denke später daran, denn allzu oft gibt es Theoretiker, welche jedes Problem in der Theorie lösen, doch in der Praxis nichts umsetzen. Nicht umsonst gibt es den Spruch:

„Während die Schlauen noch immer an der Strategie feilen, haben die Dummen die Burg bereits gestürmt!"

Der Macher ist schlussendlich dem Denker immer einen Schritt voraus. Verirre dich also nicht zu sehr in der Theorie! Wann verlierst du dich zu sehr in der Theorie? Wenn du dich zu sehr in den Details verlierst. Ich habe noch nie gehört, dass sich jemand im „Großen Bild“ – auf Englisch: „Big Picture“ – verloren hat! Also, starten wir hinein:

SCHRITT 1 – GEMÜTSZUSTAND:

Wie so vieles andere auch, besteht erfolgreiches Problemlösen zu 80% aus mentaler Einstellung und nur zu 20% aus der eigentlichen Technik. Du hast diese Regel bereits schon ein paar Mal gehört, doch es ist enorm wichtig, mit welcher Einstellung du an ein Problem herangehst. Je positiver dein Gemütszustand, desto besser deine Worte und dein Fokus und desto besser deine Fähigkeit, Herausforderungen zu meistern.

Nutze zum Beispiel diese sieben Fragen am Anfang, welche dich sofort in einen positiven Gemütszustand bringen:

1. Was ist an diesem Problem toll?
2. Was kann ich durch dieses Problem lernen?
3. Warum will ich dieses Problem lösen bzw. was ist mein Vorteil daraus?
4. Was könnte hier verbessert werden?
5. Was haben andere bisher übersehen?
6. Von wem könnte ich mir bei dieser Herausforderung etwas abschauen?
7. Wie könnte ich das jetzt lösen und sogar noch Spaß dabei haben?

SCHRITT 2 – ÜBERSICHT:

Du bist nun in einem guten Gemütszustand und hast das Problem vor dir. Verschaffe dir nun zuallererst einen klaren Überblick, indem du das Problem so einfach wie möglichst definierst. Schreibe es am allerbesten auf ein Stück

Papier. Albert Einstein sagte immer: „Erst wenn man etwas einfach ausdrücken kann, hat man es wirklich verstanden." Wenn du also komplizierte Worte verwenden musst, ist es noch nicht einfach.

In einem Start-up, wo ich selber Co-Founder bin, ging es darum, ein Protokoll einer anderen Firma nutzen zu dürfen, dieses legal zu kopieren, um dann als Serviceprovider an Dritte weiter zu lizenzieren. Keiner wusste, wie wir das anstellen sollten, vor allem, weil keiner so wirklich das Problem verstanden hatte. Also fasste ich das Problem zusammen: „Wir wollen etwas von Firma X auf legale Weise nehmen, es jedoch gleichzeitig legal als das Unsere vermarkten!" Plötzlich war jedem die Herausforderung klar und die Ideen sprudelten nur so aus allen heraus.

Es ist oft sehr leicht, sich in Details zu verlieren, nur um dann das große Ganze komplett zu übersehen. Definiere das Problem als simple Fragestellung – komplizierter geht immer, das kannst du auch danach noch nachholen.

SCHRITT 3 – UNTERTEILUNG:

Sobald du das Problem simpel und klar auf Papier definiert hast, entscheidest du dich, ob du an das Problem als Ganzes herangehen oder ob du es in Einzelschritte unterteilen willst. Am einfachsten ist dies, indem du es in genaue Zeitabschnitte unterteilst. Braucht ein Problem länger als eine Woche, so teile es in kleinere Unterpunkte. Braucht ein Problem weniger als einen Tag, so solltest du es definitiv „als Ganzes schlucken". Probleme, welche länger als einen Tag, jedoch kürzer als eine Woche sind, solltest du je nachdem, wie erfahren du darin bist, entweder unterteilen oder dich ans Ganze heranwagen. Im Zweifel lieber unterteilen.

Probleme, welche länger als einen Monat dauern, solltest du immer mit einem Projektmanagement-Werkzeug aufgliedern. Ich verwende dafür das kostenlose Online-

Tool TRELLO (www.trello.com). Es gibt jedoch viele andere Alternativen. Dort kannst du dann entweder das Problem als Ganzes oder die einzelnen Unterschritte aufgliedern und mit Notizen versehen. Falls du im Team arbeitest, kannst du dort auch Teammitgliedern Aufgaben zuordnen.

Stecke dir, bevor du zum nächsten Schritt übergehst, klare zeitliche Vorgaben, bis wann du etwas umgesetzt haben willst. Dies ist einerseits wichtig, um es korrekt in deinen Kalender einzutragen, andererseits, um zu wissen, wann du bei einem Nichterfolg zu reflektieren anfangen musst. Dazu gleich noch mehr.

SCHRITT 4 – LÖSUNGSFINDUNG:

Nun geht es darum, Lösungsansätze zu finden. Damit solltest du je nach Problemgröße mehr oder weniger Zeit verbringen. Beachte, dass du nichts bekommst, nur weil du 30 Lösungsvorschläge hast. Du bekommst etwas, weil du einen davon umgesetzt hast. Verbringe also so viel Zeit wie nötig und so wenig Zeit wie möglich bei diesem Punkt:

1. Brainstorme Ideen. Sage gerade am Anfang zu keiner Idee nein. Alles sollte angedacht werden. Ideen wegstreichen kannst du später immer noch. Bei Google gibt es zum Beispiel Idee-Sammel-Sessions, wo Mitarbeiter irgendwelche Ideen vorschlagen dürfen. Keine darf am Anfang abgelehnt werden. Aus solchen Aktionen kommen dann oft die besten Resultate und viele Apps und Projekte sind daraus entstanden, welche Millionen von Menschen täglich nutzen.

2. Recherchiere Lösungen im Internet, in Büchern oder Zeitschriften. Je nachdem, wie umfangreich das Problem ist, solltest du wirklich jeden Stein umdrehen. Du weißt nie, unter welchem dann das Stück Gold liegt.

3. Lerne von anderen Leuten, welche ähnliche Herausforderungen bereits gemeistert haben. Vielleicht kannst du nicht dieselbe Herangehensweise kopieren, doch du kannst ihre Denkprozesse verstehen lernen oder dich so besser vorbereiten. Es ist nämlich immer dumm, wenn man von eigenen Fehlern lernen muss, nur weil man es nicht bereits von Fehlern anderer zuvor getan hat.

4. Arbeite wann immer möglich im Team. So kommen oft noch viel bessere Ideen ans Tageslicht. Gerade beim Sammeln von Ideen sind eine plus eine Person nicht zwei Personen, sondern mehr, da man die eigene Kreativität mit der der anderen Person potenzieren kann. Je unterschiedlicher die Teammitglieder, umso leichter entstehen Reibereien, doch umso effizienter ist meist das Team Meeting. Steve Jobs von Apple wollte zum Beispiel nur Beteiligte in seinen Meetings haben, wenn diese auch gewillt waren, Unruhe durch provokative Ideen einzubringen.

5. Eigene Erfahrungen. Oft vergessen wir, dass wir selbst meist bereits einen Reichtum an eigenen Erfahrungen haben. Denke also nach, ob du nicht etwas ähnliches schon einmal lösen hast müssen. So kann der Prozess dieses Mal um ein Vielfaches schneller ablaufen.

Nachdem du diese fünf Punkte durch hast, stelle dir zum Schluss die folgende Frage: „Wenn ich das in einem Zehntel der vorgegebenen Zeit tun müsste, was würde ich anders machen?“ Diese Frage stammt von Starinvestor Peter Thiel und sie soll Menschen dazu inspirieren, out-of-the-box zu denken, also einen anderen Weg als die Norm zu beschreiten. Versuche diese Frage wirklich zu beantworten, vielleicht kommt so eine Antwort heraus, an die du zuerst gar nicht gedacht hast.

SCHRITT 5 – ENTSCHEIDUNG:

Nachdem du all die möglichen Lösungen aufgelistet hast, triffst du die Entscheidung, welche du/ihr nun umsetzt. Wenn es sich um etwas Kleines handelt, wie zum Beispiel darum, dich bei deiner Partnerin zu entschuldigen, dann brauchst du natürlich keinen langen Prozess. Gehe gleich weiter zu Schritt 6 und MACH ES! Erinnere dich: Keiner hat sich je im Big Picture verloren, sondern alle immer nur in den Details.

Falls du wirklich mehrere Möglichkeiten hast, bedenke bei der Wahl der besten Lösung folgende Punkte:

1. Was sind die Vorteile der einzelnen Ideen?
2. Was sind die Nachteile der einzelnen Ideen?
3. Was ist jeweils der Worst Case und wie wahrscheinlich ist er?
4. Bei welchen Ideen siehst du die geringsten Probleme aufkommen?
5. Welche Idee fordert die geringsten zeitlichen bzw. monetären Ressourcen?

Als ich einmal als Consultant für ein Tech-Start-up gearbeitet habe, gab es eine richtig geniale Lösung zu einem Problem. Sie wurde sofort favorisiert, denn die Ausführung dazu war schneller, billiger und effizienter als all die anderen Möglichkeiten. Doch als wir gemeinsam die Fragen durchgingen, erkannten wir ein wichtiges Problem: Der Worst Case wäre Gefängnisstrafe und dies war auch noch recht wahrscheinlich. Dieser Punkt kam zuerst nicht so wirklich durch, da wir uns nie die „Worst Case“-Frage gestellt, sondern immer nur auf die Vorteile geschaut hatten. Wenn der Worst Case extrem selten und unwahrscheinlich ist, kann man ihn eventuell vernachlässigen, doch in diesem Fall war es relevant. Wir entschieden uns also für eine andere Variante. Ein Konkurrent wählte dann diese Route und schien gerade am Anfang richtig wegzustarten. Die Behörden griffen jedoch ein, und der CEO musste für sechs Monate ins Gefängnis. Es zahlt sich gerade bei komplexeren Problemen eben schon aus, die Dinge genauer zu hinterfragen.

SCHRITT 6 – TUN, TUN, TUN:

Dieser Punkt ist mit Abstand der wichtigste und wenn du ein nicht so komplexes Problem hast, kann es sein, dass du die Schritte 1 bis 5 fast überspringen kannst und direkt hierher kommst. Wie schon am Anfang erwähnt, ist der Knackpunkt bei der Problemlösung das eigentliche TUN. Verliere dich nicht in den Details bei all den Überlegungen, doch renne natürlich auch nicht blindlings irgendwohin los, nur weil es am Anfang nach einer guten Lösung aussieht. Du wirst mit der Zeit ein gutes Bauchgefühl dafür bekommen, wann du was wie lange tun solltest, doch tendenziell sind gute Problemlöser eher Macher als Denker.

Wir haben in den letzten Tagen ausführlich über „Aufschieberitis" und Ängste gesprochen, lass diese also nicht in den Weg kommen. Benutze die Werkzeuge, welche du gelernt hast. Wenn dein Problem klein ist, dann TU es jetzt einfach. Dann ist es erledigt und du kannst direkt zu Punkt 7 gehen. Hier sind drei Schritte, falls die Herausforderung ein wenig Überwindung braucht, nicht ganz so leicht zu knacken ist oder du nicht weißt, ob du es auch wirklich schaffen kannst:

1. Sag „JA" dazu, dass du es jetzt sofort machst. Triff die Entscheidung. Es darf kein Zögern mehr geben.
2. Nun erzähle es jemanden, den du nie enttäuschen möchtest. So baust du Druck auf, dass du es auch wirklich machst. Als ich damals angefangen habe, Medizin zu studieren, hatte ich mich noch nicht einmal eingeschrieben, doch ich erzählte jedem, dass ich Medizin studieren würde. Warum tat ich das? Ich war nervös und wusste (noch) nicht genau, wie ich

das anstellen würde. Ich wollte dann vor meinen Freunden nicht blöd dastehen und so habe ich es danach auch durchgezogen.

3. Mach den ersten Schritt. Du kennst die Macht des ersten Schrittes. Sobald du einmal angefangen hast, wird alles leichter.

Sobald du angefangen hast, verwendest du die sogenannte Scheuklappen-Technik. Noch nie davon gehört? Weißt du, warum Pferden Scheuklappen aufgesetzt werden? Ganz einfach, damit sie sich nicht ablenken lassen, sondern sich auf das TUN fokussieren. Genau das machst du jetzt auch. Ich ging einmal mit meinem Vater auf eine Skitour. Ich hasste Skifahren, doch meinem Vater zuliebe ging ich mit. Ich war damals circa elf oder zwölf Jahre alt und während der Tour ging uns das Trinkwasser aus. Wir mussten jedoch noch über einen Berg, um auf der anderen Seite zu einer Hütte zu gelangen, ich war jedoch schon ziemlich am Ende meiner Kräfte. Also sagte er zu mir: „Ziehe deine Schier einfach im gleichen Rhythmus nach vorne, so wie ich es tue. Schaue nicht nach oben oder zur Seite, sondern einfach nur auf die paar Meter vor dich und auf meine Schier.“ Das tat ich dann auch ganz stur: links vor, recht vor, links vor, rechts vor. Binnen kürzester Zeit waren wir oben angekommen und konnten auf der anderen Seite zur Hütte abfahren.

Wenn du also vor einer Herausforderung stehst und du dir am Anfang bereits ein Zwischenziel oder Zeitlimit gesteckt hast, dann gehe nicht her und schaue ständig links oder rechts. Mache es wie ein Pferd mit Scheuklappen: Einfach nur auf den nächsten Schritt fokussieren und erst dann reflektieren, wenn du das Zwischenziel erreicht hast oder ein Zeitlimit zum Reflektieren gekommen ist.

Wenn du so das Problem überwindest und das gewünschte Resultat erreichst, gratuliere! Du kannst gleich zu Schritt 7 gehen. Meistens ist es jedoch so, dass der erste Ansatz NICHT zum gewünschten Ergebnis führt. Erfolg ist eben keine gerade Linie, sondern eine geschlängelte Kurve voller Sackgassen, Höhen und Tiefen. Dies ist die größte Herausforderung beim Problemlösen. Man kann bei einem Problem nur scheitern, wenn man aufgibt. Gewinner sind keine Aufgeber, denn Aufgeber können nicht gewinnen. Was macht man also, wenn man erkennt, dass die erste oder zweite oder dritte Strategie nicht funktioniert hat?

Man lernt daraus, verbessert sich und probiert einen neuen Ansatz. Und wenn dieser nicht funktioniert? Dann lernt man daraus, verbessert sich abermals und probiert wieder einen neuen Ansatz. Und danach? Weiter, weiter, weiter! Wie meine Mutter schon immer gesagt hat: „Aufgeben tun wir sicher nicht, denn aufgeben tut man nur einen Brief!“ Genauso ist es. Eine erlernbare Fähigkeit, welche dir hier sehr in die Karten spielen kann, ist „Flexibilität“. Bruce Lee hat in einem berühmten Zitat einmal gesagt: „Sei Wasser, mein Freund. Leere deinen Geist. Sei ohne Form. Gestaltlos. Wie Wasser. Gibt man Wasser in eine Tasse, dann wird es die Tasse. Gibt man Wasser in eine Flasche, wird es die Flasche. Gibt man Wasser in eine Teekanne, wird es die Teekanne. Wasser kann fließen oder es kann zermalmen. Sei Wasser, mein Freund.“ Wer sich an neue Herausforderungen anpassen kann, wird immer auf der Gewinnerseite bleiben.

Ein Negativbeispiel, welches ich in der heutigen Welt immer und immer wieder sehe, sind die starren Denkansätze vieler klein- und mittelständischen Unternehmen, deren Geschäftskonzept über Jahrzehnte hervorragend gelaufen ist, doch jetzt durch das Internet bedroht wird. Egal, ob Sportgeschäfte, Elektronikläden oder Blumenhäuser. Anstatt „wie Wasser zu sein“ und sich an das Neue anzupassen, beginnen sie zu jammern, zu leiden. Dabei fallen sie in einen destruktiven Gemütszustand, in welchem sie anderen die Schuld zuschieben und dabei vergessen, dass niemand die Schuld trägt, sondern sie sich lediglich anpassen müssten. Ich habe so viele Freunde, die zuvor überhaupt keine

Ahnung vom Verkauf oder von Sportartikeln hatten, heute jedoch ein Vermögen damit verdienen, Dinge online im Internet zu verkaufen. Die KMU-Besitzer, welche eigentlich all das Wissen und die Erfahrung hätten, verpassen diese Chance komplett, da sie nicht flexibel genug sind, sich bei der Lösung ihres Problems anzupassen und ihre Herangehensweise zu verändern.

Wenn sich die Fakten ändern, sollte sich eben auch deine Meinung ändern. Auf dem Weg zum Erfolg – sei also Wasser, mein Freund. Stelle dich jeder Herausforderung und meistere sie durch Klugheit, Fleiß und Flexibilität. Und hier kommt ein Punkt zutage, welchen so viele Coaches, Trainer und Möchtegern-Unternehmer nennen: „Arbeite nicht hart, sondern smart." Dieser Satz ist die größte Ausrede und Dummheit, welche ich in Bezug auf Problemlösungen je gehört habe. Die erfolgreichsten Problemlöser der Welt arbeiten die meisten Stunden. Falle also nicht auf diesen Trick herein und denke, du kannst Tim Ferriss' 4-Stunden-Woche wörtlich nehmen. Sein Buch ist ein exzellentes Buch, doch auch er betont immer und immer wieder, dass er darin vielmehr Konzepte zur Effizienzsteigerung und zum Outsourcing erklären wollte, als zu behaupten, dass du weniger Tun solltest.

Der Schlüssel ist also smart UND hart zu arbeiten!

SCHRITT 7 – FEIERN:

Sobald du die Herausforderung geschafft bzw. das Problem gemeistert und dein Ziel erreicht hast, ist eines der wichtigsten Dinge, dass du deinen Erfolg feierst. Gönne dir etwas und sei richtig stolz auf dich selber. Nur so sagst du deinem Körper und Geist, dass sie auch in Zukunft wieder Probleme lösen sollen. So wirst du dich immer leichter und leichter damit tun, dich während der Problemlösung zwar eventuell kurzfristig unwohl fühlen, doch du weißt, dass du dich danach noch viel besser fühlst.

Gerade bei vielen High-Performern kommt es vor, dass sie von Herausforderung zu Herausforderung springen, ohne dazwischen einmal all das zu genießen, was sie gerade erreichen.

Oft hörst du Sätze wie:

- Keine Zeit zu feiern, ich muss arbeiten.
- Wer feiert, verliert.
- Warum feierst du, wenn du noch nicht dort bist, wo du hin willst?
- Usw.

Das klingt zwar alles sehr nobel, ist jedoch hauptsächlich an all diese Menschen gerichtet, welche disproportional zu ihren Erfolgen feiern. Wer also feiert, dass man es genauso wie die restlichen 365 Tage im Jahr geschafft hat, in der Früh aufzustehen, der sollte sich über solche Aussagen Gedanken machen. Wer jedoch von einem top Resultat zum nächsten kommt und nie die Erfolge feiert, wird relativ schnell ausbrennen, da das Gehirn irgendwann den Sinn dahinter nicht mehr sieht.

Wenn du dich also schuldig fühlst, dir auch einmal eine Auszeit zu nehmen, um deine Erfolge zu feiern, dann leidest zu 99% unter einer Krankheit, welche wir schon besprochen haben: „Vergleichitits". Du vergleichst dich immer und immer wieder mit anderen und fühlst dich deshalb schuldig bzw. nicht gut genug, wenn du einmal feierst. Dies ist absoluter Blödsinn und selbstzerstörend. Du siehst die anderen nämlich in einem idealisierten Licht, doch dabei sind sie nicht so perfekt, wie du denkst. Du siehst ihre Auszeiten nur nicht. Vergiss also ja nie das Feiern und gönne dir eine Auszeit, denn du hast sie verdient.

Reflektiere während dieser Zeit, lerne von Fehlern bzw. von dem, was funktioniert hat, und verbessere dich so für die nächste Herausforderung. Sei auch richtig stolz auf dich selber, lobe dich von ganzem Herzen und sag dir selbst, dass du das gut gemacht hast. Vergiss limitierende Glaubenssätze und erkenne, dass du wahrlich Grenzenlos Erfolgreich© bist. So steigen dein Selbstwertgefühl, dein Selbstvertrauen und dein Selbstbewusstsein und du trittst einen tollen konstruktiven Kreislauf los, welchen wir morgen im Detail besprechen werden.

Falls du die Übungen nicht live mitgemacht hast, dann erledige jetzt diese To-Dos:

1. Leidest du unter einer Geschichte, welcher du die Schuld für deine Lage gibst? Arbeite dafür die zweimal sieben Fragen von oben durch und ändere deine Geschichte und damit dein Leben. Nutze alternativ die Geschichte-Zerstören-Technik.
2. Suche als nächstes eine Herausforderung, welche du gerne lösen möchtest.
3. Arbeite die sieben Schritte zur Problemlösung durch und meistere die Herausforderung JETZT.

Je öfter du Probleme löst, umso stärker wird dein Selbstwertgefühl. Genau darüber sprechen wir morgen.

Sei GRENZENLOS ERFOLGREICH©!

Dein

Dr. Julian Hosp

TAG 20: Maximales Selbstwertgefühl

Herzlich willkommen bei Tag 20!

Nachdem du gestern gelernt hast, wie du deine schwierigsten Probleme in sieben simplen Schritten lösen kannst, geht es heute um eine essentielle Zutat, welche dir nicht nur bei diesem Thema, sondern bei so ziemlich allem im Leben enorm helfen, dich aber auch behindern kann: dein Selbstwertgefühl. Schauen wir also, dass es dir hilft. :-)

Was ist denn Selbstwertgefühl eigentlich und wie hängt das mit Selbstbewusstsein bzw. Selbstvertrauen zusammen? Alle drei sind Begriffe, mit welchen in der Coaching-Szene gerne um sich geworfen wird, doch wenn man genauer hinschaut, wissen nur die wenigsten, was der eigentliche Unterschied zwischen ihnen ist bzw. wie diese zusammenhängen. Überlege einmal kurz selbst, wie du diese Begriffe für dich definieren würdest und was sie genau bedeuten.

Kennst du jemanden, bei dem du sagen würdest, er/sie hat extrem viel Selbstwertgefühl? Auch wenn du vielleicht noch nicht genau beschreiben kannst, was das eigentlich ist, so kennen wir definitiv den einen oder die andere. Es sind Menschen, zu denen wir unweigerlich hochschauen. Menschen, die in einen Raum kommen und bei denen sich die ganze Energie des Raumes auf sie ausrichtet, stimmt's? Denk einmal an den Menschen, dem du das meiste Selbstbewusstsein, Selbstvertrauen bzw. Selbstwertgefühl zuschreiben würdest! Wenn ich dich jetzt fragen würde, ob du gerne genauso von anderen angesehen werden möchtest, so bin ich mir sicher, dass du sofort laut „JA" brüllen würdest, stimmt's? Gut, dann lass uns das jetzt tun!

Wie schon im Kapitel zuvor beschrieben, ist ein Problem am einfachsten zu lösen, wenn man es ganz einfach definieren kann. Doch wenn du auf Google, Wikipedia oder zahlreichen anderen Seiten suchst, findest du keine simplen Erklärungen zu „Selbstwertgefühl", „Selbstbewusstsein" oder „Selbstvertrauen", welche Sinn machen und dazu noch in einen einzigen Satz passen. Woher ich das weiß? Kannst du dich noch erinnern, was mein allerwichtigster Wert ist? Einfachheit. Genau das wollte ich auch hier, also habe ich gesucht und gesucht, doch nirgends wurde es so erklärt, dass es für mich Sinn ergab. Und dann wundern wir uns, warum wir uns so schwer tun, diese Gefühle in uns aufzubauen… Nachdem ich mich während einer meiner Denkstunden hingesetzt habe, um dem Rätsel auf den Grund zu gehen, kam mir plötzlich der Lichtblick. Logisch, so hängen diese drei zusammen:

SELBSTWERTGEFÜHL =
SELBSTBEWUSSTSEIN + SELBSTVERTRAUEN

Denk einmal darüber nach: Der Wert, welchen wir uns selber geben (Selbstwertgefühl) hängt einerseits davon ab, ob wir unsere Stärken und Schwächen kennen (Selbstbewusstsein) und andererseits davon, ob wir diesen Fähigkeiten vertrauen, wenn wir sie einsetzen (Selbstvertrauen).

Sehen wir uns zum Beispiel Gold oder einen Diamanten an – ja, ich weiß, das sind keine Menschen, doch dieselben Prinzipien funktionieren auch hier und noch dazu verstehen wir die Konzepte bei diesen Beispielen oft leichter:

Im Vergleich zu einem normalen Stück Stein hat ein Diamant oder Gold mehr Wert. Warum? Sie sind rarer. Wir wissen jedoch auch, dass Gold extrem robust ist, ein Diamant jedoch zersplittern kann. Dafür kann ein Diamant anderes Material schneiden. Dies ist uns ganz klar bewusst. Weiters wissen wir auch ganz genau, was der Diamant oder das Gold kann, bzw. vertrauen wir darauf, dass andere Menschen dies auch erkennen. Gold wird immer noch einzigartig sein und der Diamant wird ebenfalls von anderen als wertvoll anerkannt. Das BEWUSSTSEIN über die Rarität inklusive der Stärken und Schwächen sowohl von Diamanten als auch Gold plus dem VERTRAUEN in diese Stärken geben diesen beiden Materialien unglaublichen WERT.

Wie würde sich der Wert des Diamanten oder des Goldes entwickeln, wenn den Menschen die Stärken und Schwächen nicht mehr bewusst wären? Der Wert würde deutlich sinken. Vielleicht nicht auf null, aber deutlich. Wie würde sich der Wert entwickeln, wenn das Vertrauen in Gold sinkt? Ganz klar, ebenfalls wahrscheinlich nicht auf null, jedoch deutlich nach unten. Genauso ist es mit unserem Selbstwertgefühl.

Wenn dir diese Definition klar ist, wird der gesamte Tag heute praktisch selbsterklärend. Du wirst nie mehr in deinem Leben unter zu wenig Anerkennung leiden, Menschen werden immer schätzen, was du zu bieten hast und du wirst nie mehr in Selbstzweifel versinken, denn du kennst die Formel, um all dies zu besiegen. Nun musst du sie nur noch anwenden und das besprechen wir jetzt mit all den dazugehörigen Stolperfallen und Lösungen im Detail.

<u>Starten wir mit SELBSTBEWUSSTSEIN.</u>

Wie bereits beschrieben, ist dies die Fähigkeit, über sich selber reflektieren zu können. Gary Vaynerchuk, ein amerikanischer Unternehmer, bezeichnet diese Fähigkeit (im Englischen „self-awareness“) als die wichtigste Fähigkeit, welche ihn von anderen unterscheidet. Was er damit meint, ist, dass du genau wissen musst, was deine Stärken und was deine Schwächen sind. Du musst wissen, welche Dinge du beeinflussen kannst, welche davon es wert sind und welche wiederum entweder nicht beeinflussbar oder es nicht wert sind.

<u>Wenn du dich genau dabei schwertust, dann:</u>

A. Arbeitest du an Dingen, welche du nicht beeinflussen kannst,
B. oder an Dingen, welche NICHT deine Stärken sind und wunderst dich dann, dass du nichts erreichst, weil du zu wenig Wert an den Markt lieferst. Der Markt kann hierbei alles Mögliche sein, ganz egal, ob ein Kunde, dein Arbeitgeber, dein Partner, deine Familie, Freunde usw.

<u>Wenn du also maximales Selbstwertgefühl durch maximales Selbstbewusstsein entwickeln willst, musst du genau wissen,</u>

1. wo deine Stärken liegen,
2. was deine Schwächen sind,
3. was die beeinflussbaren Dinge sind,
4. wie du deine Stärken dort einsetzen kannst
5. und wie du deine Schwächen von anderen kompensieren lassen kannst oder sie erst gar nicht benötigst.

Die Werkzeuge und die genaue Fragenserie, um all dies im Detail für dich herauszufinden, besprechen wir gleich eingehend, nachdem wir zuerst die anderen Punkte definiert haben.

Der zweite Teil der Formel für maximales Selbstwertgefühl ist Selbstvertrauen. Genauso wie Selbstbewusstsein von uns selber kommen muss, so muss auch Selbstvertrauen von uns selber kommen. Sobald dir das klar wird, verstehst du das Folgende:

SELBSTWERTGEFÜHL KOMMT ZU 100% VON INNEN

Dies ist eine unglaublich wichtige Erkenntnis, denn dadurch weißt du, dass DU sowohl dein Selbstbewusstsein als auch dein Selbstvertrauen und somit dein Selbstwertgefühl ohne die Hilfe von anderen auf das maximale Level bringen kannst. Natürlich hilft es, wenn du von außen den Zuspruch bekommst, dass du „viel Wert bist“, doch wahre Größe kommt ausschließlich von innen. Der große Muhammad Ali sagte einmal: *„Ich war immer schon der Beste. Das habe ich bereits gesagt, bevor ich es wirklich war!“* Er kreierte Selbstvertrauen und Selbstbewusstsein von innen heraus, ohne die Abhängigkeit von außen.

Das Gegenteil wird leider oft von vielen Motivationstrainern oder -coaches vorgelebt, welche in eigenen Shows oder Motivationsseminaren Menschen externes Selbstwertgefühl geben. Im geschützten Umfeld des Events reicht das diesen Menschen, doch sobald sie von dieser Umgebung weg sind, fehlen ihnen die Werkzeuge, sich selber dieses Selbstwertgefühl zu geben. Sie haben es einfach nie gelernt. In den meisten Fällen, weil es den Seminarveranstaltern überhaupt nicht klar ist, denn während des Events lief ja alles gut. Manchmal jedoch mit reiner Absicht, weil man so Seminarteilnehmer vom eigenen Programm abhängig macht.

Teilnehmer spüren zum Beispiel, dass sie sich während eines Events auf Wolke sieben befinden, doch sobald sie vom Event weg sind, wie in ein Loch sacken. Dass man nach einem tollen Event ein bisschen runterkommt, ist ganz normal, es war ja schlussendlich ein tolles Gefühl. Doch wenn man danach für sich selber keine Werkzeuge hat, sich wieder auf dieses Gefühl zu heben, sollte man ja nicht den Fehler machen, und „die Droge wieder nehmen“. Das absolute Negativbeispiel war die Fernsehshow „Tschakka, du schaffst das!“ Durch substanzlose, kurzfristige Motivation wurde Kandidaten externes Selbstvertrauen eingebläut, was zwar in der Show für kurze Zeit eindrucksvoll wirkte, doch im Nachhinein einige Menschen sogar in den Selbstmord trieb.

Hier hilft nur eins: Sofort von diesen destruktiven Veranstaltungen oder Coaches wegbleiben und zu top Leuten in der Branche bzw. guten Events gehen, die Menschen nicht abhängig machen, sondern sie beflügeln. So kommst du freiwillig wieder, denn mit jedem Mal lernst du mehr und wirst besser und besser. Wenn du also gerade nach Motivationsvorträgen oft ein extremes Loch spürst, so kann das leicht am Phänomen eines falschen Selbstwertgefühls liegen.

Hier sind ein paar Punkte, welche professionelle und gute Events bzw. Coaches ausmachen und nach welchen wir bei I-Unlimited™ auch ganz strikt leben:

- Keine substanzlose Motivation. Je weniger Motivation und dafür mehr nachhaltige Durchbrüche, desto besser.
- Kein „Rar-Rar-Rar"-Schreigelage, welches du alleine nicht umsetzen kannst.
- Werkzeuge, für welche du keine hilfsbereite Gruppe brauchst, sondern die du immer und überall alleine anwenden kannst.
- Selbstwertgefühl von innen, nicht von außen, sodass du nach einem Event oder 1:1-Training selber vorankommen kannst.
- Verwende keine Coaches, sondern lediglich „Durchbruchkreierer", welche im 1:1-Training mit dir nachhaltige Resultate generieren.

Es geht hier ganz und gar nicht darum, andere schlecht zu machen, sondern dir ganz einfach zu sagen, was ich als Experte in der Branche als Gefahren ansehe und wie du dich einerseits davor schützen und andererseits davon profitieren kannst. Nur wenige werden so ehrlich mit dir darüber sprechen, weil man dafür die höchsten (NICHT perfekte) Standards an sich selber stellen muss und das ist es, was wir bei I-Unlimited™ machen. Wir wollen zum Beispiel, dass du das erste Mal zu unseren Events oder unseren „Durchbruchkreierern" kommst, weil du entweder in deinem Leben überhaupt nicht mehr weiterkommst oder weil du schneller, besser, glücklicher, etc. werden möchtest. Danach wollen wir NICHT, dass du noch einmal zu uns kommst, weil du sonst nicht weiterkommst und du damit abhängig von uns geworden bist, sondern weil du jedes Mal, wenn du zu uns kommst, danach besser, schneller und effektiver bei deinen Herausforderungen im Leben geworden bist, welche du zwar sonst auch irgendwie gelöst hättest – mit I-Unlimited™ ging es eben einfach nur schneller, besser und simpler!

Gehen wir nun dazu über zu verstehen, wie man sein Selbstwertgefühl nachhaltig erhöhen kann. <u>Um dein Selbstvertrauen besser zu verstehen, solltest du den Selbstvertrauen-Kreislauf kennen:</u>

1. Je mehr Selbstvertrauen du hast, umso positiver ist dein Gemütszustand.
2. Du wirst dadurch bessere Fragen stellen, bessere Lösungen finden und auch an bessere Dinge glauben.
3. Je mehr Dinge du dir somit zutraust und auch für machbar hältst, umso mehr wirst du auch TUN.
4. Mehr TUN führt immer zu mehr Resultaten. Falls nicht beim ersten Mal, dann irgendwann später, solange du nie aufhörst.
5. Mehr Resultate führen zu mehr Selbstvertrauen und damit startet der Kreislauf wieder bei Punkt 1.

<u>Der Selbstvertrauen-Kreislauf:</u>

Selbstvertrauen → Glaube → Tun → Resultate → Selbstvertrauen

<u>Dieser Selbstvertrauen-Kreislauf hat also drei Ansatzpunkte, wenn du dein Selbstvertrauen erhöhen willst:</u>

1. Glaube

2. TUN
3. Resultate

Du siehst, hier kommt KEIN einziger Faktor von außen. Du hast es also zu 100% selber in der Hand, ob du dein Selbstvertrauen und damit dein Selbstwertgefühl erhöhst oder nicht.

Gehen wir die drei Punkte von hinten nach vorne im Detail durch, sodass du dein Selbstvertrauen selber Grenzenlos Erfolgreich© anheben kannst.

Kann man Resultate einfach so verbessern? Klar, im Englischen gibt es sogar den Spruch „Fake it 'til you make it", also: tue so als ob, bis du es dann geschafft hast. Das Konzept funktioniert am Anfang auch recht gut, doch nur solange dein Unterbewusstsein weiß, dass du das nur temporär durchziehen willst. Unsere Kommunikation besteht nachweislich zum größten Teil aus körperlichen Bewegungen, einem weiteren wichtigen Teil aus Tonlage und nur zu einem kleinen Teil aus dem, was wir genau sagen. Sobald unser Unterbewusstsein weiß, dass wir Schaumblasen zu verkaufen versuchen, kommuniziert der Großteil aus Körper und Tonlage anders als das, was wir sagen. Dann kommen wir als „falsch" herüber. Wir erkennen das selber und das Gegenteil von dem, was wir wollten, nämlich mehr Selbstvertrauen zu haben, passiert: wir fangen an, uns zu schämen, was eine absolut destruktive Emotion für unser Selbstwertgefühl ist. „Fake it 'til you make it" funktioniert und ist auch gerade am Anfang enorm wichtig, doch nur, wenn du auch eine Exit-Strategie hast, bei der die Resultate nachziehen.

Der zweite Ansatzpunkt für unser Selbstvertrauen ist es, „einfach zu tun" oder wie Nike sagt: „Just do it!". Die Frage ist nur: „Was soll ich tun?" Wenn es darum geht, Selbstvertrauen aufzubauen, gibt es fünf unterschiedliche Level zu dem, was du tun kannst:

1. Dinge, von denen du BEZWEIFELST, dass du sie schaffen kannst.
2. Dinge, von denen du HOFFST, dass du sie schaffen kannst.
3. Dinge, von denen du GLAUBST, dass du sie schaffen kannst.
4. Dinge, von denen du ERWARTEST, dass du sie schaffen kannst.
5. Dinge, von denen du ABSOLUT WEIßT, dass du sie schaffen kannst.

Am besten für dein Selbstvertrauen ist, wenn du Dinge machst, bei welchen du GLAUBST, dass du sie schaffen kannst (Nr. 3). Du bist dir zwar nicht zu 100%, aber doch ziemlich sicher. Wenn du diese Dinge tust und sie dann in den meisten Fällen auch erreichst, dann pusht das dein Selbstvertrauen und damit dein Selbstwertgefühl unglaublich. Wenn du jedoch Ding machst, von denen du eh weißt, dass du sie kannst, so bringt es recht wenig. Dinge, welche du bezweifelst, hätten zwar den größten Effekt auf dein Selbstvertrauen, ich würde diese jedoch nur probieren, falls dein Selbstbewusstsein so groß ist, dass du weißt, dass hier deine Stärken liegen und du dadurch die Wahrscheinlichkeiten auf deine Seite schieben kannst.

Gerade für Menschen, welche sich zum Beispiel selbstständig machen wollen, ist es enorm wichtig, diese fünf Level zu verstehen. Wenn du in einem Bereich arbeiten wirst, wo du dir bewusst bist, dass du dich sehr gut auskennst, so werden deine Chance exponentiell steigen, dort auch Erfolg zu haben. Elon Musk zum Beispiel, der immer die verrücktesten Dinge versucht, die jeder „Normalsterbliche" anzweifeln würde, kennt seine Stärken und Schwächen unglaublich gut. So weiß er, welche anderen Teammitglieder er braucht und was sie genau machen müssen. Damit kann er die Wahrscheinlichkeit beeinflussen und ist bei Dingen erfolgreich, welche sich die meisten Menschen nicht mal erträumen würden. So steigt sein Selbstvertrauen in sich selber und in sein Team natürlich enorm, was ihm bei neuen weiteren Projekten wiederum hilft und den Kreislauf immer weiter und weiter anschiebt.

Die fünf Level sind natürlich subjektiv. Was für den einen unmöglich scheint, scheint für andere Menschen wie im Fall Elon Musk als Erwartung zu siegen. Wie kann man diesen Glauben an sich selber erhöhen? Hier sind meine besten Werkzeuge, welche du sofort und jederzeit anwenden kannst und auch regelmäßig solltest, ganz egal wie hoch dein **Selbstvertrauen** bereits ist. Du solltest jede Methode bereits kennen, hier ist nur noch einmal die Übersicht. Für die Details gehe bitte zu den jeweiligen Tagen zurück:

1. Jeder Ansatz im Kreislauf pusht die anderen Punkte unweigerlich, vergiss das nie. Arbeite also immer an mehreren Ansätzen.
2. Jede Methode der EVT© hilft dir massiv:
    a. unterstützendes Umfeld (extern & intern)
    b. Ereignissen andere Bedeutungen geben (Zweifel ausräumen)
    c. Fitness/Energie
    d. bei Selbstzweifeln: Körperreflexunterbrechung (z.B.: Temperatur)
    e. machtvollere Wörter verwenden
    f. Fragen stellen wie:
        i. Wie kann ich das lösen?
        ii. Wie kann ich dabei Spaß haben?
        iii. Wie kann ich daraus etwas lernen?
        iv. Usw.
3. Ändere deine Glaubenssätze von destruktiven wie
    a. Ich bin zu dumm.
    b. Ich bin nicht gut genug.
    c. Ich bin nicht hübsch genug.
    d. Ich bin nicht schlau genug.
    e. Niemand mag mich.
    f. Ich werde das nicht schaffen.

zu

   a. Ich bin gut genug!
   b. Wenn ich mir etwas vorstellen kann, kann ich es auch tun!
   c. Wenn andere das können, kann ich das schon lange!
   d. Ich finde immer einen Weg!
   e. Ich wachse mit der Herausforderung!
   f. Usw.
4. Sobald du extremes Selbstvertrauen spürst, setze dir einen Anker.
5. Verbessere deine Bedürfnisse auf „Lernen/Besser werden" und „Zurückgeben" – so pushst du dich automatisch nach oben.
6. Lerne die Methoden zur Angst- und Sorgenbewältigung.
7. Verwende Bekräftigungssprüche, Visionboard, Zielcollagen, Missionen, Primärfokus, Werte, Regeln und Erwartungen (all die Werkzeuge aus den letzten Tagen).
8. Feiere stetig deine Erfolge.
9. Das „Rockstar-Glas": Nimm ein leeres Marmeladenglas (oder etwas ähnliches) und stelle es in die Küche oder das Esszimmer. Daneben legst du ein paar Post-its und einen Kugelschreiber. Jedes Mal, wenn du etwas gut gemacht hast und du stolz auf dich sein kannst, schreibst du das auf ein Post-it und schmeißt es in das Rockstar Glas. Dieses wird sich relativ rasch füllen. Erstens siehst du so, was für ein Rockstar du bist und zweitens kannst du dich in miesen Zeiten einfach hinsetzen und dir die kleinen Zettelchen durchlesen. Bettina und ich machen das auch oft füreinander, sie bei mir und ich bei ihr. Das hilft unserem Selbstwertgefühl und zusätzlich unserer Beziehung.
10. Buche das Grenzenlos Erfolgreich Wochenend-Erlebnis© und nimm an der Grenzenlos Erfolgreich© Eskalation teil. Ernsthaft, es gibt nichts Besseres für dein Selbstvertrauen und dein Selbstbewusstsein.

Dies ist lediglich die Zusammenfassung all jener Dinge, welche wir bereits in den letzten Wochen besprochen haben. Dies baut alles aufeinander auf, sodass du nun lernst, wie du dein Selbstwertgefühl auf ein absolutes Maximum bringen kannst und du unabdingbar für den Marktplatz bist.

Eine faszinierende Geschichte zum Thema Selbstvertrauen gibt es von Roger Bannister, welcher 1954 der erste Mensch auf der Welt war, der die Meile unter vier Minuten gelaufen ist. Der Grund, warum dies eine so passende Geschichte ist? Weil jeder andere diese zehn Punkte gegen sich hat wirken lassen, doch er hat alles positiv genutzt:

1. Er trainierte hart, und TAT ALLES. Noch dazu sagte er allen, dass er das schaffen würde.
2. Er nutzte unbewusst die EVT©: Fitness, die richtigen Leute um ihn herum, positive Wörter, gute Trainingsfragen usw. Viele der anderen Athleten umgaben sich mit Leuten, welche sagten, dass die vier Minuten nie möglich seien – alle waren sich einig. Roger Bannister hingegen zog sein eigenes Ding durch.
3. Er hatte konstruktive Glaubenssätze:
    a. Es ist möglich.
    b. Er schafft das.
    c. Er ist der Beste.
    d. Usw.
4. Er nutzte Anker im Training jedes Mal, wenn er etwas Tolles erreicht hatte.
5. Er fokussierte sich auf das Besser werden von 1% jeden Tag.
6. Natürlich hatte auch er Sorgen, doch er lernte diese zu besiegen.
7. Er hatte eine klare Vision, gute Ziele, tolle Regeln usw. Er legte sich also alles zum Gewinnen zurecht.
8. Er feierte kleine Erfolge und pushte sich so stetig.
9. Er fokussierte sich auf jede Errungenschaft und Positivität.

10. Er hatte die besten Trainer, welche ihn für den Erfolg startklar machten.

Als er durch seine exzellente körperliche, doch vielmehr seine mentale Vorbereitung zum ersten Mal die Meile unter vier Minuten lief, dachten zuerst alle, er hätte entweder geschummelt oder die Zeitmessung hätte nicht funktioniert. Doch dann passierte das Unglaubliche: Jeder der Sportler, Trainer und Funktionäre verbesserte dadurch seine eigenen Glaubenssätze und damit wurde der Selbstvertrauens-Kreislauf bei jedem von ihnen auch angepasst. Kurze Zeit darauf rannten viele Sportler die Meile unter vier Minuten und heute ist diese Leistung aufgrund der Erwartungshaltung absoluter Standard. Roger Bannister hatte dies jedoch als Erster dadurch geschafft, indem er von Anfang an die Macht seines Verstandes kannte. Genau das kannst du für dich in jedem Aspekt deines Lebens auch. Nutze diese zehn Werkzeuge also täglich, bewerte dein Selbstwertgefühl auf einer Skala und bringe es auf zehn. Merke dir das Folgende: Wie du gleich noch hören wirst, ist niemand vor Selbstzweifeln geschützt. Doch die Menschen mit großem Selbstvertrauen haben gelernt, sich die Zweifel selber auszureden und dadurch Selbstvertrauen regelmäßig wiederzugewinnen.

Wenn du maximales Selbstwertgefühl haben möchtest, so solltest du immer an beiden Schrauben drehen. Selbstvertrauen haben wir gerade besprochen. Hier sind also die zehn Werkzeuge, um dein **Selbstbewusstsein** zu stärken:

1. Der wichtigste Faktor ist es, deine Stärken und Schwächen genau zu kennen. Dies schaffst du, indem du dir zum Beispiel folgende Fragen stellst:
   a. Worin bin ich richtig gut?
   b. Was macht mir richtig Spaß, wenn ich es mache?
   c. Worin bin ich richtig leidenschaftlich?
   d. Welche meiner Stärken möchte ich nie verlieren?
   e. In welchen Dingen tue ich mich meist sehr leicht?

   f. In welchen Dingen habe ich in der Vergangenheit bereits immer Erfolge feiern dürfen?
   g. Was frustriert mich?
   h. Worin bin ich nicht so gut?
   i. Was hasse ich?
   j. Welche meiner Schwächen würde ich gerne einem Feind mitgeben?
2. Stelle eine/n Freund/in, der/die dich gut kennt, genau die gleichen Fragen nach dir.
3. Mache psychometrische Tests wie zum Beispiel: www.16personalities.com/de
4. Fokussiere dich auf die Grundbedürfnisse Lernen bzw. Besser werden – so wächst du stetig.
5. Meditiere regelmäßig und sei achtsam dir gegenüber (auf Englisch nennt man das „mindfulness“).
6. Habe dein Visionboard, deinen Fokus, deine Mission, deine Ziele, Regeln usw. in deiner Nähe und schaue sie dir regelmäßig an. Trainiere so dein RAS-System!
7. Lese inspirierende Geschichten von anderen, um dich besser kennenzulernen.
8. Probiere ständig Neues aus.
9. Bring regelmäßig Abwechslung in Dinge hinein, um dich immer wieder selber zu testen und flexibel zu bleiben – „sei wie Wasser, mein Freund!“
10. Feiere Erfolge und benutze auch hier das „Rockstar-Glas“.

Du kennst alle Werkzeuge bereits und sie überschneiden sich teilweise auch mit denen vom Selbstvertrauen, doch „Wiederholung macht den… Meister!“

Wie schon zuvor erwähnt, darfst du ja nicht glauben, dass Menschen mit einem hohen Selbstwertgefühl dies jederzeit haben und sich nicht unsicher fühlen. Ganz im Gegenteil. Sie haben einfach nur die Strategien für sich selber gemeistert, sich das Gefühl jederzeit zurückzuholen, wenn sie es brauchen.

Zum Schluss möchte ich mit dir über fünf „Krankheiten" unseres Selbstwertgefühls sprechen und natürlich, wie man diese sofort „therapiert". Einige Punkte kennst du bereits und sie sind lediglich eine Zusammenfassung bzw. Wiederholung, doch der Übersicht und Klarheit halber möchte ich alle Punkte hier noch einmal erwähnen:

1. <u>Unsicherheit bzw. Nicht-selbstbewusst-sein</u>
   Diese beiden Gefühle treffen wie bereits erwähnt jeden. Doch sobald man sie erkennt, muss man einerseits präventiv und dann natürlich im Moment sofort die zweimal zehn Methoden anwenden.

2. <u>Fake-sein</u>
   Wie bereits erwähnt, kann es gerade am Anfang hilfreich sein, wenn man Resultate vorgibt, die man noch nicht hat (Englisch: „to fake"), bis man sie danach wirklich erreicht. Wenn man das jedoch zu lange macht, geht der Schuss nach hinten los.

3. <u>Arroganz</u>
   Arroganz und Selbstwertgefühl sind ein schmaler Grat und liegen wie Genie und Wahnsinn sehr nahe beieinander. Wir alle kennen jemanden, der extrem arrogant rüberkommt und niemand will mit ihm/ihr zu tun haben. Wie kann man also ein hohes Selbstwertgefühl haben, ohne arrogant zu wirken? Genauso wie Gold oder Diamanten es machen: Sie wissen ganz einfach, dass sie viel wert sind, brüllen daher nicht wie ein Marktschreier laut herum und versuchen auch nicht, sich wie ein Gockelhahn vor anderen zu brillieren. Jemand mit maximalem Selbstwertgefühl weiß, dass er/sie nicht immer im Rampenlicht stehen muss, sondern nur dann, wenn es wirklich zählt. Und da scheint das Licht automatisch auf den-/diejenige, der/die es verdient, weil er/sie wert genug ist. Wenn du also weißt, dass du die Nr. 1 bist, gibt es keinen Grund, arrogant

zu wirken. Wenn du es nicht weißt, du es jedoch überspielen willst, dann entsteht dieses Gefühl beim Gegenüber oft durch einen Mismatch deiner non-verbalen (welche wichtiger ist) und verbalen Kommunikation. Gehe hier also wirklich noch einmal zurück zu den zweimal zehn Methoden und arbeite an deiner inneren Einstellung.

4. <u>Selbstzweifel</u>
   Selbstzweifel treffen Selbstwertgefühl als Gesamtes und können sowohl von Selbstbewusstsein als auch Selbstvertrauen ausgehen. WICHTIG: Niemand kann dir Selbstzweifel zufügen, sondern nur du selber kannst das machen. Wenn du also unfairer Kritik oder Selbstsabotage keine Chance geben willst, werde mental stark. Du wirst dann zwar immer noch zu Zeiten unter Selbstzweifel leiden, diese jedoch mit den zweimal zehn Werkzeugen sofort therapieren können.

   Diese Selbstsabotage kommt leider wieder einmal als reiner innerer Schutzmechanismus durch deine eigenen Emotionen hoch. Dein Gehirn will nicht, dass du zu übertreiben anfängst und dich „unten halten", sodass du eine höhere Chance hast zu überleben. Du hast jedoch in den letzten Tagen die Techniken gelernt, diese Stimme zum Schweigen zu bringen. Dies ist genau der Punkt, um diese anzuwenden.

<u>Durch was erzeugst du Selbstzweifel in dir selbst?</u>

1. Zu hohe Standards/Erwartungen oder zu strenge Regeln an dich selbst.
2. „Vergleichitis" mit anderen – dies ist einer der Hauptpunkte.
3. Schlechte Kontrolle deiner Emotionen (Gehirn will dich überleben lassen, nicht dich glücklich machen), z. B.: „Warum passiert immer mir so

etwas?", „Ich wusste doch, dass ich das nicht kann!"... nutze hierfür die EVT©!
4. Nicht-/Zu-Wenig-Anwenden der zweimal zehn Techniken – auch rein als Prävention.
5. Zu viel aus deinem Kopf heraus zu entscheiden und zu wenig mit Bauchgefühl bzw. deinem Herzen (was das genau bedeutet, besprechen wir morgen).

5. Kritiker und Neider

Kritiker und Neider hatten immer einen ganz besonderen Stellenwert in meinem Leben. Der Grund dafür ist, dass es für mich sehr lange schwer war und teilweise auch heute noch ist, mit ihnen umzugehen bzw. zu verstehen, warum diese Menschen machen, was sie machen. Meine erste Erfahrung mit ihnen hatte ich, als ich 2003 Profi-Kitesurfer wurde. Viele gönnten mir das nicht, hätten mich gerne woanders gesehen und ließen mich das auf gemeine Art und Weise wissen.

Doch am einprägsamsten waren meine Jahre als Unternehmer. Ich schwamm, so wie ich das eigentlich wollte, gegen den Strom und tat Dinge, die die meisten anderen Menschen nie tun würden, um danach Resultate zu erhalten, von denen diese nur träumten. Schritt für Schritt hatte ich mehr und mehr Leute um mich herum, die mir meinen Erfolg nicht gönnten, Firmen, welche unverzeihliche Fehlentscheidungen trafen und diese auf mich abwälzten und ein Gewissen, das mich jeden Tag fragte: "Willst du nicht endlich aufhören und wieder mit dem Strom mittreiben?" Stellst du dir diese Frage auch oft? Bei mir wurde es immer schlimmer und die Kritiker und Neider wurden stärker. Ein paar von ihnen hinterließen Kommentare auf Facebook und Twitter, um mir zu erklären, dass ich meinen Erfolg nicht verdient hätte, dass ich nur Glück hatte und nichts vom Geschäftsleben verstand. Ich selbst würde jedoch nie zu jemand Wildfremdem hingehen, beschimpfende Kommentare abgeben oder jemanden blind kritisieren. Eines meiner erfolgreichsten YouTube-Videos zum Beispiel mit zehntausenden Views handelt darüber, ob du eine Wohnung für dich kaufen oder mieten solltest. Du kannst dir gar nicht vorstellen, was für bösartige Kommentare ich unter dieses Video bekommen habe. Woher kamen diese Leute und warum taten sie, was sie taten?

Kritiker und Neider sind Menschen, deren Aufgabe es im Leben ist, neidisch zu sein und andere zu kritisieren, um diese Menschen vermeintlich zu schützen. Das klingt blöd, doch diese Menschen tun das oft in gut gemeinter Absicht und erkennen nicht, was sie wirklich anstellen. Sie könnten eigentlich genau dasselbe erreichen wie du, doch sie machen es nicht. Denn sie würden nie den gleichen Einsatz dafür bringen wie du es tust. Und anstatt dies zuzugeben, quälen sie dich, der bereit ist, gegen den Strom zu schwimmen und hart zu arbeiten. Die negative Nebenwirkung dabei ist, dass du dann genauso wie ich auch in solchen Situationen steckst und Selbstzweifel entwickelst. Du wirst dir unsicher, traust dich nicht mehr, Vollgas zu geben, sondern wirst eher entschuldigend.

Anfangs reagierte ich zum Beispiel komplett falsch und versuchte, gegen die Neider anzukämpfen, was komplett nach hinten losging. Ich rechtfertigte mich bei Anschuldigungen, streute dabei nur noch mehr Salz in die Wunden und machte die Neider damit noch stärker. Ich verlor mein Selbstwertgefühl, wurde immer unproduktiver und traute mich nicht, neue und bessere Resultate zu liefern. Zu groß war die Angst, ein Video hochzuladen, einen Post zu machen oder etwas Neues zu produzieren. „Was würden die Kritiker nur sagen? Welchen Fehler würden sie dieses Mal finden? Warum lachen sie mich dieses Mal aus? Usw.“

Es erschließt sich vielen Menschen einfach nicht, dass es andere gibt, die deshalb jemanden zu unterdrücken versuchen, weil das für sie die einzige Lösung ist, ihre Grundbedürfnisse zu befriedigen. Es ist ihr Weg, sich scheinbar besser zu fühlen. Dabei vergisst man selber, auf die wichtigen Werkzeuge zu achten, wie man das eigene Selbstvertrauen oben hält. Ich erlernte das damals erst Schritt für Schritt. Ich las Autobiographien von Menschen, die Neider hatten, sah mir YouTube-Videos zu diesem Thema an und las Blogeinträge durch. Schließlich erkannte ich, dass der Grund, warum ich noch nie so viele Neider zuvor gehabt hatte, derjenige war, weil ich noch nie zuvor so erfolgreich gewesen war. Noch nie hatte ich so viel verdient oder so viel erreicht. Also musste ich lernen, den Neidern dankbar zu sein, denn erst wenn du Neider hast, bedeutet es, dass du wirklich etwas erreicht hast. Niemand ist neidisch auf dich, wenn du im Durchschnitt lebst, denn du stellst somit keine „Bedrohung“ dar. Um es in Oscar Wildes Worten zu sagen: „Die Anzahl unserer Neider bestätigt unsere Fähigkeiten“.

Der einzige richtige Weg, mit Neidern umzugehen, ist komplett anders, als ich es tat – nämlich:

IGNORIEREN

Schritt eins: Sei dankbar dafür, dass du Neider hast. Du hast diese, weil du so viel Wert darstellst und andere dadurch in Bedrängnis bringst. Verbinde positives Selbstwertgefühl mit jeder Kritik oder jedem Neid, welche/n du bekommst. Wärst du nicht, wo du bist, hättest du nicht all die harten

Dinge getan – du würdest nie Neid, Kritik oder Hass bekommen. Bedanke dich also von ganzem Herzen für diese höchste Form der Anerkennung.

Schritt zwei: Ignoriere und blockiere den „Lärm". Konzentriere dich und mach weiter. Nichts, was du dagegen sagst oder tust, wird etwas ändern. Im Gegenteil, es verschlimmert die Lage nur und motiviert die Neider, noch mehr gegen dich vorzugehen, denn jetzt kommt ein neues Grundbedürfnis dazu: Spaß. Gib ihnen das nicht und die Langeweile tötet sie selber. Auf keinen Fall werde entschuldigend für deine Taten, Worte und Resultate. Sei vielmehr stolz darauf, was du alles erreicht hast.

Schritt drei: Steigere nun die Intensität, kämpfe dich durch und gehe weiter. Hör nie auf, denn dann geben die Neider schnell auf und suchen sich ein anderes „Opfer". Denke immer daran, warum ein Mensch tut, was er tut: damit es ihm/ihr scheinbar besser geht. Wenn diese Person keinen Spaß (Abwechslung) hat, weil du nicht auf sie eingehst (Zuneigung & Anerkennung) plus du nur noch stärker wirst, wird sich der Kritiker, Neider oder Hasser immer unwohler fühlen (fehlende Sicherheit).

Schritt vier: Liefere so schnell wie möglich noch bessere Resultate. Produziere das nächste Produkt. Kreiere die nächste Idee. Ohne mit auch nur einem Wort auf die Neider, Hasser oder Kritiker einzugehen, zeigst du ihnen, aus welchem Holz du wirklich geschnitzt und was du wirklich wert bist. So werden die Neider zu dem, wozu alle Neider einmal werden, wenn du gut genug bist: Ein Fan. Ein Diamant entsteht auch erst durch anhaltenden Druck.

Schritt fünf: Stärke dein Selbstwertgefühl durch jeden dieser kleinen Erfolge umso mehr. Heute bin ich zum Beispiel für jeden Neider dankbar, denn ich verstehe, dass ich mir Neid erarbeiten muss – Mitleid gäbe es geschenkt. Merke dir das immer und du wirst den Widerstand genauso lieben lernen.

Heute war ein wirklich wichtiger Tag, denn je höher dein Selbstwertgefühl, umso mehr wirst du im Leben schlussendlich bekommen. Egal, ob im Beruf, in der Beziehung oder einfach nur generell. Genauso wie Menschen für einen Diamanten immer mehr als für einen normalen Stein bezahlen werden, so wird ein Mensch mit viel authentischem Selbstwertgefühl immer mehr erhalten als jemand ohne. Mach also diese fünf To-Dos heute ganz besonders sorgfältig:

1. Mit wem vergleichst du dich oft, wobei du danach erkennst, dass es Selbstzweifel in dir hervorruft? Frage dich stattdessen:

    a. Was macht diese Person so gut, dass ich sie eher schätzen sollte?
    b. Was kann ich von dieser Person lernen?
    c. Wofür bin ich dieser Person dankbar?

    Danach höre auf, dieser Person zu folgen und dich dabei wahnsinnig zu machen. Lerne einfach nur von ihr und sei dankbar dafür, dass es diesen Menschen gibt.

2. Reflektiere deine Stärken und Schwächen mit den Fragen aus dem Selbstbewusstsein-Teil. Suche dir immer drei Stärken für jede deiner Schwächen.

3. Starte das Rockstar-Glas. Erinnere dich gleich zum Anfang an zwei bis drei Momente, in denen du etwas ganz besonders toll gemacht hast, schreibe sie auf und gib sie in das Glas. Reflektiere, was du so besonderes gemacht hast und genieße das Gefühl von steigendem Selbstvertrauen.

4. Wende die zweimal zehn Werkzeuge an.

5. Buche die Grenzenlos Erfolgreich© Eskalation für maximales Selbstwertgefühl: team@i-unlimited.de.

Wir sind nun fast am Ende von TEIL 2 – VISUALISIEREN. Morgen fließt alles aus den letzten Tagen noch einmal zusammen, denn da geht es um Entscheidungen. Diese definieren, wie du ja bereits weißt, die Destination deines Lebens. Es wird also ein ganz besonders wichtiger Tag.

Sei GRENZENLOS ERFOLGREICH©!

Dein

Dr. Julian Hosp

TAG 21: Entscheidungen ohne Dilemma treffen

Willkommen bei Tag 21!

Heute fließt extrem viel aus den ersten drei Wochen zusammen, denn heute geht es darum, Entscheidungen zu treffen, ohne dabei ein Dilemma zu kreieren.

Unser Gehirn stellt sich ständig folgende Fragen:

1. Worauf muss ich mich fokussieren?
2. Was bedeutet das für mein Überleben?
3. Was muss ich also tun?

Durch diesen simplen Fragenprozess treffen wir unterbewusst die meisten unserer Entscheidungen. Wenn es also heute um das bewusste Treffen von Entscheidungen geht, dann ist es wichtig zu verstehen, dass das:

A. einerseits bedeutet aufzuhören, „Überlebensentscheidungen" zu treffen, da wir in 99.99% der Fälle nicht mehr ums Überleben kämpfen müssen und
B. andererseits dabei verstehen müssen, dass es keine richtigen oder falschen Entscheidungen gibt. Klar, Entscheidungen legen die Route unseres Lebens fest, doch noch viel wichtiger ist es zu verstehen, wie man Entscheidungen trifft, um dorthin zu kommen, wo man von vornherein hin will. Und wie schon oft gesagt, führen viele Wege nach Rom. Es gibt also lediglich solche Entscheidungen, welche man binnen eines Momentes trifft, und dann all die anderen, die man nicht getroffen hat.

Oft wird gesagt, dass es die Momente einer Entscheidung sind, wo du das Ziel deines Lebens festlegst. Doch wie bei jeder Reise ist es dann viel wichtiger, ob du sie auch antrittst oder nicht.

Diese Punkte zu verstehen, hilft ungemein, einerseits unsere Schwierigkeiten beim Treffen von Entscheidungen zu verstehen, andererseits uns auch ein bisschen die Furcht davor zu nehmen. Es gibt schließlich keine falschen Entscheidungen. Hat man den richtigen Weg nach Rom eingeschlagen, muss man ihn erst gehen, um dort auch anzukommen. Genauso ist es im richtigen Leben. Natürlich ist es von Vorteil, wenn man den für sich passenden Weg einschlägt – wie man das erkennt, möchte ich gemeinsam mit dir erarbeiten.

Was haben wir über das Lösen von Problemen gelernt? Schritt 1 ist es, genug Abstand zu gewinnen, das Problem klar zu definieren und in einfachen Worten niederzuschreiben. Lass uns das also gemeinsam machen:

Warum wollen Leute keine Entscheidungen treffen? – Die fünf Schritte zur Entscheidungsfaulheit:

1. **Angst:** Menschen haben Angst, die falsche Entscheidung zu treffen. Das einzige, was man falsch machen kann, ist, keine Entscheidung zu treffen. Die Angst kommt wie so oft aus limitierenden Glaubenssätzen zu diesem Prozess.

2. **Unsicherheit:** Menschen haben deshalb Angst, da sie Unsicherheit meiden wollen. Du musst lernen, Entscheidungen aufgrund von Wahrscheinlichkeiten, NICHT Sicherheiten zu treffen. Merke: Je mehr Unsicherheit du tolerieren kannst, umso besser wird dein Leben sein und umso mehr Glück und Zufriedenheit wirst du empfinden.

3. **Konsequenzen:** Menschen sind zu faul, sich die eigentlichen Wahrscheinlichkeiten zu überlegen, um dadurch Konsequenzen berechnen zu können. Dadurch

wird potentiellen Gefahren zu viel Bedeutung geschenkt und mögliche Belohnungen werden nicht genutzt.

4. **Verantwortung abgeben:** Wir lernen dadurch, Verantwortung abzugeben und unser Muskel, Entscheidungen konsequent zu treffen, wird zu wenig genutzt.

5. Wie jeder Muskel, welcher zu wenig verwendet wird, wird auch der **Entscheidungsmuskel** dadurch leicht überfordert, weil in der heutigen Gesellschaft zu viele Fragen gleichzeitig auf uns einprasseln. Menschen fokussieren sich zu oft auf unwichtige bzw. nicht-beeinflussbare Dinge und der bereits untertrainierte Muskel ermüdet zusätzlich. Dies ist auch der Grund, warum viele erfolgreiche Menschen wie z.B. Mark Zuckerberg immer das Gleiche anziehen. So nutzen sie diesen Muskel nur für die „wichtigen" Dinge im Leben.

Dies ist die entscheidende Problemkette beim Treffen von Entscheidungen. Jede Kette ist nur so stark wie das schwächste Glied. Welcher aus diesen fünf Punkten der schwächste ist, kannst du ganz allein für dich entscheiden. Wir gehen jetzt jeden der Punkte durch, denn so tust du dich am Ende unglaublich leicht, jede auch noch so schwierige Entscheidung „mit links" zu treffen.

1. ANGST:

Wie bereits am Tag über Angst besprochen, hat jeder von uns Ängste. Wenn du dich also vor Entscheidungen fürchtest, ist das am Anfang absolut okay. Doch es gibt Strategien, diese Ängste zu bezwingen. Falls du diese nicht mehr weißt und du panische Angst vor Entscheidungen hast, gehe auf jeden Fall zu Tag 18 zurück und arbeite die Punkte mit der Entscheidungsfindung-Aufgabenstellung durch. Nachdem wir hier praktisch alles schon besprochen haben, möchte ich mich an diesem Punkt gar nicht zu lange aufhalten, mit der Ausnahme, dir noch diesen Tipp zu geben: Für wichtige Entscheidungen solltest du wie beim Problemlösen immer

Papier und Stift dabei haben und dir die Punkte mit Pros und Contras detailliert aufschreiben. Ein paar Beispiele dazu werde ich dir eh noch geben.

2. UNSICHERHEIT:

Der Grund, warum Menschen unsicher bei ihren Entscheidungen sind, liegt darin, dass sie ihre Unsicherheit falsch zuordnen. Die meisten denken, dass sie unsicher mit ihrer Entscheidung sind, ob links oder rechts besser ist, doch eigentlich sind die Menschen unsicher, was sie wirklich wollen.

Nicht deine Entscheidung bringt dir Unsicherheit, sondern nicht 100% zu wissen, was du eigentlich willst!

Genau aus diesem Grund haben wir diesen gesamten TEIL 2 damit verbracht, herauszufinden, was deine Vision ist, welche Ziele du hast, auf welcher Mission du dich befindest, was dein Primärfokus ist und welche Werte und Regeln dein Leitbild vertritt. Ich weiß nicht, ob du diese Bändchen kennst, welche viele Menschen am Arm tragen: W.W.J.D. Auf Englisch heißt das: „What would Jesus do?“ (Was würde Jesus machen?). Für Christen ist Jesus natürlich das Vorbild, und deshalb fragen sie sich, was er in einer bestimmten Situation machen würde. Jesus kann sehr gerne dein Vorbild sein, doch unabhängig davon, welcher Religion du angehörst (oder auch nicht), solltest du dir noch vielmehr die Frage stellen:

WAS WÜRDE MEIN LEITBILD IN DIESER SITUATION MACHEN?

Deshalb haben wir den Grenzenlos Erfolgreich Pfad© mit den zehn wichtigsten Punkten darauf. Schaue ihn dir heute (wie jeden Tag) gleich nochmal an, um dir zu vergegenwärtigen, welche Vision, welche Ziele, welchen Fokus, welche Mission, welche Regeln und Werte dein Leitbild hat. Solange du dich danach richtest, brauchst du dich bei keiner einzigen Entscheidung unsicher fühlen, denn du weißt zu 100%, dass du den richtigen Weg eingeschlagen hast.

3. KONSEQUENZEN:

Nachdem die meisten Menschen gerne „schwarz“ oder „weiß“ hören, „rechts“ oder „links“, „rauf“ oder „runter“, „ja“ oder „nein“, ist es nicht besonders schwer zu erkennen, dass man bei jedem Weg zu zweifeln beginnen kann, auch wenn dieser am Anfang perfekt ausgesehen hat.

Die Lösung ist, nicht in Kategorien wie „schwarz“ oder „weiß“ zu denken, sondern vielmehr in Grauschattierungen. In der Entscheidungstheorie bedeutet das: in Wahrscheinlichkeiten. Falls du selber schon einmal Poker gespielt oder auch nur zugesehen hast, so wirst du mit den Gewinnwahrscheinlichkeiten bei diesem hoch mathematischen Spiel vertraut sein. Angenommen, es sitzen zwei Spielerinnen am Tisch und du müsstest eine Entscheidung treffen, auf welche von beiden du 1.000 € setzt, weil sie gewinnen wird. Wenn du nichts über die beiden wüsstest und das Spiel gerade beginnen würde, so wäre die Chance 50:50 für jede der beiden. Sobald die ersten Karten ausgeteilt werden, verteilen sich die Gewinnchancen natürlich abhängig von den jeweiligen Karten, welche die Spielerinnen bekommen. Wenn du also jetzt Geld setzen müsstest, würdest du dir ganz genau ausrechnen (was im Fernsehen immer ein Computer übernimmt), welche Spielerin die höheren Chancen hat zu gewinnen.

Doch auch wenn eine Spielerin 80% Chance hat zu gewinnen, kann sie trotzdem noch verlieren. Es ist nicht wahrscheinlich, doch möglich. Die Kunst beim Poker ist es, dass man als guter Spieler genau dann viel Geld setzt, wenn die Wahrscheinlichkeit zu gewinnen relativ hoch ist. Natürlich gehört der eine oder andere Bluff dazu, doch Wahrscheinlichkeiten richtig einzustufen, ist um ein Vielfaches wichtiger. Es wird nur ganz, ganz selten geschehen, dass eine Spielerin zu 100% gewinnt, da die andere bis zur letzten Karte theoretisch noch mit richtig viel Glück das berühmte Ass im Ärmel ziehen kann.

Wenn es um Entscheidungen geht, ist es genau dieselbe Kunst, weniger auf Sicherheit, sondern vielmehr auf Wahrscheinlichkeit zu spielen. Klar, Glück kann immer wieder ein Faktor sein, doch wie jeder gute Pokerspieler weiß, darfst du dich darauf ja nie verlassen, sonst verlierst du garantiert. Genauso wie erfolgreiche Pokerspieler Wahrscheinlichkeiten berechnen und dann eine Entscheidung über Bleiben, Passen oder Gehen treffen, so versuchen erfolgreiche Entscheidungsträger genau dasselbe bei ihren Optionen. Nicht umsonst sagt man, dass man beim Pokerspiel mehr über Unternehmertum lernt als bei einem MBA (= Master of Business Administration).

Wie könnte dies ablaufen? Da es sich ja anfänglich ebenfalls um ein Problem handelt, kannst du denselben Prozess verwenden wie vorgestern an Tag 19 besprochen:

1. Sei zuallererst – wie eigentlich so immer im Leben – in einem positiven Gemütszustand (Fokus, Wörter, Körper)…

Ich möchte dir in diesem Ablauf als Beispiel eine wirklich schwierige Entscheidung von einem Freund von mir erzählen, welcher eine Krebsdiagnose bekommen hat. Ich war nicht sein behandelnder Arzt, doch kam er zu mir, um ihm bei der Entscheidung zu helfen, ob er nach der erfolgreichen Operation eine adjuvante (anschließende) Chemotherapie machen sollte, oder nicht. Den Gedankenprozess, welchen wir durchgemacht haben, inklusive aller Notizen, möchte ich dir hier in diesem Beispiel zeigen, sodass er dir einen Aufschluss gibt, wie das auch bei noch so drastischen Entscheidungen ablaufen kann.

Bevor wir in die Entscheidung gegangen sind, habe ich ihn gebeten, so positiv und klar zu denken wie nur möglich. Da er sich nicht allzu sehr körperlich anstrengen durfte, gingen wir für einen Moment hinaus an die frische Luft (Körper), genossen die Natur und er erzählte mir von seinen Kindern (Fokus), welche ihn unglaublich stolz machten (Wörter).

2. Überlege dir nun ganz genau, was du dir als Resultat von deiner Entscheidung erwartest. Dies muss aus den Vorstellungen deines Leitbildes resultieren. Du solltest es niederschreiben und ganz klar definieren. Je schwieriger die Entscheidung, umso klarer der Hinweis an dich, dass du dir nicht genau genug überlegst, was du wirklich willst. Überlege dir wirklich genau die Regeln, um das Gefühl zu erreichen, das du dir erwartest.

Ich fragte meinen Freund nach unserem Spaziergang, was er sich denn genau von der Chemotherapie erwartete bzw. was er denn wirklich wollte. Er meinte, er wolle gesundwerden. Wir wussten beide, dass dies nicht das richtige Ziel war. Was er wirklich wollte, war wieder so zu leben, wie noch vor der Krebsdiagnose. Fragen sind die Antworten, also stellte ich ihm die folgende: „Willst du mehr Jahre in deinem Leben oder mehr Leben in deinen Jahren haben?" Erst verstand er die Frage nicht, wollte schon antworten, doch dann hielt er kurz inne. Na ja, er wolle auf jeden Fall Großvater werden, was bei dem Alter seiner Kinder in circa vier bis fünf Jahren passieren sollte. Er hatte viel im Leben erreicht, doch natürlich wäre es für ihn nicht befriedigend, zwanzig Jahre lang an Medikamente gebunden dahinzuvegetieren. Seine Antwort war also, dass er mehr Leben in seinen verbleibenden Jahren haben wolle. Wenn dies noch zehn Jahre ginge, wäre das okay, 30 Jahre wären natürlich noch viel besser. Qualität über Quantität.

Dies war ein Schlüsselerlebnis für ihn, denn dies änderte seine komplette Fragestellung bei der weiteren Zeit im Krankenhaus, wie du noch sehen wirst. Er wusste nun zum ersten Mal ganz genau, was er eigentlich wollte und von da an waren seine Entscheidungen kristallklar.

3. Was sind nun die möglichen Optionen? Hier gilt es, genauso wie bei der Problemlösung, zu recherchieren, zu brainstormen, Feedback von anderen einzufordern, zu lernen und keinen Stein auf dem anderen zu lassen. Verstehe bei der Lösungssuche die folgenden drei Punkte:

A. Eine Option ist keine Option.
B. Zwei Optionen sind ein Dilemma.
C. Finde also immer die dritte Option! Sobald du diese hast, gibt es auch eine vierte und fünfte usw.

Wenn du das beachtest, wirst du beim Treffen von Entscheidungen nie mehr in einem Dilemma sein.

Als wir seine Optionen durchgingen, antwortete er voreilig: „Na ja, es stellt sich ja nur die Frage, ob Chemo – ja oder nein." Es war also ein Dilemma. Doch sobald es eine dritte Option geben würde, kämen weitere hinzu. Also suchten wir nach Alternativen:

- *adjuvante Chemotherapie*
- *gar keine weitere Therapie*
- *weitere operative Behandlungen in der Klinik*
- *Radiotherapie (Strahlen)*
- *Ernährungstherapie*
- *und noch einige mehr*

4. Vor- und Nachteile: Liste als nächstes die Optionen auf und finde so viele Vor- und Nachteile wie nur möglich. Finde auch die Worst- und Best-Case-Varianten heraus. Hinterfrage alles. Als ich zum Beispiel auf meinem Flug nach Lima meinen Beruf als Arzt kündigte, machte ich eine solche Liste. Vorteile Arzt: Ansehen, sicherer Job, geregelte Arbeitszeiten; Vorteile Unternehmer: frei von den Entscheidungen anderer, Reisen, Business, Spaß, Abenteuer, Lernen. So fiel mir damals die Wahl extrem einfach, da ich wusste, was mein Leitbild wollte. Bei meinem Freund war es nicht ganz so einfach. Noch dazu ging es hier um sein Leben

und nicht um eine reversible Entscheidung wie Arzt zu sein – ja oder nein.

Wir setzten uns also an die gesamte Literatur. Was waren Vorteile und was waren Nebenwirkungen der jeweiligen Behandlungen? Wer hatte wirklich Erfahrung in all dem und wer sprach nur von reiner Theorie? Selber einmal als Arzt gearbeitet zu haben, doch die Meinung des behandelnden Arztes zu hinterfragen, ging für mich nur, weil ich das Beste für meinen Freund wollte, ohne irgendwelchen Standards gehorchen zu müssen. Wir lernten etwas über Wirkweisen und Nebenwirkungen von Chemotherapeutika, durchforsteten Studien und kontaktierten die Studienleiter. Wir erkundigten uns im Detail über jede Behandlungsmethode. Am Ende schien vor allem eine strenge Ernährungstherapie vielversprechend zu sein. Wenig Nebenwirkungen, gute Erfolgsaussichten.

5. Was sind die Wahrscheinlichkeiten? Jetzt kommt der schwierigste, jedoch wichtigste Teil: Was sind die kombinierten Wahrscheinlichkeiten und Auswirkungen der Vor- und Nachteile? Es reicht nicht zu wissen, dass du zwei Asse vor dir liegen hast. Du musst genauso wissen, was die anderen Spieler haben und welche Karten sonst noch am Tisch liegen. Man muss alle Faktoren so gut es geht kombinieren und sich folgende fünf Dinge fragen:

i. Was sind die Vorteile?
ii. Was sind die Nachteile?
iii. Was ist der Best Case?
iv. Was ist der Worst Case?
v. Wie wahrscheinlich sind all diese Punkte?

Wir stellten uns all die Fragen und kamen zu folgender Antwort: Eine Chemotherapie hatte eine relativ gute Aussicht auf Wirksamkeit, doch eine praktische Garantie an Nebenwirkungen mit schweren Lebenseinschränkungen. Eine strikte Ernährungstherapie hatte praktisch keine

Nebenwirkungen und die Erfolgsaussichten waren gut, doch nicht ganz so akzeptiert wie die Chemotherapie. Was tun? Der Best Case bei der Chemo war, dass sie wirkt. Dass keine Nebenwirkungen eintreten würden, war ausgeschlossen. Der Worst Case war, dass sie nicht wirkt, doch die Nebenwirkungen waren trotzdem da. Bei der Ernährungstherapie war der Worst Case, dass sie nicht wirkt. Nebenwirkungen würde es nicht wirklich geben. Der Best Case war, dass sie besser wirkt als erwartet.

In Anbetracht der leicht schlechteren Wahrscheinlichkeit bei der Ernährung, jedoch der guten Verteilung von Worst und Best Case traf mein Freund nun eine Entscheidung.

4. VERANTWORTUNG:

Eine Entscheidung zu treffen bedeutet, Verantwortung zu übernehmen. Du hast es ja schlussendlich selber so entschieden. Für viele Menschen ist das angsteinflößend. Zu gerne geben sie den Kommandostab an den Nächsten weiter. Warum machen sie das? Aufgrund limitierender Glaubenssätze, durch welche Menschen denken, andere wissen etwas besser bzw. weil Menschen gerne Sicherheit für Positives haben. Wenn sie nämlich Verantwortung übernehmen, dann jedoch falsch liegen, haben sie die Sicherheit, dass sie sich selber die Schuld geben müssen. Natürlich wissen wir, dass es kein Falsch und deshalb auch keine Schuld gibt, doch so sehen das viele Menschen nicht. Die Angst vor der Schuld ist fünfmal stärker als die Möglichkeit, die Kontrolle über das eigene Leben zu behalten. So gibt man die Kontrolle lieber ab, anstatt selber etwas bewirken zu können, und zwar in der trügerischen Gewissheit, selber nie Schuld sein zu müssen.

Steve Jobs hat vor seinem Tod gesagt: „All die Dinge, welche es auf der Welt gibt, wurden von Menschen erschaffen, welche kein bisschen schlauer sind als du. Wenn dir das klar wird, hast du keine Ängste, selber etwas Tolles zu kreieren!“ Dies ist eine wichtige Aussage, denn es ist wirklich so, dass in den wenigsten Fällen die Abgabe der Verantwortung zu einer Besserung führt. Einmal im Gymnasium in Innsbruck hatten wir eine Physikschularbeit. Ich hatte recht wenig gelernt, da ich nur am Basketballspielen war. Während des Tests bemerkte ich, wie ein Mitschüler von mir abschreiben wollte. Ich versuchte ihm zu erklären, dass ich genauso wenig Plan hatte wie er, doch er war davon überzeugt, dass meine Entscheidungen auf dem Testblatt besser seien. Na ja, ich hatte eine 4 und er auch. Erwartet hatte er sich eine 1 oder 2. Lektion? Vertraue lieber dir selbst, statt anderen die Verantwortung und damit den Kontrollhebel über dich zu geben. Genau deshalb haben wir auch gestern über Selbstwertgefühl gesprochen. Je höher dieses ist, umso leichter wirst du dich tun, am ehesten dir selber zu vertrauen.

Tust du dich dabei schwer? Hier sind drei Tipps, die ich selber gelernt habe und welche ich mit Klienten in Entscheidungsfindungsphasen anwende, wenn es darum geht, den Drücker auch wirklich selbst zu betätigen:

1. Wenn-Dann-Funktionen:

Computerprogramme verwenden sehr oft Wenn-Dann-Funktionen. Wenn X, dann Y, wenn A, dann B usw. Der Grund, warum das auch für uns Menschen sehr effizient funktionieren kann, ist, weil man sich so vorher mit Hilfe seinesLeitbildesunddenmöglichenOptionengewisseRegeln und Abläufe überlegen kann, welche man danach nur mehr ausführen braucht. So kann man einen gewissen Abstand einnehmen, wenn es dann um den meist emotionalen Moment der eigentlichen Entscheidungsfindung geht. Die logischen Schritte sind bereits getätigt worden und man muss diese lediglich noch umsetzen.

2. 3/3/3-Regel

Die 3/3/3-Regel ist einer meiner persönlichen Favoriten, wenn es um Entscheidungsfindung geht. Mit dieser kann man extrem schnell hocheffiziente Entscheidungen treffen. Dabei überlege ich mir die Konsequenzen einer Entscheidung für die nächsten drei Sekunden bis drei Minuten (also Auswirkungen jetzt), für die nächsten drei Wochen bis drei Monate (mittelfristige Auswirkungen) und für die nächsten drei Jahre bis drei Jahrzehnte (langfristige Auswirkungen).

So stelle ich sicher, dass ich keine kurzfristigen Vorteile vor wichtige, langfristige Konsequenzen stelle. Warren Buffett sagte einmal dazu:

„Wenn du bedenkst, dass du für deinen guten Ruf 30 Jahre brauchst, um ihn aufzubauen, jedoch nur fünf Minuten, um ihn dann zu zerstören, siehst du Entscheidungen aus einer komplett anderen Sicht.“

Dies nehme ich mir mit dieser 3/3/3-Regel sehr zu Herzen und kann so die Wahrscheinlichkeiten inklusive der Vor- und Nachteile gut verantworten.

3. Schlussfolgerungen durch andere Leute

Eine weitere Möglichkeit, den Trigger auszulösen und dabei ein positives Verantwortungsgefühl zu haben, ist, den Pfad anderer Menschen genau zu betrachten.

„Nur ein Idiot würde denken, er könnte denselben Weg nehmen und woanders ankommen!“

Als ich zum Beispiel damals auf dem Flug nach Lima meine Liste mit Vor- und Nachteilen geschrieben habe, war ich zwar rational davon überzeugt, dass das Unternehmertum für mich die bessere Entscheidung wäre, doch natürlich hieß das nicht, dass ich nicht noch Zweifel daran hatte, zu kündigen. „Was aber, wenn…“ hing in meinem Kopf. Was mich schlussendlich dazu bewegt hatte, den Schritt zu gehen? Ich überlegte mir genau, wohin denn die Entscheidungen der

Ärzte im Krankenhaus diese gebracht hatten. Somit konnte ich davon ausgehen, dass auch ich dort ankommen würde. Ich wollte jedoch keine 80 Stunden pro Woche mein Leben lang arbeiten, jeden Tag nur verletzte Menschen sehen (ich war auf der Unfallchirurgie) und dabei die Bedürfnisse anderer vor die eigenen stellen. Ich wusste, dass das passieren würde, denn es war genau die Situation, in welcher die anderen Ärzte auf meiner Station angekommen waren. So konnte ich nicht nur die finale Entscheidung treffen, sondern mich sowohl rational als auch emotional wohl dabei fühlen und mit ruhigem Gewissen die volle Verantwortung übernehmen.

Ein finaler Tipp, für welchen ich lange gebraucht habe, um ihn zu beherzigen, der jedoch meine Entscheidungs- und damit Führungsqualitäten um ein Vielfaches gebessert hat, ist der folgende:

**TRIFF ENTSCHEIDUNGEN SCHNELL,
ÄNDERE SIE LANGSAM!**

Das Schlimmste, was du bei Entscheidungen machen kannst, ist, wenn du wie ein Fähnchen im Wind mit jedem neuen Luftstoß deine Meinung änderst und eine neue Entscheidung triffst. Gehe mit viel Selbstwertgefühl durch den Prozess, dann brauchst du keine Selbstzweifel haben. Diese liegen nur an der Unsicherheit begründet, dass du nicht weißt, was du wirklich willst. Entscheidungen sind nie richtig oder falsch, sondern geben dir lediglich vor, welchen Weg du dich entscheidest, gehen zu wollen. Erst, wenn du ihn gehst, kommst du auch wirklich an. Wenn du ständig einen neuen Weg einschlägst, kommst du gar nicht dazu, den Weg auch zu gehen, also deine Entscheidung umzusetzen.

<u>Sei keine Elster!</u>

Stelle dir eine Elster auf einem Baum vor. Unten links sieht sie etwas glitzern und unten rechts etwas Futter. Sie kann sich nicht entscheiden, was sie sich holen will, denn sie weiß, sobald sie zum einen fliegt, wird das andere weg sein. Ihre Elsterfreunde und -bekannten sitzen um sie herum auf dem Ast. Die einen sagen: „Hol dir das glitzernde Ding“, die anderen sagen: „Nein, hol dir was zu essen“. Jedes Mal, wenn sie sich für das eine entscheidet, klingen die anderen Stimmen viel lauter. FOMO (Fear of missing out) – die Angst, etwas zu verpassen, ist immer fünfmal stärker als etwas anderes dafür zu bekommen. Stunden später sitzt sie immer noch da, unentschlossen, ob sie sich nun das Glitzernde oder das Essen holt. Sie merkt, dass sie gleich beides verlieren wird und fliegt zum Essen los. Im Flug hört sie noch: „Die dumme Elster, wenn sie sich das Glitzernde holen würde, könnte sie sich damit Essen kaufen!“ „Die haben Recht“, denkt sie sich, und ändert die Flugrichtung. „Oh Mann, die wird noch verhungern, wenn sie sich nichts zu Essen holt“, hört sie jetzt. Also ändert sie noch einmal die Flugrichtung. In dem ganzen Hin und Her bemerkt sie den Falken nicht, der gerade auf sie herunterschießt. Dieser hätte sich 50 andere Vögel gleichzeitig aussuchen können, doch er verstand:

ICH KANN ALLES HABEN, NUR NICHT GLEICHZEITIG!

Sei also keine Elster!

Sollte man seine Entscheidungen irgendwann ändern? Oder anders gefragt: wann weiß ich, dass ich auf dem Holzweg bin?

„Sobald sich die Fakten ändern, ändert sich auch meine Entscheidung!“

Triff Entscheidungen also rasch und bestimmt und bleibe ihnen treu, es sei denn es ändert sich die unterliegende Entscheidungsgrundlage. Ganz am Anfang meiner Unternehmerkarriere dachte ich darüber nach, mit einem Network Marketing-Unternehmen zusammenzuarbeiten.

Viele Menschen rieten mir davon ab, doch für mich gab es folgende Regeln für Erfolg:

A. Ich verdiene viel Geld oder
B. ich lerne etwas Neues oder
C. ich lerne neue Leute kennen.

Nachdem ich zumindest einen dieser Punkte bei dem Multi-Level-Marketing-Unternehmen immer als möglich sah, begann ich die Zusammenarbeit. Nach einiger Zeit erkannte ich jedoch, dass viele der Aussagen der Firma nicht stimmten und ich kein Geld verdienen, sondern eher Freunde verlieren würde und nicht wirklich etwas Neues lernen, sondern sogar eher Menschen schädigen würde. Zuvor hörte ich nicht auf andere Leute, denn das war meist nur Lärm. Als sich die Fakten meiner Entscheidungsgrundlage geändert hatten, änderte ich dann auch meine Entscheidung. Ich hatte mir mein eigenes Bild gemacht und erst als sich dieses veränderte, entschied ich, mich von der Firma zu trennen.

Wie entschied sich nun mein Freund bei seiner Therapie? Er wog alle Vor- und Nachteile inklusive Worst und Best Case ab und kam zu der Entscheidung, dass er die Ernährungstherapie wählen würde. Er hatte sich das genau überlegt und da er nun wusste, was er genau wollte, fiel ihm die Wahl schlussendlich gar nicht so schwer. Ich hatte ihn bei dieser Entscheidung nicht beeinflusst, denn meine Aufgabe als „Durchbruchkreierer" ist es nicht, Leute zu einer Entscheidung zu bewegen, die meiner Ansicht nach die beste wäre, sondern vielmehr aufdecken zu helfen, was der/die Gegenüber für sich selber bereits weiß, dass es das Beste ist und wozu er/sie sich nur noch nicht durchzuringen traute. Einige Ärzte und Freunde rieten ihm stark davon ab, doch er wusste, dass er keine Elster sein durfte und sich erst umentscheiden würde, wenn sich die Fakten – und NICHT die Meinungslage – änderte. Bis heute ist er absolut symptomfrei, es geht im besser denn je und klopf auf Holz, dass dies auch so bleibt.

Diese Geschichte ist natürlich KEINE Therapieempfehlung, sondern vielmehr ein Beispiel, wie man emotional schwierige Entscheidungen, welche in diesem Fall sogar das eigene Leben bedrohen, auf simple Art und Weise treffen kann. Die meisten Patienten wissen erst gar nicht, was sie sich eigentlich von ihrer Therapie erwarten und dies war genau bei ihm der Durchbruch zur für ihn richtigen Entscheidung.

5. MUSKEL:

Nun gilt es, den Muskel für Entscheidungen zu trainieren. Du musst hierfür immer reflektieren, zu welchen tollen Dinge diese Entscheidung geführt hat:

1. Was habe ich daraus gelernt?
2. Wen habe ich getroffen?
3. Was habe ich Tolles bekommen?
4. Usw.

Sei keine Elster, indem du dich darauf fokussierst, was die andere Entscheidung eventuell hätte bringen können. Denn:

HAT I, TAT I UND WAR I SIND NIE GEKOMMEN!

Auf Hochdeutsch: Hätte ich, täte ich und wäre ich bringen keine Resultate.

Wenn du dich auf die positiven Dinge fokussierst, trainierst du deinen Entscheidungsmuskel und du wirst dich in Zukunft immer leichter und leichter tun, Dinge zu entscheiden. Malcolm Gladwell beschreibt das in seinem Buch „Tipping Point – Wie kleine Dinge einen großen Unterschied machen“. Er erklärt, wie Experten durch ihre Erfahrung genau wissen, worauf sie sich bei Entscheidungen fokussieren müssen. Er beschreibt, wie fälschlicherweise oft angenommen wird, dass mehr Informationen zu einer besseren Entscheidung führen. Doch meist führt dies eher zu mehr Verwirrung. Zum Beispiel beschreibt er, warum Kunstexperten genau wissen, wann Kunst echt oder falsch ist bzw. warum Schach-Meister einen Zug machen oder nicht. Es hat nichts damit zu tun, dass sie sich jede Möglichkeit ausrechnen oder jedes noch so kleine Detail beachten. Vielmehr haben sie gelernt, sich auf die wesentlichen Dinge zu konzentrieren. Dies haben sie durch jahrelange Erfahrung gelernt.

Genauso ist es auch bei dir, wenn du lernst, deinen Entscheidungsmuskel zu trainieren. Du wirst aus deinem Bauchgefühl heraus wissen, was du tun musst, und je öfter und besser du das trainierst, übst und reflektierst, umso besser funktioniert das. Ich musste zum Beispiel mit 16 Jahren als Austauschschüler in Amerika unglaublich schnell lernen, meinem Bauchgefühl zu vertrauen. Es waren einfach zu viele neue Eindrücke, sodass es gar nicht möglich gewesen wäre, alles zu verarbeiten. Ich probierte aus, reflektierte und lernte, um so diese Entscheidungen aus meinem Bauch zu trainieren oder wie manche es nennen, Entscheidungen mit dem Herzen zu machen.

Solche Bauch- oder Herzensentscheidungen kann man auch mit einer Übung sofort erleben. Dies möchte ich mit dir jetzt noch gemeinsam durchmachen, bevor wir zu den To-Dos kommen. Mache diese Übung NICHT, während du etwas anderes machst, sondern nimm dir diese paar Minuten wirklich Zeit. Kein Multitasking!

Bei dieser Übung wirst du eine Entscheidung treffen, die du vielleicht schon länger zu lösen versucht hast, doch es dich bisher nicht getraut hast oder du einfach nicht auf einen grünen Zweig gekommen bist. Was wir jetzt machen, ist, dein Herz und dein Gehirn zu synchronisieren, sodass du zu einer harmonischen Lösung kommst.

Zuerst möchte ich dir das kurz wissenschaftlich erklären: Wenn man an dein Herz ein EKG bzw. an dein Gehirn ein

EEG anschließt, dann wirst du sehen, dass die Zacken auf den beiden Bildschirmen komplett asynchron laufen und nicht in Harmonie sind. Das ist auf den ersten Blick auch logisch, denn warum sollten diese beiden Organe synchron laufen? Wenn man sich das jedoch genauer ansieht, erkennt man, dass es genug Gründe dafür geben könnte. Zum Beispiel kommunizieren das Hirn und das Herz mit Hormonen miteinander, nämlich dem ANP (= atriales natriuretisches Peptid) und BNP (= B-natriuretisches Peptid). Wenn du dich zum Beispiel auf dein Herz konzentrierst, dann denkt dein Hirn ja an dein Herz. Über Botenstoffe und elektrische Signale beginnen die beiden dann synchron zu laufen. Dies sieht man medizinisch, indem man diese Prozesse per EKG und EEG misst.

Durch diese Harmonie wird es dir dann leichter fallen, Probleme zu lösen oder Entscheidungen zu treffen, welche du davor als undenkbar angesehen hast. Diese Übung, dein Herz und Hirn zu synchronisieren, ist unglaublich machtvoll. Alles, was davor eine Belastung für dich war, wird lösbar. Ich nutze diese Übung jedes Mal, wenn ich auf rationale Art und Weise keine Lösung finde. Mit Herz und Hirn synchronisiert schaffe ich dann jedoch, dass mein Herz mir sagt, was ich tun soll.

Wenn du bereit bist, setze dich hin und mach es dir bequem. Stehen ist auch okay, doch nicht so gut wie Sitzen. Schließe jetzt deine Augen und nimm ein paar tiefe Atemzüge. Atme ein… und atme aus… atme ein… und atme aus… Folge meiner Stimme und genieße den Prozess. Lege nun beide Hände aufs Herz und spüre die Herzschläge. Wie fühlt sich dein Herzschlag an? Fühle die Qualität. Hörst du den starken und den schwachen Schlag? DUM-dum, DUM-dum, DUM-dum… Spüre jeden Schlag.

Nun denke an deine Entscheidung, welche du treffen möchtest. Etwas aus dem Beruf, deiner Beziehung, etwas Finanzielles, oder etwas anderes, das du schon länger vor dir hergeschoben hast. Etwas, das du vielleicht sogar bereits zu lösen versucht hast, doch nachdem du es bisher immer mit deinem Gehirn angegangen bist, bist du zu keiner Lösung gekommen, welche dein Herz glücklich gemacht hat. Vielleicht hast du dir ja bisher, wie man so schön sagt, den Kopf darüber zerbrochen. Jetzt synchronisieren wir Herz und Hirn und plötzlich wird alles wie von Geisterhand beflügelt möglich sein. Du wirst sehen. Deine Entscheidung sollte eine Stufe sieben, auf der Skala von null bis zehn sein, wobei null ganz einfach und zehn ganz schwierig ist.

- Was für eine Entscheidung fällt dir jetzt spontan ein?
- Ist es etwas Berufliches oder Privates?
- Sprich die Frage bzw. die Entscheidung einmal aus. Das Ganze kommt jetzt rein vom Gehirn, dein Herz ist noch nicht involviert.
- Was macht diese Entscheidung so schwierig?
- Was ärgert dich an dieser Entscheidung?
- Warum fällt sie dir so schwer?
- Wo liegt das Problem?

Lass die Entscheidung ein bisschen ruhen und bedanke dich bei deinem Gehirn, dass es dich bisher immer so gut geleitet hat und immer das Beste für dich will. Sag: „Danke!“

Bei all diesen Gedanken versuchst du, dieses Problem rational mit deinem Hirn zu lösen. Du brauchst jedoch dein Herz und dieses holen wir nun zur Lösung hinzu. Deine Hände sind immer noch am Herzen. Atme weiter ganz tief ein… und aus… ein… und aus… Fokussiere dich dabei, in dein Herz zu atmen und stelle dir vor, wie Sauerstoffpartikel durch die Nase über die Luftröhre zur Lunge gelangen. Stelle dir weiter vor, wie die Luft dort direkt ins Blut übergeht und dann als allererstes zum Herzen geht, um dieses mit Sauerstoff zu versorgen. Fühle die frische Luft und wie diese dein Herz nährt. Spüre die ruhigen, doch kräftigen Herzschläge: DUM-dum, DUM-dum, DUM-dum. Du hast für dieses Herz nichts tun müssen. Du hast es einfach geschenkt bekommen und es schlägt nun für dich und gibt dir Leben. Es macht dies 100.000 Mal pro Tag. Es pumpt das Blut durch 60.000 km an Blutgefäßen. Dein Herz pumpt das Blut durch diese Gefäße – tagein, tagaus. Damit käme man fast zweimal um die Erde.

Wann hast du das letzte mal „danke“ zu deinem Herzen für all die tolle Arbeit gesagt? Atme noch einmal tief ein und spüre den Sauerstoff, wie er zum Herzen geht und diesem unglaublich viel Kraft verleiht. Spüre die Energie, spüre die Kraft und sei dankbar dafür, dass du dieses Herz hast. Sag noch einmal: „Danke liebes Herz! Danke, dass du all das für mich machst, ohne, dass ich an all das denken muss. Danke!“ Sei dankbar für die Energie, sei dankbar für diese ganze Kraft. Du spürst nun eine unglaublich angenehme Wärme in dir aufsteigen. Es kann sogar ein warmes Licht sein, welches unten an deinen Füßen beginnt, und sich Stück für Stück nach oben ausdehnt. Bald ist dein ganzer Körper damit bedeckt und es fühlt sich gut an. Je dankbarer und glücklicher du bist, desto schöner ist die Wärme bzw. das Licht und umso besser fühlst du dich.

Während du weiter in dein Herz hineinatmest und all dies spürst, denke an ein Erlebnis in deinem Leben, das so richtig wundervoll war. Ein Erlebnis, für das du so richtig dankbar bist, weil du dich damals so richtig gut gefühlt hast. Entweder, weil es einen tollen Ausgang genommen hat, weil du so etwas Großartiges bekommen hast oder weil du mit wunderbaren Menschen zusammen warst. Denke an dieses Erlebnis und sei so richtig dankbar. Steig in dieses Erlebnis hinein, so, also ob du jetzt gerade dieses Erlebnis durchleben würdest. Spüre es mit jedem deiner Sinne. Was hast du damals gerochen? Was hast du gesehen? Was hast du gehört? Wie hat es sich auf deiner Haut angefühlt? Was hast du angehabt? Wer war dabei? Spüre das Erlebnis und sei so richtig dankbar, dass du es in deinem Leben hast erleben dürfen. Atme weiter in dein Herz und sei so richtig dankbar. Lächle, weil dieser Moment so wunderschön war. Freue dich genauso wie damals und bringe deine Emotionen auf ein positives Level zehn. Genieße den Moment noch einmal in vollen Zügen.

Dankbarkeit ist eine der wundervollsten Emotionen, denn sie wirkt gegen deine beiden schlimmsten Gefühle: Angst und Zorn. Du kannst nicht dankbar und zornig bzw. ängstlich gleichzeitig sein. Genau deshalb ist es so wundervoll, dass du gerade richtig dankbar bist. Atme dabei weiter tief in dein Herz.

Denke jetzt an einen zweiten Moment. Dieses Mal an etwas, für das du dich richtig lange hast vorbereiten müssen. Du musstest enorm viel Energie hineinstecken und es dauerte richtig lange. Doch du hast nicht aufgegeben, du hast immer weitergemacht, du hast das Ziel nie aus den Augen verloren. Kannst du dich an einen solchen Moment erinnern? Wie hat es sich angefühlt, als du dann am Ende dieses Projekts oder am Ende der Aufgabe dagestanden hast und so richtig stolz auf dich warst? Stolz, dass du das so ausgezeichnet gemacht hast, dass du den Zweifeln getrotzt hast? Dass du nicht aufgegeben hast, wo so viele andere aufgegeben hätten? Wie hat es sich angefühlt? Spüre den Moment noch einmal und spüre eine imaginäre Hand, welche dir auf deine Schulter klopft und sagt: „Das hast du richtig gut gemacht!“ Sei richtig stolz auf dich selber, denn das hast du auch wirklich toll gemacht. Atme dabei weiter in dein Herz und lass die Energie und Wärme extra stark durch dich fließen. Dein Herz bekommt nun immer mehr und mehr Energie und ist voller Kraft und Power.

Denke nun an einen dritten Moment. Einen Moment, wo du für dich alleine warst. Wo du einfach nur die Ruhe und Einsamkeit genossen hast. Eventuell, weil du auf einem Berg warst und die Weite der Täler begutachtet hast. Oder weil du einen Sonnenuntergang am Strand anschauen hast dürfen und dich dem Universum oder einem höheren Wesen ganz nahe gefühlt hast. Oder einfach dein letzter Spaziergang alleine im Wald, wo du die Frische der Natur aufgesogen hast. Denke an dieses Erlebnis und genieße diesen Moment der Ruhe, Stille und Besinnung. Steige hinein in diesen Moment, sei dankbar und spüre den Moment ein weiteres Mal. Atme weiter tief ein… und aus… ein… und aus… mit deinen Händen auf deinem Herzen. Spüre, wie dein Herz solche Momente liebt. Dein Herz liebt dich und du liebst dein Herz.

Lass uns noch an einen vierten Moment erinnern. Dieser Moment war mehr ein Zufall, weil du zum Beispiel jemandem über den Weg gelaufen bist und dieser Mensch danach dein Leben positiv verändert hat. Vielleicht, weil er dein neuer Partner wurde, die Liebe deines Lebens oder ein richtig guter Freund. Einen Tag zuvor hattest du ihn noch nicht gekannt. Doch entweder in einem Café, Fitnessstudio, beim Ausgehen oder in der Straßenbahn hast du diesen Menschen getroffen. Vielleicht wurde der Mensch dein neuer Geschäftspartner oder du hast durch ihn eine Geschäftsmöglichkeit serviert bekommen, welche du genutzt hast. Eine Sekunde früher – und es hätte nicht geklappt, einen Moment später – und es wäre nie passiert. Eine andere Entscheidung an diesem Tag und nichts wäre so wie es heute ist, stimmt's? Daraus entwickelte sich etwas Wundervolles. Eine Liebe, ein Business, eine Freundschaft. Versetze dich noch einmal in diesen Moment voller Zufall und Glück. Sei so richtig dankbar für all die Entscheidungen, welche du damals getroffen hast und dafür, wie du dich dabei unterbewusst genau in diese wundervolle Situation gebracht hast. Versetze dich noch einmal in den Moment hinein und sei richtig dankbar für diesen Weg durch die Zeit. Atme dabei in dein Herz hinein und spüre noch einmal, wie toll dieser Moment war. Genieße ihn in vollen Zügen.

Dein Herz bekommt immer mehr und mehr Energie. Es ist hoch energetisch und bereit, jetzt deine Entscheidung von ganz am Anfang zu treffen. Wir nutzen nicht dein Hirn, sondern dein Herz. Es ist voller Kraft und freut sich auf diese Aufgabe. Stelle also deinem Herzen die folgenden Fragen:

„Liebes Herz, um die Entscheidung zu treffen, worauf muss ich achten?

Um die Situation zu lösen, woran muss ich mich selbst erinnern?

Welche simple Sache muss ich erkennen, damit es gelöst ist?“

Frage dein Herz jetzt! Fokussiere dich auf dein Herz und spüre, wie es mit jedem Herzschlag kraftvoller und sicherer wird. Schicke deinem Herzen noch mehr Energie, indem du weiter in dein Herz hineinatmest, während du ihm diese Fragen stellst. Dein Herz kennt die Antwort, denn es weiß ganz genau, was du wirklich willst. Egal, wonach du fragst, es kennt die Antwort. Es will nur das Beste für dich, genau wie es das für dich in den letzten Jahrzehnten bereits getan hat. Es war immer für dich da.

„Liebes Herz, woran muss ich mich erinnern?

Wohin hast du mich früher schon einmal geleitet, was mir unglaublich geholfen hat?

Was kann ich also jetzt tun, dass ich die Lösung finde und Spaß dabei habe?“

Höre tief in dein Herz und erkenne jetzt die Antwort. Dein Herz spricht gerade zu dir. Höre genau hin und erkenne die Lösung.

Nachdem du die Antwort bekommen hast, genieße diesen Moment der Erkenntnis in vollen Zügen. Du hast es geschafft. Gemeinsam mit deinem Herzen hast du etwas zuvor Unvorstellbares gelöst. Bleibe noch für ein paar Momente in dieser Verfassung und koste jede Sekunde voll aus. Sei stolz auf dich und bedanke dich noch einmal bei deinem Herzen. Sage: „Danke, liebes Herz. Ich vertraue dir. Du liebst mich. Ich liebe dich. Danke.“

Spüre, wie du deine Umgebung langsam um dich herum wieder wahrnimmst. Spüre, worauf du sitzt und wo du bist. Dein Herz hat dir gerade die Antwort auf das Problem gegeben. Wie toll fühlt sich dies an? Öffne deine Augen und bedanke dich bei deinem Herzen.

Gratuliere, du bist ein Rockstar! Nutze jetzt das Momentum und die Energie, welche dir dein Herz gerade mitgegeben hat, schreite zur Tat und setze deine Entscheidung JETZT um!

Diese fünf To-Dos helfen dir dabei:

1. Was waren zwei bis drei limitierende Glaubenssätze, welche du bisher beim Treffen von Entscheidungen hattest?
2. Was waren zwei bis drei positive?
3. Was waren bisher zwei bis drei Punkte, über die du dir den Kopf zerbrochen hast, wo du jedoch verstehst, dass sie absolut nicht notwendig gewesen wären? Hör auf damit, hier Entscheidungen treffen zu wollen bzw. outsource den Prozess an jemand anderen!
4. Kannst du dich an zwei bis drei Entscheidungen „von deinem Herzen“ oder „aus dem Bauch heraus“ erinnern, welche du einfach so getroffen hast, bei denen du dir unsicher warst, doch wo du danach gemerkt hast, dass es eine klasse Entscheidung war? Was waren diese? Was waren die Resultate daraus? Trainiere dein Herz bzw. dein Bauchgefühl, dir schneller den richtigen Weg zu zeigen.
5. Überlege dir eine wichtige Entscheidung, welche du bisher vor dir hergeschoben hast. Nutze die fünf Punkte und triff sie jetzt!

Morgen haben wir den finalen Tag von TEIL 2 – VISUALISIEREN. Wir gehen die Grenzenlos Erfolgreich Sesselreise© durch. Dort kommen noch einmal alle Dinge aus TEIL 1 und TEIL 2 zusammen.

WICHTIG: Diesen Tag 22 gibt es NICHT als Buch, sondern nur als Audio zusammen mit dem Grenzenlos Erfolgreich© Arbeitsbuch. Falls du dieses noch nicht hast, lade es dir heute noch hier herunter, damit du morgen startklar bist: www.GrenzenlosErfolgreichArbeitsbuch.de

Triff Entscheidungen und sei GRENZENLOS ERFOLGREICH©!

Dein

Dr. Julian Hosp

TAG 22: Die Grenzenlos Erfolgreich Sesselreise©

Herzlich willkommen bei Tag 22!

Heute ist der letzte Tag aus TEIL 2 – VISUALISIEREN und morgen geht es mit TEIL 3 – UMSETZEN los.

Um dieses Visualisieren erfolgreich abzuschließen, gehen wir durch die Grenzenlos Erfolgreich Sesselreise©. Es ist eine Technik, welche Menschen extrem helfen kann, gelernte Dinge nicht nur kognitiv zu wissen, sondern diesen eine massive emotionale Komponente hinzuzufügen, sodass man sich danach mit der Umsetzung leichter tut.

Das Ganze gibt es jedoch nicht in Schriftform, sondern ausschließlich als Audio, das du gemeinsam mit dem Grenzenlos Erfolgreich© Arbeitsbuch bekommen hast. Ansonsten kannst du dir dieses hier herunterladen: www.GrenzenlosErfolgreichArbeitsbuch.de.

Höre dir dieses Audio komplett in Ruhe und am besten alleine an, während du nichts anderes machst, außer dich darauf zu fokussieren. Das ist wirklich extrem wichtig in diesem Prozess, damit es die volle Wirkung entfaltet.

Es gibt heute keine To-Dos, außer das Audio durchzuarbeiten und mitzumachen.

Viel Spaß und sei GRENZENLOS ERFOLGREICH©!

Dein

Dr. Julian Hosp

TAG 23: Die wundervollste Beziehung deines Lebens

Willkommen bei Tag 23!

Wie war die Sesselreise© gestern? Hattest du noch einen super Tag danach? Wahrscheinlich schon. Denke daran: Nichts von dem, was du in der Sesselreise© mitbekommen hast, ist bereits passiert. Du musst es erst wirklich tun. Genau darum geht es im gesamten TEIL 3 – UMSETZEN dieses Programms.

In den kommenden Tagen gehen wir alle Bausteine der Pyramide vom allerersten Tag durch und besprechen jede der Fähigkeiten einzeln.

<u>Diese vier haben wir bereits in den ersten drei Wochen besprochen:</u>

1. Emotionen
2. Gesundheit
3. Zeit
4. Lernen

<u>In den letzten Tagen geht es nun um die letzten sechs:</u>

1. Beziehungen
2. aktiv Geld verdienen
3. eigenes Business
4. networken in der New Economy
5. Finanzmanagement
6. Zukunft antizipieren

So hast du nicht nur die 80% mentale Einstellung, welche wir in den ersten drei Wochen in TEIL 1 und TEIL

2 besprochen haben, sondern auch die restlichen 20%, welche sich in den zehn Fähigkeiten darstellen, um so in jedem Aspekt des Lebens wahrlich 100% GRENZENLOS ERFOLGREICH© zu sein.

Wir starten TEIL 3 – UMSETZEN mit dem Baustein „Beziehungen". Es gibt schlussendlich vor allem drei Bereiche im Leben, in welchen wir Menschen enorm stark und oft leiden:

1. unsere Emotionen (vor allem vergangene Erlebnisse und der fehlende Sinn des Lebens)
2. unsere Beziehungen
3. unsere Finanzen

Emotionen haben wir in diesen ersten drei Wochen vollständig abgedeckt, also gehen wir weiter in der Liste. Ich denke, jeder von uns kann sich in die schmerzhaften Situationen, welche eine Beziehung mit sich bringen kann, hineinversetzen. Wenn Beziehungen offensichtlich teilweise etwas so Komplexes für uns Menschen sind, warum gehen wir dann überhaupt welche ein? Warum riskieren wir es, von jemand anderem verletzt zu werden? Warum lassen wir uns das Herz brechen?

Wir tun, was wir tun, weil wir uns dabei scheinbar besser fühlen. Auch wenn es diese Ängste gibt, so muss es offensichtlich eine extreme Belohnung „auf der anderen Seite" geben. Was ist diese Belohnung? Es ist das absolute Maximum aller unserer Grundbedürfnisse. In einer Beziehung auf dem höchsten Level bekommen wir all unsere Sicherheit, die Abwechslung, die Liebe, die Aufmerksamkeit, das Wachstum, die Hilfe und das wichtigste: wir sind Teil von etwas Größerem – Grundbedürfnis Nummer 7. Genau deshalb sind wir bereit, gewisse Ängste und Risiken in Kauf zu nehmen, um an die Spitze unserer Bedürfnispyramide zu gelangen – wie du jedoch vielleicht aus eigener Erfahrung weißt, nur bis zu einem gewissen Grad. Sind unsere Ängste oder Glaubenssätze zum Beispiel durch vorangegangene Erlebnisse besonders negativ ausgeprägt, so hätten wir zwar gerne eine Beziehung, boykottieren uns dabei jedoch selbst. Woher diese ganzen Probleme stammen, wie du mit ihnen umgehen kannst und dabei die Liebe deines Lebens findest bzw. ausbaust, das alles werden wir heute besprechen.

Es gibt fünf Level einer Beziehung:

1. noch keine Beziehung
2. Beziehung rein zum Zweck
3. Beziehung voller Vertrauen
4. Beziehung voller Vertrauen und Liebe
5. Beziehung voller Vertrauen, Liebe und Leidenschaft

In manchen Fällen kann es auch sein, dass sich Level 3 und Level 4 vertauschen, also dass zuerst Liebe und dann Vertrauen da ist. Doch der gängigste Weg verläuft von 1 bis 5 in den Schritten wie oben beschrieben. Die meisten Menschen befinden sich in Beziehungen auf den Leveln 2, 3 und 4. Nur die wenigsten schaffen es wirklich, eine Beziehung auf dem Level 5 zu halten, das heißt voller Vertrauen, Liebe und Leidenschaft.

Ich denke, nur wenige wünschen sich eine Zweckbeziehung bzw. eine Beziehung, wo man sich zwar liebt und auswendig kennt, wo jedoch das Knistern zwischen den beiden Partnern bereits seit langem verschwunden ist. Die Basis für eine gute Beziehung wird oft bereits am Anfang gelegt, sprechen wir also nicht nur über Level 5, sondern auch über Level 1, das heißt, wie man in eine erfüllende Beziehung gelangt.

Bevor wir hinein starten, noch ein paar Fragen:

- Auf welchem Level befindest du dich mit deiner Beziehung?
- Bist du überhaupt in einer Beziehung oder nicht?
- Wenn ja, ist es eine Beziehung rein zum Zweck?

- Vielleicht sexueller Natur? Ja, ja, traue dich ruhig es zuzugeben! :-)
- Vertraust du deinem Partner?
- Liebst du deinen Partner?
- Besitzt ihr noch dieselbe Leidenschaft wie am ersten Tag?
- Hast du überhaupt je einmal Leidenschaft in deinen Beziehungen gespürt?
- Zu welchem Zeitpunkt würdest du das Gefühlsmaximum in deiner Beziehung sehen?
- Wann habt ihr euch am allermeisten geliebt und mit absoluter Leidenschaft in den Armen gehalten? Jetzt, in diesem Moment? Vor Monaten? Vor Jahren? Nur ganz am Anfang in der „Rosa-Brillen-Phase“?

Diese Fragen sind besonders wichtig, denn so reflektierst du deine eigene Beziehung, kannst so entweder eine neue starten, deine jetzige beenden oder am allerbesten – sie auf ein Level 5 bringen.

Wir beginnen jedoch auf dem ersten Level und besprechen, was alles für eine langfristige Beziehung voller Vertrauen, Liebe und vor allem Leidenschaft essentiell ist.

- Bist du derzeit Single? Falls ja, warum?
- Willst du eigentlich in einer Beziehung sein, hast jedoch bisher noch nicht den Richtigen/die Richtige gefunden? Darüber werden wir noch ganz genau sprechen. :-)
- Willst du in einer Beziehung sein, weißt jedoch nicht genau, wie? Darüber werden wir natürlich auch sprechen.
- Willst du nicht in einer Beziehung sein, weil du denkst, dass du das nicht brauchst? Darüber werden wir ganz besonders sprechen!
- Willst du nicht in einer Beziehung sein, weil du keine Zeit dafür hast? Über diesen limitierenden Glaubenssatz sprechen wir natürlich auch.

Ohne auf einen der Punkte zum Beziehungsstart an dieser Stelle genauer einzugehen bzw. meine Einstellung dazu zu rechtfertigen, möchte ich dir die drei wichtigsten Faktoren am Beginn einer Beziehung nennen:

1. 95% deines zukünftigen Erfolges deiner Beziehung hängen von der richtigen Partnerwahl ab. Das bedeutet:

    i. Statistiken zeigen, dass die geographische Nähe einen drastischen Einfluss hat – logo, wohnt ihr weit auseinander, so ist alles ein bisschen schwieriger, auch wenn uns heute die Technik dabei unterstützt.
    ii. Ähnliche Vision? Wie seht ihr beide eure Zukunft? Kinder? Heiraten? Wann? Usw.
    iii. Regeln: Was bedeutet betrügen? Was ist okay, was ist es nicht?

2. Selbstwertgefühl: Über Selbstwertgefühl haben wir schon viel gesprochen. Gerade in der Partnerwahl trumpft dies viele andere Dinge aus. Männer und Frauen gaben in vielen Befragungen an, die/den andere/n teilweise unabhängig vom Aussehen sexier zu finden, solange er/sie ein hohes Selbstwertgefühl hat.

    Tipp für Frauen: Ein sicheres Lächeln (nicht schüchtern) ist ein starkes Zeichen.

    Tipp für Männer: Wenn du einer Frau tief in die Augen blickst, denke dir innerlich: „Ich werde für dich sorgen, ich werde dich beschützen, ich werde dich lieben!“ Deine Augen werden das ausstrahlen und dieser Satz wirkt Wunder, so komisch er auch klingt.

3. Verstehe die Grundbedürfnisse und Ängste deines Partners so schnell du kannst. Verstehe sie wirklich

und denke nicht einfach, dass du sie kennst. Frage dich vor allem:

i. Was WILL mein Partner?
ii. Was BRAUCHT mein Partner?
iii. Was HASST mein Partner?

Wenn diese drei Dinge am Anfang bei Level 1 deiner Beziehung nicht gemacht werden, entstehen oft schon früh diese drei Probleme:

1. Aufgrund des Wachsens unserer Zivilisation brauchen Menschen eine Beziehung nicht mehr so sehr aufgrund des physischen Schutzes, sondern vielmehr, um die vier Hauptgrundbedürfnisse (Kontrolle, Abwechslung, Anerkennung, Liebe) zu bekommen. Sexportale und Dating-Apps wie Tinder usw. „lösen" das Bedürfnis nach Sex. Was übrig bleibt, ist das Suchen nach wahrer Erfüllung und nicht mehr nach einer Beziehung aus rein biologischen Vorteilen. Dies ist auch der Grund, warum Beziehungen heute komplizierter sind als noch vor 50 Jahren. Der „Sinn" der Beziehung ist heute ein viel tieferer und man gibt sich nicht mehr einfach so mit jemandem ab, wenn die eigenen Bedürfnisse nicht gestillt werden.

   Die Herausforderung in einer Beziehung gerade am Anfang im Vergleich zu später ist die folgende:

Gleichheiten lassen eine Beziehung starten,
Unterschiede halten sie zusammen!

Lass mich dir dazu ein Beispiel von einem Klienten aus Südafrika geben. Er kam mit seiner Freundin zusammen, weil sie sich sehr ähnlich waren: beide liebten Sport, hatten ähnliche Interessen, ähnliche Berufe und bei den gleichen Dingen Spaß. Alles schien richtig gut zu laufen, bis seine

Freundin ihn wie aus dem Nichts betrog. Sie verstand es selber nicht und ihr tat die Situation unglaublich leid. Eigentlich liebte sie ihren Freund und so wusste sie nicht, warum sie das getan hatte. Ich erklärte den beiden den Spruch von oben und sagte ihnen, dass sie, wenn sie es wirklich noch einmal probieren wollten, Abwechslungen und Abenteuer in ihre Beziehung einbauen müssten. Leider war es dafür schon zu spät, die Wunden saßen zu tief. Doch mein Klient wusste nun, auf was er in der nächsten Beziehung genau achten musste.

2. Viele Menschen erwarten, dass eine Beziehung all ihre Probleme löst. Sie würde sie glücklich machen, Spaß bringen, sie würden sich geborgen fühlen, Sex, Leidenschaft, einen Gesprächspartner haben usw. Was diese Menschen dann dabei vergessen, ist, dass sie dabei WOLLEN, WOLLEN, WOLLEN. Nichts im Leben funktioniert, wenn man ausschließlich fordert und nicht gibt.

   Weißt du, wieviel Prozent du in einer guten Beziehung geben musst? 0%? 50:50? Nein:

In einer guten Beziehung musst du 100% geben und 0% erwarten!

   Jetzt wirst du dich vielleicht fragen, wie das fair sein soll? Ganz einfach: wenn die Beziehung funktioniert, wird der andere Partner auch 100% geben und 0% erwarten und ihr endet in 100:100 oder besser gesagt 50:50. Es ist jedoch etwas anderes, wenn du von Anfang an mit „nur“ 50% reingehst, weil du erwartest, dass der/die andere die restlichen 50% bringen muss. Es ist ganz einfach zu wenig. Du musst 100% geben, ohne etwas zu erwarten.

   „Aber was, wenn mein Partner dann nichts gibt? Bin ich dann nicht der Depp?“ Wenn du ihn/sie liebst, wirst du 100% geben. Wenn er/sie dies dann nicht beantwortet, wird die Beziehung schneller zu Ende sein, als du blinzeln kannst, denn ihr werdet beide spüren, dass es nicht das Richtige ist. Du wirst enorm viel daraus gelernt haben und ein besserer Mensch geworden sein, was dir für alles, auch für deine nächste Beziehung, enorm helfen wird. Habe also keine Angst, 100% zu geben: Entweder du gewinnst oder du gewinnst. Du musst nur die Regeln dafür richtig verstehen.

Egal ob es deine erste oder deine hundertste Beziehung ist, wir alle haben aufgrund unserer Vergangenheit bestimmte Erwartungen an die nächste Beziehung und verbinden bestimmte Assoziationen damit. Die erste Beziehung, von der wir lernen, ist oft leider das schlechteste Beispiel: unsere Eltern. Sie sind noch mit komplett anderen Bedürfnissen aufgewachsen als die folgende Generation und viele der Ehen, auch wenn sie nicht geschieden sind, leiden genau unter diesem Aspekt.

Wenn wir dann auch noch von unserer Mutter hören, dass alle Männer „Ar$chl0cher" seien bzw. von unserem Vater, dass Frauen Männer nur ausnutzen würden, was natürlich beides nicht pauschal stimmt, so ist das für unser junges Gehirn nicht förderlich. Schnell bilden sich gewisse Glaubenssätze, welche sich dann selbsterfüllend durch den falschen Fokus und die falsche Erwartungshaltung scheinbar bewahrheiten, um dann zu persönlichen Fakten zu werden.

Die nächsten Beispiele, von welchen wir beim Erwachsenwerden lernen, sind auch nicht viel besser: Fernsehen, Social Media und YouTube. Serien und Filme zeigen Beziehungen in einem komplett falschen Licht. Egal, ob perfekte Standards oder idealisierte Bedingungen, beides gibt uns eine total andere Vorstellung von dem, wie es dann bei uns in der Realität wirklich abläuft. Wir sind dann nicht nur enttäuscht, sondern geben uns oft selbst die Schuld. Dies führt zu vermindertem Selbstwertgefühl, was nachfolgende Beziehungen erschwert.

Die Angst, „abgelehnt zu werden", „nicht geliebt zu werden" oder „nicht gut genug zu sein" weht ständig wie eine schwarze Fahne über uns. Dies wirkt sich negativ auf jeglichen Bereich unserer Beziehung aus, egal ob beim Sex oder in Gesprächen.

Was ist die Lösung für all das?

- Reflektiere, ob du schlechte Gewohnheiten von deinen Eltern übernommen hast! Worte oder Sätze, die du verwendest? Reaktionen, die du gelernt hast?
- Hast du limitierende Glaubenssätze durch Eltern, Medien oder Freunde gebildet?
  - ▹ Denkst du, dass es die perfekte Beziehung gibt?
  - ▹ Denkst du, dass Liebe auf den ersten Blick möglich ist oder nicht?
  - ▹ Denkst du, dass du es wert bist, geliebt zu werden?
- Wenn du auch nur einmal „NEIN" zu einer dieser Fragen sagst, solltest du unbedingt mit den Werkzeugen aus TEIL 1 und TEIL 2 genau daran arbeiten.
- Hast du komplett falsche Erwartungen? Du erkennst sie daran, dass sie nur in Filmen oder auf Social Media vorkommen, du diese jedoch noch nie in einer Beziehung gesehen oder erlebt hast. Wenn ja, dann arbeite an dieser Erwartungshaltung. Wenn du bereits in einer Beziehung bist, dann mach, was die meisten Probleme löst:

MITEINANDER REDEN HILFT… MEISTENS!

Wenn du merkst, dass du in einer neuen Beziehung Probleme aus deiner alten Beziehung auslebst, dann erkenne dies, bevor es zu spät ist. Eine der einfachsten Methoden, solche Reflexe zu behandeln, ist mit einer einfachen Reflexunterbrechung. Auch wenn du dies bei deinem Partner bemerkst und mit ihm/ihr abgeklärt hast, kannst du das gemeinsam machen. Merke dir den „Reim“:

i. Fokus (Fragen stellen)
ii. Wörter (andere Wörter nutzen)
iii. Körper (Temperatur, Aktivität)

Wenn vergangene Probleme in die aktuelle Beziehung geschleppt werden, ist das nicht nur unfair dem anderen gegenüber, sondern auch absolut destruktiv für dich. Erkenne dies also frühzeitig.

Wie jedes gute Haus braucht auch eine gute Beziehung ein solides Fundament. Achte also auf die Punkte von oben. Es nützt jedoch auch das beste Fundament nichts, wenn ihr beide nicht an eurer Beziehung arbeitet. Gerade am Anfang ist dies recht leicht, weil man noch im Liebestaumel steckt. Der Knackpunkt für eine erfüllende Level-5-Beziehung ist vollstes Vertrauen, absolute Liebe und unglaubliche Leidenschaft. Gerade die Leidenschaft ist es, welche relativ rasch verloren geht und somit eine Beziehung von einem Level 5 auf 4 oder sogar nur auf 3 runterdrückt.

Verstehe die Bedürfnisse deines Gegenübers – raten ist hier nicht genug!

Was sind also die fünf Killer, welche Leidenschaft aus einer Beziehung vertreiben?

1. Negative Anker

Wir haben bereits über vergangene Erlebnisse gesprochen, welche über Trigger Probleme in der neuen Beziehung verursachen. Was jedoch mindestens genauso wichtig ist: dass man keine negativen Anker in einer bestehenden Beziehung kreiert. Was meine ich damit bzw. wie funktioniert das? Über Anker hast du bereits einiges gelernt und auch ein paar an dir selber gesetzt. Wenn du in deiner Beziehung regelmäßig in einem schlechten Gemütszustand bist, während du dabei deine/n Liebste/n um dich hast, dann setzt du dir automatisch einen Anker und verbindest Negativität mit deinem Partner. Dein negativer Gemützustand wird jedoch durch etwas komplett anderes ausgelöst: wenn zum Beispiel die Arbeit, eine andere Person oder schlechte Nachrichten im Fernsehen dies verursachen, kann man dies ohne weiteres auf den Partner übertragen, ohne dass diese/r etwas dafür kann. Genau dasselbe nutzen wir ja ebenfalls im positiven Sinne in diesem Programm, wenn wir einen konstruktiven Anker hier setzen, welchen du dann bei etwas komplett anderem auslösen und verwenden kannst.

Wie kommst du drauf, ob sich bereits solche schlechten Anker eingeschlichen haben?

- Stelle dir und deinem Partner ganz einfach die Frage, ob ihr euch immer in ähnlichen Situationen streitet.
- Siehst du deinen Partner oft nach einem anderen Moment, der dich nervt oder aufregt (wie z.B.: nach der Arbeit, nach Stress usw.)?
- Wenn du ehrlich zu dir selber bist: Hast du in gewissen Momenten ein schlechtes Gefühl deinem Partner gegenüber, ohne dass du beschreiben könntest, warum?

Falls du solche Anker bei euch erkennst, wie kannst du sie lösen und vermeiden?

- Am besten ist natürlich, du lässt solche Anker gar nicht erst aufkommen, indem du, wenn du sauer auf etwas ganz anderes bist, keine Assoziationen mit deinem Partner aufkommen lässt. Das heißt nicht, dass du mit deinem Partner nicht reden darfst, nur, weil du bei etwas anderem frustriert bist, sondern vielmehr, dass du das dann bewusst und nicht unbewusst machst. Anker funktionieren am besten, wenn sich diese unbewusst einschleichen und in diesem destruktiven Beispiel wollen wir dies klarerweise ganz und gar nicht.

- Wenn Anker schon einmal da sind, musst du diese unterbrechen. Einerseits bei dir selbst, andererseits bei deinem Partner. Sobald du merkst, dass eine solche Situation aufkommt, wo entweder Anker kreiert werden oder wo diese zur Anwendung kommen.

Tipp: genauso wie es negative Anker in deiner Beziehung gibt, so kannst du hier ebenfalls positive Anker platzieren. Dein/e Partner/in hat garantiert gewisse Triggerpunkte, welche diese/n absolut anturnen. Ich rede nicht nur über sexuelle Dinge, sondern vielmehr darüber, dass gewisse Streichelpunkte, eine ganz bestimmte Tonlage oder ein paar Wörter einen unglaublich positiven Effekt auf ihn/sie haben. Genauso wie die negativen, solltest du auch die positiven Anker herausfinden bzw. neue setzen. In meinen Grenzenlos Erfolgreich© Beziehungs-Erlebnissen spreche ich oft von einem „Schalter", welchen man ein- und ausschalten lernen sollte. Während viele von uns eben leider nur die schlechten Knöpfe drücken, denken wir nicht daran, dass es genauso viele positive gibt, welche man unbedingt kennen sollte. Zu denken, man weiß es, ist eben nicht genug – man muss es herausfinden und dann konstruktiv verwenden.

2. Polarität

Polarität wird oft missverstanden, ist jedoch eines der wichtigsten, wenn nicht sogar DAS WICHTIGSTE Konzept in einer Beziehung. Polarität bedeutet, dass es Gegensätze gibt, genauso wie vieles in der Natur ein duales System bildet: Der magnetische Norden zieht den magnetischen Süden an und umgekehrt. Der eine Pol würde nicht ohne den anderen existieren. In uns Menschen ist ein ähnliches

System veranlagt, egal, ob man es feminine und maskuline Energie oder Yin und Yang nennt, die Namen sind eine reine Definitionssache. Sie beschreiben lediglich ziemlich beeindruckend das Modell.

Jeder Mensch ist in seinem Ursprung mit beidem ausgestattet, sodass jeder lernen muss, sowohl das Yin (Feminin) wie auch das Yang (Maskulin) auszudrücken. Feminine Energie materialisiert sich normalerweise in einem weiblichen Körper und maskuline Energie in einem männlichen. Doch für uns alle gilt, dass prinzipiell jeder mit beiden Energien ausgestattet ist und diese sogar zu unterschiedlichen Zeitpunkten einsetzen kann. So wechseln wir öfters das energetische Geschlecht unseres physischen Körpers, um im angeblich „falschen" Geschlecht jene Erfahrungen zu machen, die uns dazu befähigen, den „anderen" Pol in uns in seiner facettenreichen Ganzheit besser zu verstehen. Das ist natürliche Homosexualität, die jedoch nichts damit zu tun hat, wenn Frauen mit Frauen oder Männer mit Männern eine Beziehung eingehen.

Esoterischen Lehren zufolge existieren nur Schwingung und Bewusstsein, Materie und Geist, wobei Materie aus Energie entstanden ist. Mit anderen Worten sind „Lichtquanten" (also Energieteilchen) nötig, um greifbare Materie zu bilden. Für diese Erkenntnis erhielt der Schweizer Atomphysiker Dr. Carlos Rubbia 1984 den Nobelpreis. Licht, wie Materie auch, besteht aus „Schwingung und Bewusstsein". Die Energien fließen vom Maskulinen zum Femininen und wieder zurück, also hin und her. Das ist nicht nur bei Verliebten so. Und wie sich in einer gut funktionierenden Beziehung beide Partner gleich stark einbringen sollten, so streben auch alle Lebensprozesse nach Ausgleich und Harmonie. Das Yin und das Yang halten sich die Waage. Fast. Denn vollkommene Ausgeglichenheit bedeutet Stillstand und dieses gibt es auf unserer Welt nicht.

Eine positive Kraft (Yang) und eine negative Kraft (Yin) ziehen sich immer an. Deshalb ist die Anziehungskraft die größte Macht im Universum. Wir haben dieser Kraft einen einfachen Namen gegeben: Liebe. Sie ist Grund und Daseinszweck von allem, das ist. Denn wenn Yin und Yang sich verbinden, fließt Energie und es entsteht Liebe in Tätigkeit. Je stärker diese fließt, desto stärker spüren wir eine Emotion namens LEIDENSCHAFT.

Das ist genauso wie bei einem Rennauto: Erst wenn Benzin und Sauerstoff in den Motor gelangen, entsteht die Möglichkeit zum Start. Es braucht jedoch noch die Zündung, „das Feuer". Jetzt entsteht etwas Neues: Leistung, welche in Pferdestärken oder in Watt gemessen werden kann. Wenn ein Auto zwar Benzin und Sauerstoff hat und auch schon ein bisschen zündet, dann ist zwar „etwas" (Liebe) da, jedoch reicht es noch nicht, um damit wirklich Vollgas zu geben und Spaß zu haben. Dafür braucht es volle Leistung (Leidenschaft), ohne die jede Autofahrt sonst rasch langweilig wird.

Wenn nun einer der Teile fehlt, also zum Beispiel Benzin oder Sauerstoff, oder wenn sich Sauerstoff denkt, es sei lieber Benzin oder andersherum, was passiert dann mit dem Rennauto? Es stoppt, macht keinen Spaß mehr und wir hören auf. Genauso ist es mit einer Level-5-Beziehung. Wenn ein Partner seine Energie ändert oder nicht mehr genauso viel davon wie am Anfang in die Beziehung investiert, fällt diese rasch auf ein Level 4 oder 3. Es ist alles Yin und Yang, feminin und maskulin.

Was ist denn nun zum Beispiel „feminine Energie" bzw. das Yin? Hier sind ein paar dieser Qualitäten:

- sucht Zusammenhalt
- Details erkennen
- liebt Verständnis
- will Lob
- unterstützend gegenüber anderen
- Erinnerungen sind wichtig
- emotionsvoll

- gefühlsbetont
- mentale Stärke
- multitaskingfähig
- „Sammler“

WICHTIG: Dies hat nichts mit Mann oder Frau per se zu tun. In einer homosexuellen Beziehung braucht es zum Beispiel ebenfalls immer feminine und maskuline Energie, wenn die Beziehung nachhaltig funktionieren soll.

Hier sind ein paar der maskulinen Energie-Qualitäten:

- „Jäger“
- liebt das Kämpfen bzw. den Widerstand
- braucht Freiheit
- Fokus auf großes Bild
- sucht Herausforderungen
- will Loslassen
- vergisst ständig
- physische Stärke
- Single-Tasking
- Suchtprobleme
- liebt Wettbewerb
- sucht Anerkennung

Warum ist diese Polarität gerade in der heutigen Zeit so wichtig? Ähnlich wie bei Grundbedürfnissen hat es hier in den letzten Jahrzehnten einige Umbrüche gegeben, welche wir Menschen in den vielen Jahren zuvor so nicht gewohnt waren.

Diese Liste stellt keine Wertung, sondern lediglich eine Übersicht dar:

1. Frauen sind emanzipierter.
2. Frauen fokussieren sich mehr und mehr auf Karriere.
3. Frauen wollen Unabhängigkeit.
4. Männer fokussieren sich mehr auf Familie und wollen Teil der Erziehung sein.

5. Männer werden einfühlsamer und verständnisvoller.

Wenn du dir die femininen und maskulinen Energien von zuvor ansiehst, entsteht durch diese fünf Dinge das Folgende: Frauen entwickeln mehr ihrer maskulinen Energie (Yang) und Männer mehr ihrer weiblichen (Yin). Nichts davon ist primär negativ oder positiv, sondern lediglich ein Fakt.

<u>Wo dies jedoch zum Problem werden kann, zeigt das folgende Szenario:</u>

Eine Frau will eigentlich einen maskulinen Mann. Sobald sie einen solchen findet, entwickelt sie jedoch mehr ihrer maskulinen Energie, um ebenfalls den gefragten Erfolg im Geschäftsleben zu haben, der oft durch maskuline Energie gestärkt wird (NICHT: Männer sind besser als Frauen, sondern maskuline Energie ist hier wichtig!). Männer wollen Teil der Familie sein und entwickeln ihre feminine Energie.

Was nun passiert, ist, dass zu wenig Sauerstoff oder zu wenig Benzin ins Rennauto kommt, was nun immer langsamer und langsamer wird. Zuvor noch mit 200 Sachen durch die Runde gerast, kommt es nun gerade noch aus dem ersten Gang heraus. Genau dasselbe passiert mit unserer Leidenschaft. Sobald die Polarität zu schwinden beginnt, braucht man nicht lange darauf warten, bis die Leidenschaft vollständig weg ist.

Was denkst du, warum zum Beispiel so viele sexuelle Fantasien Domination beinhalten? Über 70% aller Frauen würde gerne von einem Mann, den sie natürlich lieben, gefesselt werden und sich richtig hilflos fühlen. Doch genauso viele Männer wollen sich auch einfach einmal einer Frau hingeben. Dieses Bedürfnis, was sich hier auf sexueller Ebene auslebt, entsteht in unserer Polarität.

Bevor wir zu ein paar Tipps und Lösungsansätzen kommen, hier die drei größten Killer für feminine und maskuline Energie:

So verliert die maskuline Energie bei der femininen:

1. Maskuline Energie sieht bzw. hört die weibliche Energie nicht.
2. Maskuline Energie versteht die weibliche Energie deshalb nicht.
3. Maskuline Energie hat zu wenig Selbstwertgefühl.

Gerade der letzte Punkt (Selbstwertgefühl) lässt Menschen manchmal im Glauben, ein gewisser Mann sei nicht maskulin. Was diesem Mann tatsächlich fehlt, ist Selbstwertgefühl, um seine Energie zum Vorschein zu bringen.

So verliert die feminine Energie bei der maskulinen:

1. Feminine Energie kritisiert maskuline Energie bzw. stellt sie in Frage.
2. Feminine Energie nimmt maskuliner Energie die Freiheit.
3. Feminine Energie versucht maskuline Energie zu kontrollieren.

Wichtig: Keiner der Punkte bezieht sich per se auf Mann oder Frau, denn jeder hat beides in sich.

Was ist also die Lösung?

1. Sei dir deiner Energie bewusst, sei stolz darauf und lebe sie aus.
2. Pass mit Kosenamen für den anderen auf. Passt dieser zur Energie? Zum Beispiel: Löwe/Löwin etc. (Wörter sind machtvoll)
3. Lerne, deine Energien rauf- bzw. runterzufahren. Job: maskulin. Familie: feminin.
4. Respektiere den anderen und unterstützt euch gegenseitig in der Energie. Nichts tötet Leidenschaft schneller als eine feminine oder maskuline Energie, welche den/die andere nicht sein lässt.

5. Angst bringt eine Beziehung um. Nichts ist attraktiver als eine selbstbewusste Frau oder ein selbstbewusster Mann. Nichts ist angsteinflößender für jemanden, der das nicht ist. Was macht so jemand? Anstatt selber einen höheren Turm zu bauen und mehr Selbstwertgefühl aufzubauen, zerstört er/sie den Turm des anderen. Selbstwertgefühl schwindet in der Hoffnung, so den Partner behalten zu können, doch plötzlich vermisst man die Energie und die Leidenschaft ist weg.

Das Tolle bei Polarität ist das Folgende: So schnell wie sie weg ist, ist sie auch wieder da, solange du mit deinem Partner daran arbeitest.

3. Die kleinen Dinge sind die großen Dinge

Wer denkt, dass die großen Dinge etwas zu Fall bringen, sollte sich an den Staudamm erinnern: ein kleiner Riss höhlt ihn von innen aus, bis er zerbricht. Genauso ist es in unserer Beziehung. Kleine Dinge durchlaufen diese fünf Stadien:

1. Erst ignorieren wir sie beim anderen unbewusst.
2. Dann bemerken wir sie irgendwann zum ersten Mal.
3. Nun wollen wir sie bewusst unterdrücken, es ist ja nur etwas Kleines.
4. Doch es beginnt uns zu nerven.
5. Und daran zerbricht schlussendlich unsere Beziehung.

<u>Was ist also die Lösung?</u>

1. Du ignorierst bzw. unterdrückst die Kleinigkeit dein Leben lang – schaffst du das wirklich? Denn sobald du ins vierte Stadium gelangst, ist es zu spät.
2. Die beste Methode ist, sobald du im zweiten Stadium bist, dass ihr ein Beziehungstreffen arrangiert und euch dort austauscht. Am besten, du machst das sowieso mindestens einmal pro Monat. Wie

in einem Business Meeting werden dort rational und ohne Emotionen Dinge besprochen und untereinander geklärt.
3. Falls es keine Lösung gibt, ist die einzige Möglichkeit, deine eigenen Regeln zu ändern. Wenn es dich stört, dass dein Partner auf der Couch isst, dann kannst du es entweder ignorieren, ihr sprecht darüber oder jemand passt seine Regeln an und akzeptiert den anderen.

Es ist nicht die Beziehung, welche schwierig ist, es sind all die Kompromisse, welche dafür notwendig sind.

Wenn du dir nicht sicher bist, was du genau tun sollst, dann erinnere dich ganz einfach an deinen Beziehungsanfang:

- Was hast du alles akzeptiert?
- Was hast du alles okay gefunden?
- Wie ist das jetzt?

Keine Beziehung würde je zu Grunde gehen, wenn jeder Partner das machen würde, was er/sie bereits am Anfang gemacht hat.

4. Bedürfnisse

Wir haben bereits viel über Bedürfnisse gesprochen. Gerade in einer Beziehung sind diese ausschlaggebend, da wir ohne sie gar nicht erst eine solche eingehen würden. Die Herausforderung dabei ist jedoch die folgende: Wir starten eine Beziehung aufgrund von Gemeinsamkeiten, wir bleiben in einer Beziehung aufgrund von Unterschieden. Auf die Bedürfnisse übertragen heißt dies, dass wir gerade am Anfang einer Beziehung die folgenden beiden Bedürfnisse ganz stark befriedigen:

- Abwechslung/Neues/Spaß/Abenteuer/Ungewissheit
- Anerkennung/Besonders sein/Aufmerksamkeit

Wie bereits am Beispiel meines Klienten aus Südafrika besprochen, ändern sich gerade im Laufe der Beziehung die Bedürfnisse, da sich diese automatisch zu den folgenden ändern:

- Sicherheit/Vertrauen/Gewohnheit/Kontrolle/Gewissheit
- Liebe/Zuneigung/Dabeisein

Dadurch können die anderen beiden Bedürfnisse zu kurz kommen. Verstehe diese Dynamik und achte darauf, immer ein wenig Abwechslung und Anerkennung in deine Beziehung zu integrieren. Mach einfach die Dinge vom Anfang und es wird ganz einfach klappen.

Gerade Vertrauen ist hier, wie bereits erwähnt, wichtig. Dieses wird zum Beispiel nicht nur durch Betrügen zerstört, sondern durch viel kleinere Prozesse: wenn man mit anderen über die Probleme in der eigenen Beziehung spricht, kann dies ein enormer Vertrauensbruch für den anderen sein. Prinzipiell sollte man also nach außen NIE über negative Dinge (außer mit seinem Coach oder Berater) bzw. über Probleme innerhalb der Beziehung sprechen. Dies untergräbt das Vertrauen des Partners enorm.

Wichtigsein bzw. Anerkennung fällt zum Beispiel gerade dann schwer, wenn Kinder ins Leben kommen. Wenn man hier als Elternteil nicht aufpasst und seinen Partner nicht weiter zur Nr. 1 macht, fällt genau dieses Grundbedürfnis weg, welches am Anfang so wichtig gewesen ist.

Die angesprochenen Punkte treffen auf so fast jeden zu. Ganz viele meiner 1:1-Gespräche handeln über Beziehungsthemen, egal ob vergangene, derzeitige oder zukünftige. Wenn du also denkst, dass deine Beziehung davor geschützt wäre, denke an das Folgende:

„Dich bringen nie Dinge zu Fall, an welche du gedacht hast, sondern immer nur all jene, welche du übersehen hast!“

Reflektiere hier also ehrlich und genau.

Ein letzter Punkt zum Betrügen. Dies ist ein Thema, welches ich extrem häufig auf Events oder 1:1-Trainings habe. Warum? Ganz einfach: Dem- bzw. derjenigen, der/die betrogen wird, wird scheinbar jegliches Selbstwertgefühl in diesem Moment entzogen. Er/sie fühlt sich nicht gut genug und schiebt die Schuld in den meisten Fällen auf den/die andere/n. Falls du schon einmal betrogen worden bist, so kann ich dir mein tiefstes Mitgefühl (KEIN Mitleid) ausdrücken, doch als dein „Durchbruchkreier" kann ich dir Folgendes sagen:

- Betrügen ist KEINE Schuld. Weder von dir noch vom anderen.
- Dein Partner hat dich NICHT betrogen, weil du nicht gut genug warst!
- Es ist also NICHT so, dass du weniger Selbstwertgefühl zu haben brauchst, ganz im Gegenteil: „Wenn dich jemand betrügt, dann weil er/sie etwas ausnutzt, was du nicht getan hättest." Du musst also MEHR Selbstwertgefühl haben!
- Er/Sie hat dies gemacht, weil du seine/ihre Grundbedürfnisse nicht befriedigen konntest.
- Wenn du Betrügen vermeiden willst, dann gib deinem Partner/deiner Partnerin, WAS ER/SIE BRAUCHT!
- Wenn du denkst, du hast ihm/ihr alles gegeben, dann sage ich dir: „NEIN, du hast ihm/ihr gegeben, was DU denkst, was er/sie wollte, NICHT, was er/sie WIRKLICH GEBRAUCHT HÄTTE!"

Zu viele Menschen lassen sich durch Betrügen entmutigen, entwickeln Kontrollzwänge oder brechen Beziehungen ab, weil sie sich nicht mehr sicher fühlen. Boykottiere deine Beziehung ja nie selber, nur weil du unterbewusst Angst vor der Nähe hast. Verstehe den Prozess dahinter und du wirst diese Herausforderung nie mehr erleben.

5. Sex

Sex ist einerseits ein rein biologisches Bedürfnis, andererseits eine Möglichkeit, unsere Liebe in körperlicher Form auszudrücken. Sex kann Probleme lösen, doch diese auch kreieren. Wenn gerade in diesem Bereich negative Assoziationen aus der Vergangenheit bestehen, so kann dies massive Auswirkungen auf die jetzige Beziehung haben, wie du bereits in vorherigen Geschichten gehört hast. Sex hat sehr viel mit Vertrauen und Selbstwertgefühl zu tun – beides Faktoren, welche erlernbar sind. Ohne all die Dinge aus anderen Bereichen noch einmal zu wiederholen, hier ein paar Stichpunkte als Tipps für den Bereich im Bett:

- Reden heilt vieles.
- Erkenne, woher deine eigenen Probleme stammen.
- Verstehe die Bedürfnisse des anderen im Bett.
- Erkenne positive Anker/erogene Zonen.
- Probiere neue Dinge wie Tantra usw. aus.
- Meditiere einmal nackt mit deinem Partner.
- Kuschle mit deinem Partner nach jedem Mal.
- Sag deinem Partner jeden Tag ein bis zwei Dinge, welche du heute gerade ganz besonders an ihm/ihr schätzt, toll findest, für die du dankbar oder auf die du stolz bist.

Zum Schluss ein paar Tipps zu dem, was angeblich Beziehungen auseinander bringt: Streiten.

Falsches Streiten killt eine Beziehung binnen eines Moments.

Richtiges Streiten ist die Basis für die lebenslange Erfüllung.

Der Grund, warum wir uns darin so schwertun, ist, dass wir Streiten meistens von unseren Eltern oder von den Medien lernen. Beides ist absolut destruktiv, denn selten lernen wir das richtig. Es sollte dafür eigentlich einen Kurs geben. Wenn Pärchen nie streiten, häufen sich die kleinen Dinge an. Sie werden nicht ausdiskutiert. Ein Film ohne Höhen und Tiefen ist langweilig. Etwas Langweiliges bricht man ab. Genau so ist es mit einer Beziehung. Man sollte also diskutieren/streiten, doch nur, wenn man das richtig macht. Hier ein paar Tipps:

- Streite/Diskutiere ruhig, aber mit Niveau – hab keine Angst vor dem Streit!
- Behalte den richtigen Tonfall und die richtige Wortwahl bei!
- Diskutiere Dinge am besten SOFORT aus – je länger du sie aufstaust, desto größer werden sie meist!
- Nutze Beziehungsmeetings wann immer möglich!
- Gehe mit Worten NIE unter die Gürtellinie!
- Sage NIE Dinge, welche du danach zurücknehmen möchtest!
- Greife NIE die Basis für die Beziehung an: Vertrauen, Liebe und Leidenschaft!
- Wenn jemand sagt, dass man da eh Schluss machen könnte, ist das die absolute Schwäche und eine schlechte Notreaktion. Sag das NIE!
- Unterbrich einen eskalierenden Streit mit einer Reflexunterbrechung – es kann deine Beziehung retten! Mach es also! Ich zeig Bettina zum Beispiel immer lustige Tiervideos. Das bringt sie sofort aus dem Konzept und ich nutze das, wenn ich glaube, dass ein Streit sonst eskalieren würde.
- IMMER Versöhnen – egal ob mit einem Strauß Blumen, Sex oder einer netten Geste.

Einem „Es tut mir leid” folgt nichts außer Stille.

Sonst zählt es nicht.

Wenn einmal gar nichts mehr funktioniert, probiere Folgendes: Setze dich mit deinem Partner dir gegenüber hin, seht euch fünf Minuten in die Augen und atmet dabei gleichzeitig ein und aus. Probiert es einfach mal aus. Es ist unglaublich, welche Spannungen, Probleme und Differenzen sich in diesen fünf Minuten so auf eine einfache Art und Weise lösen lassen.

Wenn du bei deiner Beziehung zusätzliche Hilfe brauchst, dann kontaktiere unser Team für ein Beziehungsgespräch so schnell du kannst. Beziehungen sind etwas unglaublich Wichtiges und egal, ob du schon eine hast oder eine willst, wir von I-Unlimited™ stehen dir mit Rat und Tat zur Seite: team@i-unlimited.de oder per WhatsApp (+43 681 10803001).

Heute war ein langer Tag, an dem wir über einen der wichtigsten Bereiche in unserem Leben geredet haben. <u>Arbeite diese To-Dos jetzt durch und setze die Punkte von heute in deiner eigenen Beziehung auch wirklich um:</u>

1. Gehe noch einmal durch die Fragen im Text. Reflektiere ehrlich! Denke daran: Beziehungen sind einer der größten Schmerzpunkte im Leben eines Menschen. Investiere heute also ruhig ein bisschen mehr Zeit und Energie.
2. Identifiziere ein paar „MUSS SEIN“-Punkte in deiner Vision für eine perfekte Level-5-Beziehung. Müssen diese Punkte sein oder können diese eventuell auch abweichen? Denk daran: Je härter deine Regeln, umso schwerer wird es, die wahrlich perfekte Beziehung zu finden.
3. Bist du bereits in einer Beziehung? Auf welchem Level seid ihr? Level 5? Gratuliere! Noch nicht? Was fehlt? Identifiziere die Problemstellen und kreiere eine Lösung.
4. Kreiere eine Liste an Kleinigkeiten, welche du für deinen Partner tun kannst, um einerseits Abwechslung hineinzubringen und andererseits ihm/ihr zu zeigen, wie unendlich fest du ihn/sie liebst.
5. Mach einen Termin für ein Beziehungstreffen mit deiner/m Liebsten aus. Besprich diese Punkte, welche

du heute gelernt hast, oder noch besser: lass ihn/sie dieses ganze Programm auch durchmachen. Es bringt nichts, wenn diese Dinge nur einer von euch beiden weiß bzw. umsetzt.

Erledige die To-Dos JETZT!

Morgen geht's weiter mit dem dritten Schmerzpunkt: Finanzen.

Sei GRENZENLOS ERFOLGREICH©!

Dein

Dr. Julian Hosp

TAG 24: Mit einer Million Euro in Rente gehen

Willkommen bei Tag 24!

Heute geht es um den letzten der drei Bereiche (Emotionen, Beziehungen und Geld), aufgrund dessen die meisten Menschen leiden: deine Finanzen.

Wenn du dich an die Pyramide am allerersten Tag zurückerinnerst, so wirst du vielleicht noch wissen, dass ich in ganz jungen Jahren dieses Finanzmodul eher an die Basis von Erfolg gereiht habe. Im Laufe der Jahre sind die Finanzen dann relativ weit hinauf an die Spitze der Pyramide gewandert, da mir Geld zwar immer noch wichtig, jedoch die mentale Einstellung zu Geld noch viel wichtiger wurde.

Was das bedeutet, ist das Folgende. <u>Es gibt drei Gründe, warum du zu wenig Geld hast:</u>

1. falsche Konditionierung (Ängste/Bedürfnisse)
2. falsche Glaubenssätze
3. falsche Strategie

Du denkst jetzt vielleicht, dass bei dir Punkt 1 und 2 schon passen und du nur noch die richtige Strategie benötigst. Leider liegst du da wahrscheinlich falsch. 80% des Erfolges macht schlussendlich immer die mentale Einstellung aus – und darunter fallen die ersten beiden Punkte. Nur 20% sind die eigentliche Strategie. Genau deshalb habe ich auch enorm viele 1:1-Trainings mit Menschen, welche schon deutlich mehr an Finanzen besitzen als ich, die jedoch wissen, dass ich gerade in der mentalen Einstellung weltklasse bin.

Gehen wir die drei Punkte kurz einmal durch. Schalte ja nicht bei den ersten beiden Punkten ab – in 99% der Fälle sind genau diese beiden für einen Durchbruch wichtig.

Der erste Punkt sagt aus, dass du nicht genug Geld hast, weil du dich ganz einfach noch nicht konditioniert hast, viel Geld zu haben. Wir haben dies ebenfalls bereits in den ersten Tagen, als wir über Ängste und Bedürfnisse gesprochen haben, im Detail erläutert. Du hast ganz einfach Angst davor, Geld zu haben. Jedes Mal, wenn ich diese Aussage treffe, antworten Leute mit verwunderten oder überraschten Blicken. Ich habe dir meine Geldgeschichten aus Brasilien bereits erzählt und ebenso, wie es mich danach Zeit und Energie gekostet hat, meine mentale Einstellung zu Geld anzupassen, damit ich mich nicht mehr selbst boykottierte, sobald ich mehr Geld habe. Mein Gehirn wollte mich ganz einfach vor dem Gefühl schützen, welches ich damals bei all dem Verlust kreiert hatte. So geht es vielen anderen Menschen ebenfalls.

Ein riesiger Faktor bei dieser Konditionierung ist der falsche „Einstellpunkt", den wir auch am Tag der Standards besprochen haben. Dein Gehirn bringt dich dadurch genau an diesen Punkt, an dem du so viel verdienst, „wie du denkst, dass du brauchst" – jedoch keinen Cent mehr oder weniger! Verdienst du weniger, arbeitest du mehr, verdienst du mehr, boykottierst du dich selbst. Falls du das nicht glaubst, schau darauf, wie viel deine fünf Menschen um dich herum verdienen, mit denen du die meiste Zeit verbringst. Du bist garantiert der Durchschnitt daraus.

Der erste Schritt, den du also machen solltest, um deine Finanzen in Ordnung zu bringen, ist eine EVT©:

- Analysiere deine Ängste, die aus vergangenen Erlebnissen im Finanzbereich resultieren. Wie boykottieren dich diese?
- Erkenne deine Standards bzw. Erwartungen, indem du deine Freunde um dich herum evaluierst.

- Verstehe, dass das ein größerer Faktor ist als du vielleicht glauben magst.

Kommen wir zum zweiten der drei Punkte: falsche Glaubenssätze. Lass mich dich mal das Folgende fragen: <u>Welche Wörter assoziierst du mit Geld? Sind es eher Wörter wie:</u>

- böse
- schmutzig
- schlecht
- Lügen
- Gauner
- ungerecht
- unfair
- Abzocker
- usw.?

<u>Oder eher Wörter wie:</u>

- Möglichkeiten
- Optionen
- Freiheit
- Spenden
- Gutes
- Leistung
- fair
- usw.?

Du weißt bereits, wie das läuft: Wir alle kreieren unsere eigene Realität. Wenn du negative Wörter mit Geld assoziierst, wirst du auch genau diese Dinge in der Welt finden. Bei positiven Wörtern gute Dinge – bei negativen schlechte. Dein RAS lässt grüßen. Das große Problem bei negativen Assoziationen ist folglich, dass du aufgrund deiner Glaubenssätze gar kein Geld willst. Wenn du dir jetzt sagst, dass du eigentlich schon mehr Geld willst, dann sage ich dir:

Du bekommst NICHT, was du willst, sondern das, was du bekommen MUSST.

Und wenn deine Glaubenssätze dafür destruktiv sind, kannst du wollen was du willst, du wirst es nicht bekommen. Du weißt bereits, woher du deine Glaubenssätze hast:

- Wie haben deine Eltern über Geld gesprochen? Welche Wörter haben sie verwendet?
- Wie haben Lehrer über Geld gesprochen?
- Wie sprechen deine Freunde über Geld?
- Wie denken deine Facebook-Freunde über Geld?
- Welche Dinge über Geld schaust du dir auf YouTube oder Netflix an?

Dies führt dann dazu, dass du solche Gedanken hast:

- Geld ist nicht das Wichtigste auf der Welt.
- Geld macht nicht glücklich.
- Wer Geld hat, ist böse.
- Nur schlechte Menschen haben viel Geld.
- Wer viel Geld verdient, ist ein Abzocker.
- Kein Geld zu haben ist nobel.
- Usw.

Wie du Glaubenssätze verändern kannst, hast du ausführlich an Tag 13 gelernt. Wenn du willst, kannst du dir auch noch einmal die Grenzenlos Erfolgreich Sesselreise© mit diesen Glaubenssätzen anhören und sie so wegbekommen. Ebenfalls können dir Bekräftigungssprüche dabei helfen:

- Je mehr Geld ich habe, desto mehr Gutes kann ich damit tun!
- Ich habe immer genug Geld auf meinem Konto!
- Je mehr Geld ich gebe, desto mehr Geld bekomme ich!
- Usw.

Überlege dir ein paar eigene und nutze sie, gerade wenn du finanziell einige Herausforderungen hast.

Widmen wir uns jetzt den restlichen 20% – der Strategie bzw. Punkt 3 der Probleme bei Geld. Diese erste kurze Einleitung zu Geld war also vielmehr eine Wiederholung von all dem, was du eigentlich bereits in- und auswendig können müsstest, nachdem wir ja in den vorherigen Wochen ausschließlich über deine innere Einstellung gesprochen haben. Doch denke ja nicht, dass du deshalb nicht die Herausforderungen hast, dass du kein oder wenig Geld besitzt, weil du die ersten beiden Punkte bereits beherrschst. Ganz im Gegenteil. Analysiere bitte wirklich ganz genau, bevor du jetzt zum dritten Punkt übergehst. Zu viele Menschen denken, dass genau hier ihre Herausforderung liegt, doch dabei sind es die ersten beiden Punkte. Sei also wirklich ehrlich mit dir selbst, sonst bringt dieser ganze Teil über Strategie und Umsetzung nichts.

<u>Wenn es um die finanzielle Strategie geht, gibt es im Prinzip drei Fähigkeiten, welche du lernen musst:</u>

1. Geld zu verdienen
2. Geld zu behalten/sparen
3. Geld zu vermehren/investieren

Heute geht es vor allem um generelle strategische Infos und darum, Geld zu behalten bzw. zu sparen. Die nächsten drei Tage (Tag 25, 26 und 27) handeln von den unterschiedlichsten Möglichkeiten, Geld zu verdienen, und an den Tagen 28 und 29 geht es um das Investieren.

Warum tun sich Menschen eigentlich so schwer mit ihrer Finanzstrategie? Geht man auf Google, YouTube oder fragt einen Bekannten, so bekommt man eine Vielzahl an Möglichkeiten vorgestellt, um finanziell wohlauf sein zu können. Es kann also nicht an der Hülle und Fülle von Informationen liegen. <u>Hier sind die größten Fehler:</u>

1. Man definiert das Ziel nicht.
2. Die Strategie basiert auf einem Survivorship Bias.
3. Man hat seine Finanzen nicht automatisiert.

Arbeiten wir die drei Punkte der Reihe nach durch. Wenn man sein Ziel nicht kennt, wird man sich nie finanziell wohlhabend fühlen. Dies sind meine drei empfohlenen Punkte, um das Gefühl von finanziellem Wohlstand (und das Finanzziel ist hier mit eingeschlossen) zu bekommen:

1. Positive Emotionen und Glaubenssätze zum Thema Geld und Finanzen entwickeln.
2. Sein Finanzziel erreichen (die sieben Möglichkeiten folgen).
3. Man gibt zurück und hilft anderen, ohne etwas zu erwarten (Grundbedürfnis).

Wenn du diese Punkte für dich definieren kannst und sie dann umsetzt, bist du nicht nur wohlhabend, sondern fühlst dich auch so. Sonst läufst du dein Leben lang Geld hinterher, denn du fühlst dich nie am Ziel, sondern wirst immer unzufrieden und unglücklich sein und dich damit nie erfolgreich fühlen.

Positive Emotionen und Glaubenssätze haben wir bereits besprochen und Finanzziele kommen gleich. Wie viel sollte man denn zurückgeben? Ich empfehle 10% deines Einkommens. Wenn du dir jetzt denkst, dass du das nicht hast, so denke an Folgendes: Alles was du gibst, bekommst du zehnfach zurück. Wenn du es noch nie probiert hast, darfst du nicht sagen, dass du das nicht glaubst.

Survivorship Bias tritt leider in ganz vielen Trainings, Coachings und Methoden auf und basiert darauf, dass man aufgrund von einer Erfolgsstory eine Technik bzw. Strategie verwendet, ohne dabei zu beachten, ob das nur Zufall oder wirklich nachmachbare Methodik war.

Automatisierung ist der Unterschied zwischen erfolgreichen Finanzprofis und nicht erfolgreichen Amateuren. Dies beginnt mit automatischen Sparkonten und endet bei automatischen Sparplänen. Viele dieser Dinge besprechen wir noch in den nächsten Tagen. Für dich zum Merken: Wann immer möglich, automatisiere einen Prozess, sodass du deinen Emotionen nicht ausgeliefert bist.

Was sind nun diese erwähnten Finanzziele? Jeder Mensch hat das Ziel, egal ob bewusst oder unbewusst, irgendwann einmal „ausgesorgt“ zu haben. Dies kann bedeuten, dass man nicht mehr für Geld, sondern nurmehr zum Spaß arbeiten muss, dass man eine staatliche Rente bekommt oder dass man über andere Wege finanziell abgesichert ist. Die meisten Menschen verlassen sich bei diesem Ziel total auf „Vater Staat“ und bemerken nicht, dass dieser mit der Aufgabe mehr als nur überfordert ist. Das staatliche Rentensystem bröckelt, doch nur die wenigsten wollen das anerkennen.

Woran liegt das? Genauso wie beim Treffen von Entscheidungen bevorzugen Menschen, Verantwortung auf andere zu übertragen. So können sie nicht falsch liegen und können eine eventuelle Schuld auf andere schieben. Noch dazu braucht man sich nicht für ein vermeintliches Thema zu interessieren. „Finanzen sind so kompliziert“ ist eine oft genutzte Ausrede, die leider funktioniert, einem jedoch nicht weiterhilft.

Was ist die Lösung? Man fokussiert sich auf simple Schritte und nimmt die Verantwortung selbst in die Hand. Der wichtigste Punkt hierbei besteht darin, die gleiche Rechnung zu tätigen, welche der Staat für dich eigentlich auch machen sollte, wenn er die Rente für dich kalkuliert.

„Die wichtigste finanzielle Frage lautet:

Wie viel Kapital brauche ich, damit ich mein Finanzziel erreicht haben werde?“

Es gibt sieben unterschiedliche Finanzziele und wir werden alle davon besprechen. Für welches du dich danach entscheidest, ist absolut dir überlassen.

Finanzziel 1 – Der Notgroschen:

Dieser besteht aus drei bis sechs regulären Monatsausgaben. Wie viel gibst du pro Monat normalerweise aus? Zum Beispiel 1.500 €. Wenn du dir nicht sicher bist, dann nimm einfach dein Monatsgehalt. Multipliziere diese Zahl nun mit drei oder sechs. Dies wären in diesem Beispiel also 4.500 € bis 9.000 €. Den Notgroschen solltest du an einem einfach zugänglichen Platz haben, zum Beispiel auf einem Tagesgeldkonto. Eine Monatsausgabe davon, in diesem Fall 1.500 €, kann man auch Cash zuhause in einem Safe oder einem anderen sicheren Ort haben, um jederzeit liquide zu sein. Der Notgroschen ist dafür da, dass du sofort Geld parat hast, wenn zum Beispiel etwas kaputt geht oder du kurzfristig etwas Essentielles benötigst. Verwende diesen Notgroschen NIE, außer für solche Notfälle. Wenn du noch keinen Notgroschen hast, dann verwende mindestens 10% deines Einkommens, um ihn Schritt für Schritt aufzubauen. So solltest du dieses Finanzziel nach spätestens zwei bis vier Jahren erreicht haben. Dieses Ziel ist ein Muss und keine Option, wenn du finanziell sorgenfrei leben willst.

Finanzziel 2 – Finanzielle Bewegungsfreiheit:

Finanzielle Bewegungsfreiheit ist das nächste Finanzziel. Hier hast du genug Geld, um ein bis zwei Jahre über die Runden zu kommen. Gerade wenn du vorhast, Unternehmer zu werden oder dich vor Kündigungen schützen willst, macht dieses Ziel enorm Sinn. Sollte etwas passieren, hast du jederzeit genug Kapital auf der Seite, sodass du über ein bis zwei Jahre ohne Sorgen etwas Neues aufbauen oder suchen kannst. Im Beispiel mit 1.500 € Gehalt pro Monat wären das 18.000 € bis 36.000 €. Finanzielle Bewegungsfreiheit ist kein Muss, bevor du ein Unternehmen starten kannst, wenn du es jedoch hast, hilft es ungemein. Dieses Geld muss nicht jederzeit verfügbar sein. Es sollte jedoch nicht allzu großen Schwankungen unterliegen und darf auch nicht allzu riskant angelegt sein. An Tag 28 werden wir noch genauere Details dazu besprechen. Sinnvoll sind hier zum Beispiel P2P-Anlagen (= Peer to Peer), langfristige und breit gestreute ETFs (Exchange-traded fund, zu Deutsch: börsengehandelter Fonds) oder eine kleine Anlegerwohnung.

Finanzziel 3 - Finanzielle Sicherheit:

Bei diesem Ziel geht es um etwas ganz anderes: Man möchte sich die absolute Notversorgung ein Leben lang sichern. Was gehört hierzu?

- Minimalversorgung Wohnen (Miete, Strom etc.)
- Minimalkosten Transport (Auto, Öffis etc.)
- Minimalkosten Essen
- Minimalkosten Versicherungen & Kommunikation (Internet, Handy etc.)
- Kinder (falls vorhanden und noch unterhaltspflichtig)

Überlege dir, wieviel du dafür im Monat wirklich ausgibst und denke daran, dass es hier um die Minimalversorgung geht. Brauchst du zum Beispiel wirklich deine 1.000 € Miete oder ginge theoretisch auch eine 300 €-Wohnung bzw. kannst du eventuell sogar bei deinen Eltern unterkommen? Brauchst du dein Auto oder ist das eher Luxus? Hol dir einen so günstigen Handy-Tarif wie möglich. Bei 1.500 € Gehalt kann man seine Minimalausgaben meist auf die Hälfte reduzieren (750 €). Man hat dann keine hohe Lebensqualität, doch wenn man müsste, dann könnte man damit auskommen.

Wenn du nun diese monatliche Zahl mit 12 multiplizierst, weißt du, wie viel du pro Jahr brauchst. Z. B.: 750 € x 12 Monate = 9.000 €. Dein Finanzziel erreichst du, wenn du das Ganze mal 20 nimmst: 9.000 € x 20 = 180.000 €. Dies wäre dein Ziel für finanzielle Sicherheit.

Warum mal zwanzig?

Wenn du mit 5% Rendite rechnest, dann sind das bei 180.000 € genau die 9.000 €, welche du pro Jahr benötigen würdest. Steuern sind hier natürlich nicht berücksichtigt.

Was bedeutet es, wenn du dieses Ziel erreichst?

Du könntest bis an dein Lebensende diese Ausgaben decken, ohne dass du zusätzlichen Druck hättest. Wenn du eine staatliche Rente bekommst, so würdest du dieses Geld dazu bekommen. Aufgrund der heutigen Rentenproblematik sehe ich dieses Ziel als Muss und nicht als Option.

Finanzziel 4 – Finanzielle Unabhängigkeit

Dies war mein Ziel seit frühen Jahren, welches ich vor meinem 30. Geburtstag erreichen wollte. Ich habe es damals mit 250.000 € angesetzt. Wie kommt man zu dieser Zahl für sich selbst? Hier nimmst du deine tatsächlichen monatlichen Ausgaben mal 12 und dann mal 20. Bei unserem Beispiel von 1.500 € pro Monat wären das 1.500 € x 12 x 20 = 360.000 Euro. Mit diesem Geld könnte man bei 5% Rendite sein ganzes Leben weiterleben, ohne je arbeiten zu müssen.

Warum habe ich für mich damals weniger ausgerechnet? Da ich mich intensiv mit Finanzen auseinandersetze, finde ich Möglichkeiten, mein Geld für knapp 7 bis 8% anzulegen. Dadurch brauche ich natürlich weniger Kapital, um die 1.500 € pro Monat zu bekommen. Dies ist wiederum ohne Steuern zu berücksichtigen, welche für jeden individuell sind. Persönlich kann ich nur jedem raten, sich dieses Finanzziel als individuelles Ziel zu stecken. Es ist zwar kein absolutes Muss, doch hier würde man die Verantwortung zu 100% selbst übernehmen und muss sich nicht mehr auf den Staat oder jemand anderen verlassen. Dieses Kapital ist sehr gut in breit gestreuten ETFs mit guten Dividenden und Anlegerwohnungen investiert. Einen kleinen Teil davon kann man auch in Hoch-Risiko-Anlagen stecken, um eine erhöhte Rendite zu erwirtschaften. Details dazu kommen an Tag 28.

Finanzziel 5 – Finanzielle Freiheit

Hier geht man her und denkt an ein Einkommen, welches man immer schon als Top-Einkommen bezeichnet hat. Hier wird es jedoch noch nicht verrückt, sondern bleibt noch in einem „normalen" Rahmen. Studien zeigen z.B., dass sich das Glücksgefühl nur unwesentlich erhöht, wenn man mehr als 10.000 € pro Monat verdient. Bei vielen Menschen steht dieses Ziel zwischen 5.000 € und 25.000 € pro Monat. Was wäre eine schöne Wohnung oder tolles Haus? Kosten pro Monat?

- Was würde das Auto pro Monat kosten?
- Reisen?
- Gutes Essen?
- Spaß?
- Kleidung?

Wenn wir hier mit 5.000 € rechnen, dann wären das: 5.000 € x 12 x 20 = 1.200.000 € bzw. eine knappe Million Euro. Dies ist schon eine Menge Geld, doch wie du aus dem Titel des heutigen Tages vielleicht bereits erahnen kannst, wird dies unser Ziel sein. Wie das genau geht, erfährst du noch.

Finanzziel 6 – Absolute Freiheit

Hier lebt man auf einem Level, das man in vielen Filmen sieht oder von manchen Stars kennt:

- Luxusyachts
- Privatjets
- Sportautos
- teure Reisen
- teure Uhren
- Spielzeuge
- usw.

Typischerweise rechnet man hier mit circa einer Million Euro Jahresgehalt und aufwärts. Um dies zu erreichen, braucht man also ein Nettovermögen von 20 Million Euro und mehr.

Finanzziel 7 – Finanziell verrückt

Verrückt bedeutet nichts Negatives, sondern nur, dass man eben nicht der Norm entspricht. Hier reden wir von einem Einkommen über der Million-Euro-pro-Monat-Grenze. Hier gibt es praktisch nichts mehr, was man sich nicht leisten könnte und man gehört zur finanziellen Crème de la Crème. Mit einem Nettovermögen von mindestens 100 Millionen Euro bis hin zu den Milliarden ist das „Finanzziel verrückt“ zu erreichen. Auch wenn dieses Ziel eventuell für dich nicht relevant ist, so möchte ich es doch erwähnen. Wenn es das ist, so freut mich das natürlich umso mehr.

Wenn ich die Frage stelle, welches dieser Ziele denn die Leute hätten, so antworten die meisten in 1:1-Trainings oder meinen Seminaren, dass sie gerne finanziell frei sein würden, also circa 5.000 € bis 10.000 € pro Monat bzw. eine knappe Million Euro haben würden. Deshalb auch die Benennung des heutigen Tages. Ist dies denn für den „Otto Normalbürger“ realistisch? Bevor ich dir die genaue Anleitung dazu gebe, wie du das schaffen kannst, möchte ich dir zuerst die Geschichte von einem amerikanischen Briefboten erzählen, der überall in Amerika in Talkshows und im Fernsehen war, weil er genau das geschafft hat.

Hier sind seine Details zu all dem, damit du siehst, dass auch DU das schaffen kannst:

- Alter, als er seine Finanzplanung gestartet hat: 30 Jahre
- Monatliches Einkommen nach Steuern: 1.700 €
- Monatliche Ausgaben: 1.000 € (Seine Frau war als Lehrerin arbeitstätig und bei ihr nutzten sie das gesamte Gehalt, um ihre beiden Kinder zu versorgen)

- Monatlicher Überschuss zum Investieren: 700 € pro Monat
- Diese 700 € legten sie im Schnitt bei 8% pro Jahr auf 30 Jahre an. Dies ist nicht unrealistisch, solange man sich ein bisschen dafür interessiert.

Nach 30 Jahren, also mit 60 Jahren, hatte er so über 1 Million Euro zusammen und konnte nun knapp 7.000 € jeden Monat ausgeben, ohne einen Cent des Ursprungskapitals aufzubrauchen. Er lebt heute immer noch und vermittelt mittlerweile im Alter von knapp 90 Jahren anderen, wie das jeder schaffen kann… Jeder, der will!

Wie ist das denn möglich? 700 € pro Monat klingt nicht wirklich viel, doch plötzlich ist eine Million Euro nach gerade einmal 30 Jahren da. Der Schlüssel lautet Zinseszins. Falls du dich damit noch nie wirklich beschäftigt hast, hier eine kleine Geschichte dazu:

Stelle dir vor, Josef von Nazareth hätte im Jahr 0 einen Eurocent zu 5% Zinsen angelegt. Angenommen, das Geld würde 2.000 Jahre so liegen, doch die Zinsen daraus werden auf ein anderes Konto gelegt, das KEINE Zinsen abwirft. Wie viel Geld hätte Josef im Jahr 2.000?

Lösung: 1 Cent plus 2.000 x 0.5 Cent = 1,01 €, also 1 Euro und 1 Cent. Nicht gerade viel.

Nun stelle dir vor, Josef hätte den einen Eurocent angelegt und die Zinsen auf dem selben Konto mit 5% Zinsen belassen, sodass es Zinseszinsen gäbe. Wie viel Geld hätte er dann im Jahr 2.000?

Unglaubliche 23.911.022.046.136.200.000.000.000.000.000.000.000.000 €! Nein, das ist kein Schreib- oder Tippfehler. Dies sind knapp 421 Milliarden Erden aus purem Gold. Unfassbar, oder? Es ist der gleiche Grund, warum aus gerade mal einer Zelle binnen neun Monaten ein Mensch mit 100 Billionen Zellen werden kann oder… dafür, wie der Postbote die eine Million Euro in 30 Jahren zusammengespart hatte. Es ist die Macht des Zinseszinses oder wie Albert Einstein es nannte: „Das achte Weltwunder". Der Postbote hat zum Beispiel gerade einmal 12 x 30 x 700 € eingezahlt, was 252.000 € sind. Die restlichen 750.000 € der Million Euro kamen durch Zinsen zustande, was immerhin drei Viertel der Gesamtsumme waren.

Wie kannst du also dein Finanzziel ebenfalls erreichen? Folge dafür diesen fünf Schritten:

1. Verdiene mehr.
2. Gib weniger aus.
3. Investiere die Differenz.
4. Automatisiere den Prozess.
5. Bilde dich fort und werde besser.

Schritt 1 – Verdiene mehr

Wir werden über zusätzliches Einkommen in den nächsten drei Tagen noch ganz viel sprechen, doch ein paar Basisdinge möchte ich dir heute schon erklären. Auf der Pyramide der zehn Fähigkeiten sind drei Fähigkeiten auf dem Verdien-Level:

1. Arbeit
2. Business
3. Online

Wenn es um das Einkommen geht, so kennen viele Menschen den Begriff „aktives" und „passives Einkommen", also das Einkommen, für welches man arbeiten muss (aktiv) und jenes, für welches man angeblich nicht arbeiten muss (passiv). Dies ist absoluter Blödsinn und wird von ganz vielen Finanz-Coaches da draußen so gelehrt und wirft dabei ein total falsches Licht darauf, wie es wirklich funktioniert.

Die korrekte Bezeichnung ist „skalierbares" und „nicht-skalierbares Einkommen". Was bedeutet das? Skalierbar bedeutet, dass man es größer machen kann. Nicht-skalierbar demzufolge, dass das nicht geht.

Warum kann manches Einkommen skalierbar und ein anderes nicht-skalierbar sein? Nicht skalierbares Einkommen ist Einkommen, bei dem man den schlechtesten Tausch überhaupt eingeht: Man tauscht Zeit gegen Geld. Es ist ein einfacher Tausch und wenn man keine andere Wahl hat, so muss man diesen Tausch eingehen. Egal, ob du deine Zeit für 10 € die Stunde oder für 100 € oder 1.000 € verkaufst, du hast immer nur maximal 24 Stunden am Tag und 168 Stunden die Woche. Du setzt außerdem voraus, dass du auch wirklich selber arbeiten kannst. Wenn du nicht gerade Profisportler mit einem Millionengehalt bist, ist dieser Tausch nur so lange zu empfehlen, solange du kein skalierbares Einkommen hast. Wenn du also nicht-skalierbares Einkommen zum Beispiel in deinem Beruf gegen deine Zeit eintauschst, dann versuche – wann immer möglich – <u>es durch folgende Dinge zu bereichern:</u>

1. Erfahrung
2. Wissen
3. Beziehungen

Wenn du diese drei Dinge bei deinem nicht-skalierbarem Einkommen bekommst, so kann dies deutlich mehr wert sein als nur das Geld. Viele erfolgreiche Leute wie zum Beispiel Steve Jobs haben die Grundlagen für ihren späteren Erfolg dadurch gelegt, dass sie in einem nicht-skalierbaren Einkommen diese drei Dinge hinzubekommen haben. Achte also immer darauf, zumindest ein paar dieser Punkte zusätzlich zu bekommen, wenn du schon den schlechten Tausch von Zeit gegen Geld eingehen musst.

Während du bei einem nicht-skalierbaren Einkommen den Wert aus Zeit verkaufst, verkaufst du bei einem skalierbaren Einkommen den Wert aus einem Produkt oder einer Dienstleistung. Skalierbares Einkommen ist damit von der Zeit unabhängig und deshalb skalierbar. Es hängt somit von drei Faktoren ab:

1. Wie viele Kunden hast du?
2. Für wie viel kaufen diese bei dir ein?
3. Wie oft kaufen diese bei dir ein?

Nachdem du potentiell sieben Milliarden Kunden auf dieser Welt hast, welche theoretisch mehrere Male pro Tag bei dir einkaufen und jedes Mal mehrere Euro ausgeben können, ist dir keine Einkommensgrenze nach oben gesetzt.

Wir alle lernen in der Schule etwas über nicht-skalierbares Einkommen, weil es vermeintlich einfach und ziemlich logisch ist: Habe gute Noten, hole dir eine gute Ausbildung und suche dir einen guten Job. Das Problem ist nur, dass diese Anleitung in der heutigen Zeit mit all der digitalen Revolution nicht mehr funktioniert. Deshalb ist es heute keine Option mehr, sondern ein Muss, ein skalierbares Einkommen zu kreieren. Welche Optionen und Möglichkeiten es dafür gibt, besprechen wir morgen ausführlich.

Schritt 2 – Gib weniger aus

Dieser oft zitierte Grundsatz ist wichtiger denn je zuvor:

**Es geht nicht darum, wie viel du verdienst,
es geht darum, wie viel dir bleibt.**

Wie ist es möglich, dass Topverdiener wie Boris Becker, Mike Tyson oder Elton John Privatinsolvenz anmelden müssen? Nicht, weil sie so wenig verdienen, sondern weil sie ihre Ausgaben nicht unter Kontrolle haben. Je mehr Menschen verdienen, desto mehr tendieren sie dazu, dieses Geld auch auszugeben. Dem kann man entgehen, indem man genau kontrolliert, wie viel man wofür ausgibt. Oft klingen

5 € hier, 10 € da und 7 € dort wenig, doch schnell läppert sich das zusammen. Das einzige, was hier hilft, ist knallhart eine Budgetliste zu führen, wo man jede Ausgabe minutiös notiert. Heute steht auch auf deiner To-Do-Liste, dass du das bei dir machst!

Eine der größten Ausgaben, die oft übersehen wird, sind Steuern. Nicht umsonst ziehen viele Besserverdiener ins steuergünstige Ausland. Es muss nicht gleich ein Umzug sein, auch eine Steueroptimierung kann helfen. Bei mir in der Grenzenlos Erfolgreich© Podcast Show hatte ich auch einige interessante Gäste bei all diesen Themen zu Besuch. Suche einfach nach „Steuern und Grenzenlos Erfolgreich Podcast Show".

Chris von „Sparen mit Kopf" gibt hier extrem gute Tipps in der Bonussektion am Ende des Buches.

Schritt 3 – Investiere die Differenz

Wie genau du diese Differenz investierst, besprechen wir am Tag 28. Heute jedoch die wichtige Lektion: Du musst dieses Geld am Anfang des Monats weglegen. Egal, ob es 10%, 15% oder 25% von deinem Einkommen sind, die an Differenz übrigbleiben. Du musst es ganz am Anfang weglegen. Das Minimum sind meiner Ansicht nach 10%. Wenn du jetzt denkst: „WAAAAAAASSSSS, 10% von meinem Einkommen sparen? Das schaffe ich nie!" Dann ist hier mein Aufruf: Probiere es einfach einmal aus! Lege am Anfang des Monats 10% weg und tu so, als wäre das Geld nicht mehr da. Ich garantiere dir Folgendes: Du wirst dich immer an dein Budget anpassen, ganz egal wie krass es am Anfang klingen mag.

Wenn du anfangs noch nicht weißt, wohin du dieses Geld investieren sollst, dann spare es auf einem Onlinekonto mit zumindest noch ein bisschen an Zinsen an. Sparen bedeutet, dass du eine geringe Rendite in Kauf nimmst, um Kapital griffbereit aufzubewahren. Investieren bedeutet hingegen, dass du den Zinseszins nutzen willst und dafür ein bisschen Risiko und Liquiditätseinbußen in Kauf nimmst. Du wirst in den nächsten Tagen noch einige Ideen und Vorschläg dazu bekommen.

Schritt 4 – Automatisiere den Prozess

Dies ist ein unglaublich wichtiger Schritt. Wenn du hier nicht mit Daueraufträgen und automatischen Konten arbeitest, wirst du irgendwann etwas nicht mehr machen. Dies passiert genau dann, wenn es unglaublich wichtig wäre. Den Prozess zu automatisieren, erklären dir leider nur die wenigsten, weshalb der geordnete Kapitalaufbau auch nur so selten funktioniert. Wir besprechen diesen Schritt am Tag 28 ganz genau im Detail.

Schritt 5 - Bilde dich fort und werde besser

Warren Buffett sagt hierzu folgendes: „Die einzige Investition, welche kein Risiko und trotzdem unendlich hohe Rendite besitzt, ist ein Investment in dich selbst.“ Lege dir also immer ein bisschen was auf die Seite, damit du dich gerade in finanziellen Themen fortbildest. Besuche Seminare, buche dir einen guten Trainer und lies Bücher. Wer rastet,… der rostet. Investiere also in dich selbst und verbessere dich in diesen fünf Schritten immer weiter.

Du solltest jeden Schritt für sich selber optimieren, sodass du es zum Beispiel schaffst, regelmäßig nicht nur 100 €, sondern vielleicht sogar 250 €, 500 € oder eventuell 1.000 € jeden Monat zu sparen und gewinnbringend zu investieren. So erreichst du dein Finanzziel von einer Million Euro dann in viel kürzerer Zeit. Kein Mensch ist durch Arbeit je reich geworden, merke dir also das Folgende:

**Arbeite hart in deinem Job,
doch arbeite noch viel härter für deine Zukunft.**

Wenn du bei deinen Finanzen zusätzliche Hilfe brauchst, dann kann ich dir drei Dinge empfehlen. Denke daran, investiere in dich selbst!

1. Hole dir von uns das sogenannte Grenzenlos Erfolgreich© Finanzfundament: www.i-unlimited.de/finanzfundament. Es ist die perfekte Ergänzung, um deine Finanzstrategie auf eine solide Basis zu bringen.

2. Komme zu unserem Grenzenlos Erfolgreich© Event. Dort wirst du all deine limitierenden Glaubenssätze und Ängste los.

3. Buche ein 1:1-Training mit einem unserer Finanzexperten.

Kontaktiere uns unter team@i-unlimited.de oder per WhatsApp auf: +43 681 10803001.

Hier sind deine Finanz-To-Dos für heute:

1. Überlege dir, welche negativen Glaubenssätze du zu Finanzen hast und ersetze sie durch positive.

2. Welche Schmerzen hast du, weil du zu wenig Geld hast? Was wärst du bereit zu tun, damit du diese los wirst? (= dein WARUM)

3. Was würdest du tun, wenn du Geld hättest? (= deine Träume)

4. Arbeite dein Finanzziel aus und gehe deine Ausgaben durch, damit du diese Träume verwirklichen kannst. Denke an den Postboten in Amerika.

5. Kreiere zwei bis drei Bekräftigungssprüche zum Thema Finanzen für dich.

Das war heute ein guter Einstieg in dieses Thema, nicht wahr? Morgen geht's los mit der Einkommensgenerierung.

Sei GRENZENLOS ERFOLGREICH©!

Dein

Dr. Julian Hosp

TAG 25: Zehn Optionen zu 100.000 € Jahreseinkommen

Herzlich willkommen bei Tag 25!

Gestern haben wir die Grundlagen deines Finanzziels besprochen und heute geht es um die Möglichkeiten, mit welchen du dein Einkommen steigern kannst, um dein Finanzziel zu erreichen. Für viele Menschen ist es ein super Einkommen, wenn sie sechsstellig pro Jahr verdienen, also 100.000 € oder mehr. Genau deshalb werden wir heute anhand von zehn Optionen besprechen, wie das möglich ist.

Wir haben bereits „skalierbar" und „nicht-skalierbar" beschrieben und auch die drei Module am Einkommenslevel auf der Grenzenlos Erfolgreich© Pyramide:

1. Arbeit
2. Business
3. Online

Die drei Fähigkeiten, welche unter Arbeit fallen sind:

1. Deine eigentliche Tätigkeit, mit welcher du Geld verdienst.
2. Verkaufen ohne schleimig zu wirken.
3. Verhandeln, um zu bekommen, was du willst.

Verkaufen und Verhandeln besprechen wir morgen, denn diese beiden Fähigkeiten sind unglaublich effektiv, wenn es darum geht, ein Zusatzeinkommen zu generieren.

Oft vergisst du jedoch, dass du ja bereits etwas kannst. Wenn du also dein Einkommen steigern willst, überlege dir, ob du dort nicht durch folgende Schritte mehr verdienen kannst:

1. Zusatzausbildung für mehr Gehalt
2. Weiterbildung für mehr Gehalt
3. Überstunden
4. Vertragsverhandlung
5. Verwendung deines Könnens/Wissens in einem eigenen Unternehmen (mehr dazu gleich)

Wenn du dein Einkommen wirklich skalierbar machen willst, musst du ein eigenes Unternehmen gründen. Nur so kannst du alle Facetten maximal ausreizen. Viele erfolgreiche Leute auf der Welt kommen aus dem Segment der Unternehmer. Wir alle nutzen täglich deren Produkte in Form von Computern, Autos, Büchern usw. Genau deshalb sind diese Menschen finanziell auch so erfolgreich.

Eine erste Frage dazu für dich: Siehst du das Unternehmertum als riskanter oder als sicherer im Vergleich dazu, angestellt zu sein? Dies ist ein wichtiger Glaubenssatz, denn wenn du mit Unternehmertum Risiko, Unsicherheit, Schwierigkeiten oder vielleicht sogar Kriminalität verbindest, so wirst du dich immer selbst boykottieren, solltest du ein eigenes Unternehmen starten wollen.

Hier sind fünf Glaubenssätze meinerseits, warum ich Unternehmertum so toll und wichtig finde:

1. Unternehmer kreieren Gutes für die Welt!
2. Ein einzelnes Unternehmen zu gründen, ist eine Herausforderung und kann scheitern, doch ein Unternehmer selbst kann nur dann scheitern, wenn er danach kein weiteres Unternehmen startet.
3. Angestellt zu sein ist ein Risiko in der heutigen Welt. Automatisierung, Outsourcing und technologischer Fortschritt machen es Unternehmern immer einfacher, Kosten durch Kündigungen zu reduzieren.

4. Während gute Unternehmer sich immer wieder aufrappeln, so tut sich ein frisch gekündigter Angestellter, welcher meistens keine Rücklagen gebildet hat, schwer, etwas Neues zu finden.
5. Ein Unternehmer unternimmt immer etwas und schafft es so, sich und seine Familie zu unterstützen.

Falls du mir in einem der Punkte widersprichst, ist das absolut okay. Verstehe jedoch, was das für dich und deine Glaubenssätze zu diesem Thema bedeutet. Einige Dinge davon werden wir noch ein paar weitere Male aufgreifen.

Falls dir der Gedanke an ein eigenes Unternehmen Angst bereitet, so ist das absolut normal. <u>Folgende Dinge helfen dir dabei:</u>

- Zuerst verstehe, dass der Anfang wirklich jedem gleich schwerfällt.
- Wenn du einen Notgroschen oder Bewegungsfreiraum angespart hast, so hilft das enorm.
- Solltest du keinen finanziellen Puffer haben, beginne dein Unternehmen in der Teilzeit. Dies ist übrigens immer ein guter Tipp für den Anfang. Du musst keinen Vollzeitstart hinlegen.
- Du wirst andere Dinge für dein Unternehmen aufopfern müssen.
- Gutes Zeitmanagement ist besonders wichtig, sobald du das erste Mal Unternehmer bist. Freie Zeiteinteilung kann gut, jedoch auch gefährlich sein. Je nachdem, wie du es für dich nutzt.
- Hol dir Rat von jemandem, der dies bereits gemacht hat, NICHT von Menschen, welche es versuchen und dabei gescheitert sind. Eventuell kann hier ein Coach hilfreich sein.

Welche Möglichkeiten für einen Business-Start gibt es denn? Bevor wir diese besprechen, möchte ich zuerst jene sieben Fähigkeiten bzw. Punkte durchgehen, welche man in einem eigenen Unternehmen braucht:

1. mentale Einstellung eines Unternehmers
2. Produktion des Produkts/Services
3. Verwaltung/Organisation
4. Kultur/Human Resources
5. Marketing, Verkauf und Branding
6. Finanzierung des Starts bzw. von Prozessen
7. Buchhaltung/Finanzen

Diese sieben Punkte als Aufwand stehen jenen Dingen gegenüber, welche am Ende als „Gewinn" herauskommen. Welche Dinge könnten das zum Beispiel sein?

1. finanzieller Gewinn
2. Lernerfahrung
3. Mehrwert für Gesellschaft
4. neue Beziehungen
5. Gefühl des Siegens

Bevor du ein Unternehmen startest, überlege dir genau, aufgrund welchen Punktes oder welcher dieser Punkte du das machst. Tipp: Je mehr Punkte für dich zutreffen, umso einfacher wird dein Unternehmen ein Erfolg. Wenn du es zum Beispiel nur auf finanziellen Erfolg auslegst, so wirst du eher enttäuscht als erfolgreich werden. Nur eines aus zehn Unternehmen überlebt die ersten drei Jahre und daraus wiederum nur eines aus zehn die nächsten sieben Jahre. Es schafft also lediglich eines aus hundert Unternehmen, länger als zehn Jahre am Markt zu bleiben. Wenn du jedoch die anderen Faktoren mit einbaust, schaffst du es auch bei einer finanziellen Niederlage, vorwärts zu kommen und das Unternehmertum nicht erfolglos abzuschreiben.

Weiters musst du darauf achtgeben, dass nur, weil du dich selbstständig machst, du dich nicht einfach selbst zum Arbeitgeber gemacht hast. Was ich damit meine? Wenn du keinen Angestelltenberuf mehr hast, jedoch immer noch Zeit gegen Geld tauschst, ist das zwar ein guter Anfang, du solltest jedoch so schnell wie möglich Wert unabhängig von der Zeit verkaufen. Hier sind zehn Optionen, welche dir dies nicht nur möglich machen, sondern dich gleichzeitig auch ein sechsstelliges Jahreseinkommen verdienen lassen können:

1. physischer Laden bzw. Service (Achtung, da dies nicht-skalierbar ist)
2. Franchise-System
3. physischer Produktverkauf
4. Network Marketing
5. Software (Apps etc.)
6. Coaching
7. Online-Kurse/digitale Produkte
8. Verkauf
9. Affiliate Marketing
10. Amazon/Online-Geschäft

Gehen wir diese zehn Möglichkeiten der Reihe nach durch, besprechen Vor- bzw. Nachteile, ob sie für dich interessant sein könnten und wie du sie starten kannst.

Erste Option: Physischer Laden bzw. Service

Wenn du nicht eine dieser Optionen vererbt bekommst oder ein bestehendes Geschäft in der Familie hast, so kann ich dir in der heutigen Zeit nicht empfehlen, einen physischen Laden bzw. Service zu starten. Die Startkosten sind enorm hoch, das Risiko ebenfalls und die Wahrscheinlichkeit, finanziell durchzubrechen, ist relativ gering. Noch dazu tust du dich gerade hier schwer, dein Einkommen skalierbar zu machen. Wenn du bereits ein solches Unternehmen hast, dann nutze die Online-Optionen und vermarkte bzw. verkaufe soviel es geht im Internet. Genaue Optionen dazu besprechen wir übermorgen. So kannst du schon 100.000 € oder mehr pro Jahr verdienen. Eventuell lohnt es sich auch, so ein Geschäft gerade jetzt zu verkaufen, wo du noch einen guten Preis dafür bekommst. Bekannte von mir, welche eine physische Apotheke besitzen, durchlaufen gerade diesen Prozess. Ich kann sie gut verstehen.

Zweite Option: Franchise Systeme

Hier kaufst du eine Lizenz von einem Lizenzgeber für das Recht, dessen Businesskonzept zu nutzen. McDonalds, Subway und viele andere bieten solche Systeme in jeglichen Variationen an. Hier ist es sehr einfach, 100.000 € oder mehr zu verdienen. Der Nachteil ist jedoch, dass du ein hohes Startkapital von teilweise mehreren hunderttausend Euro brauchst. Wenn du das hast, kann ein Franchise eine gute Lösung für ein sechsstelliges Jahreseinkommen sein.

Dritte Option: Physischer Produktverkauf

Wenn du eine gute Idee für ein Produkt hast, dann kann dies eine gute Option sein. Entweder bist du der Entwickler selbst oder du arbeitest mit jemandem zusammen, der das kann. Startkosten kannst du über Kickstarter finanzieren. Produktion und Logistik ist erlernbar. Wichtig ist hier vor allem zu verstehen, ob der Markt dein Produkt auch annimmt. Mach nicht den Fehler zu glauben, dass nur, weil du etwas gut findest, es der Markt auch so sehen wird. Schlussendlich hat der Markt Recht und nicht du. Als gute Übung solltest du dir jeden Tag ein bis zwei Produkte überlegen, welche du theoretisch produzieren könntest, weil es die Welt benötigt. Nach 1.000 Ideen ist sicher eine dabei, welche du dann umsetzt.

Um zu 100.000 € Jahreseinkommen zu gelangen, brauchst du nur der folgenden Rechnung folgen:

Einkommen =
Gewinn pro verkauftem Produkt
x Anzahl verkaufter Produkte
x Anzahl Kunden

Je höher der Gewinn plus die Anzahl der Kunden plus die Anzahl der Produkte, desto mehr verdienst du. Angenommen, du hast ein Produkt mit 50 € Gewinnmarge, 1.000 Kunden (drei pro Tag), welche zweimal pro Jahr ein Produkt kaufen. So hättest du vor Steuern: 50 € x 1.000 Kunden x 2 = 100.000 € Jahresgewinn. Wenn du weniger Kunden hast, brauchst du einfach nur mehr Marge oder eine höhere Kauffrequenz.

Vierte Option: Network Marketing

Über diese Option habe ich in meinem ersten Buch „Ausgesorgt mit 30 – 25 Geschichten für mein Jüngeres Ich“ bereits ausführlich geschrieben. Es ist eine Option, die ich jedem einmal raten kann auszuprobieren, weil man zwar wahrscheinlich finanziell nicht den Durchbruch schafft, doch enorm viel daraus lernt. Bei mir war es genauso: Meine ersten Erfahrungen im Unternehmertum waren im Network Marketing-Bereich. Ich habe zwar nicht so viel damit verdient, dafür umso mehr gelernt. Schaue dir diese Option wirklich genau an und höre nicht auf Menschen, die das nur probiert haben, nicht erfolgreich waren und dir dann davon abraten. Du wirst viel lernen, mit motivierten Menschen umgeben sein und eventuell auch ein bisschen was verdienen. Es ist definitiv möglich, in diesem Bereich 100.000 € pro Jahr oder mehr zu verdienen. Falle jedoch nicht auf die Tricks herein, die dir vermitteln sollen, dass das kinderleicht ist. Falls du mehr dazu lernen willst, dann lies auf jeden Fall mein erstes Buch www.25Geschichten.de und auch das Buch „Go Pro: 7 Schritte zum Network Marketing Profi“ von Eric Worre.

Fünfte Option: Software (Apps etc.)

Diese Option scheint unglaublich attraktiv, denn viele der Firmen-Superstars wie Facebook, Instagram, Snapchat usw. kommen aus diesem Segment. Doch was du hier siehst, ist lediglich der Survivorship Bias-Effekt. Ein sogenanntes Unicorn (Einhorn), welches eine Milliarde Dollar wert ist, hinterlässt gleichzeitig tausende nicht erfolgreiche Start-ups. Vergiss also nie, dass die Wahrscheinlichkeit, in diesem Bereich Erfolg zu haben, eine ganz andere ist, als wenn du andere Optionen nutzt. Lass dich jedoch nicht entmutigen, sondern halte dir die Möglichkeit zu gewinnen immer vor Augen. Ich habe aus diesem Grund ebenfalls ein Start-up im FinTech-Bereich, was unter diese Kategorie fällt.

Wenn du etwas in diesem Bereich starten möchtest, dann sind hier in paar Tipps dafür:

- Du oder ein Co-Founder muss(t) unbedingt richtig gut programmieren können. Am besten ist, du lernst es selber. Wenn dein Start-up nicht funktionieren sollte, kannst du jederzeit als Programmierer irgendwo zwischenzeitlich Geld verdienen.
- Du musst richtig gut im Auftreiben von Geld werden. Wenn du kein Startkapital hast, dann lerne, 30.000 € bis 50.000 € rein auf eine Idee aufzustellen (raisen). Kontaktiere Investoren, stelle ihnen dein Konzept vor und lass dich nie entmutigen. Lerne das Spiel dieser Start-up-Investments.
- Wann immer möglich: schau, dass du in einen Akzelerator oder Inkubator kommst, wo auch andere Start-ups zu finden sind. So bekommst du extra Unterstützung und die Gruppenmotivation trägt in Flauten voran.
- Es geht selten darum, WAS du machst, sondern meistens darum, WIE du etwas machst. Dieses WIE hängt vor allem davon ab, WER alles im Team ist und WARUM ihr macht, was ihr macht. Bevor du also an einer ganz bestimmten App arbeitest, schau, dass du zuerst ein gutes Team zusammen bekommst. In unserer FinTech-Firma haben wir zum Beispiel in den letzten 1,5 Jahren öfters die Idee und Richtung geändert, bis wir wirklich gewusst haben, was wir schlussendlich machen wollten. Da jedoch das Team unglaublich gut ist, war das nie ein Problem. Merke dir eines: „Die besten Spieler wollen immer mit den

anderen besten Spielern zusammenspielen. Bringe also keine zweitklassigen Spieler in ein Team, mit dem du die Meisterschaft gewinnen willst!“

- „Ideen sind wertlos. Alles was zählt, ist die Ausführung!“ Zu oft höre ich, dass jemand Angst hat, dass ihm/ihr eine Idee geklaut wird. Das ist absoluter Blödsinn. Jede Idee wurde bereits gedacht. Die Ausführung (das WIE) zählt. Dafür wirst du bezahlt und dafür brauchst du auch dein Spitzenteam.
- Du wirst ganz viele und lange Stunden arbeiten müssen. 100-Stunden-Wochen sind keine Seltenheit.
- Rückschläge stehen an der Tagesordnung – gewöhne dich schon mal daran.

Zwei gute Bücher in diesem Bereich sind:

- Peter Thiel: „From Zero to One – wie Innovation unsere Gesellschaft rettet“
- Al Ries: „The lean Start-up“

Schau dir im deutschen Bereich auf jeden Fall Hendrik vom Unternehmerkanal an. Er hat auch eine Sektion im Bonusteil am Ende des Buches.

Start-ups sind relativ binär. Dies bedeutet, dass du entweder gar kein Geld daraus verdienst oder unglaublich viel. Mein erstes Start-up nach meinem ersten Buch war ein Projekt namens „Rivet“. Dabei wollten wir Menschen durch einen speziellen Algorithmus bezahlen, wenn sie nicht auf Social Media ihre Zeit verschwenden würden. Die Idee war gut und wir hatten auch einen Investor. Ich erkannte jedoch früh genug, dass sich die Idee zu diesem Zeitpunkt nicht durchsetzen würde. Also zahlte ich das Geld an den Investor zurück und war ein paar Monate danach wieder am Ursprungspunkt. Ich hatte jedoch viel Neues und tolle Menschen kennengelernt, was mir danach enorm half. Wenn ein Start-up jedoch „poppt“, dann richtig, und dann sind 100.000 € Verdienst pro Jahr Kleingeld.

Sechste und siebte Option: Coaching und Online-Kurse

Wie du vielleicht bemerkt hast, bin ich kein großer Fan von Coaches bzw. vielen Trainern. Dies hat einen ganz klaren Grund: Die meisten sind absolut grottenschlecht und machen das nur, weil sie die anderen Unternehmensoptionen nicht auf die Reihe bekommen. Also werden sie zum Coach und wollen anderen Menschen zeigen, wie man etwas macht. Ich bin hier ein absoluter Kritiker davon und auch wenn ich selber in diesem Bereich arbeite, so ist es immer nur ein Teil meines Tuns. Ich verdiene mein Haupteinkommen NICHT durch Trainings oder Events, sondern durch meine anderen Firmen. Ich zeige Menschen lediglich, wie wir dort so erfolgreich sind und was man daraus lernen kann.

Das heißt natürlich nicht, dass ich dir davon abraten möchte, selbst Coach zu werden oder ein digitales Produkt zu kreieren. Ich möchte nur, dass du die folgenden Fragen selbst beantwortest:

- Gibt es einen Bereich, für den du dich außerordentlich intensiv interessierst?
- Gibt es einen Bereich, für den du dich nicht nur interessierst, sondern wo du, wenn du könntest, jede Minute darin verbringen würdest, auch wenn du nichts dafür bekommen würdest?
- Würdest du anderen Leuten gerne in diesem Bereich zeigen, was sie darin tun können?

Gut, dann hast du schon einmal eine gute Ausgangslage. Viele Menschen lassen sich dann von folgenden destruktiven Glaubenssätzen verunsichern:

- Bin ich denn gut genug in diesem Bereich?
- Bin ich erfahren genug in diesem Bereich?
- Bin ich alt/jung genug in diesem Bereich?
- Wer soll mich denn buchen?
- Wer soll denn mein Produkt kaufen?

- Es gibt schon so viele andere in diesem Bereich.
- Usw.

Lass dich durch diese Fragen auf keinen Fall davon abhalten, ein Coaching-Business zu starten oder digitale Produkte dafür zu kreieren. Hier ist das Warum:

- Du bist IMMER gut genug. Lass dich von dieser zentralen Angst nicht knebeln.
- Jeder ist verunsichert, wenn er etwas Neues probiert. Das ist Sinn und Zweck hinter einer Herausforderung. Sonst wäre es keine.
- Es gibt kein perfektes Alter bzw. keinen perfekten Zeitpunkt, etwas zu machen. Du wirst darauf kommen, dass Menschen dich immer für zu jung halten… bis zu dem Zeitpunkt, wo du dann immer zu alt bist. Wann war bitte das perfekte Alter? JETZT! Immer JETZT!
- Es gibt immer Menschen, welche genau deine spezielle Art und Weise lieben und dir deshalb zuhören. Jeden Tag werden neue Menschen erwachsen und suchen nach Lösungen in verschiedensten Bereichen ihres Lebens. Wenn sie ein Produkt nicht von dir kaufen, weil du es ihnen nicht anbietest, dann eben von jemand anderem – was schade wäre, oder?
- Deshalb ist es auch egal, ob es schon 10 oder 50 oder 100 Leute in diesem Bereich gibt. Der größte Fehler, den du jedoch machen kannst, besteht darin, andere Menschen zu kopieren und nicht du selbst zu sein. Sei du selbst und beschreibe deinen eigenen Weg.

Natürlich hilft es, wenn du in dem Bereich, in welchem du Coachings oder digitale Produkte anbieten willst, schon Erfahrung hast. Das macht dich glaubwürdig und du wirst dich leichter tun, zahlende Kunden zu finden. Noch dazu kannst du so Produkte relativ leicht kreieren, da du ja bereits das ganze Wissen hast. Wenn du dich jedoch für einen Bereich interessierst, in dem du jedoch noch nicht die Wahnsinnskarriere aufweisen kannst, dann kannst du folgende Dinge machen, welche dich binnen kürzester Zeit zu einem Experten machen. Ich habe genau das Gleiche im Bereich Kryptowährungen gemacht, was ich für meine eigene Firma gebraucht habe:

1. Kaufe dir die drei top Bücher in diesem Bereich (Kostenpunkt ca. 50 €).
2. Suche dir ein oder zwei gute Podcasts auf dem Gebiet, welchen du dann folgst.
3. Suche dir ein oder zwei Menschen, welche in diesem Bereich bereits gut sind und folge ihnen auf Facebook bzw. YouTube.
4. Besuche eine Konferenz zu diesem Thema (Kostenpunkt inklusive Reisekosten ca. 500 € innerhalb Deutschlands).
5. Wenn möglich, schaue dir zuerst etwas auf Englisch an und kreiere dann etwas auf Deutsch. So hast du oft einen Wissens- oder Zeitvorsprung, da im Englischen Dinge oft früher erscheinen als im Deutschen.

Wie gesagt, du solltest nicht Dinge kopieren, die es 1:1 bereits so schon gibt. Wenn du jedoch diese Punkte von oben benutzt, tust du dich viel leichter, ein interessantes Produkt oder einen passenden Coaching-Bereich zu wählen.

<u>Wie kannst du nun 100.000 € damit verdienen?</u>

Egal ob Coaching oder digitale Produkte, du nutzt denselben Ablauf:

1. Kreiere enorm viel kostenlosen Inhalt. Du brauchst diesen, denn nur so werden andere Menschen auf dich aufmerksam und sehen, dass das, was du machst, gut für sie ist. Du kannst hier Ausschnitte von deinem Wissen zeigen, welches du sonst kostenpflichtig hergibst. Dies kostet dich maximal ein bis zwei Stunden jeden Tag.

2. Erstelle einen sogenannten Lead Magnet, welchen du kostenlos hergibst, solange Menschen dir ihre E-Mail-Adressen geben, bzw. den du ihnen auf Facebook per Pixel-Werbung zeigen kannst. Kosten: circa einmal vier bis fünf Stunden.
3. Produziere ein Einstiegsprodukt, welches du für 5 € bis 20 € verkaufst. Dieses zu produzieren kann schon mal bis zu einer Woche Arbeitsaufwand sein. Du siehst dieses Produkt nicht als Gewinn, sondern nutzt es lediglich dafür, dass du deine Fans zu Kunden machst. Nutze das Geld für Marketing, zum Beispiel auf Facebook, um neue Kunden zu bekommen.
4. Nach dem Einstiegsprodukt hast du dein sogenanntes Signature Produkt, welches ca. 50 € bis 150 € kostet. Den Inhalt dafür hast du gelernt bzw. du schreibst andere Dinge um oder fasst sie zusammen. So ein Produkt zu produzieren, kann auch schon mal einen Monat Zeitaufwand kosten.
5. Danach hast du drei Optionen:
    a. Biete 1:1-Coachings an.
    b. Kreiere Events.
    c. Biete ein noch teureres Produkt an.

   Welchen Weg du hier gehst, liegt absolut an dir selbst.

Genauso wie beim physischen Produkt kannst du bei digitalen Produkten mit derselben Rechnung 100.000 € pro Jahr verdienen:

2.000 Kunden (6 am Tag) x 50 € x 1 Kauf = 100.000 €

Beim Coaching kannst du zum Beispiel 197 € die Stunde verlangen. Angenommen du machst 10 Stunden die Woche x 52 Wochen, so sind dies ebenso 100.000 € und das schließt nicht ein, dass du andere Produkte währenddessen zusätzlich verkaufst.

<u>Warum gibt es so viele Coaches und Online-Produkte, doch nur so wenige sind erfolgreich?</u>

1. Erstens, weil sich viele einschüchtern lassen.
2. Zweitens, weil sie nicht ihre Hausaufgaben machen und daher nicht wirklich guten Inhalt produzieren bzw. verkaufen.
3. Drittens, weil sie nicht ein ganz spezifisches Produkt verkaufen, sondern jeden erreichen wollen. Am besten wäre zum Beispiel, du verkaufst ein ganz spezielles Produkt für eine ganz bestimmte Nische an eine ganz klar definierte Gruppe von Menschen. Für 100.000 € pro Jahr brauchst du keine zehntausend Kunden. Es reichen 1.000, welche 100 € für etwas bezahlen. Anstatt also jeden zu bekommen, finde deine 1.000 wahren Fans.

Dies ist ein wichtiges Konzept und auch der eine Tipp für deinen Start. Suche nach 1.000 wahren Fans. Starte mit dem ersten Fan, dann mit dem zweiten usw. Versuche nicht, jeden zu bekommen, sondern erreiche Schritt für Schritt 1.000 Fans. Vielleicht brauchst du drei Jahre, weil du jeden Tag einen Fan dazu bekommst, doch danach bist du unschlagbar.

Hier sind noch zwei andere Anfangstipps: Biete deinen Service oder dein Produkt zuerst kostenlos an, um im Gegenzug Testimonials bzw. Empfehlungen zu bekommen. Dies kann am Anfang essentiell sein. Meinen allerersten Vortrag in Hongkong bei einer renommierten Bank habe ich zum Beispiel kostenlos gegeben. Ich habe dafür ein Empfehlungsschreiben und viele gute Verbindungen zu anderen Banken bekommen. Alleine diese Entscheidung bringt mir heute eine enorme Summe durch die Folgeaufträge.

Der dritte Tipp ist, immer eine 100%-Geld-zurück-Garantie anzubieten, wenn ein Kunde nicht zufrieden ist. Du brauchst diese Risikoabwälzung auf dich, weil der Kunde sonst Angst hat, etwas bei dir zu kaufen. Wir bei I-Unlimited™ bieten bei den teureren Produkten sogar an, eine Aufwandsentschädigung zu bezahlen, wenn Menschen unzufrieden mit einem unserer Produkte sind. Menschen stellen sich dann oft die Frage, ob Kunden dies nicht ausnutzen? Klar, doch für jeden Kunden, der das bösartig ausnutzt, bekommen wir mindestens zehn tolle Kunden neu dazu. Das lohnt sich schlussendlich und deshalb solltest du das auch verwenden.

Option Acht: Verkauf

Diese Option werden wir ausführlich morgen besprechen. Verkauf ist eine jener Fähigkeiten, welche ein absolutes Muss ist. Wenn du richtig gut verkaufen kannst, nicht schleimig und hinterlistig bist, dann wirst du dein ganzes Leben lang weder finanzielle noch sonst irgendwelche Probleme haben. Verkauf ist im Leben überall präsent und fängt alleine damit an, deinem Partner eine Idee oder einen Vorschlag zu verkaufen. Der morgige Tag wird hier also ganz besonders wichtig sein. Dass du im Verkauf mehr als 100.000 € verdienen kannst, ist, denke ich, auch logisch, solange du genug verkaufst.

Option Neun: Affiliate Marketing

Marketing ist generell gesprochen die Tätigkeit, etwas an andere Menschen zu bewerben, damit diese danach ein Produkt oder einen Service kaufen. Dies kann auf unterschiedliche Art und Weise funktionieren.

Traditionell wurden Verkäufer angestellt, damit diese Produkte oder Services bewerben. Nach und nach erkannte man aber die Vorteile davon, Leute frei und selbstständig agieren zu lassen, um diese auf Provisionsbasis zu bezahlen.

So es ist zum Beispiel beim Affiliate Marketing. Affiliate Marketing kommt ursprünglich aus den USA und wird hierzulande auch oft als Partnerprogramm bezeichnet. Einfach erklärt ist es ein internet-basiertes Provisionssystem. Firmen, die online z. B. Produkte in einem Shop verkaufen, bezahlen Provisionen an Leute wie dich und mich, die Besucher über einen speziellen Link zu ihrem Onlineshop verweisen, damit diese dort etwas kaufen.

Die Vergütung beim Affiliate Marketing ist also erfolgsabhängig. Du bekommst als Affiliate oder Partner nur dann eine Provision, wenn der vermittelte Internet-Nutzer auf der Firmenwebsite etwas gekauft hat. Du kannst zum Beispiel 100 Leute dazu bringen, dass sie auf deinen Affiliate-Link klicken. Wenn sie in dem Shop, zu dem sie durch deinen Klick gelangt sind, jedoch nichts kaufen, verdienst du auch 0 €.

Kaufen jedoch 5 von den 100 Leuten etwas in dem Shop, dann bekommst du fünfmal eine Provision. Wie hoch diese Provision ist, hängt vom Produkt und vom Händler ab. Bei Amazon beträgt sie meist nur wenige Prozent. Trotzdem kann dies lukrativ sein, denn Amazon ist ein Partner, dem Kunden sehr vertrauen und sie werden daher sehr wahrscheinlich auch ein beworbenes Produkt dort kaufen.

Wie funktioniert das im Detail?

Ein eigens für dich erstellter Link speichert einen Cookie beim Nutzer, sodass die Webseite weiß, dass der Kunde durch dich dorthin geschickt wurde. Dies funktioniert praktisch lückenlos, da jeder Konzern der Welt im Internet mit Cookies agiert.

Ist das nicht unmoralisch, wenn du Geld verdienst, weil andere Leute etwas kaufen? Ganz und gar nicht. So funktioniert unsere Wirtschaft nunmal. WICHTIG: Der Kunde bezahlt ja nicht mehr, als er sowieso bezahlen würde, sondern der Verkäufer zahlt etwas von seinem Gewinn an dich. Es benötigt Marketing – und Firmen sind gerne bereit, dir Geld zu bezahlen, wenn du ihnen Umsatz bringst.

Warum ist das interessant für dich?

1. Du brauchst dich nicht mit Technik etc. auszukennen. Du schickst lediglich Menschen auf die bereits

bestehende Webseite. Das kann wirklich jeder, der einen Webseitenlink verschicken oder posten kann.

2. Du brauchst dir vorab keine Gedanken über die Erstellung und Erzeugung des Produktes machen. Also kein Zeit- oder Geldverlust vorab.
3. Weiters kannst du dir die Arbeitszeit komplett flexibel einteilen und von überall aus arbeiten. Ein Computer oder Handy reicht. Es gibt niemanden, der dir sagt, wieviel und wann du etwas tun musst. Je mehr „Traffic" du auf deinen Link schickst, umso höher die Chancen, dass jemand kauft und du eine Provision bekommst.
4. Es fallen keine Startkosten für dich an. Du startest dein Zweiteinkommen also ohne Startkapital. Alles, was du benötigst, ist Zeiteinsatz.
5. Sobald du Leute auf deinen Link schickst, brauchst du nichts weiter zu tun, als abzuwarten, ob diese kaufen. Es läuft eine komplett professionelle Maschinerie vollautomatisch im Hintergrund ab.
6. Oft verdient man als Affiliate prozentual mehr als die eigentliche Firma. Warum ist das so? Firmen geben zwar gerne einen relativ großen Teil ihres Einkommens an Affiliates ab, verdienen dann aber im Gesamten über das große Volumen immer noch mehr.
7. Du brauchst nach dem Abschicken deines Affiliatelinks keinen weiteren Kontakt zum Kunden für Support, Rechnungsstellung oder bei irgendwelchen Problemen aufrecht zu halten. Das übernimmt danach alles die Firma. Das erleichtert deine Arbeit enorm.

Was ist mit Affiliate Marketing möglich?

Laut einer Statistik verdienen in den USA 1% der befragten Affiliates mit Hilfe der Partner-Programme knapp 10.000 € pro Monat bzw. 100.000 € pro Jahr. Der Großteil der Affiliates erreicht ein paar hundert Euro pro Monat als Zweiteinkommen.

Was kannst du nun als Affiliate bewerben?

Generell kannst du viele Dinge im Netz als Affiliate promoten: Amazon, Online-Shops und noch vieles mehr. Leider sind viele Plattformen großem Wettbewerb ausgesetzt oder geben lediglich ein paar Prozent als Provision. Da lohnt sich meist der Aufwand nicht. Du kannst dich als Affiliate für so viele Produkte registrieren wie du willst. Es ist und bleibt bei seriösen Anbietern kostenlos.

Wie kannst du die Links dann bewerben?

- per E-Mail
- auf Social Media (Facebook etc.) posten
- auf deinem Blog oder deiner Webseite posten
- bei Werbe-Online-Portalen einstellen
- per bezahlter Online-Werbung als Banner, Ref etc.
- in Person weitererzählen
- per SMS, Whatsapp
- usw.

Woher bekommst du die Leute, denen du den Link dann schickst? Prinzipiell gibt es unzählige Methoden und du wirst deine bevorzugte finden.

Hier ein paar Beispiele:

1. Leute, die du bereits kennst und welche an dem Produkt interessiert sein könnten, kannst du per SMS, Whatsapp oder E-Mail direkt anschreiben.
2. Du postest bei dir auf Social Media – einige klicken auf die Seite, andere teilen den Inhalt sogar.
3. Du schaltest bezahlte Werbungen auf Facebook, Google oder anderen Online-Werbe-Seiten.
4. Du hast einen Blog oder eine eigene Webseite, wo du Interessenten generierst.

5. Du kaufst sogenannte „Listen“ mit Interessenten (passe hier jedoch ganz besonders gut auf die rechtliche Situation auf, bevor du das machst).
6. Usw.

Affiliate-Werbung bzw. Performance-Marketing wird weiter wachsen und für Firmen als Marketinginstrument bzw. für Affiliates als Einnahmequelle immer wichtiger werden. Davon kann man aufgrund der steigenden Werbeausgaben im Online-Bereich ausgehen. In Zeiten des harten wirtschaftlichen Wettbewerbs, dem Unternehmen ausgesetzt sind, ist es für diese enorm wichtig, kosteneffizient zu arbeiten. Da Affiliate-Marketing die Kosten direkt mit den Erträgen koppelt, entstehen für Unternehmen im Gegensatz zur klassischen Werbung keine Ausgaben, ohne dass auch Umsätze generiert werden. Für Menschen, die ein Zweiteinkommen suchen, stellt Affiliate Marketing andererseits eine hervorragende Möglichkeit dar, ohne Chef, komplett flexibel und von überall, je nach eigenem Engagement ein Einkommen aufzubauen.

Auch wir bei I-Unlimited™ haben übrigens ein Affiliate-Programm, für welches du dich kostenlos registrieren kannst, um Geld zu verdienen, indem du unsere Produkte bewirbst: www.i-unlimited.de/affiliate. Wir haben außerdem eine eigene Trainingsplattform für unsere Affiliates, damit du so Grenzenlos Erfolgreich© wie nur möglich wirst. Falls du Fragen dazu hast, kontaktiere gerne unser Team.

Auch wenn Affiliate Marketing für dich vielleicht nichts ist, so hilft dir das Können und Wissen, welches du daraus lernst, enorm, um so in der Online-Welt noch besser dazustehen.

Option zehn ist ein Amazon- oder ein eigenes Online-Business:

Diese Option ist besonders interessant, wenn du dich mit Online-Marketing bereits auskennst bzw. du nicht im

Affiliate Marketing-Bereich aktiv sein willst, sondern lieber deine eigenen Produkte verkaufen möchtest. Sowohl auf Amazon als auch für deinen eigenen Online-Shop stellt sich die Frage, woher du die Produkte bekommst. Dafür gibt es drei Möglichkeiten:

1. Du nutzt sogenanntes Dropshipping. Hierbei hast du die Ware nie selber, sondern bestellst diese bei einem Lieferanten und lässt sie direkt an den Kunden liefern, sobald dessen Bestellung bei dir eingeht. Dies funktioniert natürlich nur, wenn du einen geeigneten Preis findest und der Lieferant Dropship auch anbietet. Wenn du denkst, der Kunde merkt dies, so kann ich dir versichern, dass du meistens, wenn du etwas online bestellst, dies per Dropship bekommst. Die Produkthersteller wollen einfach nur produzieren und verkaufen. Sie bieten solche Dropship-Dienste deshalb an Marketer an, ohne dass es ein Kunde mitbekommt. Der Vorteil ist dabei für dich, dass du keine Investitionskosten hast. Du zahlst ja erst, nachdem eine Bestellung eingegangen ist. Der Nachteil ist jedoch, dass du meistens nur geringe Gewinnmargen hast und natürlich jeder andere dies auch machen kann.
2. Du verwendest ein sogenanntes „White-Label-Produkt". Das sind Produkte, die von Lieferanten mit deinem gewünschten Branding produziert werden und die du dann unter deinem Namen verkaufst. Der Nachteil hierbei ist, dass du teilweise hohe Auslagen vorab hast. Dies kannst du insofern puffern, als dass du Investoren ins Boot holst oder auf Kickstarter eine Kampagne laufen lässt. Der Vorteil besteht darin, dass es dein eigenes Produkt ist und du die volle Kontrolle darüber behältst.
3. Die dritte Variante ist, das Produkt komplett selber zu produzieren. Hier fällst du mit der zuvor besprochenen dritten Business-Option zusammen. Wenn du bereits Produkte offline verkaufst bzw.

weißt, wie du solche produzieren kannst, dann solltest du diese Option auf jeden Fall nutzen. Onlineverkauf ist schlussendlich der Weg der Zukunft. Ich kann dir jedoch nicht raten anzufangen, deine eigenen Produkte zu produzieren, wenn du noch überhaupt keine Ahnung davon hast. Versuche immer, so viel wie möglich outzusourcen und dich auf deine Kernkompetenzen zu konzentrieren.

Ein Amazon-Business oder Online-Versand kann extrem lukrativ sein und 100.000 € pro Jahr sind hier absolut realistisch. Achte jedoch darauf, dass der Markt nicht zu überlaufen ist, weil sich zu viele auf eine Option stürzen.

Einer der größten Fehler, den Unternehmer machen können, besteht darin, dem sogenannten „Shiny-Object-Syndrom" zu verfallen. Hierbei läuft man immer etwas Neuem hinterher, ohne sein aktuelles Projekt wirklich komplett umzusetzen. Wenn du also mit einer Option anfängst, dann bleibe auch für einige Zeit dabei. Nur so kommst du auch zu deinem sechsstelligen Jahreseinkommen.

Klar, du kannst 100.000 € dadurch generieren, dass du weiterhin Zeit gegen Geld tauschst. Doch wahre Freiheit kommt, wenn du dein Einkommen skalierbar gegen Wert bekommst. Wenn du richtige Unterstützung dafür bekommen willst, kontaktiere unser I-Unlimited™ Team für ein 1:1-Training.

Weiters ist gerade hier unsere I-Unlimited™-Mastermind-Gruppe interessant für dich, wo wir unternehmensinteressierte Menschen zusammenbringen und diese sich über genau dieses Thema austauschen. Kontaktiere uns für Infos bzw. trage dich hier ein: www.i-unlimited.de/mastermind.

Hier sind deine To-Dos für heute:

1. Arbeite an deinen Glaubenssätzen zum Thema Unternehmertum.

2. Welche der Optionen für 100.000 € Jahreseinkommen interessiert dich am meisten?
3. Informiere dich in diesem Feld weiter.
4. Von wem könntest du in diesem Bereich lernen? Kontaktiere uns eventuell für eine 1:1-Beratung mit einem unserer Business-Coaches: team@i-unlimited.de oder WhatsApp +43 681 10803001.
5. Überlege dir jeden Tag ein bis zwei neue Ideen.
6. Worin bist du sowieso schon gut?
7. Wobei fragen dich andere Menschen gerne um Rat?
8. Was machst du bereits gerne?
9. Melde dich bei unserem Affiliate-Programm kostenlos an: www.i-unlimited.de/affiliate.
10. Denke daran: Ideen und Wissen sind wertlos. Ausführung trumpft alles! Starte also mit deinem ersten Schritt JETZT!

Starte dein Business noch heute und sei GRENZENLOS ERFOLGREICH©!

Dein

Dr. Julian Hosp

TAG 26: Verkaufen und Verhandeln ohne schleimig zu wirken

Willkommen bei Tag 26!

Gestern haben wir zehn Optionen besprochen, wie du 100.000 € und mehr pro Jahr verdienen kannst. Einer der wichtigsten Faktoren in diesem Bereich ist die Fähigkeit, ein Produkt oder einen Service nicht nur zu kreieren, sondern das dann auch zu vermarkten bzw. zu verkaufen.

Der Unterschied zwischen Marketing und Verkauf ist, dass **Verkauf** meistens auf eine einzelne Person oder auf eine kleine Gruppe von Menschen abzielt.

Marketing ist ein bisschen generalisierter, da man hier zwar genau weiß, welche Gruppe von Menschen die Nachricht, das Bild oder den Film sehen soll, jedoch nicht immer genau wann, wo oder wie. Natürlich verschwimmt diese Definition mit den Fähigkeiten des Online-Marketings auf Facebook und anderen Social Media-Kanälen immer mehr, doch das Grundverständnis bleibt dasselbe.

Wenn man Menschen nach ihrer Vorstellung von Verkauf fragt, so denken viele an schleimige Verkäufer und winken dankend ab. Das ist schade, denn Verkauf ist unglaublich wichtig. Jedes Produkt dieser Welt wurde dir von jemandem verkauft. Ohne Verkauf funktioniert kein Unternehmen. Leider haben diese Menschen meist recht, da nur das top 1% der Verkäufer wirklich gut ist. Ich habe einmal in einem Interview gesagt, als ich gefragt wurde, welche drei Fähigkeiten richtig viel Geld bringen können, dass das die folgenden drei sind:

1. Programmieren
2. professionelles Netzwerken
3. Verkaufen

Dazu stehe ich auch heute noch und das Gute an diesen drei Fähigkeiten ist, dass, egal in welchem Bereich du arbeitest oder ob du intro- oder extrovertiert bist, du immer eine dieser Möglichkeiten nutzen kannst.

Gute Verkäufer finden jederzeit eine Möglichkeit, Geld zu verdienen. Der Knackpunkt bei diesen ist jedoch, dass diese nicht verkaufen, sondern den Kunden kaufen lassen. Dies ist eine wichtige Unterscheidung, wenn du an ein Geschäft denkst, wo du das letzte Mal hineingegangen bist. Hat dich ein Verkäufer sofort angesprochen und zu einem Kauf genötigt oder konntest du alleine alles durchforsten, ein Verkäufer hätte jedoch jederzeit mit Rat und Tat zur Seite gestanden? Das Paradebeispiel hier sind Apple Stores. Wenn du schon einmal in einem warst, dann weißt du, von welchem Erlebnis ich spreche. In einem solchen Store wird dir nichts verkauft, sondern du kaufst.

Wie das funktioniert, dass Kunden kaufen, ohne dass du ihnen schleimig etwas verkaufen musst, lernst du heute im Detail. Wenn du denkst, dass du nie zu verkaufen lernen musst, so irrst du dich gewaltig. Verkauf findet in jedem Aspekt des Lebens statt: Egal, ob deine Kinder etwas von dir wollen, du deinen Partner zu etwas überreden willst oder im Geschäftsleben einen Deal eingehen möchtest. Alles dreht sich um das Thema „Verkauf“ bzw. „Verhandlung“, wobei letzteres einfach nur der Prozess ist, bis es zum eigentlichen Deal kommt. Sowohl das Verkaufen als auch das Verhandeln sind sich extrem ähnlich, solange sie korrekt ausgeführt werden. Gute Verhandler sind immer auch gute Verkäufer. Nur leider sind die wenigsten Verkäufer auch gute Verhandler, da sie nie lernen, wie man gut und seriös verkauft.

Das Verkaufen bzw. Verhandeln ist, in der grundlegendsten Form, der Tausch von dem, was du willst, mit dem, was dein Gegenüber will.

Wenn du dieses Konzept zu 100% verstehst und anwendest, sind all die anderen Dinge nur mehr Feinheiten. Lass uns diese Aussage also genau auseinandernehmen, sodass sie dir auch wirklich klar wird:

Starten wir mit dir. Was willst du aus einem Verkauf?

- Geld?
- Ein gutes Geschäft?
- Dem Gegenüber etwas Gutes tun?
- Einen glücklichen Kunden?
- Einen lebenslangen Fan?

Du siehst schon. Die Einstellung, mit der du in einen Deal hineingehst, ist extrem wichtig. Natürlich kann es sein, dass du gerade einen Einmal-Deal hast, der keinen lebenslangen Fan benötigt und bei dem du also nur auf das Geld aus bist. Doch du benötigst immer lebenslange Fans, wenn du erfolgreich im Verkauf sein willst. Wenn du also verkaufst und alleine auf deinen eigenen Vorteil bedacht bist, wird dein Erfolg nur von kurzer Dauer sein. Dies bedeutet nicht, dass du all deine Vorteile aufgeben sollst und keinen Gewinn machen darfst, sondern vielmehr, dass du dein Gegenüber nicht ausnimmst, nur damit du ein paar Euro mehr dabei verdienst.

Deine Einstellung zu dem, was du wirklich aus einem Deal willst, ist absolut essentiell, denn dein Gegenüber wird es spüren. Willst du nur sein/ihr Geld oder willst du ihm/ihr helfen oder willst du ihn/sie als lebenslangen Fan gewinnen? Je langfristiger und nachhaltiger du denkst und agierst, desto eher wird dein Gegenüber von dir kaufen. Genau deshalb haben wir auch so oft eine Abscheu vor Versicherungs- oder Investmentverkäufern. Würden sie uns das Gefühl geben, dass sie sich nachhaltig und langfristig um uns kümmern, so hätten diese ebenfalls keinen so schlechten Ruf. Da sie jedoch zu oft nur auf das schnelle Geld aus sind, spüren wir das und wollen nicht kaufen.

Bevor du also in ein Verkaufsgespräch oder Meeting hineingehst, stelle sicher, dass deine Intentionen dafür klar sind. Gut, so viel zu dir. Was will denn nun dein Gegenüber? Wenn du denkst, dein Produkt oder deinen Service, dann irrst du dich gewaltig. Der Kunde will viel mehr. Er will das, was dahinter steht.

Schlechte Verkäufer verkaufen.
Gute Verkäufer stellen Fragen.

Ein guter Verkäufer nutzt deshalb die folgenden sieben Schritte für einen erfolgreichen Verkauf:

1. Rapport aufbauen
2. Qualifiziere den Interessenten
3. erzeuge emotionales Interesse
4. erkläre Vorteile
5. Einwandbehandlung
6. Testabschluss
7. Verkauf

Gehen wir die Schritte der Reihe nach durch.

Schritt Eins: Rapport

Rapport ist nicht nur eines der wichtigsten Dinge im Verkauf, sondern in absolut jeder Situation mit einem anderen Menschen.

Was ist Rapport? Rapport bedeutet, sich auf einer unterbewussten Ebene gut mit jemand anderem zu verstehen. Es ist das Gefühl, dass man verstanden wird.

Wie baut man Rapport auf? Es gibt viele Möglichkeiten, doch hier sind ein paar Tipps:

1. Erzähle Geschichten, welche verbinden.
2. Fokussiere dich auf Gemeinsamkeiten.
3. Gib ein ehrliches Kompliment.
4. Lächele.
5. Gib dich authentisch.
6. 80% zuhören, 20% reden.
7. Stelle Fragen.

Wichtig ist der fünfte Punkt. Du musst das Ganze authentisch machen, sonst spürt dein Gegenüber, dass du das nur machst, um es zu machen, und nicht, weil du es ehrlich meinst. Dies unterscheidet den Profi vom Amateur.

Schritt zwei: Qualifiziere den Interessenten

Dies ist einer der wichtigsten Schritte, er wird jedoch von enorm vielen übersprungen oder einfach nur kurz angetastet. Welche zehn Dinge solltest du von deinem Gegenüber verstehen, sodass er/sie vom Interessenten zum Kunden werden kann?

1. top zwei Grundbedürfnisse
2. Ängste
3. Glaubenssätze in deinem Produkt-/Servicebereich
4. Werte und Regeln
5. Idole (wie will er/sei sein)
6. Menschen, welche ihn/sie beeinflussen
7. Wunden/Schmerzen
8. vergangene Erlebnisse im Verkauf
9. Träume/Wünsche
10. finanzielle Möglichkeiten

Dies sind alles Punkte, die du bereits ausführlich gelernt hast und verstehen solltest. Du musst natürlich nicht jeden eine Stunde lang qualifizieren und jede Geschichte von der Person kennen, bevor du zum nächsten Schritt gehst, doch umso mehr du weißt, desto einfacher wird der Prozess danach.

Solange du nur 20% der Zeit redest und deinem Gegenüber 80% lang Fragen stellst und zuhörst, wird dir das gelingen.

Schritt drei: Erzeuge emotionales Interesse

Das wird dir einfach fallen, wenn du die Punkte von Schritt zwei sorgfältig gemacht hast. Verkaufe den Traum, den dein Produkt oder Service widerspiegelt. Achte dabei unbedingt darauf, die folgenden Fragen zu beantworten:

1. Was ist es?
2. Wie funktioniert es?
3. Bin ich gut genug dafür?
4. Brauche ich das? Jetzt? Warum?
5. Will ich das? Jetzt? Warum?
6. Wer sonst hat das?
7. Was denken andere über mich, wenn ich das habe?
8. Wie kann mich das näher an meine Vision bringen bzw. wie passt dies zu meinem Primärfokus?
9. Wie sehr schmerzt mich der Preis?
10. Wie sehr schmerzt es mich, wenn ich es nicht kaufe?

Denke an die Waage mit all den Emotionen. Die negative Seite ist immer fünfmal stärker. Du musst deinem Gegenüber also Ängste nehmen, in ihm/ihr Belohnungen aufbauen und zum Schluss die Strafe für das Nicht-Tun aufzeigen. Das ist ein wichtiger Punkt, wenn du willst, dass dein Interessent kauft.

Schritt vier: Erkläre die Vorteile

Dieser Schritt ist sehr spezifisch, egal was du verkaufst. Mache ihn ja nicht zu lange, denn ein Kunde trifft seine Entscheidung immer aus emotionalen Gründen und unterstützt diese Entscheidung dann lediglich durch rationale Vorteile. Wenn du jedoch zuerst die Vorteile erklärst, schaltet das Gehirn des Gegenübers ab, da du ihm/ihr nicht erklärt hast, warum er/sie das wirklich braucht bzw. will.

Uhrenfirmen verkaufen uns zum Beispiel nicht eine Uhr, sondern den Traum, dadurch eine elegante Person mit Klasse zu sein. Handtaschenfirmen verkaufen keine Handtaschen, sondern das Gefühl, etwas Besseres dadurch zu werden. Verstehe also die Wichtigkeit von Emotionen.

Gerade bei den Vorteilen macht es Sinn, eine sogenannte „Ja-Serie" zu verwenden. Hierbei achtest du darauf, dass dein Interessent immer wieder Ja zu den Vorteilen sagt, nachdem du ihm/ihr emotional schon gezeigt hast, warum er/sie das braucht bzw. will. Frage ihn/sie zum Beispiel: „Macht das Sinn?" „Ja..." Umso mehr Jas du sammeln kannst, desto eher kauft der Kunde danach.

Schritt fünf: Einwandbehandlung

Amateure haben Angst in Form von Einwänden und wollen diese am liebsten komplett entfernen. Profis wissen hingegen, dass ein Einwand nichts anderes als ein verstecktes Kaufinteresse ist. Wie ist das zu verstehen? Wenn ein Interessent nicht kaufen wollen würde, würde er keinen Einwand bringen. Denke einmal an eine Situation, als du nichts kaufen wolltest. Hast du viel gesagt oder wolltest dich einfach nur still aus der Affäre ziehen? Genau so ist es bei deinen Interessenten. Wenn ein Einwand kommt, dann nur, weil sie eigentlich Interesse haben, doch auch mindestens einer dieser drei Faktoren aufgetreten ist:

1. eine eigene Geschichte
2. ein von dir nicht korrekt geweckter Bedarf
3. ein fehlender Glaube an dein Produkt, deine Firma oder deinen Service

Gehen wir die drei Punkte der Reihe nach durch und besprechen wir, wie du sie am einfachsten lösen kannst.

Eine eigene Geschichte kann, wie wir schon öfter besprochen haben, viel mehr als eine Ausrede dienen. Genauso ist es bei einem Einwand des Kunden, der durch die eigene Geschichte einen klaren Grund sieht, warum er das Produkt oder den Service zwar interessant findet, jedoch nicht benötigt. Die allerbeste Lösung, um solch einen Einwand mit eigener Geschichte zu behandeln, ist die folgende 3-Schritte-Technik:

1. Erkläre, dass du erkennen kannst, was er/sie sagen will. Verwende NICHT das Wort „verstehen".
2. Erzähle ihm/ihr in einem zweiten Schritt selbst eine Geschichte, am besten von einem ähnlichen Beispiel eines Kunden in der Vergangenheit, welches ihn/sie dazu inspirieren sollte, über die eigene Geschichte nachzudenken.
3. Bitte ihn/sie zum Schluss zu reflektieren, ob das auf ihn/sie auch zutreffen könnte.

Diese 1-2-3-Technik funktioniert wie beim Kung-Fu: anstatt den Schlag des Gegners zu erwidern, nimmt man die Energie mit, setzt sie in eine Seitwärtsbewegung um und schlägt somit indirekt doppelt so hart zurück.

Ich hatte zum Beispiel einen guten Freund, bei dem ich unbedingt wollte, dass er sich mein Grenzenlos Erfolgreich Wochenend-Erlebnis© ansieht. Ich dachte, es passte perfekt zu seiner damaligen Lebenssituation und er würde enorm viel mitnehmen können. Er erzählte mir seine Geschichte, wie er schon einmal bei einem Seminar war und ihm dieses nichts gebracht hätte. Anstatt ihn nun zu belehren und ihm zu versichern, dass mein Event besser, toller und erfolgversprechender wäre, erzählte ich ihm ganz einfach eine Geschichte eines anderen Freundes, welcher ebenfalls bei meinem Seminar war und genauso seine Zweifel daran hatte.

Wie wir bereits am Tag über die Macht der Wörter besprochen haben, können Geschichten Menschen hervorragend dazu inspirieren, eigene Dinge zu überdenken. Dies funktioniert allerdings nur, wenn du in der Geschichte keinen negativen Druck aufbaust und dem Gegenüber eine Situation erklärst, in die er sich hineinversetzen kann.

Genau das habe ich mit meiner Geschichte über den anderen Kumpel getan. Zum Schluss bat ich ihn einfach zu überdenken, ob er nicht vielleicht genauso wie mein anderer Freund eine falsche Erwartungshaltung an meinen Event aufgrund einer vergangenen Erfahrung hatte. Durch die Geschichte begann sich sein Gedankenprozess umzustrukturieren und er fing an, Dinge anders zu sehen und stimmte schließlich zu. Wie erwartet, gefiel ihm unser Event sogar sehr. Hätte ich jedoch versucht, ihn durch Druck zu überzeugen, so hätte dies nie funktioniert. Druck erzeugt nämlich immer Gegendruck.

Solche Einwände können sich auf vielfältige Art und Weise darstellen und sind nicht immer so klar ersichtlich. <u>Diese Dinge können zum Beispiel rein limitierende Geschichten sein:</u>

- keine Zeit
- kein Geld
- brauche ich nicht
- usw.

Natürlich können diese auch in die zweite Einwandkategorie fallen: ein nicht richtig geweckter Bedarf.

Das merkst du daran, dass dein Gegenüber zum Beispiel Einwände zum Zeitaufwand oder zu den Kosten hat. Kosten sind das, was jemand bezahlt. Wert ist, was derjenige dafür bekommt. Wenn du ein Stück Gold, das eigentlich 10.000 € wert ist, für 5.000 € an Kosten bekommen würdest – würdest du es dann kaufen, ja oder nein? Natürlich, denn der Preis ist unter dem Wert und du könntest jederzeit einen Gewinn dadurch erzielen. Wie kannst du nun den Wert eines Produktes oder Services erhöhen? Genauso wie das Firmen durch gutes Branding machen. Branding bedeutet, dass man ein Produkt allein aufgrund einer Marke teurer verkaufen kann als ein anderes. Paradebeispiele sind hier teure Uhren- oder Handtaschenfirmen, welche sich nur durch solch gutes Branding verkaufen. Sie sprechen die Bedürfnisse und Wünsche ihrer Kunden an. Keine Uhr dieser Welt ist 50.000 € an Material wert, doch Breitling schafft es immer und immer wieder, ihre Uhren zu so einem Preis zu verkaufen. Wie? Für den Kunden liegt der empfundene Wert über 50.000 € und so sieht es für sie fast wie ein Schnäppchen aus. Wenn du also deinen Preis erhöhen oder verteidigen willst, musst du ganz einfach auf die Bedürfnisse und Wünsche deines Gegenübers besser eingehen, sodass er den Mehrwert in deinem Produkt oder Service sieht.

Sobald du also merkst, dass dein Gegenüber den Wert noch nicht zu 100 % erkannt hat, darfst du nicht den Fehler machen und noch einmal die logischen Vorteile deines Produktes erklären, sondern du musst vielmehr auf die emotionale Schiene wechseln. Zeige noch einmal, welche Bedürfnisse oder Ängste ein Produkt anspricht. Genau hier kommt natürlich das Qualifizieren des Kunden von ganz am Anfang zum Tragen. Je mehr du über ihn oder sie weißt, umso leichter wird es dir hier fallen, den Wert und damit das Verlangen zu erhöhen. Natürlich kannst du dies auch über eine Geschichte machen, solange diese eine hohe emotionale Komponente beinhaltet. Es ist egal, ob dein Kunde den Preis oder etwas anderes anzweifelt. Sobald du erkennst, dass das aufgrund eines nicht korrekt geweckten Bedarfs geschieht, musst du immer die emotionale Schiene wählen.

Anders ist dies, wenn der Kunde konstruktive Kritiken an dich, die Firma oder das Produkt richtet. Hier scheint der Bedarf emotional geweckt worden zu sein. Der Kunde vertraut dir, dem Produkt oder der Firma jedoch noch nicht. In diesem

Fall darfst du niemals mit emotionalen Gegenargumenten kontern. Stimme dem Kunden kurz zu, indem du sagst, dass dies auf den ersten Blick so aussehen könnte, du ihm/ihr jedoch gerne weitere Details dazu zeigen möchtest, falls das für den Kunden okay wäre. Sich diese Zustimmung einzuholen ist immer extrem effektiv. Der seltene Fall, dass ein Kunde „nein" sagt, ist nicht wirklich relevant. Vielmehr wird ein interessierter Kunde „ja" sagen, sich damit in eine Ja-Kette einreihen und sich so selbst zum Kauf überreden. Du hast nun die Chance, ihm/ihr weitere rationale Vorteile deines Produktes aufzuzeigen, welche entweder dich, die Firma oder das Produkt selber glaubwürdiger bzw. attraktiver machen.

Profis erkennen, welcher dieser drei Einwände gerade zum Tragen kommt. Danach nutzen Sie einfach Schema X, hebeln das Argument des Gegenübers aus und machen so einen Interessenten zu einem Käufer.

Schritt sechs: Der Testabschluss

Testabschlüsse sind enorm wichtig. Amateure vergessen sie jedoch leider sehr oft und gehen oft aus Furcht direkt zu Schritt sieben, dem Abschluss, über. Oft fehlt dem Interessenten jedoch dafür noch das kleine Bisschen, bis er/sie schlussendlich kaufen würde. Was ist also der Trick? Man nimmt den Kauf bereits an und versucht, sich um andere Dinge wie Versand, Rabatt, Bezahlung usw. zu kümmern:

- „Wofür würden Sie denn XYZ genau verwenden, sobald Sie es haben?
- „Bezahlen Sie lieber Cash oder mit Karte?"
- „Wie wird Ihnen denn XYZ helfen?"
- „Angenommen, ich würde Ihnen noch XYZ dazugeben, haben wir dann einen Deal?"
- Usw.

Bei all diesen Testfragen wird davon ausgegangen, dass der Interessent bereits gekauft hat und man sich somit nur noch um kleinere Details kümmern muss. Man ist nun bereit für den letzten Schritt.

Schritt sieben: Der Abschluss

Der Abschluss ist bei Amateuren der wichtigste, bei Profis der unwichtigste Punkt. Wenn die vorherigen Schritte gut gelungen sind, so ist dies ganz einfach der nächste logische Schritt. Natürlich muss auch ein Profi den Abschluss umsetzen, denn im Verkauf gibt es eine Grundregel:

Entweder verkaufst du dem Kunden dein Produkt oder er verkauft dir eine Ausrede, warum es nicht ging.

Es gibt also immer jemanden, der dem anderen etwas verkauft hat. Profis achten klarerweise darauf, dass sie es sind, die etwas verkaufen. Wie kannst du derjenige sein, der den Abschluss macht? Indem du alle Schritte davor korrekt gemacht hast und die letzte aller Ausreden behandelst: „Ich will es mir noch einmal überlegen" oder „Ich will noch einmal drüber schlafen".

Wie geht man mit dieser Antwort um? Es ist nichts anderes als einer der drei Einwände von zuvor, der Interessent hat dir nur nicht genau gesagt, welcher es ist. Die Lösung? Fragen!

- „Dass Sie jetzt noch zögern, ‚ja' zu sagen, zeigt mir, dass wir noch nicht über alles gesprochen haben. Was ist es, was Sie nachdenklich macht?"
- „Sicherlich haben Sie einen guten Grund dafür, dass Sie jetzt noch nicht ‚ja' sagen können. Was lässt Sie zögern?"
- „Ich höre heraus, dass noch Fragen offen sind. Welche wären das?"

So solltest du noch das eine letzte Argument ausräumen. Natürlich ist es eine schmale Gradwanderung, einen potentiellen Kunden unter Druck zu setzen. Doch sehr oft ist es gerade das, was dieser braucht. Solange du das natürlich ethisch und auf eine ehrliche Art und Weise machst. Hier sind ein paar zusätzliche Tipps, welche ich persönlich für mich gelernt habe und die extrem effektiv funktionieren:

- Zeige immer zuerst ein hochpreisiges, dann ein tiefpreisiges und dann das Produkt im richtigen Preissegment. Durch diese Achterbahn wird der Kunde am ehesten den Preis unter den Wert setzen.
- Erkenne früh, ob jemand eher von außen oder von innen beeinflusst wird. Falls jemand von außen, zum Beispiel durch einen Freund oder Partner, beeinflusst wird, so wird er/sie ohne diese Vertrauensperson wahrscheinlich nicht kaufen. Hole diese Person zum Kauf hinzu, falls das möglich ist.
- Wann immer möglich, gib dem Kunden im Laufe des Gesprächs oder bereits vorab etwas Kostenloses. So wird der Kunde „Schuldgefühle" haben und viel eher kaufen, um die Schuld auszugleichen.
- Identität ist einer der wichtigsten Antriebe. Bringe den Kunden früh in die Identität, welche du deinen typischen Kunden zuschreibst (investiert in sich selber, motiviert usw.).
- Achte darauf, ob der Kunde eher durch Angst oder durch Belohnung motiviert wird. Klar sind wir alle eher durch Angst getrieben, doch manche Menschen können sich sehr gut auf Belohnungen konzentrieren. Wenn du einem solchen Kunden die möglichen Vorteile gut aufzeigen kannst, gewinnst du. In jemandem, der sehr einfach durch Angst motiviert wird, solltest du Angst vor dem Nicht-Tun kreieren. So kauft er/sie.
- Wenige Dinge sind wirksamer als effiziente Testimonials bzw. gutes Feedback von anderen Kunden, in die sich der Interessent hineinversetzen kann. Nutze diesen Fakt bei jedem Kauf durch Mappen, Fotos oder Videos.
- Manche Menschen brauchen das Über- manche eher das Untertreiben. Verstehe dies früh und nutze es.

- Preis ist NIE ein Faktor, solange du den Wert gut genug verkaufst. Erhöhe im Zweifelsfall den Preis und werde besser, den Wert aufzuzeigen.
- Wann immer möglich, zeige die Vertrauensbasis zwischen euch beiden aufgrund der Zeitdauer auf. Vertrauen ist ein wertvoller Faktor in jeder zwischenmenschlichen Beziehung. Wenn ihr euch also schon seit Jahren kennt, betone das.

Ein Buch, welches ich dir auf jeden Fall empfehlen kann, ist „Influence“ von Robert Cialdini. Hier erfährst du smarte Wege, wie du Probleme beim Verkauf elegant lösen kannst. Meine Lehrer im Verkauf waren einerseits er und andererseits Jordan Belfort („The Wolf of Wallstreet“). Beide haben einen komplett konträren Ansatz zum Thema Verkauf, weshalb ich besonders viel von beiden lernen konnte.

Bei Preisverhandlungen geht es um sehr ähnliche Prinzipien wie beim Verhandeln im täglichen Leben, egal ob mit deinem Partner, deinen Kindern, Freunden oder deinem Boss. Ein paar Tipps hierfür, welche gerade im Verkauf zutreffen, sind:

- Als Verkäufer starte mit dem Preis immer hoch, als Käufer immer tief. Traue dich ruhig, extreme Punkte anzusetzen.
- Verstehe bereits im Vorhinein, was du maximal zu bezahlen/zu geben bereit bist.
- Zeit ist immer dein Freund – außer beim Abschluss selbst.
- Wer NICHT kaufen/verkaufen muss, ist immer im Vorteil.
- Bevor du einen Rabatt hergibst, bleibe bei dem Preis und gib lieber etwas zusätzlich. Cashflow ist King!

Natürlich hilft es in beiden Fällen enorm, wenn du mit hohem Selbstwertgefühl, Charisma und Freundlichkeit in das Gespräch gehst. Ein Lächeln kann schlussendlich immer noch Berge versetzen. Wie das geht, hast du in TEIL 2 – VISUALISIEREN genau gelernt. Gehe sonst noch einmal zu diesen Tagen zurück und arbeite die Punkte mit dem Fokus auf Verkauf durch.

Zum Schluss möchte ich dir noch ein paar Tipps zur Kommunikation per Telefon bzw. per E-Mail geben, da beides unglaublich wichtige Werkzeuge im Verkauf sind. Am Telefon:

- Schreibe, falls du eine Mobilnummer von einem Interessenten hast, zuerst eine kurze SMS oder WhatsApp und informiere die Person kurz, dass du anrufen wirst. Leute hassen es heutzutage, wenn du sie „kalt“ anrufst.
- Gehe so schnell du kannst vom Schreiben ins Reden über. Nur so kannst du Emotionen besser kommunizieren.
- Wenn du Leute doch kalt anrufen musst, so sind die ersten paar Sekunden der wichtigste Zeitpunkt beim Telefonieren. Hier fragt sich der andere sofort:
    - Was willst du?
    - Warum rufst du mich an?
    - Warum soll ich dir zuhören?

  Habe eine gute Antwort dafür parat. In meinen Verkaufstrainings beginnen wir immer mit lustigen Sätzen bzw. Überraschungen. Das lockert die Situation immens auf und hilft, Interesse zu wecken.
- Nutze KEIN Skript, sondern einen Stichwortzettel, damit du nicht den Faden verlierst.
- Verkaufen am Telefon ist genauso wie alles andere auch: Übungssache. Es gibt keine geborenen Verkäufer am Telefon.

Egal, ob Verkauf per E-Mail oder per WhatsApp oder über andere Text-Kanäle, befolge diese Regeln:

- Schreibe so wenig wie möglich, so lange wie nötig. Weniger ist besser.

- Optimal wäre: Wer bist du (ein Satz), was machst du (ein Satz), warum ein kurzes Telefonat mit dir sinnvoll wäre (ein Satz). Das liest man dann auch.
- Dein Ziel sollte ein Gespräch oder Treffen sein. Per geschriebenem Text zu verkaufen ist extrem schwierig.

Ein letzter Tipp: Verkaufen ist Quote, Quote, Quote. Auch die besten Verkäufer können nicht alles an jeden verkaufen. Doch die besten Verkäufer verkaufen einfach am allermeisten und bekommen dadurch eine gute Quote. Setze also die Strategien um und komme so schnell es geht ins TUN!

Hier sind deine To-Dos für heute:

1. Welchen Glaubenssatz hast du in Bezug auf „Verkauf?" Wie kannst du diesen verbessern und wie sollte er für deinen Erfolg lauten?
2. Was könntest du alles erreichen, wenn du gut im Verkauf wärst? Schreibe zwei bis drei wichtige Dinge für dich auf.
3. Denke an zwei oder drei Dinge, welche du in der Vergangenheit gekauft hast, obwohl du sie eigentlich gar nicht gebraucht hast. Was hat dich dazu verleitet, sie doch zu kaufen? Wie war der Prozess? Lerne daraus und wende dies bei deinen Interessenten an.
4. Denke an zwei oder drei Dinge, welche du in der Vergangenheit erst kaufen wolltest und DANN DOCH NICHT gekauft hast. Was hat dich dann doch davon abgehalten? Lerne daraus und mache es selber besser.

Mache diese nächsten Punkte ganz besonders sorgfältig, falls du bereits etwas zu verkaufen hast:

5. Überlege dir die fünf häufigsten Einwände bei deinem Produkt oder Service und kreiere gleich eine effektive Strategie, diese auszuräumen.

6. Warum ist dein Produkt zehnmal mehr wert als der Preis, den du verlangst? Finde mindestens zehn Gründe!
7. Setze dir ein Ziel, wie viele Interessenten du jeden Tag während der nächsten Woche kontaktieren wirst (z. B. 5, 10, 20, 50, 100 Leute). Denke an die Quote. So wirst du einen Durchbruch im Verkauf schaffen.

Verkauf ist eines der wichtigsten Themen in jedem Bereich unseres Lebens. Setze also diese To-Dos gewissenhaft um und sei GRENZENLOS ERFOLGREICH©!

Morgen geht es um das Thema „Investieren“ und darum, wie hier die Punkte der letzten Tage noch einmal komplett zusammentreffen.

Dein

Dr. Julian Hosp

TAG 27: Die zehn Finanzregeln für smartes Investieren

Willkommen bei Tag 27!

Du bist finanziell nun schon ziemlich gesattelt, hast über die Grundlagen und über das Geldverdienen gehört. Heute geht es darum, wie du dein Geld so risikoarm wie möglich mit so hoher Rendite wie möglich investieren kannst.

Hier ist zuerst eine wichtige Warnung vorab:

Ich bin KEIN Investmentberater und ich tätige alle Investments aufgrund eigener Überzeugungen und NICHT, weil du diese auch machen sollst. Investieren birgt immer ein Risiko, egal, wie sicher etwas auch aussehen mag. Im Extremfall kann das Investieren zum Totalverlust führen. Sei dir dessen immer bewusst, bevor du dein hart verdientes Geld irgendwo investierst.

So, nachdem wir diesen rechtlichen Hinweis aus dem Weg geräumt haben, gehen wir nun ins eigentliche Thema: Die effektivste Möglichkeit, Geld zu verdienen, besteht darin, es selber arbeiten zu lassen. Wie kannst du also Geld effektiv in die Arbeit schicken? Genau das ist es nämlich, was du willst. In einem Unternehmen verwendest du OPT (other people's time) und beim Investieren kannst du, wenn du es schlau anstellst, OPM (other people's money) verwenden. Wie das im Detail funktioniert, besprechen wir heute.

Zuerst möchte ich dir jedoch zwei Spiele zeigen, welche ich immer in meinen Finanz-Seminaren mache. Falls du diese einmal live sehen willst, schreib unserem Team für weitere Infos an: team@i-unlimited.de oder per WhatsApp an: +43

681 10803001. Wenn du den 12-Wochen-Durchbruchkurs hast, kannst du dir das dort ebenfalls als Zusammenschnitt anschauen. Die besten Investoren haben zwar gute Regeln und diese wirst du auch noch kennen lernen, doch viel wichtiger: sie haben die richtige innere Einstellung. Investieren ist wie alles im Leben 80% mentale Einstellung und 20% Strategie. Dies lernst du mit diesen beiden Spielen auf lustige Art und Weise.

Das erste Spiel heißt das „Kugelspiel“: Ich habe einen Sack mit zehn Kugeln und erkläre, dass sechs weiße und vier schwarze darin sind. Um dies zu überprüfen, lasse ich einen der Gäste in den Sack schauen, um nachzuzählen. Er bestätigt dies. Nun sind die Regeln die folgenden: Jeder startet mit fiktiven 10.000 €. Einer aus der Gruppe muss verdeckt in den Sack greifen und eine Kugel herausholen. Eine schwarze Kugel bedeutet Verlieren eine weiße Kugel bedeutet Gewinnen. Wie viel jeder verliert bzw. gewinnt, kann er selber entscheiden, indem er VOR dem Ziehen der Kugel einen Einsatz von seinem fiktiven Kapital setzt. Achtung: Wie bei jeder Finanztransaktion gibt es immer Gebühren. In unserem Fall sind diese 10% vom Kapital (sehr hoch, ich weiß, doch so versteht man es einfacher und es ist leichter zu rechnen). Wenn man verliert (schwarze Kugel wird gezogen), verliert man das eingesetzte Kapital. Wenn man gewinnt (weiße Kugel wird gezogen), verdoppelt man sein Kapital abzüglich der 10% Gebühr.

<u>Ein Beispiel:</u>

Du setzt 1.000 €. Du hast von deinen 10.000 € also nurmehr 9.000 €.

10%, also 100€, sind sofort weg, das heißt, zum Einsatz kommen nur 900 €. Wird nun eine schwarze Kugel gezogen, sind diese 900 € auch weg. Wird eine weiße Kugel gezogen, bekommst du 900 € zusätzlich und somit 1.800 € zurück. Bei einer schwarzen Kugel hättest du also nur mehr 9.000

€, bei einer weißen 10.800 €. Nachdem sechs weiße und vier schwarze Kugeln im Sack sind, ist es ein bisschen wahrscheinlicher, dass du gewinnst. Ich denke, du verstehst nun, wie das Spiel funktioniert.

Es geht also los und jeder im Raum setzt seinen ersten Betrag. Wie viel würdest du setzen? Alles? Nur einen Teil? Ganz wenig? Spiele einmal in Gedanken mit. Nun frage ich, wer mutig genug ist, für den ganzen Raum die Entscheidung über Gewinn bzw. Verlust zu treffen und die Kugel zu ziehen. Er/Sie greift hinein und zieht… eine schwarze Kugel. Ein Raunen geht durch den Raum. Manche sind bereits jetzt Bankrott, da sie alles gesetzt haben. Manch andere lachen lediglich, da sie das Minimum von nur 100 € im Spiel hatten.

Die schwarze Kugel wandert zurück in den Sack. Wie sieht die Chance nun aus, dass jetzt eine weiße Kugel kommt? Besser als davor? Schlechter? Gleich? Manche Menschen denken besser, denn es war ja schwarz zuvor gezogen worden, und setzen nun deutlich mehr, um den Verlust aufzuholen. Wie würdest du die Situation einschätzen? Würdest du mehr oder weniger setzen? Triff deine Entscheidung jetzt und ziehe wie immer die 10% Gebühr ab. Eine mutige Dame im Raum greift nun in den Sack voller Kugeln und zieht eine heraus. Es ist… wieder eine schwarze. Das gibt's doch nicht. Schon wieder sind einige Bankrott, welche dieses mal alles gesetzt haben. Wie wäre es dir ergangen?

Neue Runde, neues Glück. Die Kugel wandert zurück in den Sack. Wie ist jetzt die Chance, dass eine weiße kommt? Besser als zuvor, nicht wahr? Es waren doch bereits zwei schwarze, irgendwann muss eine weiße kommen. Wir werden sehen. Triff deine Entscheidung, wie viel du jetzt setzen möchtest. Ein neuer Mutiger im Raum zieht die nächste Kugel… schon wieder eine schwarze. Langsam wird Unmut laut. In dem Sack seien nur lauter schwarze Kugeln, wird behauptet. Hmm, aber es hat doch eine Person nachgesehen, nicht wahr? Jetzt wollen die Leute noch mal nachzählen.

Siehe da: Es sind neun schwarze und nur eine weiße Kugel im Sack. Im Raum macht sich Unruhe und Verwirrung bemerkbar. Wie kann das sein? Wurden sie betrogen?

Nein, die Person, welche nachgesehen hatte, wurde von mir zuvor instruiert, nicht richtig nachzusehen, sondern einfach zu sagen, dass das, was ich sage, stimme. „Julian, du hast uns angelogen!“ höre ich rufen. „Nein, ich habe nicht gelogen. Du hast nur nicht nachgeschaut!“ antworte ich.

Regel Nr. 1 beim Investieren: Verstehe immer, wie viele schwarze und weiße Kugeln im Sack sind und frage dich, ob das okay für dich ist.

„Ja, aber wir können doch nicht wissen, dass der Kollege einfach ‚Ja, stimmt‘ sagt!“ erwidern ein paar.

Regel Nr. 2 beim Investieren: Sobald du anderen vertraust, wie viele schwarze und weiße Kugeln im Sack sind, legst du dein finanzielles Schicksal und damit deine gesamte Zukunft und die deiner Familie in die Hände dieser Person.

Sei dir im Klaren darüber, ob du bereit bist, das zu tun. Plötzlich ist Stille im Raum. Keiner traut sich mehr etwas zu antworten, da erstens alle wissen, dass sie gerade denselben Fehler gemacht haben und sie zweitens diesen Fehler im richtigen Leben ebenfalls machen. Die meisten vertrauen ihr Geld irgendwelchen Investmentberatern, Bankern oder Bekannten an, welche angeblich ihr Geld gut anlegen. Vertrauen die Leute diesen Menschen wirklich so sehr, dass sie ihre gesamte Zukunft in deren Hände legen? Plötzlich sind sie sich nicht mehr so sicher.

Ich lasse die Stille noch ein bisschen nachwirken, unterbreche sie dann schließlich mit der folgenden Frage: „Wer hat in den letzten drei Runden gewonnen?“ Die Teilnehmer denken alle, die Frage sei an sie gerichtet gewesen und so hebt niemand die Hand. Ihrer Meinung nach hat niemand gewinnen können, da ja nur schwarze Kugeln gekommen sind. Also sage ich:

Regel Nr. 3 beim Investieren: Die Bank gewinnt immer.

Jetzt dämmert es den Leuten: Die 10% gehen ja immer an die Bank. Ich füge hinzu: „Die Bank und ihre Mitarbeiter interessiert nicht, ob du gewinnst oder verlierst, alles was die Bank will, ist was…? Genau, dass du mitmachst! Denn sobald du mitmachst, verdient sie an den Gebühren." Mit Bank meine ich hier nicht unbedingt deine Hausbank, sondern generell jede Organisation, welche ein Investment zur Verfügung stellt. Diese haben immer eine Gebühr und daran verdient diese Institution.

Regel Nr. 4 beim Investieren: Gebühren und somit auch Steuern sind dir garantiert, potentielle Gewinne niemals.

Achte also immer darauf, dass du bei deinen Investments so geringe Gebühren wie möglich hast. Dasselbe gilt für Steuern, auch wenn du hier weniger Spielraum hast als bei den Gebühren. Manchmal spielen wir sogar noch eine verschärfte Variante, wo wir bei einem potentiellen Gewinn 25% KESt (= Kapitalertragsteuer) abziehen. Dies funktioniert bei den meisten jedoch nur, wenn sie schon recht fortgeschritten auf diesem Gebiet sind, sonst verwirrt es eher.

An dieser Stelle des Spiels haben wir nun schon viel gelernt und das, obwohl das Spiel noch nicht einmal richtig begonnen hat. Ich frage nun, ob wir noch einmal anfangen sollen, um nun wirklich mit sechs weißen und vier schwarzen Kugeln zu spielen? Die Leute nicken freudig, bekommen neue 10.000 € und es geht von Neuem los. Nicht, bevor nun praktisch jeder einmal in den Sack reingeschaut und sich vergewissert hat, dass auch wirklich sechs weiße und vier schwarze Kugeln drin sind. Dieses Mal stimmt es und so wiederholt sich das Setzen und Ziehen mit den darauf folgenden Gewinnen und Verlusten.

Nachdem zwar die Wahrscheinlichkeit zu gewinnen leicht höher ist, die Kosten sich jedoch immer ins Negative auswirken, denkt man zuerst, dass man leicht einen Bruttogewinn rausschlagen kann. In Wahrheit ist das jedoch gar nicht so einfach, da die Kosten immer anfallen und die Rendite nur in den Fällen erwirtschaftet wird, wo man gewinnt und wo man dann auch wirklich genug gesetzt hat. Wir spielen eine Handvoll Runden. Ein paar Leute gehen Bankrott, manche Leute setzen immer den gleichen Betrag, andere sind extrem zögerlich. Immer wieder frage ich, wer denn in Führung liegt und lasse diese Person dann kurz ihre Strategie für die anderen erklären, damit diese scheinbar auch eine Chance haben, sich zu verbessern. Die Leute hören dieser Person immer gespannt zu und versuchen genau, dies nachzumachen. Eine zweite Geschichte dazu folgt gleich.

Wir kommen nun ans Ende und ich sage den Leuten, dass wir den Regeln zufolge noch eine letzte Runde spielen. Danach frage ich, wer sich jetzt in dieser letzten Runde traut, alles zu setzen. Ein paar sind mutig genug, es zu tun. Sie setzen alles. Wie es in einer solchen Runde so oft geschieht, kommt eine schwarze Kugel. Alle verlieren, teilweise sogar das Gesamtkapital, da sie all-in gegangen waren. Ich hole daraufhin den Zettel mit den Regeln hervor, blicke kurz drauf und sage: „Oh, wartet, sorry, dies war doch nicht die letzte Runde. Eine weitere gibt es noch!" Besonders diejenigen, welche alles gesetzt haben und nun Bankrott sind, beschweren sich, dass dies unfair sei.

Regel Nr. 5 beim Investieren: Spiele nie, wenn du die Regeln und Abläufe nicht genau kennst bzw. verstehst.

Autsch, das hat gesessen! Sie haben sich die Regeln zuvor nicht angeschaut. Wie auch, sie haben diese davor nie zu

Gesicht bekommen. Doch jeder versteht die Lektion. Wir spielen also noch eine weitere Runde.

Danach ist wirklich Schluss und wir rechnen ab. Wer ist nun der Gewinner? Ich lasse die Top 3 aufstehen und ihre Strategie erklären: Der eine redet von Bauchgefühl beim Setzen. Der andere erklärt, dass, wenn Weiß gekommen ist, er danach auf Schwarz tippt und umgekehrt. Der dritte beschreibt, dass er anfangs einen Betrag setzt, diesen dann splittet, wieder verdoppelt… Nach dem dritten Satz ist jeder, inklusive mir, bei seiner Erklärung ausgestiegen. Also lasse ich allen drei einen Applaus geben, drehe mich zum Publikum und verkünde:

Regel Nr. 6 beim Investieren: Wer Bankrott geht oder gewinnt, hat beides mal denselben Fehler gemacht. Der eine hat einfach nur Glück und der andere Pech gehabt. Glück ist jedoch ein sehr schlechter Faktor beim Investieren.

Einige sind verwirrt. Wie können diejenigen, die gewonnen haben, falsch gespielt haben? Also fahre ich fort: Wer in diesem Spiel schnell reich wird, geht entweder ein hohes Risiko ein, handelt nach Bauchgefühl oder macht einfach irgendetwas und versucht uns dann, wie unser dritter Kollege, dies rational zu erklären.

Regel Nr. 7 beim Investieren: Reichtum durch Investieren ist langweilig. Deshalb schaffen es nur so wenige.

Genau das macht richtiges Investieren so schwierig. Es ist viel lustiger, auf hochvolatile Optionen zu wetten, welche an einem Tag 50% rauf und dann jedoch 90% runter sacken. Diese Achterbahn beschert uns Adrenalin, Serotonin und Dopamin. Wie wir bereits am Tag über Hormone gelernt haben, machen uns diese Hormone süchtig. Genau deshalb verlieren wir so leicht Geld. Jeder Investor, der wirklich wohlhabend durch Investieren wird, macht dies nicht durch irgendwelche Schnellschüsse, sondern durch…

Regel Nr. 8 beim Investieren: Habe ein System. Immer.

Was wäre ein richtiges System in diesem Fall gewesen? Wenn man zum Beispiel immer 10% seines Kapitals gesetzt hätte. Nicht immer denselben Betrag, sondern immer einen fixen Prozentsatz. Da immer ein leichter Vorteil bestand zu gewinnen, hätte man so trotz der Gebühren schlussendlich immer gewonnen. Vielleicht nicht sofort, doch auf jeden Fall auf lange Sicht. Wie haben Leute ihr gesamtes Geld verloren? Indem sie 100% gesetzt haben. Anders wäre das gar nicht möglich gewesen.

Regel Nr. 9 beim Investieren: Verliere immer nur so viel Geld, wie du riskieren kannst.

Diese Regel ist angepasst an Warren Buffett. Der Grund, warum ich dies hinzufüge, ist, weil ein guter Investor bereit ist, Geld zu verlieren, jedoch nur so viel, wie sein System zulässt. Während dieses Spiels lernen die meisten Menschen mehr über das Investieren, als in ihrem ganzen Leben zuvor. Es fehlt jedoch noch eine Regel und um diese zu erklären, spiele ich ein zweites Spiel:

Das Münzwurfspiel

Dieses Spiel habe ich an einigen Stellen schon einmal andeutungsweise erklärt, es hat mit dem Survivorship Bias zu tun. Es funktioniert folgendermaßen:

Zuerst teile ich den Raum in eine linke und eine rechte Hälfte. Danach nehme ich eine Münze und verkünde, dass wenn Kopf kommt, die linke Seite gewinnt, und bei Zahl die rechte. Ich werfe die Münze und eine Seite gewinnt. Diesen Teil teile ich dann wieder in zwei circa gleich große Hälften und wiederhole den Prozess. Das geht so lange, bis irgendwann nurmehr zwei Personen übrig sind. Ist es eine ungerade Zahl, so spielen wir eine Dreierrunde. Nun gewinnt schlussendlich eine Person, welche sozusagen der absolute König im Münzwurf-Spiel ist.

Er/Sie hat sich durch dutzende Runden durchgeschlagen, um im Finale zu gewinnen und auf der Bühne zu stehen.

Jetzt kommt die entscheidende Frage: Wie hast du es geschafft? Ich habe dieses Spiel schon hunderte Male gespielt und ob du es glaubst oder nicht, auch wenn jeder weiß, dass es reines Glück war, so kommt jeder Gewinner mit einer Erklärung auf, warum er oder sie gewonnen hat. Einmal sind es die Sterne, dann das gute Omen oder auch mentale Eingebungen. Es gibt immer eine tolle Erklärung.

Was hat dieses Spiel nun mit Finanzen zu tun? Extrem viel. Nämlich, dass die meisten Menschen, welche einmal bei irgendetwas Geld gemacht haben, das nicht wiederholen können. Aufgrund des Erfolges haben sie nun genug Geld, sodass sie das entweder gar nicht zu wiederholen brauchen oder durch den Gewinn besseren Zugang zu bestimmten Dingen haben, was ihnen nun wirklich nachhaltigen Erfolg bringt. Wenn jedoch andere Leute diese Menschen studieren, um sie nachzumachen, so ist das genauso, als wenn man den „Münzwurf-König“ fragt, wie er denn gewonnen hat, um das dann nachzumachen.

Würde man den Münzwerfer das ganze Spiel noch einmal spielen lassen, so wüsste man bereits nach dem zweiten Spiel, dass er oder sie diese Resultate nicht wiederholen könnte. Etwas ähnliches passiert beim Investieren: Wir hören von einem Fonds, einer neuen Investmentstrategie oder einer Anlagemethode, weil diese in der Vergangenheit so tolle Resultate geliefert hat. Man darf dieser jedoch erst dann wirklich glauben, wenn sich diese Methode immer und immer wieder bewährt und bestätigt hat.

Regel Nr. 10 beim Investieren: Vergangene Resultate garantieren nie zukünftige Erfolge.

Wenn wir also gleich auf die eigentlichen Strategien beim Investieren eingehen werden, so bedenke, dass diese zehn beschriebenen Finanzregeln 80% deines Investmenterfolgs ausmachen. Die eigentliche Strategie sind lediglich 20% davon. Wenn man sich die richtige Strategie beim Geldanlegen anschauen möchte, so darf man auf keinen Fall auf jene Menschen schauen, welche nur Strategien verkaufen, jedoch selber nicht danach leben. Höre also nur auf Leute, welche ihre Strategien auch selber umsetzen. Ich lerne dabei am liebsten von superreichen Freunden, welche ich mittlerweile sehr gut kenne. Und damit meine ich Leute im doppelstelligen Millionenbereich bis hin zu Milliardären. Worin legen diese ihr Geld bzw. Vermögen an?

Wenn man genauer hinschaut, erkennt man, dass die Superreichen ihr Geld in drei Kategorien einteilen:

1. geschützt
2. traditionell
3. Rendite

Was bedeutet das? Im ersten Korb sind Investments, bei welchen der Ursprungsbetrag geschützt ist, also unter Normalbedingungen nicht verloren gehen sollte. Darunter fallen z.B.:

1. traditionelle Bankkonten
2. Sparbücher
3. Staatsanleihen (Geldleihe an den Staat)
4. gewisse Schließfächer

Das Ziel hier ist, einen Totalausfall so gut es geht auszuschließen und dafür eine geringere Rendite in Kauf zu nehmen.

Zu traditionellen Investments zählen:

1. Aktien
2. Schulden/Anleihen
3. Rohstoffe/Edelmetalle

4. Immobilien
5. Währungen

Zu den Rendite-Investments gehören all jene Bereiche, wo es darum geht, hohe Renditen zu machen, doch teilweise Totalausfälle in Kauf zu nehmen.

Wie du vielleicht erkennen kannst, habe ich hier nirgends das Wort „Risiko“ verwendet. Beim Investieren gibt es kein Risiko, solange du die zehn Regeln befolgst. „Willst du mir sagen, dass ich kein Geld verlieren kann?“ Nein, Risiko heißt nicht, dass du dein Geld nicht verlieren kannst. Risiko bedeutet, dass das, was du berechnest oder dir überlegst, nicht eintritt, sondern etwas anderes Unvorhergesehenes. Wenn du dich an die Regeln, also an die Anzahl der Kugeln im Sack, hältst, solltest du in jedem Investment das Risiko minimieren können, weil du deine Investmenthöhe anpasst.

Was bedeutet das?

In einem guten System überlässt du nichts dem Zufall. Du musst also von vornherein eine Prozentzahl festlegen, das heißt, wie viel Prozent deines Geldes du in gesicherte, traditionelle und Rendite-orientierte Investments gibst.

Dies hängt von folgenden Faktoren ab:

1. deiner Möglichkeit, Einkommen zu generieren (je besser, desto eher solltest du Geld in traditionelle bzw. Rendite-orientierte Investments anlegen)
2. deinem Alter (je jünger, desto eher solltest du Geld in traditionelle bzw. Rendite-orientierte Investments anlegen)
3. deiner Risikotoleranz, welche du absolut nicht überschätzen solltest (je besser, desto eher solltest du Geld in traditionelle bzw. Rendite-orientierte Investments anlegen)

4. deinem Wissen (je besser, desto eher solltest du Geld in traditionelle bzw. Rendite-orientierte Investments anlegen)

Einige Grundregeln sagen, dass du dein Alter in Prozent in gesicherte Investments geben solltest (zum Beispiel 30%, wenn du 30 Jahre alt bist), maximal 10% in Rendite und den Rest in traditionelle Investments (in diesem Fall 60%). Ich persönlich denke, wenn du dein Finanzziel Bewegungsfreiheit durch gesicherte Investments abdecken kannst, so kannst du den Rest gut in traditionelle Investments streuen. Ich persönlich lege nur 10% in Rendite-orientierte Investments an, da ich ganz einfach Warren Buffetts Regeln beim Investieren befolge: Regel Nr. 1: Verliere kein Geld. Regel Nr. 2: Beachte Regel Nr. 1!

Eine Frage, welche ich oft bekomme, ist, worunter denn die eigene Wohnung bzw. das eigene Haus fällt. Hier lautet meine Antwort so, dass sie die wenigsten gerne hören wollen: Genau wie auch Forbes das Eigenheim der Reichen NICHT berechnet, solltest du das auch nicht machen. Warum? Dafür müssen wir verstehen, was ein Investment eigentlich ist.

<u>Definition Investment:</u>

Kauf eines Sachwertes, um daraus einen Gewinn zu erzielen bzw. eine Rendite zu bekommen. Klar, dein Haus kann im Wert steigen, doch das ist nicht garantiert. Was dir in der Zwischenzeit garantiert ist, sind Steuern, Kosten und Gebühren. Ich bin deshalb in den meisten Fällen kein Fan davon, ein Eigenheim zu besitzen. Warum nicht? Informiere dich lieber darüber, wie du das Geld, das du in einen Kredit stecken würdest, in ein gutes Investment geben kannst. So holst du mehr Rendite raus und kannst damit deine eigene Miete bezahlen. Wenn du zur Miete wohnst, bleibst du flexibel. Flexibilität ist eine der wichtigsten Eigenschaften heutzutage. Banken und Makler wollen dir natürlich das

Eigenheim verkaufen. So machen sie Gewinn. Denke an Regel Nr. 3 und verstehe, wodurch die Bank bzw. der Makler Gewinn macht.

Wann macht ein Eigenheim Sinn?

1. *Wenn du genug flüssiges Kapital hast.* Hier ist ein Eigenheim sinnvoll, da „Betongold“ ziemlich sicher den Wert bewahrt und du, solange du einen Großteil deines Hauses ohne Kredit besitzt, relativ wenig an Kosten haben wirst.
2. *Wenn du dir zu 100% sicher bist, dass in den nächsten 20 bis 30 Jahren* (je nachdem, wie lange dein Kredit läuft) *keine Veränderungen auf dich zukommen.* 20 bis 30 Jahre sind eine lange Zeit, überlege dir das gut. Du weißt nicht, was, wo bzw. wie du da genau arbeiten wirst. Denke einfach einmal 30 Jahre zurück. Damals gab es keine Computer, kein Internet usw. Übermorgen werden wir noch einige Dinge besprechen, die in der Zukunft auf uns zukommen können.
3. *Wenn du dich nicht mit Investieren auseinandersetzen willst und dein Geld lieber in die eigenen vier Wände stecken willst.* Das ist der schlechteste Grund und meistens eher eine Ausrede. Bevor du Geld jedoch einfach auf die Bank oder in einen komplexen Fonds gibst, macht diese Option deutlich mehr Sinn.

Im Bonusteil am Ende des Buches bespricht Investment-Punk Gerald Hörhan die sechs Finanzirrtümer. Höre dir diese auf jeden Fall an!

Gute Investments kann man dabei in zwei Kategorien unterteilen:

1. Solche, welche regelmäßig Rendite abwerfen.
2. Solche, welche im Wert schwanken (nach oben und unten).

Prinzipiell muss man sagen, dass Dinge, welche lediglich im Wert schwanken, eigentlich keine Investments sind. Sie sind eher Spekulation darauf, dass jemand mehr für etwas zahlt als man selber bezahlt hat. Dies ist NIE garantiert.

Beispiele hierfür wären:

1. Gold
2. Rohstoffe
3. Eigenheim
4. Juwelen
5. Uhren
6. Sammlerstücke
7. Kunst
8. Bitcoin
9. usw.

Natürlich können diese Investments oft sehr hohe Gewinne bringen, doch sind sie meist sehr ungewiss. Dinge, welche hingegen regelmäßig Renditen in Form von Zinsen, Dividenden und Mieten abwerfen, sind hier deutlich berechenbarer. Wenn man also die großen Summen an Gelder anschaut, welche gerade die Superreichen haben, so erkennt man rasch, worin diese investiert werden:

1. Aktien
2. Anleihen
3. Immobilien

Auch wenn ich noch andere Dinge nutze, liegt trotzdem mein Hauptfokus genau auf diesen drei Dingen und ich möchte sie dir hier im Detail vorstellen.

AKTIEN:

Aktien klingen immer sehr riskant. Doch das liegt daran, dass Menschen kein System befolgen und lieber an der Börse spekulieren, statt schlau zu investieren. Welches System nutze ich? Ich verwende einen sogenannten ETF-Sparplan. Was das genau ist, wie das funktioniert und wie du das ebenfalls nutzen kannst bzw. warum du das auch solltest, erfährst du im Detail hier: http://www.i-unlimited.de/etf.

Dabei kauft man jeden Monat einen Zusammenschluss an Aktien zu unglaublich günstigen Konditionen und lässt diese Schritt für Schritt anwachsen. Im Schnitt wachsen diese ETFs um ca 7 bis 8% pro Jahr, was sich durch den Zinseszins unglaublich multiplizieren lässt. So baut man ein stabiles System auf, welches, genau wie die Superreichen es auch machen, einem zu Wohlstand verhilft. Nachdem man das mit bereits 50 € pro Monat machen kann, kann man so auch mit kleinen Summen seine finanziellen Ziele Schritt für Schritt erreichen.

ANLEIHEN:

Ich nutze Anleihen eher in Form einer Geldleihe bei Peer-2-Peer. Das heißt, ich leihe anderen Menschen über Online-Plattformen Geld und bekomme dabei eine gute Rendite pro Jahr (teilweise 10% und mehr). Details dazu gebe ich dir auch in meinem ETF-Sparplan: http://www.i-unlimited.de/etf.

IMMOBILIEN:

Auch wenn es Wege und Methoden gibt, mit nur wenig Geld zu starten, so sind Immobilien der Bereich, bei dem du wahrscheinlich am meisten Eigenkapital brauchst. Sie sind jedoch hoch interessant, vor allem, da sie historisch sehr stabil sind und durch Mieteinnahmen gute Renditen liefern.

Bei Immobilien kann ich das Folgende empfehlen: Spare dir jeden Monat per Peer-2-Peer und ETF-Sparplan etwas an, bis du zum Beispiel 25.000 € zusammen hast. Investiere dieses Geld dann als Anzahlung in eine Wohnung, welche zum Beispiel 100.000 € kostet und finanziere die 75.000 € über die Bank. Eine 100.000 € Wohnung kann dir je nach Lage und Zustand knapp 200 € bis 300 € Nettogewinn pro Monat (nach Abzug von Kosten und Kredit) bringen und der Mieter zahlt dir deinen Kredit zurück. Du hast also circa 10% Rendite auf dein Eigenkapital (deine 25.000 €) plus dein Kredit wird weniger. Angenommen du brauchst für einmal 25.000 € circa drei Jahre (500 € pro Monat inkl. Rendite durch Peer-2-Peer und ETF-Sparplan), so hättest du nach 10 Jahren zumindest deine Basisversorgung abgedeckt plus bereits drei bis vier Immobilien. Natürlich kannst du das auch noch beschleunigen, doch ich möchte hier wirklich aufzeigen, wie du in ganz einfachen Schritten deine finanzielle Freiheit erlangen kannst.

Mache das noch mal zehn Jahre weiter und du wirst noch einmal vier bis fünf Immobilien hinzufügen können. Jetzt hast du nach zwanzig Jahren circa zehn Immobilien, welche im Wert wahrscheinlich auch gestiegen sind, du bekommst Mieteinnahmen plus hast ein kleines Aktienportfolio. Je mehr du natürlich verdienst und umso erfolgreicher du ein Business skalieren kannst, desto schneller und schneller geht das.

Falls du genau zu diesem Thema Fragen hast, kontaktiere unser Team auf jeden Fall für ein Finanzcoaching bzw. sei bei unseren regelmäßigen Finanzevents dabei: team@i-unlimited.de oder WhatsApp: +43 681 10803001.

Der ETF-Sparplan ist hier sicher auch ein guter Einstieg inklusive Tipps und Tricks zu diesen Punkten: www.i-unlimited.de/etf.

Natürlich investiere ich auch immer wieder in Dinge mit hohen potenziellen Renditen, wo ich jedoch auch bereit bin, mein eingesetztes Kapital zu verlieren. Da ich hier jedoch die Gesamtsumme reduziere, steht dabei nie wirklich viel auf dem Spiel.

Typische Investments hier sind:

1. Start-up-Investments

2. Kryptowährungen
3. High-Risk – High-Return-Schemes
4. usw.

Ob und wie du solche nützt, musst du wirklich in eigenem Ermessen für dich erkennen. Schau auch in die Bonus-Sektion, wo wir einige Experten zu Business und Finanzen haben, welche dir hier richtig gute Tipps kostenlos geben.

Angenommen, du hast ein High-Risk-Investment mit 100% Rendite pro Jahr. Normal zielst du auf 10% pro Jahr ab. Dann würde ich hier maximal 10% deiner normalen Investmentsumme investieren. So gleichst du das Risiko und auch die Rendite positiv aus.

Nun kommen wir zum wichtigsten Teil: AUTOMATISIERUNG! Wenn du die Abläufe deiner Investments nicht automatisierst, wirst du es irgendwann nicht mehr korrekt umsetzen.

Wie geht das?

1. Überlege dir zuerst, wie viel Prozent du jeden Monat weg legst. Tipp: Minimum 10%.
2. Wie viel davon wandert auf ein Tagesgeldkonto für deinen Notgroschen bzw. deinen Bewegungsfreiraum? Stelle dies automatisch per Dauerauftrag ein.
3. Wie viel wandert auf deinen ETF-Sparplan? Stelle dies per Dauerauftrag ein.
4. Wie viel wandert zu Peer-2-Peer? Stelle dies per Dauerauftrag ein.
5. Passe die Prozentsätze regelmäßig nach oben an, damit du deinem Finanzziel immer schneller näher kommst.

Denke daran, dass ein System nur so gut ist wie das schwächste Glied der Kette. Dieses schwächste Glied sind ziemlich sicher deine Emotionen. Schalte diese also durch eine Automatisierung aus.

Als To-Do erledige die folgenden drei Punkte:

Erstens, speichere dir die zehn Finanzregeln ab, drucke sie dir aus und hänge sie irgendwo hin, wo du sie jeden Tag siehst! Mach das JETZT:

- ✓ **Regel Nr. 1 beim Investieren: Verstehe immer, wie viele schwarze und weiße Kugeln im Sack sind und frage dich, ob das okay für dich ist.**
- ✓ **Regel Nr. 2 beim Investieren: Sobald du anderen vertraust, wie viele schwarze und weiße Kugeln im Sack sind, legst du dein finanzielles Schicksal und damit deine gesamte Zukunft und die deiner Familie in die Hände dieser Person.**
- ✓ **Regel Nr. 3 beim Investieren: Die Bank gewinnt immer.**
- ✓ **Regel Nr. 4 beim Investieren: Gebühren und somit auch Steuern sind dir garantiert, potentielle Gewinne niemals.**
- ✓ **Regel Nr. 5 beim Investieren: Spiele nie, wenn du die Regeln und Abläufe nicht kennst bzw. verstehst.**
- ✓ **Regel Nr. 6 beim Investieren: Wer Bankrott ging oder gewann, hat jedes Mal denselben Fehler gemacht. Der eine hatte einfach nur Glück und der andere Pech. Glück ist jedoch ein sehr schlechter Faktor beim Investieren.**
- ✓ **Regel Nr. 7 beim Investieren: Reichtum durch Investieren ist langweilig. Deshalb schaffen es nur so wenige.**
- ✓ **Regel Nr. 8 beim Investieren: Habe ein System. Immer.**
- ✓ **Regel Nr. 9 beim Investieren: Verliere immer nur so viel Geld, wie du maximal riskieren kannst.**
- ✓ **Regel Nr. 10 beim Investieren: Vergangene Resultate garantieren nie zukünftige Erfolge.**

Zweitens, finde deine Prozentzahlen für sichere, traditionelle und Renditeorientierte Anlagen. Fülle dafür die Seite im Arbeitsbuch mit den Berechnungen aus.

Drittens, hole dir den ETF-Sparplan oder buche ein Finanzcoaching: www.i-unlimited.de/etf.

In den nächsten beiden Tagen sprechen wir über das Zeitalter, in welchem wir derzeit leben bzw. darüber, wie du das für dich nutzen kannst. Es ist das allerletzte Modul der Pyramide der top 10 Fähigkeiten: Zukunft.

Sei GRENZENLOS ERFOLGREICH©!

Dein

Dr. Julian Hosp

TAG 28: In welchem Zeitalter befinden wir uns eigentlich?

Herzlich willkommen zu Tag 28!

In den letzten Tagen haben wir bereits über den Unternehmensstart, verschiedene Einkommensoptionen inklusive des Verkaufens und Investierens gesprochen. Heute geht es um die Frage: „In welchem Zeitalter leben wir eigentlich bzw. inwiefern betrifft mich das sowohl im geschäftlichen als auch im privaten Sinn?"

Will man das zeitlich einteilen, so könnte man sagen, dass wir 1492 mit der Entdeckung der Neuen Welt in das Industriezeitalter gelangt und dann, um den Fall der Berliner Mauer 1989 herum, in das Computer- bzw. Informationszeitalter gerutscht sind. Sieht man sich jedoch die Fakten an, erkennt man recht schnell, dass die Beschreibung eines Informationszeitalters absoluter Blödsinn ist. Ich erkläre dir jetzt, warum:

In der Vergangenheit waren Universitäten die Hochburgen an Information. Damals bezahlte man horrende Studiengebühren, um an diese zu gelangen und somit einen entscheidenden Vorteil anderen Menschen gegenüber zu erlangen. Noch weiter zurück war „wer lesen kann, klar im Vorteil". Heute bieten die meisten Universitäten ihre Kurse und Informationen kostenlos im Internet an. Es gibt zahlreiche YouTube-Videos von diesen Institutionen, welche Themen wie Quantenphysik, Marketing oder Psychologie in einfachen Häppchen lehren. Jeder, der will, kann sich heutzutage die Informationen praktisch kostenlos aneignen. Egal, ob per Text, Audio oder Video. Jedes Format wird angeboten.

Wenn also Information nicht mehr die limitierende Ressource ist, stellen sich mir folgende Fragen:

- Warum heißt das Zeitalter „Informationszeitalter“, wenn dies absolut nicht mehr der Fokus ist wie zum Beispiel beim „Gold- oder Bronze-Zeitalter“, wo Gold oder Bronze die entscheidende Ressource war?
- Wenn Informationen so wichtig wären, warum bieten die top Universitäten, welche horrende Studiengebühren verlangen, ihre Kurse kostenlos im Internet an?
- Warum geistert der Spruch „Wissen ist Macht“ immer noch in den Köpfen herum, wenn wir wissen, dass nur ANGEWANDTES Wissen Macht ist?

Hier ist meine Meinung dazu, welche jedoch unglaublich wichtige Implikationen für viele Dinge hat: Als der Begriff Anfang der 90er Jahre geprägt wurde, hatte man eine komplett andere Vorstellung davon, was dieses Internet alles machen könnte bzw. wie es funktionieren würde. Damals stellte man sich vor, dass durch das Internet der Austausch von Informationen lediglich schneller vonstatten gehen würde und dass dies dadurch die wichtigste Ressource werden würde. Diese New Economy (Neues Wirtschaftssystem) bezeichnete man deshalb als Informationszeitalter. Niemand hatte sich jedoch eine New Economy 2.0, 3.0 usw. mit Social Media, YouTube und praktisch grenzenlosem und kostenlosem Zugang zu dieser Information vorgestellt. Aber genau das kam nach der 2000er Wende auf uns zu und dominierte in den letzten zehn Jahren unser Leben.

Der Begriff war also vor knapp 30 Jahren gut gemeint, doch viel zu früh angewendet worden. Wenn wir also nicht im Informationszeitalter leben, in welchem Zeitalter leben wir dann? Was ist heute die alles bestimmende und absolut wichtigste Ressource? Energie? Wasser? Nahrung? Vielleicht, doch ich denke, dass es hier in den nächsten zwei bis drei Jahrzehnten unglaubliche Fortschritte geben wird. Was für mich gerade in Zeiten wie den heutigen, wo absolut jeder ins Internet gehen und eine riesige Plattform kreieren kann und wir mehr Optionen und Möglichkeiten haben denn je, die erfolgsbestimmende Ressource ist?

Vertrauen

Denke einmal über deine To-Dos vom Verkaufstag kurz nach, wo ich dich gebeten habe, zu überlegen, warum du einmal etwas gekauft hast und einmal wiederum nicht. Was ist der Grund, warum du manche Firmen toll und manche anderen nicht so toll findest? Warum arbeitest du mit gewissen Menschen zusammen und mit anderen wiederum nicht? Hier ist meine Antwort:

Zum ersten Mal in der Geschichte des Menschen ist Vertrauen die limitierende Ressource.

Warum ist das so? Weil früher immer etwas anderes limitierend war. Egal, ob Information, Bronze, Wissen, Eisen, Gold, Zucker, Salz, Waffen usw. Heute gibt es für jedes Produkt 100 Optionen. Gehe in einen Supermarkt und zähle die unterschiedlichen Arten an Joghurts. Dutzende. Welches Produkt kaufst du? Das aus China oder das aus der Region, welcher du vertraust? Wahrscheinlich eher dasjenige aus einer Region, die du kennst, bzw. einen Joghurt, den du bereits gegessen hast und der dir schmeckt… einem, dem du vertraust.

<u>Was bedeutet das für dich?</u>

Egal, ob im geschäftlichen oder privaten Sinn, was absolut zählt, ist das Vertrauen, welches du in anderen dir gegenüber kreieren kannst. Wie definiert sich Vertrauen? Vertrauen ist eines unserer Grundbedürfnisse und für viele Menschen das wichtigste. Vertrauen ist die Voraussehbarkeit und der Grad, in dem man sich in einem Prozess auf etwas verlassen kann. Etwas oder jemand, der/die/das immer anders reagiert, nicht zu seinem Wort steht und dazu noch sehr wenigen Teilnehmern bekannt ist, wird sehr wenig Vertrauen genießen.

Nachdem Vertrauen offensichtlich ein so wichtiger Begriff ist, stellt sich die Frage, wie du maximales Vertrauen in anderen erzeugen kannst.

<u>Hierfür gibt es fünf Ansatzpunkte:</u>

1. Deine Authentizität/Integrität: Was machst du im Vergleich zu dem, was du sagst?
2. Dein Selbstwertgefühl: Je mehr authentischen Wert du lieferst, umso höher das Vertrauen.
3. Umsetzungsvermögen: Machst du Dinge auch, wenn es nicht so einfach ist, weil andere Sachen auf dem Spiel stehen?
4. Dein Motiv/WARUM: Je besser dieses für die Gemeinschaft und nicht nur für dich ist, umso höher ist das Vertrauen.

Diese vier sind alles Punkte, die wir bereits in TEIL 2 – VISUALISIEREN besprochen haben. Doch es fehlt noch ein fünfter: Was hilft es dir, wenn du all diese ersten vier Qualitäten hast, doch niemand anders kennt dich bzw. sieht das so, weil sie es nicht wissen?

<u>Der wahre Knackpunkt ist also Punkt fünf:</u>

5. Wie viele sinn- und wertvolle Beziehungen du in deinem Leben hast.

Die erste Person, welche also die ersten vier Punkte in dir sieht, ist die wichtigste. Denn damit ziehst du andere Menschen an, welche dir ebenso vertrauen. Ist diese erste Person eine einflussreiche Person, weil ihr bereits von anderen Menschen viel Vertrauen geschenkt wird, so geht dieses umso schneller auf dich über, was wiederum bedeutet, dass dir auch andere Menschen umso schneller vertrauen.

Nachdem die ersten vier Punkte zu 100% von dir selber gesteuert werden können, dieser letzte, fünfte Punkt jedoch von anderen Menschen beeinflusst wird, welche du offensichtlich nicht direkt kontrollieren kannst, sehe ich das Folgende als die essentielle Ressource heutzutage:

SINN- UND WERTVOLLE BEZIEHUNGEN

Es zählt also nicht, dass du 2.000 Facebook-Freunde hast, wenn dir keiner bei einem kaputten Autoreifen helfen würde. Es zählt nicht nur für deine Beziehungen, sondern es wird sich für dich nie wie eine echte Beziehung anfühlen. Es gibt so viele Stars, welche Millionen an Fans sowohl im echten Leben als auch auf Social Media haben. Wenn man dann ein ehrliches Gespräch mit ihnen führt, geben sie jedoch zu, dass sie sich nicht geliebt fühlen. Wie kann das sein?

Bei Beziehungen, egal, ob privater oder geschäftlicher Natur, geht es NICHT um Weite, sondern um Tiefe.

Dies ist ein essentielles Verständnis für die Funktionsweise von Vertrauen. Wenn du zwar eine Million oberflächliche Beziehungen hast, jedoch keine davon wirklich tief ist, wirst du dich immer schwertun, wirkliches Vertrauen zu erlangen. Etwas Interessantes dazu ist mir in Asien widerfahren. Dort ist es nicht wirklich gang und gäbe, dass man Freunde zu sich selber einlädt. Vielmehr trifft man sich in Cafés oder Bars, jedoch nur ganz selten zu Hause. Woran das liegt, darüber kann nur gerätselt werden, denn die Gründe gehen von „es ist zu klein bei mir zu Hause“ über „das stört den Energiefluss“ bis hin zu „da schäme ich mich“. Da ist jedoch gerade für einen Europäer oft nicht so einfach, einer Person vollkommen zu vertrauen. Ein Zuhause ist oft – nicht immer – die Verlängerung des Selbst. Ist man generell schlampig, so ist man das zu Hause auch. Menschen, die einem wichtig sind, hat man als Fotos an der Wand. Eine Raumeinteilung oder Einrichtung sagt oft mehr über einen Menschen aus, als 1.000 Worte. Genau diese Information fehlt einem als „Westler" in einem Land mit einer komplett anderen Kultur.

Haben also Asiaten überhaupt keine tiefgründigen Beziehungen? Ganz im Gegenteil, sie haben jedoch offensichtlich gelernt, über komplett andere Kanäle Vertrauen aufzubauen. Sie achten zum Beispiel darauf, wie du isst, wie du dich beim Essen benimmst oder wie schnell du isst.

„Zeige mir, wie du isst, und ich sage dir, wer du bist!"

Simon Sinek hat nach seinem Hit „Start with Why" (dem ich übrigens nicht zu 100% zustimme, da ich finde, man sollte das WAS an erste Stelle schieben und das WIE ganz an den Schluss – doch das wäre eine Diskussion für ein anderes Mal) einen weiteren Hit gelandet: „Why leaders eat last" (Warum Führungskräfte zum Schluss essen). Darin geht es darum, warum es für uns okay wäre, wenn Mutter Theresa 100 Millionen Euro bekommen hätte, uns dies bei einem Banker jedoch innerlich wurmt. Wir kennen beide Menschen wahrscheinlich nur aus der Presse, doch irgendetwas sagt uns, dass wir der einen Person vertrauen und der anderen nicht. Woran liegt das? Ganz einfach:

WIR LEBEN IM BEZIEHUNGSZEITALTER, NICHT IM INFORMATIONSZEITALTER.

Wir haben erkannt, dass wir mehr Optionen und Möglichkeiten als je zuvor haben. Die limitierende Ressource ist also nicht Wissen, es ist nicht Stahl und es ist auf der Ebene eines „normalen Menschen" auch nicht Energie. Die limitierende Ressource ist Vertrauen und davon wiederum nicht die vier selbst-beeinflussbaren Faktoren, welche auch der Banker beeinflusst, sondern der fünfte, welcher tiefgründige und sinnvolle Beziehungen darstellt. Egal, ob für privaten oder geschäftlichen Erfolg, Beziehungen sind die essenzielle Drehscheibe. Das macht Mutter Theresa in diesem Beispiel aus.

Wie kann man also tiefgründige und sinnvolle Beziehungen aufbauen und halten? Wenn du zurückdenkst, bin ich mir sicher, dass du dich an ein oder zwei Beispiele in deinem Leben erinnern kannst, wo dir eine Person, welche du gekannt hast, dir entweder direkt bei etwas helfen hat können oder dich einer anderen Person vorgestellt hat, welche dir dann einen Gefallen getan hat. Vitamin B(eziehung) – wie auf dem Tablett serviert. Im geschäftlichen Sinn habe ich dies in meinem ersten Buch „Ausgesorgt mit 30 – 25 Geschichten für mein Jüngeres Ich" gerade in den letzten Kapiteln ausführlich beschrieben. Darin geht es um das Prinzip, dass wir auf der ganzen Welt durch gerade einmal fünf Kontakte verknüpft sind. Die Macht liegt jedoch darin, dieses Netzwerk weise zu nutzen.

Falls du das Buch noch nicht gelesen hast, kauf es dir als dein nächstes Buch auf Amazon: http://amzn.to/2gMEBa3. Hier nochmal als Zusammenfassung die wichtigsten Punkte über professionelles Netzwerken aus diesem Teil:

- Teile deine Kontakte in 5-Sterne-Kategorien ein!
- Netzwerke vor allem mit 3- oder 4-Sterne-Menschen auf geschäftlicher Basis!
- 5-Sterne sind zwar hin und wieder toll, bringen dir jedoch nur bedingt etwas. Bleibe hier auf jeden Fall im Kontakt, denn sobald du auf ihr Level aufsteigst, solltest du diese Beziehung rasch vertiefen.
- 1- und 2-Sterne geben dir ein gutes Gefühl, denn es fühlt sich immer gut an, wenn man „der Beste" im Raum ist. Man kommt jedoch nicht wirklich weiter. Passe hier also auf!
- Halte eine Art Kontaktbuch über deine Leute!
- Organisiere 1:1-Telefonate oder 1:1-Treffen mit Leuten, die dir wichtig sind! Am besten einmal alle ein bis vier Wochen.

Wenn du mit Menschen in Kontakt trittst, überlege dir zuerst immer, wie du der anderen Person Wert geben kannst. So baust du funktionelle und nicht nur strukturelle Beziehungen auf. Sieh es wie eine Art Bank deiner Beziehungen. Wenn du noch nichts hineingegeben hast, kannst du auch noch nichts rausnehmen. Bevor du also von jemand anderem etwas willst, achte darauf, dieser Person zuerst etwas gegeben zu haben. Es geht hier keinesfalls nur um monetäre Dinge, sondern um darüber hinausreichende Sachen. Ich habe es schon einmal in einem vorherigen Kapitel angedeutet: wenn du entweder ein guter Verkäufer, Programmierer oder Networker bist, brauchst du dir um deine Finanzen keine Sorgen machen. Hier kommt der Networker ins Spiel.

Was macht einen guten Networker aus?

- Er/Sie kennt eine Person tiefgründig, nicht nur oberflächlich. Er/Sie weiß, ähnlich wie ein Verkäufer, was eine andere Person braucht, sucht und will.
- Er/Sie verkauft einer anderen Person nichts, sondern verknüpft andere Menschen mit dieser Person, welche jene Dinge haben, welche die andere Person sucht und vice versa.
- Er/Sie ist deshalb so wertvoll, da seine/ihre Beziehungsbank komplett voll ist und somit jeder ihm/ihr bei jeglicher erdenklichen Sache helfen würde.

Eine der besten Netzwerkerinnen, welche ich persönlich kenne, ist eine Freundin von mir und Mitarbeiterin bei I-Unlimited™ namens Patricia. Ihre absolute Stärke ist es, genau die oben beschriebenen Dinge umzusetzen. Wenn du dich zum Beispiel gefragt hast, wie ich all diese berühmten Gäste in meine Grenzenlos Erfolgreich© Podcast Show bekomme, dann ist das großteils ihr zu verdanken. Suche einfach mal auf Google nach Patricia Zinnecker und du wirst einige Tipps und Tricks dazu auf ihrer Seite http://www.patriciazinnecker.de/ oder in ihrem Podcast „Beziehungen 2.0“ finden.

Apropos Podcast. Neben den ganzen Erfahrungen, welche ich von all diesen erfolgreichen Menschen in den

Gesprächen aufsaugen und selber umsetzen kann, ist es natürlich ein hervorragendes Werkzeug, vertrauensvolle geschäftliche und freundschaftliche Beziehungen aufzubauen. Gerade als Unternehmer sind Beziehungen nicht nur in der eigenen Sparte relevant, sondern es ist vielmehr eine gewisse Diversifizierung von Vorteil. Neben den Kontakten in deinem eigenen Segment sind hier all jene Bereiche, in denen ich als Unternehmer immer ganz besonders sorgfältig netzwerke:

- Steuerberater: absolut essentiell für den geschäftlichen Erfolg.
- Investoren: man braucht immer Zugriff auf Kapital bzw. auch Infos, wohin man sein eigenes Kapital investieren kann.
- Networker: wenn du dich gut mit Networkern stellst, hast du schnell Zugriff auf andere tolle Menschen.
- Designer/Grafiker: Design braucht es im Geschäftsleben für alles.
- Marketer: Je mehr Menschen du hast, die ein Produkt oder Service nach außen tragen können, umso einfacher tust du dich, Neukunden zu gewinnen.
- Anwälte: Leider immer notwendig.
- Handwerker: Egal, ob du in Immobilien investierst oder sie für dein eigenes Heim brauchst. Falls du, genauso wie ich auch, selbst kein Heimwerker bist, brauchst du Menschen, die das können.
- Ärzte: Dieser Bereich fällt mir selbst aufgrund meiner Vergangenheit sehr leicht, doch Ärzte sind unglaublich wichtig, wenn es darum geht, einen guten Zugang zum Gesundheitssystem zu haben. Ob wir wollen oder nicht, das Gesundheitssystem entwickelt sich immer mehr zum Zwei-Klassensystem und Beziehungen stellen hier das Zünglein an der Waage dar.
- Programmierer: Falls du genauso wenig programmieren kannst wie ich, solltest du dir immer einen guten Kontakt zu ein paar Programmierern aufrechterhalten.

Es gibt natürlich immer wieder den einen oder die andere aus weiteren Bereichen, doch dies sind schon einmal ein paar wichtige Kernbereiche.

Kommen wir zum Schluss noch zum Thema des „Menschen Kennenlernens“, bevor ich dir danach noch ein paar Tipps zu Freundschaften gebe. Wenn du andere Leute nicht gerade durch eine andere Bekanntschaft mit einem klaren Hintergrund kennenlernst, so wirst du gerade am Anfang immer auf das mehr oder weniger unliebsame Thema Smalltalk kommen. Ich persönlich bin absolut kein Freund von Smalltalk und lieber sitze ich mit meinem Handy in einer Ecke, als mich mit Fremden übers Wetter oder ein anderes langweiliges Thema zu unterhalten.

Einmal bei einem großen Familienessen hatten wir eine komplett neue Sitzordnung und so durfte niemand neben jemandem sitzen, den er/sie bereits kannte, sondern jeder saß neben einem/r Fremden. In den ersten Minuten war ziemliche Stille und nur jene Menschen sprachen, welche sowieso auf ihre extrovertierte Art und Weise mit jedem ins Gespräch kommen würden. Ich saß also da und wünschte mir, ich könnte mein Handy rausnehmen und unhöflich darauf rumspielen. Dann fragte ich mich allerdings: „Was könnte diese Situation sonst bedeuten? Was könnte ich daraus lernen? Was ist sonst gut an dieser Situation?“ Ich versuchte dem Ereignis demnach eine andere Bedeutung zu geben, um so mit einem besseren Gemütszustand darauf einzugehen.

Da kam mir eine Idee: „Was, wenn ich in diese Situation gebracht wurde, um endlich zu lernen, wie man effektiv Smalltalk betreibt?“ Sofort fing ich an, mich zu fragen, wie ich das denn anstellen könnte. Da erinnerte ich mich, dass Fragen die Antworten seien. Wenn ich gut im Smalltalk sein wollte, musste ich 80% Fragen stellen und zuhören und nur 20% selber reden. Ich wollte jedoch keine 08/15-Fragen stellen, sondern vielmehr Fragen, welche in ein konstruktives Gespräch führen würden.

Die dummen Standardfragen waren:

- „Wie schmeckt dir das Essen?"
- „Gefällt dir die Party?"
- „Mit wem bist du hier?"
- „Wie war dein Tag?"
- „Was machst du beruflich?"
- Usw.

Diese Fragen sind ausgelutscht, sind reine Lückenfüller und bringen kein ordentliches Gespräch auf einer guten Basis zustande. Denke an das Folgende, wenn du Fragen stellst:

Nur Idioten reden über andere Menschen, schlaue Leute hingegen diskutieren Ideen und Konzepte.

Mein Ziel war es also, so schnell es geht weg vom Lästern und hin zu Konzepten und Ideen zu kommen, ohne den anderen dabei zu überrumpeln. Hier ist die Liste an Fragen, welche ich damals sehr erfolgreich verwendet habe und welche ich seitdem für jede Smalltalk-Situation in petto habe:

- „Wer, denkst du, ist die glücklichste Person hier?" (Fokus auf Positives plus folgende Anekdoten sind wahrscheinlich)
- „Erzähl mir drei Dinge, welche dir diese Woche passiert sind und echt cool waren!"
- Zuerst fragen: „Was arbeitest du?" Dann jedoch sofort fragen: „Wie bist du dort hingekommen bzw. was hat dich dazu bewegt, XYZ zu machen?"
- „Liest du gerade ein gutes Buch? Kannst du eines empfehlen?"
- „Was war die beste Doku, die du je geschaut hast?"
- „Wenn du nurmehr eine Sache für den Rest deines Lebens essen würdest, was wäre das?"
- „Wenn du noch einmal die Chance hättest, deine Kinder großzuziehen, was würdest du anders

machen?“ (geht natürlich nur, wenn er/sie bereits Kinder hat)
- „Irgendein Geheimtipp für eine Urlaubsreise?“
- „Wenn du das achte Weltwunder auswählen könntest, was würdest du wählen?“
- „Was war das komischste Kompliment, das dir je gegeben wurde?“
- „Wenn du ein Lehrer sein würdest, was würdest du unterrichten?“
- „Was sind drei Dinge bzw. Infos, welche deiner Meinung nach jedem Schulabsolventen mitgegeben werden sollten?“ (Meine drei: Erstens, du bist der Durchschnitt der fünf Menschen um dich herum. Zweitens, Menschen mit einer klaren Vision erreichen diese auch. Lege deine also fest. Drittens, alles passiert für dich.)

Weiters habe ich immer noch ein paar verrückte Fragen zu ganz bestimmten Themen. Prinzipiell versuche ich hier immer Religion und Politik auszulassen, da dies nur in den seltensten Fällen konstruktive Gespräch werden:

- Siehst du ebenfalls, dass Überbevölkerung ein Problem werden könnte?
- Welche Frage wird dir nie gestellt, du würdest sie jedoch gerne einmal beantworten?
- Glaubst du, wir werden Aliens in unserem Leben sehen?
- Wird künstliche Intelligenz gut oder böse sein?
- usw.

Viele dieser Fragen stelle ich auch in meiner Grenzenlos Erfolgreich© Podcast Show und ich komme damit auch in jeder Smalltalk-Situation gut über die Runden.

Gehen wir nun weiter zu privaten Beziehungen. Über die Beziehung mit deinem Partner haben wir ja bereits an Tag 23 gesprochen, es fehlen also noch jene mit deinen Freunden/ Freundinnen. Wie bereits ein paar Mal erwähnt, zählt hier

Tiefe mehr als Breite. Dies bedeutet, dass es sowohl für dein wahres Glücksgefühl als auch die Nachhaltigkeit besser ist, wenn du weniger Freunde, dafür aber deutlich bessere Beziehungen mit diesen hast. Es geht hier wirklich um die engsten Freunde und nicht darum, dass du maximal fünf Freunde haben sollst und sonst niemanden.

Überlege einmal, was einen guten Freund bzw. eine gute Freundin für dich ausmacht? Welche Qualitäten? Welche Werte? Was muss er/sie tun? Was auf keinen Fall? Wer sind deine zwei oder drei besten Freunde? Wie hast du sie kennengelernt?

Wenn ich diese Fragen auf meine besten Freunde beziehe, so haben alle eines gemeinsam: Ich war mit ihnen auf Reisen. Auch mit meiner Verlobten Bettina hat es so richtig gefunkt, als wir 2011 gemeinsam im Oman waren. Vielleicht waren es bei dir und deinen besten Freunden auch gemeinsame Schulfahrten, Urlaubsreisen oder Seminarwochenenden. Wenn nicht, so bin ich mir sicher, dass du diese engen Freundschaften dadurch aufgebaut hast, dass ihr nicht nur ein paar Mal wenige Stunden gemeinsam unterwegs wart, sondern zumindest hin und wieder richtig lange und vertieft Zeit miteinander verbringen konntet. Wenn du mit jemandem wirklich gut befreundet sein und wahrlich durch dick und dünn gehen willst, musst du unbedingt diese Tiefe kreieren. Kreiere also bewusst solche Situationen mit den Menschen, welche dir wichtig sind.

Gehen wir zum Schluss in ein Thema, das gerade bei Vertrauen und Beziehungen immer wieder aufkommt: dein Ruf. Warren Buffett hat einmal etwas gesagt, das mir immer in Erinnerung geblieben ist: „Wenn du bedenkst, dass es Jahrzehnte dauert, einen Ruf aufzubauen, jedoch nur ein paar Sekunden, ihn zu zerstören, wirst du Entscheidungen anders treffen." Ich erinnere mich immer wieder an dieses Zitat. Bereits am Tag über das Treffen von Entscheidungen haben wir dies besprochen und in die Entscheidungsfindung einfließen lassen. Verstehe: so wie du eine Sache tust, so wirst du alle Sachen tun.

Bist du…

- …fleißig oder faul?
- …sorgfältig oder schlampig?
- …pünktlich oder nicht?
- …vertrauenswürdig oder nicht?
- …ehrlich oder verlogen?
- usw.

Achte auf deinen Ruf und pflege ihn. Verwechsle deinen Ruf jedoch NICHT mit dem, was Menschen hinter deinem Rücken über dich denken bzw. reden. Deinen Ruf kannst du ganz klar beeinflussen, was Menschen über dich sprechen, jedoch nicht. Lass die Leute deshalb reden und ziehe dein Ding durch. Oft ist das nicht so einfach und unsere Angst, nicht gut genug zu sein oder nicht geliebt zu werden, macht uns hier gerne einen Strich durch die Rechnung. Mit genug Disziplin wirst du auch hier die langfristige über die kurzfristige Entscheidung stellen können und deine Freunde, Bekannten und deine Familie werden genau wissen, wofür du stehst.

Arbeite zum Schluss diese fünf To-Dos durch:

1. Wer sind deine besten Freunde?
2. Wie hast du sie kennengelernt?
3. Wie hast du die Freundschaften so tief werden lassen?
4. Lerne vier bis fünf Smalltalk-Sprüche für die nächste Party auswendig.
5. Starte ein Beziehungstagebuch und baue dein professionelles Netzwerk aus.

Falls du mein Buch „Ausgesorgt mit 30 – 25 Geschichten für mein Jüngeres Ich“ noch nicht gelesen hast, dann ist das ebenfalls ein To-Do: www.25Geschichten.de.

Wenn du die Regeln des Beziehungszeitalters beachtest, auf Tiefe anstatt reine Weite gehst, Vertrauen aufbaust und deinen guten Ruf pflegst, wirst du dieses Zeitalter meistern wie kein anderer und somit privat wie auch geschäftlich GRENZENLOS ERFOLGREICH© sein.

Morgen geht es darum, wie man die Zukunft antizipieren lernt.

Dein

Dr. Julian Hosp

TAG 29: Gewinner antizipieren, Verlierer reagieren

Herzlich willkommen zum vorletzten Tag, Tag 29!

Wir sind in den letzten vier Wochen die komplette Pyramide der Top-10-Fähigkeiten durchgegangen und heute besprechen wir die Spitze davon. Wir haben gestern bereits über unser Zeitalter der Beziehungen und des Vertrauens gesprochen. Heute setzen wir das fort und überlegen uns, wie man all das Wissen, das Können und die Erfahrungen effizient mit in die Zukunft nehmen kann, um nicht nur jetzt, sondern auch weiterhin so Grenzenlos Erfolgreich© zu sein.

Wie du weißt, bin ich immer schon ein passionierter Sportler gewesen. Vor allem Ballsportarten faszinieren mich am meisten. Egal, ob im Fußball, Basketball oder Handball, wenn man Ballsportarten mit Kindern spielt, ändert sich ab einem gewissen Alter plötzlich die Spielweise enorm. Anfangs verstand ich nicht, woran genau das lag. Die Kinder taten sich plötzlich leichter mit dem Ball, sie gaben genauere Pässe und das Spiel wurde flüssiger. Ein erfahrener Trainer gab mir in einem Interview im Fernsehen den entscheidenden Hinweis: „Die Kinder laufen nicht mehr dorthin, wo der Ball ist, sondern sie laufen dorthin, wo der Ball sein wird."

Natürlich, das war es. Jüngere Kinder verstehen noch nicht, dass der Ball mit der Geschwindigkeit sich ja auch mit der Zeit bewegt. Sie passen also entweder dorthin, wo das andere Kind derzeit gerade ist oder die Läufer laufen dem Ball immer hinterher, anstatt den Ball zu sich kommen zu lassen. Wenn man zum Beispiel mit einem Hund spielt, fällt genau dasselbe Phänomen auf: Nur die wenigsten Hunde verstehen das Verhältnis von Position, Geschwindigkeit und Zeit.

Ab einem gewissen Alter lernen Kinder jedoch zu antizipieren, wo der Ball sein wird, ohne nurmehr darauf zu reagieren, wo er sich jetzt gerade befindet. Genau wie alles andere lernen wir das deshalb, weil wir genug Übung darin haben und über vergangene Fehler spielerisch reflektieren können. Wenn man sich zum Beispiel Wellenreiter ansieht, so erkennt man Amateure, ohne diese paddeln oder surfen zu sehen, daran, wo sie sich im Verhältnis zur Welle positionieren. Amateure bemerken Wellen viel zu spät, müssen darauf reagieren und verbrauchen unnötig Energie. Profis antizipieren Wellen, bereiten sich schon im Vorhinein darauf vor und warten nurmehr, bis sie die Welle erfolgreich mitnimmt.

Um zusammenzufassen, dass Menschen, je besser sie werden, Dinge eher voraussehen können und nicht lediglich im Nachhinein aktiv werden müssen, könnte man sagen:

Gewinner antizipieren, Verlierer reagieren

Ich fragte mich, ob dies nur im Sport so wäre oder praktisch bei allen Dingen im Leben. Wie du dir sicher bereits denken kannst, ist das bei allem im Leben relevant. Egal, ob in Beziehungen, im Beruf, im Privaten, beim Investieren oder Lernen – wer Herausforderungen bzw. Neuigkeiten antizipieren lernt, kann durch rechtzeitige Vorbereitung schneller mit Lösungen aufkommen und wird immer dem- oder derjenigen einen Schritt voraus sein, der/die lediglich danach darauf reagiert.

Was haben zum Beispiel Kodak, Nokia oder Yahoo gemeinsam? Sie alle waren einmal die absolute Nr. 1 in ihrem Feld. Sie waren wahrlich Grenzenlos Erfolgreich©. Doch was ist passiert? Wo sind diese riesigen Spieler heute? Nicht mehr wirklich bedeutsam. Wie kann so etwas passieren? Wie kann jemand, der ein Feld komplett dominiert, plötzlich von anderen überrollt werden? Es gibt einige Erklärungen dazu, doch wiederum bleiben die Gründe rein symptomatisch und nicht ursächlich. Die Hauptbegründung lautet: Diese Firmen sind deshalb gestürzt, weil sie neue Trends nicht kommen sehen haben.

Vielen Dank für eine Aussage, welche offensichtlich jedem klar ist. Wir wissen bereits, dass dies ein Knackpunkt ist, doch wie genau konnte das passieren? Was war die Ursache? Das Symptom ist uns allen bekannt. Lange habe ich darüber nachgedacht und dann kam mir der Gedanke, dass dies bei Firmen genau so passieren könnte, wie auch bei Privatpersonen. Geht es uns nicht auch oft so, dass wir bei anderen Menschen die drohende Gefahr seit langem kommen sehen, doch die Person scheint agnostisch gegenüber dem Problem? Es trifft die Person dann wie aus dem nichts und wir würden am liebsten verkünden: „Ich hab's dir doch die ganze Zeit schon gesagt!" Hast du solche Situationen bei dir im Freundeskreis oder Familienumfeld erlebt? Ich bin mir sicher.

Warum tun wir uns so schwer, die Zukunft zu antizipieren, vor allem wenn es uns selber angeht? Es liegt an unserem Grundbedürfnis nach Kontrolle, Sicherheit, Gewohnheit, usw. Dieses Grundbedürfnis ist in uns extrem stark ausgeprägt. So stark sogar, dass uns unser Gehirn so austrickst, dass es uns hauptsächlich Dinge zeigt, die uns glauben machen, dass wir richtig liegen. Wir scharen Leute um uns herum, welche uns genau bestätigen, dass das, was wir bereits machen, das Richtige ist. Andere werden zu oft als Kritiker oder Problemsucher abgestempelt. Menschen in erfolgreichen Firmen trauen sich oft nicht mehr, irgendetwas aufzuzeigen. Zu groß ist das Risiko, in Missfallen zu geraten und gekündigt zu werden. Zahlreiche Studien an Mitarbeitern in diesen Firmen, die mit der Frage arbeiteten, ob sie denn die Gefahr nicht kommen sehen haben und wenn ja, warum sie nicht reagiert haben, belegen das. Egal, ob Firma oder Privatperson, unser Gehirn trickst uns selber aus. Bis es dann zu spät ist und wir den Ball, die Welle bzw. die Möglichkeit verpasst haben.

Nicht umsonst haben wir in den letzten vier Wochen immer und immer wieder gelernt, dass der Bedarf an Unsicherheit und Neuem gestärkt werden muss. Wir müssen uns immer daran erinnern, dass es zwar wichtig ist, glücklich und zufrieden zu sein, doch wenn wir kein bisschen mehr wollen, wird es nicht lange dauern, bis wir im Rückschritt sind.

Ich selber bin passionierter Schachspieler und habe in diesem Buch schon einige Male über Schach gesprochen. Im Schach gibt es sowohl Taktiken als auch Strategien. Während Strategien langfristige Pläne sind, sind Taktiken kurzfristige Anpassungen an diese Strategien. Je weiter man vorausdenken und die Gedanken seines Gegenübers antizipieren kann, desto eher wird man gewinnen. Anfänger spielen Schach eher mit reiner Taktik. Sie denken ein bis zwei Züge voraus und werden dann vom Profi mit einer guten Strategie UND Taktik komplett überrumpelt.

Egal, ob als Firma oder Privatperson: Will man nicht nur jetzt Grenzenlos Erfolgreich© sein, so muss man lernen, die Zukunft zu antizipieren und sich darauf vorzubereiten, um so jemand anderem immer einen Schritt voraus zu sein. Deshalb ist diese Fähigkeit an der Spitze der Pyramide zu finden.

Wie könnte das funktionieren? Kennst du Menschen, die „jung geblieben" sind? Was bedeutet das, wenn man das über sie sagt? Meistens, dass die kindliche Neugierde nicht verloren gegangen ist und diese Menschen immer noch neue Dinge ausprobieren bzw. generell offen für Neues sind. Meist wird dies in einen positiven Zusammenhang gebracht, denn oft werden wir mit zunehmendem Alter sowohl physisch als auch mental rigider. Flexibilität ist also eines der Kernelemente dieser Fähigkeit in der Pyramide.

Die Schwierigkeit für die meisten Menschen ist jedoch, genau solche Neuerungen als Potential und nicht als Gefahr zu erkennen. In Hongkong konnte ich live miterleben, wie tausende Taxifahrer gegen Uber, eine Fahrservice-

App, protestierten. Sie sahen sich durch Uber um ihre Jobs betrogen. Da Uber nicht nur günstiger, sondern auch viel effizienter und nutzerfreundlicher war, wollten nurmehr wenige Fahrgäste normale Taxis benutzen. Verstehe ich die Angst der Taxifahrer, ihren Job zu verlieren? Ja. Verstehe ich ihre Reaktion? Ja, doch es ist die zweitniedrigste aller Reaktionen von Tag 4, an dem wir Grundbedürfnisse behandelt haben. Geld steht in unserer Zivilisation als Tausch für unsere vier Basisgrundbedürfnisse zur Verfügung und anstatt auf so eine tiefe Reaktion zu rutschen, hätten sich die Taxifahrer etwas Konstruktiveres überlegen sollen.

Wie meine ich das?

Uber bringt massive Vorteile für den Konsumenten. Es ist günstiger, einfacher, klarer, schneller und somit deutlich besser als ein veraltetes Taxi-System. Der Grund, warum die Taxifahrer das nicht akzeptieren wollten, ist genau derselbe Grund, warum klein- und mittelständische Unternehmen Amazon nicht selber nutzen, sondern lieber darüber schimpfen oder es bekämpfen. Sie sind nicht flexibel genug, eine Neuerung als eine Möglichkeit zu erkennen, sondern halten lieber am alten, sinkenden Schiff fest.

Sollte man also auf jede Neuerung aufspringen, um so ja keine Welle zu verpassen und immer flexibel zu bleiben? Nein, natürlich nicht. Es geht nicht darum, immer der Erste zu sein. Ehrlich gesagt, der Erste bei einer Neuerung zu sein, bedeutet meist immer, „die meisten Pfeile im Rücken zu haben“. Schaut man sich Facebook an, so erkennt man, dass diese nicht die Ersten waren, welche Social Media entwickelt haben. MySpace war beispielsweise anfangs Meilen voraus. Facebook hat die Welle jedoch rechtzeitig kommen sehen und genau wie beim Surfen nicht die erste Welle eines Sets genommen. Stürzt man hier, wie MySpace das getan hat, laufen alle anderen Wellen über einen drüber und man kommt überhaupt nicht mehr weiter. Optimal ist also, den Überblick zu bewahren, offen für Neues und Ungewohntes zu sein, dann jedoch die zweite oder dritte Welle in einem Set zu reiten, wenn kleine Fehler bereits ausgemerzt sind.

Ist Fortschritt denn immer besser?

„Unsere Jugend ist heruntergekommen und zuchtlos. Die jungen Leute hören nicht mehr auf ihre Eltern. Das Ende der Welt ist nahe!“

So oder ähnlich beschreiben Menschen die heutige Situation der Menschheit mit all den potentiellen neuen Technologien und all dem Fortschritt. Das Zitat stammt jedoch von einem Keilschrifttext in Chaldäa um 2000 v. Chr. Es scheint also, dass wir seit tausenden Jahren ähnlich über die Zukunft und den Fortschritt denken: Wir bevorzugen das Alte, das Gewohnte.

Als Henry Ford die Autoproduktion für den Massenmarkt kreierte, sprach man abermals vom Untergang der Menschheit. Diese Fabriken würden ausschließlich für den Krieg verwendet werden. Das mag vielleicht teilweise gestimmt haben, doch würdest du heute noch dein Auto hergeben wollen? Ich denke nicht. Genau an den Tagen, bevor die Autoproduktion ins Rollen kam, gab es sicher noch genug Menschen, welche lieber hunderte Pferde kauften, da sie nicht an die Zukunft glaubten. Diese Menschen sind die finanziellen Verlierer, denn sie hatten nicht antizipiert und mussten später auf schmerzvolle Art und Weise reagieren.

Auch heute gibt es genug Technologien oder mögliche Erfindungen, welche als „schlecht“ abgestempelt werden. Es wird immer auf die negativen Seiten der Zukunft verwiesen, anstatt aufzuzeigen, dass wir Menschen bisher praktisch alles positiv genutzt haben, abgesehen davon, dass es ein paar Mal relativ knapp geworden ist. Woher kommt denn dieser eher negative Tenor? Natürlich durch unsere Grundbedürfnisse bzw. unsere Ängste. Letztere werden durch Presse und Medien nur noch mehr geschürt. Positive und glückliche

Nachrichten verkaufen sich eben schlechter als dramatische Weltuntergangsstimmungen. Denke einmal nach, ob du eine einzige Erfindung aus deinem Leben kennst, welche du als komplett böse abschreiben kannst? Ich stelle mir oft solche Fragen und egal, ob ich an Atomenergie, Waffen oder sonst was denke, die darunter liegende Technologie wird zwar in dem Beispiel negativ verwendet, es gibt jedoch meist mindestens genauso viele positive Anwendungsbereiche, welche dann nur nebenbei erwähnt werden. Probiere es einmal aus und sei danach jedoch ehrlich, ob du nicht mindestens doppelt so viele positive Dinge dazu finden kannst. Ich bin davon überzeugt, dass die Zukunft besser als die Vergangenheit werden kann. KANN, weil du selber entscheiden musst. Wenn du dich nur auf das Negative fokussierst, wirst du das auch bekommen.

Der Grund, warum es dennoch so viele negative Menschen gibt, ist der folgende: Er/Sie sucht sich die einfachste Position im Leben aus. Indem er/sie alles negativ beschreibt, hat er/sie Recht, wenn es eintritt und er/sie kann sich als wahrsagender Held feiern. Tritt jedoch etwas Gutes ein, so ist es eh jedem egal und es wird schnell vergessen sein, dass er/sie komplett falsch lag. Nun kann er/sie sich auf etwas Neues einschießen. Hast du dich schon einmal gefragt, warum diese Weltuntergangsbeschwörer nie aussterben? Genau das ist der Grund.

Wenn du jedoch auch so jemand bist, dann hast du ein großes Problem: Diese Leute haben noch nie etwas erschaffen, da sie sich nie auf etwas Konstruktives, sondern lediglich auf etwas Destruktives vorbereiten. Mach also nicht den Fehler, der Zukunft negativ entgehen zu gehen. Sei vielmehr offen für Neues, halte dein Gehirn jung und frisch und kreiere deinen Erfolg immer weiter. Die Zukunft ist wie alles 80% innere Einstellung und nur 20% Strategie. Über die richtige Einstellung hast du jetzt genug gehört. Lass mich dir also meine Top-10-Bereiche geben, welche ich selbst antizipiere, von denen ich also überzeugt bin, dass sie in den nächsten

Jahren zu Erfolgsbereichen werden bzw. dies eh schon sind. Wie du aus diesen Branchen profitieren kannst, erfährst du danach im Detail.

1. Automatisierung (egal, ob Autos, Produktion etc.)
2. Medizin (vor allem: Stammzellen, Krebstherapie, Lebensverlängerung)
3. Kryptowährungen (FinTech, Banken, Zahlsysteme, Bitcoin, Blockchain etc.)
4. Energieautonomie (vor allem Solarenergie)
5. Programmieren (hier vor allem Künstliche Intelligenz)
6. Drohnen bzw. fliegende Fahrzeuge
7. Weltraum (Asteroidenabbau, Weltraumtourismus, Kolonialisierungen)
8. Internet 3.0 (Internet of Things – alles hängt im Netz)
9. Shared Economy (alias Uber, Airbnb, Car-Sharing etc.)
10. Entdeckung von Leben im All (nicht unbedingt gleich intelligentes Leben, doch aufgrund von besserer Technik werden wir genug finden)

Falls dir ein paar Branchen gar nichts sagen, so google diese und lies dich ein. Manche stehen gerade vor der „Explosion", in anderen sind wir bereits mittendrin, statt nur dabei.

Warum genau diese Branchen?

Die Antwort lautet linear vs. exponentiell. Exponentielles Wachstum haben wir bereits beim Zinseszins kennengelernt. Es ist unglaublich explosiv. Die meisten Branchen, welche schon gut genutzt werden, erlauben kein exponentielles Wachstum mehr. Dort ist es bereits passiert. Die Wachstumskurve wird immer flacher bis hin zu einer linear bleibenden Geraden. Es ist kein Raum für wirkliches Wachstum mehr. Wenn man jedoch, egal, ob als Unternehmer oder Arbeitnehmer, in herausfordernden Bereichen wie den zuvor genannten aktiv ist, hat man jede Möglichkeit der Welt und es ist praktisch unbegrenzter Fortschritt möglich.

Wie kommt man in diese Bereiche hinein?

Die wichtige Nachricht vorab: Du musst diese Dinge nicht unbedingt studieren. Als Unternehmer kannst du sowieso alles selber starten und auch als Arbeitnehmer suchen gerade junge Unternehmen immer weniger Universitätsabsolventen, solange man fleißig und wissbegierig ist. Lies dich also in diese Bereiche mit zwei oder drei Büchern ein. Folge Menschen aus diesen Bereichen auf Facebook oder YouTube (falls wir noch nicht verbunden sind, verbinde dich gerne: www.facebook.com/julianhosp). Besuche Seminare oder Vorträge. Du kannst dich binnen kürzester Zeit in ein Segment einarbeiten, welches dir davor komplett unbekannt war.

Dazu möchte ich dir zum Schluss noch eine Geschichte erzählen, welche zusätzlich noch ein paar wichtige Lektionen beinhaltet. Anfang 2011 war ich gerade dabei, meinen Job als Arzt zu kündigen. Ich war voll fokussiert, Unternehmer zu werden und habe dabei komplett die Regeln des „Offen Bleibens für Neues" vergessen. Ein Freund, der sich selbst sehr gut mit IT auskannte, hatte mir in diesem Jahr von etwas „Neuem" erzählt. Etwas, das die Welt verändern würde. Ich war gerade vollkommen mit meinen eigenen Dingen beschäftigt und hörte nur bedingt zu. Es ging um irgendwelche Bitcoins, welche man derzeit für einen Euro kaufen konnte. Ich verstand nur Bahnhof und dann beging ich meinen schwersten Fehler: Ich vergaß, neugierig zu bleiben und mir alles offen anzusehen. Ich hatte Angst, dass es irgendeine Abzocke sei und so schaute ich mir das nicht einmal eine Minute an.

Vier Jahre später: Es war 2015 und ich hatte mich gerade aus meinem Tief des falschen „Ausgesorgt Habens" erholt. Durch Zufall traf ich einen Innsbrucker namens Toby in Bangkok, Thailand. Er erzählte mir, dass er noch einen Co-Founder für ein Start-up suche, welches im Bitcoin-Bereich arbeite. Er erzählte mir von dezentralisierten Blockchains, digitalen Tokens und Werteinheiten. Irgendwoher kannte ich den Namen „Bitcoin" doch. Na klar, vor vier Jahren hatte ich davon gehört. Nun war ich älter und war offen für Neues. Dieses Neue waren Bitcoins, welche nun, gerade einmal vier Jahre später, knapp 1.000 € wert waren. Eine Vertausendfachung, welche ich durch meine Ignoranz und geschlossene Einstellung nicht antizipiert hatte. Neben meiner Firma I-Unlimited™, wo wir alle Events, 1:1-Trainings und Produkte wie dieses Programm herstellen, wurde ich zum Co-Founder in unserem Start-up „TenX" (www.tenx.tech). Auch wenn dies oft nur als Nebenprojekt auf der Seite lief, so wusste ich, dass dies einmal zu etwas Großem werden würde. Warum? Weil es sich in einem exponentiellen Markt befindet und ich mir nicht noch einmal die Chance einer Vertausendfachung entgehen lassen werde.

Es sind genau Chancen wie diese, welche uns tagtäglich umgeben. Klar, es gibt genug Scheinfirmen mit irgendwelchen Abzocken, auf welche ich leider auch hin und wieder hereingefallen bin. Doch am Ende erinnert man sich immer an die Nächte, wo man tolle, wilde Partys gefeiert hat, sich neue Dinge getraut hat und den Spaß seines Lebens gehabt hat. Sei also offen für die Zukunft. Reite die Wellen des Erfolges, indem du dich vorab positionierst, Dinge antizipierst und dafür bereit bist, wenn die Zukunft zur Gegenwart wird. Alles andere ist reagieren und das machen nur die Verlierer.

Hier sind deine To-Dos für heute, um nicht nur heute Grenzenlos Erfolgreich© zu sein, sondern es auch in Zukunft zu bleiben:

1. Reflektiere ehrlich, ob du in der Vergangenheit nicht einmal etwas verpasst hast, weil du einfach nicht offen warst! Was war es? Was hat es dich gekostet?
2. Wähle einen aus den zehn von mir vorgestellten Bereichen aus, an welchem du Interesse hast, und lies dich in diesen Bereich ein.
3. Suche dir auf Amazon Bücher von Peter Diamandis, einem Visionär aus Amerika. Er ist ein extrem

positiver Vordenker und einfach zu verstehen. Hier ist der direkte Link: http://amzn.to/2kr2mte.

Morgen ist der finale Tag. Du hast es geschafft, gratuliere!

Sei mit diesem Wissen nicht nur heute, sondern immer GRENZENLOS ERFOLGREICH©!

Bis morgen zum Grand Finale.

Dein

Dr. Julian Hosp

TAG 30: Dein grenzenloser Erfolg

Herzlich willkommen bei Tag 30!

Wow, du hast es geschafft! Ich weiß, 30 Tage sind nicht allzu lange, doch dieses Programm war intensiv, nicht wahr? Unglaublich, wieviel du dich in dieser Zeit weiterentwickelt hast, wieviel du gewachsen bist und um wie vieles du besser geworden bist. Ich bin wirklich stolz auf dich. Nur wenige ziehen ein solches Programm durch und wenn du hier angekommen bist, heißt das, du bist die Elite. Super! Du bist wirklich ein Rockstar!

Für heute ist das Ziel, einerseits zu reflektieren und ein paar Dinge noch einmal zu verinnerlichen, andererseits ein paar Strategien und Werkzeuge zu nutzen, damit du die Resultate nicht nur behältst, sondern sie sogar noch steigerst. Wir haben das Konzept „1% besser jeden Tag" bereits öfters besprochen. Nach diesen intensiven 30 Tagen, wo du dein Wissen und Können wahrscheinlich verzehnfacht hast, geht es darum, deine Fähigkeiten weiterhin jeden Tag ein klein wenig nach oben zu bringen.

Mache es dir zum Ziel, jeden Abend ins Bett zu gehen und zu wissen, dass du ein ganz klein bisschen besser bist als noch in der Früh. Entweder, weil du etwas Neues gelernt hast, einen neuen Menschen getroffen hast, du dich getraut hast, etwas Neues zu tun oder weil du einem anderen Menschen bei etwas geholfen hast. Ganz egal wie, achte darauf, jeden Tag ein bisschen besser zu werden.

Vielleicht hast du in den letzten 30 Tagen multiple Durchbrüche erlebt. Vielleicht hast du Dinge über dich erfahren, welche du dir nie vorstellen hast können. Doch du weißt noch gar nicht, was sonst noch alles in dir steckt.

Die 1% besser jeden Tag sind wie der stete Tropfen, welcher den Stein höhlt. Du weißt nicht wann, doch irgendwann ist plötzlich der massivste Durchbruch deines Lebens da. Nutze dies und lass hier auf keinen Fall nach.

Blicke weiterhin jeden Tag auf deinen Grenzenlos Erfolgreich Pfad© mit den zehn Dingen darauf:

1. Deine zwei wichtigsten Grundbedürfnisse:
2. Dein „Volle Energie"-Anker:
3. Dein Bekräftigungsspruch:
4. Dein Visionboard
5. Deine Mission
6. Dein Primärfokus
7. Die fünf positiven Werte deines Leitbildes inklusive Regeln
8. Die drei Ängste/negativen Gefühle deines Leitbildes inklusive Regeln
9. Deine drei wichtigsten positiven Glaubenssätze
10. Deine fünf Ziele für dieses Jahr

Ziehe dein Morgenritual durch und baue neue, machtvolle Rituale auf. Reflektiere jeden Tag, jede Woche, jeden Monat, jedes Jahr.

Erinnere dich an die drei einfachsten Optionen, um wirklich glücklich und zufrieden im Leben zu sein:

1. Steige auf die höheren Grundbedürfnisse (Neues lieben lernen und Zurückgeben). Lass los von Sicherheit und Kontrolle und lerne den Bereich außerhalb deiner Komfortzone zu lieben.
2. Die Kontrolle über deine Emotionen mit Hilfe der EVT© zu erlangen, das stellt das machtvollste Werkzeug dar.
3. Dann wirst du auch immer wissen, dass ALLES im Leben FÜR dich passiert. Niemand hat Schuld.

Es hat alles einen Grund. Ein Ereignis macht oder bricht dich. Schau darauf, dass es dich macht.

Wann immer du in Zweifel gerätst, folge deinem Leitbild, das sich durch deine Vision, deine Mission, deinen Primärfokus, deine Ziele, die positiven Werte und die Vermeidungen definiert. So weißt du immer ganz genau, wie du dich wann entscheiden musst. Solltest du trotzdem einmal hadern, so vergiss nicht, dass dein Herz viel machtvoller als dein Gehirn ist. Höre auf dein Herz. Sprich es an und lerne es zu lieben.

Wenn du den Fehler begehst und denkst, dass du glücklich wirst, wenn du dich mit Leuten umgibst, die schlechter sind als du, so ist das ein kurzfristiger Gedanke. Klar wirst du dich um diese Menschen herum sehr leicht tun, jedoch wirst du nie erfüllt sein. Dein Inneres will wachsen und wenn du es nicht wachsen lässt, kompensiert es das auf destruktive Art und Weise. Achte also immer auf die fünf Menschen um dich herum. Lerne von Idolen.

<u>Kopiere sie nicht, sondern verstehe die drei Punkte:</u>

1. WAS sind ihre Ziele? Was ist ihre Vision? Mission? Werte? Lerne diese und integriere sie bei dir.
2. WARUM machen sie, was sie machen? Was ist ihr unermüdlicher Antrieb? Verstehe ihn und finde deinen eigenen.
3. Lerne, WIE sie Dinge umsetzen. Vergleiche dich NICHT mit ihnen, sondern nutze sie als Beispiel und Vorbild.

Wenn du den Spruch kennst: „The sky's the limit" (Der Himmel ist das Limit), so weißt du, dass du unendlich viele Möglichkeiten im Leben hast. Warum scheitern wir dann daran, wahrlich Grenzenlos Erfolgreich© zu sein?

GRENZENLOSER ERFOLG =
MÖGLICHKEITEN - ABLENKUNGEN

Erinnere dich daran, dass der Fokus einer Lupe ein Feuer aus der Energie des Lichts erzeugen kann. Für dich, mit all den Möglichkeiten um dich herum, bedeutet das:

Du kannst alles machen, was du willst. Nur nicht gleichzeitig!

Nach Beendigung eines solchen Programms gibt es immer drei unterschiedliche Gruppen von Menschen:

1. Aufgeber: Er/Sie hat das Gefühl, 30 Tage Vollgas gegeben zu haben und ist im Glauben, sich jetzt komplett gehen lassen zu können. Manchmal sacken diese Leute sogar weiter zurück im Vergleich dazu, wo sie am Anfang gestartet sind.
2. Stresser: Er/Sie ist gerade auf einem Gefühlshoch und möchte am liebsten alles und dies am besten gleichzeitig machen. Auf ihn/sie trifft genau der Spruch von zuvor zu.
3. Meister: Er/Sie weiß, dass er/sie Grenzenlos Erfolgreich© ist. Dass alles in ihm/ihr steckt und er/sie es nur umsetzen braucht. Alle Werkzeuge sind vorhanden. Schritt für Schritt und Tat für Tat werden Ziele, Mission und Vision erfüllt.

Werde zum Meister!

Wie schaffst du das? Hier sind drei simple Schritte:

1. Jedes Mal, wenn du ein Ziel erreichst, sei dankbar dafür, dass du es erreicht hast. Feiere. Doch dann reflektiere und setze dir ein neues noch höheres Ziel. Verstehe genau, WAS du als nächstes willst. Wenn du glaubst, alle Ziele erreicht zu haben, hast du diese einfach nur zu niedrig gesteckt.
2. Erinnere dich immer, WARUM du ein Ziel verfolgst. Visualisiere es genau. Wenn du glaubst, du kannst nicht, dann musst du. Wenn du denkst, es geht nicht

mehr, dann erst recht. Es gibt immer einen Grund, etwas zu machen. Finde ihn.

3. Der Schlüssel zum WIE liegt in deinen Gemütszuständen. Werde ein Meister darin, diese zu kontrollieren. Es ist leicht, positiv und optimistisch zu sein, wenn gerade alles mit Rückenwind läuft. Die Gewinner kristallisieren sich jedoch dann heraus, wenn Gegenwind herrscht und man trotzdem Vollgas gibt.

Was ist die größte Gefahr nach diesen 30 Tagen? Hast du schon einmal miterlebt, wie erwachsene, starke Menschen im Meer ertrinken und das, obwohl sie kurz zuvor noch am Strand gestanden haben? An vielen Stränden stehen Warnschilder, doch immer wieder unterschätzen Menschen die Gefahr und überschätzen sich selbst. Ich habe das leider als Profi-Kitesurfer ein paar Mal miterlebt. Die Personen wurden glücklicherweise immer in letzter Sekunde von einem Rettungsschwimmer gerettet, doch es ist jedes Mal wieder unglaublich, wie schnell und unerwartet dies passiert:

Erst steht man im Wasser. Man kann gut stehen, da es seicht und die Strömung nicht wirklich stark ist. Die Wellen brechen noch weiter draußen, also geht man ein bisschen raus. Die Strömung wird zwar stärker, doch es ist immer noch seicht und man ist gerade einmal zehn Meter vom Strand entfernt. Doch dann passiert es: Ein falscher Tritt, eine kleine Untiefe, ein Hügel im Wasser, eine Welle, welche einen überrascht und schon steht man nicht mehr fest. Das Wasser, welches durch die Wellen rein kommt, muss irgendwo wieder hinaus. Diese Strömung trägt einen vom Strand weg und man kann nicht mehr stehen. Der Strand ist nun 15 Meter weg. Man kann den Grund nicht mehr spüren, also schwimmt man. Man schwimmt stärker und heftiger. Doch bald sind es 20 Meter zum Strand. Die Strömung raus aufs Meer wird stärker und stärker. Man gerät in Panik und strengt sich noch mehr an. Plötzlich schluckt man Wasser, man hustet und alles wird immer dramatischer. Wenn hier keine externe Hilfe kommt, ist es oft zu spät.

Was wäre die richtige Reaktion und wie trifft das auf dieses 30-Tage-Programm zu?

1. Erstens: Unterschätze nie ein Problem/eine Herausforderung, auf welche/s du triffst. Gerade, wenn du etwas am wenigsten erwartest und du dich selber überschätzt, bist du am verwundbarsten.
2. Zweitens: Sobald du einen Widerstand spürst, musst du entweder sofort nachgeben (Druck erzeugt Gegendruck) und einen anderen Weg probieren oder du bist zu 100% überzeugt, dass du den Widerstand überwinden kannst und drückst sofort vollkommen an. Im Zweifel: Suche einen anderen Weg.
3. Sobald du merkst, dass du für eine Herausforderung nicht stark genug warst: auf keinen Fall in Panik geraten (dies bringt die Leute im Wasser um).
4. Reflektiere und beurteile die Lage: Gibt es einen anderen, besseren Weg? (Im Wasser müsste man seitlich schwimmen, sodass man aus der Strömung rauskommt – vor lauter Panik erkennt man das jedoch nicht.)
5. Es ist keine Schande, um Hilfe zu rufen. Es ist lediglich eine Schande, dies nicht zu tun. (Ertrinkende Schwimmer rufen zu spät um Hilfe – sie erkennen es nicht bzw. wollen es sich erst nicht eingestehen.)

Lerne von dieser Geschichte, reflektiere regelmäßig, wo du stehst und setze die Punkte früh genug um. Prävention ist immer die beste Therapie.

Wenn es drei Fähigkeiten gibt, welche dir in so ziemlich jeder Situation helfen können, dann sind es die folgenden:

1. Reflektiere stets!

2. Sei immer flexibel!
3. Im Zweifel: TUN!

Ein Mensch, der stets reflektiert, flexibel in der Herangehensweise ist und unermüdlich weiter macht, wird immer ans Ziel kommen.

BONUS

Zum Schluss haben wir noch einen riesigen Bonus. Wie du vielleicht bereits gemerkt hast, haben wir im Anschluss eine Bonussektion mit unglaublichen Menschen, welche richtig viel Wert zum Thema Finanzen, Business, Beziehungen und vielem mehr geben. Höre dir diese unbedingt an!

Heute, als allerletzte To-Dos, möchte ich dir die folgenden wichtigen Dinge geben:

1. Reflektiere noch einmal über die kompletten 30 Tage. Was ist bei dir hängengeblieben? Schau noch einmal dein Arbeitsbuch durch!
2. Wenn du Wert aus diesem Programm bekommen hast, so empfehle es an eine oder zwei Personen weiter, welche es unbedingt nutzen sollten.
   i. Wer in deinem Bekanntenkreis hat oft Herausforderungen mit seinen/ihren Emotionen?
   ii. Wer hat Ängste oder Sorgen?
   iii. Wer bräuchte ein wenig mehr Motivation?
   iv. Wer hat Probleme in der Beziehung?
   v. Wem fehlt es an Selbstwertgefühl?
   vi. Wer hadert oft mit Entscheidungen?
   vii. Wer hat seine Emotionen nicht im Griff?
   viii. Wer hat Probleme mit den Finanzen?
   ix. Wer will ein Business starten oder ein bestehendes nach oben bringen?
   x. Wer will einfach nur glücklich, zufrieden und erfolgreich sein?

Schicke ihnen den Link zum Buch:
www.GrenzenlosErfolgreich.de

Du kannst diesen Menschen damit das Leben ihrer Träume ermöglichen oder vielleicht sogar das Leben retten.

3. Wenn du für dich etwas auf dem nächsten Level nutzen willst, so besuche uns doch am Grenzenlos Erfolgreich Wochenend-Erlebnis© inklusive der Grenzenlos Erfolgreich© Eskalation. Kontaktiere unser Team für Details und Termine: team@i-unlimited.de oder per WhatsApp: +43 681 10803001.
4. Wenn du das Event als Video digital erleben willst, kaufe dir den 12-Wochen-Online-Durchbruchkurs: http://www.i-unlimited.de/12wochenkurs.
5. Als allerletztes würde ich dich bitten, dass du mir Feedback zu diesem Buch schickst. Am besten per E-Mail: team@i-unlimited.de oder per WhatsApp: +43 681 10803001. Alternativ auch gerne in unserer Facebook-Gruppe!
   i. Was hat dir ganz besonders gefallen?
   ii. Was hast du aus dem Programm besonders bekommen?
   iii. Welche Resultate konntest du erzielen?
   iv. Für wen ist dieses Programm besonders geeignet?
   v. Falls möglich, wie könnten wir es sogar noch verbessern?

Lass zum Schluss nicht nach, setze die fünf To-Dos jetzt um und sei ein Student fürs Leben. Bringe dich auf die nächste Ebene. Bleib dran!

Es war mir eine Ehre, dich durch dieses Buch führen zu dürfen und ich freue mich schon unglaublich, dich beim nächsten Kurs, Event oder Produkt begrüßen zu dürfen.

Sei GRENZENLOS ERFOLGREICH©!

Dein

Dr. Julian Hosp

23336244R00364

Printed in Poland
by Amazon Fulfillment
Poland Sp. z o.o., Wrocła